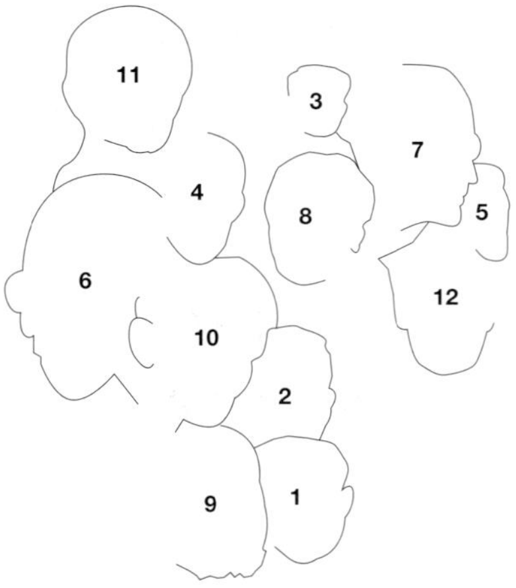

1 | **John B. WATSON** (1878-1958). *Psychologue américain, il fut professeur à l'Université de Chicago et au laboratoire psychologique de l'Université Johns Hopkins. Il a eu un impact majeur sur le développement de la théorie behavioriste.*

2 | **Albert BANDURA** (1925-). *Psychologue canadien, il enseigne à l'Université de Stanford depuis 1953. Ses recherches portent sur les différents aspects de la théorie sociale cognitive.*

3 | **Françoise DOLTO** (1908-1988). *Médecin et psychanalyste française, elle est une disciple de Freud. Son œuvre est consacrée à ce qu'elle nomme elle-même « la cause des enfants ».*

4 | **Abraham MASLOW** (1908-1970). *Psychologue américain, il a enseigné dans plusieurs universités. Il fut la figure de proue de la psychologie humaniste. Il est l'inventeur de la célèbre pyramide qui porte son nom.*

5 | **Hermann RORSCHACH** (1884-1922). *Médecin, psychiatre et psychanalyste suisse, il exerça dans plusieurs asiles. Son œuvre principale est consacrée à la psychologie religieuse.*

6 | **Sigmund FREUD** (1856-1939). *Médecin et psychanalyste autrichien, il est considéré comme le père de la psychanalyse moderne.*

7 | **Carl Gustav JUNG** (1875-1961). *Médecin et psychologue suisse, il a été l'élève de Freud. En désaccord avec celui-ci, il va créer sa propre théorie. Il a créé sa propre théorie et est ainsi devenu le fondateur de la psychologie analytique.*

8 | **Anna FREUD** (1895-1982). *Fille de Sigmund Freud, elle se consacra dès 1926 à la psychanalyse des enfants. Elle a été toute sa vie en opposition avec Mélanie Klein.*

9 | **Ivan Petrovich PAVLOV** (1849-1936). *Chimiste russe, il travailla à l'Académie militaire de Saint-Petersbourg. Il a mis en lumière l'existence du réflexe conditionné appelé aujourd'hui « réflexe pavlovien ».*

10 | **Jacques LACAN** (1901-1981). *Médecin et psychanalyste français, il a défendu les théories freudiennes. Il a expliqué la structure de l'inconscient et a défini la structure du sujet.*

11 | **Mélanie KLEIN** (1882-1960). *Psychanalyste autrichienne, elle est autodidacte. Elle a élaboré la technique du jeu comme moyen d'accès à l'inconscient. Elle a été toute sa vie en opposition avec Anna Freud.*

12 | **Burrhus Frederic SKINNER** (1904-1990). *Psychologue américain, il a enseigné dans plusieurs universités. Il affirme que les comportements humains sont déterminés par l'effet qu'ils produisent dans l'environnement.*

Ouvertures Psychologiques

Statistiques sans **maths** pour **psychologues**

SPSS pour Windows

QCM et exercices corrigés

Christine P. **Dancey** – John **Reidy**

Traduction de Nicolas Gauvrit

de boeck

Ouvrage original :
Statistics Without Maths for Psychology *(3rd edition) by* ***Christine P. Dancey & John Reidy***

Pour toute information sur notre fonds et les nouveautés dans votre domaine de spécialisation, consultez notre site web : **www.deboeck.com**

Éditions De Boeck Université
Rue des Minimes 39, B-1000 Bruxelles

1re édition

Imprimé en Belgique

Dépôt légal :
Bibliothèque Nationale, Paris : février 2007
Bibliothèque royale de Belgique, Bruxelles : 2007/0074/123

ISSN 1376-2273
ISBN 978-2-8041-5384-7

Avant-propos de la première édition

Ce livre a d'abord été écrit pour nos étudiants. Des étudiants qui pour la plupart n'aiment pas les mathématiques et se demandent pourquoi il leur faut apprendre des formules ésotériques alors que leur ordinateur se débrouille très bien avec les calculs. Ils n'étaient pas convaincus – et nous non plus – par l'argument selon lequel le calcul à la main permet une compréhension plus profonde des tests. Nous voulions qu'ils acquièrent une compréhension des concepts statistiques, mais aussi qu'ils *apprécient* l'analyse des données. Au cours de la dernière décennie, il nous a fallu adapter notre cours à des contingents importants d'étudiants, dont beaucoup n'avaient aucune formation en mathématiques formelles. Il nous a paru difficile de recommander l'un des manuels classiques de statistiques – soit qu'ils soient remplis de mathématiques et, par suite, perçus comme mornes et ennuyeux par les étudiants, soit qu'ils se résument à des livres de recettes statistiques qui montrent comment faire les calculs mais ne permettent pas de comprendre le sens des statistiques. C'est pourquoi nous avons décidé d'écrire ce livre, dont le but est d'amener les étudiants à une compréhension conceptuelle des statistiques tout en évitant les tergiversations calculatoires.

Un autre point qui a rendu difficile de conseiller un manuel classique aux étudiants est la confiance déraisonnable que ces manuels accordent aux probabilités dans l'interprétation des résultats. Il nous a paru délicat de convaincre les étudiants de prendre en compte la taille des effets et les intervalles de confiance alors que les manuels disponibles ne mentionnaient même pas le débat autour de la question des tests d'hypothèses [1], mais indiquaient seulement que $p < 0{,}05$ est significatif, et $p > 0{,}05$ ne l'est pas ! Nous espérons en écrivant ce livre que les étudiants seront désormais plus au fait de ces questions.

Nous voulions également montrer aux étudiants comment incorporer les résultats de leurs analyses dans un rapport de recherche, et comment interpréter les parties « résultats » des articles scientifiques. Jusque très récemment, les livres de statisti-

1. Un article francophone très intéressant sur cette question est paru dans *Mathématiques et Sciences Humaines*. Il est disponible à l'adresse http://www.ehess.fr/revue-msh/pdf/N167R900.pdf. [ndt]

ques passaient sous silence cet aspect de l'analyse de données. Bien entendu, nous avons rédigé nos exemples de « parties résultats » d'une manière personnelle, et un autre psychologue les rédigerait autrement. Les étudiants peuvent utiliser ces exemples pour acquérir une certaine aisance dans la rédaction de leurs propres résultats, et on peut espérer qu'ils progresseront et développeront leur propre style au fur et à mesure que le cours progressera.

Nous avons essayé de simplifier des idées complexes, parfois même très complexes. Simplifier suppose un prix en termes de précision. Nous en étions conscients en écrivant cet ouvrage, et nous avons tenté d'être aussi précis que possible, tout en privilégiant des explications simples. Nous nous rendons également compte que certains étudiants n'utilisent pas SPSS pour traiter leurs données. SPSS reste toutefois le logiciel de calcul statistique le plus courant en sciences humaines, et c'est pourquoi le texte s'appuie tant sur ce programme [2]. Ceci dit, les étudiants qui n'utilisent pas SPSS devraient tout de même trouver dans ce livre une matière intéressante.

Nous espérons que les étudiants qui liront ce livre en tireront profit, mais également qu'ils trouveront plaisir à lire nos explications et nos exemples.

---

2. Il existe des concurrents à SPSS, notamment le logiciel SAS. Mais ces logiciels fonctionnent sur un principe tout à fait similaire à SPSS, et sont souvent moins conviviaux. C'est probablement ce qui explique la position dominante de SPSS. [ndt]

Avant-propos de la deuxième édition

Depuis que nous avons publié la première édition de *Stats sans maths pour la psychologie*, nous avons reçu de nombreuses remarques sur le contenu, ainsi que sur le style et l'organisation de l'ouvrage. Nous avons modifié et réécrit des parties importantes du texte en suivant ces remarques. Nous avons simplifié et clarifié une partie de la matière traitée, et en avons également ajouté. Un chapitre introductif traitant de l'analyse factorielle (ACP) a été greffé au manuel, et les statistiques non paramétriques ont été regroupées dans un chapitre à part. Nous avons également profité de cette réédition pour corriger quelques fautes de frappe qui s'étaient glissées dans la première édition ! Cette édition a été mise à jour pour SPSS 10. Nous espérons que vous apprécierez cette nouvelle mouture.

Les données utilisées par les auteurs dans *Stats sans maths pour la psychologie* sont disponibles en ligne à l'adresse www.booksites.net/dancey.

Avant-propos de la troisième édition

Depuis l'écriture de la deuxième édition de *Stats sans maths pour la psychologie*, nous avons pris en compte les remarques et les critiques d'un grand nombre de lecteurs, pour la plupart anonymes. Ces remarques ont été pour nous très fructueuses et confirment l'intérêt de l'ouvrage pour un public très large. Bien entendu, un livre qui se veut accessible ne peut pas plaire à tout le monde. Mais même lorsque les critiques étaient très vives, elles nous ont permis d'améliorer la présentation de certaines notions particulièrement complexes. Nous remercions les auteurs de ces commentaires, souvent enseignants de statistiques, pour leur minutie dont cette nouvelle édition a su tirer profit. Certains commentateurs nous recommandent une plus grande précision mathématique. Nous avons tenu compte, lorsque cela était possible, de cette demande. Cependant, par endroit, suivre une telle consigne aurait supposé un rallongement et une complication excessive du texte, qui auraient dépareillé l'ensemble. Dans certains cas, nous indiquons une référence extérieure, d'autres fois nous avons ajouté une note. Il est certain que la rigueur mathématique est nécessairement malmenée lorsqu'on privilégie une présentation conceptuelle intuitive et simple d'une notion complexe. Nous espérons avoir trouvé un juste équilibre. En sus des ajouts qui nous été suggérés, nous avons étoffé les QCM en fin de chapitres, ainsi que les références à des exemples psychologiques récents issus de la littérature. Cette édition a également été modifiée en vue de l'utilisation de SPSS versions 11 et 12, bien qu'elle soit encore adaptée à l'usage de SPSS 10. Nous espérons que vous apprécierez cette nouvelle mouture de *Stats sans maths pour la psychologie* et qu'elle renforcera votre plaisir de découvrir l'utilisation des statistiques en psychologie.

Avertissement du traducteur

Depuis des années, je conseille à mes étudiants l'ouvrage de Howell, *Méthodes statistiques en sciences humaines* (De Boeck, 1998), qui me semblait être à la pointe de la modernité en termes de didactique et de juste équilibre entre la rigueur mathématique et une présentation intuitive et agréable des statistiques pour les psychologues. Aujourd'hui, j'ai à leur proposer un deuxième ouvrage complémentaire.

Lorsque j'ai découvert l'œuvre de Dancey et Reidy, j'ai tout de suite été séduit par la clarté du style et la présentation didactique et largement illustrée des outils statistiques, qui égalent celles de Howell. Certes, Dancey et Reidy abordent un contenu moins large (encore que l'analyse factorielle soit traitée dans leur manuel), et cet ouvrage sera surtout utile pendant les deux – ou trois – premières années d'études supérieures. Cependant, deux caractéristiques en font un ouvrage à part et nettement novateur. C'est d'abord le recours systématique à l'outil informatique, avec une présentation très claire et progressive de SPSS, programme de calcul statistique fort répandu chez les psychologues. C'est aussi l'introduction d'un guide d'écriture des résultats statistiques qui aidera les étudiants à acquérir les réflexes de présentation indispensables à la publication d'articles de recherche et de rapports d'étude en psychologie.

Au reste, je ne me serais pas lancé dans la traduction d'un ouvrage aussi épais si je n'y avais pas trouvé des qualités originales...

À deux égards, la traduction fut plus délicate que je ne l'avais d'abord prévu.

D'abord à cause du ton sérieux, mais en même temps léger, et parfois ironique, utilisé par Dancey et Reidy. J'ai, dans la mesure du possible, essayé de restituer au mieux ce style, qui fait tant pour rendre le livre plaisant.

Ensuite parce que, hélas, le vocabulaire statistique francophone n'est pas encore stabilisé, et bien des notions n'ont pas encore de dénomination consensuelle. C'est le cas, par exemple, des « designs expérimentaux ». Dans un cas comme celui-ci, j'ai fait le choix discutable de conserver un terme « franglais », parce qu'il tend, sous l'influence puissante de l'anglais, à s'imposer dans les cercles scientifiques. En utilisant ce terme, vous serez compris même de ceux qui luttent contre l'influence de l'anglais... Le cas échéant, j'ai tâché de conserver, pour chaque traduction malaisée, le mot utilisé dans la version française du Howell.

J'espère que les étudiants auront autant de plaisir à utiliser ce support que j'en ai eu à le traduire.

CHAPITRE 1
Variables et organisation d'une recherche

Sommaire

Vue d'ensemble du chapitre

Quand on essaie d'expliquer l'utilisation et l'interprétation des statistiques, le plus simple est peut-être de commencer par exposer les grandes lignes de la mise en place des recherches en psychologie. C'est pourquoi nous décrirons les aspects les plus importants du choix d'un « design expérimental » ou « plan expérimental » dans le but de vous montrer de quelle manière ils influencent l'utilisation des statistiques. Dans ce chapitre, nous traiterons les points suivants :

- les variables : continues, discrètes, catégorielles ;
- variables dépendantes et indépendantes ;
- observation, véritable expérience et quasi-expérience ;
- variables inter-sujets et intra-sujets.

1 Pourquoi enseigner les stats sans formule ?

La statistique est un sujet qui a tendance à faire jaillir dans le cœur et l'esprit de maints étudiants – et de conférenciers – une certaine crainte. Comprendre les concepts statistiques ne devrait pourtant pas être plus compliqué que comprendre n'importe quelle notion théorique (comme le concept d'intelligence, par exemple). En fait, on peut même imaginer qu'il est bien plus simple de comprendre une idée concrète comme celle de moyenne arithmétique qu'une notion psychologique vague comme « l'attitude ». Pourtant, chaque année, il semble qu'une majorité d'étudiants, qui apparemment arrivent à saisir des idées non statistiques avec une déconcertante facilité, se battent comme des diables pour comprendre les statistiques. Notre point de vue est que la peur des statistiques est engendrée par le fait que les concepts statistiques sont perdus dans des formules mathématiques. C'est pourquoi nous tentons d'expliquer les statistiques de manière conceptuelle sans embrouiller les étudiants avec des formules mathématiques inutiles – c'est-à-dire inutiles dans le monde contemporain, où l'on dispose de logiciels. Même si les étudiants veulent apprendre ces formules pour appronfondir leur connaissance, quelle meilleure base pour cela qu'une compréhension conceptuelle préalable des statistiques ?

Les statistiques ont mauvaise presse, comme l'illustre la citation de Disraeli : « Il y a trois sortes de mensonges : les petits mensonges, les gros mensonges et les statistiques » [1]. La faute n'est pas à attribuer aux statistiques, mais à ceux qui les utilisent mal. Après tout, on ne condamne pas pour homicide un revolver, mais plutôt la personne qui a appuyé sur la détente. Bien trop souvent, et particulièrement en politique, les statistiques sont citées en dehors de tout contexte. Ce problème est clairement mis en lumière par l'extrait suivant, tiré d'un article publié en 2002 par *The Gardian :*

> **Le site du parti travailliste manipule les internautes « comme dans *1984* de Orwell ».**
>
> *Par David Walker*
>
> Si l'on en croit une étude non encore publiée, le parti travailliste a « systématiquement trafiqué » les données sur son site web pour faire croire à des améliorations dans les domaines de la santé, de l'éducation, et d'autres services. De manière continue depuis le début de la dernière campagne électorale, le parti travailliste a présenté au public des statistiques trompeuses, aussi bien sur la criminalité ou le chômage que sur les dépenses de santé ou d'éducation.
>
> Les chiffres ont été « estropriés » pour donner une bonne impression des résultats travaillistes au niveau local.
>
> Dans un article de recherche, qui circule parmi les universitaires après avoir été présenté à une conférence de l'Association des Études Politiques (Political Studies Association), quatre géographes distingués s'en prennent aux données locales du site. Dirigée par les professeurs Danny Dorling de l'Université de Leeds, et Ron Johnston de l'Université de Bristol, l'équipe soutient que le parti travailliste a déformé les données dans la plus grande opacité.
>
> « Plus qu'une série de pieux mensonges occasionnels, cette présentation déformée de chiffres commence à ressembler à une stratégie à long terme du parti », annonce l'article.

1. Un autre exemple, francophone celui-ci, est fourni par Alphonse Allais dans un texte ironique et sarcastique : « La statistique, en effet, est une science éminemment gaie et qui n'exige aucun surmenage intellectuel. » (Un peu de statistique, dans *Œuvres anthumes,* paru en 1989 chez Robert Laffont, p. 963). [ndt]

Les webmasters du site travailliste sont comparés à Winston Smith – le personnage du roman de George Orwell, « *1984* » – qui passe son temps au ministère de l'Abondance à réécrire l'histoire. Aucun chiffre n'est faux « au vrai sens du terme. Seulement, la manière dont sont agencées les statistiques, mélangeant les années et les aires géographiques afin de donner la meilleure image possible, est une fourberie. »

En tapant son code postal, l'internaute accède par exemple à des informations apparamment détaillées sur son lieu d'habitation. Mais certains des chiffres présentés se rapportent en fait au Royaume-Uni ou à l'Angleterre dans son ensemble. D'autres se rapportent à la région, au département, mais très peu à une zone géographique spécifique, et encore moins à la rue où loge l'internaute.

Les internautes peuvent lire des informations sur une augmentation du nombre d'infirmières, mais on ne leur dit pas qu'elles se rapportent à des zones géographiques du NHS [2] et non à des hôpitaux particuliers. Le site annonce une amélioration des capacités de lecture et de calcul chez les élèves, sans qu'il soit précisé que ces chiffres relèvent de vastes zones d'éducation – pouvant regrouper jusqu'à vingt circonscriptions. Les statistiques de la criminalité ne sont pas spécifiques à une ville, mais à d'obscures zones policières, dont certaines très vastes, allant parfois jusqu'à englober l'Angleterre ou l'Écosse dans son ensemble.

(Extrait de *The Guardian*, 8 octobre 2002) [3].

L'étude relatée dans cet article a été publiée en 2002 dans la revue *The Political Quarterly* (Dorling *et al.*, 2002).

Cet article montre bien l'importance de lire les statistiques dans leur contexte. Si on vous dit par exemple que la taille moyenne d'un homme adulte est de 1,73 m, cela peut avoir un sens pour un Européen ou un Canadien, mais pas forcément pour un Africain d'une tribu pygmée où la taille moyenne descend parfois à 1,45 m.

L'utilisation frauduleuse des statistiques ne se cantonne pas au parti travailliste, loin s'en faut, ni aux frontières de la Grande-Bretagne. Les industriels, politiques, et communicants de tous les pays font une utilisation abondante de la manipulation statistique. En Europe, on peut très fréquemment lire des chiffres du chômage présentés comme réjouissants alors qu'ils ne cessent d'augmenter. Récemment, le journal satirique Le Canard enchaîné a rapporté les propos lénifiants du premier ministre français qui annonçait fièrement, dans un jargon propre à embrouiller les esprits, le « ralentissement de l'augmentation » du chômage. Il fallait bien sûr comprendre que le chômage continuait d'augmenter, mais à un rythme un peu moins impressionnant... Le statisticien Joseph Klatzman (Klatzman, 1999) a publié un ouvrage entier décrivant des pièges statistiques, qui peuvent être (et sont) utilisés à des fins de manipulation et de propagande.

Un autre point important à remarquer avec les statistiques est qu'elles sont souvent utilisées non seulement de manière manipulatoire comme au-dessus, mais carrément fautive. On peut affirmer n'importe quelle ânerie en les vernissant de statistiques, les auditeurs n'osent plus réagir. En septembre 2005, lors d'une émission de télévision française destinée à montrer aux téléspectateurs la misère grandissante des Égyptiens, une personne présentée comme professeur d'université, spécialiste en économie et politique nord-africaine, a affirmé : « En Égypte, le pou-

2. Le *National Health Service* est un organisme national qui fournit des soins médicaux gratuits à des personnes dans le besoin. [ndt]

3. Voir page 49.

voir d'achat a diminué de 150 % en cinq ans ». Personne sur le plateau n'a cru bon de lui demander des éclaircissements [4]. On peut faire l'hypothèse généreuse d'une bourde, d'une erreur involontaire de la part de la spécialiste, mais comment expliquer ce respect muet, cette soumission du reste des intervenants ? Il semble bien que la force des statistiques réside précisément dans cette capacité à museler ceux qui en sont la cible : avec des termes statistiques, on fait peur, et les auditeurs restent cois, impressionnés par l'aura scientifique de l'énoncé. *Ne vous laissez pas impressionner par les statistiques, ne les craignez plus, et vous serez moins manipulable.*

Le procédé consistant à écraser ses interlocuteurs sous des flots de sciences dures déformées a été vivement critiqué par Sokal et Bricmont dans un livre saisissant faisant suite à ce qu'on appelle désormais *l'affaire Sokal* (Sokal et Bricmont, 1997).

2 Variables

Nous avons expliqué un aspect important des statistiques : qu'elles n'ont de sens que dans un contexte particulier. Mais que font exactement les statistiques ? Essentiellement, les statistiques donnent des informations sur des facteurs que nous pouvons mesurer. Dans le domaine de la recherche scientifique, ce que nous pouvons mesurer s'appelle une *variable.*

Les variables constituent le point de mire et l'objet principal des recherches en sciences. Une variable est simplement quelque chose qui peut varier, c'est-à-dire prendre plusieurs valeurs ou catégories. Le sexe, la vitesse d'écriture, la vitesse maximum d'une voiture, le nombre de symptômes relevés se rapportant à une maladie, la température, le nombre de festivals de jazz où vous allez (comme le festival de Montreux par exemple), le niveau d'anxiété, le nombre de buts marqués dans un match de football, l'intelligence, le nombre de rencontres lorsque vous allez promener votre chien, le niveau de violence à la télévision, votre métier ou votre couleur préférée... toutes ces choses sont autant de variables. Ce sont en effet des choses que l'on peut mesurer, ou relever, et qui varient d'une situation – ou d'une personne – à l'autre.

Mais pourquoi nous intéressons-nous aux variables ? En règle générale, on s'intéresse aux variables parce qu'on souhaite comprendre pourquoi elles varient comme elles le font au lieu de rester constantes. Pour cela, il nous faut trouver un moyen de mesurer et d'enregistrer les changements de ces variables dans une situation donnée.

2.1 *Types de variables*

Vous avez sans doute remarqué, en lisant les exemples de variables ci-dessus, qu'elles présentent différentes caractéristiques. Alors que vous pouvez mesurer la température en degrés Celsius ou Fahrenheit, et lui faire correspondre un nombre, vous ne pouvez pas mesurer de manière sensée le métier par une grandeur numéri-

4. Le pouvoir d'achat, qui est en gros une mesure de la quantité de biens que l'on peut acheter avec un salaire moyen, est une valeur *positive*. Elle ne peut donc pas, *mathématiquement*, baisser de plus de 100 %. [ndt]

que. C'est là une distinction importante entre les variables : elles peuvent être mesurées avec plus ou moins de « précision ». Les variables les plus précises sont dites *variables continues* – certains auteurs les appellent aussi *données de mesures*. Ce sont celles qui peuvent prendre *n'importe quelle* valeur dans un intervalle donné. On peut aussi dire que la variable elle-même ne varie pas en faisant des « sauts ». Un bon exemple de variable continue est la température. Vous pouvez mesurer la température approximativement, disons 40 °C, ou bien de manière plus précise, par exemple 40,4558°C. Un autre exemple moins évident est le niveau de violence à la télévision. On peut mesurer cette variable par la durée des programmes télévisés où la violence apparaît. Si on la mesure de cette manière, la variable peut prendre n'importe quelle valeur en secondes ou en fractions de secondes, par exemple 1000 ou 1000,1235672 secondes par jour. La seule limite à la précision de cette mesure est la précision de l'instrument de mesure. Avec les variables continues, on suppose que la variable sous-jacente est continue, même si la manière de la mesurer ne l'est pas. Parmi les exemples donnés plus haut, alors que la température, le niveau d'anxiété, la vitesse maximale d'une voiture, la vitesse d'écriture et l'intelligence peuvent être considérées comme continues, les autres variables ne peuvent pas l'être (voir tableau 1.1).

Tableau 1.1

Exemples de variables continues, discrètes, et catégorielles.

Continues	Discrètes	Catégorielles
• température	• nombre de symptômes	• sexe
• vitesse maximale d'une voiture	• nombre de voitures	• métier
• vitesse d'écriture	• nombre de buts dans un match	• couleur préférée
• intelligence	• nombre de rencontres en balade	• restaurant préféré
• niveau d'anxiété	• nombre de festivals de jazz	
	• nombre d'enfants	

Une variable peut aussi être *discrète*, ce qui signifie qu'elle ne peut prendre que certaines valeurs dans l'intervalle où elle varie. Un exemple de telle variable est le nombre de symptômes se rapportant à une maladie donnée. On ne peut mesurer cette variable qu'en comptant les symptômes présents. Un autre exemple serait donné par le niveau de violence à la télévision, si on le mesure par le nombre d'incidents violents diffusés en une semaine sur les ondes. On ne pourrait alors que rapporter un nombre de cas. On ne pourrait pas parler de « fractions » d'incidents violents, et c'est pourquoi cette variable serait discrète. Parmi les exemples donnés plus haut, les variables qui sont le plus sûrement discrètes sont le nombre de symptômes se rapportant à une maladie donnée, le nombre de rencontres que vous faites en promenant votre chien, le nombre de fois où vous assistez à un festival de jazz, le nombre d'enfants par famille, et le nombre de buts dans un match de football.

Un problème qui se pose parfois quand on réfléchit aux variables continues et discrètes est la confusion entre la variable et la manière dont elle est mesurée. Une variable peut être continue en théorie, mais mesurée de manière discrète quoi qu'on fasse pour être précis. On peut mesurer l'anxiété (une variable théoriquement continue) en utilisant un questionnaire (par exemple le STAI, ou *State-Trait Anxiety Inventory* de Spielberg *et al.*, 1983), dont le score final donne une indication du niveau d'anxiété d'un sujet. Ce score ne peut en réalité augmenter que d'un point entier ou de plusieurs points – disons passer de 38 à 39 ou de 61 à 62. Ainsi, l'anxiété est mesurée de manière discrète alors que la variable sous-jacente est continue.

De plus, il arrive que des variables discrètes soient traitées comme si elles étaient continues. Beaucoup des tests statistiques courants supposent qu'on a des variables continues. Souvent, quand une variable discrète peut prendre un grand nombre de valeurs dans un certain intervalle (par exemple le nombre de fois où vous êtes allé à un festival de jazz), on peut raisonnablement la traiter comme continue, pour la rendre statistiquement testable.

Un dernier type de variables regroupe les variables catégorielles [5]. Il s'agit de variables dont les valeurs possibles sont des catégories. Un bon exemple est le sexe, qui ne peut prendre que deux valeurs : masculin et féminin. Les variables catégorielles peuvent parfois prendre plein de valeurs différentes, comme le métier (par exemple juge, enseignant, mineur de fond, épicier, contrôleur des impôts...). En ce qui concerne les variables catégorielles, on peut avoir envie d'étudier une infinité de variables. On pourrait, si on le souhaitait, catégoriser les gens en fonction du fait qu'ils ont, ou n'ont pas, mangé un gâteau au chocolat avec du ketchup ce matin à 6 heures 30, ou encore (un peu plus étrange) en fonction du fait qu'ils sont ou ne sont pas supporters du Manchester United Football Club. Les seuls exemples de variables clairement catégorielles de la liste d'exemples que nous avons donnée plus haut sont le métier, le sexe, et la couleur préférée.

Essayez de vérifier que vous comprenez bien les différents types de variables que vous étudiez. C'est un point important quand il faut décider comment analyser les données.

2.2 *Dichotomiser des variables continues ou discrètes*

Il est fréquent que des chercheurs convertissent des variables discrètes ou continues en variables catégorielles. Par exemple, on peut avoir envie de comparer les compétences de reconnaissance spatiale de personnes de grande ou de petite taille. On pourrait pour cela comparer des personnes qui mesurent au moins 1,90 m avec des personnes mesurant moins de 1,50 m sur la base des résultats d'un test de compétences spatiales. Ainsi, nous aurons choisi des points sur une échelle continue (la taille) et décidé de comparer les personnes dont le score dépasse une certaine valeur avec ceux qui ne dépassent pas une certaine valeur (voir figure 1.1).

Un autre exemple pourrait être de comparer la mémoire d'individus anxieux et non anxieux. On pourrait mesurer le niveau d'anxiété au moyen d'un questionnaire ; il s'agit d'une variable continue mesurée sur une échelle discrète. Par exemple, le *Hospital Anxiety and Depression Scale* (HADS) donne un score d'anxiété qui varie de 0 à 21. Pour convertir cette mesure en variable catégorielle, on sépare simplement ceux dont le score est supérieur à une certaine valeur (par exemple 11) et ceux qui donnent au contraire un score inférieur à cette valeur.

Cette *dichotomisation* (division en deux catégories) de variables continues ou discrètes est très courante en recherche psychologique parce qu'elle permet de décou-

5. On dit aussi *nominales* ou *qualitatives*. [ndt]

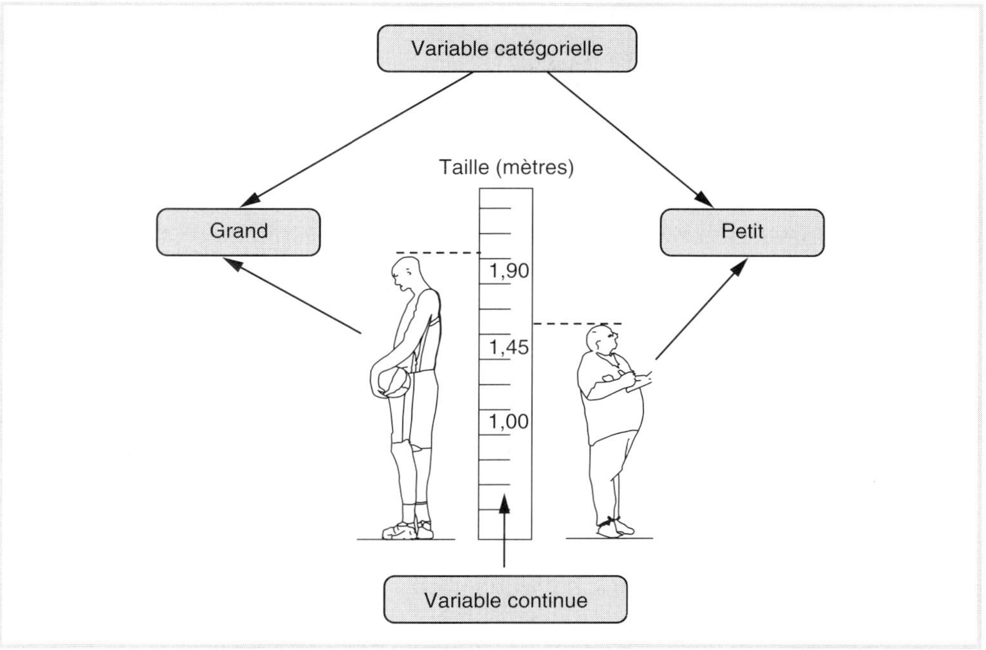

Figure 1.1
Illustration de la conversion d'une variable continue en variable catégorielle

vrir s'il existe des différences entre des personnes qui se trouvent aux extrêmes d'une échelle, par exemple les personnes de petite et grande taille. Cela dit, nous déconseillons cette pratique qui réduit la finesse de nos analyses statistiques. Une discussion intéressante de ces problèmes peut être trouvée dans la publication de Streiner (2002) ainsi que chez Maxwell et Delaney (1993). Nous mentionnons la dichotomie seulement pour que vous sachiez ce qui se trame dans la littérature scientifique et que vous compreniez ce que les chercheurs font.

Discussion — Dichotomiser les variables continues

Pourquoi les chercheurs dichotomisent-ils les variables ? Streiner (2002) souligne le fait que beaucoup de décisions en psychologie, psychiatrie et médecine sont des décisions binaires. Les décisions binaires (ou alternatives) sont celles pour lesquelles il n'y a que deux possibilités. C'est ce qui se passe quand on doit décider si une personne a ou n'a pas certain trouble mental, si une personne souffre ou ne souffre pas d'une certaine maladie, si une personne devrait être opérée ou si au contraire elle peut sortir de l'hôpital. On soutient souvent que puisque les cliniciens font des choix binaires il est légitime que les variables que nous examinons aient elles aussi un comportement binaire. Ce raisonnement est avancé pour justifier la dichotomisation des variables continues.

Streiner indique que rien ne nous oblige à considérer comme fondamentalement binaires les choix des cliniciens. Il suggère qu'il est préférable de considérer la maladie mentale, par exemple, comme continue : plus vous avez de symptômes, plus vous êtes touché. Il faudrait alors mesurer ces concepts sur des échelles continues plutôt que de les rendre dichotomiques. Autrement dit, au lieu d'utiliser les questionnaires pour catégoriser les gens, on pourrait utiliser le questionnaire pour savoir où ils se situent sur un continuum. Cette information peut alors être utilisée pour prévenir ou conseiller les gens.

Un exemple rendra mieux compte des problèmes de dichotomisation. Nous avons dit plus haut qu'on pouvait catégoriser les gens comme anxieux ou non anxieux en fonction de leur score d'anxiété obtenu par questionnaire. Les chercheurs travaillant sur l'anxiété utilisent très souvent des questionnaires de cette manière. Les participants qui obtiennent un score élevé au questionnaire d'anxiété sont classés comme hautement anxieux, et ceux qui obtiennent un score faible comme faiblement anxieux. La méthode *median-split* (coupure à la médiane) est souvent utilisée dans ce but. Elle consiste à considérer comme anxieux les participants dont le score est supérieur à la médiane, et non anxieux ceux qui ont un score inférieur à la médiane (voir par exemple Egloff et Hock, 2003).

Streiner montre que la pratique de la dichotomisation a tendance à conduire les chercheurs vers des méthodes statistiques de faible puissance (la puissance est traitée dans les chapitres 4 et 7). La raison est qu'en catégorisant, on perd une bonne partie de l'information disponible sur les participants. Par exemple, supposons qu'on observe deux sujets qui donnent les scores 20 et 38 sur une échelle d'anxiété, mais que nous classons tous les deux comme non anxieux parce que les deux scores sont inférieurs à la médiane. Dans toute étude statistique qui se fonde sur cette catégorisation, les deux sujets seront considérés comme identiquement anxieux (pas anxieux). Traiter ces deux individus comme également anxieux ne semble pas raisonnable. Il serait bien plus sensé d'inclure leur véritable score d'anxiété dans les analyses statistiques que nous aurons à mener.

Qui plus est, il se peut qu'il y ait plus de différence entre les deux participants classés comme non anxieux qu'entre deux participants dont l'un est classé non anxieux et l'autre anxieux. Supposez un instant que dans notre exemple la médiane soit de 39. Toute personne obtenant un score d'anxiété supérieur à 39 est considérée comme anxieuse, et toute personne donnant un score inférieur comme non anxieuse. On peut *a priori* penser qu'une personne non anxieuse de score 38 a bien plus en commun avec une personne anxieuse de score 41 qu'avec une personne non anxieuse de score 20. Pourtant, dans toute analyse fondée sur la dichotomie, les personnes aux scores de 20 et 38 sont considérées comme identiques, et identiquement différentes de celle au score de 41. Cela n'a évidemment aucun sens.

Streiner montre que les recherches fondées sur des variables dichotomiques ont une efficacité[6] équivalente à 67 % de celle des analyses utilisant la variable originelle continue ou discrète. Cela constitue une perte considérable de sensibilité pour les études en question. Cela signifie qu'en dichotomisant une variable vous diminuez d'un tiers la probabilité de détecter un lien entre deux variables. C'est un handicap sérieux lorsqu'on doit conduire une étude. En outre, la perte d'efficacité n'est pas le seul problème posé par la dichotomisation des variables. Maxwell et Delaney (1993) ont montré qu'une telle pratique pouvait faire aboutir l'analyse statistique à des conclusions fausses.

C'est pourquoi nous déconseillons très fortement la dichotomisation des variables continues.

6. La notion mathématique d'efficacité n'est pas détaillée ici, mais elle correspond *grosso modo* à la notion intuitive. Une méthode est plus efficace si elle a plus de chance d'aboutir à une conclusion. [ndt]

Activité 1.1

Lesquelles des variables suivantes sont continues, discrètes, catégorielles ?

- Vitesse du vent
- Diplômes proposés par une université
- Niveau d'extraversion
- Marque de voiture
- Équipe de football
- Nombre de pièces perdues lors d'une partie d'échec
- Poids des pandas géants
- Nombre de tableaux présentés dans une galerie d'art.

Les réponses sont données à la fin de l'ouvrage.

3 Organisation des recherches

Il existe de nombreuses méthodes statistiques permettant de traiter les données que nous pouvons recueillir lors de recherches. Dans ce livre, nous vous présenterons les techniques les plus répandues. Une bonne partie de ces techniques utilisent des formules mathématiques complexes pour déterminer les grandeurs statistiques impliquées ; nous ne vous présenterons pas ces formules, préférant vous aider à construire une compréhension plus conceptuelle de ces techniques.

Un des facteurs primordiaux permettant de savoir quelle technique statistique vous pourrez utiliser pour traiter vos données est la manière dont vous avez organisé votre étude. Il y a différentes manières d'organiser une expérience, et la manière pour laquelle vous optez est pour beaucoup dans le type de méthodes statistiques disponibles pour décortiquer vos données. Parfois, les chercheurs veulent comparer deux groupes sur la base d'une variable, et parfois ils veulent déterminer si deux variables sont liées. Un exemple de cas où on cherchait une différence entre des groupes est une recherche de McNicholas et Collins (2000). Dans cette étude, les auteurs comparent le nombre de rencontres faites par des promeneurs qui se déplacent avec ou sans chien. Ils ont trouvé que le fait d'avoir un chien augmentait le nombre de rencontres. Un bon exemple de recherche de lien entre variables pourrait être une recherche rapportée par Walsh et Ugumba-Agwunobi (2002). Dans cette étude, les scientifiques étudiaient, entre autres choses, le lien entre l'anxiété et la procrastination [7]. Ils ont trouvé des liens entre différentes composantes de l'anxiété statistique (par exemple la peur des professeurs de statistiques) et les atermoiements. Les tests utilisés dans ces exemples se nomment respectivement tests de *comparaison* et tests de *corrélation*. La manière dont vous organisez votre étude aura une influence sur le type de test disponible pour vous. Dans la suite, nous examinerons diverses méthodes d'organisation des recherches, et préciserons les traitements disponibles pour chacune de ces organisations.

7. La procrastination (ou atermoiements ou tergiversations) est la tendance à reporter à plus tard ce qu'on pourrait faire tout de suite. Le mathématicien Christophe Cornut, lorsqu'il était étudiant à l'école normale supérieure, avait pour adage humoristique : « Je procrastinerai demain ». [ndt]

3.1 *Variables de confusion*

Si vous repensez à l'exemple de la promenade du chien que nous venons de décrire, vous vous rendez peut-être compte que des facteurs autres que la seule possession d'un chien peuvent influencer le nombre de rencontres (interactions sociales) faites pendant la balade. Ces autres facteurs comprennent la timidité du marcheur, le charme du promeneur, ainsi que son genre, la race du chien, et une foule d'autres variables. Ce sont des variables que les chercheurs ne prennent pas directement en charge mais qui peuvent avoir une influence sur le nombre de rencontres : on les appelle *variables de confusion*. Dans toutes les recherches, que ce soit en chimie, physique ou psychologie, les variables de confusion doivent être prises en compte. Si ces variables sont négligées, les conclusions dérivées de la recherche peuvent être sujettes à caution. Ainsi, dans l'exemple de la promenade du chien, si les variables de confusion n'avaient pas été contrôlées, on ne pourrait pas savoir avec certitude si le fait de posséder un chien a le moindre effet sur le nombre d'interactions sociales qui se produisent pendant la promenade. Les différences observées pourraient aussi bien provenir de n'importe laquelle des variables de confusion ou de leur combinaison. Une des principales raisons pour lesquelles on organise des expériences en laboratoire est que cela permet de contrôler ces variables annexes. Vous vous rendrez sans doute compte que bien des procédés méthodologiques que nous présentons ici ont pour objectif de réduire l'impact les variables de confusion.

Vous devez prendre conscience du fait que chaque variable que vous étudierez sera liée à de nombreuses autres variables (voir par exemple la figure 1.2). Lorsque nous menons une étude comme celle sur la promenade du chien, nous ne pouvons pas être certains que la possession éventuelle d'un chien est la cause d'un changement dans les interactions sociales impromptues. C'est pourquoi il nous faut, autant que faire se peut, réduire les effets possibles des variables de confusion. Une

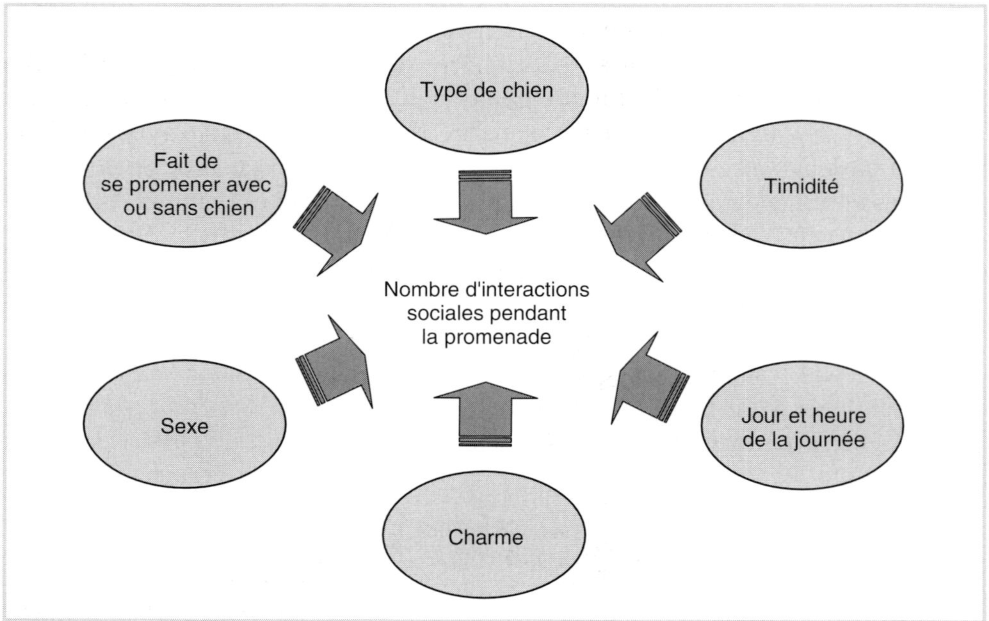

Figure 1.2
Illustration de variables qui peuvent influencer le nombre d'interactions sociales d'un promeneur dans un parc

méthode est de contrôler ces variables, par exemple en appareillant (équilibrant) nos groupes avec et sans chien pour la timidité, le charme et le sexe. Nous pouvons également nous assurer que tous les participants se promènent avec le même type de chien et qu'ils font tous leur promenade à la même heure, et le même jour de la semaine. Lorsque nous avons contrôlé toutes ces variables, nous pouvons considérer nos résultats, selon lesquels la possession d'un chien augmente le nombre de rencontres, comme plus fiables.

3.2 Observation

Nous avons dit plus haut qu'un des objectifs principaux de la science et la compréhension des variables. Plus précisément, nous aimerions comprendre pourquoi et comment certaines variables sont liées entre elles. Le plus simple, pour répondre à ces questions, est sans doute d'étudier la corrélation entre les variables au moyen d'une expérience appropriée. Le *design expérimental* (la manière d'organiser l'expérience – on dit aussi *plan expérimental*) est conçu de manière à ce qu'on puisse observer une (ou plusieurs) variables, et les changements éventuels de cette variable quand d'autres variables sont modifiées. Un exemple rendra la chose plus claire. Un peu plus haut dans ce chapitre, nous avons évoqué une étude de Walsh et Ugumba-Agwunobi (2002) qui examinait le lien entre l'anxiété statistique et les atermoiements. Dans cette étude, les chercheurs mesuraient l'anxiété statistique grâce au « Statistics Anxiety Ratings Scale » (Échelle d'évaluation de l'anxiété statistique), ou *STARS*, de Cruise *et al.* (1985). Ils mesuraient la procrastination grâce au « Aitken's Procrastination Inventory » (API) (inventaire de procrastination d'Aitken) proposé par Aitken (1982). La STARS mesure six composantes de l'anxiété statistique, comprenant la peur du professeur de statistiques, une auto-évaluation statistique, l'anxiété face aux examens et aux cours, la peur de poser des questions, la crainte de l'interprétation quantitative et la valeur des statistiques. Les chercheurs ont conduit une étude de corrélation (une *observation)* et ont trouvé une relation entre la procrastination et trois composantes de l'anxiété statistique, à savoir la peur du professeur de statistiques, de demander de l'aide, ainsi que la peur de l'interprétation. Les auteurs concluent que la peur des statistiques et les atermoiements sont *corrélés*. C'est-à-dire que si une des variables change, l'autre aussi. Les variables sont liées. Vous noterez que les termes « corrélé » et « lié » sont interchangeables.

Figure 1.3
Relation entre l'anxiété statistique et la procrastination

Un autre très bon exemple d'observation est fourni par les recherches sur le lien entre le tabac et le cancer. En général, on trouve que si la quantité de tabac fumé augmente, le taux de cancer augmente aussi. Il y a donc un lien entre la quantité de tabac fumé et la probabilité d'avoir un cancer.

Si vous organisez votre expérience comme une observation [8], la statistique que vous utiliserez sera sans doute le coefficient de corrélation de Pearson, ou alors le coefficient de Spearman. Ces coefficients sont traités dans les chapitres 5 et 15 respectivement.

3.3 *Causalité*

Le problème de la causalité est une question épineuse en science, et plus encore dans le cas où on étudie une corrélation. Un des buts de la science est en effet de dire quelles causes sont associées à quels effets. Dans tous les domaines scientifiques, des chercheurs essaient de découvrir des relations de causalité [9] (c'est-à-dire de cause à effet). Par exemple, Newton a produit une théorie élégante permettant d'expliquer pourquoi les pommes tombent. Il a établi un lien de causalité entre la chute d'une pomme et la gravité. Dans bien des recherches en psychologie, on essaie également de trouver des explications causales. Quand nous étudions seulement une corrélation selon un plan expérimental semblable à ce que nous avons décrit plus haut, il est cependant impossible de démontrer une causalité. Il est en effet difficile de dire si un changement observé sur une variable est dû à une variation associée à une autre variable. Cela vient du fait qu'avec un tel design expérimental, nous ne faisons que relever des mouvements dans des variables afin de savoir si elles sont liées de manière significative. Comme nous ne faisons rien d'autre qu'observer les variables, il est difficile (mais pas toujours impossible) de prouver une relation de cause à effet. Pour conclure à une causalité, il faudrait pouvoir manipuler l'une des variables (la modifier systématiquement) et observer l'effet d'un tel changement sur l'autre variable. Cette approche sera présentée plus loin.

Une règle d'or des études de corrélation (ou *observations*) est que *nous ne pouvons pas conclure à une causalité à partir d'une simple corrélation.* L'industrie du tabac a utilisé cette faiblesse pour affirmer qu'il n'y a aucune preuve directe de la morbidité cancérigène de la cigarette. Au sens strict, leurs communicants ont raison, parce que presque toutes les études montrent seulement des corrélations. Ceci dit, la quantité impressionnante de résultats fait qu'il serait absurde d'accorder plus de confiance aux marchands de cigarettes, qui ont un intérêt financier à discréditer les travaux dévalorisant le tabac, qu'aux médecins...

La découverte d'un lien entre la procrastination et l'anxiété statistique n'apprend presque rien sur les relations causales éventuelles sous-jacentes. Il se pourrait qu'une augmentation d'anxiété implique une augmentation du niveau d'atermoiements, ou bien au contraire que des changements dans le degré de procrastination

8. Pour nous, *observation* est synonyme de *étude de corrélation* dans ce chapitre. Il s'agit là d'une simplification, mais raisonnable. [ndt]

9. Ce point de vue est loin d'être partagé par tous les scientifiques. On peut en effet considérer que le but de la science est seulement de *décrire* ou de construire des *modèles*. Le besoin d'explication causale est cependant fort répandu en sciences humaines, et les auteurs de l'ouvrage expriment ici un avis relativement consensuel *en psychologie*. [ndt]

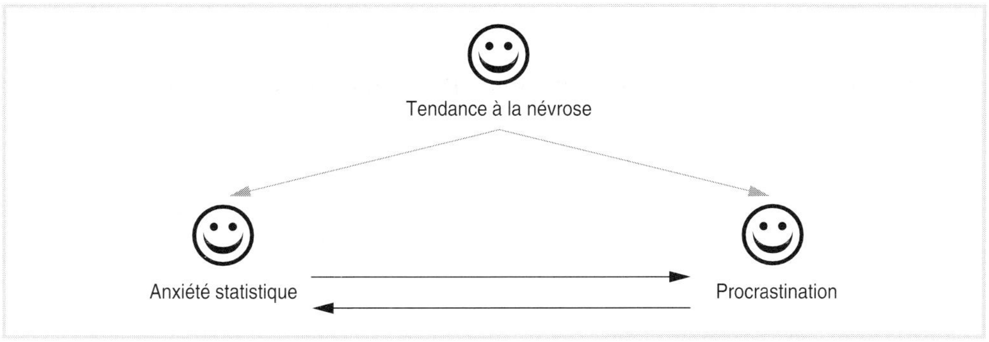

Figure 1.4
Relations causales possibles entre la tendance à la névrose, l'anxiété statistique et la procrastination

entraînent à leur tour des modifications de l'anxiété statistique. Mais il se peut également qu'une autre variable – une variable de confusion –, comme par exemple la tendance à la névrose, ait un effet sur nos deux variables (voir figure 1.4) et explique à elle seule le lien entre nos deux grandeurs. Vous voyez désormais que découvrir une corrélation entre deux variables ne nous dit pas forcément grand-chose sur les causes et les effets.

Un autre exemple de limitation dans les études de corrélation est donné par le lien entre anxiété et dépression. De nombreuses études fort sérieuses ont démontré un lien entre le niveau d'anxiété et la dépression (voir Clark et Watson, 1991). Les personnes obtenant des scores d'anxiété importants ont aussi, globalement, des scores de dépression importants. Peut-on en déduire alors que la dépression crée l'anxiété ou que l'anxiété est un facteur de dépression ? Non. Il est en fait très probable qu'une autre variable relie ces deux humeurs. On a déjà montré que la dépression et l'anxiété ont en commun un élément de détresse générale, qui explique en grande partie le lien entre les deux variables (voir figure 1.5).

Il est possible de conclure, dans une certaine mesure, à un lien de causalité à partir d'une étude de corrélation, mais le design expérimental correspondant est bien plus complexe que ceux que nous avons cités, et utilise des mesures répétées dans le temps [10].

3.4 *Expérience*

Si nous voulons établir une relation de cause à effet plus simplement, il nous faut manipuler une des variables et enregistrer les changements concomitants d'une autre variable. Cela doit être pensé dès la phase d'organisation de l'étude.

Un des designs expérimentaux les plus répandus en science est le plan d'*expérience* [11], également appelé *(véritable) expérience*. Pensez aux expériences de chimie ou de physique que vous avez faites à l'école : elles incarnent parfaitement le principe des véritables expériences. Par exemple, on peut comparer ce qu'il advient du

10. Ces méthodes sont fréquentes en économie, mais rares en psychologie. Elles consistent essentiellement à déterminer si l'accroissement d'une variable *X* *précède systématiquement* dans le temps l'accroissement d'une autre variable *Y*. Si tel est le cas, on pourra conclure que le premier accroissement de *X* est une « cause » de l'accroissement suivant de *Y*.
Si par exemple une modification du niveau d'anxiété était toujours suivie, mais seulement le lendemain ou le surlendemain, d'une variation dans le même sens du niveau de dépression, on pourrait conclure que l'anxiété est la « cause » de la dépression. [ndt]

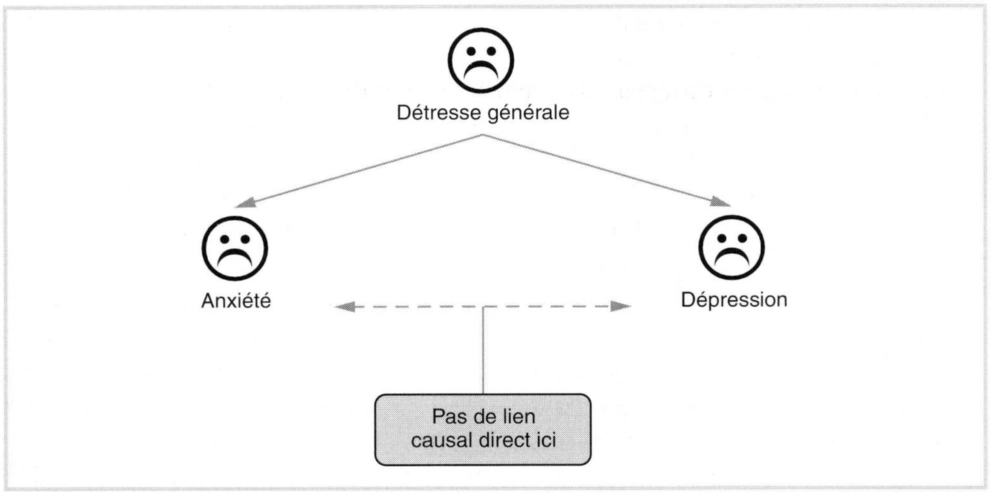

Figure 1.5
Illustration du fait que l'anxiété et la dépression partagent certains éléments, et qu'il n'y a peut-être pas de relation de cause à effet entre les deux

sodium exposé à l'air, avec ce qui se passe lorsqu'il est plongé dans l'eau. Dans la condition « air », on observerait une réaction lente (la surface brillante du sodium ternit peu à peu), alors qu'une réaction rapide se produit dans l'eau (le sodium pétille à la surface de l'eau et peut même s'enflammer). Dans une véritable expérience, on mesure une variable, comme l'état du sodium (c'est la *variable dépendante*), et on souhaite découvrir ce qu'une autre variable – à quoi le sodium est exposé – implique concernant la première variable. La variable *manipulée* par l'expérimentateur est la *variable indépendante* (VI), celle que l'on mesure est la *variable dépendante* (VD). On l'appelle variable « dépendante » parce qu'on imagine qu'elle *dépend* (peut-être) de l'autre variable. Le but de l'expérience est précisément de confirmer ou d'infirmer cette dépendance [12].

De telles expériences sont possibles en psychologie. Par exemple, on peut chercher à savoir si le fait de marcher avec un chien plutôt que sans chien a un effet sur le nombre de rencontres. Pour cela, on décide d'assigner aléatoirement des volontaires à un groupe qui se promènera avec chien, ou à un autre groupe qui marchera sans chien. On peut alors tester l'hypothèse que ceux de la situation « avec chien » viveront plus d'interactions sociales, grâce à des analyses statistiques.

Supposons que nous ayons effectivement mené à bien cette expérience, et qu'on ait noté bien plus de rencontres dans le groupe des promeneurs accompagnés de chiens. Il semble bien que cela fournisse un argument en faveur de notre hypothèse selon laquelle le fait d'avoir un chien favorise les rencontres. Ceci dit, bien d'autres facteurs peuvent expliquer ce que nous avons observé (voir figure 1.2). Comment savoir si la différence que nous enregistrons est due à la variable indépendante et non pas à un facteur annexe ? La réponse est que nous ne le savons pas, *a priori*. Cependant, nous limitons l'impact des facteurs annexes en assignant aléatoirement les personnes à différentes valeurs de la VI (ici les groupes). En répartissant

11. Le « plan d'expérience » est ainsi un cas particulier de « plan expérimental ». Cette proximité des deux expressions nous pousse à préférer « design expérimental » à « plan expérimental », bien qu'il s'agisse d'un anglicisme. [ndt]

12. Les termes de VD et VI ont une application bien plus large que celle des seules véritables expériences. Dans le cas d'une observation ou d'une étude de corrélation, il peut aussi y avoir des VD et des VI. Le principe est simplement que si l'on étudie une variable X *en fonction* d'une variable Y, alors X est une VD et Y une VI. [ndt]

aléatoirement les personnes dans les deux groupes, nous réduisons la probabilité que les groupes soient différents pour le sexe, le charme, ou la timidité, et limitons ainsi le risque que les différences observées soient dues à l'une de ces variables de confusion. Parce qu'on a réparti les participants au hasard, on a plus de raisons de conclure à un lien causal entre la VD (nombre de rencontres) et la VI (ici se promener avec ou sans chien). C'est cette répartition aléatoire qui rend si pertinente une *véritable expérience* pour étudier des relations de cause à effet entre variables.

Ainsi, une des caractéristiques principales définissant une véritable expérience est la *répartition aléatoire* des participants dans les différentes conditions. Pour répartir aléatoirement les participants dans le cas de l'étude sur les chiens et les rencontres, on peut utiliser un générateur informatique de nombres aléatoires, qui attribuera un nombre à chaque participant. On demanderait alors à chaque personne qui a obtenu un nombre inférieur à une certaine valeur de se promener avec un chien, et aux autres de se promener sans chien. Nous aurons alors procédé à une répartition aléatoire des sujets dans les différentes conditions (groupes).

Bien sûr, la répartition aléatoire est surtout utile pour contrôler des variables personnelles comme la timidité. Certains autres facteurs, pourtant liés à notre expérience, ne peuvent pas être contrôlés par cette répartition aléatoire. Regardez à nouveau la figure 1.2, et vous verrez parmi les variables annexes qui peuvent avoir un effet sur notre VD certains facteurs, comme le jour de la semaine ou l'heure, qui ne seront pas neutralisés par la répartition des sujets. Ce sont des points qu'il faut prendre en compte quand on organise l'expérience. On fera attention à utiliser des heures et des jours fixes, et d'utiliser toujours le même type de chien.

3.5 *Quasi-expérience*

En psychologie, on s'intéresse souvent à des variables qu'on ne peut pas manipuler directement. Si nous voulons, pour une raison ou une autre, comparer les femmes et les hommes, nous ne pouvons pas décider dans quel groupe ira chaque participant. Il n'est pas possible de manipuler la variable sexe et d'imposer à chaque participant d'être dans le groupe correspondant : les sujets sont déjà homme ou femme. Par conséquent, nous ne pouvons pas considérer cette situation comme propice à la mise en place d'une véritable expérience. Pour marquer cet écart par rapport à la stricte définition d'un plan d'expérience, on parle de *quasi-expérience.*

En guise d'illustration, supposons qu'on organise une expérience sur la promenade du chien, et que nous voulions nous débarrasser de l'effet indésirable de la variable sexe. Nous pourrions commencer par une étude préliminaire par laquelle on essaierait de déterminer si les femmes vivent plus d'interactions sociales que les hommes quand ils (et elles) se promènent (sans chien). Dans une telle étude, les participants ne sont pas répartis aléatoirement entre les conditions, étant déjà de sexe masculin ou féminin. Il s'agit d'un plan quasi expérimental. Si on trouve que les femmes font plus de rencontres que les hommes, on pourra bien entendu penser que le fait d'être une femme favorise les rencontres.

Un des problèmes des quasi-expériences est que, comme les participants ne sont pas répartis aléatoirement entre les différentes conditions définies par la VI, on ne peut pas être certain que c'est la manipulation (« pseudo-manipulation » serait plus exact) de la VI qui est responsable des différences constatées. Autrement dit, il est plus difficile de conclure à une relation causale dans le cas d'une quasi-expérience que dans le cas d'une véritable expérience. Dans l'exemple précédent, il se pourrait que d'autres facteurs interviennent (comme la taille, par exemple). Il se pourrait que les femmes soient perçues comme moins menaçantes parce qu'elles sont généralement plus petites que les hommes. Une variable indésirable se serait glissée dans notre étude. À cause de la possibilité qu'une telle variable de confusion explique les différences observées, une véritable expérience est toujours préférable à une quasi-expérience. Lorsque c'est possible, on privilégiera un plan d'expérience.

Si vous avez un doute sur le type de plan que vous utilisez dans une (quasi-)expérience, demandez-vous si les participants sont répartis aléatoirement. Si ce n'est pas le cas, vous êtes probablement dans le cas d'une quasi-expérience.

Une autre raison fondamentale pour laquelle on doit préférer une expérience à une quasi-expérience est que bien des techniques statistiques sont fondées sur l'hypothèse d'une distribution aléatoire des participants. La validité de ces techniques est douteuse dans le cas où les participants ne sont pas répartis au hasard. Ce n'est pas un problème pratique majeur, mais il est bon de savoir qu'il existe.

Si vous avez utilisé une expérience ou une quasi-expérience, quelques techniques disponibles pour traiter vos données sont le test T, le test *U* de Mann-Whitney, le test de Wilcoxon et l'analyse de variance (anova). Toutes ces méthodes sont traitées plus loin dans cet ouvrage.

3.6 *Vue d'ensemble des plans*

Nous avons décrit trois designs expérimentaux (ou plans) principaux et la manière dont ils influencent les analyses statistiques que nous pouvons utiliser pour traiter les données. Le tableau 1.2 donne un aperçu des principales caractéristiques de ces plans et des exemples de méthodes statistiques disponibles pour traiter les données.

Tableau 1.2

Vue d'ensemble des caractéristiques de trois types de plans

Plan	Caractéristiques	Tests statistiques
expérience	• VI manipulée • répartition aléatoire des participants • analyse par comparaison entre groupes	• test T • anova • *U* de Mann-Whitney
quasi-expérience	• pseudo-manipulation des VI • répartition non aléatoire des participants • analyse par comparaison entre groupes	• test T • anova • *U* de Mann-Whitney • test de Wilcoxon
observation (étude de corrélation)	• étudie le lien entre variables • ne démontre aucune causalité • utilise des tests de corrélation	• coefficient de Pearson • coefficient de Spearman

Activité 1.2

Classez les études qui suivent en fonction de leur type : véritable expérience, quasi-expérience ou observation.

(a) On cherche le lien entre la consommation de caféine et les céphalées (maux de tête).

(b) On s'interroge sur la différence entre hommes et femmes pour ce qui est des compétences verbales.

(c) On relève la performance à un examen chez des étudiants répartis aléatoirement dans des salles bruyantes ou calmes.

(d) On compare la confiance en soi de personnes petites et grandes.

(e) On étudie le lien entre le stress et le temps de travail quotidien.

(f) On répartit des participants au hasard entre un groupe test (qui suit une thérapie de relaxation) et un groupe témoin (qui n'en suit pas), et on relève le niveau d'anxiété pour connaître l'effet de la thérapie.

La plupart des études sont de l'un des trois types présentés dans ce chapitre. Il ne faut pourtant pas croire que cette classification épuise toutes les possibilités. Certaines études ne sont ni des expériences au sens strict, ni des quasi-expériences, ni des observations. Un exemple particulièrement élémentaire est donné par les études ne faisant intervenir qu'une seule variable. Il n'est évidemment, dans un telle étude, ni question de corrélation, ni d'expérience ni de quasi-expérience (qui impliquent au moins deux variables). Et pourtant de telles études existent bel et bien. Par exemple, Heywood (1972) a demandé à des personnes de choisir un chiffre entre 1 et 9. Le 7 est donné majoritairement. Cette étude, apparemment triviale, a pourtant donné lieu à des développements passionnants – voir par exemple Delahaye (2004) pour un article facile d'accès et francophone.

4 Variables inter-sujets et intra-sujets

Un autre point important dans l'organisation des études est de décider si les participants doivent prendre part à l'étude dans une unique condition ou dans plusieurs conditions. Reprenons encore une fois notre exemple de la promenade des chiens. Nous avons une expérience où la VI est le fait d'avoir (ou non) un chien, et la VD le nombre de rencontres pendant la promenade.

Comment décider quelle condition correspond à tel ou tel participant ?

- Vous vous souvenez que nous avions suggéré de répartir les participants aléatoirement entre les deux conditions.
- Mais il existe aussi une solution alternative qui est de demander à chaque participant de se promener sans chien, puis de se promener à nouveau mais avec un chien.

Dans le premier cas, on dit que la VI est une variable *inter-sujets* et on parle de *plan simple* (ou *plan à mesures indépendantes*) ; dans le second cas on dit que la VI est une variable *intra-sujets*, et on parle de *plans à mesures répétées*. Lorsque vous devez choisir l'un de ces types de plan (donc de variables) vous devez garder à l'esprit les avantages et inconvénients de chacune de ces solutions.

4.1 *Plans à mesures répétées*

L'intérêt principal des plans à mesures répétées est qu'ils permettent de contrôler un grand nombre de variables inter-individuelles annexes. Lorsque vous formez des groupes avec des personnes différentes, vous courez toujours le risque d'avoir des différences entre groupes dues à des variables de confusion. Dans ce cas, vous seriez confronté à des facteurs perturbants. En utilisant un plan à mesures répétées, vous avez un bien meilleur contrôle sur ces variables. Comme vous observez les mêmes personnes dans les différentes conditions, moins de variables extérieures risquent de perturber les résultats. En gros, les différents « groupes » sont forcément équivalents, puisqu'ils sont formés des mêmes personnes.

Un autre point très attrayant des plans à mesures répétées est qu'ils nécessitent peu de participants. Par exemple, si vous souhaitez comparer deux situations sur la base de 12 personnes au moins par condition, il vous faudra trouver 24 volontaires dans le cas d'un plan simple (mesures indépendantes) mais seulement 12 avec un plan à mesures répétées. Vous imaginez l'importance d'une telle caractéristique lorsqu'on développe des expériences coûteuses.

Las ! tout n'est pas rose au pays des plans à mesures répétées. Si vous refléchissez à l'exemple de la promenade du chien, vous serez sans doute capable d'identifier quelques problèmes qui se posent immanquablement. Si on utilise les mêmes sujets dans les deux situations, il se pourrait bien que, du fait qu'il connaissent déjà le chemin et – pourquoi pas – des personnes rencontrées lors de la première promenade, ces sujets aient tendance à s'arrêter plus facilement la seconde fois. Ainsi, dans la seconde phase il se pourrait que les rencontres se soient multipliées simplement à cause de la familiarité du chemin et non à cause de la présence du chien. D'un autre côté, les volontaires peuvent aussi se lasser de la promenade, et être plus fatigués ou ennuyés lors de la deuxième balade, ce qui pourrait bien influencer le nombre d'interactions sociales. Ces facteurs perturbants peuvent nuire à la bonne interprétation des résultats. Toute différence observée entre les deux conditions risque de provenir d'un de ces facteurs annexes, que l'on regroupe sous le terme d'*effet d'ordre*.

Une manière de limiter l'effet d'ordre est d'utiliser un *contrebalancement* dans notre plan. Pour contrebalancer, on demande à la moitié seulement des participants d'effectuer la première condition d'abord, puis la seconde ensuite. Pour l'autre moitié des participants, on impose l'ordre inverse, à savoir la seconde condition en premier, et ensuite seulement la première condition. Dans le cas des chiens, vous demanderiez par exemple à la première moitié des volontaires de se promener d'abord sans chien, puis avec chien. À l'autre moitié des sujets, vous demanderiez au contraire de se promener d'abord avec chien, et ensuite seuls. L'ennui, la lassitude ou au contraire la familiarité avec le terrain sera alors réparti entre les différentes conditions et ne constituera plus une variable de confusion, les effets se compensant (voir figure 1.6). En outre, vous conservez avec cette méthode les avantages du plan à mesures répétées.

En règle générale, cette solution du contrebalancement est fructueuse. Mais elle n'est pas une panacée pour autant. On peut imaginer dans le cas de la promenade du chien par exemple que les sujets qui se sont promenés d'abord avec le chien sont grandement fatigués et grognons, et, de ce fait, rencontrent ensuite peu de monde lors de la seconde promenade. Au contraire, ceux qui se sont d'abord promenés seuls ont croisé quelques personnes, et sont peut-être en forme et disponibles pour la seconde balade. L'ordre aura alors pour effet de diminuer le nombre de rencontres, dans le premier cas, dans la situation « sans », et dans le second cas d'augmenter le nombre de rencontres dans la situation « avec ». Au lieu de s'annuler, les effets s'ajoutent, et l'effet pervers persiste malgré le contrebalancement. Une question importante qu'il faut se poser au moment d'organiser l'expérience est : « le contrebalancement sera-t-il efficace ? », ce qui revient à se demander si l'effet de la première phase de l'expérience est le même que l'on commence par telle situation ou telle autre.

Une autre limite des plans à mesures répétées est que les sujets, passant plusieurs conditions, ont plus de chance de deviner le but de l'expérience. C'est un problème dans la mesure où la plupart des gens essaient de faire ce qu'ils pensent que l'expérimentateur attend d'eux, et se comportent souvent comme ils pensent qu'ils devraient le faire et non comme ils le feraient spontanément. C'est ce qu'on appelle l'effet de désirabilité sociale. La raison pour laquelle ce problème est particulièrement prégnant avec des plans à mesures répétées est que les sujets ont un aperçu plus large de l'expérience, du fait de leur participation à plusieurs conditions, que s'il s'agissait d'un plan simple. Le contrebalancement réduit en partie, mais n'élimine pas toujours complètement, cet effet.

Un dernier problème à propos des plans à mesures répétées et qu'on ne *peut pas* les utiliser, dans la plupart des cas, pour des quasi-expériences. Par exemple, si on veut comparer le nombre d'interactions sociales lors de promenades chez les hommes et les femmes, il est impossible d'utiliser les mêmes personnes dans les deux situations. On ne peut pas faire en sorte que la même personne soit homme, puis femme à un autre instant. La même personne ne pourra pas participer aux deux conditions, à moins bien sûr d'avoir changé de sexe entre les deux passations...

4.2 *Plans simples*

Une des caractéristiques importantes des plans à mesures indépendantes est que, du fait que chaque sujet ne passe qu'une condition, les participants risquent moins de se lasser, d'être fatigués ou frustrés pendant l'expérience. En conséquence, il y a plus de chance qu'ils fassent de leur mieux tout au long de l'expérience. De

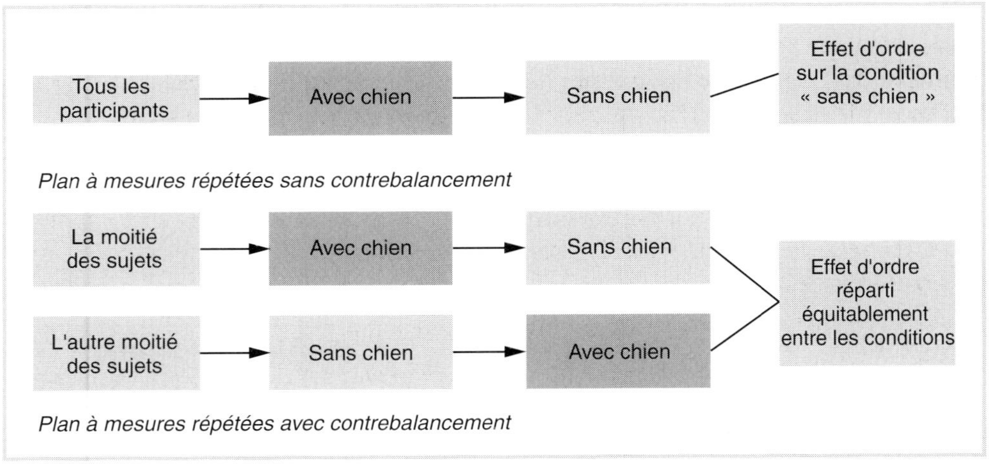

Figure 1.6
Illustration de la manière dont le contrebalancement peut éliminer les effets d'ordre

Activité 1.3

Comment opérer un contrebalancement dans l'étude qui suit ?

On cherche à comprendre l'effet de la motivation dans une tâche de dessin inversé. Les sujets doivent recopier le contour d'une étoile en ne regardant leur production graphique que dans un miroir, qui renvoie donc une image inversée de leur dessin. On enregistre le nombre d'erreurs et le temps mis pour réaliser la tâche. Dans une deuxième étape, les mêmes sujets doivent recommencer l'expérience, mais on leur offre 10 euros s'ils arrivent à terminer le dessin en moins de temps et avec moins d'erreurs que la première fois.

même, vos résultats seront moins susceptibles de se trouver déformés par des effets d'entraînement, et les participants risquent moins de deviner l'objet réel de l'expérience. Les plans simples annulent ainsi les effets d'ordre et réduisent ceux de désirabilité sociale, facteurs que l'on peut dès lors négliger en première approximation.

Malheureusement, il vous faudra plus de sujets qu'avec un plan à mesures répétées. De plus, si les sujets sont différents d'une condition à l'autre, vous perdez en partie le contrôle des variables de confusion. Imaginez par exemple que l'on organise l'expérience des chiens selon un plan simple. Que se passe-t-il si l'on croit trouver que la condition avec chien est favorable aux rencontres ? Avant d'accepter une telle conclusion, il faudra vérifier qu'aucune variable annexe n'intervient. Une variable de confusion possible pourrait être la timidité des promeneurs. Il se pourrait que, par hasard, ceux du groupe sans chien se trouvent être plus timides que les autres, ce qui expliquerait pourquoi ils font moins de rencontres le long du chemin. Si nous avions préféré un plan à mesures répétées, cette variable serait automatiquement contrôlée. Le niveau moyen de timidité aurait en effet été le même dans les deux conditions, et n'aurait donc pas pu interférer avec notre VI.

À partir de ce qu'on vient de décrire, vous pouvez comprendre qu'un des problèmes des plans à mesures indépendantes est que chaque participant amène à son groupe, et donc à une condition particulière, ses propres caractéristiques, ce qui peut entraîner un déséquilibre. En faisant correspondre de manière aléatoire une condition à chaque participant, on risque de regrouper par hasard dans un même groupe des participants aux caractéristiques similaires. Les techniques statistiques décrites dans ce livre permettront de contrôler la probabilité qu'une telle situation désavantageuse se produise.

Bien évidemment, une répartition aléatoire des sujets entre les conditions a fort peu de chance de conduire à un regroupement, par exemple, de tous les timides dans un même groupe. De même, il y a peu de chance que toutes les personnes de moins de 165 cm se retrouvent par hasard dans le même groupe. Cela est vrai éga-

Tableau 1.3

Résumé des avantages et inconvénients des plans à mesures répétées et des plans simples

Plan	Avantages	Inconvénients
simple	• absence relative d'effet de fatigue • les sujets risquent moins de comprendre le but de l'étude	• plus de participants • variables de confusion gênantes
mesures répétées	• peu de participants nécessaires • bon contrôle des variables de confusion	• effet de fatigue ou d'entraînement • les sujets risquent de comprendre le but de l'étude

Activité 1.4

Comment organiseriez-vous une expérience pour enquêter sur un lien causal éventuel entre la consommation de caféine et les compétences mathématiques ?

lement pour chaque caractéristique que vous pourriez imaginer. Prenons par exemple la profession. Il est peu probable que tous les boulangers (à supposer qu'ils soient assez nombreux) se retrouvent par hasard dans le même groupe. C'est vrai aussi avec la variable couleur des cheveux, etc. Mais si chacune de ces situations est peu probable, il est en revanche *très* probable que *l'une au moins* de ces situations se produise, et c'est en cela que réside le problème.

Le tableau 1.3 donne un résumé des avantanges et inconvénients des plans à mesures répétées et simples. Il est assez clair que chaque inconvénient de l'un des types de plan correspond bien souvent à un avantage de l'autre type. Lorsque vous choisissez un type de plan, il faut prendre en compte ces caractéristiques.

SPSS pour Windows

Cette section fait le point sur quelques caractéristiques du logiciel de calcul statistique SPSS (dans la version Windows), et explique comment entrer et enregistrer des données dans un fichier. Elle explique également la différence pratique entre les plans à mesures répétées et les plans simples.

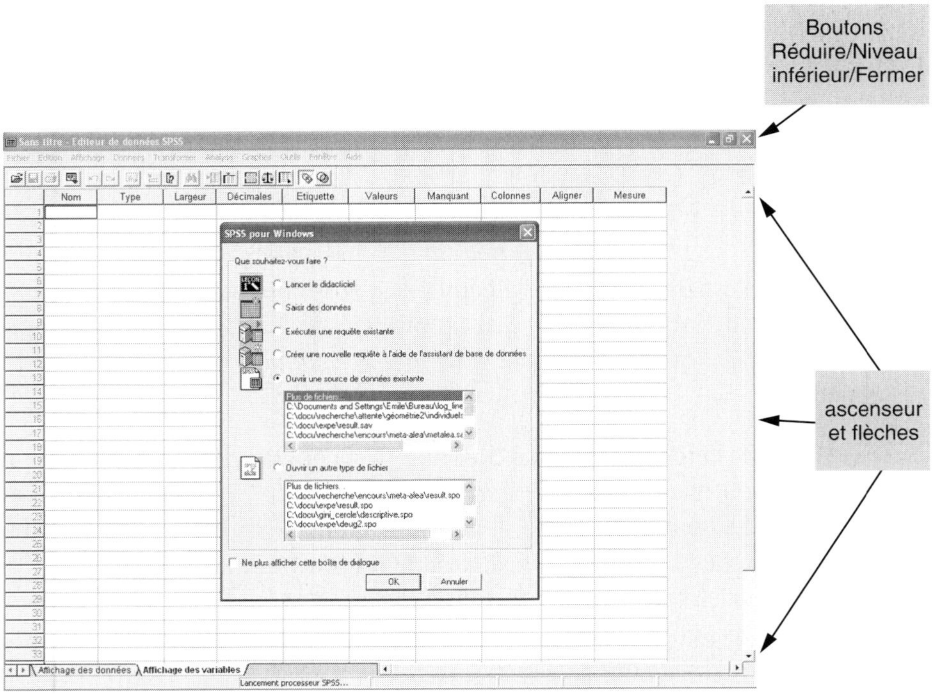

Principes de base

Dans un premier temps, vous risquez d'avoir besoin de connaître quelques principes de base concernant les logiciels Windows. Windows est une interface graphique qui permet à un utilisateur de manipuler des icônes et du texte à l'écran. Les programmes comme SPSS ouvrent plusieurs fenêtres que vous pouvez utiliser, fermer, etc.

Lorsque vous lancez l'application SPSS version 10, 11 ou 12, une boîte de dialogue apparaît qui vous permet de sélectionner ce que vous voulez faire.

La première chose à faire est de décider si vous souhaitez ouvrir un fichier de données existant, ou entrer de nouvelles données. Pour ouvrir un fichier, sélectionner l'option *ouvrir une source de données existante* de la boîte de dialogue *que souhaitez-vous faire ?* Il vous faudra alors sélectionner le fichier approprié et cliquer sur OK pour continuer. Si vous souhaitez entrer de nouvelles données, sélectionnez *saisir des données,* puis cliquez sur OK. Lorsque vous aurez cliqué sur le bouton OK, l'écran suivant apparaîtra :

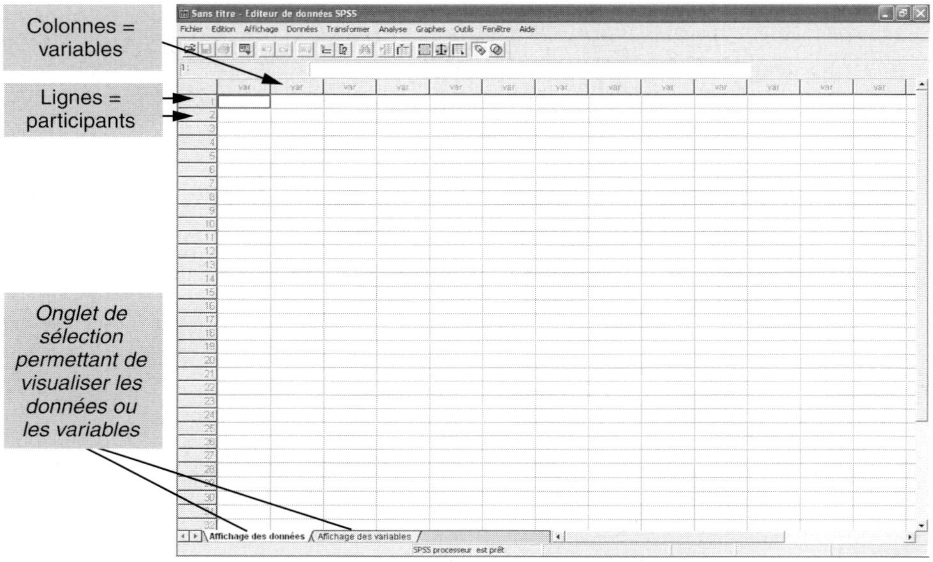

Si l'écran n'est pas semblable à celui présenté ci-dessus, c'est peut-être que vous êtes sur la feuille de présentation des variables et non des données. Dans ce cas, cliquez sur l'onglet *affichage des données* en bas à gauche de la fenêtre.

Si la taille de la fenêtre ne vous convient pas, vous pouvez la modifier en utilisant les boutons *niveau inférieur* (🗗) ou *agrandir* (☐) en haut et à droite de la fenêtre. Le bouton *réduire* (_) cachera la fenêtre en bas de l'écran dans la *barre des tâches.* Le bouton *niveau inférieur* réduit une grande fenêtre et permet de fixer sa taille. Le bouton *agrandir* rend la fenêtre aussi grande que l'écran. Vous pouvez aussi faire défiler les données en utilisant les flèches ou l'ascenseur à droite de la fenêtre.

Entrer des données

Avant de pouvoir mener à bien une analyse statistique, il vous faut entrer des données. Le tableau apparaissant à l'écran se compose de *cellules* (ou cases) rangées en colonnes et en lignes. Chaque ligne correspond à un participant et chaque colonne à une variable. Imaginons par exemple que nous ayons mené une étude sur l'anxiété statistique et la procrastination. Supposons qu'on ait trouvé les valeurs suivantes :

Participants	P1	P2	P3	P4	P5	P6
Anxiété statistique	55	59	48	60	62	50
Procrastination	125	132	94	110	140	96

La première chose à faire est de « déclarer » les variables, pour que SPSS vous permette d'entrer les résultats sans problème. Pour déclarer les noms et les caractéristiques des variables, sélectionnez en bas à gauche de la fenêtre SPSS l'onglet *visualiser les variables*. L'écran change alors et donne la liste des variables.

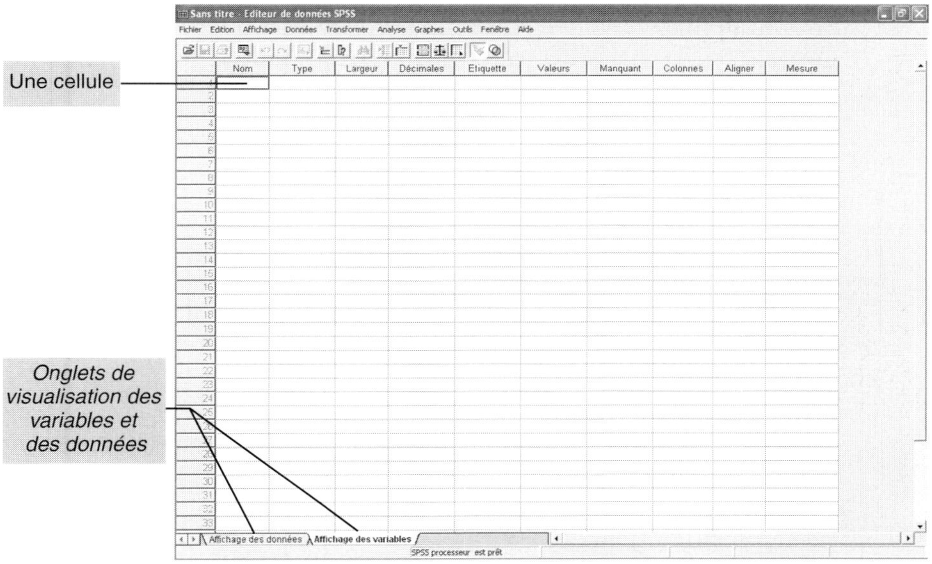

Sur l'écran de visualisation des variables, une ligne représente une variable, et les colonnes donnent des caractéristiques fondamentales des variables. Il vous faudra dans un premier temps entrer les noms des variables dans la colonne *Nom*. Cliquez sur la première ligne de cette colonne, et entrez le nom de la première variable. Nous devons déclarer deux variables : l'anxiété statistique et la procrastination. Entrez le nom de la première variable, par exemple *anxistat*. Pour nommer les variables, vous devez suivre les principes suivants :

- Pour la version 12 de SPSS, le nom de la variable est de 16 caractères maximum (par exemple, anxistat est correct, mais anxietestatistique ne convient pas).

- Pour les versions 10 et 11 de SPSS, le nombre maximum de caractères est de 8 seulement.
- Le nom de la variable ne doit contenir aucun espace ou caractère accentué ou spécial (par exemple, *anxiété statistique* ne convient pas).
- Vous pouvez écrire en majuscules ou minuscules, mais SPSS convertira automatiquement toutes les lettres en minuscules.

Quand vous avez déclaré la première variable, cliquez sur la cellule juste en dessous et entrez le nom de la seconde variable. Par exemple, on pourra la nommer *procrast*. Quand vous avez fini, l'écran doit être semblable à ceci :

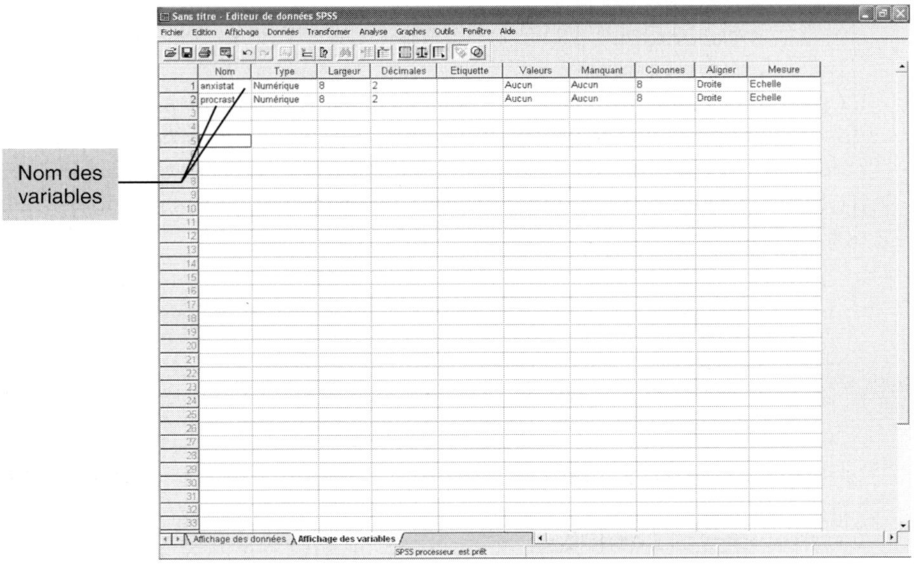

Les variables sont maintenant déclarées, aussi pouvez-vous désormais saisir des données. Pour cela, cliquez sur l'onglet *affichage des données* en bas à gauche de la fenêtre.

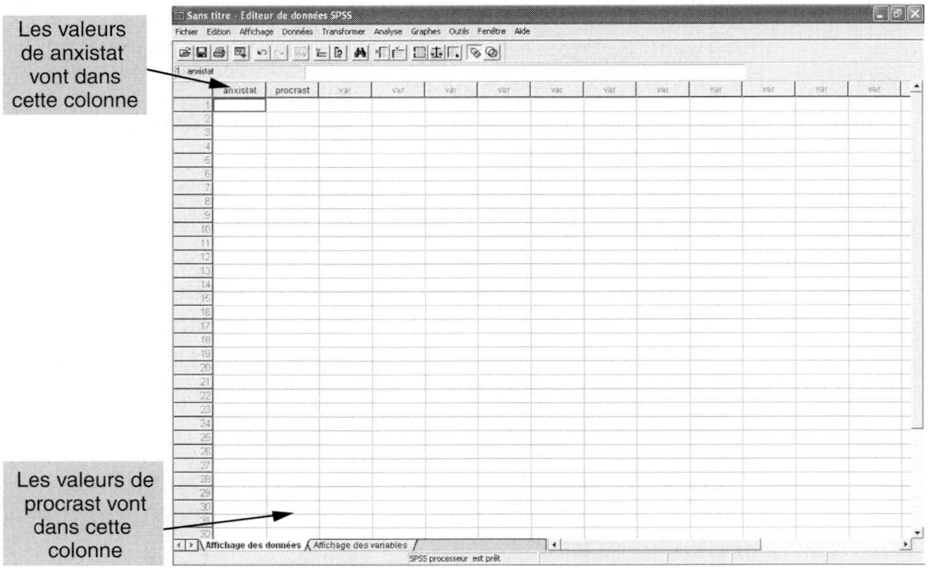

Remarquez que les colonnes sont nommées *anxistat* et *procrast*. Souvenez-vous que dans l'affichage des données, chaque colonne correspond à une variable et chaque ligne à un participant. Toutes les données correspondant à l'anxiété statistique iront dans la première colonne, et celles correspondant à la procrastination dans la seconde. Entrez maintenant les données que nous avions notées plus haut. Quand vous avez fini, l'écran doit ressembler à :

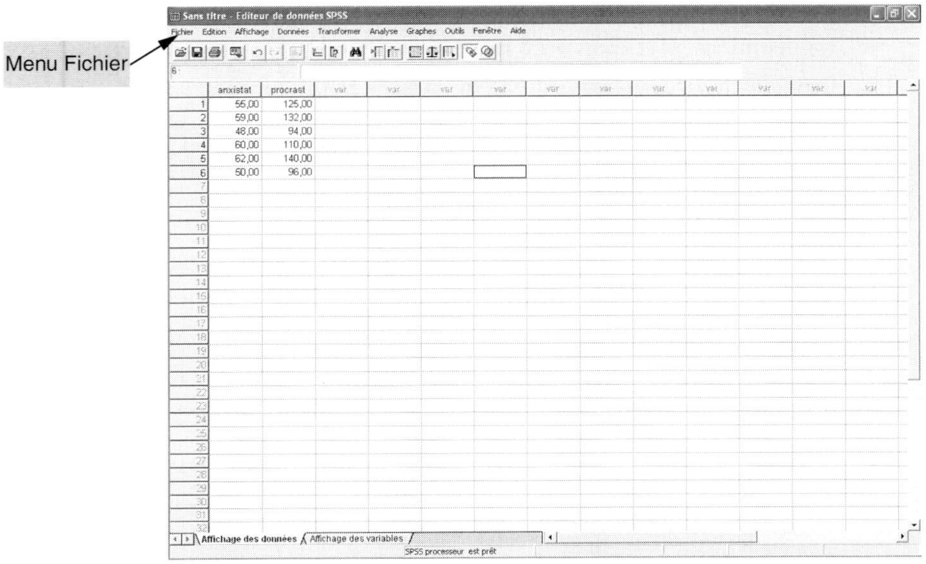

Vous pouvez vérifier que les données ont bien été prise en compte par SPSS.

ENREGISTRER LES DONNÉES

Quand toutes les données sont entrées, il est judicieux de les enregistrer dans un fichier. De la sorte, vous serez en mesure de réutiliser les résultats pour des développements futurs si vous le souhaitez. Pour enregistrer les données, cliquez avec le bouton gauche de la souris sur le menu *Fichier* en haut à gauche de la fenêtre SPSS. Un menu déroulant apparaît alors :

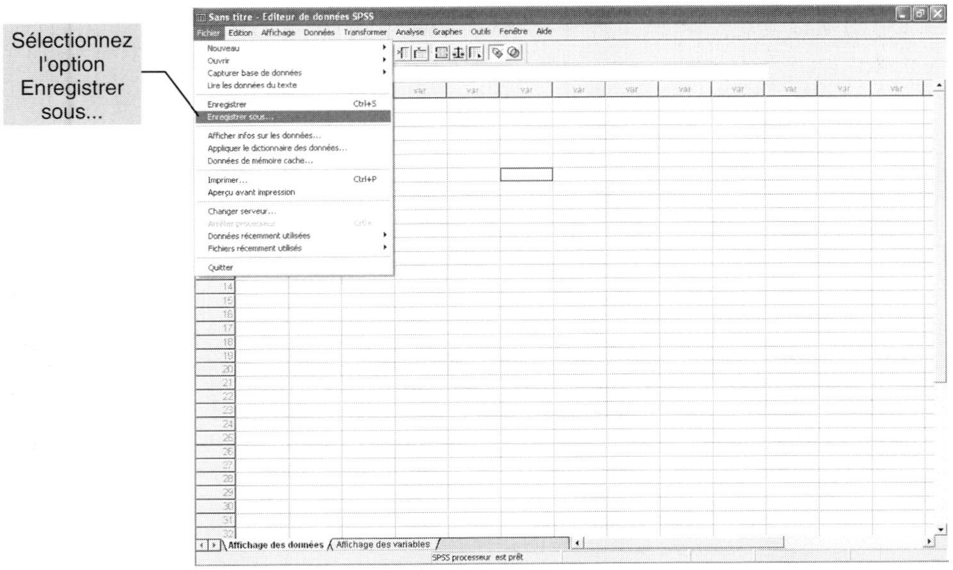

Cliquez sur l'option *Enregistrer sous...* du menu déroulant. Une boîte de dialogue apparaît. Cela s'appelle une boîte de dialogue parce qu'elle vous permet de dire à SPSS où vous souhaitez enregistrer votre fichier, donc de « dialoguer » avec l'ordinateur. Il vous suffit de taper le nom que vous souhaitez attribuer à votre fichier, puis de cliquer sur *Enregistrer*. Le fichier sera créé et les données entregistrées.

Il est fortement conseillé de suivre les principes suivants :

- La première partie du nom de fichier devrait être parlant pour vous (par exemple stats_anxiete mais pas WFD03)
- La seconde partie du nom de fichier (appelée *extension)* doit être SAV pour un fichier de données SPSS.
- Les deux parties sont séparées par un point.

Ainsi, nous avons appelé notre fichier *stats_anxiete.sav*. En réalité, il n'est pas nécessaire de taper le « .sav » du fichier, parce que SPSS le fera automatiquement pour vous. Les fichiers qui se finissent par l'extension*.sav* sont presque sûrement des fichiers de données SPSS. Si vous avez perdu un fichier SPSS, cherchez donc parmi les fichiers dont l'extension est SAV.

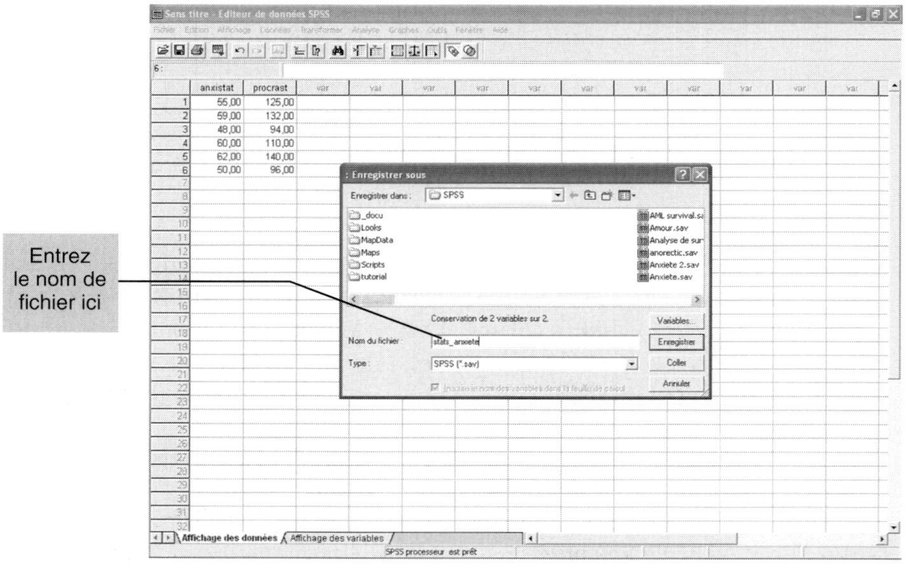

ENTRER DES DONNÉES PROVENANT D'UN PLAN SIMPLE

Nous venons de voir comment entrer les données dans SPSS et comment les enregistrer. Ceci dit, des designs expérimentaux différents conduisent à des manières différentes de saisir les données. Nous venons de traiter le cas des observations. Mais si vous souhaitez entrer des données pour une expérience dont le plan est à mesures indépendantes (plan simple), il faudra procéder comme suit. Supposons par exemple qu'on ait utilisé un plan simple pour l'étude sur les chiens en promenade et les rencontres impromptues. Supposons encore que nous ayons relevé les valeurs suivantes du nombre de rencontres :

avec chien	9	7	10	12	6	8
sans chien	4	5	3	6	5	1

Dans cette étude, marcher avec ou sans chien correspond à la VI, et le nombre de rencontres à la VD. Quand on entrera les données dans SPSS, il faudra d'abord déclarer deux variables, la VD et la VI. Après avoir ouvert SPSS, allez sur la page d'affichage des variables. Le plus délicat pour les étudiants est de déclarer correctement la VI. Aussi, faites particulièrement attention à cette variable. Lorsque nous avons, comme c'est le cas ici, plusieurs groupes de participants correspondant aux différentes conditions, il nous faut déclarer une *variable de groupe* dans SPSS. De cette manière, SPSS saura à quel groupe appartient chaque participant. Entrez les variables comme ceci :

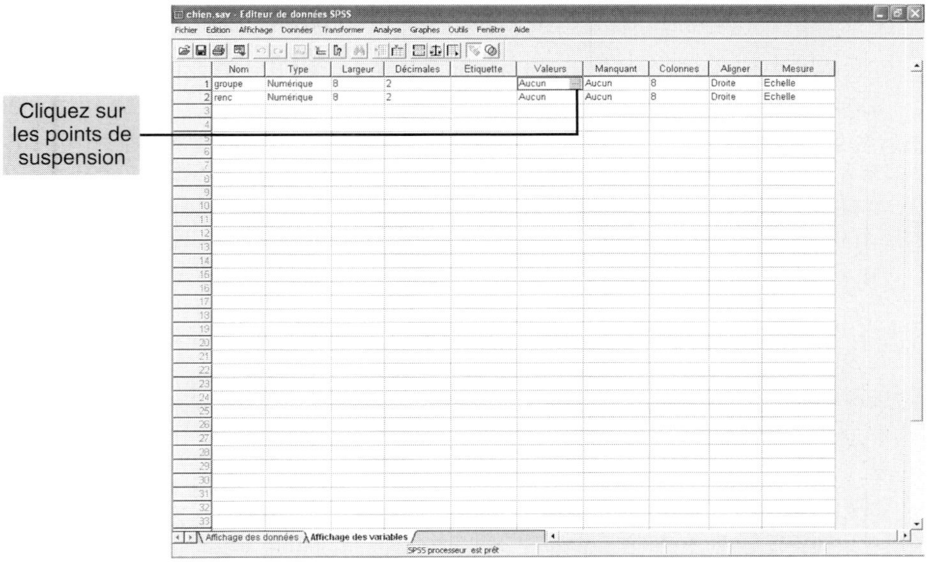

Si nous laissons la variable « groupe » en l'état, vous aurez du mal à interpréter les résultats, parce qu'aucune légende n'apparaîtra sur ces résultats. C'est pourquoi il est préférable de rentrer des titres pour les différentes conditions correspondant à la VI. Lorsque vous cliquez sur la cellule de la première ligne et de la colonne *Valeurs*, des points de suspension s'affichent (trois points dans un carré gris). Cela signifie que vous pouvez ajouter des informations à cette colonne. Cliquez sur les points de suspension et vous ouvrirez une boîte de dialogue.

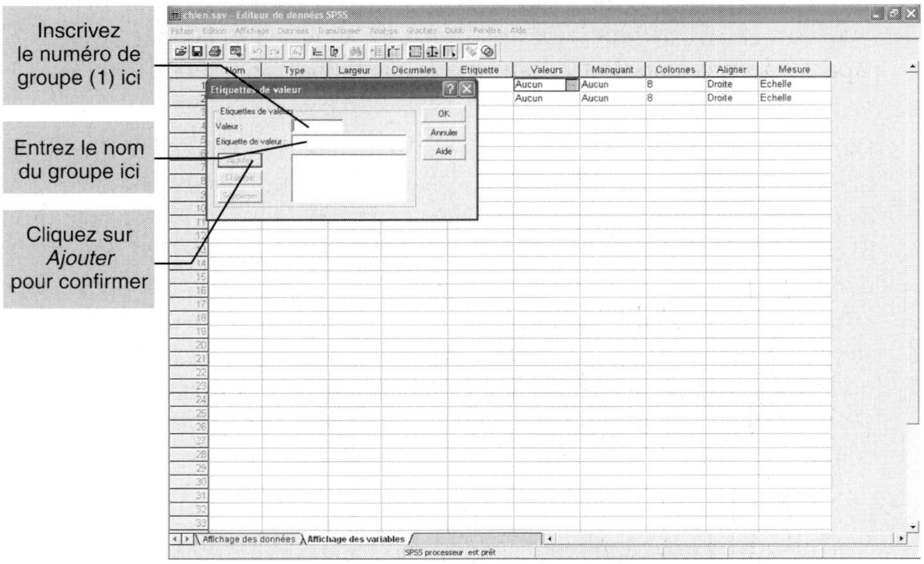

Nous avons deux conditions pour la VI, auxquelles nous allons faire correspondre deux nombres. Nous numéroterons 1 le groupe « avec chien » et 2 le groupe « sans chien » (ceci est un codage totalement arbitraire). Tapez « 1 » dans la zone *Valeur* et « avec chien » dans la zone de texte *Etiquette de valeur*. Cliquez ensuite sur *Ajouter*. Les détails apparaissent dans la boîte de dialogue. Tapez ensuite « 2 » comme valeur, et « sans chien » comme étiquette de valeur. Cliquez à nouveau sur *Ajouter*. Vous devriez voir ceci :

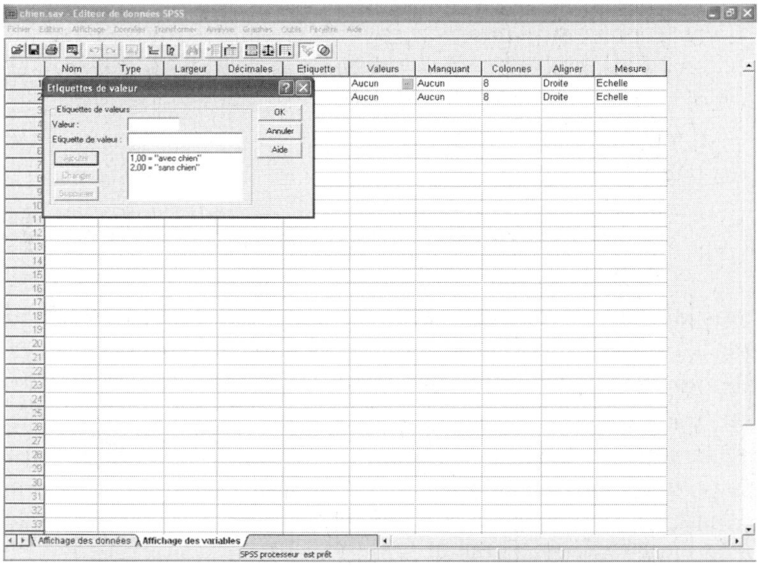

Cliquez sur OK. Chaque fois que vous souhaitez indiquer à SPSS les noms de vos groupes, vous pouvez le faire en utilisant la colonne *Valeurs*.

Nous avons maintenant déclaré les variables. Cliquez sur l'onglet *Affichage des données*. Quand il faudra entrer les données dans la colonne *groupe*, il suffira de taper 1 si le sujet provient du groupe avec chien, et 2 dans le cas contraire. Notre première colonne de données ne contient ainsi que des 1 et des 2.

Dans la seconde colonne, nous indiquerons bien entendu le nombre de rencontres vécues pendant la promenade, qui est notre VD. Vous devriez être capable de lire dans le tableau que le participant numéro 4 était dans le groupe avec chien (1) et a fait 12 rencontres au cours de son périple. Le participant numéro 12 était dans le groupe sans chien, et sa balade fut plutôt solitaire puisqu'il n'a rencontré qu'une personne.

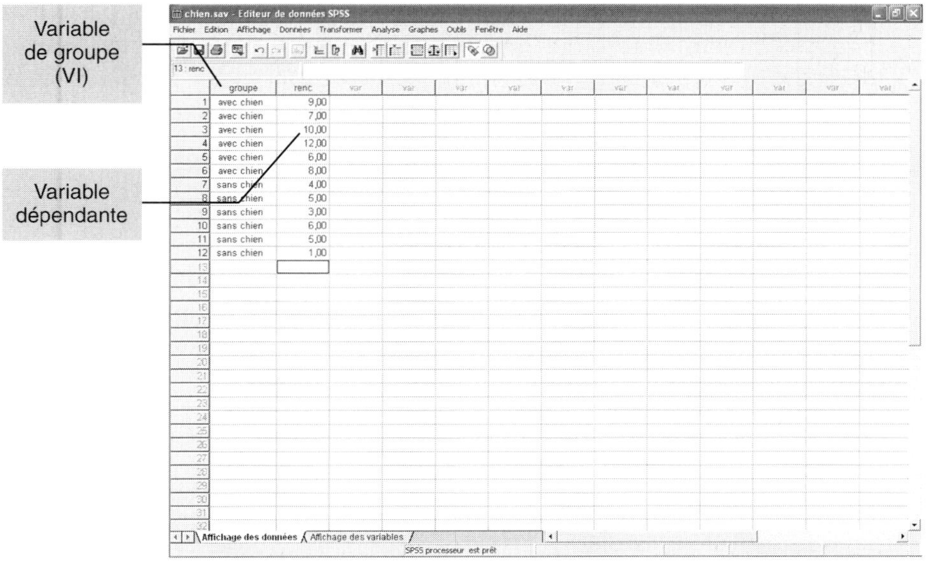

PLANS À MESURES RÉPÉTÉES

Lorsqu'on utilise un plan à mesures répétées, on doit rentrer les données d'une manière différente. Si l'on poursuit avec le même exemple qu'au-dessus, un plan à mesures répétées implique que chaque sujet participe à l'expérience une fois avec un chien, et une fois sans chien. Les données seraient alors entrées comme suit :

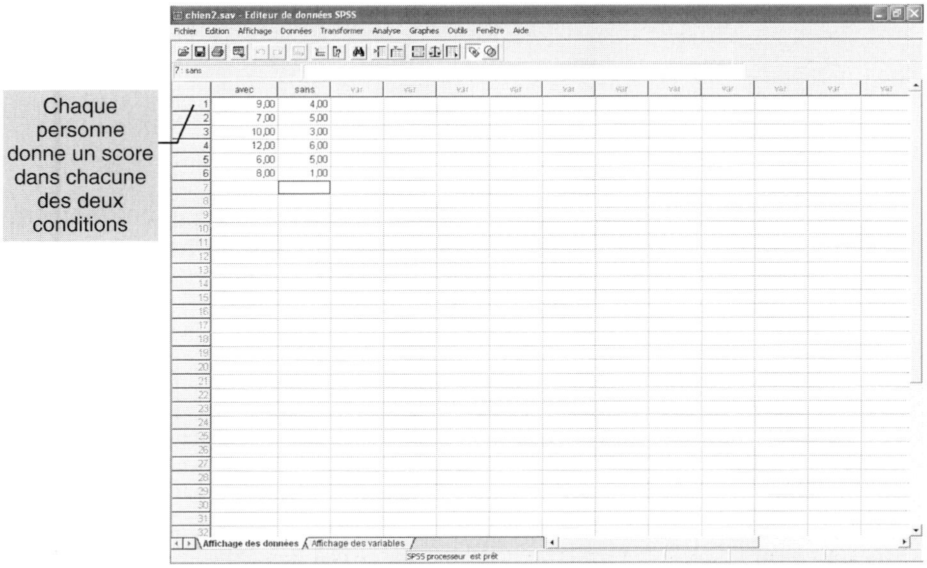

Vous vous demandez peut-être pourquoi on doit entrer les données différemment selon le type de plan. La raison de cela est que chaque ligne du tableau des données correspond à un participant. Lorsque vous choisissez un plan simple, il faut préciser à SPSS, pour chaque participant, dans quel groupe il se trouvait et la valeur de la VD qu'il a obtenue. Dans le cas d'un plan à mesures répétées, chaque participant donne deux scores – un par condition – et il n'y pas lieu de préciser le « groupe ». Il suffit de fournir à SPSS les deux scores obtenus par chaque sujet. Comme les participants n'appartiennent plus à des groupes différents, il n'est pas nécessaire de déclarer une variable groupe. Ainsi peut-on différencier les plans simples des plans à mesures répétées en cherchant s'il y a une variable « groupe ». S'il y en a une, c'est qu'il s'agit d'un plan simple.

L'aide SPSS

Un moyen agréable de s'initier à SPSS en autodidacte est d'utiliser l'aide fournie avec le logiciel. Vous pouvez commencer par lancer le didacticiel. Lorsque vous lancez l'application SPSS, la première option de la première boîte de dialogue est *Lancer le didacticiel.*

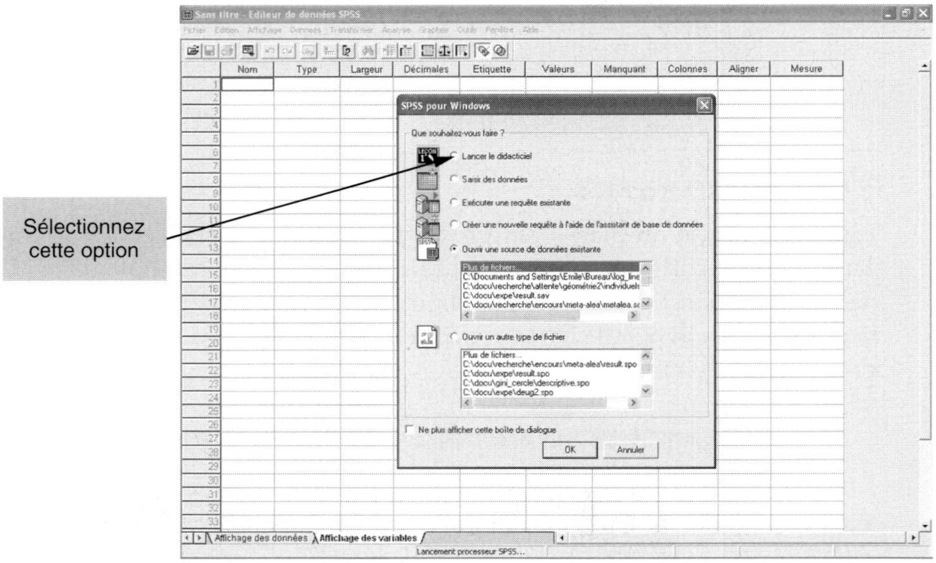

Vous pouvez également lancer le didacticiel depuis SPPS à tout moment en cliquant sur *Didacticiel* dans le menu déroulant *Aide* en haut et à droite de la fenêtre SPSS.

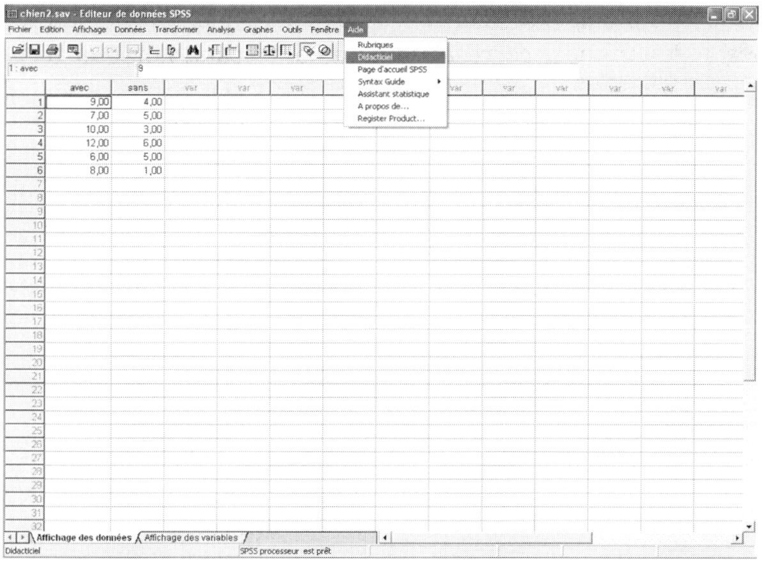

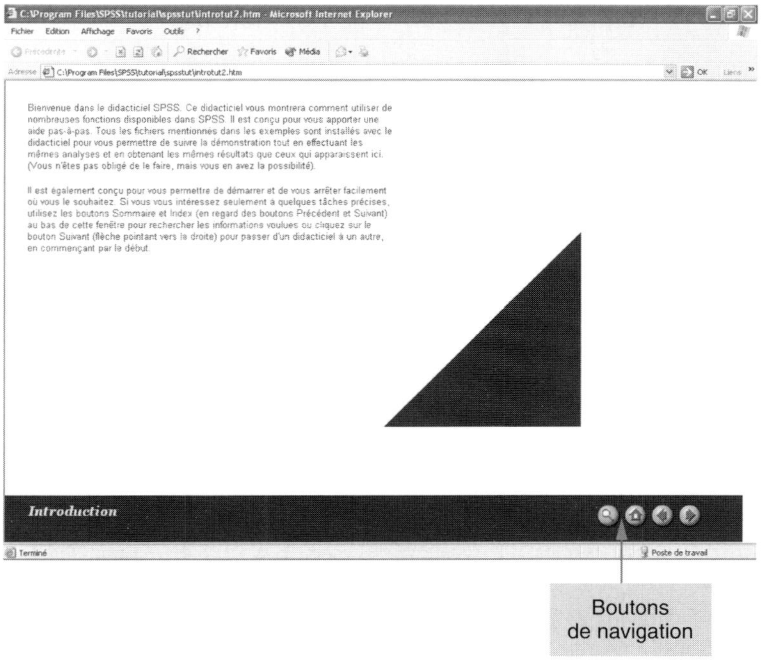

Lorsque vous avez cliqué sur *Didacticiel*, l'introduction du didacticiel s'ouvre à l'écran, vous donnant accès à l'aide de SPSS. Vous remarquerez quatre icônes en bas et à droite de l'écran. Ces icônes vous serviront à vous déplacer dans le programme d'aide et d'apprentissage de SPSS. La loupe vous permet de choisir un thème particulier dans l'index, la maison vous renvoie au sommaire de l'aide, les flèches orientée vers la gauche et la droite vous permettent d'accéder à l'écran précédent ou suivant respectivement. Quand vous cliquez sur l'icône *Sommaire* (la maison), vous obtenez une liste des thèmes disponibles. Il vous suffit alors de cliquer sur le thème de votre choix pour obtenir de l'aide.

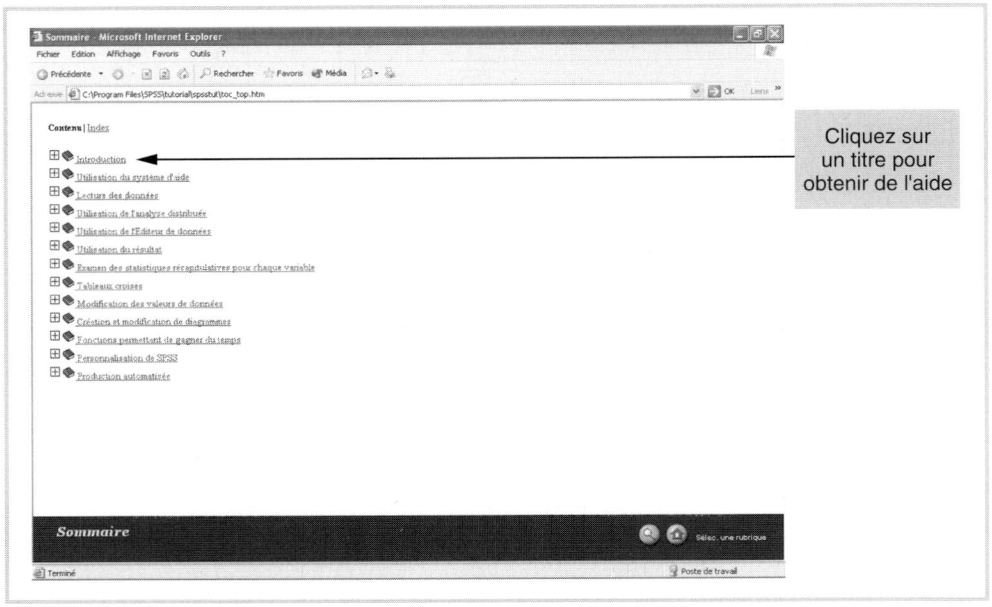

Souvenez-vous que l'aide est accessible à tout moment.

Récapitulatif

Ce premier chapitre vous a familiarisé avec les concepts de base de la recherche et du design expérimental. Vous avez appris que :

- Les variables diffèrent les unes des autres en termes de précision. Qu'elles peuvent être :
  - continues, prenant n'importe quelle valeur dans un intervalle (par exemple 10,0000 ou 10,2365) ;
  - discrètes, si elles ne peuvent prendre que certaines valeurs spécifiques dans un intervalle (par exemple 9 ou 10) ;
  - catégorielles, si les valeurs possibles sont des catégories ou des qualités plus que de vrais nombres (par exemple le sexe, masculin ou féminin).
- Il y a trois sortes particulièrement courantes de recherches :
  - les observations qui examinent le lien entre des variables et n'ont pas à proprement parler[a] de VD (variable dépendante) et de VI (variable indépendante). On ne peut pas démontrer une relation de cause à effet en utilisant ce type d'étude ;
  - les expériences véritables, dans lesquelles les participants sont répartis aléatoirement dans des groupes correspondant aux différentes conditions de la VI ;
  - les quasi-expériences, qui étudient des groupes déjà formés (comme les groupes masculin et féminin) et ne permettent donc pas une répartition aléatoire des participants.
- Dans les expériences véritables, la VI est manipulée par l'expérimentateur, ce qui lui permet d'observer l'effet d'une variation de la VI sur la VD.
- Dans les plans simples, les participants sont répartis entre les conditions définies par la VI.
- Dans les plans à mesures répétées, chaque participant est étudié dans toutes les conditions définies par la VI.

a. Du moins pas toujours. [ndt]

Exercices SPSS

Les réponses des exercices se trouvent à la fin de l'ouvrage, dans la section *ad hoc.*

Exercice 1

La professeure Nimbus mène une étude dont le but est de comparer la mémorisation de noms et d'adjectifs. Elle répartit 20 participants au hasard en deux groupes de 10 personnes. Dans un groupe, elle présente aux sujets une liste de 20 adjectifs. Dans l'autre groupe, elle présente une liste de 20 noms. Elle demande aux participants de retenir le plus grand nombre de mots possible de la liste. Elle recueille les données suivantes :

Adjectifs :	10	6	7	9	11	9	8	6	9	8
Noms :	12	13	16	15	9	7	14	12	11	13

1. Quelle est la VI dans cette étude ?
2. Quelle est la VD ?
3. S'agit-il d'un plan à mesures répétées ou d'un plan simple ?
4. Est-ce une véritable expérience, une quasi-expérience ou une observation ?
5. Entrez les données dans le logiciel SPSS et enregistrez-les dans un fichier.

Exercice 2

En utilisant les données de l'exercice 1 :

- Si vous avez entré les données conformément à un plan à mesures répétées, rentrez-les maintenant comme s'il s'agissait d'un plan simple.
- Si vous avez entré les données comme pour un plan simple, rentrez-les maintenant comme s'il s'agissait d'un plan à mesures répétées.

Enregistrez le tableau ainsi obtenu dans un nouveau fichier.

QCM

1. Quelles sont, parmi les exemples suivants, les variables continues ?
   (a) Le nombre de fois qu'un score de 180 est atteint lorsqu'on joue aux fléchettes
   (b) Le sexe
   (c) La température
   (d) Les trois, c'est-à-dire (a), (b) et (c).
2. Les véritables expériences se caractérisent par
   (a) deux conditions au maximum
   (b) l'absence de groupe témoin
   (c) la répartition aléatoire des participants
   (d) rien de tout cela.

QCM (suite)

3. Dans une étude où le sexe est une variable manipulée, la VI est
   (a) intra-sujets
   (b) une corrélation
   (c) inter-sujets
   (d) rien de tout cela.
4. Dans une observation
   (a) il n'y a en général ni VD ni VI
   (b) on cherche un lien entre deux variables
   (c) on ne peut pas savoir s'il y a un lien de cause à effet
   (d) toutes ces réponses.
5. Lesquelles sont des variables catégorielles ?
   (a) Le sexe
   (b) La marque des boîtes de haricots
   (c) La couleur des cheveux
   (d) Les trois.
6. Les plans à mesures répétées peuvent être
   (a) quasi expérimentaux ou d'expérience
   (b) seulement des expériences
   (c) seulement quasi expérimentaux
   (d) seulement des observations.
7. Dans une véritable expérience
   (a) la VI est manipulée par l'expérimentateur
   (b) la VD est supposée dépendre de la VI
   (c) il est difficile d'organiser l'étude
   (d) (a) et (b).
8. Dans une quasi-expérience
   (a) il y a une VD et une VI
   (b) les participants ne sont pas répartis au hasard entre les conditions
   (c) il n'y a ni VD ni VI
   (d) (a) et (b).
9. Une variable continue
   (a) peut prendre seulement certaines valeurs particulières dans un intervalle
   (b) peut prendre n'importe quelle valeur dans un intervalle
   (c) définit des catégories
   (d) rien de tout cela.
10. Quels problèmes se posent avec les plans à mesures répétées ?
   (a) L'effet de fatigue ou d'entraînement peut être gênant
   (b) Les participants risquent de deviner le but de l'expérience
   (c) Ils ne sont pas utilisables dans les quasi-expériences
   (d) Tout cela à la fois.

QCM (suite)

11. Selon Streiner (2002), quelle est la puissance associée à des études qui dichotomisent les variables continues en pourcentage de la puissance associée à des études qui prennent en compte directement les variables continues
    (a) 100 %
    (b) 95 %
    (c) 67 %
    (d) 50 %
12. Un chercheur a effectué une observation pour examiner le lien entre la quantité d'alcool consommée par des fans de football de l'équipe locale et le nombre de buts marqués par cette équipe lors du match. Il a trouvé une corrélation entre les deux grandeurs. Quelles conclusions peut-on en tirer ?
    (a) Le lien entre l'alcool consommé et le nombre de buts est réel mais ne signifie pas qu'il y a une relation de cause à effet entre les deux variables
    (b) Le nombre de buts n'est pas lié à la quantité d'alcool consommée, mais aux applaudissements de la foule
    (c) Un accroissement de la consommation d'alcool cause un accroissement concomitant du nombre de buts.
    (d) Toutes ces conclusions.
13. Dans un plan à mesures répétées, si on néglige le contrebalancement, les résultats risquent
    (a) d'être déformés par un effet d'ordre
    (b) d'être déformés par l'effet de l'heure
    (c) d'être insuffisants par manque de participants
    (d) tout cela à la fois.
14. Vous avez organisé une étude qui montre que plus les gens se lèvent tôt, plus ils travaillent. Quelles conclusions peut-on en tirer ?
    (a) Il n'y a pas forcément de relation de cause à effet entre le fait de se lever tôt et le fait de travailler beaucoup
    (b) Les gens qui se lèvent tôt ont un besoin naturel de travail
    (c) Certaines personnes se lèvent plus tôt que les autres parce qu'elles ont beaucoup de travail à faire
    (d) (b) et (c) sont tous deux vrais.
15. Quel type d'expérience a le moins de chance de permettre de démontrer une relation de cause à effet entre deux variables ?
    (a) Les véritables expériences
    (b) Les quasi-expériences
    (c) Les observations
    (d) Les plans à mesures répétées.
16. On parle d'effet de désirabilité quand
    (a) les participants se comportent comme ils pensent que l'expérimentateur souhaite qu'ils se comportent
    (b) les participants ont de mauvais scores parce qu'ils sont fatigués
    (c) les participants ont de bons résultats parce qu'ils ont de l'entraînement
    (d) rien de tout cela.

QCM (suite)

17. Supposez que vous vouliez faire une étude pour vérifier que les personnes dépressives se rongent plus les ongles que les non-dépressifs. Quelle serait la bonne méthode ?
    (a) Faire passer un questionnaire de dépression aux participants, ce qui donne un score de dépression. Par un autre questionnaire, mesurer si les sujets sont de gros « rongeurs » d'ongles ou pas. Classer, sur la base du premier questionnaire, les participants en « dépressif » ou « non-dépressif », et chercher une différence entre ces deux groupes
    (b) Comme en (a), mais sans séparer les participants en deux groupes. Utiliser plutôt les vrais scores de dépression, et chercher un lien entre les scores de dépression et de tendance à se ronger les ongles
    (c) Cette étude est impossible
    (d) Rien de tout cela.
18. Quelles variables pourraient être des VI dans une quasi-expérience ?
    (a) Le sexe
    (b) Le fait de souffir (ou non) de névrose d'angoisse
    (c) Le fait d'être (ou non) étudiant
    (d) Les trois.
19. Dans les plans à mesures répétées, l'effet d'ordre apparaît seulement lorsque
    (a) les participants sont fatiguées dans la dernière condition
    (b) les participants ont des résultats égaux dans toutes les situations
    (c) les participants ont du mal à obtenir un verre au bar
    (d) aucune de ces réponses.
20. Parmi les problèmes suivants, lesquels sont associés à la dichotomisation des variables continues ?
    (a) La réduction de la puissance
    (b) De faux effets peuvent apparaître
    (c) Perte importante d'information
    (d) Toutes ces réponses.

Références

Aitken, M. (1982). « A personality profile of the student procrastinator ». Thèse de doctorat soutenue à l'Université de Pittsburg. Résumé dans *Dissertation Abstracts International, 43,* 722-732 A.

Clark, L. A., & Watson, D. (1991). Tripartite model of anxiety and depression : Psychometric evidence and taxonomic implication. *Journal of Abnormal Psychology, 100,* 316-336.

Cruise, R., Cash, R., & Bolton, D. (1985). Development and validation of an instrument to measure statistical anxiety. *Annual Meeting of the Statistical Education Section.*

Delahaye, J.-P. (2004). Les dés pipés du cerveau. *Pour la Science, 326,* 144-149.

Dorling, D., Eyre, H., Johnston, R., & Pattie, C. (2002). A good place to bury bad news ? Hiding the details in the geography on the Labour Party's website. *The Political Quarterly, 73,* 476-492.

Egloff, B., & Hock, M. (2003). Assessing attention allocation toward threat-related stimuli : a comparison of the emotional Stroop task and the attentional probe task. *Personality and Individual Differences, 35,* 475-483.

Heywood, S. (1972). The popular number seven or number preference. *Perceptual and Motor Skills, 34,* 357-358.

Klatzman, J. (1999). *Attention : Statistiques.* Paris : La Découverte.

Maxwell, S. E., & Delaney, H. D. (1993). Bivariate median splits and spurious statistical significance. *Psychological Bulletin, 113,* 181-190.

McNicholas, J., & Collins, G. M. (2000). Dogs as catalysts for social interactions : robustness of the effect. *British Journal of Psychology, 91,* 61-70.

Sokal, A., & Bricmont, J. (1997). *Impostures intellectuelles.* Paris : Odile Jacob.

Spielberger, C. D., Gorsuch, R. L., Lushene, R., Vagg, P. R., & Jacobs, G. A. (1983). *Manual for the state-trait anxiety inventory (form Y).* Palo Alto, CA : Consulting Psychologists Press.

Streiner, D. L. (2002). Breaking up is hard to do : the heart break of dichotomizing continuous data. *Canadian Journal of Psychiatry, 47,* 262-266.

Walsh, J. J., & Ugumba-Agwunobi, G. (2002). Individual differences in statistics anxiety : the roles of perfectionnism, procrastination and trait anxiety. *Personality and Individual Differences, 33,* 239-251.

Note

(1) *Erratum* du *Guardian* à propos de l'article publié dans l'édition du 10 octobre 2002.

Dans notre reportage du 8 octobre (p. 7) intitulé « Le site du parti travailliste manipule comme dans *1984* de Orwell », nous avions comparé les webmestres à Winston Smith, le personnage de George Orwell « qui passe son temps à réécrire l'histoire au ministère de l'Abondance ». En réalité, Winston Smith travaille pour le ministère de la Vérité. C'est dans ce ministère qu'il doit « réajuster » les résultats du ministère de l'Abondance. « Ça n'était pas de la falsification. C'était plutôt le remplacement d'une absurdité par une autre » (p. 36 dans la version publié par Penguin en 1983).

Dans notre article, nous avons prétendu que la discussion scientifique autour du site du parti travailliste n'était pas encore publiée. En réalité, elle est parue dans le numéro d'octobre – volume 73(4) – de *Political Quarterly,* publié par Blackwells.

CHAPITRE 2
Statistiques descriptives

Sommaire

Vue d'ensemble du chapitre

Dans le premier chapitre, nous avons exposé quelques facteurs importants dans le choix d'un plan de recherche. Dans ce deuxième chapitre, nous allons expliquer les méthodes de base permettant de traiter et d'analyser des données issues d'études quantitatives. Ces méthodes forment ce qu'on appelle les *statistiques descriptives.* Un premier pas important lorsqu'on souhaite maîtriser l'analyse statistique est d'acquérir de solides bases concernant leurs fondements. Nous vous présenterons ici quelques concepts fondamentaux des statistiques qui vous permettront, dans les chapitres suivants, de comprendre des analyses plus complexes. À la fin de ce chapitre, vous devriez avoir assimilé :

- les notions d'échantillon et de population ;
- les mesures de tendance centrale (par exemple la moyenne) ;
- certaines représentations graphiques (par exemple les histogrammes) ;
- l'idée de distribution normale ;
- les mesures de variations (par exemple l'écart type).

Tous ces concepts sont importants, notamment parce que vous les retrouverez ci et là sous diverses formes tout au long de l'ouvrage. C'est pourquoi il est important de ne pas les négliger. Imaginez ces concepts comme les fondations de l'édifice statistique.

1 Échantillons et populations

Dans le chapitre 1, nous avons expliqué que les statistiques ont pour but essentiel de décrire des variables, de les comparer ou d'étudier les liens qu'elles entretiennent les unes avec les autres. Lorsqu'on utilise des statistiques dans ce but, il faut être très vigilant sur la distinction entre *échantillon* et *population.* Quand les psychologues parlent de population, il ne veulent pas toujours parler d'un pays ou d'une région ; en général, ils parlent d'un groupe de personnes, par exemple l'ensemble des autistes ou des gauchers. En termes statistiques, une population peut même regrouper des objets. On peut par exemple parler de la population des voitures.

Un échantillon est simplement une sélection d'individus de la population (voir figure 2.1). Les chercheurs utilisent des échantillons pour diverses raisons, mais principalement parce qu'un échantillon est plus économique, pratique, facile et rapide à étudier que la population tout entière. Imaginez qu'à l'instar de Walsh et Ugumba-Agwunobi (2002), on cherche à examiner le lien entre l'anxiété statistique et la procrastination. On pourrait mesurer les degrés d'anxiété et de procrastination sur toute la population des étudiants, et étudier le lien entre ces variables. Bien évidemment, cette solution est exorbitante. Une manière plus pratique de procéder est de sélectionner quelques individus dans la population, et de chercher un lien entre anxiété et procrastination chez eux. On pourra alors peut-être étendre nos résultats de cet échantillon à la population. Nous utiliserons des statistiques, et plus précisément des statistiques inférentielles, pour généraliser de la sorte un résultat à la population tout entière.

Lorsque nous voulons mener à bien une étude, il est important de savoir quelle population nous visons, et de choisir un échantillon adéquat de cette population. On n'utilisera pas un échantillon composé seulement d'hommes si nous voulons

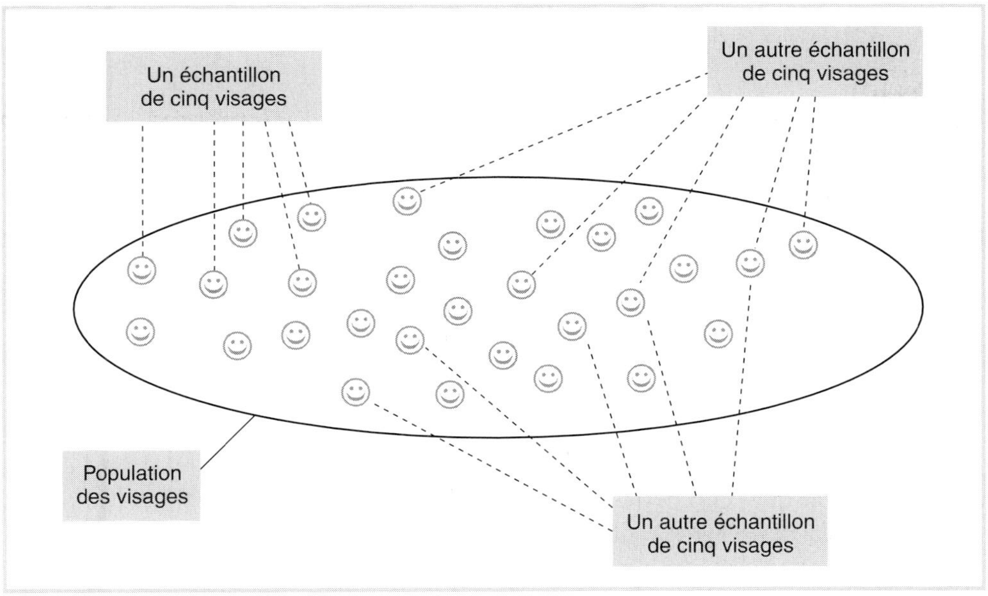

Figure 2.1
Plusieurs exemples d'échantillons de visages pris dans une population de visages

étudier une population d'hommes et de femmes, ni un échantillon de tarentules alors que nous visons la population des zèbres [1].

La possibilité d'appliquer à la population entière des résultats obtenus sur un simple échantillon est vitale pour la recherche. C'est pourquoi nous devons vérifier que les échantillons sont vraiment représentatifs de notre population. Un exemple simple illustrera certains problèmes potentiels. Des chercheurs veulent savoir si le fait d'avoir un chien avec soi lors de ses promenades permet de faire plus de rencontres (interactions sociales). Ils vont dans le parc à côté de chez eux, et suivent des propriétaires de chien en balade avec leur compagnon, et des promeneurs sans chien. Ils trouvent que les flâneurs circulant sans chien sont plus souvent sollicités. Ils en concluent que le chien a un effet néfaste sur le nombre de rencontres.

Cette conclusion est-elle correcte ? On ne peut pas en être certain après lecture des seuls résultats de l'observation des chercheurs. Il se peut que ce soit vrai, mais il se peut aussi que l'échantillon ait été mal choisi. Si tel est le cas, on est confronté à un *problème d'échantillonnage*. Il se pourrait par exemple que tous les propriétaires de chiens suivis par les chercheurs se soient trouvés particulièrement timides, et c'est cette timidité qui expliquerait les résultats, plus que le fait d'avoir un chien. L'échantillon peut être mal choisi pour plein de raisons, et toutes mènent à un échantillon non représentatif. Il peut y avoir un biais lié à l'expérimentateur, qui fait que les chercheurs ont tendance, inconsciemment, à suivre les sujets qui confirment leurs attentes. Il peut y avoir des déformations de l'échantillon dues à l'heure de la journée. Par exemple, les gens qui n'ont pas de chien et marchent dans le parc tôt le matin sont peut-être particulièrement pressés par leur travail et, de ce fait, peu enclins au bavardage. Certains chiens peuvent peut-être réduire le nombre de rencontres (par exemple le pit-bull). Les chercheurs, avisés de ces pro-

1. Dans le second cas, les tarentules ne forment même pas un échantillon de la population visée, c'est donc une erreur fondamentale. Dans le premier cas en revanche, un échantillon d'hommes est bien un échantillon, dans la mesure où il fait bien partie de la population. Mais il n'est pas considéré comme acceptable parce qu'il n'est pas *représentatif* de la population. [ndt]

Activité 2.1

Pour déterminer lesquels, parmi les fans de football et les fans de rugby, sont les moins intelligents, quel(s) échantillon(s) choisir ?

- Un groupe de gens qui sont tous fans de football et de rugby à la fois
- Un groupe de personnes choisies aléatoirement dans la population générale
- Un groupe de fans de football et un groupe de fans de rugby
- Un groupe d'hommes et un groupe de femmes
- Un échantillon d'étudiants en psychologie
- Un groupe de chimpanzés

blèmes potentiels, font tout leur possible pour les éviter. Ils veulent généraliser d'une observation limitée à la population entière, et c'est pourquoi il faut éviter toute situation qui rend cette généralisation douteuse. Les chercheurs pourront par exemple observer de nombreuses personnes à des heures différentes dans de nombreux parcs. Cela conduira sûrement à un échantillon plus représentatif.

L'exemple précédent montre un point important. La possibilité de généraliser d'un échantillon à la population tout entière dépend dramatiquement du choix correct de l'échantillon, qui doit être représentatif [2].

Vous voilà initié à la distinction entre population et échantillon. Les manuels vous montreront que les statisticiens ont des manières personnelles et différentes de présenter les échantillons et les populations [3]. Au sens strict, une *statistique* se réfère à un échantillon. Si vous calculez une moyenne sur un échantillon, c'est ce qu'on appelle *une statistique*. Si vous calculez la moyenne sur la population toute entière, on dira plutôt qu'il s'agit d'un *paramètre*. Les statistiques décrivent des échantillons, les paramètres des populations. La moyenne sur la population est un paramètre, la moyenne « d'échantillonnage » est une statistique. Cette distinction ne doit pas vous inquiéter outre mesure, pourvu que vous ayez bien compris qu'il y a une différence entre les méthodes qui s'appliquent aux échantillons et celles qui décrivent la population. L'utilisation typique d'une statistique est l'estimation d'un paramètre. On utilise aussi très souvent les *statistiques descriptives* pour décrire un échantillon, et les *statistiques inférentielles* pour étendre à la population les résultats ainsi obtenus.

2 Mesures de tendance centrale

Le premier – et peut-être le plus courant – des procédés des statistiques descriptives que vous rencontrerez est sans doute le calcul des mesures de *tendance centrale*. Une telle mesure, calculée sur un ensemble de données, nous donne une indication de la valeur typique de la série de données. On utilise couramment trois

2. Les difficultés liées au choix d'un bon échantillon sont bien trop nombreuses pour être traitées en entier ici, et les remarques de cette section ne forment qu'un très bref aperçu des questions d'échantillonnage (ou de sondage). Le lecteur intéressé par un traitement approfondi et rigoureux de la question pourra consulter par exemple Gourieroux (1981). [ndt]

3. Cela est très vrai des utilisateurs de statistiques (psychologues notamment), mais pas des chercheurs en statistiques, qui ont une présentation formelle désormais bien établie de la chose. [ndt]

mesures de tendances centrales. Nous commencerons par la plus prisée de toute : la *moyenne.*

2.1 *Moyenne*

La moyenne se calcule très facilement en additionnant toutes les valeurs et en divisant cette somme par le nombre de scores dans l'échantillon. La moyenne de la série (5, 6, 9, 2) est par exemple

$$\frac{5+6+9+2}{4} = 5,5$$

Un autre exemple est fournit par la série 2, 20, 20, 12, 12, 19, 19, 25, 20. On calcule la moyenne comme suit :

- On additionne tous les scores, ce qui donne une somme de 149
- On divise alors cette somme par 9 (qui est le nombre de scores dans l'échantillon), et on obtient une moyenne de 16,56.

$$\frac{2+20+20+12+12+19+19+25+20}{9} = 16,56$$

Cela nous donne une indication du score « typique » de notre échantillon. On n'utilisera pas directement cette moyenne d'échantillon comme estimation de la moyenne sur la population tout entière. Cela serait un peu court, parce que nous ne savons pas *a priori* à quel point la moyenne de l'échantillon s'écarte de la moyenne de la population. Ceci dit, il existe des techniques permettant d'affiner cela (les intervalles de confiance, que nous décrirons dans un chapitre ultérieur).

Deux remarques peuvent être faites sur les moyennes. La première est qu'il est ajourd'hui inutile de savoir calculer une moyenne en faisant la somme, puis en divisant par le nombre de valeurs. Les calculatrices modernes, même celles qu'on utilise au collège, disposent en effet d'une touche « moyenne », qui permet de lire directement la moyenne d'une série. Cela est vrai également de la médiane et du mode (voir plus bas).

La seconde remarque est celle-ci : ce qu'on appelle « la moyenne » est un cas particulier d'une famille de coefficients, qui comprend la *moyenne arithmétique* (ou *moyenne* tout court), mais également ce qu'on appelle *moyenne géométrique* ou encore *la moyenne harmonique.* Bien qu'extrêmement rares, certaines situations conduisent à l'utilisation de ces autres moyennes (pour une définition, voir par exemple Gauvrit (2005b)).

2.2 *Médiane*

Une deuxième mesure de tendance centrale est la *médiane.* Elle est définie comme la valeur qui coupe l'échantillon en deux parts égales : il y a autant de valeurs au-dessus qu'au-dessous de la médiane. Pour trouver la médiane, il suffit de *classer* les observations, puis de trouver celle « du milieu ». Par exemple, avec les valeurs utilisées plus haut pour la moyenne (2, 20, 20, 12, 12, 19, 25, 20), on commencera par ordonner les scores du plus petit au plus grand. On indique ici le rang (qui est le numéro d'ordre) :

Score médian (médiane)

Scores	2	12	12	19	(19)	20	20	20	25
Numéros d'ordre	1	2	3	4	(5)	6	7	8	9

Rang moyen

Vous pouvez vérifier que les scores ont été rangés dans l'ordre croissant (ligne du haut) et qu'on leur a attribué un numéro d'ordre ou *rang* (ligne du bas). Le plus petit score obtient le rang 1, le second le rang 2, etc.

Pour être plus rigoureux, on doit cependant attribuer des rangs égaux à des scores égaux (comme 12 et 12 plus haut). C'est pourquoi on donnerait en réalité les rangs suivants :

Scores	2	12	12	19	19	20	20	20	25
Rangs	1	2.5	2.5	4.5	4.5	7	7	7	9
Numéros d'ordre	1	(2)	(3)	4	5	(6)	(7)	(8)	9

La moyenne de ces numéros d'ordre vaut 2,5

La moyenne de ces numéros d'ordre vaut 7

Vous pouvez voir maintenant que les rangs correspondant à un même score sont tous égaux. On calcule les rangs des *ex æquo* en calculant la moyenne des numéros d'ordre associés, comme nous venons de le faire.

Pour trouver la médiane, il nous faut localiser le score de rang moyen. Nous avons 9 valeurs, ce qui fait un rang moyen de 5. Le score médian (la médiane) est donc 19, qui se trouve en cinquième position dans la liste.

Dans cet exemple, il était facile de trouver la médiane parce que nous avions un nombre impair d'observations. Lorsque vous avez un nombre impair de valeurs, il y a toujours un score exactement au milieu. Mais ça n'est pas nécessairement le cas lorsque vous avec un nombre pair de valeurs. Si nous ajoutons 26 à notre liste de départ, nous aurons un nombre pair de scores :

Il nous faut prendre la moyenne de ces deux scores

Scores	2	12	12	19	(19)	(20)	20	20	25
Rangs	1	2.5	2.5	4.5	(4.5)	(7)	7	7	9
Numéros d'ordre	1	2	3	4	5	6	7	8	9

Le point du milieu se trouve entre ces deux valeurs

Dans une telle situation, la médiane est la moyenne des deux chiffres candidats, soit dans notre cas la moyenne des scores classés aux rangs 5 et 6. Notre médiane est donc $\frac{19 + 20}{2} = 19,5$

2.3 *Mode*

Une troisième mesure de tendance centrale est le *mode*, qui est tout simplement la valeur la plus fréquente. Dans la série de données utilisée plus haut pour la moyenne et la médiane, le mode serait 20, parce que c'est la valeur qui revient le plus souvent.

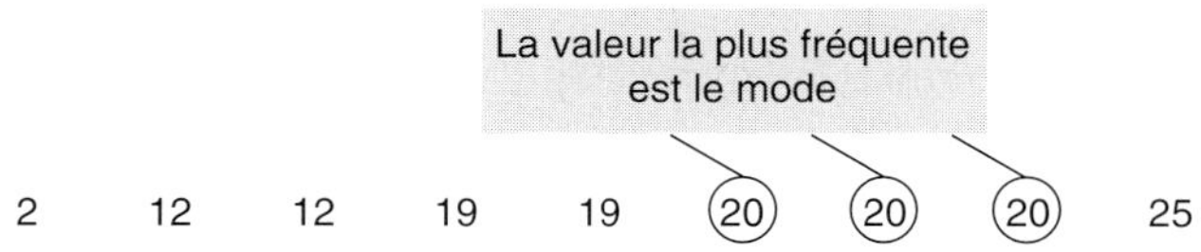

2.4 *Quelle mesure de tendance centrale choisir ?*

Nous avons décrit trois mesures de tendance centrale, soit trois manières de déterminer une « valeur typique » d'une série de valeurs. Une question qui reste pour l'instant en suspens est celle du choix d'une mesure de tendance centrale pour une situation particulière. La réponse à cette question dépend grandement de vos données.

Un critère de choix important est la pertinence de votre statistique : la mesure de tendance centrale que vous choisissez doit donner une bonne indication de la valeur « typique » de votre série. Si vous soupçonnez que votre mesure de tendance centrale ne rend pas bien compte de la série, c'est sans doute que vous avez mal choisi votre coefficient.

La moyenne est la plus répandue des mesures de tendance centrale. Si vous pensez qu'elle rend correctement compte des valeurs que vous avez obtenues, vous pouvez l'utiliser sans crainte. C'est une statistique de choix parce qu'elle se fonde sur les valeurs elles-mêmes et non pas seulement sur les rangs comme la médiane ou les fréquences d'apparition comme le mode.

Activité 2.2

Pour vous exercer, déterminez les moyennes, médianes et modes des séries suivantes :

- 12, 23, 9, 6, 14, 14, 12, 25, 9, 12
- 1, 4, 5, 6, 19, 1, 5, 3, 16, 12, 5, 4
- 32, 56, 91, 16, 32, 5, 14, 62, 19, 12

La moyenne a cependant un inconvénient. Précisément parce qu'elle utilise les scores réels, elle est particulièrement sensible aux valeurs extrêmes. Considérez par exemple la série suivante :

1 2 3 4 5 6 7 8 9 10

La moyenne de cette série est 5,5 (et c'est aussi la médiane). Si maintenant nous changeons l'un des scores pour le rendre « plus extrême », on peut obtenir par exemple la suite :

1 2 3 4 5 6 7 8 9 20

La moyenne est maintenant 6,5, alors que la médiane reste inchangée, à 5,5. Si on rend la dernière valeur encore plus atypique, on pourra par exemple obtenir la nouvelle suite

1 2 3 4 5 6 7 8 9 100

La moyenne est maintenant de 14,5, ce qui n'est manifestement pas une bonne indication de la valeur « typique » de la série. La médiane, au cours de ces manipulations, n'a pas bougé, et reste égale à 5,5. Dans les deux derniers cas, la médiane est une meilleure mesure de tendance centrale. Ces quelques paragraphes vous font sentir la nécessité de vérifier les valeurs extrêmes de vos séries de données avant de choisir une mesure de tendance centrale (un procédé systématique pour s'affranchir des problèmes liés aux scores extrêmes sera traité plus loin dans le chapitre). La plupart du temps, la moyenne vous conviendra parfaitement.

Si, à cause de scores extrêmes, la moyenne semble être une mauvaise mesure de tendance centrale, la médiane pourra alors être utilisée. Comme l'exemple ci-dessus l'illustre, la médiane est en effet peu sensible aux scores extrêmes. La raison de cette relative insensibilité est que la médiane est simplement le score « du milieu », quand les valeurs sont rangées dans l'ordre croissant. Le procédé qui permet de déterminer la médiane ne dépend pas des valeurs réelles des scores, mais seulement de leur ordre et des scores de rangs moyens. La plus grande valeur observée, dans notre exemple, pourrait aussi bien être 10 que 20, ou encore 100 ou 10 millions : la médiane n'en serait pas modifiée. Cette insensibilité fait de la médiane le remplaçant idéal de la moyenne en cas de valeurs aberrantes.

Le mode n'étant que la valeur la plus fréquente, il n'implique aucun classement des données. Il peut ainsi être utilisé pour n'importe quel type de variable. Or un des problèmes avec la médiane ou la moyenne est qu'elles ne peuvent être utilisées avec certains types de variables. Lorsque nous traitons une variable catégorielle comme le métier, aucun ordre naturel ne s'impose, et on ne peut pas classer les valeurs par ordre « croissant » ! Il est donc impossible d'utiliser la médiane (et la moyenne encore plus). Cependant, lorsque vous utilisez le mode, il faut encore vérifier qu'il correspond bien à une valeur « typique ». Considérez par exemple les deux suites :

1 2 2 2 2 2 2 2 3 4 5 6 7 8

1 2 2 3 4 5 6 7 8 9 10 11 12

Vous devriez pouvoir remarquer que la première série contient plus de « 2 » que n'importe quel autre chiffre. Le mode serait dans ce cas une bonne mesure de tendance centrale, rendant bien compte de la valeur « typique » de la série. Dans le deuxième ensemble de nombres, 2 est encore le mode. Cependant, il n'est plus un

Activité 2.3

Quelle mesure de tendance centrale privilégier dans les exemples suivants ?

(a) 1 23 25 26 27 23 29 30

(b) 1 1 1 1 1 1 1 1 1 1 1 2 2 2 2 2 3 3 4 50

(c) 1 1 2 3 4 1 2 6 5 8 3 4 5 6 7

(d) 1 101 104 106 111 108 109 200

aussi bon indicateur de tendance centrale. La fréquence des 2 est en effet peu supérieure à celle des autres nombres. Dans un cas comme celui-ci, nous n'utiliserons sans doute pas le mode comme mesure de tendance centrale. Parfois, vous sentirez qu'aucune mesure de tendance centrale ne convient. Dans ce cas, on ne peut rien faire d'autre que d'accepter le fait qu'il n'y a pas de « score typique » dans notre série de données.

2.5 *Le paramètre moyenne*

Les indices que nous venons de passer en revue sont utiles pour avoir une idée du score typique obtenu sur un échantillon. Mais supposons que nous souhaitions avoir une idée du score typique sur une population. On pourrait, en théorie, calculer la moyenne sur la population (qui est un paramètre), comme on l'a fait sur l'échantillon, c'est-à-dire en additionnant tous les scores et en divisant par la taille de la population (nombre de valeurs relevées). Dans la pratique, c'est presque toujours impossible. Imaginez-vous qu'on relève des scores d'anxiété et de procrastination pour toutes les personnes, dans monde entier ?... Mieux vaut estimer le paramètre à partir d'un échantillon...

Une solution pour avoir une idée de la vraie moyenne serait de calculer la moyenne sur différents échantillons, puis de faire la moyenne de ces moyennes. Les statisticiens ont pu montrer que cela donnerait, en moyenne, le paramètre cherché (si on faisait le calcul avec tous les échantillons possibles...).

Comment se fait-il que la moyenne des moyennes d'échantillons soit égale à la moyenne de la population ? Imaginez qu'on mesure le QI sur des échantillons de personnes. On sait que le QI moyen de la population est de 100. Il se peut que, sur un échantillon, on ait choisi par hasard une majorité de génies, et qu'on trouve ainsi un QI moyen de 150. Cela est très au-dessus de la moyenne générale de 100. Mais un autre échantillon donnera par exemple une moyenne de 75. Aucune des estimations ainsi obtenus (150 et 75) n'est correcte, mais la moyenne de ces deux estimations, à savoir

$$\frac{75 + 150}{2} = 112,5$$

est déjà une meilleure estimation de la vraie moyenne (100). Si nous choisissons de nombreux échantillons de la même taille, nous aurons des valeurs tantôt supérieures et tantôt inférieures à la vraie moyenne, mais la moyenne de toutes ces estimations est 100, qui est aussi la moyenne de population.

Imaginons que nous choisissions des échantillons de taille 10. Si nous choisissons 30 échantillons de cette taille, nous obtenons alors 30 estimations de la moyenne cherchée (celle du QI sur la population). Nous pouvons faire la moyenne des 30 estimations trouvées. Cette moyenne n'est rien d'autre, en fait, que la moyenne des 300 (30 fois 10) valeurs relevées.

En faisant la moyenne des différentes moyennes, nous faisons la même chose qu'*augmenter la taille de l'échantillon*. Or un théorème mathématique connu sous le nom de *théorème de la limite centrale* affirme que si la taille de l'échantillon augmente, la probabilité d'avoir une bonne estimation grandit elle aussi. Ainsi, un échantillon très gros (ou plein de petits échantillons) mène à une estimation très probablement correcte (ce qui ne signifie pas parfaite, mais presque). Ces remarques nous aident à généraliser d'un échantillon à la population toute entière.

En résumé, on peut comprendre le théorème de la limite centrale de deux manières. La première est la suivante : « Si l'échantillon sur lequel se base notre estimation est très grand, alors il est très probable que l'estimation de la moyenne qui en découle soit bonne ». La seconde est : « Bien que les estimations obtenues à partir d'échantillons soient peut-être incorrectes, elles sont correctes *en moyenne* ». Reste, bien sûr, à préciser ce qu'on entend par « gros échantillon », « très probable » et « bonne estimation »...

3 Erreur d'échantillonnage

Avant de lire cette section, nous vous conseillons de réfléchir à l'activité 2.4.

Un des embêtements qui nous tombe dessus, quand on doit choisir un échantillon dans une population, est qu'il peut se produire des erreurs systématiques, qui déformeront éventuellement les résultats et les rendront difficiles à interpréter. Pour cette raison, la théorie des sondages (qui formalise la bonne manière de choisir un échantillon) est un domaine capital chaque fois qu'on souhaite estimer un paramètre à partir d'une statistique. Quelle que soit la manière dont on choisit l'échantillon, il y a toujours une certaine incertitude concernant le degré de représentativité de l'échantillon vis-à-vis de la population. Si l'on calcule une statistique sur un échantillon, on n'est hélas jamais certain que l'estimation (du paramètre correspondant) ainsi obtenue soit correcte. L'écart entre l'estimation provenant d'un échantillon et le paramètre à estimer se nomme *erreur d'échantillonnage*. Pourquoi y-a-t'il toujours une telle erreur, et comment la minimiser ?

Les erreurs d'échantillonnage viennent simplement du fait qu'on ne prend pas en compte tous les individus d'une population cible. Dès qu'on utilise des échantillons, il y a un certain degré d'erreur d'échantillonnage. Par exemple, supposons que nous souhaitions déterminer le QI moyen des pandas géants. Si l'on allait de par le monde mesurer les QI de tous les pandas géants de la planète, on serait alors en mesure de calculer ce QI moyen directement. On aurait accès à toute la population, et la moyenne trouvée serait donc le paramètre cherché.

Supposons maintenant qu'on ne teste que 90 % des pandas. On a donc sélectionné un échantillon. La moyenne qu'on obtient alors sur cet échantillon sera vraisemblablement proche de la vraie moyenne (paramètre), mais ne sera pas nécessairement parfaitement égale à ce paramètre. Parce que nous avons omis de notre étude

Activité 2.4

Vous pouvez voir ci-dessus la représentation d'une foule de pandas géants. Chaque animal porte un score, qui est son QI. Pour saisir les problèmes posés par l'échantillonnage, suivez les étapes suivantes, puis lisez la section *erreur d'échantillonnage*. Imaginez que l'image représente la population des pandas géants. Le QI moyen sur la population de tous les pandas géants est de 100. Sélectionnez aléatoirement 10 échantillons de mammifères. Chaque échantillon ne doit contenir que 2 animaux. Pour procéder à cette partie de l'exercice, vous devriez vous munir d'un crayon. En gardant les yeux fermés, promenez le crayon au-dessus de la feuille, tout en bougeant le livre avec l'autre main. Quand vous êtes prêt, posez le crayon sur la feuille, puis ouvrez les yeux pour découvrir quel panda a été selectionné (si vous tombez dans un interstice, choisissez la bête la plus proche de la pointe du crayon). Sélectionnez de la sorte deux pandas, et notez leurs scores. La moyenne de ces deux scores est la moyenne de l'échantillon correspondant. Bien sûr, cette procédure n'est pas une vraie sélection aléatoire d'échantillons, mais ça devrait faire l'affaire, et en tout état de cause cela devrait suffire à illustrer notre propos.

Recommencez cet exercice dix fois, afin d'avoir 10 scores moyens issus de différents échantillons. Calculez ensuite la moyenne des 10 valeurs ainsi obtenues.

Refaites maintenant tout l'exercice, mais en choisissant des échantillons de 10 pandas (au lieu de 2).

Vous pouvez maintenant poursuivre la lecture du chapitre.

certains pandas, nous pouvons sous-estimer ou sur-estimer le QI moyen de la population.

Du fait que nous avons un échantillon énorme, il est très probable que le hasard nous fournisse des pandas des deux extrêmes. Autrement dit, il y a des chances qu'on ait observé des pandas particulièrement futés, et d'autres assez peu finauds. Parmi les dix pandas que vous avez choisis pour chaque échantillon de taille 10 dans l'activité 2.4 (dernière partie), vous avez probablement trouvé des pandas plus intelligents que la moyenne, et d'autres moins. Dans un échantillon suffisamment grand, on trouve en général toutes sortes d'individus. C'est pourquoi la moyenne des dix QI est sans doute une bonne estimation du QI moyen sur la population. Chaque fois qu'on choisira un échantillon de taille 10, on pourra raisonnablement considérer que l'estimation qui en découle est pertinente.

Mais supposons maintenant que des chercheurs sans le sou s'intéressent eux aussi à cette histoire de pandas. Ils n'ont pas les moyens de sélectionner des échantillons de plus de deux pandas. Quel peut être l'effet de cette réduction de la taille de l'échantillon sur l'erreur d'échantillonnage ? En vous référant encore à l'activité 2.4, vous noterez sans doute que certains échantillons de deux pandas comprenaient deux pandas plus intelligents que la moyenne (ou moins rusés, au contraire). Ainsi, la moyenne d'échantillon sur un si petit échantillon est parfois trop grande, et parfois trop petite, par rapport au paramètre à estimer. Avec de petits échantillons, il est plausible que tous les individus d'un même échantillon donnent une valeur supérieure à la moyenne. La moyenne d'échantillon sera alors une mauvaise estimation du QI moyen. Lorsque nous diminuons la taille de l'échantillon, nous augmentons l'erreur d'échantillonnage.

Si on réduit la taille de l'échantillon, on augmente la probabilité que tous les pandas selectionnés se trouvent par hasard du même côté de la moyenne. En accroissant la taille de l'échantillon, à l'opposé, on diminue la probabilité qu'une part importante de l'échantillon présente des valeurs extrêmes (gênantes pour la moyenne). On limite donc l'erreur d'échantillonnage. Vous avez probablement noté au cours de l'activité 2.4 que les moyennes obtenues sur les échantillons de taille 2 varient beaucoup d'un échantillon à l'autre. En revanche, les moyennes calculées sur des échantillons de 10 pandas varient moins et sont presque toutes proches de la vraie moyenne. En général, plus l'échantillon est grand, plus il est probable que la moyenne de l'échantillon soit proche de la moyenne de la population.

Mesures de tendance centrale avec SPSS

Pour obtenir des mesures de tendance centrale avec SPSS, il vous faut d'abord entrer des données comme nous l'avons vu au chapitre 1, puis aller cliquer dans le menu déroulant *Analyse*, comme le montre la capture d'écran ci-dessous :

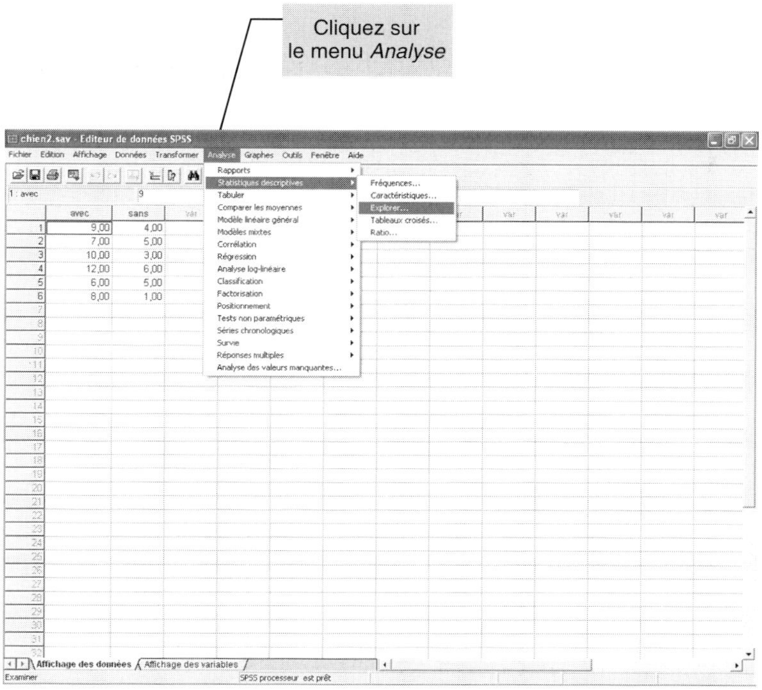

Quand vous avez selectionné le menu *Analyse,* allez dans *Statistiques descriptives,* puis choisissez l'option *Explorer...* du dernier menu. Une boîte de dialogue apparaît alors :

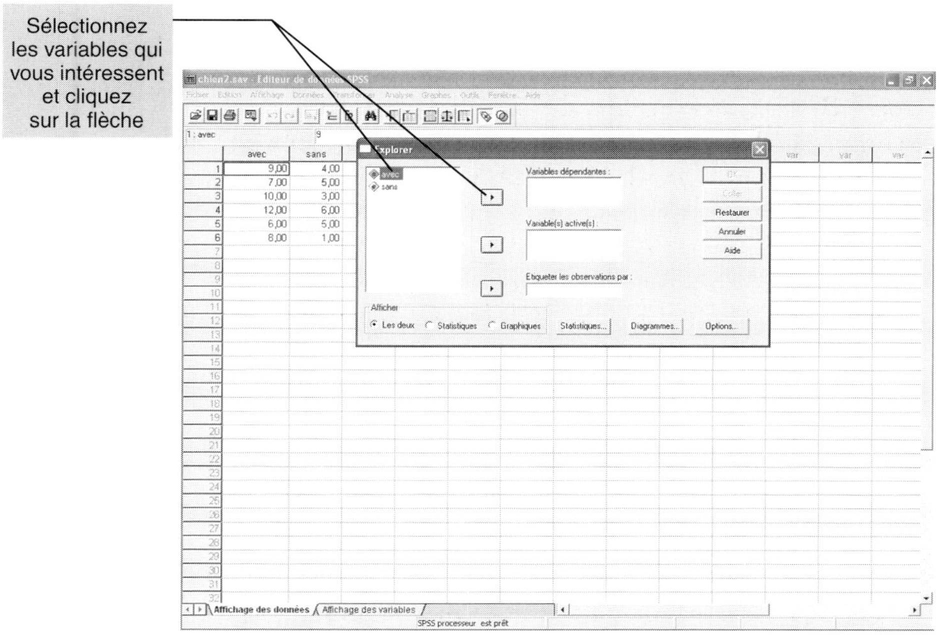

Il y a d'autres moyens d'obtenir des statistiques descriptives, mais l'option *Explorer...* a l'avantage de la souplesse. Cette option vous donne accès à un grand nombre d'options, et c'est une technique bien pratique. Vous remarquerez plusieurs choses dans la boîte de dialogue, et notamment :

- une liste des variables ;
- une zone de texte pour les variables dépendantes (VD) ;
- une zone de texte pour les variables de groupes *(variables actives) ;*
- une option *Afficher* en bas à gauche de la fenêtre ;
- plusieurs boutons d'option (*Statistiques, Diagrammes, Options...*).

Pour obtenir une mesure de tendance centrale, déplacez les variables qui ne sont pas des variables de groupes dans *Variables dépendantes.* Pour cela, sélectionnez une variable et cliquez ensuite sur la flèche noire ▶ qui jouxte la boîte *Variables dépendantes.* Les variables se déplaceront alors dans cette boîte, comme ceci :

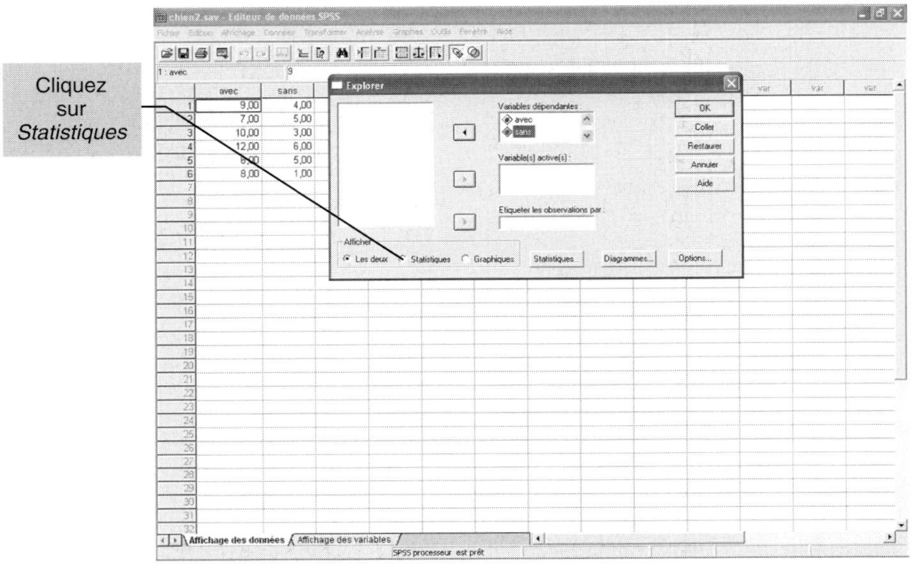

Pour choisir les statistiques descriptives qui vous intéressent, cliquez sur l'option *Statistiques* de la zone *Afficher.* Cliquez ensuite sur OK, et vous verrez apparaître ce qui suit :

Récapitulatif du traitement des observations

	Observations					
	Valide		Manquante		Total	
GROUPE	N	Pourcent	N	Pourcent	N	Pourcent
avec	6	100,0%	0	,0%	6	100,0%
sans	6	100,0%	0	,0%	6	100,0%

Descriptives

GROUPE			Statistique	Erreur standard
avec	Moyenne		8,6667	,88192
	Intervalle de confiance à 95% pour la moyenne	Borne inférieure	6,3996	
		Borne supérieure	10,9337	
	Moyenne tronquée à 5%		8,6296	
	Médiane		8,5000	
	Variance		4,667	
	Ecart-type		2,16025	
	Minimum		6,00	
	Maximum		12,00	
	Intervalle		6,00	
	Intervalle interquartile		3,7500	
	Asymétrie		,463	,845
	Aplatissement		-,300	1,741
sans	Moyenne		4,0000	,73030
	Intervalle de confiance à 95% pour la moyenne	Borne inférieure	2,1227	
		Borne supérieure	5,8773	
	Moyenne tronquée à 5%		4,0556	
	Médiane		4,5000	
	Variance		3,200	
	Ecart-type		1,78885	
	Minimum		1,00	
	Maximum		6,00	
	Intervalle		5,00	
	Intervalle interquartile		2,7500	
	Asymétrie		-,943	,845
	Aplatissement		,586	1,741

Vous noterez que SPSS vous fournit une grande quantité d'informations. Ne vous inquiétez pas de ne pas tout comprendre pour le moment. La suite du livre rendra tout cela plus clair. Pour le moment, remarquez seulement que, pour chacune des deux variables, SPSS forunit la moyenne et la médiane. Si vous souhaitez obtenir le mode, il faudra utiliser l'option *Analyse → Statistiques descriptives → Fréquences...* au lieu de *Analyse → Statistiques descriptives → Explorer...* Lorsque la boîte de dialogue *Fréquences...* est ouverte, cliquez sur *Statistiques* puis sélectionnez l'option *Mode*. Cela doit donner :

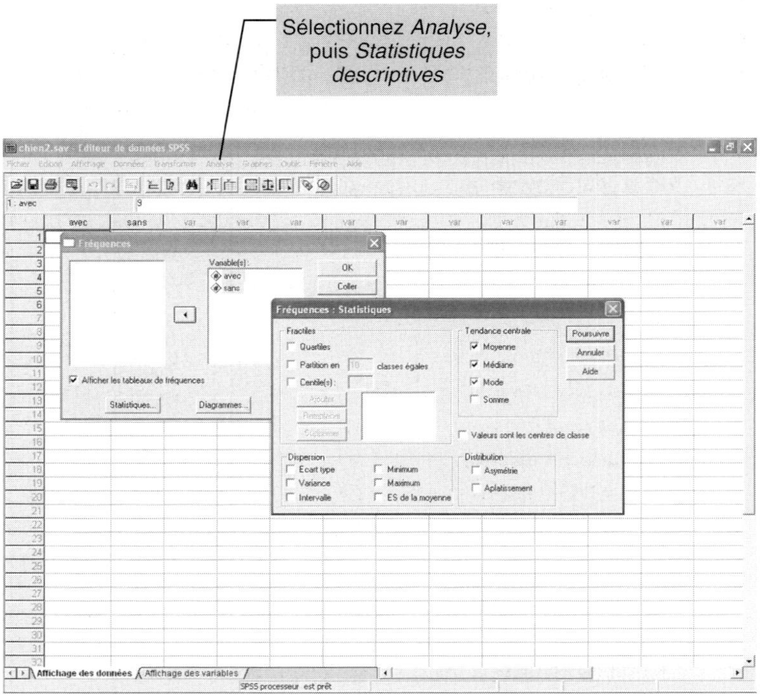

4 Description graphique des données

Lorsque vous avez accompli une recherche, il est important que vous puissiez appréhender globalement vos données. La meilleure manière de le faire est d'utiliser des procédures d'*Analyse des données (ADD)*[4]. L'ADD consiste essentiellement en une batterie de techniques permettant des représentations graphiques de vos chiffres, qui rendent plus évidentes les caractéristiques principales de la manière dont les participants se sont comportés. L'importance de ces techniques graphiques a été souligné par Tukey dès 1977 dans un ouvrage fondamental intitulé *Exploratory Data Analysis* (analyse des données). Rendre vos données lisibles au moyen de graphiques est une des premières choses à faire pour comprendre les résultats « de haut ». Dans la suite, nous vous initierons aux techniques élémentaires de l'ADD en commençant par les *diagrammes en bâtons.* On envisagera ensuite les *diagrammes en tiges et feuilles,* et les *boîtes à moustaches.*

4.1 *Diagramme en bâtons*

Le diagramme en bâtons est une représentation commode pour rendre compte des données. Les chercheurs ont souvent envie de connaître les fréquences des différentes valeurs prises par une variable. Par exemple, si vous vous intéressez à la profession de vos participants, vous aurez probablement envie de savoir combien de personnes exercent telle ou telle profession. En guise d'illustration, considérons le diagramme en bâtons représentant les effectifs correspondant à une étude

4. On dit aussi *analyse exploratoire des données.* [ndt]

non publiée de Armitage et Reidy. Dans cette étude, on étudiait la peur du sang. L'une des questions posées était « quelle est votre couleur préférée ? ». Les réponses possibles étaient rouge, vert, brun, noir, blanc, bleu, jaune. La figure 2.2 montre que les gens ont bien plus souvent répondu « bleu » que « blanc », qui est la couleur la moins fréquemment choisie.

Le diagramme en bâtons donne une représentation agréable des données. Nous cherchons souvent si certaines valeurs sont déplacées ou aberrantes. Le diagramme en bâtons de la figure 2.3 représente des données hypothétiques de scores de dépression *(depression scores)*. Vous pouvez vérifier que le plus grand score est bien plus grand que tous les autres. Avec le questionnaire utilisé, le plus grand score possible de dépression est 63. Il est donc très probable que nous avons fait une erreur en entrant les données. Ce type de problèmes est particulièrement facile à détecter sur une représentation graphique. Faites bien attention à l'interprétation des diagrammes : elle dépend parfois des intervalles représentés par les bâtons. Le diagramme en bâtons de la figure 2.3 utilise des intervalles de longueur 1. Dans la figure 2.4 par contre, les bâtons correspondent à des intervalles de longueur 5.

Dans le cas où la variable est numérique continue (exemple des figures 2.3 et 2.4, mais pas de la figure 2.2), on parle d'*histogramme* et non de diagramme en bâtons. Il existe des différences subtiles entre les deux types de représentation (diagramme en bâtons et histogramme). Nous ne discuterons pas en profondeur ces différences parce qu'elles ne sont pas capitales pour une interprétation intuitive des graphiques. Cependant, souvenez-vous qu'elles existent : dans certains cas particuliers, elles peuvent avoir une certaine importance (notamment si les intervalles n'ont pas une taille fixe). Vous trouverez des informations plus avancées sur ces questions dans Gauvrit (2006) par exemple.

Les diagrammes en bâtons sont également utiles pour découvrir des caractéristiques importantes de vos données. Par exemple, le mode est directement lisible :

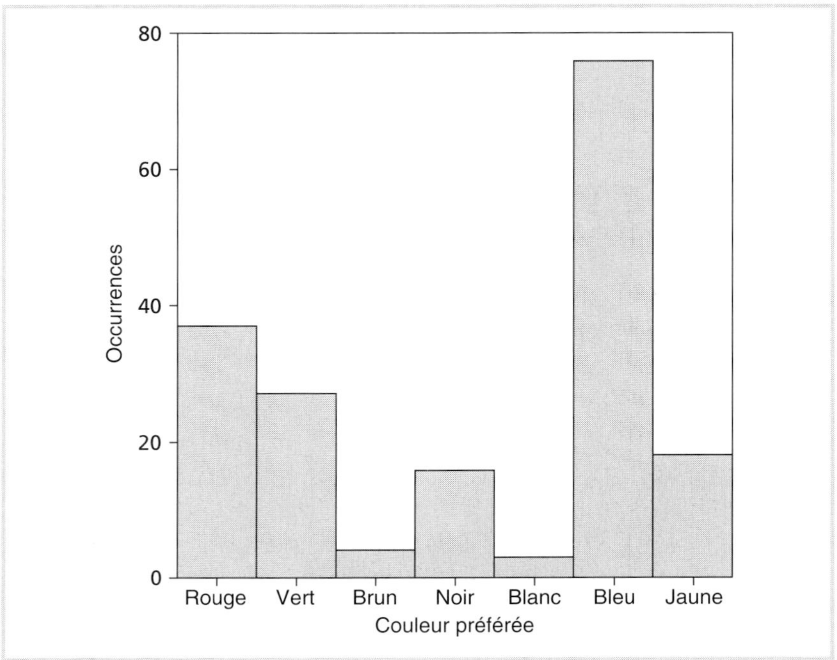

Figure 2.2

Diagramme en bâtons représentant le nombre de participants ayant déclaré chaque couleur comme étant leur préférée (Armitage et Reidy, non publié).

Figure 2.3
Histogramme donnant les scores de dépression

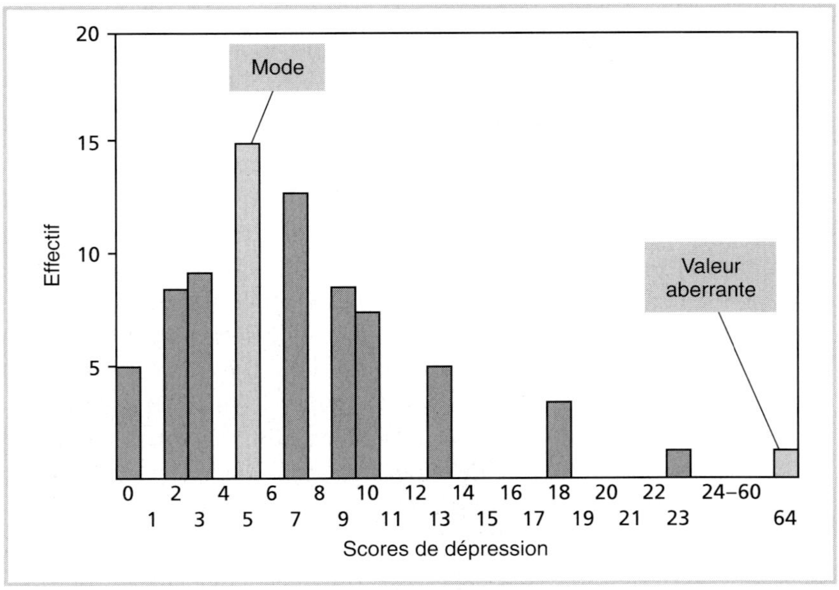

c'est l'abscisse correspondant au plus grand bâton. Le graphique permet également de rendre compte de la manière dont les valeurs sont réparties, c'est-à-dire comment elles sont *distribuées*. La manière dont les variables sont distribuées est importante, comme nous le verrons dans la section traitant de la *distribution normale*, un peu plus loin dans ce chapitre. La distribution des données est également d'une importance essentielle dans le cadre des *statistiques inférentielles* que nous discutons plus loin dans l'ouvrage. Vous pouvez voir sur l'histogramme des scores de dépression (figure 2.3) qu'il y a une concentration de scores autour de 5-7, et que cette concentration baisse rapidement quand on s'éloigne de ces valeurs.

Le plus simple pour construire un histogramme à la main est de commencer par ranger les données comme nous l'avions fait pour déterminer la médiane. Comptez ensuite le nombre d'occurences de chaque valeur. Vous avez alors les effectifs permettant de représenter le graphique.

Figure 2.4
Histogramme des scores de dépression regroupés en intervalles de longueur 5

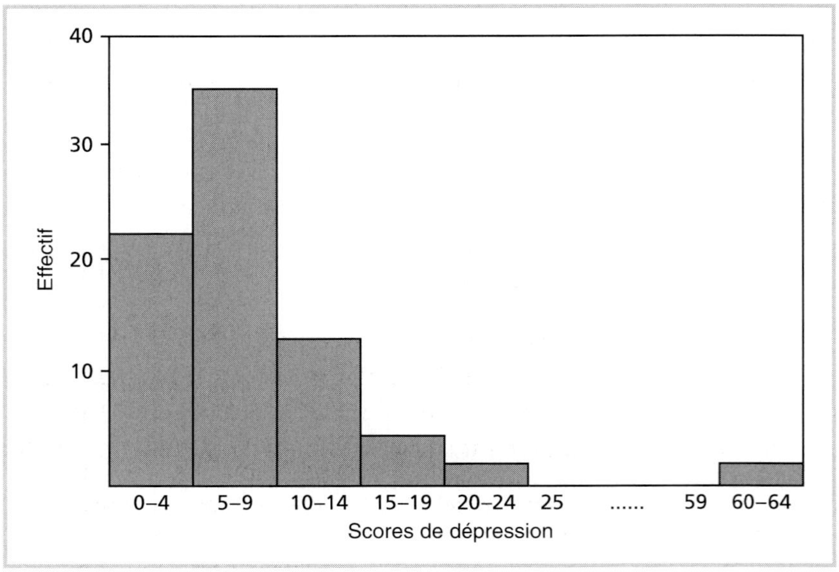

Activité 2.5

Répondez aux questions à partir de l'histogramme ci-dessous.

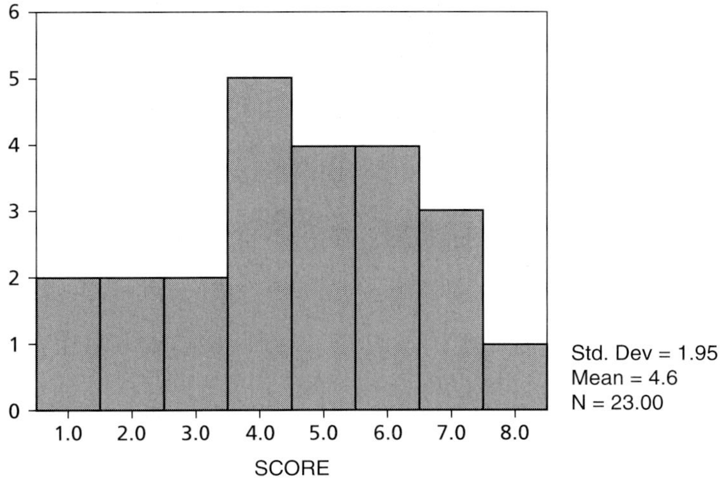

(a) Quel est le mode ?
(b) Quel est le score le moins fréquent ?
(c) Combien de personnes ont obtenu un score de 5 ?
(d) Combien de personnes ont obtenu un score de 2 ?

4.2 *Diagramme en tige et feuilles*

Le diagramme en tige et feuilles remplit un rôle similaire à celui des histogrammes, dans la mesure où il permet une lecture directe de la distribution de la variable concernée. Cependant, il permet pour sa part de lire toutes les valeurs de la variable. Ce type de représentation, développée par Tukey (1977), est en outre plus facile à construire à la main[5]. Le diagramme en tige et feuilles des valeurs que nous avions utilisées pour illustrer les moyennes, médianes et modes est donné sur la figure 2.5.

Vous pouvez faire le rapprochement entre les histogrammes et les diagrammes en tige et feuilles et tournant le livre d'un quart de tour. Si vous faites cela, le diagramme en tige et feuilles ressemblera à un histogramme et vous pourrez aisément lire la distribution de la variable.

Sur la figure 2.5, les scores ont été groupés par tranche de 10 : la première ligne donne les scores compris entre 0 et 9, la seconde les scores compris entre 10 et 19, et la dernière ligne les scores compris entre 20 et 29. C'est pourquoi dans ce cas la *tige* indique les dizaines (on dit que la largeur de la tige est de 10), et les *feuilles* les

5. De nos jours, les ordinateurs étant ce qu'ils sont, cette simplicité n'a plus véritablement d'importance, et le diagramme en tige et feuilles tombera sans doute rapidement en désuétude. [ndt]

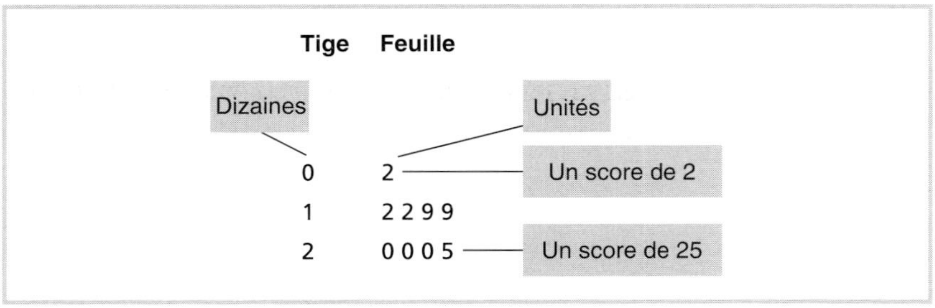

Figure 2.5
Exemple de diagramme en tige et feuilles

unités. Vérifiez par exemple que le score de 2 est représenté par un 2 sur la feuille, et un 0 sur la tige. Le score 25 est représenté par 2 sur la tige et 5 sur la feuille.

Le diagramme en tige et feuilles de la figure 2.6 provient des données suivantes : 1, 1, 2, 2, 2, 5, 5, 5, 12, 12, 12, 12, 14, 14, 14, 14, 15, 15, 15, 18, 18, 24, 24, 24, 24, 24, 24, 25, 25, 25, 25, 25, 25, 25, 28, 28, 28, 28, 28, 28, 28, 32, 32, 33, 33, 33, 33, 34, 34, 34, 34, 34, 34, 35, 35, 35, 35, 35, 42, 42, 42, 43, 43, 44. En observant la figure 2.6, vous constaterez que le diagramme en tige et feuilles permet une représentation synthétique d'un gros ensemble de données. Parfois cependant, le système n'est pas pratique, parce que les dizaines ne donnent pas une classification pertinente. Jetez un œil à la figure 2.7 où les chiffres relatifs aux scores de dépression utilisés tout à l'heure pour illustrer les histogrammes (figure 2.3) sont présentés.

La figure 2.7 ne donne pas beaucoup d'information sur la distribution des scores de dépression, à part le fait que la plupart des scores sont inférieurs à 20. Une autre manière de présenter les données est de grouper les scores par tranches de 5 (par exemple 0-4, 5-9, etc.). Le diagramme en tige et feuilles construit en utilisant ce principe est donné sur la figure 2.8. Cela donne une bien meilleure idée de la distribution des scores. Notez l'utilisation du point (.) sur la tige pour indiquer la première partie d'un dizaine (par exemple 0-4 est représenté par 0.) et de l'astérisque (*) pour indiquer la deuxième partie de la dizaine (par exemple 5-9 est représenté par 0*).

4.3 *Boîte à moustaches*

Dans l'exemple des scores de dépression, nous avons facilement repéré la valeur aberrante. Cependant, il arrive souvent que les scores extrêmes ne soient pas si évidents à trouver. Une technique développée par Tukey (1977) est la représentation en *boîte à moustaches* qui permet de détecter automatiquement les valeurs extrêmes, et également de lire (en partie) la distribution de la variable considérée.

Figure 2.6
Diagramme en tige et feuilles pour un ensemble de chiffres plus important

Tige	Feuille
0	11222555
1	2222444455588
2	444444555555588888888
3	22333344444455555
4	222334

Tige	Feuille
0	0000022222222333333333555555555555555777777777777799999999
1	000000033333888
2	3
6	4

Figure 2.7

Diagramme en tige et feuilles pour les scores de dépression, groupés en intervalles de longueur 10

Cette colonne est uniquement informative et ne serait pas présentée normalement

Cette représentation donne plus d'information sur la distribution que le diagramme précédent

Score Intervalle	Tige	Feuille
0–4	0.	0000022222222333333333
5–9	0*	555555555555555777777777777799999999
10–14	1.	000000033333
15–19	1*	888
20–24	2.	3
60–64	6.	4

Figure 2.8

Diagramme en tige et feuilles pour les scores de dépression, groupés en intervalles de longueur 5

Bien que l'ordinateur construise automatiquement ces diagrammes, nous allons vous expliquer comment cela fonctionne, afin que vous puissiez facilement les interpréter. Les données que nous utilisons sont les suivantes (le diagramme en boîte à moustaches correspondant est donné figure 2.9) :

2 20 20 12 12 19 19 25 20

- Commençons par chercher la médiane comme nous l'avions fait plus haut. La médiane se trouve au rang 5. Elle vaut donc 19, parce qu'une fois les données rangées dans l'ordre croissant, un 19 se trouve en 5e position :

2 12 12 19 (19) 20 20 20 25

La médiane est en 5e position

- Ensuite, nous déterminons les *charnières*. Ce sont les limites qui coupent les 25 % de plus grandes valeurs, et les 25 % de plus petites valeurs (on les appelle *premier* et *troisième quartiles)* : ainsi, 50 % des valeurs se trouvent entre les deux charnières. Les charnières forment les limites de la *boîte* (voir figure 2.9). On trouve la position des charnières en ajoutant 1 à la position de la médiane, et en divisant par 2. Comme la médiane était en 5e position, cela donne

$$\frac{5+1}{2} = 3$$

- Les charnières haute et basse sont donc les troisièmes plus grande et plus petites valeurs respectivement, soit 20 et 12 respectivement.

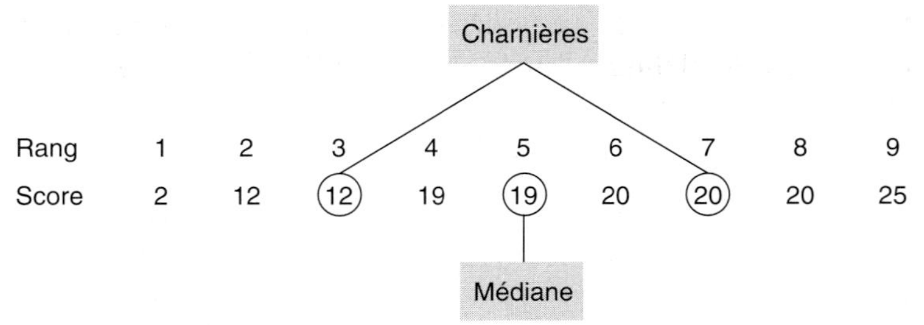

- Grâce à ces charnières, on peut déterminer l'*espace interquartile*, qui est la distance entre les charnières. Dans notre cas, les charnières étant 20 et 12, l'espace interquartile est 8 (20 moins 12).
- On définit les *scores extrêmes* comme ceux qui tombent à une distance de plus d'une fois et demi l'espace interquartile des charnières. Dans notre cas, une fois et demi l'espace interquartile vaut 12, puisque $1,5 \times 8 = 12$. Ainsi, toute valeur inférieure à 0 (charnière basse, 12, moins 12) ou au-dessus de 32 (charnière haute, 20, plus 12) est classée comme extrême. Les valeurs limites définissant les scores extrêmes – soit ici 0 et 32 – se nomment les *barres*.
- Parmi les scores compris entre les barres, le plus petit et le plus grand sont appelés *valeurs adjacentes*. Dans notre exemple, ces valeurs sont 2 et 25, parce que 2 est la plus petite valeur parmi celles qui dépasse 0 et 25 est la plus grande parmi celles qui ne dépassent pas 32. Ces valeurs fournissent les limites des *moustaches* (représentées par des barres transversales).
- Toute valeur extrême est indiquée sur le diagramme.

Regardez la figure 2.9. Vous verrez que la hauteur de la boîte donne l'espace interquartile (allant de 12 à 20) et qu'il n'y a aucune valeur extrême. Les traits qui sortent de la boîte sont les *moustaches*. Elles indiquent où se situent les valeurs qui, bien que ne tombant pas entre les charnières, restent entre les barres et ne sont donc pas considérées comme extrêmes. Toute valeur sortant de cet intervalle

Figure 2.9
Exemple de boîte à moustaches

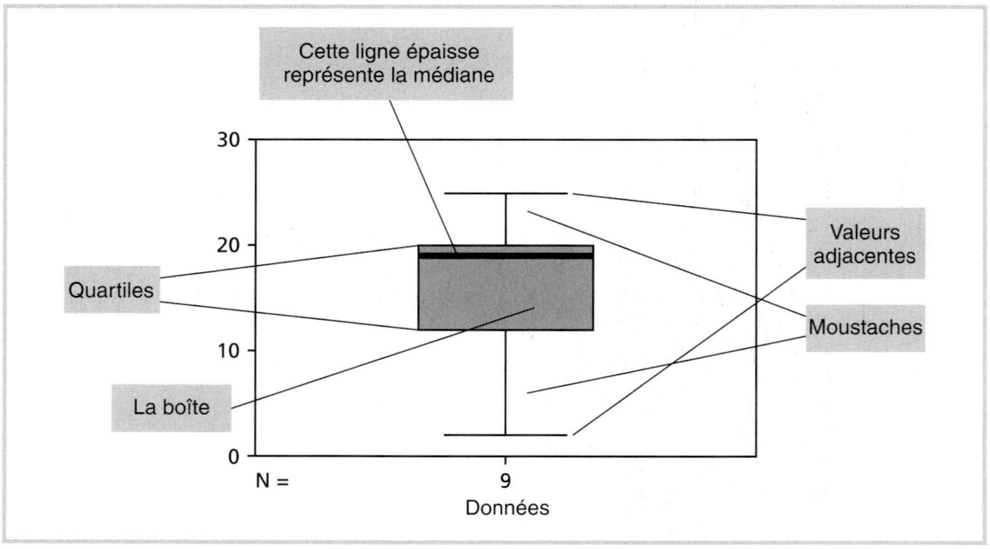

serait considérée comme aberrante. Vous pouvez constater qu'aucune valeur de ce type n'apparaît sur le graphique, parce que toutes les valeurs se trouvent à l'intérieur de l'intervalle délimité par les barres : [0 ; 32]. Ces limites (0 et 32) ne sont pas indiquées sur le graphique : on n'indique que les valeurs adjacentes (2 et 25) par les traits terminant les moustaches.

Si maintenant nous ajoutons la valeur 33 à notre liste de chiffres, la boîte à moustaches est modifiée selon ce qui est représenté figure 2.10. Vous noterez sur cette figure un score noté « 10 ». Cela indique que la 10ème valeur (qui vaut 33) a été classée comme extrême, du fait qu'elle tombe à l'extérieur des barres. Il peut être utile d'étudier plus en détail cette valeur, pour comprendre pourquoi elle est si grande : il se pourrait qu'on ait fait une erreur lors de la collecte des données.

La boîte à moustaches de la figure 2.11 représente les données hypothétiques concernant la dépression que nous avions citées plus haut dans ce chapitre. Vous pouvez vérifier que le score manifestement extrême (64) est bien classé comme extrême. Cependant, vous remarquerez également d'autres scores extrêmes, bien moins évidents, les scores 18 et 23. Cela vous montre que les chiffres qui doivent être considérés comme douteux ne sautent pas toujours aux yeux, et que la boîte à moustaches peut dans ce cas se révéler salutaire. Remarquez que la boîte pré-

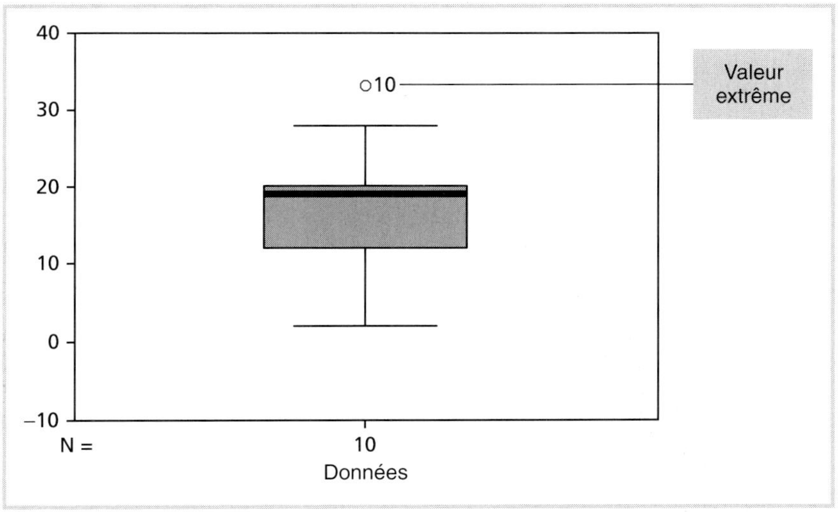

Figure 2.10

Boîte à moustaches illustrant la présentation des valeurs extrêmes

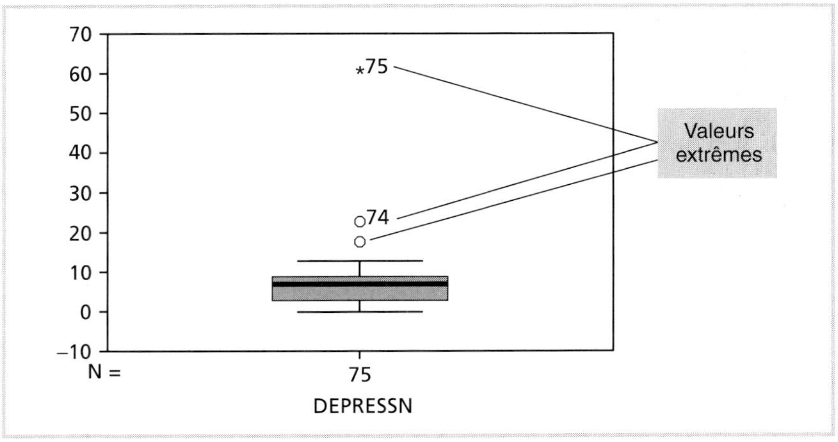

Figure 2.11

Boîte à moustache des scores de dépression montrant plusieurs valeurs extrêmes

sente une moustache inférieure (en bas de la boîte) : cela signifie qu'il y a des valeurs non extrêmes tombant en dessous de la charnière basse (la valeur 13).

Pourquoi est-il si important de détecter les valeurs aberrantes ? Vous devez garder à l'esprit le fait que l'on utilise, pour traiter les données, des méthodes qui impliquent souvent des moyennes. Souvenez-vous aussi que nous avions discuté du fait que la moyenne est très sensible aux valeurs extrêmes (voir page 58). Pour cette raison, il est très important de savoir si nous avons des scores extrêmes, afin de savoir comment nous pouvons interpréter la moyenne et tirer des conclusions réalistes de nos analyses.

Il faut cependant remarquer que la définition des scores extrêmes comme étant ceux qui sortent de l'intervalle défini par les barres a quelque chose de « parachuté ». La pratique semble partiellement justifier ce choix, mais il n'en reste pas moins arbitraire, et dans certains cas peu pertinent. Nul doute que le prestige de Tukey soit pour beaucoup dans l'adoption de son critère.

En toute rigueur, nous ne pouvons pas utiliser la plupart des techniques présentées dans ce livre si l'on a des scores extrêmes. Ceci dit, il y a des moyens de se débarrasser des problèmes liés aux valeurs aberrantes. Lorsque vous trouvez de telles valeurs, suivez les étapes suivantes :

- Vérifiez que vous avez correctement entré les données.
- Vérifiez que rien d'inhabituel ne peut expliquer le score obtenu. Par exemple, avez-vous noté, au moment de la passation, que la personne semblait ne pas comprendre la consigne ? A-t-elle correctement rempli le questionnaire ? Avez-vous une raison de croire que la tâche n'a pas été exécutée consciencieusement ?
  - Si vous pensez que la passation ne s'est pas déroulée normalement, vous pouvez omettre le participant correspondant lors de l'analyse statistique. Cependant, il faudra au moment de la rédaction du rapport ou de l'article relatant votre travail préciser que vous avez retiré cette personne de l'analyse, en expliquant les raisons qui vous ont poussé à supprimer cette observation.
- Si rien ne semble indiquer que le participant, à part son score extrême, ait quoi que ce soit de particulier, il faut sans doute conserver l'observation dans l'analyse. Il est légitime, cependant, de modifier le score pour qu'il ne soit plus « si extrême » et n'influence pas trop la moyenne [6]. Pourquoi cela ?
  - Souvenez-vous que lorsque vous utilisez la moyenne, vous vous intéressez aux scores typiques. Clairement, un score extrême n'est pas typique, et c'est pourquoi on peut le rendre plus conforme au reste du groupe.
  - Pour l'ajustement, nous remplaçons le score extrême par un nouveau score qui vaut un point de plus que le plus grand score non extrême observé [7]. Ainsi, le participant donne toujours la plus grande valeur, mais il n'influence pas autant la moyenne.

---

6. Cette légitimité n'est acquise que sous certaines conditions restrictives, notamment de régularité de la variable sous-jacente. Il convient donc d'être très prudent dans la modification des scores, qui peuvent induire de nouveaux biais au lieu d'en corriger. [ndt]

7. Cela semble raisonnable pour des scores variant par exemple de 0 à 50 ou 100 comme le score de dépression vu plus haut. Bien entendu, ce serait très différent avec des scores qui varieraient entre 0 et 0.00001 par exemple... [ndt]

Activité 2.6

On donne une boîte à moustaches.

(a) Quelle est la médiane ?

(b) Combien y a-t-il de scores extrêmes ?

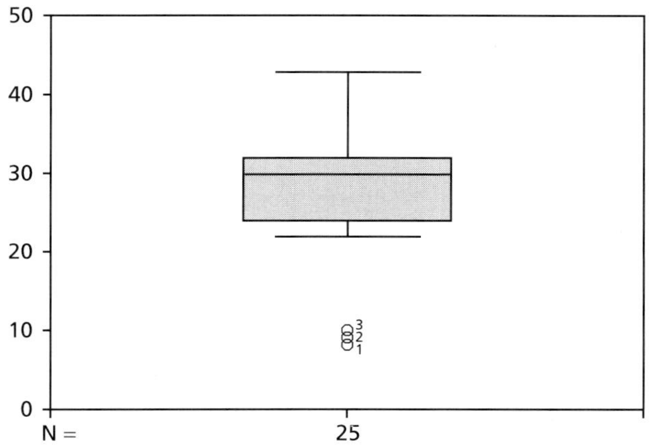

– Par exemple, reprenons les scores de dépression (figure 2.11). Supposons pour simplifier que nous n'ayons qu'un score aberrant (64) – nous oublions donc les deux autres valeurs extrêmes. Supposons en outre que cette valeur de 64 correspond à une observation qu'on ne peut pas remettre en cause. Le plus grand score non extrême est 13. On remplacera alors la valeur 64 par 14.

- Bien évidemment, si vous faites un tel ajustement, il faut absolument le préciser dans votre rapport de recherche ou votre article, afin que le lecteur sache exactement sur quelles données vous avez travaillé.

Il n'est pas possible de détailler ici toutes les questions tournant autour du problème des valeurs aberrantes, mais vous trouverez dans Tabachnik et Fidell (2003) un compte rendu assez complet.

Du côté des publications : Processus émotionnels et trouble panique

Les chercheurs commentent rarement l'allure des boîtes à moustaches dans leurs publications, bien qu'on puisse penser qu'ils les aient construites et examinées avant de commencer leurs analyses statistiques. Il est encore plus rare qu'ils insèrent des représentations en boîte à moustaches dans leurs articles. Une exception à cette règle est un article bientôt publié de Baker *et al.* Ce texte présente les résultats d'une expérience destinée à comparer les sujets souffrants de trouble panique et ceux n'en souffrant pas, relativement aux processus mentaux. Les auteurs concluent que les patients souffrant de trouble panique semblent, plus que les autres, essayer de contenir et contrôler leurs émotions. Une de leurs mesures de contrôle de l'émotion est le *Courtauld Emotional Control Scale* (CESC ; voir Watson et Greer, 1983), qui évalue dans quelle mesure les sujets essaient de contenir leur colère, leur anxiété ou leur joie. Le questionnaire donne aussi une mesure globale du degré auquel les sujets refrènent leurs émotions. Dans la partie « résultats » de leur article, les auteurs fournissent des boîtes à moustaches représentant ce score général dans le groupe test (celui des patients) et les deux groupes témoins qu'ils ont utilisés. Malheureusement, les psychologues ne détaillent pas ce qu'on peut conclure de ce diagramme quant à la distribution du score CECS dans les différents groupes : que le graphique suggère des distributions similaires, avec toutefois une valeur globalement plus élevée dans le groupe test. Le diagramme montre également des valeurs extrêmes dans l'un des groupes témoins.

SPSS : représentations graphiques

Pour obtenir des histogrammes, des boîtes à moustaches ou des diagrammes en tige et feuilles avec SPSS, vous pouvez utiliser la boîte de dialogue *Explorer*. Procédez comme vous l'aviez déjà fait pour obtenir des mesures de tendance centrale. Si vous souhaitez obtenir à la fois des mesures de tendance centrale et des graphiques, sélectionnez l'option *Les deux* dans le bloc de choix *Afficher* de la boîte de dialogue *Explorer*. En revanche, si vous souhaitez obtenir seulement les graphiques, sélectionnez *Graphiques* (voir ci-dessous) :

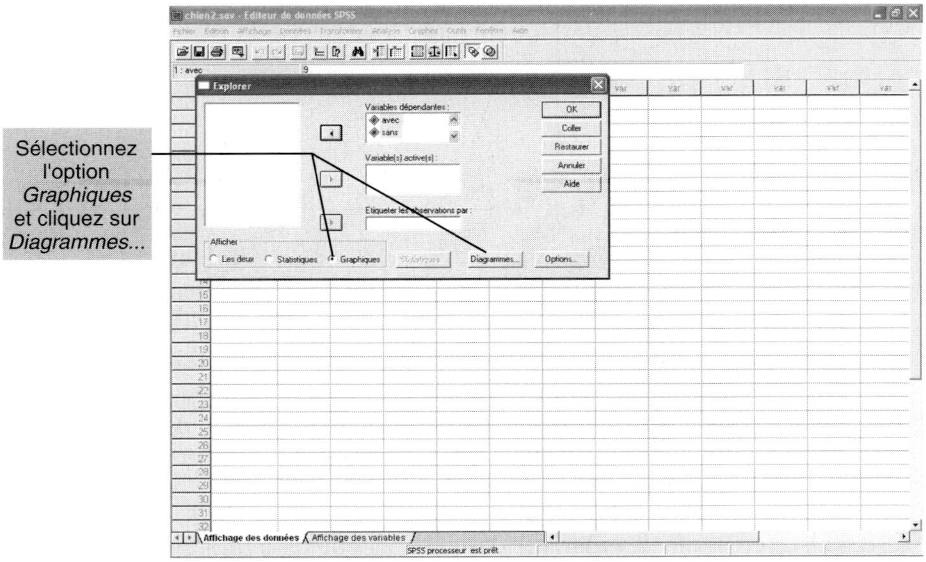

Cliquez ensuite sur le bouton *Diagrammes* pour préciser quel type de représentation vous souhaitez visualiser. Lorsque vous cliquez sur le bouton *Diagrammes,* la fenêtre suivante apparaît :

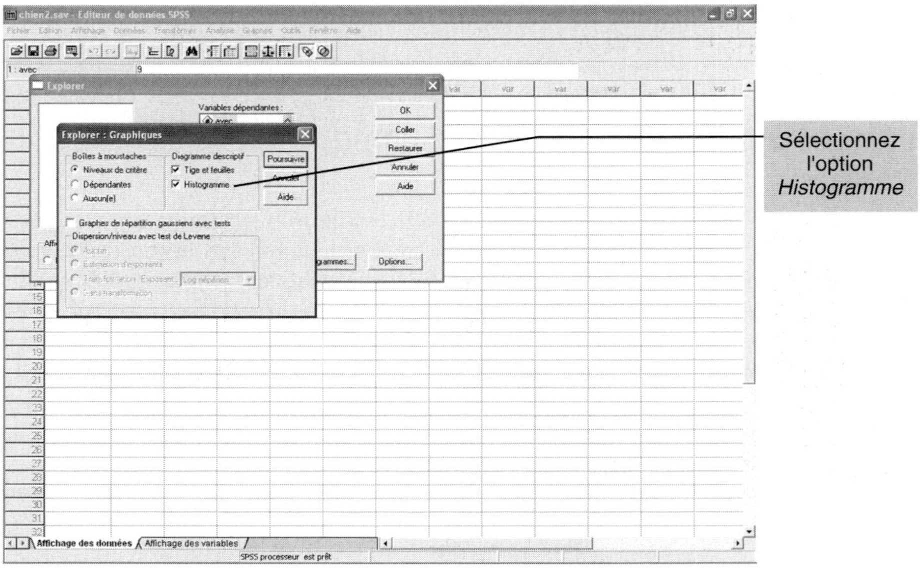

Par défaut, les boîtes à moustaches et les diagrammes en tige et feuilles sont seuls sélectionnés. Pour obtenir un histogramme en plus de ces deux graphiques, choisissez l'option *Histogramme*, puis cliquez sur le bouton *Poursuivre*. Vous serez alors redirigé vers la boîte de dialogue principale, où vous pourrez cliquez sur *OK*. Vous devriez obtenir les diagramme de la figure 2.12.

L'histogramme est présenté, suivi de la représentation en tige et feuilles, et, en dernier, de la boîte à moustaches. Nous n'avons ici imprimé que les représentations pour la condition avec chien (variable AVEC), mais les mêmes graphiques pour l'autre condition doivent apparaître à la suite sur la sortie SPSS. Il se peut que SPSS soit programmé pour donner un autre nombre d'intervalles pour les histogrammes, sur votre ordinateur. Dans ce cas, vos histogrammes seront un peu différents.

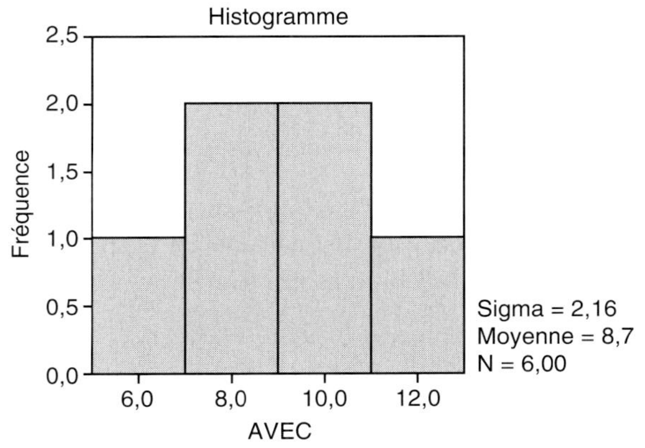

AVEC Stem-and-Leaf Plot

Frequency Stem and Leaf

```
    4.00 0 . 6789
    2.00 1 . 02
```

Stem width: 10.00
Each leaf: 1 case(s)

Diagramme en tige et feuilles

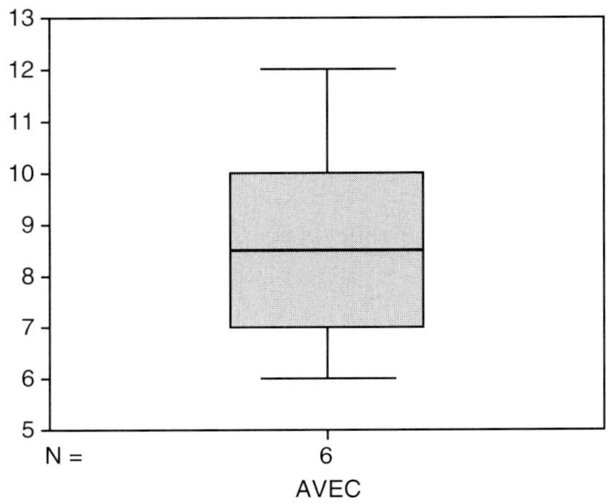

Figure 2.12

Sortie SPSS donnant un histogramme, un diagramme en tige et feuilles et une boîte à moustaches.

5 Diagrammes de dispersion

Une technique pratique pour examiner la relation entre deux variables est le diagramme de dispersion. Un exemple de diagramme de dispersion est donné à la figure 2.13 pour les données d'anxiété statistique et de procrastination du chapitre 1 (à la page 35). Rappelons ces données :

Score d'anxiété statistique :	50	59	48	60	62	55
Score de procrastination :	96	132	94	110	140	125

Pour construire un diagramme de dispersion, on associe les scores d'une variable à l'axe horizontal (abscisse), et les scores de l'autre variable à l'axe vertical (ordonnée). La figure 2.13 permet de lire les scores de procrastination en abscisse et ceux d'anxiété statistique en ordonnée. Cela donne un bon exemple de lien entre variables. On peut voir sur le diagramme qu'en général quand le score d'anxiété augmente, la procrastination fait de même. Il semble donc bien y avoir un lien entre les variables. Les points restent en effet relativement proches d'une ligne imaginaire qui irait du coin inférieur gauche du graphique jusqu'au coin supérieur droit. C'est ce qu'on appelle une relation positive.

Imaginez qu'en relevant vos données vous vous aperceviez qu'une augmentation de l'anxiété statistique s'accompagne en général d'une diminution du score de procrastination. À quoi ressemblerait alors le diagramme de dispersion ? Peut-être avez-vous deviné qu'il ressemblerait à ce que montre la figure 2.14.

Regardez cette figure 2.14. Vous pouvez voir dans un tel cas hypothétique que lorsque la procrastination augmente, l'anxiété statistique diminue. Les points semblent en effet s'agréger autour d'une ligne imaginaire qui partirait du coin supé-

Figure 2.13
Diagramme de dispersion pour les données d'anxiété statistique (statistics anxiety) et de procrastination du chapitre 1

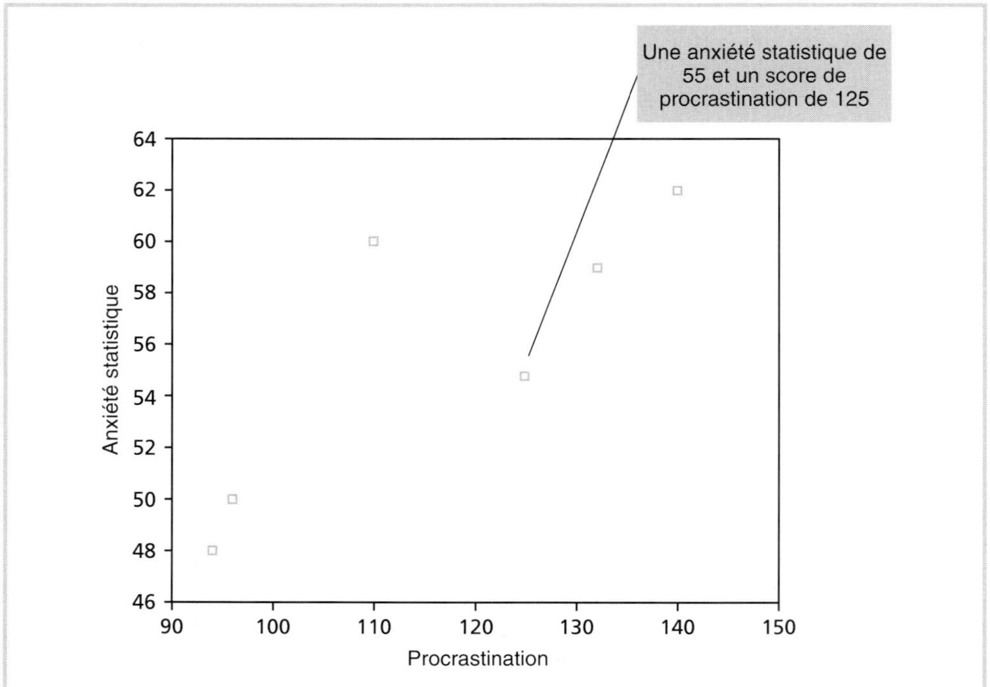

rieur gauche pour finir au coin inférieur droit. Nous appellerions cela un lien négatif. Maintenant, à quoi pourrait bien ressembler le diagramme de dispersion s'il n'y avait aucun lien notable entre les deux variables ? Le diagramme de la figure 2.15 donne une bonne idée de ce que cela pourrait donner.

Le nuage de points de la figure 2.15 semble parfaitement aléatoire. Les diagrammes de dispersion sont très utiles pour examiner des liens entre deux variables. Nous en reparlerons plus en détail dans le chapitre 5.

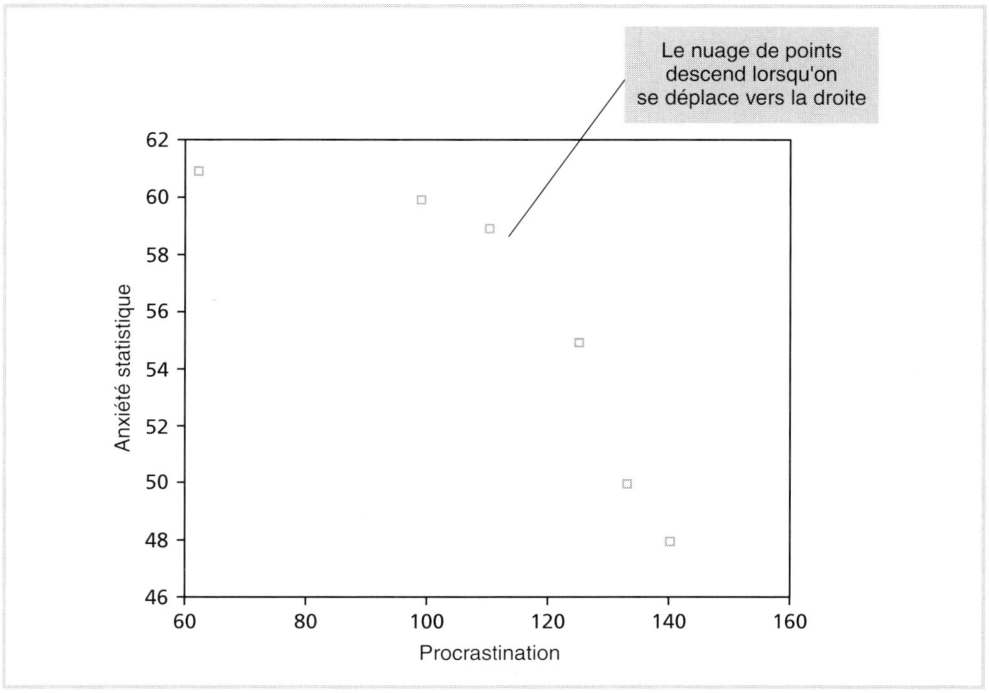

Figure 2.14
Diagramme de dispersion indiquant qu'une augmentation de l'anxiété statistique s'accompagne globalement d'une diminution de la procrastination

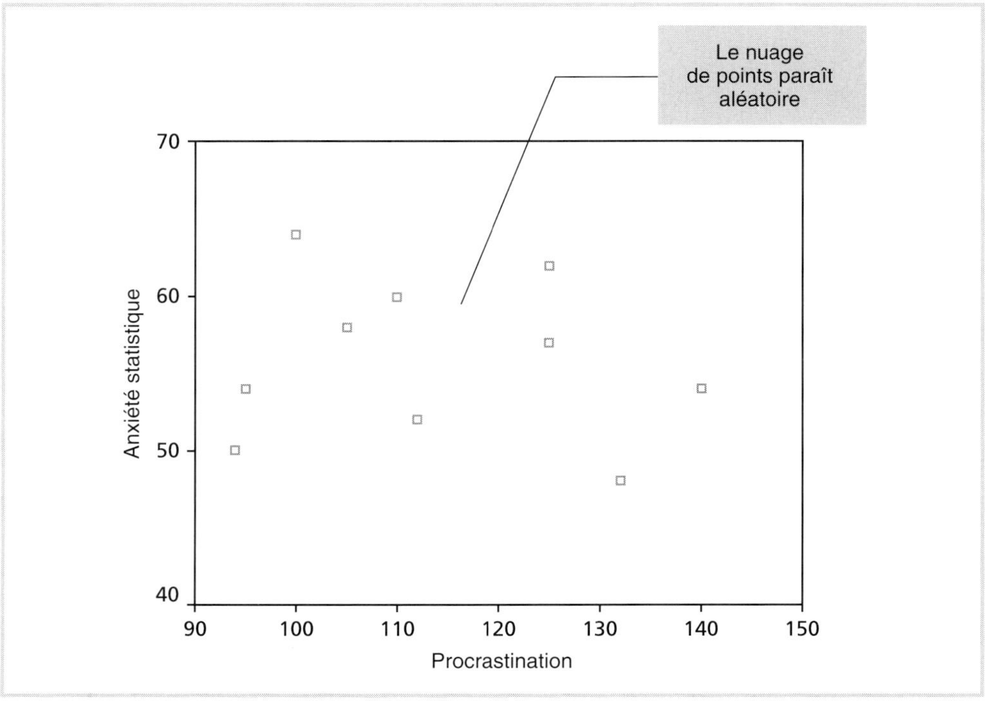

Figure 2.15
Diagramme de dispersion n'indiquant aucune relation notable entre les deux variables

Activité 2.7

D'après le diagramme de dispersion qui suit, quelle est la conclusion la plus pertinente concernant le lien entre le prix du pétrole et la satisfaction des automobilistes ?

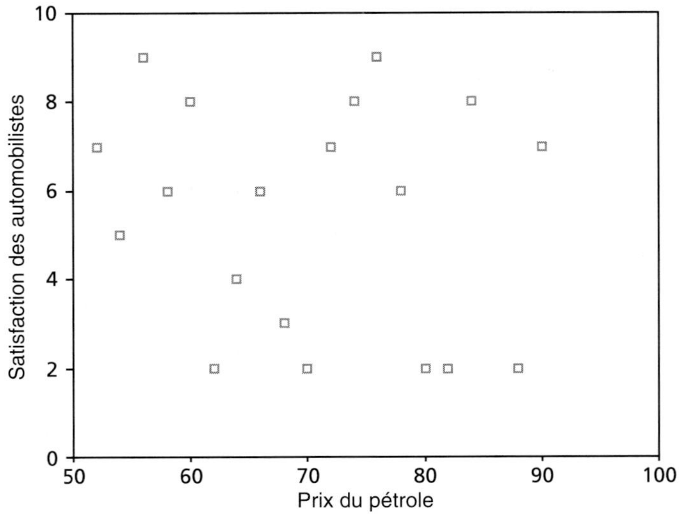

SPSS : Construire un diagramme de dispersion

Pour obtenir un diagramme de dispersion, sélectionnez *Diagramme de dispersion* dans le menu déroulant *Graphes*. Une boîte d'options apparaît alors :

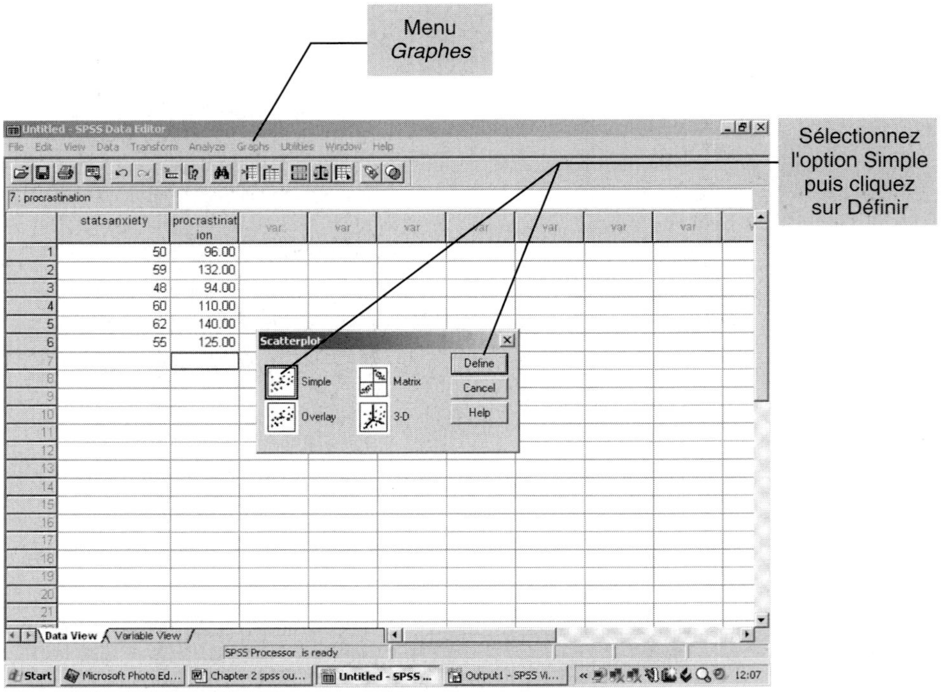

Sélectionnez l'option *Simple*, puis cliquez sur le bouton *Définir*. Vous pouvez choisir diverses options grâce à la boîte de dialogue qui s'affiche alors (voir ci-dessous).

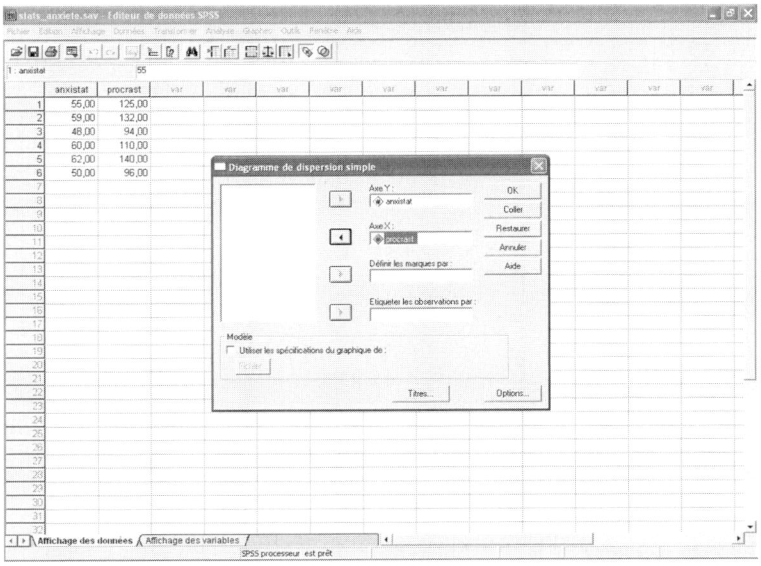

Déplacez une variable dans la zone *Axe X* et une autre dans la zone *Axe Y* en utilisant le bouton ▶ , puis cliquez sur *OK* pour visualiser le diagramme de dispersion. Le graphique devrait être similaire à celui de la figure 2.13.

6 Erreur d'échantillonnage et liens entre variables

Souvenez-vous : un peu plus haut dans le chapitre (page 60), nous avions évoqué le problème de l'erreur d'échantillonnage. Nous avions remarqué que, du fait des erreurs d'échantillonnage, la moyenne observée (sur l'échantillon) n'est peut-être pas une bonne estimation de la moyenne réelle (sur la population). Le même type de problème se pose lorsqu'on examine le lien entre deux variables. Supposons que nous étudiions le lien entre anxiété statistique et procrastination et qu'il n'y ait en réalité aucun lien entre les deux variables (chose que nous ignorons). Pour simplifier la représentation, supposons que la population ne comporte que 50 personnes. Le diagramme de dispersion de la figure 2.16 représente le nuage de points issu de cette population. Choisissons deux échantillons dans la population, l'un contenant seulement 3 personnes, l'autre comprenant 20 personnes. Il se pourrait qu'on obtienne alors les diagrammes de dispersion des figures 2.17(a) et 2.17(b) respectivement. Ces diagrammes ne semblent pas montrer de lien entre les variables. Une augmentation de la procrastination ne semble pas correspondre à une augmentation, ni à une diminution, de l'anxiété statistique. Dans ce cas, nos diagrammes donnent une idée correcte de la réalité sur la population.

Choisissons à nouveau deux échantillons (un de taille 3, l'autre de taille 20). Il se peut qu'on obtienne désormais les diagrammes de dispersion représentés sur les figures 2.18(a) et 2.18(b). Dans ce cas, l'échantillon de taille 3 laisse croire qu'il y a

Figure 2.16
Diagramme de dispersion représentant les scores de procrastination et d'anxiété statistique sur la population

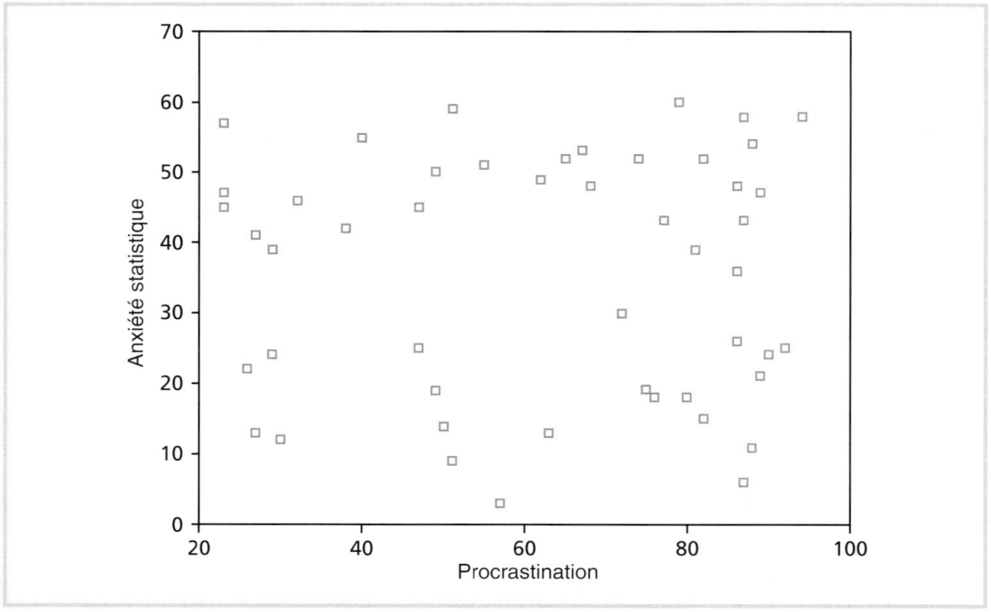

un lien entre les variables, et qu'une augmentation de la procrastination s'accompagne globalement d'une diminution de l'anxiété statistique. Au contraire, l'échantillon de taille 20 ne laisse paraître aucun lien entre les variables. Ainsi, le premier échantillon (de taille 3) pousse à imaginer un lien qui n'existe pas, alors que le deuxième échantillon (de taille 20) laisse supposer que les variables sont indépendantes, ce qui est effectivement le cas.

Enfin, si nous choisissons encore une fois deux échantillons, nous pouvons obtenir les nuages de points présentés sur la figure 2.19. Vous devriez être capable de voir qu'aucun lien ne semble apparaître entre les deux variables avec l'échantillon de taille 3, mais que l'échantillon plus gros (taille 20) fait apparaître au contraire un lien positif entre procrastination et anxiété statistique. En observant le diagramme de droite, vous devriez en effet percevoir la « forme » du nuage de points, qui suggère que la procrastination augmente avec l'anxiété statistique. Dans ce cas, le plus gros échantillon représente mal la réalité de la population, alors que le plus petit échantillon la représente bien.

Figure 2.17
Diagrammes de dispersion montrant une absence de lien entre procrastination et anxiété statistique sur des échantillons de taille 3 et 20 respectivement

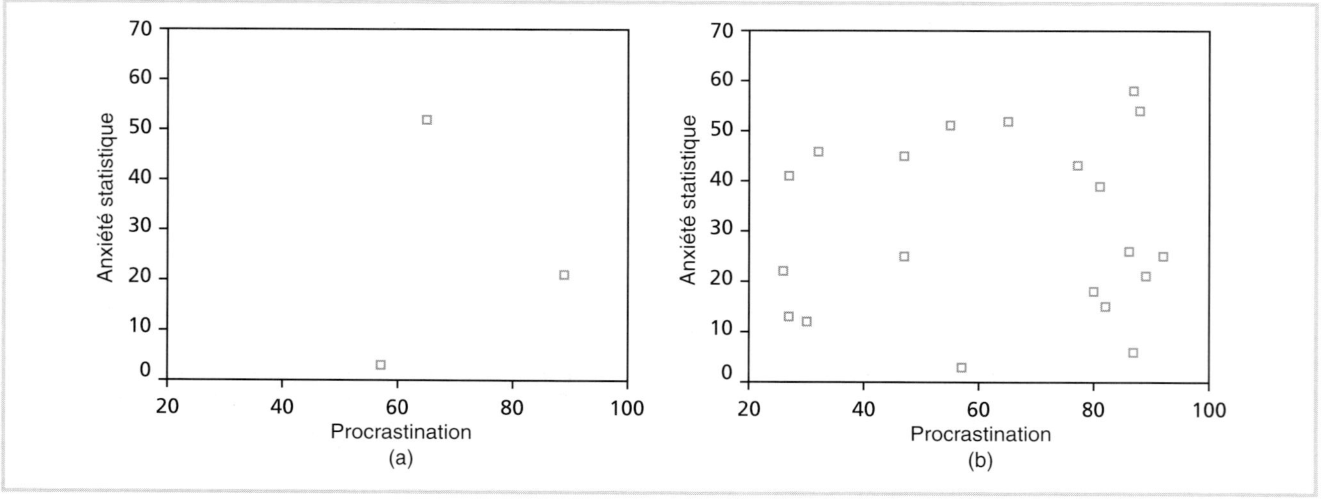

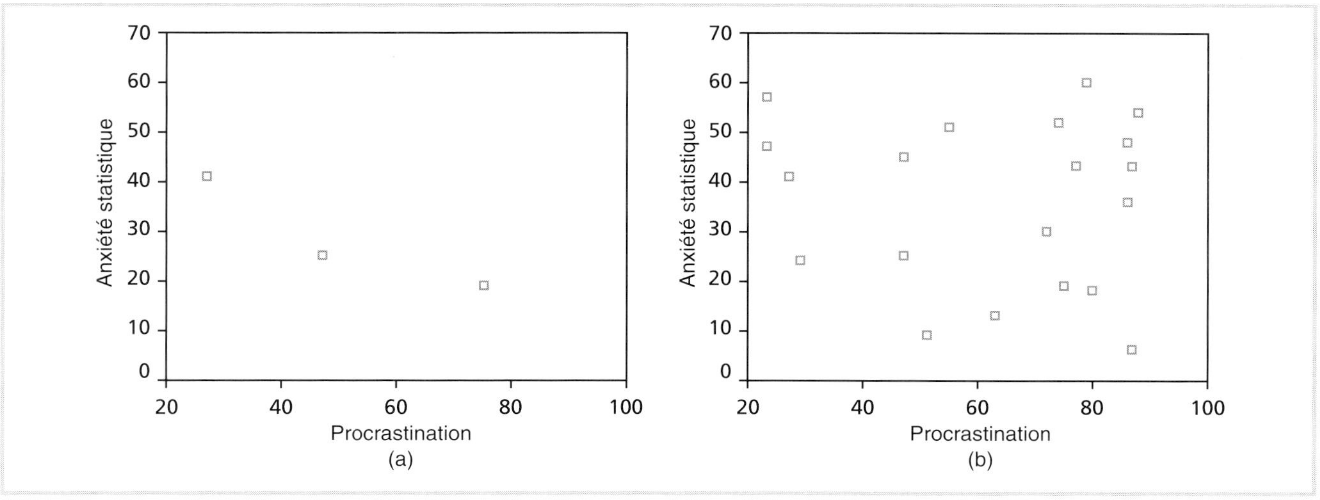

Figure 2.18

Diagrammes de dispersion montrant un lien négatif entre procrastination et anxiété statistique sur un échantillon de taille 3, mais pas de lien sur un échantillon de taille 20

Vous pouvez deviner qu'il est bien plus improbable d'obtenir les diagrammes de dispersion de la figure 2.19 que ceux des figures 2.17 ou 2.18. Comme nous l'avions déjà noté précédemment, les échantillons importants sont plus souvent représentatifs de la population que les petits échantillons. Ceci dit, même si la situation de la figure 2.19 est peu probable, elle peut tout de même se produire, et nous devons être très prudents avant de généraliser d'un échantillon à la population tout entière.

Le point le plus important de toute cette discussion est que les conclusions que nous pouvons tirer d'un échantillon sont sensibles aux erreurs d'échantillonnage. On ne peut jamais être certain que l'échantillon donne une image fidèle de ce qui se passe sur la population tout entière. Comme les diagrammes précédents l'ont montré, un échantillon peut induire en erreur. On peut se retrouver avec une structure de données très différente de ce qui se passe sur la population. Cependant, plus l'échantillon est grand, plus il est probable qu'il représente correctement la réalité de la population.

Figure 2.19

Diagrammes de dispersion suggérant un lien positif entre anxiété statistique et procrastination sur un 20-échantillon (à droite), et une absence de lien sur un 3-échantillon (à gauche)

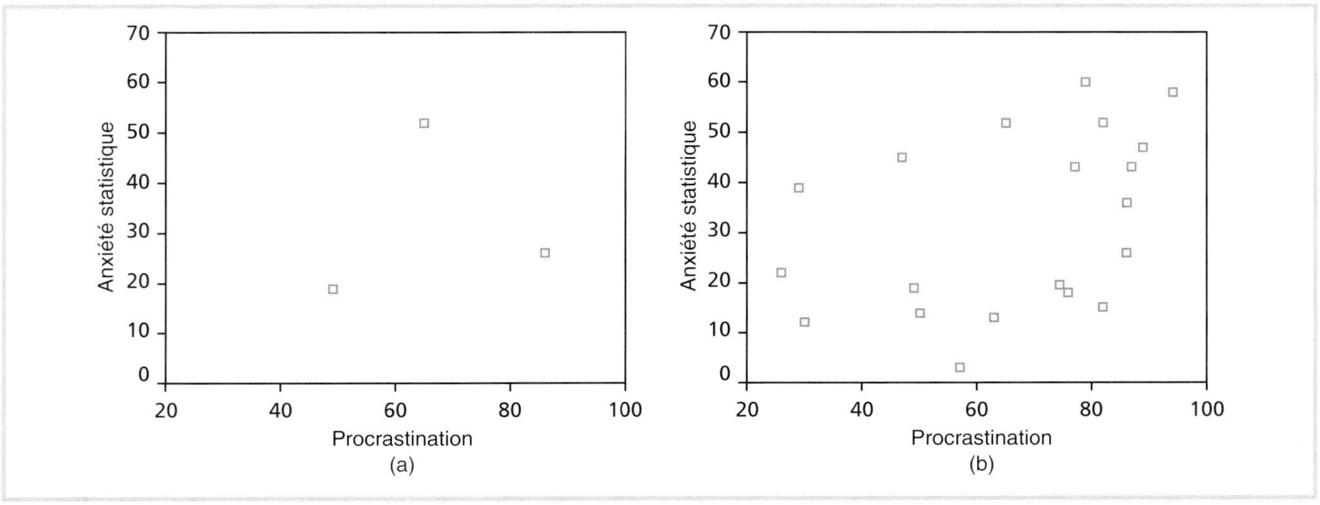

7 La distribution normale

Nous avons maintenant évoqué quatre méthodes pour représenter graphiquement des données. Pourquoi est-ce si important ? Pourquoi SPSS propose-t-il ces représentations ? Il serait surprenant qu'un géant (même relatif) du logiciel arrive à vendre des programmes fantaisistes et inutiles. Si ces méthodes sont tellement essentielles, c'est que la manière dont les données sont distribuées est cruciale. De nombreux tests statistiques qui vous seront présentés dans ce livre se fondent sur des hypothèses concernant la distribution des variables. Autrement dit, vous ne pourrez tirer de conclusion de ces tests que si vos données sont distribuées comme il faut. Une des distributions les plus importantes à laquelle vous serez confronté est la *distribution normale*.

En réalité, il ne s'agit pas à proprement parler d'une *distribution* (au sens d'une correspondance entre des valeurs et des effectifs), dans la mesure où les variables considérées sont continues : en toute rigueur, il faudrait plutôt parler de *densité normale*. Mais cette distinction peut être négligée en première approximation.

Les courbes de la figure 2.20 représentent toutes des distributions normales. Dans la vie de tous les jours, on rencontre continuellement de telles variables. La taille, le poids, la pointure des chaussures, le niveau d'anxiété, les notes aux examens sont autant de variables dont la distribution est presque normale. Autrement dit, leur distribution ressemble aux courbes de la figure 2.20. Dans nos recherches, nous pouvons utiliser cette information pour faire des hypothèses plausibles sur la manière dont les variables sont distribuées dans la population. Pour cette raison,

Figure 2.20
Distributions normales

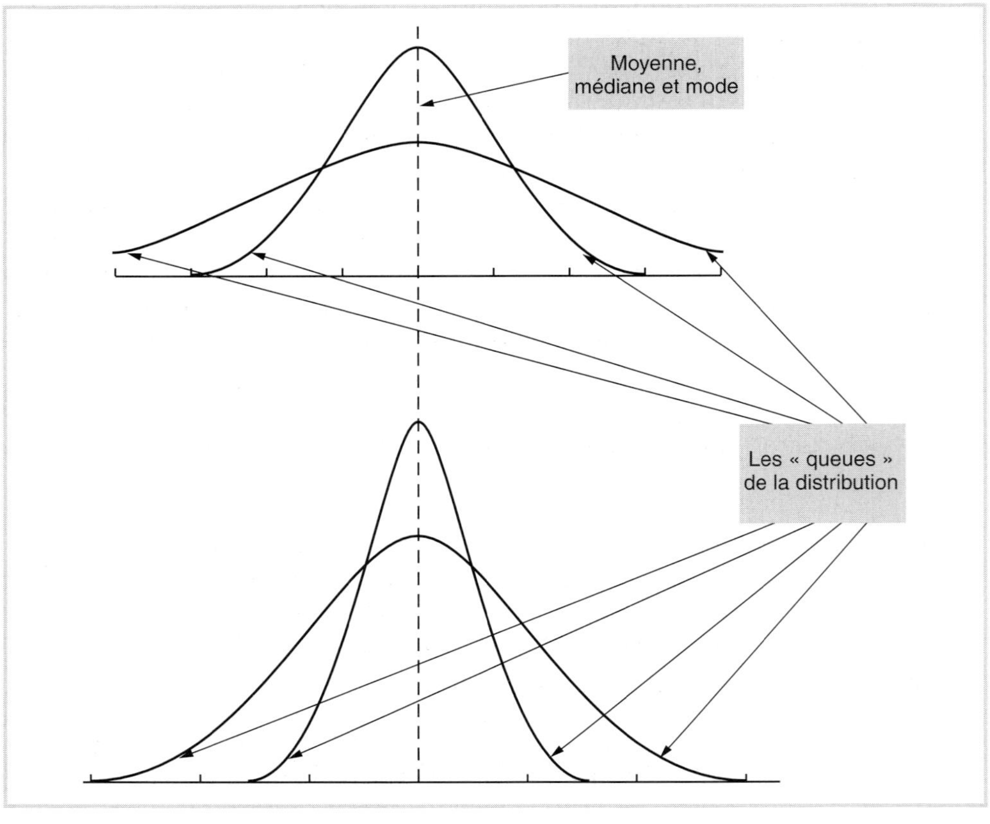

bien des tests puissants que nous utiliserons par la suite sont fondés sur l'axiome que la variable utilisée suit une distribution normale.

Pour être considérée comme normale, une distribution doit avoir les caractéristiques suivantes :

- elle doit être symétrique par rapport à la moyenne ;
- les queues de la distribution doivent rencontrer l'axe des x seulement à l'infini ;
- elle doit avoir une forme en cloche.

Toutes les distributions de la figure 2.20 sont normales ; bien qu'elles ne soient pas identiques, elles vérifient toutes les caractéristiques ci-dessus. Vous pouvez remarquer qu'elles diffèrent en ce qui concerne l'étalement des scores (ce qui se traduit par des pics plus ou moins marqués). Notez également que dans tous les cas le mode, la médiane et la moyenne sont égaux. Chaque distribution normale est déterminée par sa moyenne et son écart type (nous étudierons les écarts type plus loin dans le chapitre). Cela signifie que lorsque vous avez fixé une moyenne et un écart type, vous pouvez entrer ces valeurs dans une équation, et vous obtiendrez une unique distribution normale. Nous ne donnons pas ici la formule donnant la distribution normale ; retenez simplement que pour une moyenne et un écart type fixés, il y a une formule et une distribution normale précises.

Nous avons noté plus haut que de nombreuses variables concrètes s'avèrent normales. Bien souvent d'ailleurs, plus vous représentez la distribution sur un grand échantillon, plus la distribution observée semble normale. Une illustration simple permettra de se rendre compte de ce qui se passe. Si vous sélectionnez 10 hommes au hasard et mesurez leur taille, l'histogramme pourrait ressembler à celui de la figure 2.21(a). Il est évident que cette distribution ne ressemble pas à la distribution normale présentée à la figure 2.20. Si nous ajoutons une dizaine d'hommes à notre échantillon, et si nous représentons la distribution observée sur cet échantillon de 20 hommes, on pourrait obtenir un histogramme comparable à celui de la figure 2.21(b). Comme précédemment, cette distribution ne ressemble que peu à une distribution normale. Pourtant, vous pouvez deviner que les distributions s'approchent de plus en plus d'une distribution normale à mesure que nous ajoutons des sujets à notre échantillon [8] (figure 2.21(c) à 2.21(e)). Quand nous avons une centaine d'individus dans l'échantillon, la distribution est très proche de la distribution normale. Bien sûr, les illustrations ne sont que des illustrations, mais elles présentent une situation que vous rencontrerez probablement dans la réalité, avec bien des variables.

Nous venons de décrire quelques caractéristiques de la distribution normale. Souvenez-vous cependant qu'il n'y a pas *une* distribution normale. La figure 2.20 illustre le fait que « la » distribution normale est en fait un terme désignant toute une famille de distributions. Toutes ces distributions ont la même forme, mais elles diffèrent en termes de moyenne et d'écart type.

---

8. Bien sûr, cela n'est vrai que parce que la variable parente (la variable sur la population tout entière) est normalement distribuée, c'est-à-dire suit une distribution normale. [ndt]

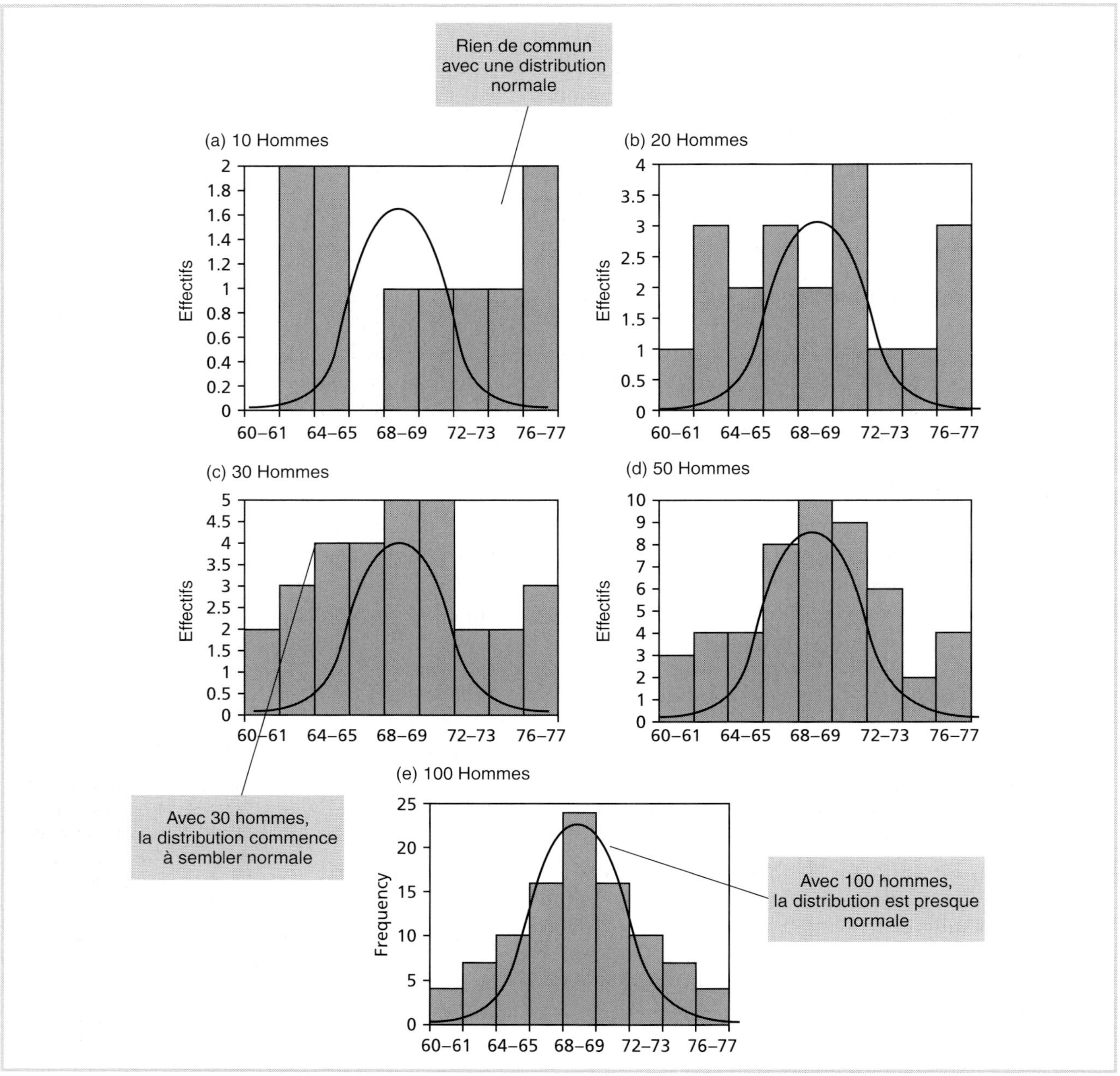

Figure 2.21
Histogrammes montrant la progression des distributions observées vers une distribution normale quand la taille de l'échantillon augmente.

8 Variation ou dispersion d'une distribution

Vous êtes désormais familier avec différentes mesures de tendance centrale qui permettent de définir une valeur typique d'une série de valeurs. Une autre caractéristique des distributions est la manière dont les scores sont étalés, c'est-à-dire à quel point ils varient d'un individu à l'autre dans notre échantillon ou dans notre population.

8.1 L'étendue

Un moyen élémentaire d'avoir une indication de l'étalement des valeurs est de comparer les scores minimum et maximum sur notre échantillon ou notre population. Cela s'appelle *l'étendue* ou *amplitude*. L'étendue est simplement la différence entre la plus grande et la plus petite valeur. Par exemple, l'étendue des scores de dépression de la figure 2.3 est 64 moins 0, soit 64. Dans cet exemple en effet, 0 est le plus petit score, et 64 le plus grand.

Bien que l'étendue nous renseigne sur la taille de l'intervalle dans lequel varient les scores, elle ne dit rien sur la manière dont les valeurs sont réparties à l'intérieur de l'intervalle. Observez par exemple les deux distributions de la figure 2.22. Ces deux histogrammes sont obtenus à partir de séries de données ayant la même moyenne (16), ainsi que les mêmes minimum et maximum (5 et 27). Les deux séries ont donc la même étendue, à savoir 22 (27 moins 5). Pourtant, ces deux distributions sont très différentes. Alors que les valeurs sont, dans l'exemple de droite, regroupées autour de la moyenne, elles sont bien plus espacées dans l'exemple de gauche. Idéalement, on aimerait avoir une mesure de l'étalement global des valeurs autour de la moyenne. C'est pourquoi l'étendue, qui nous donne certes une idée grossière de la dispersion des valeurs, n'est pas très informative en termes de dispersion globale.

8.2 Écart type

Une mesure de dispersion bien plus informative est l'*écart type*. Un des problèmes de l'étendue est qu'elle ne rend pas compte de la manière dont la variable est distribuée à l'intérieur de l'intervalle où elle prend ses valeurs. Au contraire, l'écart type rend compte de l'étalement des valeurs entre les bornes de l'intervalle de variation. Cela est rendu possible, dans le cas de l'écart type, par le fait que ce coefficient résume les variations individuelles par rapport à la moyenne. L'écart type

Figure 2.22

Deux distributions présentant la même moyenne, les mêmes minimum et maximum, mais très différentes quant à la dispersion autour de la moyenne

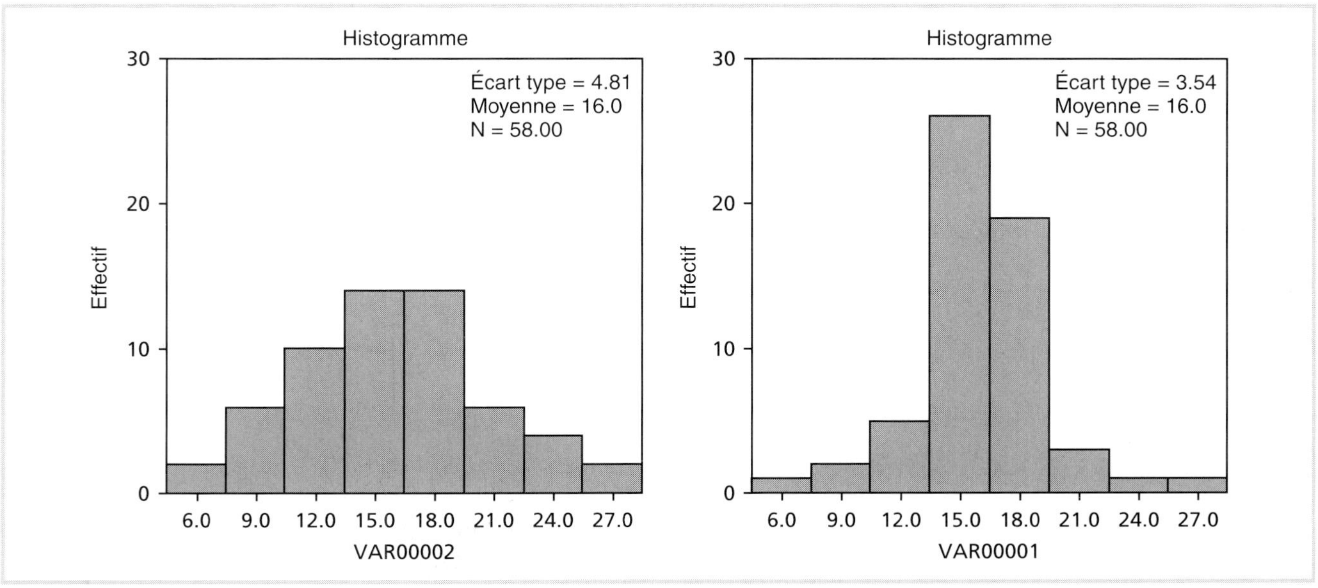

est un paramètre fondamental, est cela vaut la peine de faire un effort pour bien comprendre comment il fonctionne. Son importance tient au fait que de très nombreuses techniques statistiques se fondent sur lui.

L'écart type mesure les variations des valeurs de la variable autour de la moyenne. Chaque valeur de la série s'écarte de la moyenne d'une certaine quantité. Si nous faisons la soustraction entre la moyenne est chacune des valeurs prises isolément, nous obtenons une indication de cet écart : l'écart à la moyenne. On pourrait alors, comme pour toute série numérique, déterminer la valeur moyenne de ces écarts. Cette moyenne, que nous pourrions appeler écart moyen à la moyenne, pourrait *a priori* nous donner une indication de la distance globale entre la variable étudiée et sa moyenne. Pour calculer cet écart moyen à la moyenne, il suffit de faire la somme des écarts à la moyenne, puis de diviser le résultat par le nombre de différences ainsi obtenues. Il y a cependant un problème de taille avec cette approche. Ce problème vient du fait que la moyenne est une mesure de tendance centrale (c'est le score « du milieu », ou disons plutôt un score pivot). Une des conséquences de cette centralité de la moyenne est que certains écarts à la moyenne sont positifs, et d'autres négatifs. Et cette répartition est tellement bien faite que la somme de toutes ces valeurs fait exactement zéro... Nous pouvons le voir sur un exemple simple :

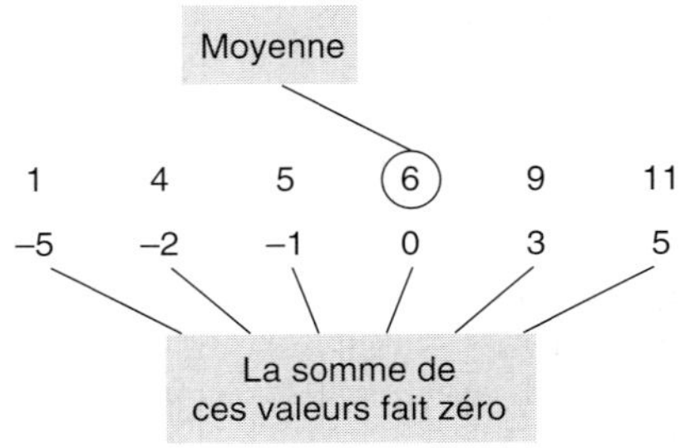

Puisque toute série nous donnera systématiquement la valeur 0, l'écart moyen à la moyenne ne nous informe pas du tout sur l'écart entre les valeurs de la série est la moyenne. Une solution à ce problème est de mettre les écarts à la moyenne au carré. En passant au carré, on rend en effet toutes les valeurs positives, parce que le carré d'un nombre, même négatif, est positif (par exemple $(-5)^2 = 25$). On pourrait alors calculer une moyenne de ces écarts au carré pour avoir une idée de la dispersion des valeurs autour de la moyenne. La statistique qui résulte de ce processus est connue sous le nom de *variance*. Le problème de la variance est qu'étant fondée sur des carrés des écarts à la moyenne, elle ne s'exprime pas dans la même unité que la variable dont elle est issue. Elle sera exprimée en carré de cette unité. Par exemple, si nous relevons des temps de réponse en secondes, la variance sera exprimée en seconde carré ! Pour retrouver une unité harmonieuse (la même que pour la variable de départ), nous prendrons donc la racine carrée de la variance, qui s'appelle *l'écart type*.

Vous pouvez vous demander pourquoi on décide de prendre le carré des écarts à la moyenne et non pas la valeur absolue. Il semble en effet que la valeur absolue, qui permet également d'obtenir des valeurs positives, possède les mêmes qualités que le carré sans en présenter l'inconvénient, à savoir le changement d'unité. En réalité, c'est surtout pour des raisons mathématiques que le carré est largement préférable. La fonction « carré » est en effet dérivable, contrairement à la fonction « valeur absolue ». Une des conséquences de ces caractéristiques est qu'il est plus facile, mathématiquement, de traiter les carrés que les valeurs absolues. Cependant, l'équivalent de l'écart type fondé sur les valeurs absolues existe bel et bien, et il se nomme *écart absolu moyen*. Nous ne l'évoquerons pas plus ici, parce qu'il est peu utilisé. Revenons donc à l'écart type.

Un exemple simple montrera comment on calculerait à la main l'écart type. Supposons que nous disposions des données suivantes, collectées lors d'une étude sur le nombre de barres chocolatées consommées chaque semaine par des personnes : 1, 4, 5, 6, 9, 11. Pour trouver l'écart type, on procède comme suit :

- On calcule la moyenne, qui vaut ici 6.
- Les écarts à la moyenne sont : −5, −2, −1, 0, 3, 5 (si nous additionnons ces valeurs, nous trouvons 0).
- Il nous faut maintenant élever ces valeurs au carré, ce qui nous fournit des valeurs positives : 25, 4, 1, 0, 9, 25.
- La moyenne de ces valeurs, que nous calculons ensuite, est 10,67, soit 64÷ 6, et c'est aussi la variance.
- Enfin, nous trouvons l'écart type en prenant la racine carrée de cette variance, ce qui nous donne 3,27.

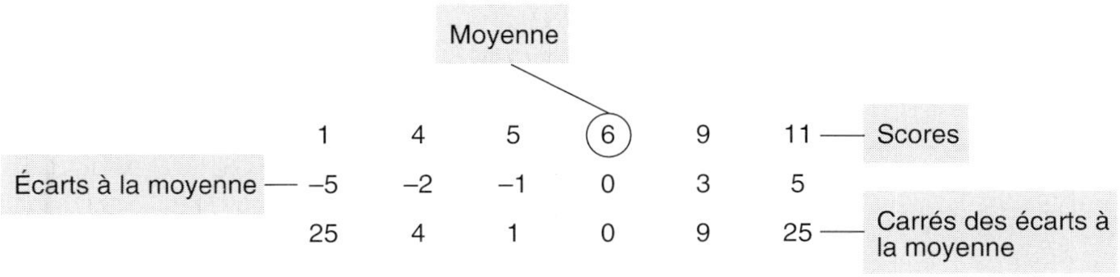

La valeur de l'écart type, ici 3,27, nous renseigne sur la manière dont les valeurs sont réparties autour de la moyenne. En règle générale, vous pourrez constater que près de 70 % des valeurs se trouvent à moins d'un écart type de la moyenne [9]. Dans notre exemple, l'écart type est de 3,27. Cela nous indique que la majorité des valeurs se trouvent probablement à moins de 3,27 unités de la moyenne, que ce soit au-dessus ou en dessous de cette moyenne. Plus précisément, on peut imaginer que 70 % des valeurs se trouvent sans doute entre 2,73 (6 moins 3,27) et 9,27 (6 plus 3,27). L'écart type est également utile lorsque vous souhaitez comparer des échantillons ayant fourni des mesures sur des échelles de même unité. Supposez que l'on choisisse un deuxième échantillon et obtenions désormais un écart type de 6,14. Par comparaison avec 3,27, ce deuxième écart type suggère que le premier échantillon présentait des valeurs plus resserrées autour de la moyenne que le deuxième.

9. Cela est vrai si la distribution de la variable étudiée est *normale*. Mais dans la pratique, la plupart des variables sont presque normales, ou présentent des distributions normales « déformées » de manière suffisamment régulière. Gardez pourtant à l'esprit que, sur des cas particuliers (distributions bimodales par exemple), il se pourrait bien que très peu de valeurs (voire aucune) ne se trouvent à moins d'un écart type de la moyenne. [ndt]

Activité 2.8

Si vous connaissez la variance d'une série de chiffres, comment calculez-vous l'écart type ?

Laquelle ou lesquelles des phrases qui suivent est (sont) une (des) définition(s) raisonnable(s) de l'écart type ?

(a) L'écart type est le score maximum moins le score minimum
(b) L'écart type est la somme de tous les scores divisée par le nombre de scores
(c) L'écart type est une mesure de variation des scores autour de la moyenne
(d) L'écart type est la racine carré de la variance

SPSS : mesures de variation

Pour obtenir des mesures de variation avec SPSS, suivez les instructions données précédemment pour les mesures de tendance centrale. Si vous utilisez la boîte de dialogue *Explorer* dont nous avons déjà discuté, l'ordinateur affichera quelque chose comme :

Récapitulatif du traitement des observations

		Observations					
		Valide		Manquante		Total	
	GROUPE	N	Pourcent	N	Pourcent	N	Pourcent
RENC	avec	6	100,0%	0	,0%	6	100,0%
	sans	6	100,0%	0	,0%	6	100,0%

Descriptives

	GROUPE			Statistique	Erreur standard
RENC	avec	Moyenne		8,6667	,88192
		Intervalle de confiance à 95% pour la moyenne	Borne inférieure	6,3996	
			Borne supérieure	10,9337	
		Moyenne tronquée à 5%		8,6296	
		Médiane		8,5000	
		Variance		4,667	
		Ecart-type		2,16025	
		Minimum		6,00	
		Maximum		12,00	
		Intervalle		6,00	
		Intervalle interquartile		3,7500	
		Asymétrie		,463	,845
		Aplatissement		-,300	1,741
	sans	Moyenne		4,0000	,73030
		Intervalle de confiance à 95% pour la moyenne	Borne inférieure	2,1227	
			Borne supérieure	5,8773	
		Moyenne tronquée à 5%		4,0556	
		Médiane		4,5000	
		Variance		3,200	
		Ecart-type		1,78885	
		Minimum		1,00	
		Maximum		6,00	
		Intervalle		5,00	
		Intervalle interquartile		2,7500	
		Asymétrie		-,943	,845
		Aplatissement		,586	1,741

Vous pouvez constater que les résultats SPSS contiennent la variance, l'écart type et l'étendue (qui s'appelle ici « intervalle »).

9 Distributions non normales

Bien que de nombreuses distributions réelles ressemblent à des distributions normales, vous rencontrerez également bien souvent des distributions qui s'en éloignent notablement. Parfois, de tels écarts sont dus à une erreur d'échantillonnage. Il est très important de vérifier la forme de votre distribution, parce que la plupart des méthodes statistiques que nous évoquons dans la suite se fondent sur l'hypothèse que les variables sont normalement distribuées. On peut visualiser la normalité ou la non-normalité d'une variable en construisant un histogramme. Si vous remarquez que vos données s'écartent de la normalité, vous devrez vous orienter vers une technique statistique qui ne suppose pas la normalité. Ces méthodes sont dites *libres de toute distribution*, et font souvent partie des méthodes dites *non paramétriques*. Elles sont traitées au chapitre 15. Les points suivants illustrent quelques caractéristiques des distributions à cause desquelles une distribution peut être, le cas échéant, considérée comme non normale.

9.1 *Aplatissement*

Nous avons déjà traité plusieurs manières de mesurer l'étalement des valeurs autour de la moyenne. Deux distributions peuvent être différentes à cause de la dispersion des valeurs autour de la moyenne, mais aussi pour d'autres raisons. En particulier, elles peuvent être plus ou moins aplaties ou pointues. Le degré auquel une distribution est pointue ou aplatie s'appelle *aplatissement*. Une courbe très pointue est dite *leptocurtique* ; une distribution aplatie est dite *platycurtique*. Enfin, une distribution qui se trouve entre ces extrêmes est dite *mesocurtique* (voir figure 2.23).

Ne vous tracassez pas outre mesure pour le moment à propos de l'aplatissement, qui ne devrait pas mettre en danger votre carrière statistique. Nous l'évoquons ici pour deux raisons. D'une part pour être complet, parce que nous voulons que vous soyez vraiment capables de comprendre en quoi des distributions peuvent différer. D'autre part, parce que les sorties SPSS donnent automatiquement un coefficient d'aplatissement. Vous serez désormais à même d'interpréter cette valeur. Une valeur positive indique que la distribution est *leptocurtique*, alors qu'une valeur négative indique au contraire une distribution *platycurtique*. Une valeur nulle indique que la distribution est *mesocurtique*, c'est-à-dire ni plus ni moins aplatie qu'une distribution normale.

N'accordez pas une trop grande importance à l'aplatissement. C'est souvent une statistique négligée à raison. Mais si vous souhaitez l'interpréter, souvenez-vous qu'une distribution normale présente toujours un aplatissement de 0. L'aplatissement ne doit pas être confondu avec la dispersion : ce sont deux choses très différentes. L'aplatissement mesure d'une certaine manière le nombre de valeurs qui se trouvent dans les queues de la distribution. Pour une meilleure compréhension de ce qu'est l'aplatissement, vous pourrez vous référer à l'ouvrage de Howell (1998).

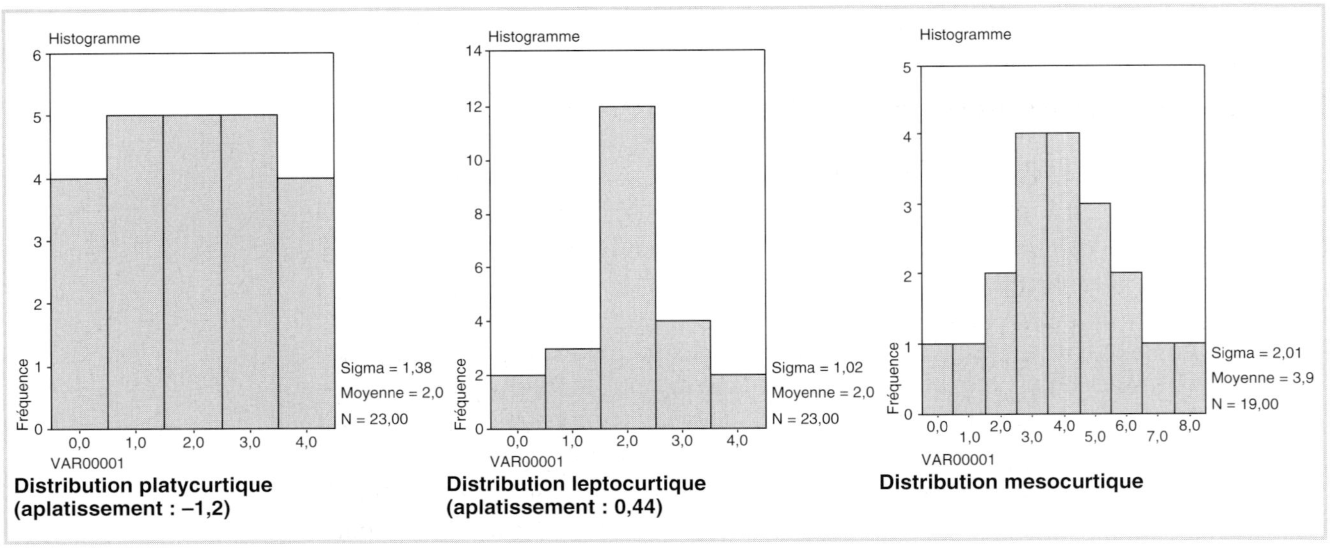

Figure 2.23

Distributions variant en termes d'aplatissement

9.2 *Distributions asymétriques*

Une déviation souvent constatée par rapport à la normalité provient de l'*asymétrie*. Les distributions de la figure 2.24 sont toutes des *distributions asymétriques*. La distribution qui présente une queue plus étendue à droite est dite à *asymétrie*

Figure 2.24

Distributions à asymétrie positive et négative

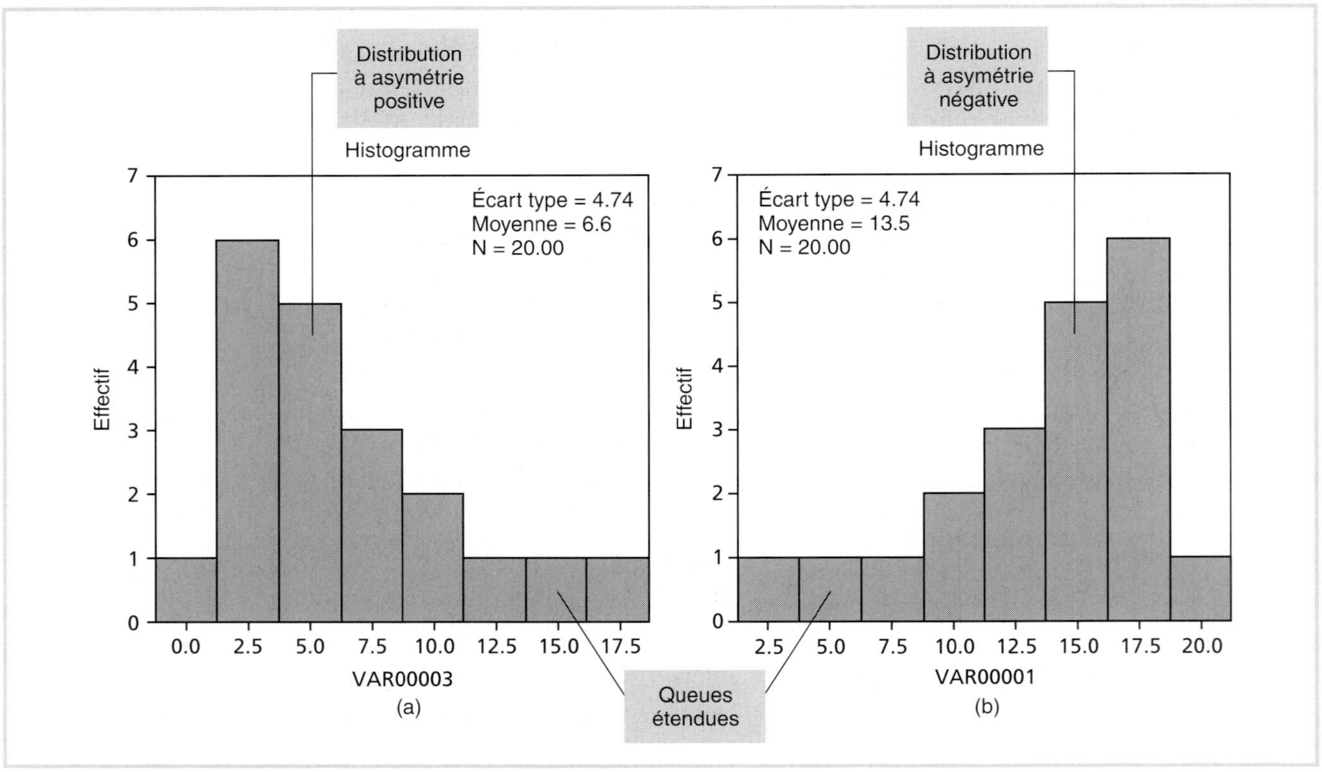

positive (figure 2.24(a)). Celle qui a une queue allongée à gauche est dite à *asymétrie négative* (figure 2.24(b)).

Si vous tombez sur une distribution franchement asymétrique, vous devez être très prudent en utilisant la moyenne comme mesure de tendance centrale. Cette moyenne est en effet déformée par les valeurs extrêmes de la queue de distribution. Dans de tels cas, le mode ou la médiane seront sans doute de meilleures mesures de tendance centrale, c'est-à-dire de la valeur typique de la série.

Comme pour l'aplatissement, les sorties SPSS contiennent automatiquement un coefficient mesurant l'asymétrie. Une valeur positive correspond à une asymétrie positive, et une valeur négative à une asymétrie négative. Une valeur nulle indique que la distribution n'est pas asymétrique, ni dans un sens ni dans l'autre. Si vous regardez à nouveau les résutats de la page, vous verrez que l'on a une asymétrie de 0,463 pour la situation « avec chien », ce qui indique une légère asymétrie positive. Dans la situation « sans chien », on obtient une valeur d'asymétrie de −0,943, qui indique une asymétrie négative plus marquée. Un coefficient d'asymétrie qui sort de l'intervalle [−1, 1], ou tourne autour de -1 ou de 1 est considérée comme trop important pour que nous puissions faire l'hypothèse de normalité, et donc utiliser les méthodes – nombreuses dans cet ouvrage – qui la supposent.

9.3 *Distributions bimodales*

Vous pouvez, à l'occasion, tomber sur une distribution semblable à celle de la figure 2.25. C'est ce qu'on appelle une *distribution bimodale*. Dans le fond, il y a deux modes, bien que l'un des modes puisse se trouver moins haut que l'autre [10]. Une telle distribution est clairement non normale. Si vous rencontrez une telle distribution, il vous faudra impérativement réflechir à ce qui peut rendre votre variable bimodale. Il se peut notamment qu'il y ait en fait deux sous-populations distinctes qu'il faut autant que possible identifier. Si tout est en ordre, et si vous ne trouvez pas la raison de l'existence de ces deux modes, il faudra toutefois rapporter le fait que la distribution est bimodale et préciser les deux modes.

Un bon exemple de distribution bimodale se trouve dans un article de Morris *et al.* (1981). Leur étude portait sur le lien entre la mémorisation des résultats des matchs de football et la connaissance des règles de ce sport. La connaissance du football était mesurée par un questionnaire (QCM). En examinant la distribution des scores de connaissance du football, les chercheurs se sont aperçus qu'elle était bimodale. L'explication de ce fait est qu'il y a deux sous-populations dans leur étude, constitutées respectivement par les passionnés de foot et par les autres. Les passionnés de foot ont des scores qui s'agrègent autour du meilleur score possible, alors que les autres ont des notes très proches de la plus faible valeur possible, ce qui donne une distribution bimodale.

Nous avons maintenant fait le tour des distributions normales et des caractéristiques qui distinguent les distributions normales de certaines distributions réelles. Du fait de l'importance capitale de la loi normale en statistique, une des raisons

10. Pour cette raison, il n'y a, *mathématiquement*, qu'un seul mode. Toutefois, la distribution suggère que la population ou l'échantillon se décomposent en deux sous-groupes distincts, ayant deux modes différents. [ndt]

Figure 2.25
Distribution bimodale

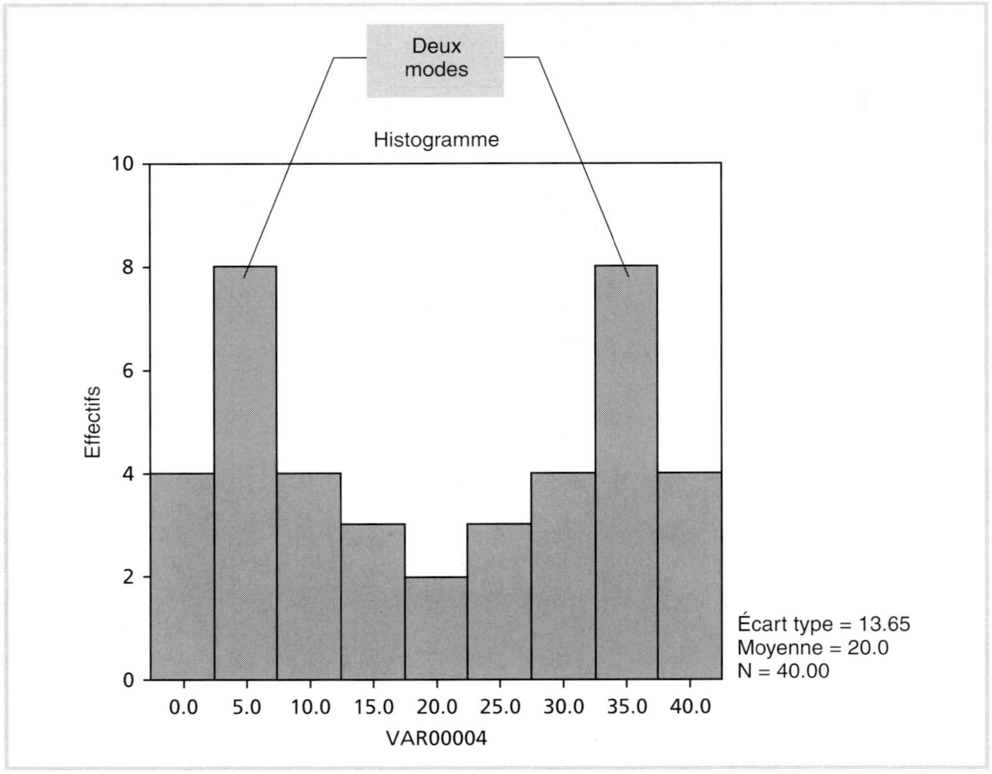

d'être des représentations graphiques est de repérer un écart éventuel à la normalité. Peut-être les représentations graphiques les plus pertinentes pour atteindre ce but sont-elles les histogrammes et les graphiques en tige et feuilles. Si vous jetez un œil à la figure 2.21(e), vous verrez un bon exemple de diagramme représentant une loi normale. À l'opposé, la figure 2.3 donne un exemple de distribution que l'asymétrie positive écarte un peu de la normalité. Si vous comparez cette distribution à celle de la figure 2.24(a), vous verrez que les formes de ces distributions sont assez voisines.

Il existe d'autres représentations que les histogrammes ou les diagrammes en tige et feuilles et qui permettent une lecture plus directe, mais hélas moins intuitive, de la normalité ou non-normalité d'une variable, et notamment les diagrammes PP Gaussien disponibles sous SPSS (voir à ce sujet Gauvrit, 2005b).

Une des limites des boîtes à moustaches est qu'elles ne permettent pas une lecture simple et fiable de la normalité (ou non) de la variable représentée. Les figures 2.26(a) à 2.26(c) montrent cependant l'allure de boîtes à moustaches dans quelques cas particuliers.

La figure 2.26(a) a été construite à partir de données (quasi) normalement distribuées (1, 2, 2, 3, 3, 3, 4, 4, 4, 4, 5, 5, 5, 6, 6, 7). On voit que la médiane se trouve alors au centre de la boîte, et que les moustaches haute et basse ont la même longueur. On voit aussi qu'il n'y a pas de valeurs extrêmes.

La figure 2.26(b) a été construite à partir de la série à asymétrie négative (1, 2, 3, 3, 3, 4, 4, 4, 5, 5, 5, 5, 5, 5, 5, 5, 5) et montre que la médiane est dans ce cas déplacée vers le haut de la boîte. Elle se trouve tout près du bord supérieur de cette boîte. Qui plus est, il n'y a pas de moustache supérieure. C'est un exemple outré, mais

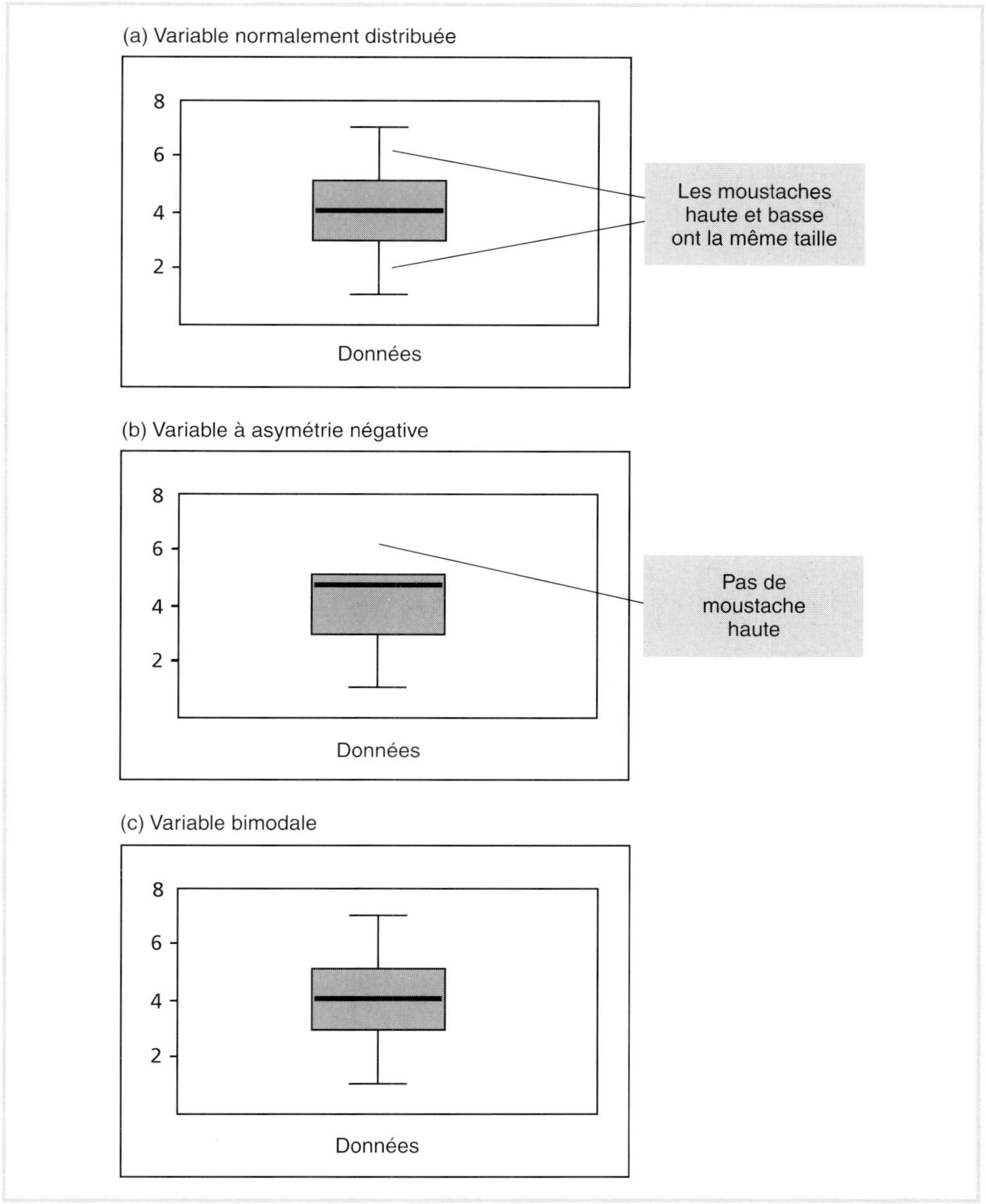

Figure 2.26
Boîtes à moustaches illustrant (a) une variable normale (b) une variable à asymétrie négative et (c) une variable bimodale

chaque fois que vous aurez une médiane qui se trouve en haut de la boîte et une moustache supérieure plus courte que la moustache inférieure, vous pourrez supposer que la distribution présente une asymétrie négative.

Enfin, la figure 2.26(c) est obtenue à partir de la série bimodale (1, 2, 2, 3, 3, 3, 3, 3, 4, 4, 5, 5, 5, 5, 5, 6, 6, 7). Étonnamment, on retrouve la même boîte à moustache ou presque que dans le premier cas (figure 2.26(a)). Cela illustre à merveille le fait qu'il convient d'être prudent dans l'inteprétation des boîtes à moustaches, qui ne permettent pas de décider à coup sûr si l'on a une variable normalement distribuée ou non. Pour cette raison, les histogrammes ou, dans une moindre mesure, les diagrammes en tige et feuilles, sont largement préférables aux boîtes à moustaches. Par bonheur, les distributions bimodales sont assez peu communes, et les boîtes à moustaches donnent généralement une bonne indication de la normalité des variables.

Activité 2.9

Quelles sont les distributions normales ?

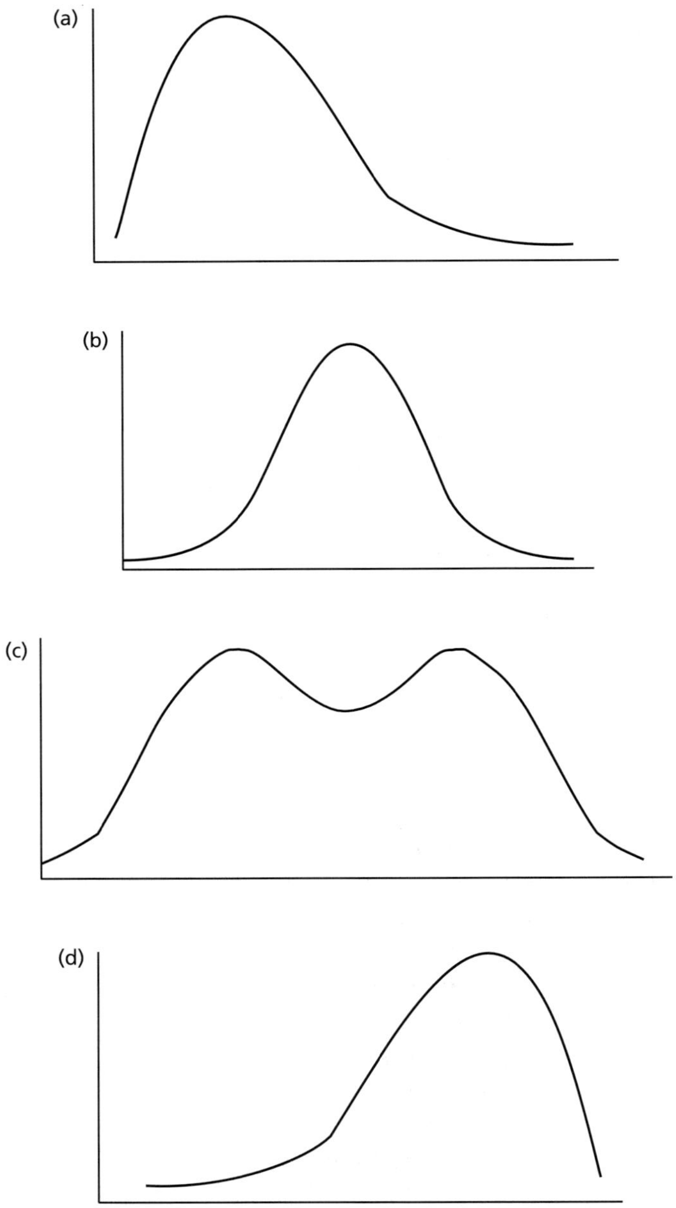

Du côté des publications : Utilisation de l'informatique et attitude face à l'ordinateur

Bien qu'on puisse penser que la plupart des chercheurs qui utilisent les techniques présentées dans cet ouvrage commencent par étudier les histogrammes correspondant à leurs données, il est assez rare qu'ils s'y réfèrent explicitement dans leurs articles. Une exception à cette règle est fournie par un article récent de Garland et Noyes (2004). Dans leur étude, les auteurs recherchent quelles caractéristiques de l'utilisation des ordinateurs permettent de prédire au mieux l'attitude des sujets face à l'ordinateur. Ils concluent que les questionnaires courants utilisés pour relever l'utilisation que les sujets font de l'informatique ne permettent pas de prédire correctement leur attitude face à l'ordinateur. L'un des questionnaires qu'ils ont utilisés dans cette étude, et fait passer à des étudiants, mesure la fréquence d'utilisation de l'outil informatique. Les auteurs rapportent leur résultats concernant cette grandeur par un histogramme. Ils choisissent d'utiliser un histogramme, expliquent-ils, parce que les coefficients standard sont trop sensibles aux valeurs extrêmes. Les auteurs indiquent que le nombre d'années pendant lesquelles les participants ont utilisé l'outil informatique suit une distribution quasi normale, bien qu'une légère asymétrie positive apparaisse, autour d'un pic correspondant à une utilisation de l'ordinateur depuis 9 à 11 ans. Ils suggèrent enfin que le nombre d'heures hebdomadaires passées devant l'ordinateur présente une asymétrie positive, et donc un coefficient d'asymétrie positif.

SPSS : visualiser la distribution normale sur un histogramme

Il peut être très utile de demander à SPSS d'ajouter à vos histogrammes la courbe de la loi normale, afin de comparer les deux distributions. Malheureusement, il n'est pas possible d'obtenir cette courbe en utilisant la boîte de dialogue *Explorer*. Aussi vous faudra-t-il passer par le menu *Graphes* et non par le menu *Analyse*. En choisissant le menu *Graphes*, vous vous rendrez compte qu'il y a des options correspondant à toutes les techniques de représentation que nous avons vues jusqu'ici :

Sélectionnez l'option *Histogramme*

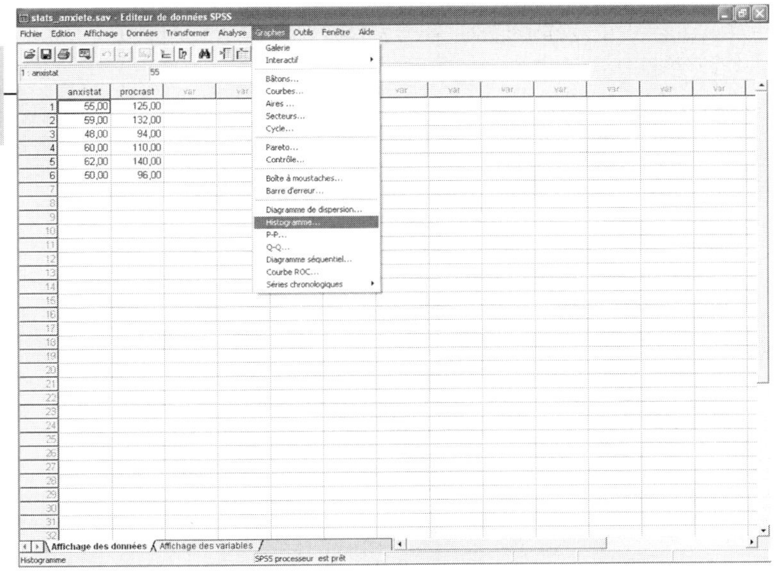

Sélectionnez l'option *Histogramme...* et la boîte de dialogue suivante apparaîtra :

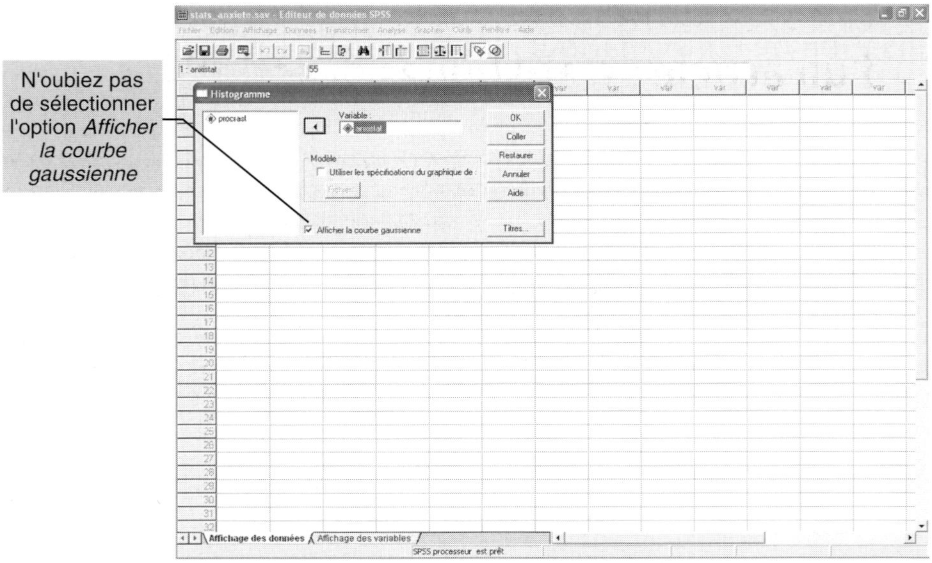

Pour que SPSS construise la courbe normale (dite aussi gaussienne) en plus de l'histogramme, commencez par déplacer la variable qui vous intéresse dans la zone *Variable*. Sélectionnez ensuite l'option *Afficher la courbe gaussienne*. Enfin, cliquez sur *OK* pour afficher l'histogramme. Le résultat sera un graphique présentant en superposition une courbe en cloche, comme sur la figure 2.27.

Vous pouvez vérifier sur ce graphique que les données que nous avons utilisées sont assez proches de la normalité.

Figure 2.27
Histogramme SPSS montrant la courbe normale

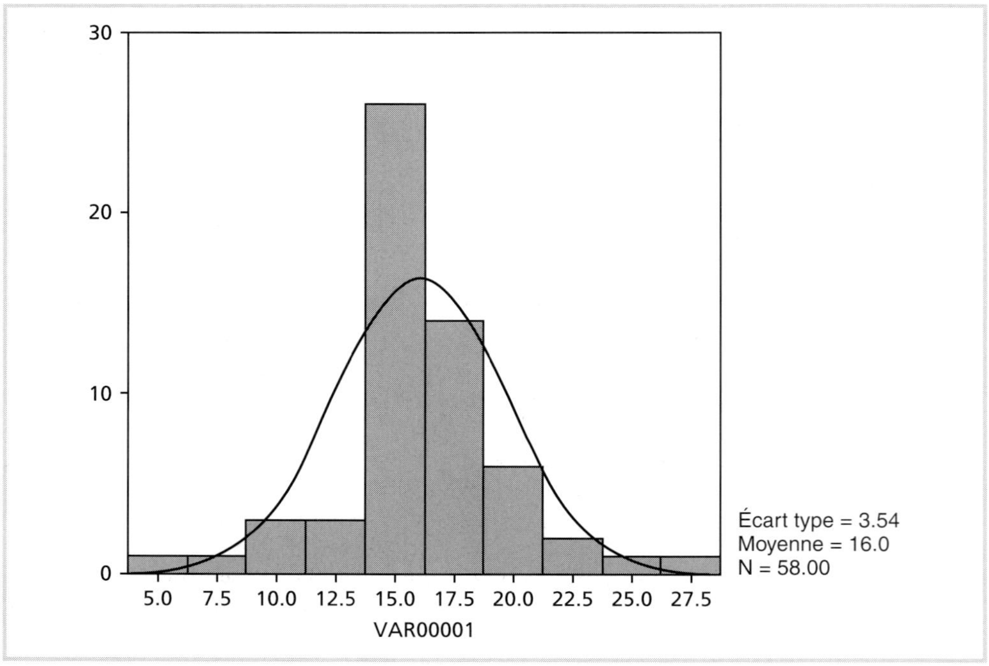

10 Rédaction de la partie statistique d'un article : statistiques descriptives

Bien que l'étude préliminaire des distributions de vos variables constitue une étape importante, vous pourrez remarquer que les chercheurs n'en rapportent pas souvent les résultats. Typiquement, si votre distribution n'est pas normale, c'est sûrement une bonne idée de signaler ce fait. Si au contraire vos distributions sont à peu près normales, c'est à vous de décider s'il vaut mieux le préciser ou non. Que vous le rapportiez ou pas, considérez toujours les résultats de vos investigations concernant la forme de vos distributions comme un aspect important ayant des implications sur le choix du type de méthodes statistiques que vous pourrez utiliser par la suite.

Si vous souhaitez mentionner la manière dont sont distribuées vos données, alors vous pourrez le faire comme dans l'exemple qui suit. Dans une étude de Reidy et Keogh (1997) des sujets anxieux et non anxieux ont été comparés sur la base de leur interprétation d'informations ambiguës. On étudiait aussi la différence entre les sexes dans les types d'interprétation. Nous pourrions présenter les statistiques descriptives comme suit :

> 98 étudiants ont participé à l'étude. Le nombre moyen d'interprétations positives et négatives par sujet est de 10,06 et 7,95 respectivement. Le tableau 2.1 indique les moyennes et écarts type correspondant aux groupes masculin et féminin. Ce tableau montre que les participants masculins ont donné plus d'interprétations négatives que les sujets féminins et autant d'interprétations positives. Pour les deux sexes, le nombre d'interprétations positives est supérieur au nombre d'interprétations négatives. Les écarts type montrent que les deux groupes (masculin et féminin) présentent la même dispersion en termes d'interprétations négatives ou positives. L'examen des boîtes à moustaches permet de conserver l'hypothèse de normalité.

	féminin	maculin
Interprétations positives	10,20 (2,32)	9,91 (3,01)
Interprétations négatives	7,27 (2,99)	8,62 (3,55)

Tableau 2.1

Nombre moyen d'interpétations positives et négatives chez les hommes et les femmes (écart type entre parenthèses)

Cet exemple a été traduit de l'anglais, l'article original étant rédigé dans cette langue. Nous donnons ci-dessous un exemple publié en français. Dans une étude sur la simulation humaine du hasard (Gauvrit, 2005a), on a demandé à des personnes de choisir « au hasard » des mots dans des phrases. Dans l'introduction de la partie statistique de l'article, on présente les statistiques descriptives pour l'âge et le niveau d'étude de la manière suivante :

> Un échantillon de 111 sujets a répondu à une série de questions de simulation de hasard. L'échantillon comportait 57 femmes et 54 hommes. L'âge des participants variait de 18 à 31 ans au moment de la passation (moyenne ± écart type : 23,2 ± 3,26).
>
> Le nombre d'années d'étude depuis le cours primaire – en comptant l'année en cours – est un indice de niveau d'étude. On obtient sur notre échantillon une moyenne de 14,61 (écart type : 2,65).

Récapitulatif

Dans ce chapitre, vous avez été initié à des méthodes permettant l'exploration et la description des données. Nous avons insisté sur l'importance de se familiariser avec les données en utilisant pour cela des méthodes statistiques qu'il faut interpréter intelligemment. Vous avez ainsi appris :

- Comment calculer une moyenne, une médiane ou un mode pour avoir des indications de la valeur typique ou centrale de vos données (mesures de tendance centrale).
- Que les erreurs d'échantillonnage se produisent systématiquement, mais que l'erreur est d'autant plus petite que la taille de l'échantillon est importante.
- Qu'il existe de nombreuses techniques de représentation graphique qui permettent de visualiser la forme de la distribution d'une variable, et notamment
  - les histogrammes
  - les diagrammes en tige et feuilles
  - les boîtes à moustaches
  - les diagrammes de dispersion.
- À quoi ressemble la distribution normale et son importance pour les statistiques.
- Qu'une variable peut dévier de la loi normale de plusieurs manières, et notamment
  - en présentant une asymétrie positive ou négative
  - en étant bimodale
  - en étant leptocurtique ou platycurtique.
- Qu'une caractéristique importante des données est le degré de dispersion qu'elles présentent, que l'on peut mesurer entre autres par l'écart type.
- Que l'écart type mesure aussi l'écart entre les valeurs et la moyenne.

Exercices SPSS

Exercice 1

Vous avez pour mission de déterminer si le remplacement d'une lumière blanche par une lumière rouge dans un bureau aura une influence sur la qualité du travail de personnes qui doivent rentrer des données dans un ordinateur. On pense que la lumière rouge augmentera peut-être la vigilance des employés qui feront ainsi moins d'erreurs. En remplaçant la lumière blanche par une lumière rouge, vous trouvez sur un échantillon que le nombre d'erreurs par jour a baissé des quantités suivantes :

22, 22, 12, 10, 42, 19, 20, 19, 20, 21, 21, 20, 30, 28, 26, 18, 18, 20, 21, 19

1. Quelle est la VI dans cette étude ?
2. Quelle est la VD ?
3. Utiliser SPPS pour dessiner une boîte à moustaches pour les scores observés.
   (a) Les données sont-elles distribuées normalement ?
   (b) Y a-t-il des valeurs extrêmes, et si oui lesquelles ?
   (c) Utilisez SPSS pour trouver la moyenne et l'écart type de la série de scores.

Exercice 2

Un groupe d'étudiants en dernière année décide de chercher si le cours du professeur Annuilleux peut être rendu plus passionnant. Ils pensent que le meilleur moyen pour cela est de consommer des drogues hallucinogènes pendant le cours. À la fin de l'année universitaire, ceux qui ont pris des drogues obtiennent les notes suivantes (sur 100) :

23, 89, 62, 11, 76, 28, 45, 52, 71, 28.

Ceux qui, au contraire, n'ont pas consommé de drogues, obtiennent les notes suivantes :

45, 52, 68, 74, 55, 62, 58, 49, 42, 57.

1. Quelle est la VI de cette étude ?
2. Quelle est la VD ? Est-elle continue, discrète ou catégorielle ?
3. Utilisez SPSS pour représenter un histogramme pour chacun des deux groupes, et répondez aux questions qui suivent :
   (a) Les deux séries sont-elles distribuées normalement ?
   (b) Quelle est la moyenne et quel est l'écart type de chacune des deux séries (utilisez SPSS) ?

QCM

1. Parmi les coefficients suivants, lequel est la meilleure estimation de la moyenne sur la population ?
   (a) La moyenne d'un échantillon
   (b) La moyenne de plusieurs moyennes d'échantillon
   (c) Le mode de plusieurs échantillons
   (d) La médiane de plusieurs échantillons.
2. Si vous avez une variable normalement distribuée sur un échantillon et qu'elle ne présente pas de scores extrêmes, quel paramètre de position choisirez-vous ?
   (a) Le mode
   (b) La médiane
   (c) La moyenne
   (d) Aucun de ceux-là.
3. Quelle(s) mesures de tendance centrale est (sont) sensibles aux valeurs extrêmes ?
   (a) Le mode
   (b) La médiane
   (c) La moyenne
   (d) Aucune.

QCM (suite)

4. Comment décririez-vous la distribution représentée par le diagramme qui suit :

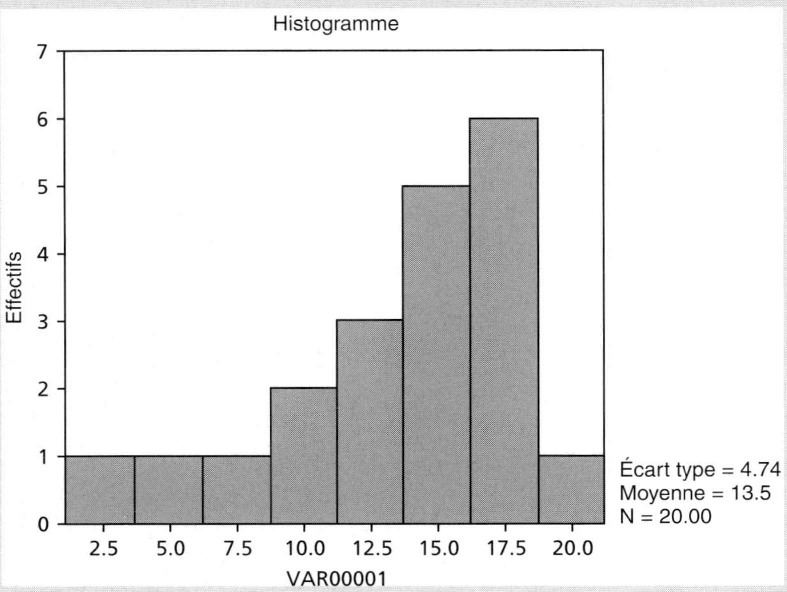

(a) Elle est normale
(b) À asymétrie positive
(c) À asymétrie négative
(d) Bimodale.

5. L'écart type est égal à
   (a) la variance
   (b) la racine carrée de la variance
   (c) le carré de la variance
   (d) la variance divisée par le nombre de valeurs.
6. Quelle est la relation entre la taille de l'échantillon et l'erreur d'échantillonnage ?
   (a) Plus la taille de l'échantillon est grande, plus l'erreur d'échantillonnage est grande
   (b) Plus la taille de l'échantillon est grande, plus l'erreur d'échantillonnage est petite
   (c) La taille de l'échantillon est égale à l'erreur d'échantillonnage
   (d) Rien de tout cela.
7. Le mode est
   (a) la fréquence absolue du score le plus fréquent divisé par le nombre total de scores
   (b) le score du milieu une fois qu'on a ordonné les valeurs
   (c) le score le plus fréquent
   (d) la somme de tous les scores divisée par le nombre total de valeurs.
8. Dans une boîte à moustaches, un score extrême est défini comme
   (a) un score tombant entre les barrres
   (b) un score tombant entre les barres et les charnières
   (c) un score tombant entre les barres et les valeurs adjacentes
   (d) un score qui se trouve entre les charnières.

QCM (suite)

9. Quelle propriété doit posséder une distribution pour être normale ?
   (a) Elle doit avoir une forme de cloche
   (b) Elle doit être symétrique
   (c) La courbe doit rencontrer l'axe des x seulement à l'infini
   (d) Tout cela à la fois.
10. Si vous choisissiez de manière aléatoire un échantillon A de 20 pandas, puis un deuxième échantillon (B) de 300 pandas, et que vous calculiez les poids moyens des pandas sur vos échantillons, quelle serait la meilleure estimation du poids moyen des pandas sur la population ?
    (a) La moyenne sur A
    (b) La moyenne sur B
    (c) Les deux donnent des estimations de même qualité
    (d) Aucune des deux ne peut être considérée comme étant une estimation de la moyenne générale.
11. Quelle sorte de lien est suggérée par un diagramme de dispersion où les points s'agrègent autour d'une ligne imaginaire allant du coin inférieur gauche au coin supérieur droit ?
    (a) Un lien positif
    (b) Un lien négatif
    (c) Un lien bimodal
    (d) Un aplatissement.
12. Quelle est la moyenne de la série suivante : 5, 7, 10, 12, 18, 20, 24, 22, 24, 25 ?
    (a) 145
    (b) 17,2
    (c) 16,7
    (d) 167.
13. Si vous avez une distribution à asymétrie négative, alors
    (a) la moyenne, la médiane et le mode sont égaux
    (b) la queue de droite est allongée
    (c) la queue de gauche est allongée
    (d) rien de tout cela.
14. Une distribution parfaitement normale
    (a) a une forme de cloche, est symétrique, et la courbe correspondante ne rejoint l'axe des x qu'à l'infini
    (b) ne peut être appliquée qu'à des gens normaux
    (c) a un mode égal à la médiane et à la moyenne
    (d) (a) et (c) à la fois.
15. Lorsque vous avez une variable catégorielle et que vous comptez le nombre d'occurences de chaque modalité, alors la mesure de tendance centrale qui s'impose est
    (a) le mode
    (b) la médiane
    (c) la moyenne
    (d) aucune de celles-là.

QCM (suite)

16. On donne l'ensemble de valeurs suivant : 8, 7, 9, 12, 14, 10, 14, 11, 13, 14. Combien valent la moyenne, la médiane et le mode respectivement ?
    (a) 11,2 ; 11,5 ; 14
    (b) 112 ; 12 ; 14
    (c) 10 ; 5 ; 14
    (d) 10 ; 12 ; 14.
17. Une distribution est dite platycurtique si elle est
    (a) pointue
    (b) aplatie
    (c) bimodale
    (d) très fine.
18. La variance d'une série de 12 valeurs est 36. Quel est alors l'écart type ?
    (a) 36
    (b) 1296
    (c) 6
    (d) 3.
19. Lesquelles des propositions suivantes sont vraies ?
    (a) Les paramètres décrivent des échantillons, et les statistiques des populations
    (b) Une statistique décrit un échantillon et une population
    (c) Un paramètre décrit une population, une statistique un échantillon
    (d) (a) et (b) sont toutes les deux vraies.
20. Comment décririez-vous la distribution représentée ci-dessous ?

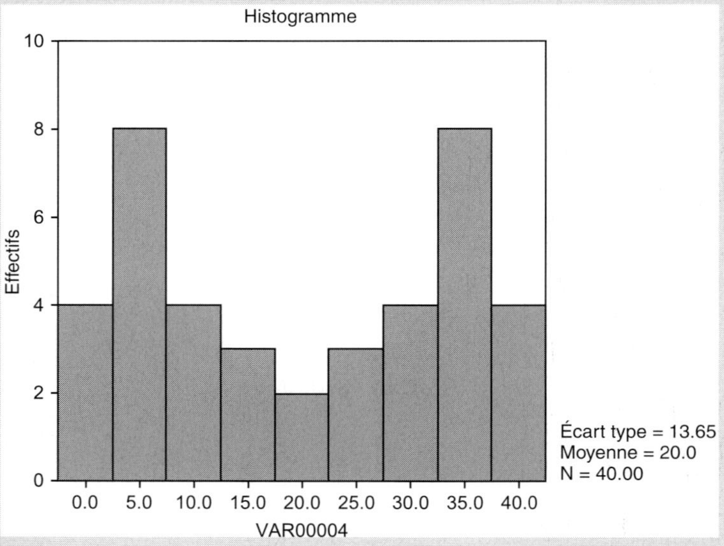

    (a) Elle est normale
    (b) Elle présente une asymétrie positive
    (c) Elle présente une asymétrie négative
    (d) Elle est bimodale.

Références

Armitage, C., & Reidy, J. (non publié). Development and validation of a new measure of blood fear.

Baker, R., Holloway, J., Thomas, P. W., Thomas, S., & Owens (2004). Emotional processing and panic. *Behaviour Research and Therapy, 42(11),* 1271-1287.

Garland, K. J., & Noyes, J. M. (2004). Computer experience : a poor predictor of computer attitudes. *Computers in Human Behaviour, 20(6),* 823-840.

Gauvrit, N. (2005a). Sur l'indépendance des productions dans les tâches de simulation de hasard. *Cahiers Romans de Sciences Cognitives, 2(2),* 85-104.

Gauvrit, N. (2005b). *Stats pour psycho : Exercices et corrigés.* Bruxelles : De Boeck Université.

Gauvrit, N. (2006). *Stats pour psycho.* Bruxelles : De Boeck Université.

Gourieroux, C. (1981). *Théorie des sondages.* Paris : Economica.

Howell, D. C. (1998). *Méthodes statistiques en sciences humaines.* Bruxelles : De Boeck Université.

Morris, P. E., Grunberg, M. M., Sykes R. N. & Merrick, A. (1981). Football knowledge and the acquisition of new results. *British Journal of Psychology, 72,* 479-483.

Reidy, J., & Keogh, E. (1997). State and trait factors underlying the interpretation of threat/neutral homophones. *Présenté à la conférence annuelle de la British Psychological Society – Cognitive Section.*

Tabachnik, B., & Fidell, L. S. (2003). *Using Multivariate Statistics* (4e édition). Reading, MA : Addison-Wesley.

Tukey, J. W. (1977). *Exploratory data analysis.* Reading, MA : Addison-Wesley.

Walsh, J. J., & Ugumba-Agwunoby, G. (2002). Individual differences in statistics anxiety : the role of perfectionnism, procrastination and trait anxiety. *Personnality and Individual Differences, 33,* 239-251.

Watson, M., & Greer, S. (1983). Development of a questionnaire measure of emotional control. *Journal of Psychosomatic Research, 27,* 299-305.

CHAPITRE 3
Probabilités, échantillonnage et distribution

Sommaire

Vue d'ensemble du chapitre

Dans les deux premiers chapitres, nous avons introduit les aspects les plus importants de l'organisation expérimentale et des méthodes d'investigation exploratoire des données. Dans ce chapitre, nous allons nous engager sur la voie menant à la généralisation des résultats. Nous nous appuierons sur votre connaissance des échantillons et de leur lien avec la population, afin de vous montrer comment on peut étendre un résultat d'un simple échantillon à la population tout entière. Cela vous permettra, plus tard, d'utiliser des données collectées lors d'une expérience sur un échantillon pour tirer des conclusions portant sur la population. Autrement dit, nous allons maintenant amorcer l'étude des *statistiques inférentielles.* Nous donnons d'abord un bref aperçu du monde des probabilités. Nous verrons ensuite comment utiliser les probabilités, et notamment les distributions de probabilités comme la distribution normale, pour étendre des résultats partiels à des conclusions globales. Dans ce chapitre, vous découvrirez :

- le vocabulaire de base des probabilités ;
- les probabilités conditionnelles ;
- comment appliquer les probabilités à la recherche ;
- ce qu'est la distribution normale standard ;
- ce qu'est une distribution d'échantillonnage ;
- comment faire une estimation ponctuelle ou par intervalle ;
- ce qu'est une erreur standard et un intervalle de confiance ;
- les diagrammes de variation.

1 Probabilités

Nous évoquons ici très rapidement quelques points de la théorie des probabilités. Cela devrait vous suffire pour comprendre toutes les statistiques que nous présenterons par la suite. Si tel n'était pas le cas, vous pourriez vous reporter au livre de Saporta (1990), dont la partie *probabilité* est accessible à des étudiants motivés.

Pour comprendre les statistiques, il est nécessaire d'avoir quelques notions de théorie des probabilités. Cela ne devrait pas vous poser des problèmes aussi insurmontables que vous l'imaginez peut-être, parce que les probabilités sont des éléments courants de la vie de tous les jours. Lorsque vous lancez une pièce, vous êtes confronté à des probabilités. Lorsque vous jouez aux dés ou au loto : même chose. On entend sans cesse parler de probabilités dans les médias. Par exemple, si vous fumez, cela augmente considérablement la probabilité que vous développiez un cancer des poumons. De même (une probabilité que j'adore – *John Reidy)* si vous buvez de la bière modérément, cela réduira la probabilité que vous souffriez un jour de maladie coronarienne.

Tout cela peut vous convaincre que les probabilités sont une réalité concrète de la vie. Jetons maintenant un regard plus scrupuleux sur ces exemples. Dans le cas où on lance une pièce, quelle est la probabilité qu'elle retombe sur « pile » ? Il y a une chance sur deux que cela se produise. Cela signifie que, globalement, sur deux lancers, l'un donnera pile, l'autre face. En général, les probabilités sont données sous forme de nombres décimaux compris entre 0 et 1. 0 est la probabilité associée à un événement qui ne se produira *sûrement pas*, et 1 à un événement qui se produira *forcément*.

Activité 3.1

Lesquels parmi ces événements ont une probabilité égale à 0 (ou très proche de 0), et lesquels ont une probabilité égale à 1 (ou très proche de 1) ?

- Que la nuit vienne après le jour
- Que les hommes politiques se mettent à nous dire la vérité en toutes circonstances
- Que vous tombiez sur un chèque au porteur d'un million d'euro dans les pages de ce livre
- Qu'un feu de bois s'éteigne si on jette de l'eau dessus
- Que les auteurs remettent leur manuscrit en retard

Pour calculer la probabilité d'un événement comme le fait de tomber sur pile avec une pièce, on divise simplement le nombre de cas où l'événement se produit par le nombre total de possibilités. Ainsi, dans le cas du lancer de pièce, il y a une seule possibilité correspondant à pile, mais deux possibilités au total (pile et face). La probabilité de tomber sur pile est donc de 1/2 (ou 0,5). Vous verrez quelquefois des probabilités indiquées en pourcentage. Cette manière de les présenter les rend plus parlantes, et la plupart des gens la trouvent plus explicite. Pour trouver le pourcentage à partir de la valeur décimale, il suffit de multiplier par 100. Ainsi, la probabilité de tomber sur pile est-elle de 50 % (0,5 × 100). Une probabilité nulle correspond à 0 % et une probabilité de 1 vaut également 100 %.

Tournons maintenant notre attention vers la question des dés. Lorsque nous lançons un dé, quelle est probabilité d'obtenir un 6 ? Ici, nous avons *un* cas favorable (la face 6), mais *six* possibilités au total (les faces 1, 2, 3, 4, 5 et 6). Ainsi, la probabilité cherchée est-elle de 1/6, soit 0,1667 environ. Si nous cherchons maintenant la probabilité que la face sortante soit 1 ou 2, comment procéder ? Le nombre de cas favorables est maintenant 2 (les faces 1 et 2). Le nombre de cas possibles n'a pas changé et reste 6. La réponse est donc 2/6, soit environ 0,3333.

Essayez maintenant de trouver la probabilité de tomber sur un nombre impair avec un dé (la réponse se trouve dans la section *Réponses* à la fin de l'ouvrage).

Activité 3.2

Exprimez les probabilités suivantes en pourcentage :

- 0,25
- 0,99
- 1/3
- 2/10

Exprimez les probabilités suivantes sous forme décimale

- 1/8
- 12/20
- 30 %
- 14 %

En réalité, nous avons fait l'hypothèse implicite, dans nos calculs, que toutes les possibilités (par exemple 1, 2, etc., pour le dé) avaient la même chance de se produire. On dit alors que les événements sont *équiprobables*. Mais vous savez sûrement que ce n'est pas toujours le cas. Par exemple, notre dé peut être truqué, ce qui invaliderait nos calculs. Cependant, en ce qui concerne les statistiques, les seules situations à considérer correspondent à l'équiprobabilité, et c'est pourquoi nous avons fait cette hypothèse dès le départ.

1.1 *Probabilités conditionnelles*

Pour saisir correctement les principes de la recherche en psychologie, il vous faut non seulement comprendre la notion de probabilité, mais également celle de *probabilité conditionnelle*. Une probabilité conditionnelle mesure la chance ou le risque qu'un événement se produise, lorsque cela dépend d'un autre événement. Par exemple, la probabilité que l'Arsenal gagne la coupe pourrait être de 70 % s'ils jouent contre Enfield Town, mais seulement de 60 % s'ils affrontent Manchester United. Ce sont des probabilités conditionnelles parce qu'elles dépendent d'une condition : contre quelle équipe l'Arsenal jouera. Un autre exemple de probabilité conditionnelle pourrait être liée à l'achat du présent manuel par un acheteur d'ouvrage de statistiques pour psychologues. *A priori*, puisqu'il y a environ 99 autres livres traitant du même sujet sur le marché, la probabilité que celui-ci soit choisi est de 1/100, soit 1 %. Cependant, si un enseignant vous recommande ce livre, on pourrait passer à 1 sur 5, soit 20 %. Cette dernière valeur est une probabilité conditionnelle : c'est la probabilité que ce livre soit choisi, sous la condition qu'un enseignant l'ait recommandé. Nous avons déjà mentionné, plus haut, deux exemples de probabilités conditionnelles. La probabilité de souffrir de cancer si vous fumez, ou de maladie coronarienne si vous buvez (modérément !) de la bière, est une probabilité conditionnelle. Vérifiez que vous avez bien compris ce qu'est une probabilité conditionnelle, parce qu'on en reparlera à partir du chapitre 4 pour présenter les tests d'hypothèses.

Activité 3.3

Quelles probabilités peuvent être qualifiées de conditionnelles ?

(a) La probabilité d'être foudroyé par un éclair, sachant qu'on est en train de jouer au golf

(b) La probabilité de gagner au loto

(c) La probabilité de remporter une victoire olympique, si vous ne vous entraînez pas

(d) La probabilité de développer un cancer du poumon si vous fumez

(e) La probabilité qu'on envoie des hommes sur Mars dans les dix ans à venir

(f) La probabilité de souffrir un jour de maladie coronarienne pour quelqu'un qui boit régulièrement de la bière

1.2 *Les probabilités appliquées aux statistiques : les statistiques inférentielles*

Les statistiques proposent des méthodes utilisées pour tirer des conclusions de nos données. Lorsque nous menons une recherche, c'est en général dans le but d'en déduire des résultats généraux. Nous voulons donc faire des *inférences*. La raison qui nous pousse à étudier le lien entre la procrastination et la peur des statistiques, ou encore le lien entre la mémoire à court terme et la consommation de cigarettes, est que nous voulons connaître ce lien plus en détail dans la population totale. De même, si nous effectuons une étude sur les gens qui mangent du gâteau au chocolat avec du ketchup à 6 h 30 du matin, c'est pour comprendre quelle mystérieuse motivation les y pousse. Pour répondre à toutes ces attentes, il nous faut tirer des conclusions globales d'observations limitées.

Considérez la description qui suit. Quelle conclusion pourrait-on en tirer ?

> Un après-midi animé dans le centre de *Wolverhampton*, un homme a été aperçu fuyant à toutes jambes. Après avoir passé le coin d'une rue, il a foncé dans *High Street*. Sa course folle n'était pas même ralentie par les passants qu'il bousculait régulièrement. Quelques secondes derrière lui, des policiers empruntèrent au pas de course le même chemin, et s'élancèrent dans *High Street*.

Une conclusion raisonnable à cette observation est que la police essaie d'appréhender le coureur. Dans la majorité des cas, ce sera sans doute la conclusion la plus intelligente correspondant à cette description. Pourtant, il se pourrait aussi que les policiers en uniforme se précipitent, à la suite d'un officier en civil plus rapide, vers le lieu d'un crime.

Cela vous donne une idée de la facilité avec laquelle on peut se tromper de conclusion dans la vie de tous les jours. Le même genre d'erreur peut également se produire en recherche psychologique, parce que nous cherchons des explications potentielles de nos observations. Nous n'observons qu'un échantillon, et pourtant nous annonçons des résultats sur la population toute entière. Si nous voulons connaître le lien entre les atermoiements et l'anxiété statistique, nous sélectionnons quelques personnes sur lesquelles nous relevons ces deux variables. De cette observation partielle, nous tirons des conclusions applicables à ces deux variables, mais comprises comme valables sur l'humanité entière. C'est pour ce genre de passage que les statistiques inférentielles sont précieuses. Mais malgré les qualités des statistiques, il reste possible qu'on conclue à tort à partir de nos observations. Cela

Exemple réel : Anxiété statistique et procrastination

Walsh et Ugumba-Agwunobi (2002) ont utilisé des techniques de la statistique inférentielle pour établir un lien entre les atermoiements et l'anxiété statistique. Ils ont demandé à 93 personnes de remplir un questionnaire fournissant des mesures multidimensionnelles de procrastination et d'anxiété statistique. Ils ont ensuite utilisé un test statistique (statistique inférentielle) portant sur le coefficient de Pearson pour montrer un lien entre trois composantes de la peur des statistiques parmi celles mesurées, à savoir la peur du professeur de statistiques, la difficulté à demander de l'aide, et la peur des évaluations. Les méthodes statistiques utilisées ont par ailleurs permis à Walsh et Ugumba-Agwunobi d'étayer considérablement l'hypothèse d'un lien entre procrastination et anxiété statistique.

s'explique par le fait que les techniques utilisées se fondent sur des probabilités. Il nous faudra toujours rester très prudents, et garder à l'esprit que les statistiques sont faillibles.

2 La distribution normale standard

Dans toute cette section, on supposera que les variables qui nous intéressent suivent des distributions normales. Par exemple, nous ferons référence au QI et à la taille, deux variables normalement distribuées. Rappellez-vous que cette hypothèse n'est pas si restrictive qu'il peut sembler, parce qu'un grand nombre de variables la vérifient.

Nous avons explicité ce que nous entendions par probabilité. Nous avons également, au chapitre 2, décrit une famille de distributions dites « normales ». Nous aimerions maintenant aborder une distribution plus importante encore : la distribution normale standardisée (voir figure 3.1). Comme vous pouvez le voir sur la figure 3.1, la distribution normale « standardisée » ou « standard » (que nous noterons $\mathcal{N}(0, 1)$) est une distribution à l'allure normale, dont la moyenne vaut zéro et l'écart type un [1]. À cause de ces caractéristiques, et de quelques autres, la distribution $\mathcal{N}(0, 1)$ est très utile. Grâce à elle, nous pourrons comparer des scores obtenus dans différents groupes, mais aussi différents scores sur un même groupe, et bien d'autres choses encore.

Pour pouvoir utiliser la loi normale standard à des fins d'analyse de nos données, il nous faudra d'abord transformer nos résultats. Cela se fait en soustrayant la moyenne générale de nos scores, puis en divisant par l'écart type. Les valeurs ainsi transformées sont dites *standardisées*, mais on parle aussi parfois de « scores z ». Les scores z sont exprimés en écarts type : ils nous disent de combien d'écarts type chaque score s'écarte de la moyenne. Si votre score z est négatif, c'est que vous êtes en dessous de la moyenne ; si votre score z est positif, vous êtes au-dessus de la moyenne. Ainsi, un score z égal à 1 indique une valeur qui se situe un écart type au-dessus de la moyenne.

Un exemple nous aidera à comprendre comment cela fonctionne. Le QI moyen est de 100, et l'écart type du QI est de 15. Si vous avez un QI de 135, alors votre score z correspondant est

$$z = \frac{135 - 100}{15} = 2,33$$

Cela nous apprend que votre QI se situe 2,33 fois l'écart type au-dessus de la moyenne. Dire que votre QI se situe à 2,33 écarts type au-dessus de la moyenne est équivalent à dire que votre score z est de 2,33.

Lorsque vous avez converti vos données en scores z, vous pouvez utiliser la distribution $\mathcal{N}(0, 1)$ pour déterminer plein de choses. La distribution $\mathcal{N}(0, 1)$ est une *densité de probabilité*. Ce qu'il y a de magnifique avec les densités de probabilité est qu'elles permettent d'associer à chaque valeur une probabilité, ou plutôt, nous pouvons connaître la probabilité de tomber entre deux valeurs particulières, par

1. De manière générale, on note $\mathcal{N}(m, s)$ la distribution normale de moyenne m et d'écart type s. La notation $\mathcal{N}(0, 1)$ indique ainsi que la moyenne vaut 0 et l'écart type 1. [ndt]

exemple −1 et 1. Une caractéristique passionnante des densités est que la surface qui se trouve sous la courbe entre deux abscisses particulières est égale à la probabilité de tomber entre ces deux valeurs. Par exemple, la probabilité de tomber entre −1 et 1 avec une loi $\mathcal{N}(0, 1)$ est environ 68 % (voir figure 3.2). Cela signifie que 68 % de la surface totale sous la courbe se trouve entre les abscisses −1 et 1. Insistons sur le fait que la probabilité dont il est question ici est la probabilité associée à un tirage aléatoire d'une variable normale. Ainsi, on a une probabilité de 68 % de tomber par hasard sur un score se situant entre −1 et +1 écart type de la moyenne.

De la même manière, on voit que la probabilité de tomber entre −1,96 et +1,96 est de 95 % (voir figure 3.3).

Grâce à ces caractères de la distribution normale, nous pouvons déterminer la probabilité associée à n'importe quel intervalle. On pourrait par exemple calculer la

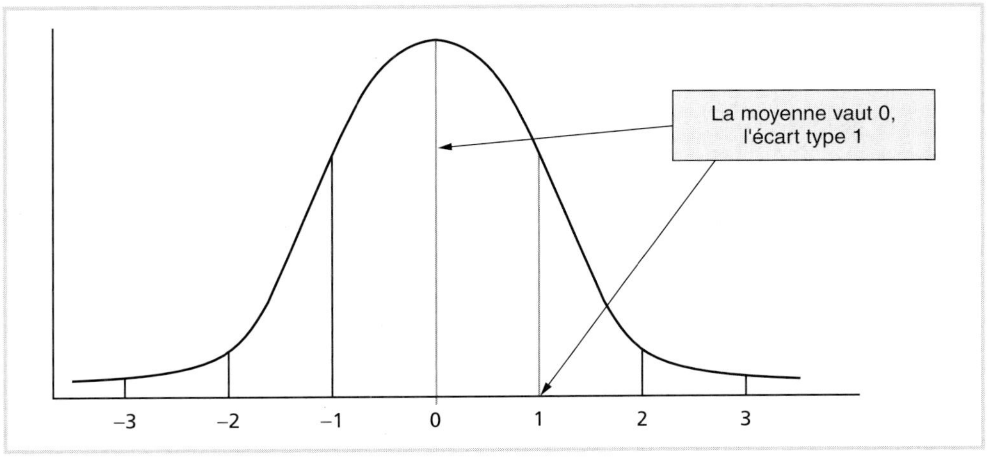

Figure 3.1
La distribution normale standard

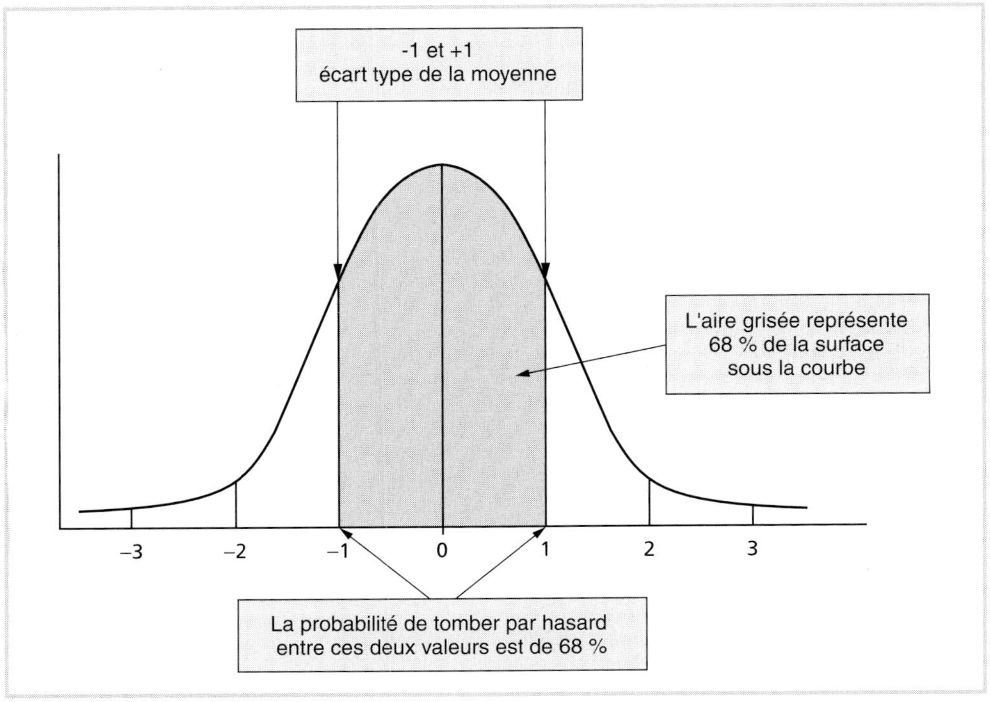

Figure 3.2
Pourcentage de la surface se trouvant entre les abscisses −1 et 1

probabilité de trouver une valeur supérieure à 2, ou bien encore comprise entre 1 et 2. Vous remarquerez que les scores extrêmes (par exemple supérieurs à 2 ou inférieurs à −2) sont bien moins probables que les scores moyens. Autrement dit, la surface sous la courbe pour les abscisses inférieures à −2 ou supérieures à 2 est bien plus faible que par exemple la surface qui se trouve entre les abscisses −1 et 1 (voir figure 3.4). On pourrait relier ce fait à une variable (normale) plus concrète, comme par exemple la taille des hommes. Imaginez les scores tombant hors de l'intervalle [−2, 2] comme les valeurs extrêmes ; cela pourrait correspondre par exemple à des tailles supérieures à 2 mètres, ou inférieures à 1 m 40. Il est évident qu'il est plus probable de tomber sur un homme qui mesure entre 1,65 m et 1,83 m, par exemple, que sur quelqu'un qui mesure moins de 1,40 m ou plus de 2,00 m.

Par bonheur, lorsque vous aurez à utiliser la loi normale standard, il ne vous sera pas nécessaire d'évaluer la surface sous la courbe pour la convertir en probabilité. Tout cela a déjà été calculé pour nous et se trouve dans des tables statistiques d'utilisation élémentaire. Si vous jetez un œil à l'annexe 1, vous pourrez découvrir une de ces tables.

Un autre intérêt pratique de la distribution $\mathcal{N}(0, 1)$ est qu'elle permet de déterminer la proportion d'individus qui donneraient, dans la population totale, un score supérieur ou inférieur à un chiffre fixé. Souvenez-vous que lorsque nous parlons de proportion, nous pensons dans le cas présent à l'aire d'une surface située sous la courbe en cloche. C'est au moment où l'on se pose ce genre de question (proportion d'individus qui, dans la population, donneraient une valeur supérieure ou inférieure à telle ou telle borne), qu'il faut consulter les tables statistiques disponibles dans la plupart des manuels de statistique (voir par exemple l'annexe 1). Si vous observez la figure 3.5, vous verrez que votre QI de 135 se trouve à 2,33 écarts type au-dessus de la moyenne. L'aire grisée représente la proportion de personnes

Figure 3.3
Pourcentage de la surface sous la courbe normale standard située entre les abscisses −1,96 et +1,96

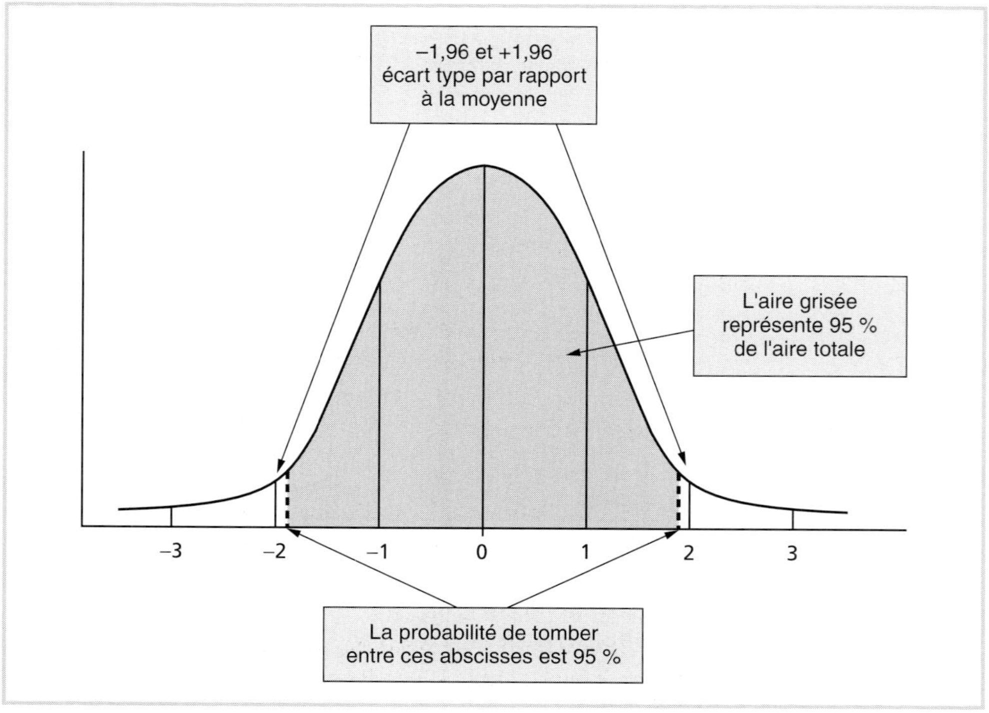

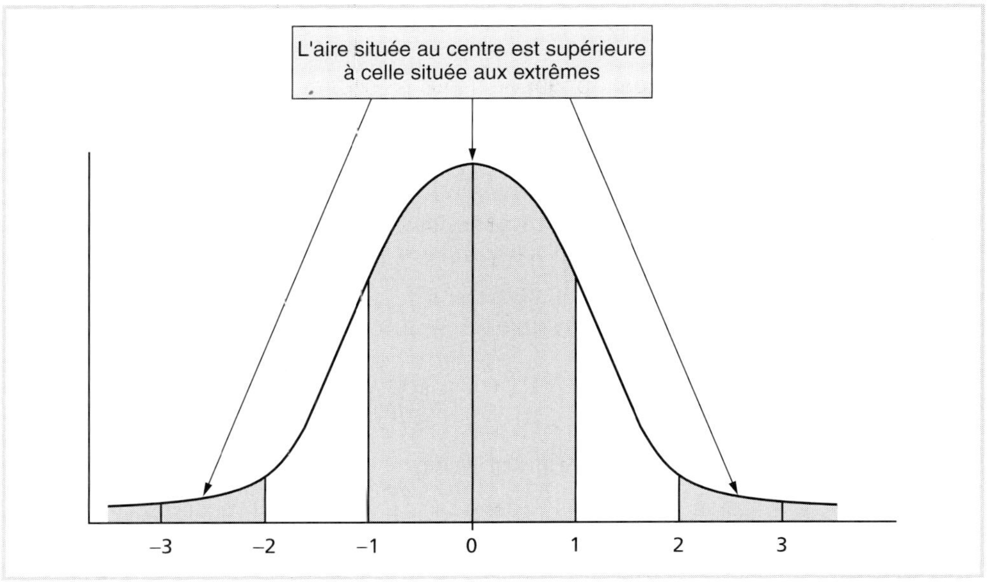

Figure 3.4
Aire au centre et aux extrêmes de la distribution normale standard

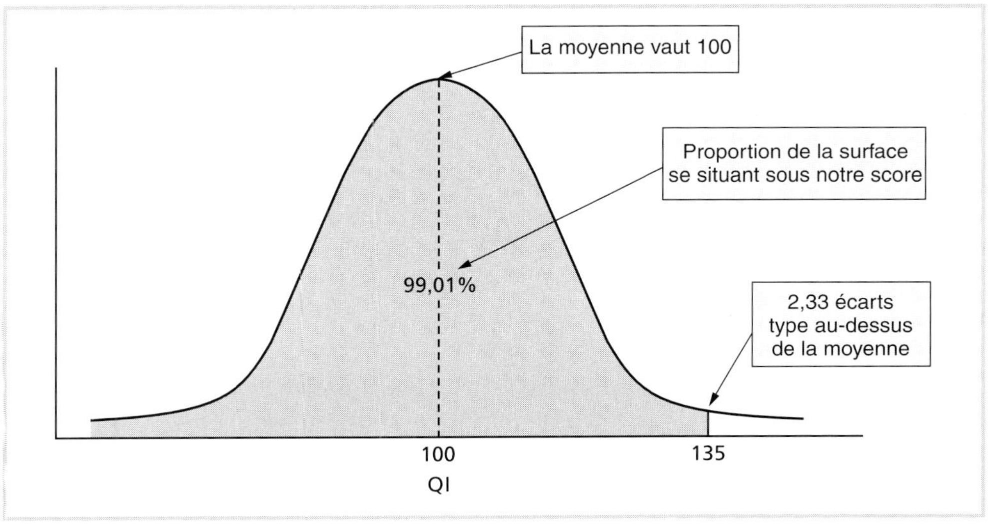

Figure 3.5
Diagramme montrant la proportion de personnes ayant un QI inférieur à 135 (score *z* inférieur à 2,33)

ayant un QI inférieur au vôtre. L'aire non grisée représente la proportion de personne ayant un QI supérieur au vôtre.

Pour trouver la proportion de personnes ayant un QI inférieur au vôtre, nous pouvons nous référer au tableau de la distribution normale standard. Les tables de la distribution normale se présentent sous des formes diverses, mais l'information qu'elles contiennent est toujours, au fond, la même. Le tableau 3.1 donne un extrait de l'annexe 1.

De nos jours, il n'est même plus indispensable de savoir lire un tableau de la loi normale, parce que les calculatrices avancées, les programmes de calcul statistique, et même les tableurs les plus courants, permettent un calcul direct des proportions correspondantes. Cependant, la table statistique reste, pour des raisons mystérieuses, encore prisée par les psychologues (et vous savez qu'on s'intègre mieux à une communauté lorsqu'on en partage les goûts et les vices).

Nous pouvons comprendre sans trop de difficulté, sur le tableau 3.1, que la colonne « proportion inférieure » donne les proportions de la surface sous la courbe se trouvant en dessous du score *z* correspondant. Par exemple, la proportion de la surface se trouvant sous votre score est de 0,9901. Cela signifie très exactement que 99,01 % de la surface sous la courbe en cloche se situe avant votre abscisse (2,33). Si vous souhaitez connaître le pourcentage de QI supérieurs au vôtre, il vous suffit de soustraire à 1 ce premier résultat. Dans le cas présent, vous trouverez que 0,0099 (soit un peu moins de 1 %) est la proportion de la surface sous la courbe qui se situe au-delà de votre score. Cette valeur est d'ailleurs donnée dans la colonne « proportion supérieure ».

Tableau 3.1

Extrait d'un tableau statistique donnant les détails de la distribution normale standard

Ligne correspondant à un score *z* de 2,33 — Proportion de la surface se situant sous votre score *z*

Score	Proportion inférieure	Proportion supérieure
2,31	0,9896	0,0104
2,32	0,9898	0,0102
2,33	0,9901	0,0099
2,34	0,9904	0,0096
2,35	0,9906	0,0094

Vous pourrez être frappé par le fait que les tables ne contiennent habituellement des informations que sur les scores *z* positifs, c'est-à-dire sur les scores se situant au-dessus de la moyenne. Si votre score *z* est négatif, vous utiliserez toutefois la table, en ne tenant pas compte du signe de *z*. Ceci dit, comme votre score *z* est négatif, les proportions « supérieure » et « inférieure » sont alors inversées (voir figure 3.6).

Un exemple permettra de comprendre le principe plus clairement. Imaginez que le jour où vous avez passé le test de QI était un de ces fichus jours où l'on est patraque. À cause de cela, votre QI a été évalué à 95 seulement. Quel pourcentage de la population donne un score inférieur à celui-ci ?

Nous pouvons d'abord convertir le QI en score *z*, ainsi :

$$z = \frac{95 - 100}{15} = -0,33$$

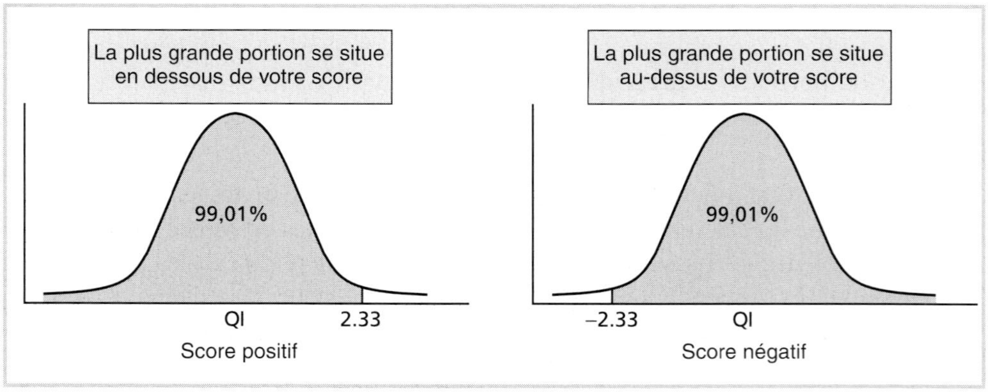

Figure 3.6

Proportions de surface se trouvant sous des scores *z* négatifs et au-dessus de scores *z* positifs

Activité 3.4

Si vous avez un score *z* négatif, est-il inférieur ou supérieur à la moyenne ? La majorité de la population a-t-elle un score plus petit ou plus grand que le vôtre ?

Nous avons maintenant, comme vous pouvez le constater, un score *z* négatif. Si nous consultons la table de la distribution normale standard, nous trouvons que la proportion cherchée est de 0,3707 (37,07 %). La figure 3.7 vous montrera que, du fait que votre score est inférieur à la moyenne, c'est la plus petite proportion donnée par la table qui correspond à ce que nous cherchons. C'est pourquoi nous concluons à partir de la table que 37,07 % de la population donne un score inférieur au votre, alors que 62,93 % donne un QI supérieur au vôtre. Rappelez-vous bien, en consultant l'annexe 1 pour des scores *z* négatifs, que la proportion inférieure se trouve dans la colonne « proportion supérieure », et *vice versa*, dans le cas des *z* négatifs.

2.1 *Comparaisons entre populations*

Une autre utilisation potentielle de la distribution normale est la comparaison de situations ou de populations différentes. Imaginez par exemple que vous hésitiez, en ce qui concerne votre carrière future, entre la poterie et l'haltérophilie. Pour choisir en connaissance de cause votre carrière, vous décidez de prendre un cours d'un an dans chacune de ces deux activités, afin de choisir celle où vous réussissez le mieux. À la fin de la formation, vous avez une note de 64 sur 100 en poterie, et de 45 sur 100 en haltérophilie. Devant ces résultats, vous pourrez être tenté d'embrasser sans plus tarder la carrière de potier de préférence à celle d'haltérophile. Est-ce vraiment la bonne décision ? Pour en être certain, mieux vaut comparer vos résultats à ceux du reste de la promotion. Il se pourrait que vous soyez moins bon en poterie qu'en haltérophilie, finalement, par rapport aux autres étudiants. Pour faire de telles comparaisons, commencez par transformer vos notes en scores *z*. Supposons par exemple que la moyenne et l'écart type soient, pour la pote-

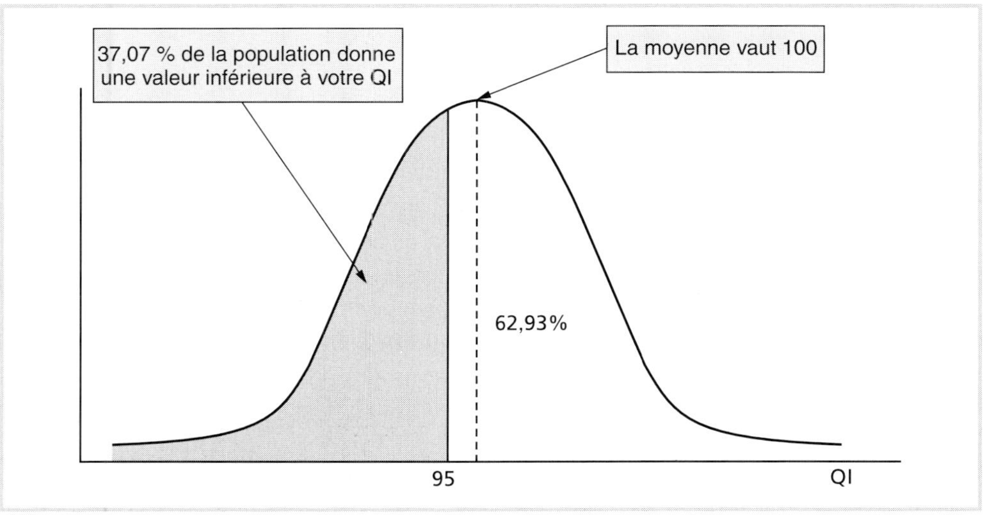

Figure 3.7
Proportion de la population ayant un QI supérieur (respectivement inférieur) à 95

Activité 3.5

Imaginez que vos notes de mathématiques et de français sont de 65 sur 100 et 71 sur 100 respectivement. Quel est votre domaine d'excellence – par rapport au reste de la promotion – si les moyennes et les écarts type sont de 60 et 5 respectivement (pour les mathématiques) et de 65 et 7 (pour le français) ?

rie, de 55 et 9 respectivement, et de 40 et 4 pour l'haltérophilie. Vos scores *z* seront alors de 1 pour la poterie, et 1,25 pour l'haltérophilie.

$$\frac{64-55}{9} = 1 \qquad \frac{45-40}{4} = 1,25$$

poterie (score *z*) haltérophilie (score *z*)

Cela indique que vous vous situez un écart type au-dessus de la moyenne en poterie, et 1,25 écart type au-dessus de la moyenne en haltérophilie. Vous êtes donc, comparativement aux autres étudiants, plutôt meilleur en haltérophilie. En conséquence, il vaudrait peut-être mieux vous engager dans la voie de l'haltérophilie.

3 Les probabilités appliquées à la recherche

Nous avons expliqué plus haut dans ce chapitre que la probabilité d'un événement peut s'exprimer sous forme décimale ou sous forme de pourcentage. Par exemple si vous lancez un dé, vous avez une probabilité de 0,1667 (16,67 %) de tomber sur 1. De la même manière, dire que vous avez une probabilité de 0,05 (5 %) d'avoir un accident de voiture lorsque vous faites un trajet signifie que sur 20 voyages, globalement, un déplacement conduira à un accident. Cette probabilité peut dépendre d'autres facteurs, comme par exemple le fait de téléphoner avec son portable lorsqu'on conduit. Peut-être que la probabilité d'accident est de 5 % uniquement dans le cas où vous utilisez un téléphone portable tout en conduisant. Dans ce cas, cette dernière valeur est une probabilité conditionnelle. On dit que 5 % est la probabilité d'avoir un accident *conditionnée* par le fait qu'on utilise un portable en conduisant.

Peut-être êtes-vous en train de vous dire « Tout cela est fascinant, mais quel est le rapport avec la recherche en psychologie ? ». En recherche, on souhaite généraliser d'un échantillon à la population. Comme nous l'avions déjà noté dans le chapitre 2, chaque fois que nous nous contentons d'un échantillon, nos résultats sont sujets à des erreurs d'échantillonnage. Cela signifie, hélas, que nous ne pouvons pas savoir avec certitude si ce que nous avons observé est dû à une réalité générale ou à une particularité de l'échantillon. Il serait bien pratique de pouvoir déterminer la probabilité que ce que nous observons soit le résultat d'une erreur d'échantillonnage. S'il est très improbable que la seule erreur d'échantillonnage explique ce que nous avons observé, alors nous pourrons raisonnablement conclure que l'échantillon reflète correctement ce qui se passe sur la population.

Un des moyens les plus simples pour appliquer à la recherche la théorie des probabilités est d'estimer des paramètres sur la population et de déterminer des intervalles de confiance. Dans la suite du chapitre, nous détaillerons les différentes étapes de la détermination de ces intervalles, ce qu'ils signifient, et montreront leur importance pour la recherche en psychologie. Nous décrirons les *distributions d'échantillonnage* et soulignerons leurs propriétés fondamentales. Une fois cela terminé, nous expliquerons comment l'étude de la distribution d'échantillonnage de la moyenne permet de calculer une bonne estimation de la moyenne sur la population, par l'utilisation des intervalles de confiance.

4 Distributions d'échantillonnage

Dans le deuxième chapitre, souvenez-vous, nous avions expliqué que l'on pouvait utiliser la moyenne trouvée sur un échantillon comme une estimation de la moyenne correspondante sur la population. Nous avions aussi noté que si l'on choisissait plusieurs échantillons, la moyenne des moyennes obtenues sur les différents échantillons était une meilleure estimation encore (voir page 60). Le *théorème de la limite centrale* affirme que, lorsque la taille de l'échantillon devient de plus en plus importante, l'estimation de la moyenne donnée par la moyenne de l'échantillon devient de plus en plus pertinente. Ainsi, plus l'échantillon est grand, plus nous pourrons disposer d'une estimation fiable de la moyenne sur la population.

Si vous représentez un histogramme avec une série de statistiques obtenues sur des échantillons différents, vous obtenez ce qu'on appelle la *distribution d'échantillonnage* de la statistique. Ainsi, si vous représentez par exemple une suite de moyennes provenant de divers échantillons, le résultat est la *distribution d'échantillonnage de la moyenne*. Ce qui est fantastique avec les distributions d'échantillonnage est que, lorsque les échantillons sont assez grands et nombreux, elles sont toujours approximativement normales. En outre, plus les échantillons sont grands, plus on est proche de la normalité.

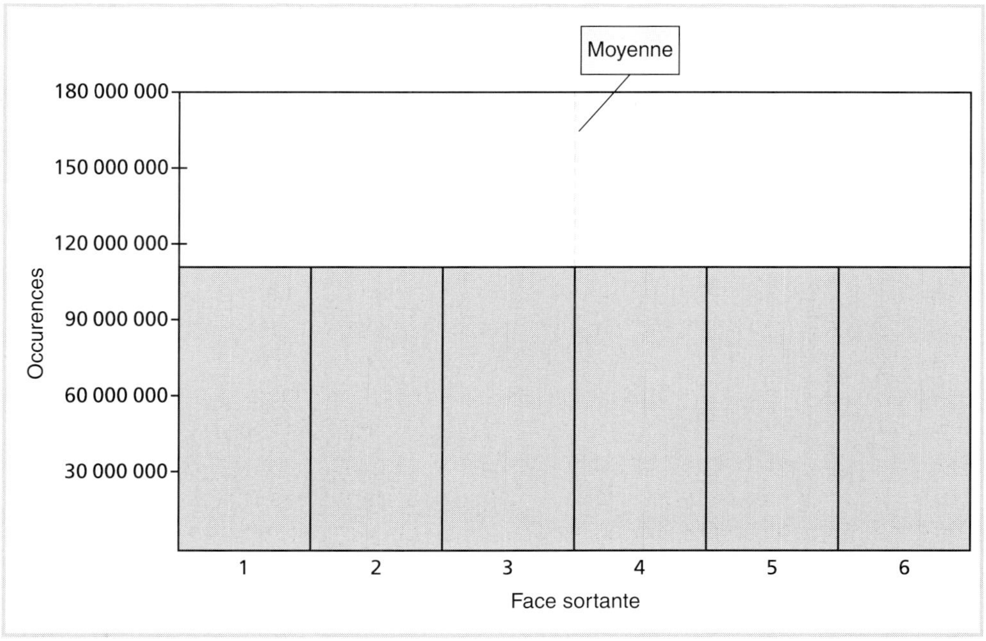

Figure 3.8
Histogramme montrant la distribution sur une population de lancers de dés

Étonnamment, la distribution d'échantillonnage de la moyenne a une forme en cloche, et cela quelle que soit la distribution de la variable sous-jacente. La distribution de la variable peut être asymétrique, ou même bimodale ou uniforme (plate), cela ne change pas fondamentalement le résultat de la distribution d'échantillonnage.

L'exemple qui suit illustre ce fait. Imaginez que quelqu'un, depuis l'instant de votre naissance, se soit mis à lancer un dé et à relever les numéros sortants. Cet étrange individu lance un dé toutes les deux secondes, depuis maintenant 80 ans, parce qu'on suppose que vous avez atteint cet âge respectable (lancer des dés est une activité certes peu enthousiasmante, mais ainsi va la vie !). Si nous représentons la distribution issue de l'ensemble de tous les lancers (la population de tous les lancers de dés), on pourrait bien trouver quelque chose ressemblant à ce que montre la figure 3.8.

Du fait que chaque nombre (de 1 à 6) a la même probabilité d'apparition, on peut s'attendre à trouver, dans un vie entière consacrée au lancer de dés, des fréquences d'apparition de chaque face à peu près identiques. Ainsi, la population des lancers de dés donnera une distribution uniforme. Si chaque face est apparue une fois sur six en moyenne, le numéro sortant moyen est 3,5. Sélectionnons maintenant, de manière aléatoire, 5 échantillons de 10 lancers parmi la population. On pourrait obtenir par exemple ceci :

Faces sortantes

- 1, 5, 1, 2, 6, 6, 4, 1, 4, 6 Moyenne = 3,6
- 1, 2, 2, 2, 6, 5, 3, 3, 6, 4 Moyenne = 3,4
- 4, 2, 1, 6, 6, 5, 3, 5, 5, 2 Moyenne = 3,9
- 3, 5, 2, 4, 2, 2, 1, 4, 3, 4 Moyenne = 3,0
- 4, 2, 1, 1, 2, 6, 6, 5, 3, 4 Moyenne = 3,4

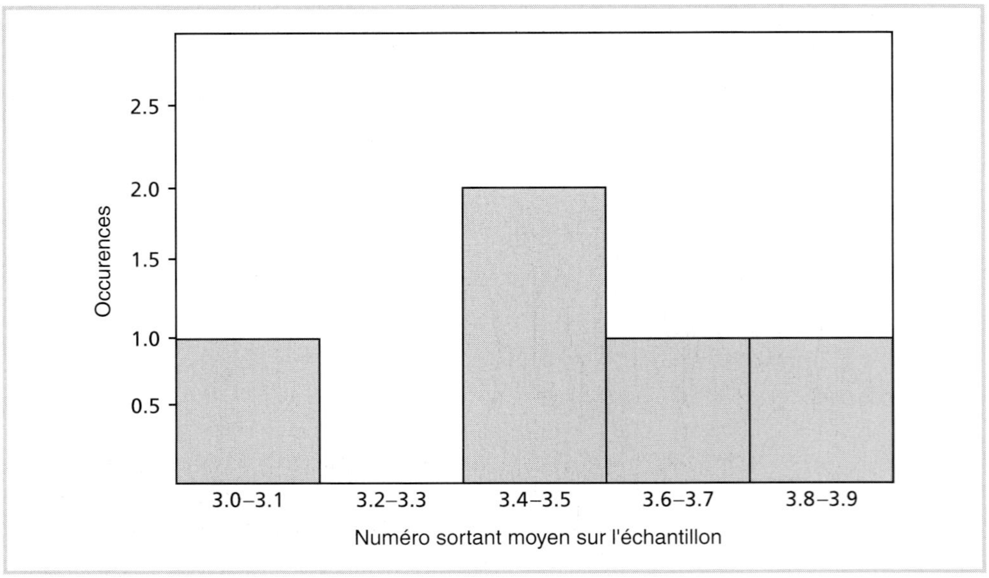

Figure 3.9
Histogramme montrant la distribution des moyennes sur 5 échantillons de 10 lancers de dés

Les moyennes de ces échantillons apparaissent comme de relativement bonnes approximations de la moyenne sur la population (3,5), bien qu'elles varient d'un échantillon à l'autre. Ceci dit, si nous calculons la moyenne des moyennes, nous obtiendrons ici une estimation encore meilleure :

$$\frac{3,6 + 3,4 + 3,9 + 3 + 3,4}{5} = 3,46$$

Représentons maintenant la distribution de ces moyennes, autrement dit la distribution d'échantillonnage de la moyenne – voir figure 3.9.

La figure 3.9 révèle que la distribution n'est pas uniforme, comme c'était le cas pour la face sortante sur la population toute entière. Nous verrons tout cela bien mieux, cela dit, si l'on considère un plus grand nombre d'échantillons. La figure 3.10 montre la distribution d'échantillonnage de la moyenne obtenue grace à 100 échantillons.

Cela confirme que, bien que la variable de départ (la face sortante du dé) présente une distribution uniforme sur la population, la distribution d'échantillonnage de la moyenne présente, quant à elle, une forme qui semble approximativement normale. Vous obtiendriez la même chose avec n'importe quelle variable, pourvu que vos échantillons soient suffisamment grands.

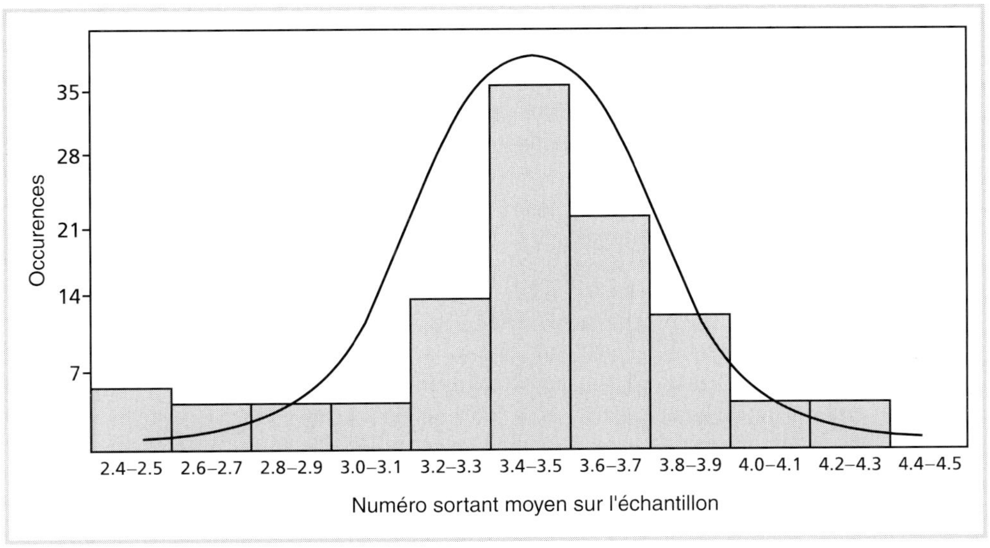

Figure 3.10
Histogramme montrant la distribution des moyennes sur 100 échantillons de 10 lancers de dés

Activité 3.6

Supposez que vous disposiez de 100 échantillons différents d'enfants de 4 ans, sur lesquels vous relevez un score de capacité de lecture. Sur chaque échantillon, vous calculez alors un score moyen de capacité de lecture, et vous représentez par un histogramme la distribution de cette liste de moyennes. Quelle forme devrait avoir l'histogramme ?

5 Intervalles de confiance et erreur standard

Bien que nous sachions désormais que la moyenne d'un échantillon donne globalement une bonne estimation de la moyenne sur la population, nous ne pouvons pas déterminer avec certitude la qualité de cette estimation. C'est exactement la raison d'être des *intervalles de confiance.*

La moyenne d'un échantillon est une valeur précise unique, c'est-à-dire un point sur un continuum. C'est pourquoi on dit que la moyenne d'échantillon est une *estimation ponctuelle* de la moyenne. Cette estimation n'est sûrement pas parfaite, et comme elle n'est qu'un point, on ne sait pas si l'on a ainsi sous-estimé ou au contraire surestimé la vraie moyenne. Nous ne savons pas non plus, d'ailleurs, à quelle distance nous pouvons bien nous trouver du vrai paramètre moyenne. Il serait bien utile d'avoir un moyen de déterminer plus précisément où se situe le paramètre inconnu. Par chance, nous disposons, avec les intervalles de confiance, d'une telle possibilité. Les intervalles de confiance pour la moyenne sont des estimations *par intervalle* de la moyenne de la population. Ils nous fournissent un encadrement par deux valeurs entre lesquelles nous pouvons être raisonnablement convaincus que la vraie moyenne se trouve.

Supposons par exemple que l'on administre à un échantillon de personnes le questionnaire de dépression de Beck, ou BDI[2] (Beck *et al.*, 1961). Ce questionnaire mesure le caractère plus ou moins dépressif des personnes. Les scores peuvent varier de 0 à 63. Imaginons qu'on trouve sur notre échantillon un score moyen de 10,72. Cette seule information ne nous permet pas de savoir où se situe cette moyenne d'échantillon par rapport à la vraie moyenne du BDI (la moyenne sur la population), comme le montre la figure 3.11(a). Il serait pratique de pouvoir mesurer la distance qui sépare la moyenne d'échantillon de la moyenne de la population. Réfléchissons logiquement à la situation. Puisque le BDI donne un score toujours compris entre 0 et 63, nous sommes certains à 100 % que la moyenne de la population se trouve quelque part entre ces deux valeurs (voir figure 3.11(b)). C'est un intervalle de confiance. Ceci dit, il n'est guère édifiant. Nous pouvons toutefois réduire cet intervalle grâce à ce que nous savons des caractéristiques de la distribution d'échantillonnage de la moyenne. Bien sûr, cette réduction de l'intervalle s'accompagnera d'une diminution du taux de certitude, donc du degré de confiance que nous pouvons accorder à l'intervalle. En règle générale, on fixe un degré de confiance de 95 %, et vous vous apercevrez avec la pratique que les intervalles correspondant sont souvent assez minces – bien que cela dépende, bien entendu, de la taille de l'échantillon. Dans notre exemple, on peut être sûr à 95 % que la moyenne de la population se situe entre 2,72 et 18,72 (figure 3.11(c)). Cela est considérablement plus précis que notre précédente estimation, qui affirmait que la moyenne se situe entre 0 et 63. Ce résultat est bien plus intéressant, bien qu'il ne soit pas certain à 100 %.

N'oubliez jamais, malgré tout, que, du fait qu'on ne dispose que des résultats sur un échantillon, il n'est jamais tout à fait garanti que la vraie moyenne se trouvera bien dans l'intervalle de confiance. C'est pourquoi il nous faut préciser à quel degré nous pouvons nous fier à notre estimation, d'où l'expression d'intervalle *de confiance.*

---

2. Le *Beck Depression Inventory (BDI)* est sans doute la plus répandue des échelles de dépression. Elle fournit un score numérique, d'autant plus grand que la personne est dépressive. [ndt]

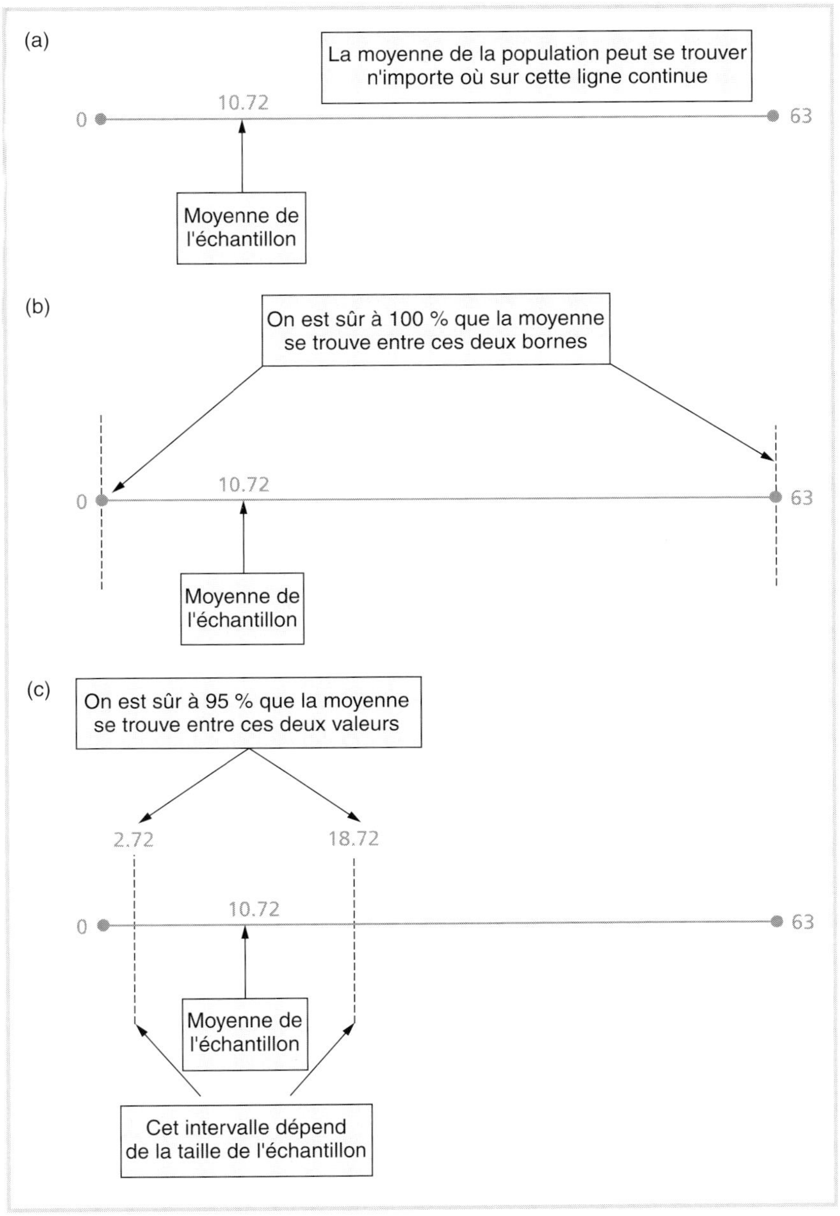

Figure 3.11
Lien entre la moyenne de la population et la moyenne d'échantillon

Nous avons précédemment noté la tendance des distributions d'échantillonnage à la normalité. Nous avons également remarqué que la moyenne des moyennes d'échantillons est une excellente estimation de la moyenne. Cela signifie que nous connaissons – plus ou moins indépendamment de la forme de la variable étudiée – l'allure de la distribution d'échantillonnage de la moyenne. Cela est capital dans le sens ou cela nous permet d'avoir une bonne idée de ce qui passe globalement, à partir de la seule donnée d'un échantillon.

Dans le chapitre 2, nous avons indiqué qu'une distribution normale est entièrement déterminée par sa moyenne et son écart type. Autrement dit, dès que nous connaissons la moyenne et l'écart type d'une variable normale, nous pouvons entrer ces données dans une équation et en déduire la forme de la courbe correspondante. La moyenne d'échantillonnage, puisqu'elle est normale, est elle aussi

Figure 3.12
Distribution d'échantillonnage de la moyenne, pour une moyenne de population inconnue

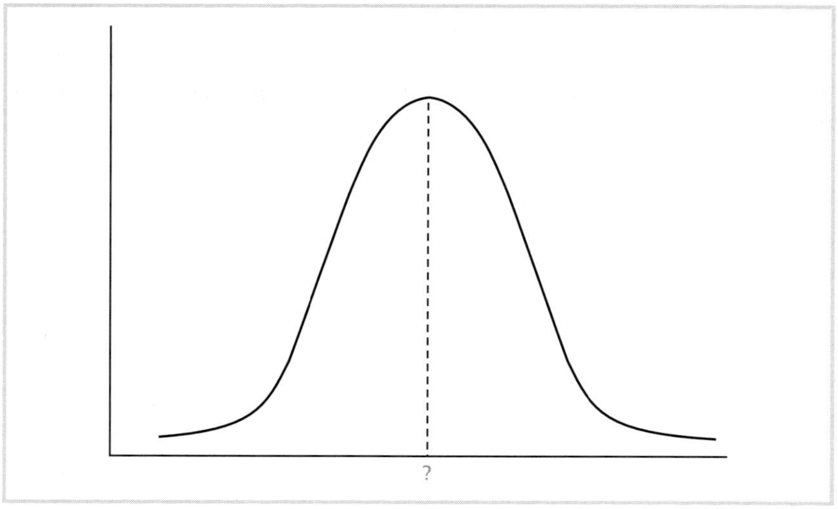

entièrement déterminée par sa moyenne et son écart type. Nous pourrons donc représenter la distribution d'échantillonnage de la moyenne dès que nous connaîtrons sa moyenne et son écart type. Il nous sera alors loisible de calculer par ordinateur (ou au moyen de tables) les proportions qui nous intéressent.

Imaginez une distribution d'échantillonnage semblable à celle de la figure 3.12. Le point d'interrogation sur cette figure indique que nous ne savons pas combien vaut la moyenne sur la population – qui est aussi la moyenne de toutes les moyennes d'échantillons. Maintenant, imaginons que nous sélectionnions un échantillon. Sur cet échantillon, nous trouvons une certaine moyenne. Comme la moyenne de la population est inconnue, nous ne savons pas si notre moyenne observée est au-dessus de, en dessous de, ou pourquoi pas exactement égale à, la moyenne à estimer (voir figure 3.13).

Figure 3.13
Où se situe la moyenne d'échantillon par rapport à la moyenne inconnue de la population ?

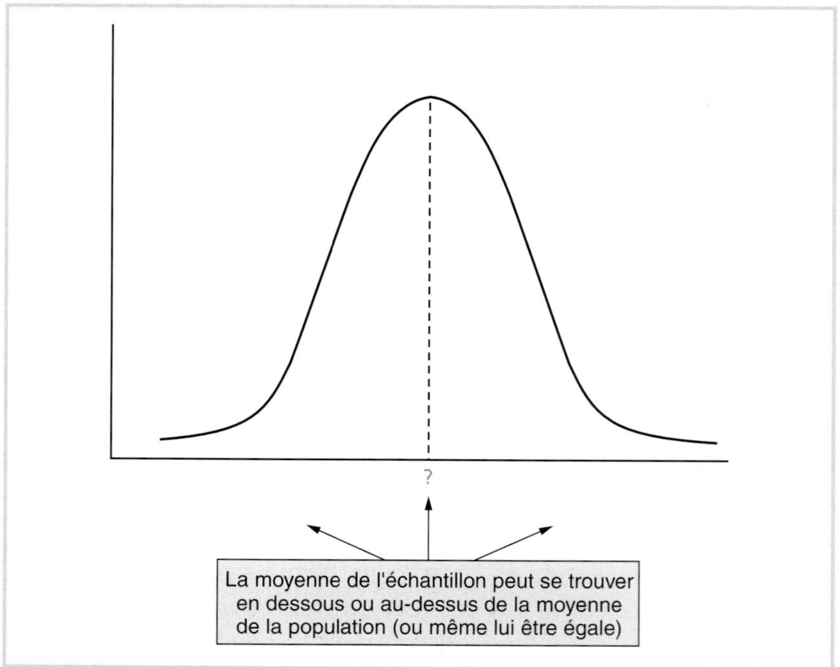

Comment diable pourrions-nous aborder le délicat problème qui se pose désormais ? La première chose à faire est de prendre en compte la distribution d'échantillonnage de la moyenne. Deux remarques concernant cette distribution nous permettent d'avancer :

- la distribution est normale ;
- sa moyenne est égale à la moyenne sur la population.

Nous pouvons nous fonder sur ces deux remarques pour représenter une courbe en cloche, dont le sommet correspond à peu près à la moyenne cherchée. Les caractéristiques spécifiques de la distribution normale pourront ensuite être utilisées pour résoudre notre problème, à savoir estimer la distance entre la moyenne de notre échantillon et la moyenne de la population. Supposons par exemple que la distribution d'échantillonnage de la moyenne soit celle de la figure 3.14.

La figure 3.14 illustre le fait que la moyenne d'un échantillon se trouvera éloignée de la vraie moyenne d'un certain nombre d'écarts type, que ce soit au-dessus ou au-dessous. Nous pouvons par exemple parier que la moyenne d'échantillon se trouvera à moins de 3 écarts type de la moyenne de la population, parce que la surface qui se situe entre −3 et +3 écarts type de la moyenne représente une très grande partie de la surface totale sous la courbe. En réalité, si l'on considère les scores *z*, on peut même déterminer la probabilité que la moyenne d'un échantillon aléatoire se trouve entre −3 et +3 écarts type de la moyenne sur la population. Il se trouve que cette probabilité est de 99,74 %. Autrement dit, on peut être certain à 99,74 % que la moyenne de notre échantillon aléatoire se trouvera à moins de 3 écarts type de celle correspondant à la population. Supposez maintenant qu'on veuille être certain à 95 % que notre statistique se trouve dans un certain intervalle. On détermine cet intervalle grâce aux scores *z*. Depuis la section 3.2, vous savez que 95 % de la surface se situe entre les abscisses −1,96 et +1,96, autrement dit que 95 % de la surface se situe à moins de 1,96 écart type de la moyenne (voir figure 3.15). On peut donc être certain à 95 % que la moyenne de l'échantillon tombe entre −1,96 et +1,96 écart type du paramètre moyenne.

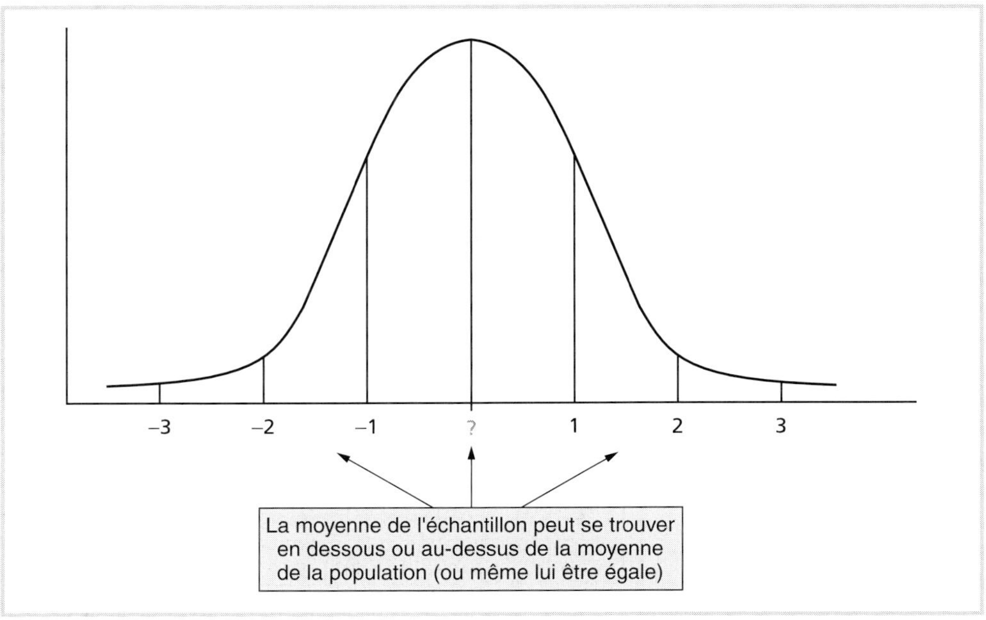

Figure 3.14
La moyenne de l'échantillon se trouve à un certain nombre d'écarts type de la moyenne de la population

Figure 3.15
Pourcentage de la surface (95 %) qui se situe entre –1,96 et +1,96 écart type de la moyenne

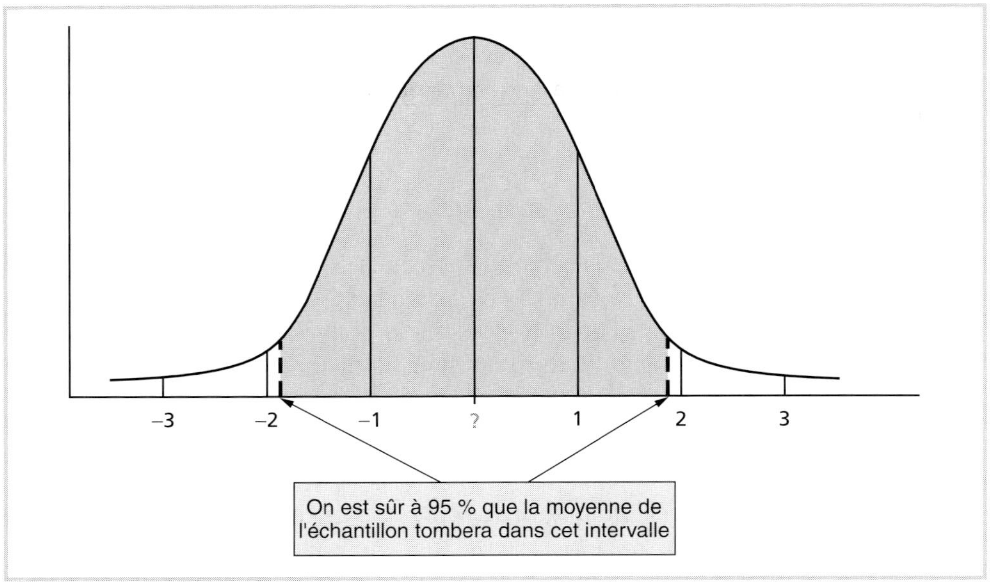

Supposons maintenant, en guise d'illustration, que l'échantillon soit en moyenne plus fort que la population. Si nous représentons la distribution normale autour de la moyenne de l'échantillon au lieu de la représenter autour de la vraie moyenne, nous sommes dans la situation de la figure 3.16.

Nous pouvons maintenant appliquer la logique de l'estimation à notre cas particulier. Nous pouvons en effet être quasiment certain que la moyenne de la population se trouve à moins de 1,96 écart type au-dessous de la moyenne d'échantillon. Bien entendu, dans le cas où l'ordre entre l'observation et la réalité est inversée, on concluera de même que la vraie moyenne n'est pas supérieure de plus de 1,96 écarts type à la moyenne d'échantillon (voir figure 3.17). En résumé, la moyenne réelle doit se trouver quelque part entre –1,96 et +1,96 écart type de la moyenne observée. De cela, on est sûr à 95 %. Il est important de noter que l'écart type dont nous

Figure 3.16
Où peut se trouver la moyenne de la population par rapport à la moyenne d'échantillon ?

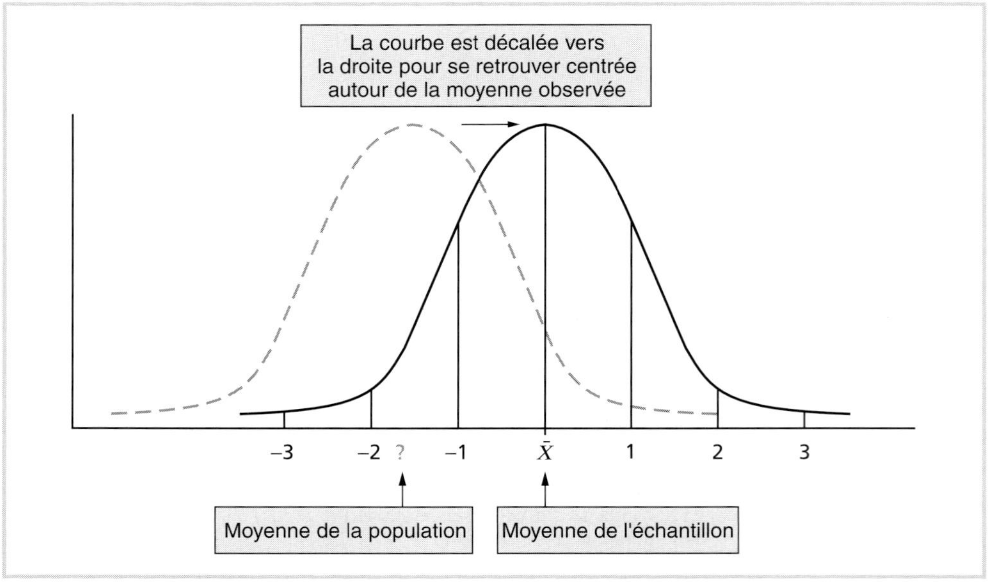

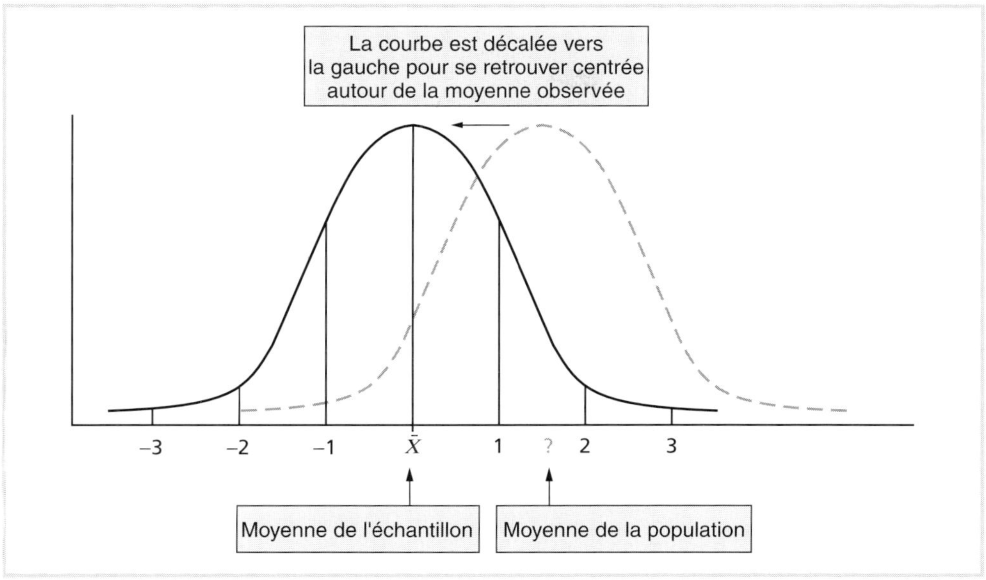

Figure 3.17
Distribution normale autour de la moyenne observée lorsqu'elle se trouve sous la moyenne réelle

parlons depuis tout à l'heure est l'écart type de la distribution d'échantillonnage et non pas l'écart type de notre échantillon particulier. Armé de cette information, nous pouvons nous attaquer à l'estimation. Mais pour cela, il nous manque un dernier élément, qui est précisément l'*écart type de la distribution d'échantillonnage de la moyenne.*

5.1 *Erreur standard de la moyenne*

L'écart type de la distribution d'échantillonnage de la moyenne est une grandeur capitale. On l'appelle *erreur standard (de la moyenne).* Elle mesure le degré de dispersion entre les résultats moyens trouvés sur des échantillons et la moyenne de toutes ces moyennes observables. Comme cette moyenne est, nous l'avons déjà remarqué, très voisine de la vraie moyenne[3], l'erreur standard nous indique également dans quelle mesure les échantillons s'écartent de ce qui se passe globalement. Ainsi, la connaissance de l'erreur standard nous renseigne sur la qualité de l'estimation, c'est-à-dire sur la distance séparant les résultats d'échantillons et les paramètres de la population.

Le problème face auquel nous nous trouvons désormais est un peu comme celui de l'œuf et de la poule : il se mord la queue. Si nous connaissions l'erreur standard, nous saurions mesurer la qualité de l'estimation que nous réalisons en utilisant la moyenne d'échantillon à des fins d'estimation de la véritable moyenne. Mais pour connaître cette erreur standard, il nous faudrait relever les moyennes sur de nombreux échantillons, afin de mesurer la dispersion des moyennes observées. Si nous faisions cela – ce qui est très généralement impossible – nous aurions alors toutes les données pour calculer également la moyenne réelle, et nous n'aurions plus besoin de connaître l'erreur standard ! Par bonheur, les statisticiens ont résolu ce problème, en montrant qu'on peut obtenir une estimation de l'erreur standard suffisamment précise, à partir d'un unique échantillon.

3. En réalité, un théorème mathématique affirme même que ces deux valeurs sont rigoureusement égales. [ndt]

Nous avons suggéré plus haut (section 2.2) que l'erreur d'échantillonnage est liée à la taille de l'échantillon. Plus l'échantillon est important, plus l'erreur d'échantillonnage est réduite. C'est ainsi que de plus gros échantillons fournissent généralement de meilleures estimations de la moyenne que des petits échantillons – dans le sens où il y a peu de variations entre les moyennes obtenues sur des échantillons imposants différents. Au contraire, il y a beaucoup d'écarts entre des moyennes calculées sur des échantillons petits distincts. Cette idée de variation correspond tout à fait à l'écart type, et donc, dans notre cas, à *l'erreur standard*. En conséquence de toutes ces remarques, nous pouvons imaginer que les plus grands échantillons donneront aussi les plus petites erreurs standard. L'*effectif* doit intervenir quelque part dans la détermination de l'erreur standard. Nous aurons tout intérêt à choisir de gros échantillons si nous voulons des estimations fiables et précises. Un résultat mathématique bien pratique est que si nous divisons l'écart type observé par la racine carrée de la taille de l'échantillon, nous obtenons justement une très bonne approximation de l'erreur standard.

À partir de n'importe quel échantillon particulier, nous pouvons calculer une moyenne et un écart type. Maintenant que nous savons que l'erreur standard avoisine l'écart type divisé par la racine de la taille de l'échantillon, nous pouvons également déterminer ce coefficient, ou du moins une bonne approximation de ce dernier. Cette erreur standard est, rappelons-le, l'écart type de la moyenne d'échantillonnage. Les tables de la distribution normale nous apprennent que la probabilité de tomber à moins de 1,96 écart type de la moyenne est, dans le cas normal, de 95 %. En appliquant ce chiffre à notre cas, nous trouvons ainsi qu'on peut être sûr à 95 % que la moyenne d'un échantillon aléatoire se trouve à moins de 1,96 erreur standard de la moyenne de toutes les moyennes. La moyenne de toutes les moyennes doit donc se situer (niveau de certitude : 95 %) à moins de 1,96 × erreur standard de la moyenne observée. Comme cette moyenne de toutes les moyennes est aussi la moyenne de la variable sur la population, on peut aussi dire qu'on est certain à 95 % que la vraie moyenne se trouve à moins de 1,96 erreur standard de la moyenne trouvée sur notre échantillon particulier.

Un exemple permettra de clarifier tout cela. Si nous avons les données suivantes sur un échantillon :

$$2, 5, 6, 7, 10, 12,$$

nous pouvons calculer la moyenne et l'écart type. Cela nous donne 7 et 3,58 respectivement. La première étape est de calculer l'erreur standard. Souvenez-vous que cette dernière est obtenue en divisant l'écart type par la racine de la taille de l'échantillon. Ici, la taille de l'échantillon est de 6, qui a une racine d'environ 2,45. En divisant l'écart type (3,58) par cette valeur (2,45) nous obtenons 1,46. L'erreur standard de la moyenne est donc 1,46 environ. Pour connaître l'intervalle de confiance au *niveau de confiance* de 95 %, il suffit maintenant de multiplier cette erreur standard par 1,96, ce qui nous donne 2,86. L'intervalle de confiance cherché est donc celui délimité par les valeurs 7± 2,86, soit l'intervalle [4, 14 ; 9, 86], comme on le voit sur la figure 3.18(a).

Cet intervalle de confiance de niveau de confiance 95 % est assez large si l'on considère que les valeurs vont de 2 à 12. La raison de ceci est que notre échantillon est assez restreint. Imaginons, pour illustrer notre propos, qu'on obtienne la même moyenne et le même écart type sur un échantillon de taille 100. Dans ce cas, la racine de la taille de l'échantillon est de 10. Lorsque nous divisons l'écart type (3,58) par cette racine, nous trouvons ainsi une erreur standard réduite à 0,358. On peut à nouveau multiplier cette erreur standard par 1,96 pour construire notre intervalle de confiance. En faisant cela, nous trouvons que la véritable moyenne doit se trouver à moins de 0,7 de la moyenne observée (7). On peut donc être certain à 95 % que la moyenne se trouve quelque part entre 6,3 et 7,7. Cela représente un intervalle bien plus étroit que tout à l'heure, et donne ainsi une bien meilleure idée de ce qui se passe probablement sur la population (voir figure 3.18(b)).

Tout cela vous montre l'importance de la taille de l'échantillon lorsque vous voulez estimer des paramètres en utilisant des statistiques. En général, dans le cadre des estimations, mieux vaut un échantillon aussi grand que possible.

Il peut être utile de résumer tout ce que nous avons dit jusqu'ici :

- Une moyenne sur un échantillon donne une estimation ponctuelle de la moyenne et ne permet pas de connaître la distance qui sépare la réalité de l'estimation.
- Un intervalle de confiance permet en revanche de préciser la distance potentielle entre l'estimation et le paramètre (moyenne).
- Des notions liées aux distributions d'échantillonnage sont utilisées pour déterminer les intervalles de confiance.
- Si nous représentons un histogramme des moyennes observées sur moult échantillons, nous obtenons la distribution d'échantillonnage de la moyenne.
- Cette distribution est – dans les cas courants – plus ou moins normale.
- La moyenne de toutes les moyennes d'échantillon est la véritable moyenne.
- L'écart type de la moyenne d'échantillonnage nous donne une idée de la variation des moyennes observées autour de la vraie moyenne.
- Cet écart type se nomme *erreur standard de la moyenne* et vaut approximativement l'écart type observé sur l'échantillon divisé par la racine de la taille de l'échantillon.

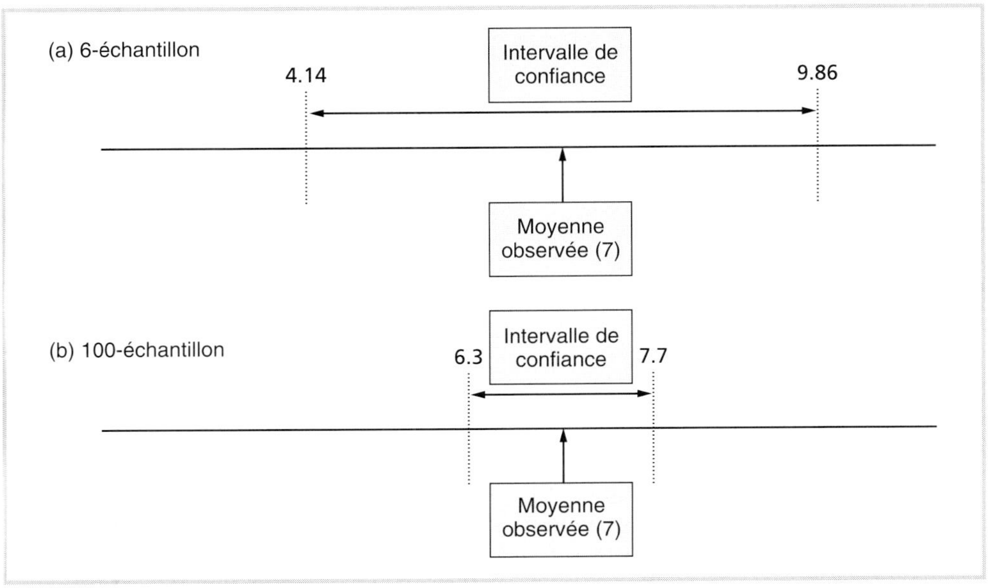

Figure 3.18

Intervalles de confiance (95 %) obtenus avec des échantillons de taille 6 et 100

Activité 3.7

À quel degré (en pourcentage) sommes-nous sûrs que la moyenne de la population se situe à moins de 1,96 erreur standard de la moyenne observée ?

Supposons qu'on recueille sur un échantillon de 20 arachnophobes un score d'arachnophobie. On trouve un intervalle de confiance pour la moyenne de [1, 5 ; 5, 6]. Qu'est-ce que cela vous apprend ? Si l'on avait eu un échantillon de 200 personnes, cela aura-t-il élargi ou réduit l'intervalle en question ?

- Nous savons que, pour une distribution normale, 95 % de la population se situe entre la moyenne – 1,96 écart type et la moyenne +1,96 écart type.
- On peut appliquer ce résultat à la moyenne d'échantillonnage.
- On dira ainsi que l'on est sûr à 95 % que la vraie moyenne se situe à moins de 1,96 erreur standard de la moyenne observée.
- On détermine l'intervalle de confiance correspondant au niveau de confiance 95 % en multipliant par 1,96 l'erreur standard, et en calculant la moyenne observée ± cette valeur.
- On est sûr à 95 % que la vraie moyenne se trouve dans l'intervalle ainsi déterminé.

SPSS : intervalles de confiance

Il est très simple d'obtenir des intervalles de confiance avec SPSS. Suivez les instructions données plus haut en sélectionnant la boîte de dialogue *Explorer* :

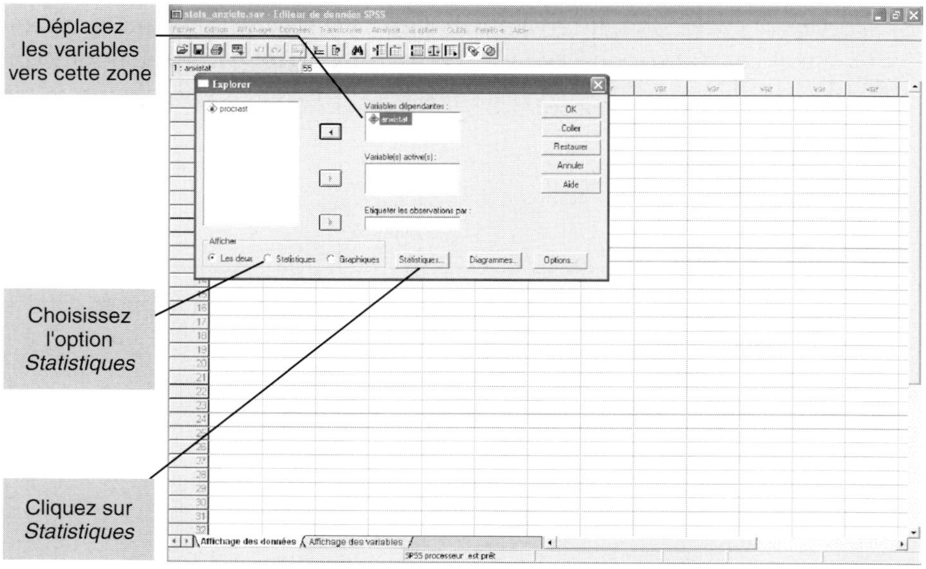

Déplacez les variables *ad hoc* vers la zone *Variables dépendantes*, puis sélectionnez l'option *Statistiques* dans la zone *Afficher*. Pour être sûr que les intervalles de confiance s'affichent, cliquez sur le bouton *Statistiques*. Une nouvelle boîte de dialogue apparaît alors :

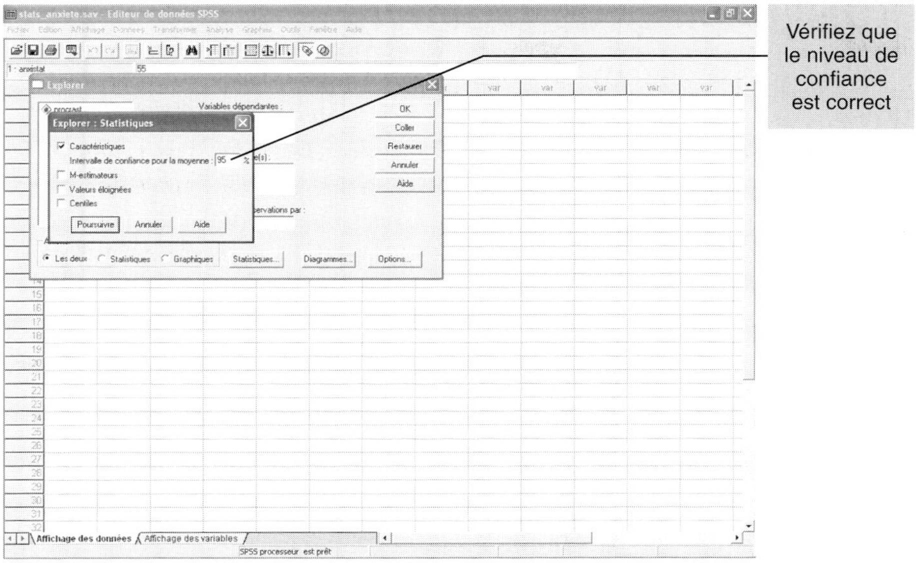

Vous pouvez remarquer que SPSS est conçu pour donner par défaut les intervalles de confiance au niveau de confiance de 95 %. Si vous souhaitez déterminer un intervalle de confiance pour un niveau différent, il vous suffit de remplacer le pourcentage 95 % par celui de votre choix. Ceci dit, vous n'aurez en général rien à modifier, parce que le seuil de 95 % est le plus communément utilisé. Une fois que vous avez sélectionné les bonnes options, cliquez sur *Poursuivre*, puis sur *OK* pour engendrer la sortie écran. Un exemple de telle sortie est donné ci-dessous :

Récapitulatif du traitement des observations

	Observations					
	Valide		Manquante		Total	
	N	Pourcent	N	Pour cent	N	Pourcent
ANXISTAT	6	100,0%	0	,0%	6	100,0%

Descriptives

			Statistique	Erreur standard
ANXISTAT	Moyenne		55,6667	2,31900
	Intervalle de confiance à 95% pour la moyenne	Borne inférieure	49,7055	
		Borne supérieure	61,6279	
	Moyenne tronquée à 5%		55,7407	
	Médiane		57,0000	
	Variance		32,267	
	Ecart-type		5,68038	
	Minimum		48,00	
	Maximum		62,00	
	Intervalle		14,00	
	Intervalle interquartile		11,0000	
	Asymétrie		-,426	,845
	Aplatissement		-1,832	1,741

6 Diagrammes de variation

Un moyen extrêmement utile permettant de représenter les intervalles de confiance dans vos rapports de recherche est le *diagramme de variation.* Cette représentation donne tout simplement la moyenne sous forme d'un point, et l'intervalle de confiance sous forme d'une barre allant d'une borne à l'autre de l'intervalle de confiance. Plus l'intervalle de confiance est long, plus la barre (dite *barre d'erreur*) est haute. La figure 3.19 montre le diagramme de variation pour des intervalles de confiance que nous avions déterminés.

La figure 3.19 montre clairement l'effet de l'augmentation de la taille de l'échantillon, passant de 6 à 100, sur la taille de l'intervalle de confiance.

7 Intervalles de confiance se chevauchant

Supposez que vous souhaitiez savoir si deux moyennes de population diffèrent. Les intervalles de confiance peuvent alors vous aider. Par exemple, imaginons que vous désiriez savoir si les garçons et les filles ont des moyennes similaires en mathématiques pour un certain examen. Vous faites passer l'examen à un échantillon d'étudiants de chacun des deux sexes. Vous déterminez ensuite, sur la base de vos observations, des intervalles de confiance pour la moyenne, et vous obtenez ce qui est représenté sur la figure 3.20.

Que pouvons-nous conclure de ce graphique ? Nous pouvons être certains à 95 % que les moyennes de population se trouvent dans les intervalles définis par les barres d'erreur. Cependant, comme les intervalles se recoupent largement, nous ne pouvons pas savoir si les moyennes en question sont vraiment différentes. Il paraît tout à fait possible qu'il n'y ait en fait aucune différence notable entre les deux moyennes réelles. Du moins ne pouvons-nous pas conclure à une différence sur la base de nos observations. Il se pourrait que les garçons aient une meilleure moyenne que les filles, ou que les filles surpassent au contraire les garçons en

Figure 3.19
Diagramme de variation montrant les moyennes et les intervalles de confiance pour des échantillons de taille 6 et 100.

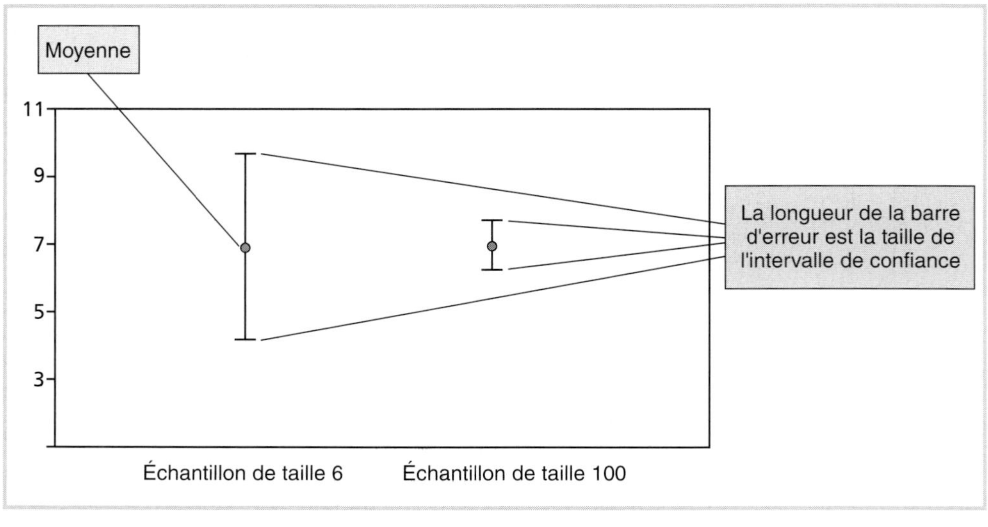

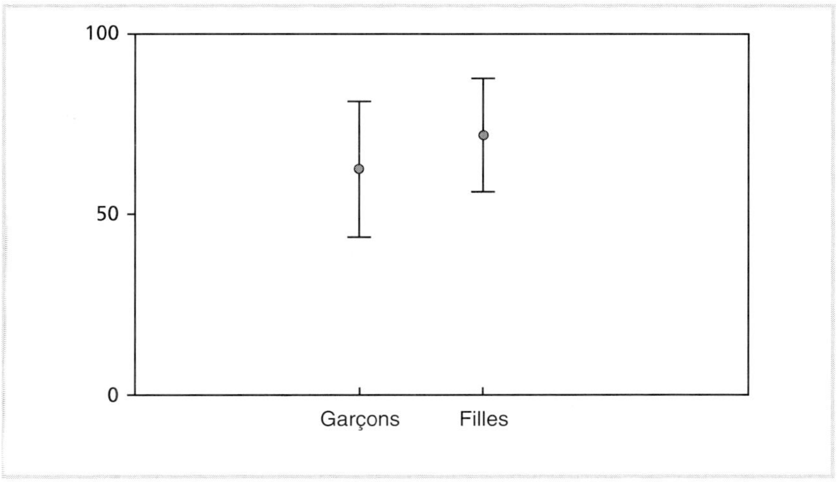

Figure 3.20
Diagramme de variation montrant des intervalles de confiance se chevauchant pour les notes des garçons et des filles à un examen de mathématiques

moyenne. Il se pourrait aussi que les moyennes soient parfaitement identiques. Les intervalles de confiance pour les moyennes représentés figure 3.20 ne permettent pas de donner de conclusion solide.

Mais supposons maintenant que nous obtenions les intervalles de confiance de la figure 3.21. Quelle conclusion pouvons-nous alors tirer de nos résultats ? Dans ce cas, les intervalles sont disjoints (ils ne se recoupent pas). On peut être certain à 95 % que les moyennes se situent dans les intervalles donnés par le graphique. Du fait que ces intervalles ne se chevauchent pas, nous pouvons imaginer qu'il y a une différence réelle entre les moyennes. Il apparaît alors que la population féminine surpasse en moyenne la population masculine pour les notes de maths. Vous voyez ainsi que l'observation des diagrammes de variation permet, le cas échéant, de se faire une idée assez fiable de ce qui se passe sur la population.

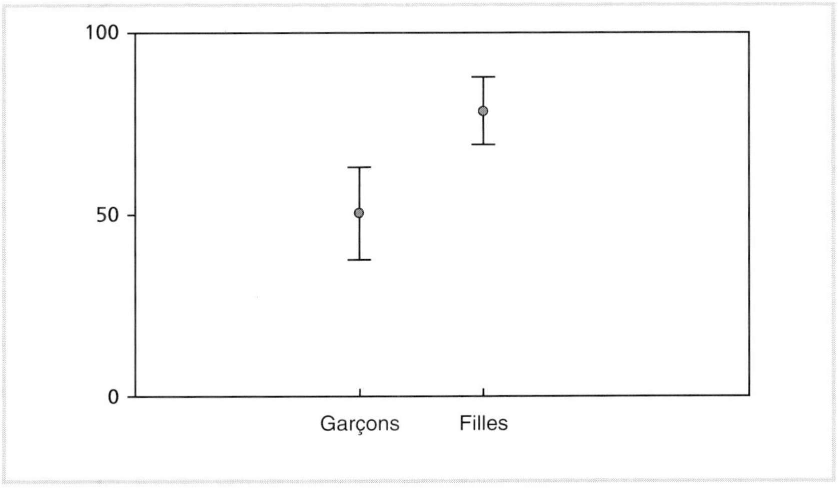

Figure 3.21
Diagramme de variation illustrant le cas de deux intervalles de confiance disjoints pour les notes de maths des filles et des garçons

Activité 3.8

Quels diagrammes de variation laissent penser qu'il existe une réelle différence entre les populations concernées ?

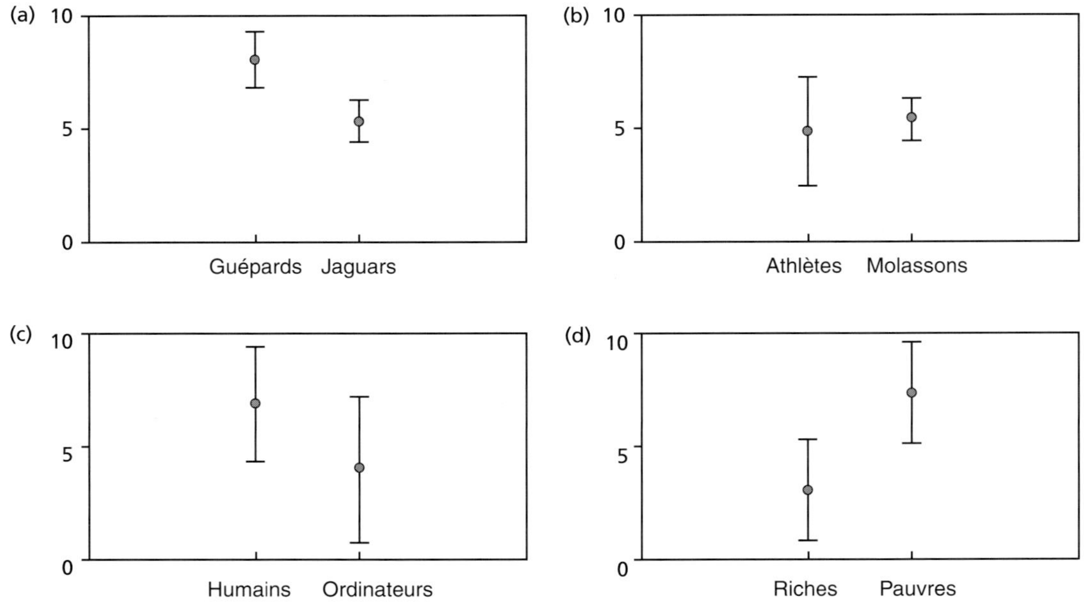

SPSS : diagrammes de variation

Pour que SPSS représente des diagrammes de variation, vous devez choisir le menu *Graphes,* puis sélectionner l'option *Barre d'erreur...* Vous obtenez alors ceci :

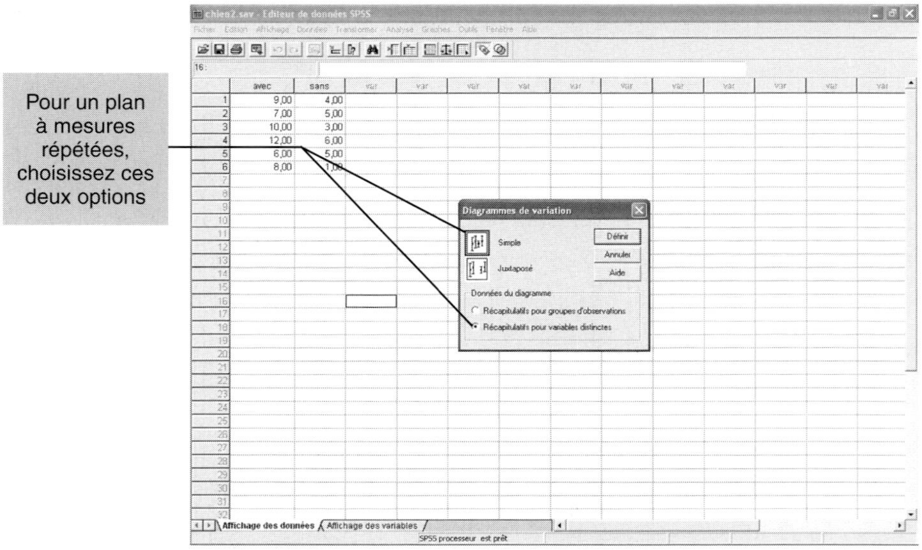

Les choix que vous devrez faire dans cette boîte de dialogue dépendent du type de design expérimental que vous avez utilisé. Dans le cas d'un plan à mesures répétées, ou si vous souhaitez comparer plusieurs variables, sélectionnez les options *Simple* et *Récapitulatif pour variables distinctes.* Cliquez sur *Définir* et vous vous trouverez devant l'écran suivant :

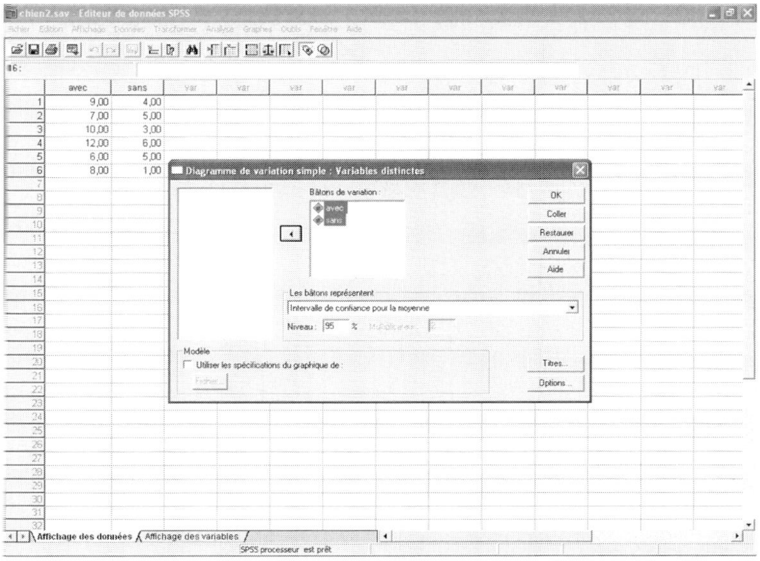

Déplacez les variables concernées dans la boîte *Bâtons de variation* et cliquez sur *OK* pour obtenir la sortie correspondante. Le diagramme devrait ressembler à celui de la figure 3.22.

Vous pouvez vérifier que chaque variable (condition) donne une barre d'erreur (ou de variation) distincte.

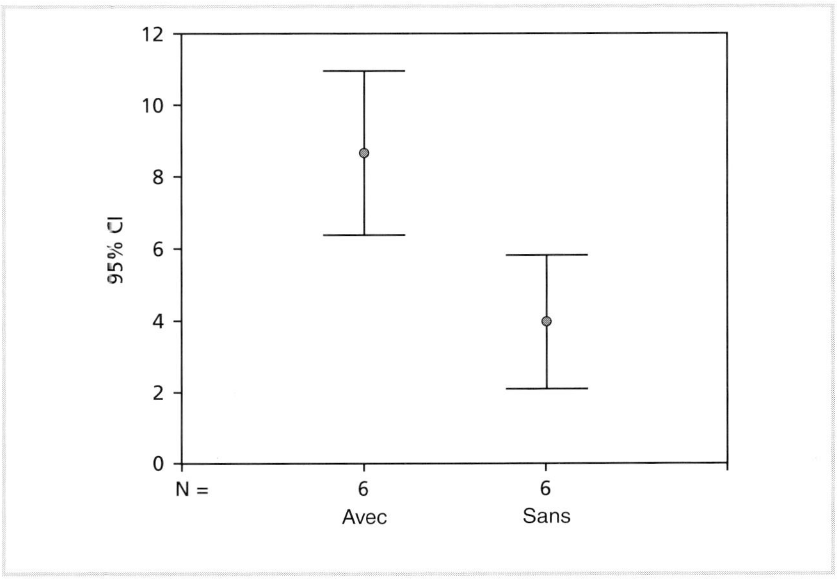

Figure 3.22
Diagramme de variation pour l'étude sur la promenade des chiens, dans le cas d'un plan à mesures répétées

Si vous voulez maintenant obtenir un diagramme de variation dans le cadre d'un plan simple, il faudra sélectionner les options *Simple* et *Récapitulatifs pour groupes d'observations* dans la boîte de dialogue initiale (voir ci-dessous) :

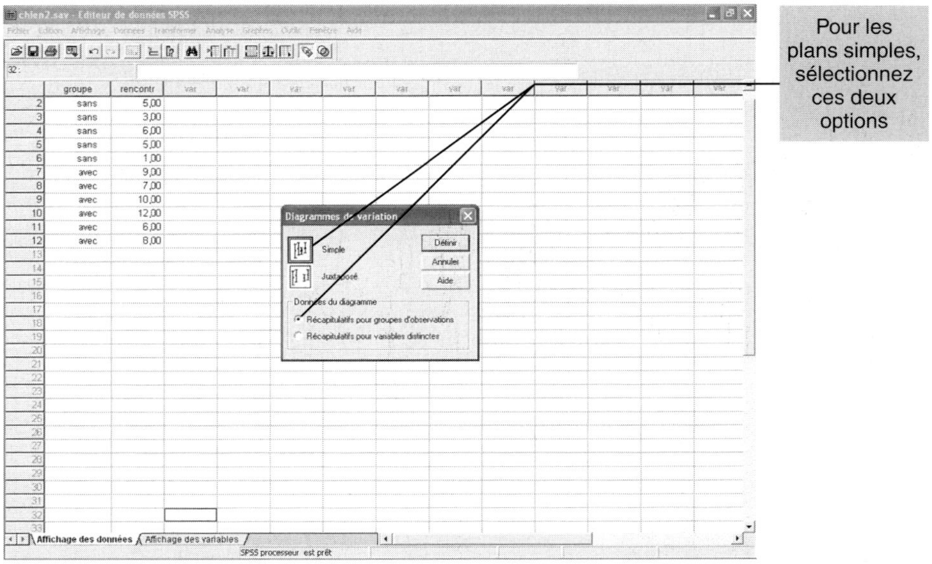

Cliquez ensuite sur *Définir*, et vous verrez apparaître une boîte de dialogue un peu différente de celle que vous aviez dans le cadre des plans à mesures répétées.

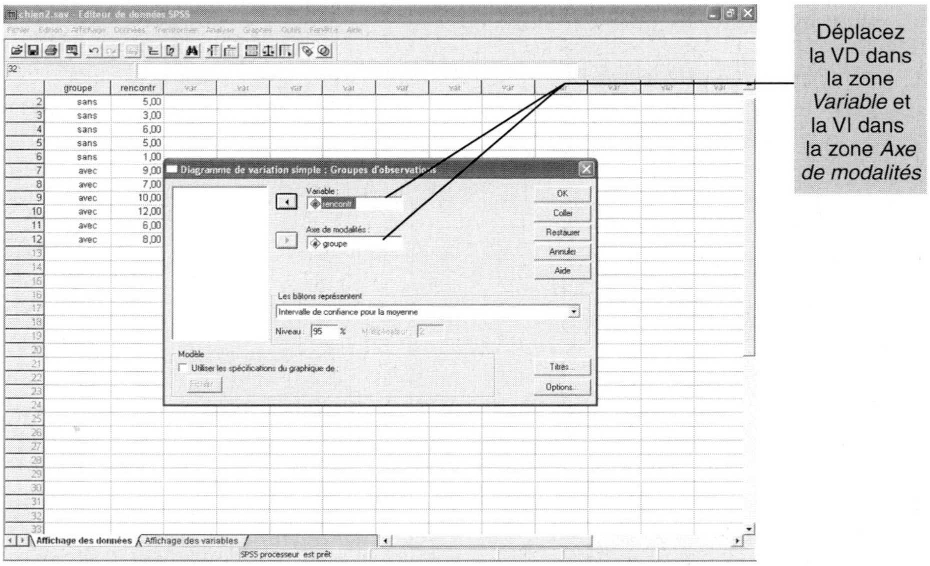

Notez que vous avez désormais deux zones de texte : l'une pour la variable dépendante *(Variable)* et l'autre pour la variable « groupe » *(Axe de modalités)*. Déplacez la variable dépendante dans la zone *Variable* et la variable indépendante dans la zone *Axe de modalités*. Cliquez ensuite sur *OK* pour visualiser le diagramme de variation. Il devrait ressembler à celui de la figure 3.23.

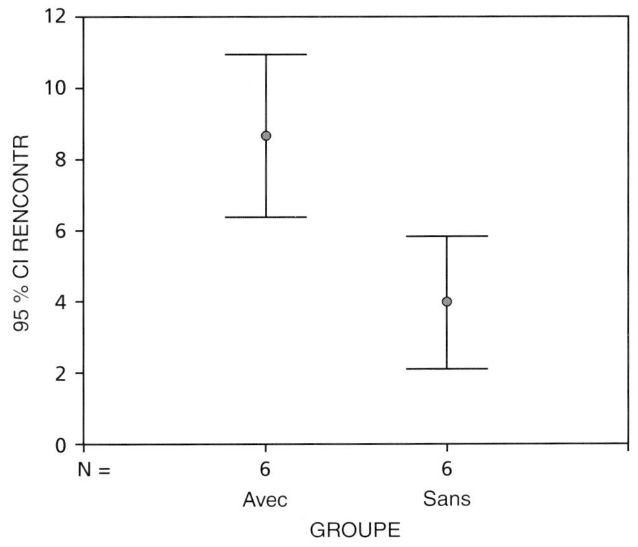

Figure 3.23

Diagramme de variation pour l'étude sur la promenade des chiens, dans le cas d'un plan simple

8 Intervalles de confiance pour d'autres statistiques

Nous venons d'illustrer par quelques exemples l'utilisation des intervalles de confiance pour estimer une moyenne. Mais les intervalles de confiance ne se cantonnent pas à la moyenne, et peuvent être utilisés pour d'autres paramètres. Nous pouvons utiliser une méthode similaire pour estimer par un intervalle une différence entre deux moyennes inconnues, un coefficient de corrélation, ou une statistique t. Cela sera expliqué plus en détail dans les chapitres 5 et 6. Pratiquement, chaque fois que nous pouvons donner une estimation ponctuelle d'un paramètre, il est également possible d'en fournir une estimation par intervalle.

Dans le cas où vous étudiez une différence entre deux moyennes, une estimation par intervalle de cette différence peut être très utile. Si cet intervalle contient la valeur 0, alors il n'est pas exclu que les moyennes soient en fait égales. Cela sera précisé au chapitre 6.

Du côté des publications : Contrôle émotionnel et trouble panique

Dans le chapitre 2, nous avions évoqué une étude de Baker *et al.* (2004) dans laquelle les chercheurs comparaient la manière dont les sujets souffrant de trouble panique et n'en souffrant pas contrôlaient leurs émotions. Les psychologues disposaient d'un groupe test de patients souffrant de trouble panique, et de deux groupes témoins (l'un recruté à Londres, et l'autre à Aberdeen). Ils ont remarqué que les patients du groupe test essayaient de contrôler leurs émotions plus que les deux groupes témoins. Les auteurs avaient mesuré la tendance à contrôler ses émotions grâce au CECS (échelle de contrôle émotionnel de Courtaulds). Ils rapportent, dans leur article, un intervalle de confiance estimant la différence entre la moyenne à ce test obtenu chez les patients et chez les sujets normaux. Entre autres choses, ils déclarent que dans le groupe témoin d'Aberdeen, le score moyen est de 10,2, avec un intervalle de confiance au niveau 95 % allant de 6,0 à 14,3. La différence moyenne entre le groupe des patients et celui de Londres est de 13,4, avec un intervalle de confiance (IC) au niveau 95 % allant de 9,9 à 16,8. Enfin, la différence moyenne entre les deux groupes témoin est de 3,2, avec un IC (95 %) allant de 0,06 à 5,9.

SPSS : utilisation de l'assistant de résultat

Maintenant que les analyses SPSS vous sont familières, nous aimerions vous présenter une fonction très utile du programme. Chaque fois que l'écran affiche des sorties SPSS, vous pouvez utiliser un utilitaire nommé *Assistant de résultat* qui vous aide, comme son nom l'indique, à interpréter les résultats. Le problème de SPSS est qu'il donne en général bien plus d'information que ce qui nous est nécessaire. Les étudiants qui utilisent ce logiciel ont parfois des difficultés à repérer dans cet amas de statistiques la part qui les intéresse directement. L'*assistant de résultat* peut être, dans un tel cas, d'un grand secours.

Pour activer l'*assistant de résultat,* vous devez avoir des résultats statistiques à l'écran. Nous prendrons l'exemple des statistiques descriptives concernant la recherche sur l'anxiété statistique déjà citée dans ce chapitre. Lorsque le tableau des statistiques descriptives se trouve à l'écran, placez le curseur quelque part sur le tableau, et cliquez avec le bouton droit de la souris. Une série d'options doit alors apparaître, comme ceci :

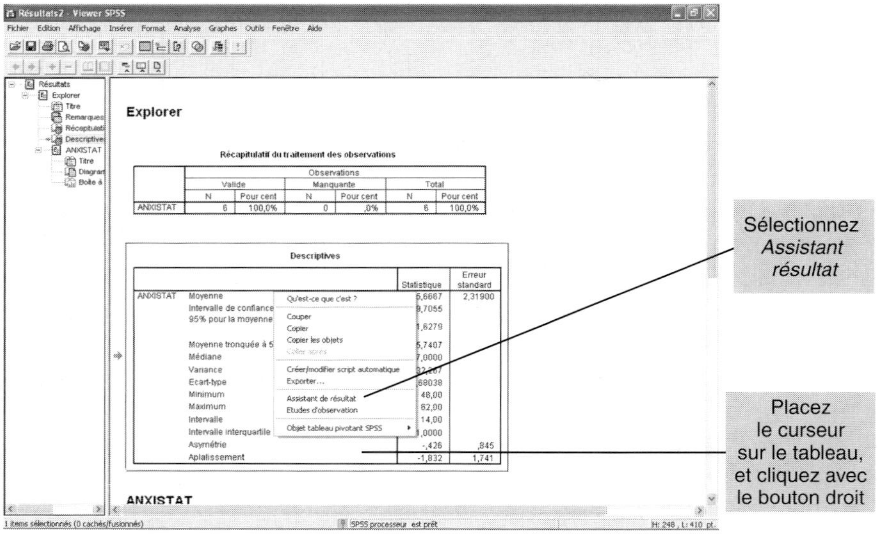

Cliquez alors sur *Assistant résultat* pour activer ce dernier. Vous verrez alors s'afficher un exemple de sortie SPSS, avec une description du contenu de la table [4]. Vous pourrez remarquer, en bas et à droite de l'écran, des boutons de navigation semblables à ceux que nous avions déjà décrits au chapitre 1 lorsque nous évoquions l'aide en ligne. Si vous cliquez sur la flèche pointant à droite, vous verrez défiler une description des éléments de la table, pris un à un [5]. Cela peut être bien pratique pour déterminer quelle partie du tableau considérer.

4. Malheureusement, dans la version 11 de SPSS, *l'assistant résultat* n'est pas traduit. Les explications sont données en anglais. [ndt]

5. Sur certaines versions, il n'y a pas de flèche pointant à droite, mais un bouton *Next* en haut et à droite la remplace. [ndt]

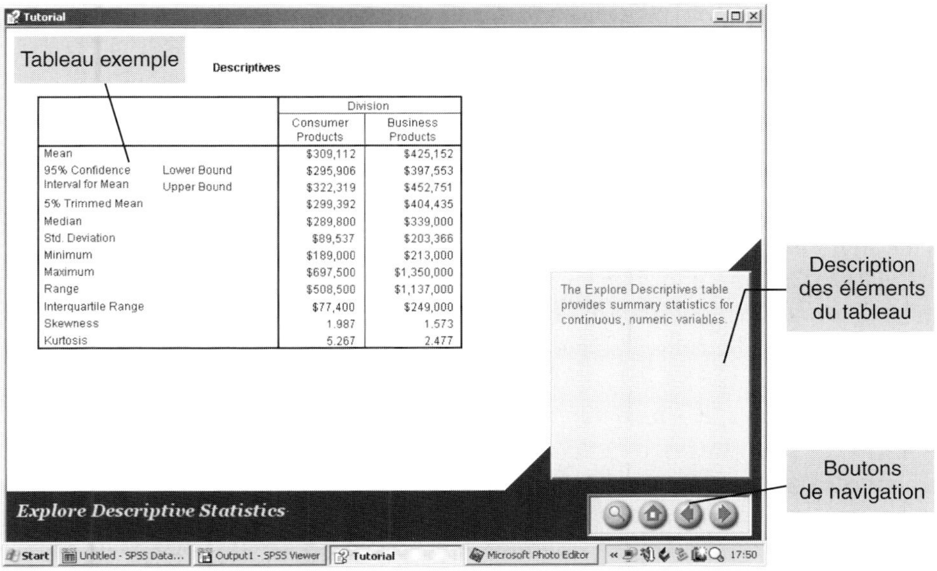

Notez que l'*Assistant résultat* ne fonctionne qu'avec les tables produites par SPSS. Il ne fonctionne pas avec les graphiques, comme les diagrammes de variation ou de dispersion par exemple.

Pour fermer l'*Assistant résultat,* Cliquez sur le bouton de fermeture (✕) en haut à droite de la fenêtre. Cela vous ramènera à la fenêtre SPSS.

Récapitulatif

Dans ce chapitre, nous avons expliqué plusieurs concepts indispensables à une bonne compréhension des statistiques. Plus précisément, vous avez appris :

- que les probabilités peuvent s'exprimer sous forme de rapports (par exemple 1 sur 5), de nombres décimaux (0,2) ou de pourcentages (20 %) ;
- que les probabilités conditionnelles sont celles que l'on calcule pour un événement, sachant qu'un autre événement est réalisé ;
- que l'on peut utiliser la distribution normale et les scores *z* pour déterminer des proportions d'individus se trouvant au-dessus ou en dessous d'une valeur fixée, ou encore entre deux limites données ;
- que si l'on prend tous les échantillons possibles de la population, et que l'on calcule sur chacun de ces échantillons la moyenne correspondante afin de représenter ensuite la distribution de ces moyennes, on obtient ce qu'on appelle la distribution d'échantillonnage de la moyenne ;
- que plus le nombre d'échantillons et la taille des échantillons augmentent, plus la distribution des moyennes observées ressemble à une loi normale, quelle que soit la distribution de la variable parente ;
- que l'écart type des moyennes d'échantillons s'appelle l'erreur standard, et que cette dernière nous permet de savoir dans quelle mesure on peut s'attendre à un écart important entre la moyenne réelle et la moyenne d'un échantillon ;
- que l'erreur standard est à peu près égale à l'écart type divisé par la racine carrée de la taille de l'échantillon, et qu'on peut l'utiliser en combinaison avec les scores *z* pour calculer des intervalles de confiance ;
- que les intervalles de confiance sont des intervalles dans lesquels on peut être certain, par exemple à 95 %, que la moyenne de la population se situe vraiment ;
- que l'on peut représenter de manière agréable les intervalles de confiance grâce aux diagrammes de variation.

Exercices SPSS

Exercice 1

Au cabinet dentaire du docteur Doulleur et de son assistante Mlle Plombage, on aimerait réduire l'anxiété des patients. Les deux collaborateurs décident de tester la méthode qui leur semble la plus prometteuse dans ce but : faire insonoriser leurs salles d'attente pour que les patients n'entendent plus les hurlements de ceux qui se trouvent dans la salle d'opération. Pour être sûrs que l'insonorisation a un effet réel, ils décident de n'insonoriser qu'une seule des deux salles d'attente, afin de pouvoir comparer les degrés d'anxiété de ceux qui attendent dans la salle insonorisée et de ceux qui attendent dans l'autre salle. Les patients sont dirigés aléatoirement vers l'une des deux salles d'attente à leur arrivée au cabinet, et on leur demande de bien vouloir remplir un questionnaire d'anxiété dentaire. Ce questionnaire fournit un score numérique prenant en compte un grand nombre de caractéristiques de l'anxiété dentaire, et donne une note d'autant plus élevée que le sujet est anxieux face à son dentiste. Le docteur Doulleur et Mlle Plombage pensent qu'il devrait y avoir une différence d'anxiété entre les deux groupes correspondant aux deux salles d'attente. Voilà les résultats de leur enquête (scores d'anxiété) :

insonorisé	non insonorisé
12	16
11	26
8	20
4	21
3	19
13	20
10	22
10	18
9	20
11	17

1. S'agit-il d'un plan simple ou à mesures répétées ?
2. Entrez les données dans SPSS afin de déterminer, pour chaque groupe,
   (a) la moyenne,
   (b) l'écart type,
   (c) l'erreur standard,
   (d) des intervalles de confiance au niveau de confiance de 95 %.
3. Utilisez SPSS pour tracer un diagramme de variation permettant de comparer les groupes.

Exercice 2

Le docteur Doolittle a, en fin de compte, abandonné toute prétention à parler le langage des animaux, et a décidé de devenir un bon psychologue expérimentaliste des animaux. Il s'intéresse particulièrement à la question de l'intelligence comparée des chiens et des chats. Pour répondre à cette question, il développe un test d'intelligence particulier, qu'il administre à des échantillons canin et félin. Il a été très prudent dans l'élaboration de son test, et a réussi de la sorte à créer un test non spécifique à une espèce. Toute espèce animale peut donc passer le test et fournir ainsi un score d'intelligence. Le docteur Doolittle pense qu'il y aura une différence entre les chiens et les chats. Les résultats de son expérience sont donnés ci-dessous :

chats	chiens
95	116
100	112
104	102
78	96
130	89
111	124
89	131
114	117
102	107
97	110

1. S'agit-il d'une véritable expérience ou d'une quasi-expérience ?
2. S'agit-il d'un plan simple ou à mesures répétées ?
3. Entrez les résultats dans SPSS et donnez les statistiques suivantes pour chaque espèce :
   (a) la moyenne
   (b) l'écart type
   (c) l'erreur standard
   (d) les intervalles de confiance au niveau 95 % pour la moyenne.
4. Dessinez, via SPSS, un diagramme de variation.

QCM

1. Comment exprime-t-on une probabilité de 1 sur 5 en pourcentage ?
   (a) 14 %
   (b) 25 %
   (c) 20 %
   (d) 32 %
2. Quel est le lien entre la taille de l'échantillon et l'erreur d'échantillonnage ?
   (a) Plus la taille de l'échantillon est grande, plus l'erreur est grande
   (b) Plus la taille de l'échantillon est grande, plus l'erreur est petite
   (c) La taille de l'échantillon égale l'erreur d'échantillonnage
   (d) Rien de tout cela.
3. Si l'intervalle de confiance à 95 % est de 3± 2, qu'est ce que cela signifie ?
   (a) La moyenne de la population est forcément entre 1 et 5
   (b) On est sûr à 95 % que la moyenne de la population est entre 3 et 2
   (c) On est sûr à 95 % que la moyenne de la population est entre 1 et 5
   (d) Rien de tout cela.

QCM (suite)

4. Quels scores suivent souvent une loi normale standard ?
   (a) Les scores extrêmes
   (b) Les scores z
   (c) Les scores d'écart type
   (d) À la fois (b) et (c).
5. L'erreur standard est
   (a) la racine de la moyenne
   (b) la racine de l'écart type
   (c) l'écart type divisé par la moyenne
   (d) l'écart type divisé par la racine de la taille de l'échantillon.
6. Si vous avez une probabilité de 33 %, combien vaut-elle exprimée sous forme décimale ?
   (a) 0,033
   (b) 0,33
   (c) 0,23
   (d) 0,133.
7. L'erreur standard nous renseigne sur
   (a) l'écart entre la moyenne d'un échantillon et la moyenne des moyennes des échantillons
   (b) l'écart entre la moyenne d'un échantillon et la moyenne de la population
   (c) l'écart entre l'écart type d'échantillon et la moyenne de la population
   (d) (a) et (b).
8. Par combien faut-il multiplier l'erreur standard pour déterminer un intervalle de confiance au niveau 95 % ?
   (a) 95
   (b) La racine de la taille de l'échantillon
   (c) L'écart type
   (d) 1,96.
9. Si vous avez un score z de 2,33 cela indique
   (a) que votre score se trouve 2,33 écarts type au-delà de la moyenne
   (b) que votre score se trouve 2,33 écarts type en deçà de la moyenne
   (c) que la probabilité d'avoir un score plus élevé que le vôtre est de 2,33
   (d) que la probabilité d'avoir un score plus faible que le vôtre est de 2,33.
10. Si un événement a une probabilité de 95 % de se réaliser, cela signifie que
   (a) l'événement devrait se produire 5 fois sur 100
   (b) l'événement devrait se produire 95 fois sur 100
   (c) l'événement devrait se produire 95 fois sur 95
   (d) rien de tout cela.
11. Quelle carrière choisir si vos scores en poterie et haltérophilie sont les suivants ? Haltérophilie : 52 (moyenne 55, écart type 12) Poterie : 50 (moyenne 58, écart type 32)
   (a) Haltérophilie
   (b) Poterie
   (c) Vos scores sont similaires dans les deux cas, les deux options sont donc équivalentes
   (d) Aucun des deux, parce que vous êtes mauvais dans les deux disciplines.

QCM (suite)

12. Les phrases suivantes, concernant les statistiques inférentielles, sont-elles vraies ?
    (a) Elles ne font que décrire les données
    (b) Elles permettent de donner des conclusions sur la population à partir de l'observation d'un échantillon
    (c) Elles sont machiavéliquement utilisées pour donner un air scientifique à la psychologie
    (d) Elles permettent de donner des conclusions sur un échantillon à partir de l'observation de la population.

13. Si vous avez un score d'anxiété de 13 et que la moyenne de ce score et son écart type sont 20 et 5 respectivement sur la population, quel est votre score z ?
    (a) $-2{,}33$
    (b) $-1{,}4$
    (c) 1,33
    (d) 0.

14. Si la distribution des scores sur la population est aplatie (donc pas normale), comment est la distribution d'échantillonnage de la moyenne ?
    (a) Aplatie
    (b) Bimodale
    (c) À asymétrie négative
    (d) Normale.

15. Quelle est la meilleure estimation *a priori* de la moyenne de la population ?
    (a) La moyenne d'un échantillon
    (b) La moyenne des moyennes de plusieurs échantillons
    (c) L'écart type
    (d) L'erreur standard.

16. Pour un certain ensemble de données, on a un écart type de 42 sur un échantillon de 16 individus. Quelle est l'erreur standard de la moyenne ?
    (a) 0,339
    (b) 2,95
    (c) 21,68
    (d) 10,5.

17. On tire une centaine d'échantillons dans une population particulière, puis on calcule la moyenne des scores sur ces échantillons, et on représente par un histogramme la série des moyennes observées. Qu'est-ce que cela représente ?
    (a) La distribution moyenne
    (b) Une distribution asymétrique
    (c) La distribution d'échantillonnage
    (d) Rien de cela.

QCM (suite)

18. Étant donnée une erreur standard de 5,2 sur un échantillon de taille 9, quel est l'écart type ?
   (a) 1,73
   (b) 15,6
   (c) 46,8
   (d) 0,556.
19. Pour quels paramètres est-il impossible de déterminer un intervalle de confiance ?
   (a) La moyenne
   (b) Le coefficient de corrélation
   (c) La différence moyenne entre deux scores
   (d) Aucun de ceux-là.
20. Si nous avons une population sur laquelle notre variable présente une distribution à asymétrie négative, quelle forme aura la distribution d'échantillonnage de la moyenne ?
   (a) Elle présentera une asymétrie négative
   (b) Elle présentera une asymétrie positive
   (c) Elle sera normale
   (d) On ne peut pas le savoir.

Références

Baker, R., Holloway, J., Thomas, P. W., Thomas, S., & Owens, M. (2004). Emotional processing and panic. *Behaviour Research and Therapy, 42(11)*, 1271-1287.

Beck, A. T., Ward, C. H., Mendelson, M., Mock, J. E., & Erbaugh, J. K. (1961). An inventory on measuring depression. *Archives of General Psychiatry, 4*, 561-571.

Saporta, G. (1990). *Probabilité, analyse des données et statistique.* Paris : Technip.

Walsh, J. J., & Ugumba-Agwunoby, G. (2002). Individual differences in statistics anxiety : the role of perfectionnism, procrastination and trait anxiety. *Personality and Individual Differences, 33*, 239-251.

CHAPITRE 4
Tests et signification

Sommaire

Vue d'ensemble du chapitre

Dans le chapitre 3, nous avons emprunté le chemin qui mène aux statistiques inférentielles. Dans ce chapitre, nous irons un peu plus loin dans cette voie, et explorerons la possibilité d'appliquer les connaissances acquises sur les probabilités et les distributions d'échantillonnage à la démonstration d'une hypothèse de recherche. En particulier, vous découvrirez :

- la logique des tests d'hypothèses ;
- la notion de signification et ses relations avec les probabilités ;
- comment les distributions de probabilités fondent les tests statistiques ;
- les problèmes qui se posent lorsqu'on tire des conclusions de cette manière (notamment les erreurs de première et seconde espèce) ;
- les tests unilatéraux et bilatéraux ;
- comment choisir le test approprié à vos données.

1 Une autre manière d'appliquer les probabilités à la recherche : les tests d'hypothèses

Supposez que nous voulions étudier le lien entre le nombre d'heures consacrées aux études chaque semaine par des étudiants et la note en fin d'année. Vous prédirez peut-être que, lorsque le nombre d'heures consacrées aux études augmente, la note d'examen final augmente conjointement. Vous avez alors posé une hypothèse, ou prédiction, que nous pouvons tester au moyen d'une étude de terrain. Pour cette étude, nous sélectionnons aléatoirement un échantillon d'étudiants, relevons le nombre d'heures de travail universitaire hebdomadaire, ainsi que la note finale, pour déterminer un éventuel lien entre ces deux grandeurs. D'après nos prédictions, le diagramme de dispersion sur la population des étudiants devrait ressembler à celui de la figure 4.1. Vous pouvez, sur ce diagramme, observer une tendance : la note d'examen semble augmenter avec le nombre d'heures travaillées. Supposons un instant que cela représente la réalité de la population. Comme nous n'avons pas accès à la population tout entière mais seulement à un échantillon, comme c'est le cas dans toute étude en sciences humaines ou presque, il n'est pas certain que nos observations reflètent fidèlement la réalité globale. Souvenez-vous du chapitre 2 : nous avions conclu que les erreurs d'échantillonnage pouvaient causer un décalage fatal entre l'image observée sur l'échantillon et la réalité sous-jacente. La figure 4.1 montre ce qu'on pourrait obtenir en choisissant trois échantillons différents issus de la population globale. Vous noterez que, bien que nos deux variables présentent un lien croissant sur la population totale, deux des trois échantillons présentés ne le montrent pas. À vrai dire, l'un des exemples suggère même un lien décroissant entre les variables (selon ce diagramme, la note diminuerait lorsque le nombre d'heures consacrées aux études augmente). Le deuxième exemple suggère quant à lui une absence totale de lien entre les variables. Seul le dernier exemple montre un lien positif, conformément à la réalité de la population. Répé-

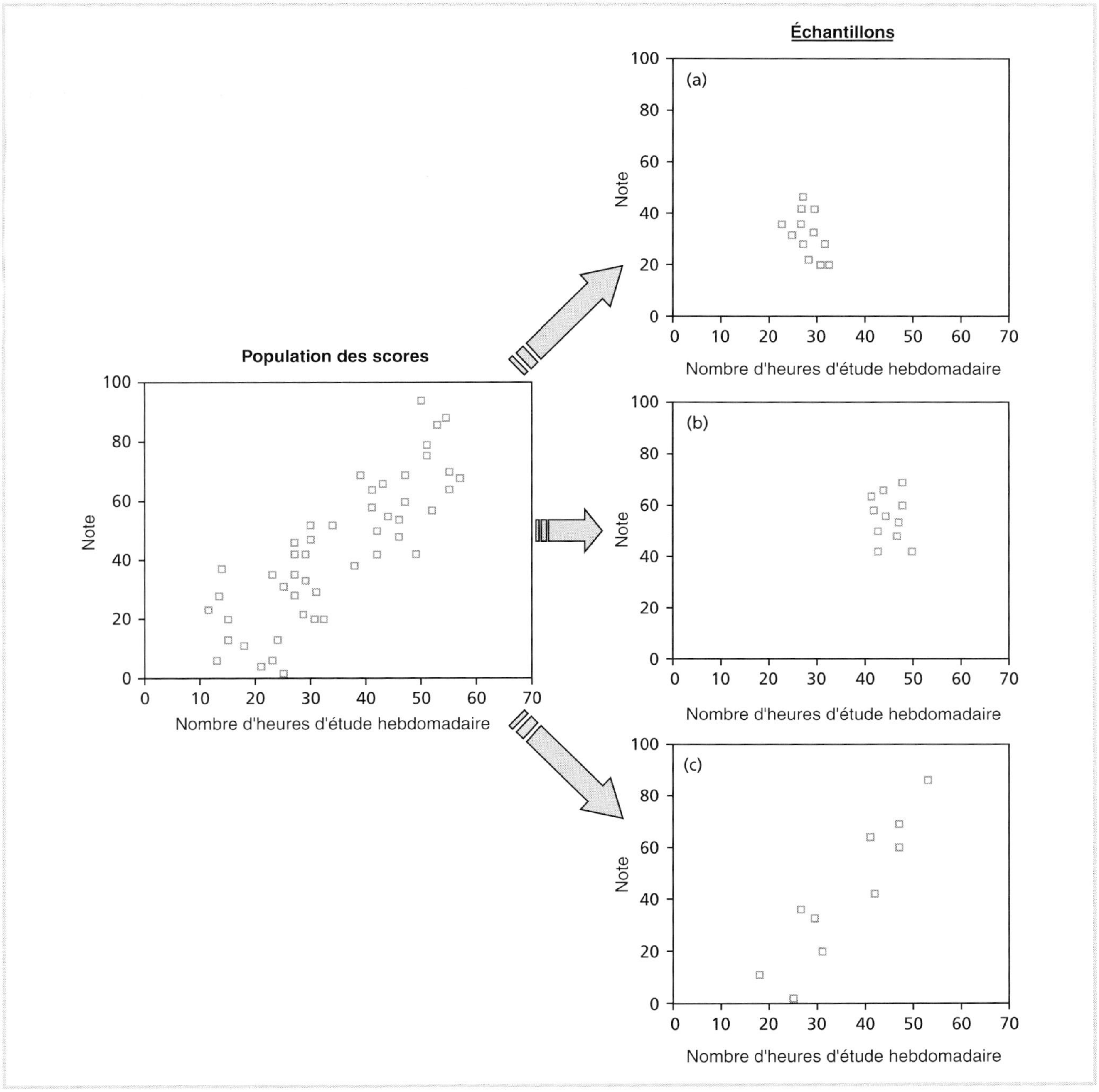

Figure 4.1
Diagrammes de dispersion représentant les résultats sur différents échantillons tirés d'une même population en ce qui concerne le nombre d'heures d'étude hebdomadaire et la note à l'examen final

tons-le : un seul des trois échantillons donne une image fidèle de la réalité sous-jacente.

Jetez maintenant un œil à la figure 4.2. Dans cet exemple, il n'y a aucune relation entre le nombre d'heures consacrées aux études et la note finale. La figure montre, comme précédemment, ce que pourraient donner trois échantillons particuliers issus de cette population. Encore une fois, seul l'un des trois échantillons donne une image réaliste de la population. Cela est dû au fait que les erreurs d'échantillonnage peuvent induire un décalage entre la population et l'échantillon choisi. Quelle que soit la répartition des variables sur la population, les trois exemples que nous

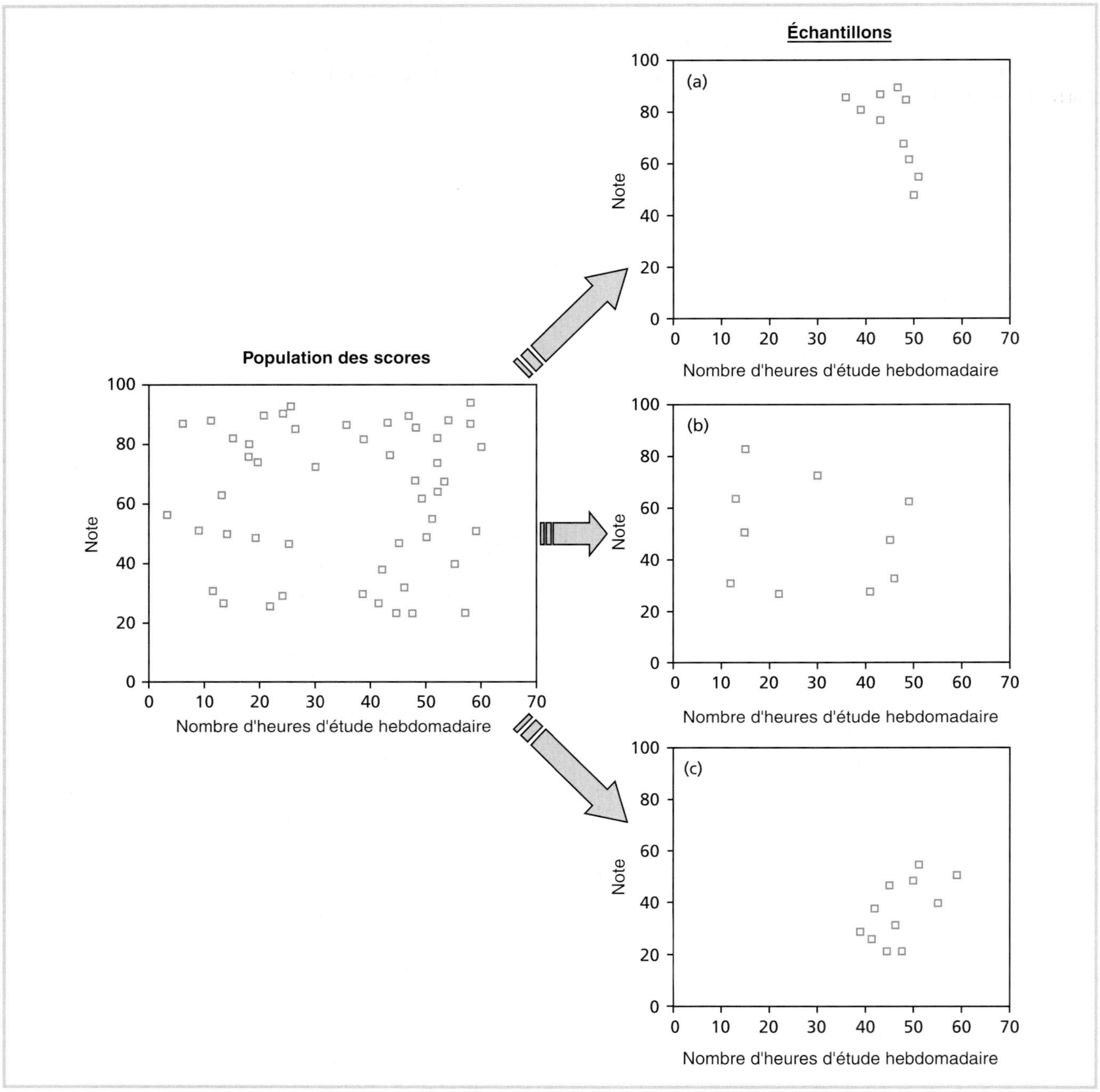

Figure 4.2

Diagrammes de dispersion représentant les résultats sur différents échantillons tirés d'une même population sur laquelle les variables sont indépendantes

avons donnés pourraient se présenter, pour des échantillons particuliers, avec une probabilité plus ou moins grande. Cette probabilité, bien sûr, dépend entre autres choses de la taille de l'échantillon. Dans l'exemple qui nous occupe, le cas (c) est bien plus probable que les cas (a) ou (b), surtout si l'échantillon choisi est important. Pour ce qui est du cas présenté à la figure 4.2, les situations (a) et (c) sont moins probables que la situation (b). Malgré tout, le risque subsiste d'un échantillon trompeur qui ne correspondra pas du tout à la population.

Un des problèmes qui se posent lorsque nous organisons une recherche est que nous ne savons pas comment se comportent les variables sur la population. En réalité, c'est justement pour le savoir que nous procédons à ces études. Il nous faut donc tirer des conclusions concernant la population de notre unique échantillon. Nous sommes en fait dans un cas semblable à celui présenté à la figure 4.3. Sur cette figure, tout ce qui se trouve au-dessus de la ligne pointillée représente ce que nous observons éventuellement, et tout ce qui se situe en deçà est inconnu. À partir de notre observation, nous essayons de retrouver ce à quoi la population pourrait correspondre. La population peut bien entendu donner une infinité de diagrammes de dispersion différents, mais nous n'avons considéré que deux cas. Il nous faut décider entre ces deux cas (ou un autre) à partir de nos observations. C'est ici que nous avons besoin de statistiques inférentielles. Nous ne connaissons que la réalité d'un échantillon particulier, et il nous faut déterminer quelle situation est la plus probable globalement. Ainsi, la figure 4.3 suggère que, vu nos résultats, le cas (b) est bien plus plausible que le cas (a). Cependant, comme les figures 4.1 et 4.2 l'ont illustré, il se peut qu'on fasse fausse route. Il nous faut donc un moyen de déterminer avec rigueur si, véritablement, la situation (a) et moins probable.

Les tests statistiques nous aident à prendre une décision, c'est-à-dire à conclure. Cependant, ils le font d'une manière guère intuitive. Tout commence avec le calcul d'une probabilité, que l'on nomme *p*, *signification* ou *p-value*[1] et que l'on note *p*. Cette valeur nous indique la probabilité de trouver un lien dans notre échantillon par suite d'une erreur d'échantillonnage, alors que les variables sont indépendantes sur la population. Par exemple, *p* nous indique la probabilité d'obtenir quelque chose comme le premier diagramme de dispersion de la figure 4.3 à partir de la population (a). Si cette probabilité est assez faible, donc s'il est très peu probable que la population (a) donne, suite à une erreur d'échantillonnage, le diagramme du haut, alors nous pourrons raisonnablement conclure que nous nous trouvons plutôt dans le cas de la population (b). Vous remarquerez que cette probabilité est une probabilité conditionnelle. C'est en effet la probabilité d'obtenir un lien entre les variables sur notre échantillon *sous la condition* qu'il n'y ait aucun lien sur la population correspondante.

On présente souvent les tests d'hypothèses comme des compétitions entre deux hypothèses. Cette compétition opposerait notre hypothèse de recherche ou *hypothèse alternative* (qu'il y a une relation entre la note et le nombre d'heures passées à étudier) et une autre hypothèse, que nous appelons l'*hypothèse nulle* (qu'il n'y a aucune relation entre les deux variables sur la population). Aussi le principe des tests d'hypothèses est-il bien illustré par la figure 4.3. Il nous faut choisir entre les populations (a) et (b). Dans le cadre de la figure 4.3, le cas (a) correspond à l'hypothèse nulle, alors que la population (b) correspond à l'hypothèse de recherche. La probabilité *p* que nous calculons lors de nos tests nous dit s'il était *a priori* probable que l'on observe ce qu'on a observé si nous nous trouvons dans le cas (a). Dans le cadre de la figure 4.3, on trouverait très probablement qu'il est fort peu probable que l'on tire par hasard un tel échantillon à partir de la population (a) sur laquelle il n'y a aucun lien entre le nombre d'heures travaillées et la note finale. En réalité, il se trouve que la probabilité correspondante est inférieure à 1 sur 1000. Il paraît

1. Le terme de *signification* utilisé dans ce sens choque certains puristes pour lesquels la signification n'est pas un nombre mais le « sens ». Aucune solution alternative n'ayant obtenu l'assentiment général de la population scientifique, de nombreux chercheurs ont recours au terme anglais de *p* -value (on parle aussi parfois de *significativité*). [ndt]

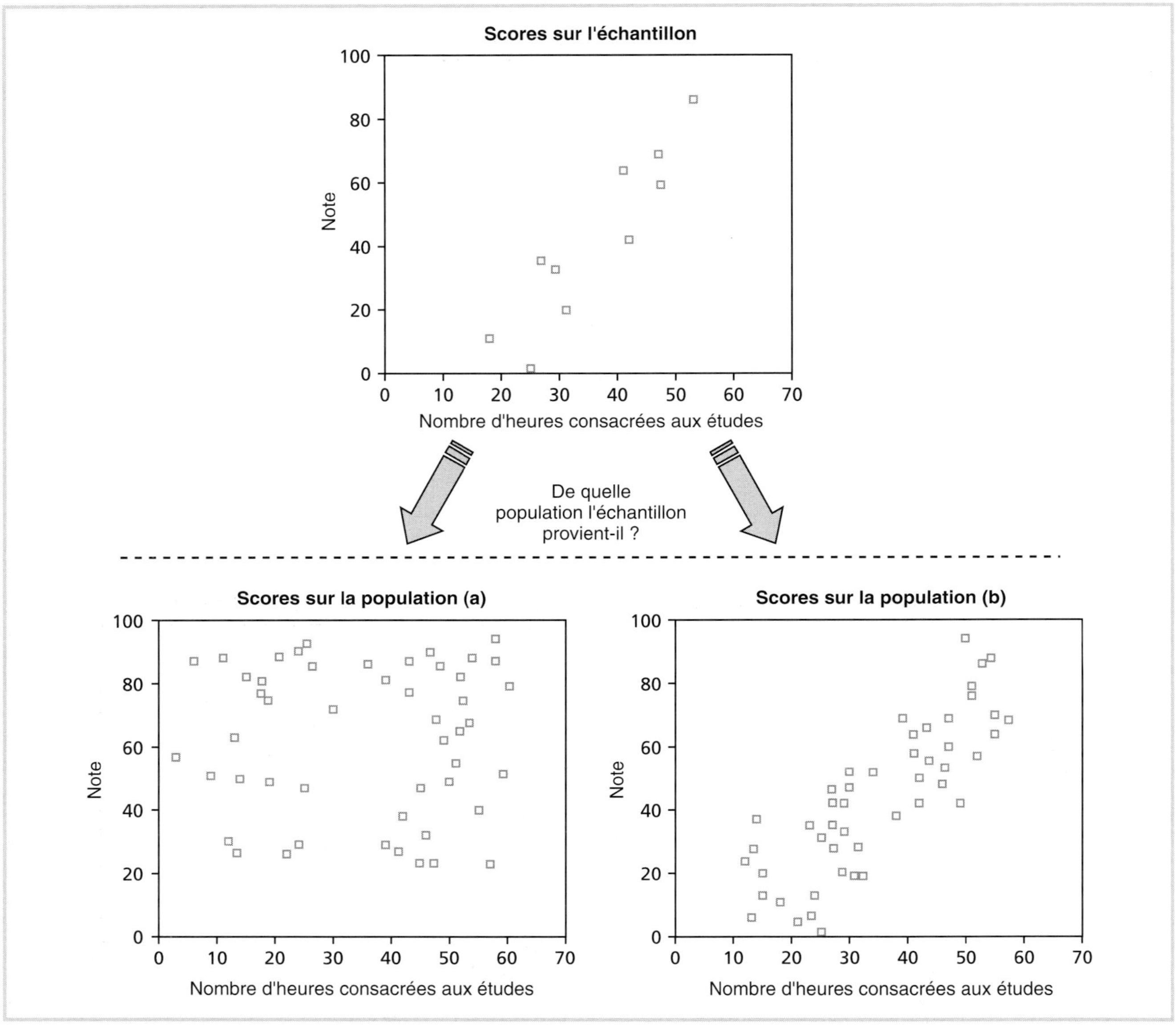

Figure 4.3

Diagramme de dispersion illustrant deux cas possibles de populations sous-jacentes pour un échantillon sur lequel les variables sont liées

donc plus sensé de conclure que nous nous trouvons dans un cas semblable à celui de la population (b).

Concentrons-nous maintenant sur le scénario décrit à la figure 4.4. Rappelez-vous que tout ce qui se trouve au-dessus la ligne de démarcation en pointillés est ce que nous avons observé, alors que ce qui se situe en deçà nous est totalement inconnu. Il devrait vous sauter au yeux que, d'après ce que nous pouvons observer, il ne semble pas y avoir de relation entre le nombre d'heures consacrées aux études et la note finale de l'examen, et que par conséquent on est poussé à considérer la candidature de la situation (a) comme plus sérieuse que celle de (b). Cependant, l'exemple de la figure 4.1 vous rappelle que la méfiance est de rigueur, et qu'on pourrait très bien observer une absence de lien sur l'échantillon alors même que les variables parentes présentent, à l'opposé, un lien net. L'absence de lien sur l'échantillon serait alors une simple erreur d'échantillonnage. Aussi opterions-nous dans le cas de la figure 4.4 pour un test d'hypothèses, qui nous permettra de décider si la situa-

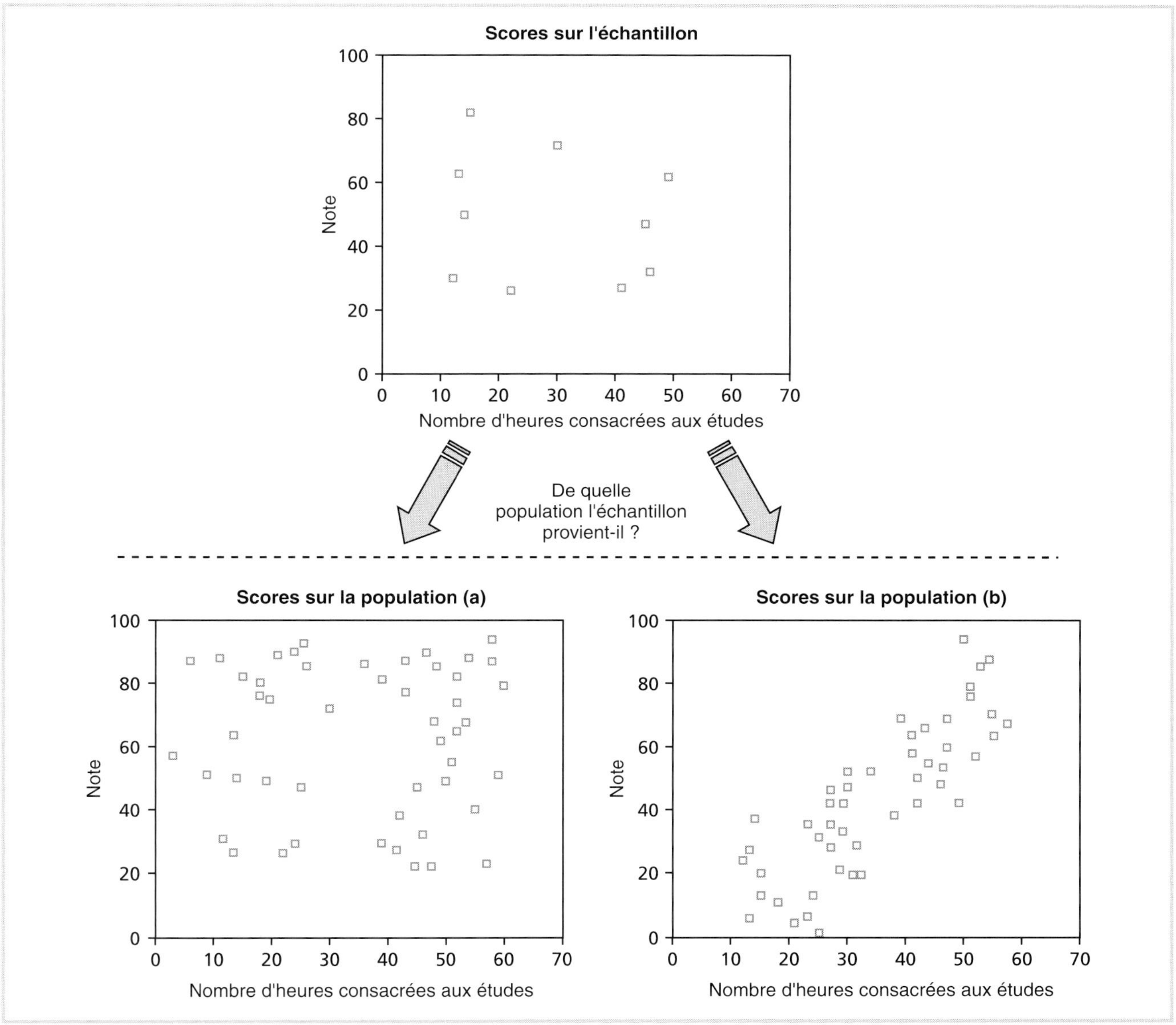

tion (a), c'est-à-dire l'hypothèse nulle, est plus vraisemblable que l'hypothèse de recherche (b). Dans un tel cas, nous trouvons qu'il est tout à fait plausible que nos observations proviennent d'une population semblable à (a). Cette probabilité, *p*, se trouve être de 61 %. Dans un tel cas, nous concluerons sans doute que la situation est possiblement (a) plutôt que (b). Mais au lieu de nous précipiter sur cette conclusion, il nous faut creuser un peu certains points délicats, et notamment celui de savoir si nous avons assez de participants dans notre échantillon (voir la section 4.9 ainsi que le chapitre 7).

Figure 4.
Diagramme de dispersion illustrant deux cas possibles de populations sous-jacentes pour un échantillon sur lequel les variables sont liées

2 Hypothèse nulle

Nous sommes passé très rapidement sur un concept important qu'il nous faut maintenant détailler. L'hypothèse nulle est une notion capitale dans le processus des tests d'hypothèses. Nous avons dit plus haut que la probabilité *p* est calculée en partant de l'hypothèse qu'il n'y pas de lien entre les variables considérées. Cette hypothèse est l'*hypothèse nulle*. Alors que l'hypothèse alternative (on dit aussi parfois hypothèse expérimentale) affirme qu'il y a un lien entre les variables, l'hypothèse nulle dit exactement le contraire : il n'y a aucun lien entre les variables. De même, si vous étudiez une différence entre des groupes de gens, par exemple, l'hypothèse alternative sera qu'il y a des différences entre les groupes, alors que l'hypothèse nulle dira, au contraire, que les groupes sont parfaitement identiques du point de vue de la variable dépendante.

En ouvrant des journaux scientifiques de psychologie, vous découvrirez que les auteurs concluent souvent qu'ils n'ont « pas pu rejeter l'hypothèse nulle ». Cela indique simplement que la probabilité qu'ils ont calculée les a conduits à conclure que l'hypothèse nulle était plausible. Si, au contraire, un auteur dit qu'il a pu « rejeter l'hypothèse nulle », cela indique que la probabilité que ses observations proviennent d'un cas compatible avec l'hypothèse nulle était tellement faible qu'il conclut que cette situation ne s'est pas présentée. Aussi conclut-il que l'hypothèse alternative est la bonne. Cela montre, comme nous l'avions indiqué plus haut, qu'un test d'hypothèses peut se comprendre comme une compétition entre les deux hypothèses en lice : la nulle, l'alternative. L'importance de l'hypothèse nulle transparaît dans la dénomination anglosaxonne des tests : on les appelle des tests d'hypothèse nulle (NHT ou NHST [2]).

Si la question de l'hypothèse nulle est si délicate, c'est parce que le « non-rejet » de l'hypothèse nulle est très problématique. Si nous observons un résultat sur un échantillon qui, selon toute vraisemblance, ne provient pas d'une situation conforme à l'hypothèse nulle, on conclut alors que cette hypothèse est fausse (et on affirme donc l'hypothèse alternative). Mais revenons à la situation de la figure 4.4. Nous avons observé, sur un échantillon, une absence de lien entre les variables. En calculant la probabilité d'obtenir un tel résultat sachant que l'hypothèse nulle est réalisée (cas (a)), on trouve un résultat *p* de 61 %. Par conséquent, rien ne justifie de rejeter l'hypothèse préalable que la réalité est conforme au cas (a). Mais de quel droit pourrions-nous rejeter le cas (b) ? La réponse est que nous ne pouvons pas le faire. Imaginez que l'on calcule par exemple la probabilité d'observer ce que nous avons trouvé sous l'hypothèse (b) et que nous tombions sur 80 %. Cela indique que nos observations – qui ne sont pas en contradiction avec l'hypothèse nulle – ne sont pas non plus en contradiction avec l'hypothèse alternative ! Il n'est donc pas raisonnable dans cette situation de conclure que (a) est plus plausible que (b).

Or il est impossible de calculer cette dernière probabilité, qui serait pourtant bien utile. C'est pourquoi les auteurs parlent de « ne pas rejeter l'hypothèse nulle » et non pas de « conclure que l'hypothèse nulle est vraie ». Une règle fondamentale pour les tests d'hypothèses est : *on ne peut jamais démontrer l'hypothèse nulle.*

2. Null Hypothesis Testing ou Null Hypothesis Significance Testing.

Lorsqu'on ne peut pas rejeter l'hypothèse nulle, il est toutefois possible qu'elle soit *moins réaliste* que l'hypothèse alternative.

Une cause de ces problèmes est que la signification p que nous pouvons calculer n'est pas – comme nous l'aimerions – la probabilité que l'hypothèse nulle soit vraie, même si on l'interprète souvent intuitivement comme cela.

3 La logique des tests d'hypothèses

Si vous avez bien suivi les sections précédentes, vous ne devriez avoir aucune difficulté pour saisir les principes généraux des tests d'hypothèses, que l'on peut résumer en quelques points :

- Formuler une hypothèse, comme celle d'un lien entre deux variables par exemple
- Mesurer des variables et examiner leur lien éventuel sur l'échantillon
- Calculer la probabilité *a priori* d'obtenir ce que nous avons obtenu si l'hypothèse nulle est vraie, donc s'il n'y a aucune relation entre les variables sur la population
- Si cette signification p est assez faible, on peut conclure que l'hypothèse nulle est déraisonnable, et dire que l'hypothèse alternative est vraie, donc qu'il y a une relation entre les variables sur la population tout entière.

On pourrait dire que, s'il n'y a pas de relation entre les variables parentes, il est assez peu probable que vous trouviez une telle relation sur un échantillon aléatoire. Par conséquent, si vous tombez nez à nez avec un lien entre deux variables, vous aurez bien envie de conclure que ce même lien doit également exister sur les variables parentes, donc sur la population tout entière. Autrement dit, on peut généraliser le lien observé sur un échantillon à la population, du moment que p est assez petit. Prenez le temps de bien réfléchir à ces questions délicates et entremêlées.

Les tests d'hypothèses ne se limitent pas aux liens éventuels entre variables. Si nous nous intéressons à des différences entre groupes, nous pouvons également utiliser des tests d'hypothèses [3]. La logique est la même, en première approximation, que celle que nous venons de décrire. Imaginez par exemple que nous donnions des programmes d'études « clefs en main » à des étudiants, programmes qui ne diffèrent que par le temps de travail nécessaire. Certains étudiants travaillent 40 heures par semaine, les autres 10 heures (cela constitue la variable indépendante). Nous pouvons poser l'hypothèse de recherche que les gens qui travaillent 10 heures par semaine obtiennent en fin de compte et en général des résultats inférieurs à ceux travaillant 40 heures par semaine. Ceci constitue notre hypothèse alternative. L'hypothèse nulle est quant à elle qu'il n'y a aucune différence entre les deux temps de travail, concernant la note finale moyenne. Une fois que les données ont été récoltées, nous pouvons vérifier sur notre échantillon aléatoire que les notes diffèrent (ou non) d'un groupe à l'autre. Si nous observons une différence entre les deux moyennes, on pourra calculer la probabilité d'obtenir une telle dif-

3. Mais le lecteur attentif aura compris qu'une différence entre deux groupes est au fond un lien entre deux variables (la variable groupe et la VD). [ndt]

Activité 4.1

Quelles sont les hypothèses nulles correspondant aux hypothèses alternatives suivantes :

- on pense qu'il y a une différence entre les hommes et les femmes en ce qui concerne les compétences spatiales ;
- la consommation d'alcool est liée au nombre d'erreurs de conduite ;
- le temps de réaction sera différent selon que les participants sont stressés ou relaxés ;
- plus on est proche (dans le temps) d'une élection, plus les politiciens mentent.

férence sous l'hypothèse nulle, à cause de la seule erreur d'échantillonnage. Autrement dit, nous calculons la probabilité d'observer une différence alors que, dans la réalité, le temps passé aux études n'a aucun effet sur la note finale. Si cette probabilité est très faible, il paraît plus vraisemblable que la réalité soit incompatible avec l'hypothèse nulle, et que les différences observées soient vraiment dues à la variable manipulée, donc au temps de travail, et non pas seulement aux erreurs d'échantillonnage.

Discussion – Critiques à l'encontre des tests d'hypothèses [4]

Bien que la technique des tests d'hypothèses reste la méthode dominante de « démonstration » en psychologie, des voix s'élèvent contre cette domination des tests. Elles critiquent l'omniprésence des tests, dont la logique est obscure et assez peu naturelle. Par exemple, Loftus (1991) en parle en ces termes : « Il me paraît difficile d'imaginer un moyen moins naturel de passer des données aux conclusions. » Loftus (1991, 1996) décrit plusieurs problèmes liés à l'utilisation des tests, et développe particulièrement deux points sensibles. Si vous souhaitez en savoir plus, référez-vous à la bibliographie en fin de chapitre.

Un des achoppements évoqués par Loftus concerne l'hypothèse nulle. Lorsque nous nous interrogeons sur une différence entre deux groupes, il nous faut déterminer si la différence que nous avons observée peut être raisonnablement attribuée à une erreur d'échantillonnage dans un monde où l'hypothèse nulle est vérifiée. Or l'hypothèse nulle affirme qu'il n'y a aucune différence entre les deux situations. Le problème de cette hypothèse nulle est qu'elle n'est pas réaliste. Il est en effet plus que rare de trouver deux grandeurs parfaitement égales en sciences. Même en physique, on trouve généralement de petites différences entre des grandeurs que la théorie prévoit égales. Fonder nos jugements sur une égalité pourrait bien être trompeur. C'est un des points fondamentaux évoqués dans les critiques des tests d'hypothèses.

Un second problème vient de ce que les psychologues, lorsqu'ils découvrent une différence entre deux groupes et rapportent des résultats concluants selon lesquels on peut généraliser cette différence à la population, ne donnent aucun renseignement sur la taille de cette différence ou sur les moyennes correspondantes sur la population. On peut penser que les tests d'hypothèses nous attirent trompeusement vers un problème mineur, et nous écarte de la vraie question qui est

4. Voir aussi sur ce sujet Lecoutre et Poitevineau (2000). [ndt]

Activité 4.2

Parmi les descriptions suivantes, lesquelles s'appliquent à la logique des tests d'hypothèses ?

(a) On mesure la relation entre deux variables sur notre échantillon, et si cette relation est forte, alors on conclut qu'il y a également un relation sur la population tout entière.

(b) On mesure la relation entre deux variables sur notre échantillon, puis on détermine la probabilité que cette relation apparaisse suite à une simple erreur d'échantillonnage – en supposant qu'il n'y a aucune relation entre les variables parentes. Si cette probabilité est élevée, on conclut qu'il y a une véritable relation entre les variables parentes.

(c) On mesure la relation entre deux variables sur notre échantillon, puis on détermine la probabilité que cette relation apparaisse suite à une simple erreur d'échantillonnage – en supposant qu'il n'y a aucune relation entre les variables parentes. Si cette probabilité est faible, on conclut qu'il y a une véritable relation entre les variables parentes.

(d) On mesure une différence entre deux conditions, puis on calcule la probabilité d'obtenir une telle différence suite à une erreur d'échantillonnage en supposant qu'il n'y a pas de différence sur la population. Si cette probabilité est assez petite, on conclut à une différence réelle sur la population.

celle des moyennes des populations. On peut éviter ce problème en donnant systématiquement des intervalles de confiance pour les moyennes que nous avons calculées.

Les critiques vives et parfois fondées à l'encontre des tests d'hypothèses ne signifient pas, pourtant, qu'il faut abandonner cette approche. Simplement, une compréhension profonde du principe des tests est nécessaire, et les tests d'hypothèses devraient être complétés par d'autres indications statistiques. Nous espérons que ce livre rendra pour vous la chose possible. En plus des résultats des tests statistiques (par exemple le test de Student), nous vous invitons à rapporter systématiquement les intervalles de confiance et des statistiques descriptives. Un moyen de rendre compte des intervalles de confiance est d'utiliser des diagrammes de variation, que vous pouvez intégrer dans vos rapports ou mémoires (revoir le chapitre 3).

4 Niveau de signification

Nombre d'entre vous doivent être en train de se dire « tout cela est bien gentil, mais comment savoir si la valeur de p est assez petite pour qu'on rejette l'hypothèse nulle, et qui décide de cela ? ». C'est une excellente question à laquelle personne n'a de réponse parfaite. La plupart des psychologues, et la plupart aussi des journalistes scientifiques en psychologie, pensent que 5 % est une limite raisonnable, et ils fixent cette valeur comme frontière. Autrement dit, si la probabilité que notre observation se produise sous l'hypothèse nulle est inférieure à 5 % (ou 0,05 soit 1 sur 20), on considère que cela fournit une base suffisante pour rejeter l'hypothèse nulle et affirmer l'hypothèse de recherche. On peut aussi voir la chose autrement. Nous avons observé une certaine différence entre des groupes (ou une certaine relation entre des variables). Fixons un risque de 5 %, et supposons que l'hypothèse nulle est vraie (donc qu'il n'y a en réalité aucune différence ou aucun lien sur la population). Si nous reproduisons l'expérience 20 fois, alors nous trouverons « seulement » une fois parmi ces 20 répétitions une différence ou une relation assez forte pour rejeter l'hypothèse nulle. On considère généralement cette probabilité d'erreur comme suffisamment faible. Cette probabilité ou niveau de signification se note *p* et se nomme *signification*, mais on l'appelle aussi couramment *alpha* (α)[5]. Dans une sortie SPSS, *p* est donné sous forme décimale, et c'est donc un nombre compris entre 0 et 1.

Dans la plupart des revues scientifiques, vous constaterez que les auteurs parlent de leurs résultats expérimentaux comme *significatifs* ou *non significatifs*. Sous l'hypothèse nulle, on calcule la probabilité d'observer par hasard nos résultats expérimentaux. Si cette probabilité est inférieure à 5 %, on dit que les résultats sont significatifs. Dans le cas contraire, on dit qu'ils ne le sont pas. Cette manière de procéder a été vivement critiquée, et est encore critiquée, pour des raisons que nous discuterons plus loin.

Le point de vue prévalant aujourd'hui est qu'il est largement préférable de rapporter le niveau de signification exact des tests statistiques (donc la valeur *p* ou α), et non pas de classer les résultats en « significatifs » ou « non significatifs ». Aussi, lorsque vous rendez compte de vos résultats statistiques, indiquez toujours la valeur de *p*. Nous n'avons présenté la vision dichotomique significatif / non significatif que pour information, afin que vous sachiez de quoi il s'agit si vous tombez dessus au détour d'un article.

Nous vous recommandons d'utiliser la valeur limite de 5 % pour *p* comme un guide approximatif, correspondant à cette vision traditionnelle un peu dépassée. Ainsi, si vous rapportez une valeur de *p* inférieure à 0,05, vous pourrez considérer votre résultat comme généralisable, du moins votre expérience étaie-t-elle l'idée que votre conclusion est vraie sur la population tout entière. Cependant, cela ne dispense pas de donner la valeur exacte de *p*, ni d'évaluer vos découvertes en termes de taille d'effet (voir chapitre 7), ni enfin de représenter des diagrammes de variation.

Activité 4.3

Supposons que vous ayez réalisé une expérience visant à étudier la différence entre hommes et femmes concernant le goût pour les films d'action. Vous déterminez que la différence que vous avez constatée sur un échantillon avait une probabilité de 0,005 d'être observée par hasard dans un monde où les hommes et les femmes ont les mêmes goûts. En supposant que les goûts des hommes et des femmes sont en réalité identiques, dans combien de cas une étude semblable à la vôtre donnerait une différence aussi grande que celle que vous avez observée ?

(a) 1 sur 5000 (b) 1 sur 2000 (c) 1 sur 500 (d) 1 sur 200 (e) 1 sur 100

Si votre *p* avait été de 0,01, quelle aurait été la réponse ?

5. Normalement, on note α la *limite* (ou *risque*) que l'on se fixe (habituellement 5 %), et *p* la *probabilité* (ou *signification*) trouvée sur notre échantillon. Autrement dit, on pourra rejeter l'hypothèse nulle dès que $p \leq \alpha$.
Ainsi, α est une valeur conventionnelle et arbitraire qui ne dépend pas des données de l'expérience parce qu'elle est fixée avant l'expérience, alors que *p* est un résultat qui se calcule sur les données observées.
Il semble que Dancey et Reidy aient, par souci de simplicité, confondu les deux notions de *signification* (p) et de *risque* (α). [ndt]

5 Significativité

Nous l'avons affirmé plus haut : si vous lisez des articles de recherche, vous rencontrerez souvent, dans les textes d'éminents (ou non éminents) chercheurs le mot « significatif ». Les psychologues disent ou écrivent par exemple des choses comme :

> Le niveau d'affect négatif annonçant la colère est *significativement* plus faible dans les situations de conduite[6]. (Parkinson, 2001)

> En conséquence, l'expérience prouve que, sans apprentissage, on peut toutefois réduire *significativement* le biais d'alternance. (Gauvrit, 2005a)

> Seule la cadence a un effet *significatif* : [plus] la cadence est rapide, [moins] la séquence de lettres et aléatoire. (Beerten, Van der Linden et Pesenti, 1995)

De quel droit utilisons-nous ce mot ? Dans la vie de tous les jours, nous interprétons le mot « significatif » comme équivalent de considérable, important ou crucial. Est-ce à dire que Parkinson a trouvé une différence considérable entre les situations de conduite et de non conduite ? Ou bien que Gauvrit ait mis en lumière une réduction importance du biais d'alternance ? Ou encore que l'effet de la cadence sur la qualité des productions aléatoires est cruciale ? En réalité, cela ne signifie souvent rien de tout cela. Les auteurs ne font qu'affirmer que leurs résultats sont *statistiquement significatifs*. La significativité statistique n'est pas la significativité psychologique. Dire qu'on a une différence significative (statistiquement) entre deux groupes ne signifie pas que la différence entre les situations est très importante, ni qu'elle est psychologiquement significative. Par exemple, dans l'étude de Walsh et Ugumba-Agwunobi (2002) sur l'anxiété et la procrastination, des résultats significatifs montraient un lien entre ces deux variables. Pourtant, l'anxiété n'explique que 10 % de la procrastination (voir chapitre 5), si bien que la pertinence – et la significativité – psychologique du lien observé est discutable.

Comme nous l'avons déjà expliqué, la probabilité que nous calculons dans le cadre des tests d'hypothèses est la probabilité d'obtenir une différence aussi grande que celle que nous avons observée dans le cas où il n'y a en réalité aucune différence sur la population correspondante. Cela n'a pas nécessairement le moindre lien avec l'importance psychologique du résultat ou de la différence entre groupes. La signification psychologique du résultat dépend d'un arrière-plan théorique et de la question psychologique que se pose l'auteur. Une des raisons pour lesquelles la probabilité p n'est pas une bonne mesure de l'importance d'une différence ou d'un lien entre variables est qu'elle dépend de la taille de l'échantillon. Ainsi, si l'on conduit une étude avec un échantillon énorme, on pourra trouver un résultat (différence ou lien) significatif, même si la différence (ou le lien) est en réalité minuscule. C'est aux auteurs et aux lecteurs d'estimer l'importance psychologique d'un résultat expérimental. Retenez ceci : *la significativité (ou signification) statistique n'est pas la signification psychologique.*

6. « Levels of negative affect preceding anger were rated as *significantly* lower in the driving than non-driving situations. »

Discussion – Pourquoi rapporter la signification p (α) ?

Un véritable débat anime la communauté scientifique concernant l'utilisation de α comme critère de significativité. Le critère traditionnel ($p \leq 0{,}05$) croule sous les critiques. Il n'y a certes aucune contre-indication à la coupure en $\alpha = 0{,}05$. Ceci dit, d'aucuns pensent que l'obéissance aveugle en ce critère est plus que trompeuse, et conduit à dénaturer les conclusions légitimes de la recherche en psychologie. Le leurre du 0,05 tient à ce qu'il laisse croire que, dès qu'on a franchi la barre symbolique qu'il constitue, on est sûr que l'effet est psychologiquement significatif, voire que l'effet est « important ». Mais en étudiant un tant soit peu la logique qui préside à la méthode des tests, on s'aperçoit de l'aberration d'une telle confusion entre signification statistique et psychologique. Imaginez par exemple que vous meniez une étude sur le lien entre anxiété et procrastination. Vous découvrez que la procrastination augmente avec l'anxiété. Vous déterminez que, s'il n'y avait aucun lien entre ces deux variables sur la population, la probabilité d'obtenir un lien aussi fort que celui que vous avez observé du fait de la seule erreur d'échantillonnage est de 4,9 %. Comme cette valeur est inférieure au traditionnel 5 %, vous concluez votre recherche en affirmant qu'il y a un lien croissant entre les deux variables. Vous organisez ensuite une seconde expérience pour vérification (chercheur(se) consciencieux(se) que vous êtes !) et retrouvez un lien entre les deux variables. Mais la probabilité p, qui, dans le premier cas, valait 4,9 %, vaut désormais 5,1 %. Que faire de ce résultat ? Conclure que, finalement, il n'y a plus de lien entre les variables ? Remarquez que la différence entre les deux probabilités n'est que de 0,2 %. Il serait un peu ridicule de dire que la force du lien entre procrastination et anxiété a vraiment changé entre les deux études. Et pourtant, dans le monde cruel où nous vivons, il est assez probable que la première étude parvienne à être publiée, alors que la seconde sera systématiquement rejetée par toutes les revues scientifiques cotées.

Un des problèmes liés à la valeur p est qu'elle dépend de la taille de l'échantillon. On peut très bien avoir deux études, l'une présentant une valeur p très petite (disons 0,001), et l'autre une valeur plutôt élevée (disons 0,15). Pourtant, rien ne permet de déduire de cela que l'effet (différence entre des situations ou lien entre variables) est plus important dans le premier cas. Il se pourrait très bien au contraire que la première étude corresponde à un effet microscopique et la seconde à un effet astronomique. Pour cela, il suffit que la première étude soit fondée sur un échantillon important, et la seconde sur un échantillon de petite taille. Des effets microscopiques peuvent être détectés (et donner des valeurs de p infinitésimales) pourvu que l'échantillon soit assez grand. Au contraire, des effets gigantesques donnerons, avec des échantillons trop réduits, des p élevés.

Comment résoudre ce problème ? Une solution, peut-être la meilleure, est de chercher à mesurer directement la taille de l'effet (différence entre situations ou lien entre variables). Cette mesure se nomme *taille* ou *grandeur de l'effet*. Une description détaillée des grandeurs d'effets est donnée au chapitre 7. Le mieux, lorsque vous devez révéler au public les résultats de vos expérimentations, est de donner la valeur exacte de p, et de la compléter par une mesure de la grandeur de l'effet. Par exemple, vous pouvez annoncer la valeur de p (disons $p = 0{,}027$) et la taille de l'effet (disons $r = 0{,}7$; $r^2 = 0{,}49$ ou $d = 0{,}50$). De la sorte, vous rendez possible au lecteur une véritable compréhension de ce que vous avez trouvé. Le coefficient *r* est un coefficient de corrélation et mesure la force du lien entre les variables (cela est discuté en détail dans le chapitre suivant) ; *d* est une mesure de la grandeur de l'effet dans le cas où on cherche une différence entre deux groupes, et sera développée au chapitre 7. On trouvera dans Howell (1998) une discussion accessible et en français sur les grandeurs d'effet.

6 De la bonne interprétation de *p*

Il est important de bien comprendre que *p* est une probabilité *conditionnelle*. C'est la probabilité d'apparition d'un événement (celui que vous avez observé), à condition que l'hypothèse nulle soit vraie. La valeur « *p* », fournie automatiquement par l'ordinateur, n'est autre que cette probabilité. Ce n'est donc pas, par exemple, la probabilité que ce que vous avez observé soit vrai. Ce n'est pas non plus la probabilité d'apparition de votre observation. C'est seulement la probabilité d'apparition de votre observation sous la condition restrictive que l'hypothèse nulle est vraie. C'est en ce sens qu'il s'agit d'une donnée conditionnelle. Dans la suite, nous résumons les points principaux d'une discussion (en anglais) de Dracup (1995) sur les mauvaises interprétations de la signification.

Discussion – Mauvaises interprétations de la signification

Dracup (1995) a proposé une bonne présentation des problèmes liés à la mauvaise compréhension de la logique des tests d'hypothèses.

Moult étudiants novices – et certains qui devraient être au courant de ces choses – confondent allègrement le niveau de signification (α) et la taille de l'effet. Ils imaginent par exemple que plus la signification est faible, plus le lien entre les variables étudiées et fort. En fait, alpha (α) n'est que la probabilité de trouver un lien, sur un échantillon, aussi grand que celui que nous avons trouvé, en supposant qu'il n'y a aucun lien entre les variables parentes. Il se peut qu'un lien plus fort corresponde aussi à une signification *p* (ou alpha) plus faible, mais ça n'est pas forcément le cas.

Dans un certain nombre de manuels de statistiques, les auteurs présentent α comme la probabilité que l'hypothèse nulle soit vraie. Ceci est une conception parfaitement erronée de la réalité, comme le montre amplement Dracup. α est la probabilité d'obtenir, sur un échantillon issu d'une population où les variables sont indépendantes, un lien d'une importance aussi grande que celui que nous avons observé. Cela n'a rien à voir avec la probabilité de réalisation de l'hypothèse nulle.

Parmi ceux qui tombent dans le panneau de l'interprétation de α comme probabilité que l'hypothèse nulle soit vraie, une majorité poursuivent dans cette voie fautive et considèrent que $1 - \alpha$ doit aussi être, du coup, la probabilité que l'hypothèse alternative soit vraie. Si par exemple on trouve un résultat significatif avec un α fixé, comme le veut la tradition psychologique, à 5 %, alors on pourrait imaginer que la probabilité que l'hypothèse alternative soit vraie est de 95 %. C'est totale-

Activité 4.4

Vous avez réalisé deux études. La première a montré un lien entre le QI et la taille du crâne. La seconde étude a montré quant à elle un lien croissant entre la taille du crâne et la pointure (taille des chaussures). La probabilité d'observer la relation de la première étude par pur hasard sous l'hypothèse nulle est de 0,04. Dans le cas de la seconde étude, elle est de 0,001. Quelle est la découverte la plus significative psychologiquement ?

ment faux. En réalité, nous ne pouvons pas connaître la probabilité que l'hypothèse de recherche soit vraie ou fausse. Alpha est une probabilité conditionnée par l'hypothèse nulle et le fait que l'hypothèse alternative soit vraie ou fausse est totalement indépendant de la valeur de α.

Il est également important de comprendre que tout ce que nous disons sur les liens entre variables est également applicable aux cas de différences entre des situations. Ainsi, p est (est n'est que) la probabilité d'observer une différence aussi grande que celle obtenue dans notre expérience, si l'hypothèse nulle est vraie.

7 Les tests statistiques

Supposons que vous cherchiez le lien entre le nombre d'heures consacrées aux études et la note d'examen final. Par exemple, vous avez mené un travail qui a fourni des données semblables à celles représentées figure 4.3. Comment faire pour calculer la probabilité d'obtention d'un tel lien sur un échantillon aléatoire sous l'hypothèse nulle ? C'est dans une situation comme celle-ci que nous aurons besoin d'utiliser des statistiques inférentielles, par exemple portant sur le coefficient de corrélation linéaire (voir chapitre 5). Si vous aviez réalisé une étude portant sur une différence entre deux groupes, vous auriez pu utiliser le test de Student pour déterminer la probabilité correspondante. Dans la suite de cette section, nous essaierons de vous permettre de comprendre le fonctionnement des tests statistiques en général, en nous appuyant sur l'exemple des notes et du nombre d'heures d'études hebdomadaires.

Lorsque nous étudions le lien entre deux variables (comme le nombre d'heures passées à étudier et la note finale), nous pouvons déterminer par le calcul un coefficient qui mesure la force du lien entre les deux variables sur notre échantillon (ce thème est détaillé dans le chapitre suivant). Lorsque nous disposons de cette mesure de force entre les variables, il nous faut trouver la probabilité qu'un tel lien entre variables apparaisse par suite d'erreurs d'échantillonnage. Pour calculer cette probabilité, on peut utiliser les distributions de probabilité que nous avons déjà traitées dans le chapitre 3. Nous avons déjà noté que la probabilité d'obtention d'un score est connu dès lors que l'on dispose de la distribution de probabilité. Par exemple, la probabilité d'obtenir un score normal z supérieur à 1,80 est 3,8 %. Si nous arrivons à convertir notre mesure du lien entre les variables en un score z qui suit une loi normale, alors il nous sera facile de déterminer la probabilité qu'un tel lien apparaisse par hasard. Cela nous indiquera la probabilité d'obtenir un lien comme celui que nous avons observé, alors qu'en réalité les variables parentes (sur la population) sont totalement indépendantes. C'est, en gros, le principe des tests de signification. Convertir nos résultats empiriques en un score dont nous connaissons la distribution nous permet de calculer la probabilité que nos résultats arrivent par hasard alors que l'hypothèse nulle est vraie. Nous pouvons ensuite utiliser cette probabilité pour décider s'il est plus raisonnable de « conserver » l'hypothèse nulle ou de conclure au contraire que l'hypothèse alternative est la bonne. Il paraît important d'insister sur le fait que toutes ces probabilités sont calculées en partant du principe que nos échantillons sont choisis de manière aléatoire.

La figure 4.5 montre la distribution normale standard et permet de visualiser le fait que la probabilité d'obtenir des scores extrêmes est très faible. Souvenez-vous que, lorsqu'on doit lire une distribution de probabilité, l'aire sous la courbe entre deux abscisses représente la probabilité d'obtenir un score compris entre ces deux abscisses. Plus l'aire sous la courbe à partir d'une certaine abscisse est grande, plus grande la probabilité d'obtenir un score supérieur à cette valeur. De même, si la surface sous la courbe située en deçà d'un certain score est faible, cela indique que la probabilité d'avoir un score aussi petit est réduite. C'est ainsi que, grâce à un calcul d'aire, nous pouvons connaître, lorsque nous avons calculé une mesure du lien entre deux variables sur un échantillon aléatoire, la probabilité qu'un tel lien (ou un lien plus fort encore) apparaisse par hasard entre deux variables indépendantes. Si le score correspondant à la force observée du lien entre les variables tombe dans l'une des zones grisées de la figure 4.5, on peut conclure qu'il est peu probable d'obtenir un tel lien par suite du seul hasard – c'est-à-dire suite à des erreurs d'échantillonnage.

Bien sûr, si nous examinons une différence potentielle entre deux groupes, il nous faudra trouver de la même manière un moyen de mesurer la *différence* observée entre les groupes. Nous transformons ensuite cette mesure en un score dont nous connaissons la distribution de probabilité, et grâce auquel on pourra déterminer la probabilité d'avoir une différence aussi grande que celle observée, par le seul effet du hasard de l'échantillonnage – en supposant qu'il n'y a aucune différence en général entre les deux situations considérées. Si cette probabilité est très faible, il

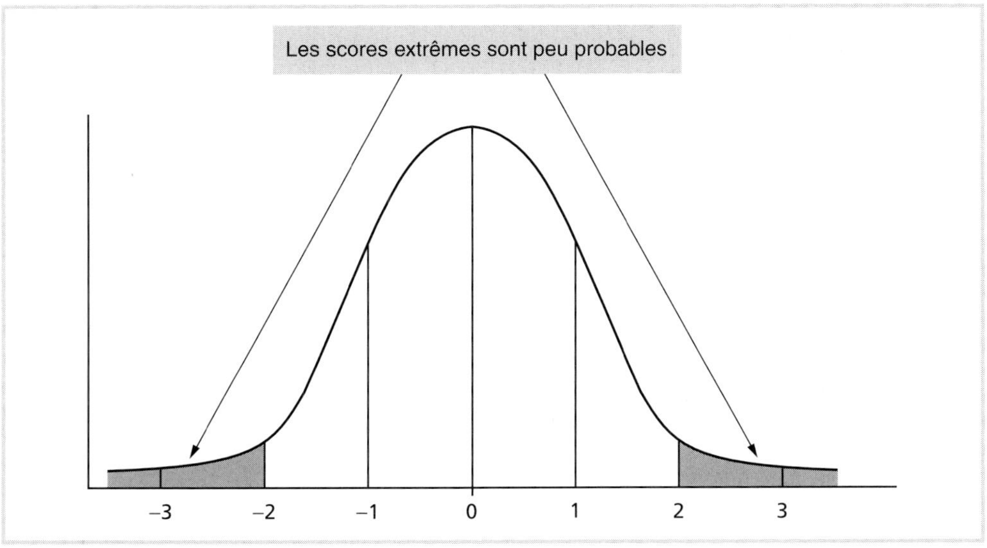

Figure 4.5
Diagramme illustrant la faible probabilité d'apparition de scores extrêmes

est peu raisonnable de prétendre que l'hypothèse nulle est vraie, autrement dit qu'il n'y a aucune différence entre les situations sur la population entière, et que nos résultats (différences) ne sont arrivés que par suite d'erreurs d'échantillonnage. Plus convaincante est la conclusion que l'écart que nous avons observé est le reflet d'une différence plus générale, que l'on retrouverait aussi sur la population tout entière. Autrement dit, le décalage constaté provient d'une dépendance entre la VD et la VI.

Il est important de noter qu'il nous faut convertir, dans un premier temps, nos données en un score dont la distribution est suffisamment bien connue pour permettre la détermination de la probabilité p. Le score en question se nomme *statistique de test* ou *variable de décision*. Par exemple, si nous scrutons le monde pour découvrir une différence entre deux groupes, il nous faudra sûrement utiliser la variable de décision t (qui présente une distribution « de Student »). Cette valeur t est notre statistique de test. Quand nous déterminons la probabilité d'obtenir une valeur de t par hasard sur un échantillon issu d'une population où les deux situations ne diffèrent pas, nous obtenons la signification p.

8 Erreur de première espèce

Supposons qu'à la suite d'une étude sérieuse nous découvrions, comme dans le cas de la figure 4.3, que la probabilité d'obtention d'un lien aussi fort que celui que nous avons trouvé était, sous l'hypothèse nulle, très faible. Il nous paraîtra alors sage de rejeter l'hypothèse nulle. Supposons maintenant qu'il n'y ait en réalité (chose que nous ignorons) aucun lien entre les variables sur la population entière, et que nous ayons donc trouvé un lien par pur hasard. Si nous concluons que l'hypothèse d'indépendance des deux variables n'est pas tenable, nous commettons manifestement une erreur. Les statisticiens diraient qu'en rejetant l'hypothèse nulle (à tort), nous avons commis une erreur *de première espèce*.

Si votre signification p (ou alpha) est de 5 %, et si l'hypothèse nulle est, dans la réalité, la bonne, alors vous avez une chance sur 20 de vous tromper et de commettre une erreur de première espèce. Cela n'est que la transcription de la définition de p, qui est justement la probabilité d'obtenir un résultat « concluant » alors que la réalité correspond à l'hypothèse nulle. C'est donc aussi une mesure de la plausibilité que, alors qu'il n'y a aucun lien entre deux variables, on observe quand même sur un échantillon choisi aléatoirement un lien fort. Si la probabilité p est faible, alors il est peu probable que, l'hypothèse nulle étant vérifiée, on ait pu obtenir ce qu'on a obtenu. Mais cela ne signifie pas que l'hypothèse nulle est peu probable. Et c'est pourquoi nous pouvons tout de même faire une erreur de première espèce dans un tel cas. C'est ainsi que la valeur de p vous indique une probabilité d'erreur dans votre conclusion *à supposer que l'hypothèse nulle soit vraie*. Mais, quelle que soit la valeur de cette probabilité, il est toujours possible que votre conclusion soit fausse. Souvenez-vous qu'en statistique aucune conclusion n'est sûre à 100 %. Et non seulement aucune conclusion n'est sûre à 100 %, mais il est même impossible de déterminer une « probabilité » que la conclusion soit vraie. Les statistiques fournissent des arguments, et donc des « raisons de penser » qu'un résultat est vrai, mais ne débouchent jamais sur une preuve mathématique.

Du côté des publications : capacités mémorielles chez des individus anxieux et non anxieux

Un exemple d'étude où il est probable que les auteurs ont commis une erreur de première espèce est donné par une publication de Richards et French (1991). Les chercheurs ont comparé les capacités de rappel de mots négatifs chez des personnes anxieuses et non anxieuses. Pour un certain type de tâche, les psychologues ont trouvé que les personnes anxieuses rappelaient plus de détails négatifs que les personnes non anxieuses. Comme leurs données étaient significatives (p était faible), ils ont conclu que la différence correspondait à un effet réel de l'anxiété sur la mémorisation des items négatifs. Ceci dit, des réplications de la même expérience, faites par les mêmes auteurs, n'aboutirent pas à la même conclusion. Ils ont finalement supposé que la première conclusion était fausse, et qu'il n'y a en fait pas de différence notable entre la mémorisation des sujets anxieux et des sujets non anxieux.

Les chercheurs ont, selon toute vraisemblance, été victimes d'une erreur de première espèce. La réalité est sans doute que l'anxiété n'a pas ou peu d'effet sur la mémorisation des items négatifs, mais que les échantillons initialement choisis par les auteurs ont donné lieu à des différences du fait du hasard de la sélection. Cela ne signifie pas que la recherche initiale a été négligée ou que les auteurs n'ont pas été suffisamment scrupuleux. Il s'agit au contraire d'un travail sérieux de bout en bout. Il se trouve juste que le hasard des échantillons a mené les auteurs à fournir une conclusion fausse.

8.1 *Réplication*

Supposez que vous trouviez une relation entre deux variables, grâce à une expérience, telle que la probabilité correspondant à cette observation, au cas où l'hypothèse nulle est vraie, est de 0,01 (1 %). En toute logique, vous rejetterez alors avec joie l'hypothèse nulle et affirmerez que les données confortent votre hypothèse alternative. À quel point pouvez-vous être sûr que vos résultats sont justes ? La réponse à cette question est délicate et dépend en partie de l'arrière-plan de vos recherches. Si votre étude est la première dans le domaine, soyez assez prudents. Car souvenez-vous que nous parlons de probabilités et non de certitudes. Même si vos résultats sont peu probables dans un monde correspondant à l'hypothèse nulle, le cas peut se présenter. Nous choisissons par exemple des échantillons dans une population, et les échantillons diffèrent les uns des autres. Ces différences sont parfois dues à des « erreurs d'échantillonnage » qui ne sont pas des erreurs humaines, mais des variations incontrôlables (voir ou revoir le chapitre 2 à ce sujet). Il se peut que vous soyez assez malchanceux pour vous trouver par hasard dans les 1 % de cas où, bien qu'il n'y ait en réalité aucune relation entre les variables, l'échantillon suggère le contraire. Dans une telle circonstance, vous avez eu tort de rejeter l'hypothèse nulle. Comment éviter ce problème ? Une solution consiste à reproduire l'expérience. Si les mêmes résultats apparaissent, vous aurez alors une raison de plus de croire à votre première conclusion. La réplication est la pierre d'angle de la démarche scientifique. Une observation unique peut être due à la chance ou à la malchance. Une observation plusieurs fois répétée est plus rarement due au hasard.

Remarquez toutefois que si vous faites l'expérience une deuxième fois et que vous trouvez à ce moment des résultats en contradiction avec votre première tentative, cela affaiblit au contraire votre première conclusion. Ce n'est pas le fait qu'on ait observé un résultat plusieurs fois qui compte, mais le fait qu'on observe *systématiquement* ce résultat lorsqu'on fait et refait l'expérience.

De plus en plus, la psychologie a recours aux *méta-analyses*, études qui reprennent plusieurs recherches (parfois des dizaines) et en font la synthèse. On atteint ainsi un degré de certitude plus grand – mais sans jamais atteindre la preuve formelle.

9 Erreur de seconde espèce

L'erreur que nous venons de décrire n'est pas la seule possible lorsqu'on utilise des tests d'hypothèses. Un autre type d'erreur peut se présenter. Cette deuxième sorte d'erreur, appelée *erreur de seconde espèce*, se produit lorsqu'on ne rejette pas l'hypothèse nulle, alors qu'elle est fausse dans la réalité.

Supposez que vous souhaitiez déterminer si l'alcool a un effet négatif sur la précision des mouvements. Vous réalisez une étude dans laquelle vous relevez deux variables numériques qui sont la quantité d'alcool consommée et la précision des mouvements de la main, par exemple. Vous déterminez par le calcul que le lien observé entre ces deux variables avait une probabilité élevée (par exemple 80 %) de se produire par hasard alors que l'hypothèse nulle (pas de lien entre les variables sur la population tout entière) est vérifiée. Votre conclusion sera alors que, potentiellement, les deux variables sont indépendantes, et que l'alcool n'a peut-être aucun effet sur la coordination des mouvements. Du moins vous ne pouvez pas conclure le contraire. Est-ce que cette conclusion est la bonne ? Bien évidemment, la réalité est tout autre, et vous savez par d'autres sources que l'alcool a un effet néfaste sur la coordination et la précision des mouvements. C'est pour cette raison entre autres que des lois interdisent l'alcool au volant. Dans un cas comme celui-ci, nous avons fait une erreur de seconde espèce en ne rejetant pas l'hypothèse nulle, pourtant fausse.

Le même genre d'erreur peut se produire dans des études portant sur des différences entre groupes. Imaginez par exemple que vous essayez de savoir si des gens réalisent une course de 100 mètres plus vite dans une piscine ou sur un stade. Il se peut qu'en analysant vos données vous découvriez que la probabilité d'obtenir un écart aussi important que celui que vous avez effectivement observé, à la suite d'une erreur d'échantillonnage, soit élevée. Vous devrez alors conclure que votre expérience ne prouve aucune différence entre les situations. Cela constitue une « erreur de seconde espèce ».

Vous noterez que ce qu'on appelle « erreur de seconde espèce » n'est pas une *erreur*, du moins si l'on conclut bien, comme nous le suggérons ici, que l'on « ne peut pas rejeter l'hypothèse nulle ». En effet, ne pas rejeter l'hypothèse ne signifie pas *affirmer qu'elle est vraie*, mais seulement suspendre son jugement. Il y a donc une différence fondamentale entre l'erreur de première espèce, qui est véritablement une erreur puisqu'on affirme quelque chose de faux, et l'erreur de seconde espèce qui – à l'instar des « erreurs d'échantillonnage » – n'est pas une erreur, mais plutôt une insuffisance.

Dans nos études, parce que nous ne sommes jamais certains à 100 % de pouvoir rejeter l'hypothèse nulle – ou d'avoir raison en ne la rejetant pas – nous sommes susceptibles de faire des erreurs de première ou seconde espèce. La probabilité de faire une erreur de première espèce si l'hypothèse nulle est vraie est en général notée α . La probabilité de commettre une erreur de seconde espèce alors que l'hypothèse alternative est vraie est notée β (bêta).

On peut se demander, lorsqu'on est dans le cas décrit plus haut où l'on a fait une erreur de seconde espèce, pourquoi on n'a pas détecté le lien entre les variables ou la différence entre les situations, pourtant bien réelles. Il y a pusieurs raisons pos-

Activité 4.5

Parmi les exemples suivants, lesquels correspondent à des erreurs de première espèce ? de seconde espèce ?

(a) Vous trouvez, grâce à un travail d'observation, qu'il existe un lien entre la quantité de thé consommé chaque jour et la probabilité de gain aux jeux de hasard. Vous en concluez que les buveurs de thé ont plus de chance de gagner au loto.

(b) Vous concluez d'une observation scientifique qu'il n'y a aucune différence *notable* entre la vitesse de course des tortues et celle des guépards. Vous en concluez que les tortues courent à peu près aussi vite que les guépards.

(c) Vous trouvez un lien, sur un échantillon, entre le niveau de vie et les revenus. Cependant, le risque associé à l'hypothèse correspondante sur la population est fort ($p = 0,5$), et vous ne rejetez pas l'hypothèse nulle stipulant que le niveau de vie est indépendant des revenus.

sibles à cela. Une première possibilité est que, par suite d'erreurs d'échantillonnage, on a sélectionné par hasard des gens particulièrement résistants à l'alcool (ou des personnes, dans le second cas, qui se trouvent être aussi rapides dans la piscine qu'au stade). Si un tel cas devait se produire, il serait très vraisemblablement lié à un mauvais design expérimental ou à des échantillons bien trop petits. Ces facteurs affectent la sensibilité de vos tests, c'est-à-dire leur capacité à détecter des liens ou des différences. La probabilité qu'un test d'hypothèse réussisse à détecter une hypothèse alternative si celle-ci est réelle se nomme la *puissance*, et n'est autre que $1-\beta$. Nous détaillerons les caractéristiques de cette grandeur dans le chapitre 7.

10 Pourquoi fixer α à 0,05 ?

Vous vous demandez peut-être pourquoi diable il nous faut fixer α à 5 % plutôt qu'autre chose[7]. Qui a décidé que 5 % était la bonne valeur, et non pas 0,2 ou 0,001 ? Bien que cette valeur de 5 % soit une limite effectivement arbitraire, plusieurs raisons ont conduit à l'adopter. Considérons les cas 0,2 et 0,001 par exemple. Si nous fixons α à 0,2 (20 %), et si l'hypothèse nulle est vérifiée, alors nous allons commettre une erreur de première espèce une fois sur cinq en moyenne. Cela constitue un critère un peu laxiste, et nos résultats seront souvent faux. On pourrait s'attendre à ce qu'une recherche sur cinq aboutisse à une conclusion erronée. D'un autre côté, il est vrai que les erreurs de seconde espèce seraient limitées. C'est-à-dire que si l'hypothèse de recherche est vraie, nous le « démontrerons » bien souvent. Avec un coefficient aussi permissif[8] que 20 %, on rejettera souvent l'hypothèse nulle, qu'elle soit vraie ou non. Cela signifie certes une erreur de seconde espèce plus faible, mais aussi une erreur de première espèce plus probable qu'avec le traditionnel 5 %.

Bon, nous voilà fixé sur ce α. Qu'en est-il d'un α fixé à 0,001 ? Avec un tel α, nous sommes bien plus serein quant aux erreurs de première espèce, qui ne risquent plus tellement de se produire. Si l'hypothèse nulle est vraie, on ne la rejettera en effet qu'une fois sur mille. Voilà bien une valeur rigoureuse, et cela laisse entrevoir une possibilité de qualité dans la recherche. Puisque ne nous voulons pas rejeter à

7. Dans les premiers temps de la statistique, on conseillait l'utilisation de $\alpha = 0,0001$... [ndt]

8. On dit souvent *libéral* au lieu de *laxiste* ou *permissif*. [ndt]

tort l'hypothèse nulle, pourquoi ne pas fixer un tel α ? Le problème est ici que, si l'erreur de première espèce est réduite, celle de seconde espèce, elle, est accrue. Autrement dit, il est probable que, à supposer que l'hypothèse de recherche soit vérifiée, on n'arrive pas à le démontrer. Cela vient du fait qu'en fixant un α faible, on réduit la possibilité de rejeter l'hypothèse nulle, qu'elle soit juste ou non. C'est pourquoi, avec un α trop faible, on ne peut pas conclure grand chose, et la science n'avance plus.

Il nous faut donc choisir un juste milieu entre un coefficient α rigoureux (on dit parfois *conservateur*), qui réduit l'erreur de première espèce mais ne permet pas de montrer grand-chose, et un α libéral, qui permet certes de conclure plein de choses, mais peut-être souvent à tort. La pratique des statistiques en psychologie semble montrer que, pour cette science, une valeur de 5 % donne un bon compromis entre des valeurs trop faibles et trop élevées. Ceci dit, d'autres considérations doivent être prises en compte lorsque vous fixez une valeur pour α. Par exemple, si nous testons un nouveau psychotrope ou une nouvelle molécule pharmaceutique, il nous faudra choisir un α bien plus conservateur que le classique 5 %, parce qu'une erreur de première espèce pourrait être fatale. Les gens pourraient, en cas d'erreur de première espèce, se voir administrer des produits inefficaces, dont les effets secondaires seraient éventuellement, eux, franchement néfastes. Un autre cas où il ne faudra pas choisir une valeur de 5 % est celui où vous faites tout un tas d'analyses statistiques dans la même foulée. Ce cas est traité en détail dans le chapitre 9.

11 Tests unilatéraux et bilatéraux

Plus haut dans ce chapitre, nous avions évoqué une recherche imaginaire sur le lien entre le nombre d'heures consacrées aux études et la note à l'examen final (section 4.1). Nous avions prédit (hypothèse de recherche) que si le nombre d'heures de travail augmente entre un étudiant et un autre étudiant, la note devrait, elle aussi, augmenter en moyenne. Cette hypothèse est ce qu'on appelle une *hypothèse unilatérale* ou *prédiction unidirectionnelle*. Nous avons en effet supposé non seulement l'existence d'un lien entre nos deux variables, mais nous précisons également le sens du lien en question, en indiquant que la note doit augmenter (et pas seulement changer) lorsque le nombre d'heures passées aux études croît. Cela s'appelle une hypothèse unilatérale, et se traite par des tests que l'on nomme unilatéraux. Dans ce cas, nous connaissions le sens de la relation potentielle entre les deux variables, et nous étions de ce fait capables de prédire dans quel sens la relation entre les variables s'exprimerait. Mais il est très fréquent, en psychologie mais aussi dans d'autres disciplines, que l'on ne sache pas précisément comment un lien entre deux variables rendra la VD dépendante de la VI. Par exemple, imaginez qu'on étudie le lien entre l'anxiété et la mémorisation d'informations négatives. Des recherches passées sur le sujet ont donné des conclusions très diverses, et parfois contradictoires. Mogg et ses collaborateurs (1987) ont trouvé que les sujets anxieux rappellent moins de mots négatifs que les non anxieux, alors que Reidy et Richards (1997) trouvent au contraire que les anxieux rappellent plus de mots négatifs. Nous voilà donc bien embêtés s'il s'agit de deviner dans quel sens agit le lien entre l'anxiété et la mémorisation, à supposer qu'il existe. Dans une nouvelle étude, on préfèrera sans doute poser l'hypothèse de recherche qu'il existe un lien entre les deux variables, mais sans préciser le sens de ce lien éventuel. Nous prédirions ainsi que l'anxiété a sans doute un effet sur la mémorisation des informations négatives, mais sans affirmer que ce lien sera plutôt positif ou négatif. Voilà ce qu'on nomme une hypothèse bilatérale (prédiction bidirectionnelle), qui nécessite l'utilisation d'un *test bilatéral*.

Peut-être trouvez-vous cette dénomination de « bilatéral » pour le moins curieuse. Rassurez-vous : elle a une explication rationnelle, comme vous l'allez découvrir en lisant la suite. Pour bien comprendre pourquoi il est naturel de parler de tests unilatéraux et bilatéraux, revenez mentalement à notre discussion sur les distributions.

Dans les sections précédentes, nous vous avons parlé des « queues de distributions » à propos de la distribution normale (mais c'est la même chose pour n'importe quelle variable). L'une se trouve vers la droite, l'autre vers la gauche sur la figure 4.5. La probabilité de tomber par hasard sur un score extrême, que ce soit à droite ou à gauche, est faible par rapport à la probabilité d'obtenir une valeur qui tourne autour du « milieu » (voir figure 4.6). Par exemple, tomber par hasard sur un homme de 2,44 mètres est très improbable, parce que cela signifierait se trouver très à droite dans la distribution des tailles.

Repensez à ce que nous avions dit sur les tests statistiques. Nous avions annoncé que le principe des tests est de calculer, grâce à une distribution, la probabilité que nos observations (relation entre deux variables ou différence entre deux situations) se produisent à la seule faveur d'une erreur d'échantillonnage, et alors qu'il n'y a, sur la population, aucun lien ou aucune différence (hypothèse nulle). Nous avions donné un exemple montrant qu'on pouvait parfois utiliser la distribution normale pour cela. Nous avions montré que, après avoir calculé une *variable de décision* sur nos données, on pouvait déterminer la probabilité que cette variable prenne une valeur comme celle observée par suite du hasard du choix de l'échantillon. Si cette probabilité p est petite, nous pouvons alors parier que, nos observations n'étant pas le fait du seul hasard, l'hypothèse de recherche est vérifiée. Autrement dit, il y a vraiment un lien entre nos variables (ou une différence entre nos situations).

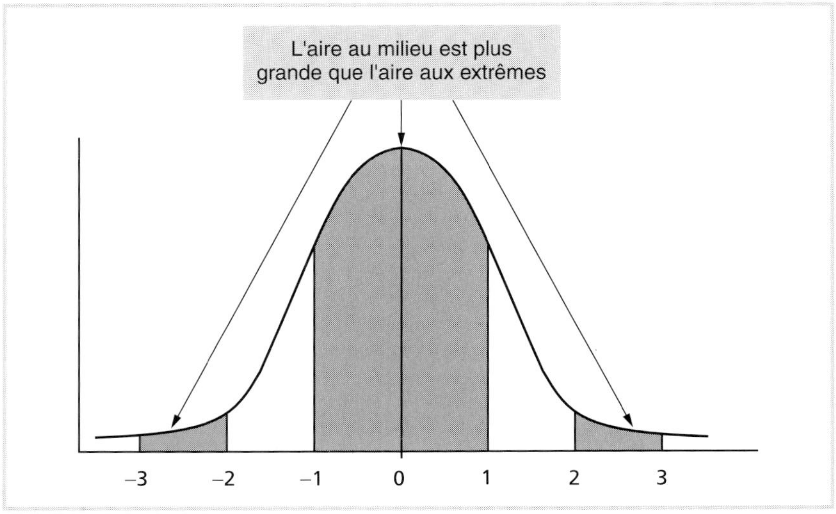

Figure 4.6

Les scores extrêmes ont une probabilité d'apparition plus faible que les scores moyens

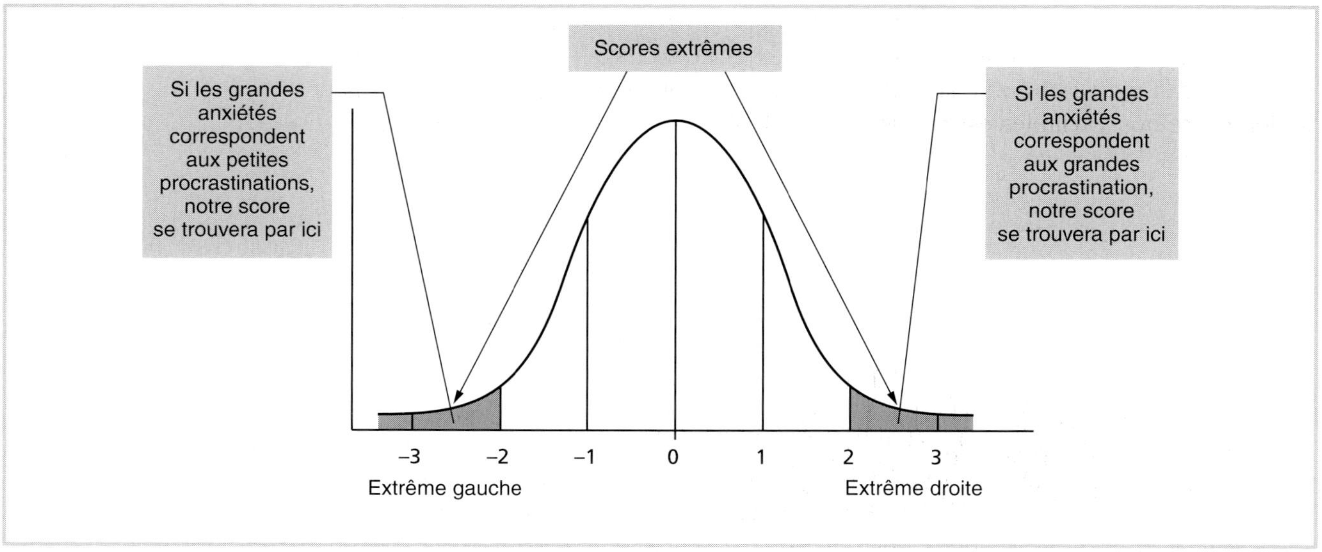

Figure 4.7
Les scores extrêmes sont dans les queues de distribution

Si vous jetez un œil à la figure 4.7, vous pourrez voir des zones grisées qui correspondent à des scores peu probables. Ces scores sont les scores extrêmes et ils sont situés dans les queues de la distribution (à gauche et à droite).

Lorsqu'il nous faut déterminer une variable de décision pour savoir si deux variables sont liées, on utilise en général un score qui mesure la force du lien entre les deux variables. Supposons que nous ayons deux séries d'observations, correspondant à deux études, disons étude 1 et étude 2, qui toutes les deux cherchent à établir un lien entre l'anxiété statistique et la procrastination (voir tableau 4.1).

Dans chacune de ces deux études, nous cherchons s'il y a un lien entre l'anxiété statistique et la procrastination. Vous pourrez remarquer en observant les valeurs du tableau qu'il y a, dans les deux cas, un lien fort entre les variables. Dans le premier cas, la procrastination croît avec l'anxiété statistique, et si l'on calcule le score mesurant le lien entre les variables, on obtient une grandeur qui se trouve à l'extrême droite de la distribution correspondante (voir figure 4.7). Si au contraire,

Tableau 4.1
Données d'anxiété statistique et de procrastination dans les études 1 et 2

Étude 1		Étude 2	
Anxiété stat.	Procrastination	Anxiété stat.	Procrastination
1	2	1	18
2	4	2	16
3	6	3	14
4	8	4	12
5	10	5	10
6	12	6	8
7	14	7	6
8	16	8	4
9	18	9	2

comme c'est le cas dans l'étude 2, les atermoiements ont tendance à diminuer lorsqu'augmente l'anxiété, alors on a des chances de trouver un score à l'extrême gauche sur la distribution de la figure 4.7. Cet exemple illustre un fait : selon que le lien entre nos variables est croissant (cas de l'étude 1) ou au contraire décroissant (cas de l'étude 2), on trouvera comme valeur de la variable de décision quelque chose qui tombe plutôt à droite (positif) ou plutôt à gauche (négatif) dans la distribution des scores possibles.

Si nous ne faisons pas d'hypothèse sur le sens du lien entre les variables, alors on s'attend seulement, au cas où l'hypothèse de recherche est juste, à trouver un score qui se trouve soit très à droite, soit très à gauche. C'est pourquoi nous parlons alors de test *bilatéral*. Si au contraire notre hypothèse alternative est qu'il y a un lien *croissant* entre les deux variables, alors on s'attend à trouver une valeur du score qui tombe dans la queue correspondant à l'extrême droite de la distribution, et seulement de ce côté. De même, si l'on prédisait un lien décroissant, on s'attendrait à avoir un score tombant dans la queue de gauche de la distribution. Autrement dit, dans un cas comme dans l'autre, nos attentes sont latéralisées – dans le sens où elles ne correspondent qu'à un des deux côtés de la distribution. C'est pourquoi on parle de test *unilatéral* dans un tel cas.

Si vous faites un test bilatéral, le score que vous avez calculé pourrait aussi bien tomber d'un côté que de l'autre. Maintenant, supposons que vous vous en teniez à la traditionnelle coupure en 5 % pour la significativité (il ne s'agit pas là d'une recommandation !). Vous pourrez alors rejeter l'hypothèse nulle seulement si la probabilité d'obtenir un score aussi extrême que celui que vous avez observé (du côté gauche ou droit peu importe) est inférieur à 5 %. Cela correspond très exactement à un score observé tombant dans la zone grisée de la figure 4.8. Vous pouvez voir sur cette figure que chaque morceau (gauche et droite) correspond à 2,5 %. Cela est dû au fait que nous nous trouvons dans le cas d'un test bilatéral, et que les 5 % se répartissent donc des deux côtés.

Si maintenant on décide d'utiliser un test unilatéral, on ne pourra considérer comme concluant qu'un score qui tombe du « bon côté », dans une zone de 5 %. Aussi, on ne sépare plus notre zone de 5 % en deux parties : tout se trouve du même côté. Cela signifie aussi que – en supposant que le score observé se trouve du bon côté de la moyenne – l'étude sera plus souvent concluante [9], comme on le voit sur la figure 4.9.

Les figures 4.8 et 4.9 montrent l'importance de décider s'il faut faire un test unilatéral ou bilatéral. Dans les chapitres qui suivent, lorsque nous présenterons les différents tests que SPSS peut réaliser pour vous, vous pourrez découvrir que le logiciel propose des options pour sélectionner des tests unilatéraux ou bilatéraux, ce qui donne des significations p différentes. Ceci dit, si vous avez déterminé une valeur p pour un test bilatéral et que vous souhaitez connaître le p équivalent pour un test unilatéral, il suffit de diviser votre p par deux. Par exemple, si vous avez trouvé un p de 0,03 en bilatéral et que vous voulez déterminer la signification équivalente pour un test unilatéral, il suffit de diviser 0,03 par deux, ce qui donne un nouveau p de 0,015. De manière équivalente, si vous connaissez le p correspon-

9. Ce n'est pas très étonnant si l'on considère que le choix du test *unilatéral* correspond à l'utilisation de « l'information » qu'un lien entre les variables ne peut être que dans tel sens (disons croissant). Chaque fois qu'on rajoute des informations dans nos calculs, on gagne en efficacité. [ndt]

dant à une observation particulière en unilatéral, vous retrouverez le p bilatéral correspondant en multipliant cette valeur initiale par deux. Attention : il vous faut multiplier par 2 la signification p, mais en aucun cas la variable de décision (par exemple r ou t). Cette variable de décision prend la même valeur dans les cas unilatéral et bilatéral ; seul p change.

Nous n'avons présenté les tests unilatéraux et bilatéraux que dans le cas des études de liens entre deux variables. Cependant, la même distinction s'opère de façon analogue dans le cas de la comparaison entre deux groupes. Pour le dire simplement, il y a deux manières dont deux groupes A et B peuvent différer relativement à une variable numérique :

- le groupe A peut donner des valeurs supérieures en moyenne à B, ou
- le groupe B peut donner des valeurs supérieures en moyenne à A.

Si nous faisons un test bilatéral dans un tel cadre, nous ne supposons dans l'hypothèse alternative qu'une différence entre les deux groupes, sans préciser si A donne des valeurs plutôt supérieures ou plutôt inférieures. Au contraire, on ne fera de test unilatéral que si on souhaite démontrer l'un des deux cas (A supérieur à B ou le contraire). Toutes ces considérations seront détaillées plus à fond au chapitre 6.

Figure 4.8
Aires (grisées) où le score doit tomber pour être significatif dans le cas d'un test bilatéral

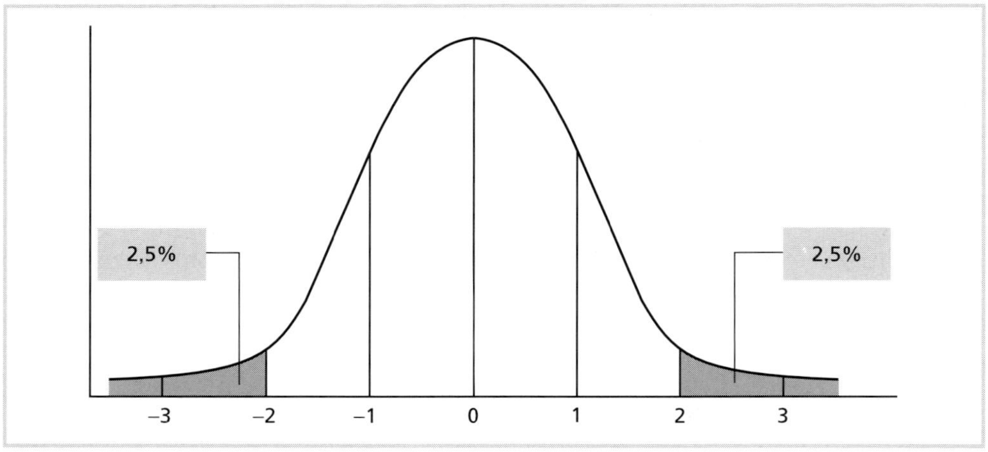

Figure 4.9
Aire (grisée) où le score doit tomber pour être significatif dans le cas d'un test unilatéral

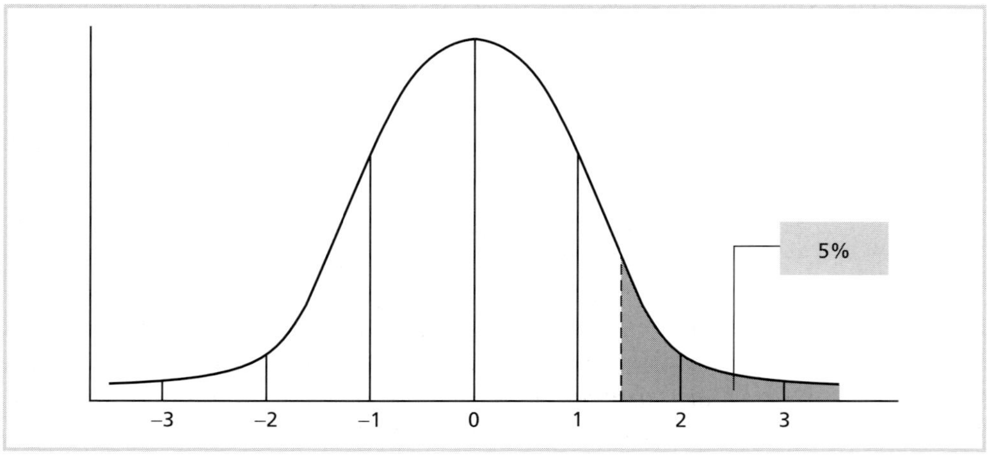

Activité 4.6

Quelles situations, parmi les suivantes, correspondent à des tests unilatéraux ? bilatéraux ?

(a) On veut montrer que les femmes ont un score d'empathie supérieur aux hommes en moyenne.

(b) On prédit que les personnes les plus riches consomment plus de tomates.

(c) On pense qu'il y a un lien entre la longueur des cheveux des hommes et le nombre d'interpellations dont ils ont fait l'objet.

(d) On suppose que les fans de football ont un QI moyen plus faible que les fans d'opéra.

(e) On fait l'hypothèse d'une relation entre le nombre d'ouvrages lus chaque année et l'étendue du vocabulaire.

Il n'est pas certain que l'importance souvent accordée à la distinction entre les tests unilatéraux et bilatéraux soit totalement justifiée. En réalité, on peut tout aussi bien soutenir l'idée que les tests unilatéraux sont non aberrants certes, mais superflus (voir le chapitre 5 de Gauvrit, 2005b). Quoi qu'il en soit, que vous souhaitiez ou non utiliser les tests unilatéraux, souvenez-vous que le test *par défaut* est le test bilatéral, qui pose moins de problèmes.

Supposez par exemple que vous souhaitiez montrer que la note augmente lorsque le nombre d'heures passées aux études augmente. Votre hypothèse nulle est qu'il n'y aucun lien entre le nombre d'heures passées aux études et la note finale. Votre hypothèse alternative est que les deux variables sont liées *de manière croissante*. Vous utiliserez donc un test unilatéral. Mais supposez maintenant que vos résultats montrent un lien *négatif* très net entre les variables. Si vous avez fait un test unilatéral, vous ne pourrez rien conclure (sauf qu'on ne peut pas rejeter l'hypothèse nulle, à savoir une absence totale de lien). Cela est évidemment aberrant dans la mesure où la conclusion qui s'impose est celle d'un lien négatif. Un test bilatéral vous aurait permis de conclure.

Mieux vaut donc, dans le doute, privilégier les tests bilatéraux. Si, de cette manière, vous trouvez un résultat, alors il serait également valable avec un test unilatéral – moins conservateur.

12 Conditions d'application

Dans les chapitres et les sections précédents, nous avons passé en revue les bases de la logique qui sous-tend l'utilisation des tests statistiques. Dans les chapitres à venir, nous détaillerons de nombreux tests courants, permettant de couvrir un grand nombre de situations et de designs expérimentaux standard. Cependant, ces tests requièrent, pour être légitimement appliqués, la vérification de certaines conditions concernant les données.

Une majorité des techniques statistiques que nous avons déjà évoquées se fondent sur des hypothèses concernant la variable parente, c'est-à-dire la variable sur la population tout entière. La plupart des tests qui supposent de telles conditions sur la population sont appelés des *tests paramétriques* parce qu'ils portent en fait sur un paramètre particulier (comme la moyenne). Les hypothèses qui légitiment l'utilisation des tests se nomment *conditions d'application*. Pour pouvoir utiliser un test qui exige des conditions d'application, il faut bien entendu d'abord vérifier autant que faire se peut que les critères sont remplis. Dans les paragraphes qui suivent, nous décrirons ces conditions d'application.

Il existe également des techniques statistiques qui ne supposent rien sur la variable parente, et que l'on peut donc utiliser librement quelle que soit la distribution des variables à étudier. On appelle ces tests des *tests libres*. Ils sont moins fréquemment utilisés, parce que moins puissants, que les tests paramétriques. Ils seront abordés au chapitre 15.

12.1 *Conditions d'application des tests paramétriques courants*

- Les variables étudiées doivent être (sur la population toute entière) *normalement distribuées*. Tous les tests courants supposent qu'on travaille sur des variables (parentes) normales. Si la variable est bien normale sur la population, elle devrait aussi, sur l'échantillon, être à peu près normale. Cela signifie qu'il faut, avant d'utiliser un test qui impose cette condition, vérifier que les variables que vous avez relevées sur votre échantillon présentent des distributions à peu près normales. Vous connaissez déjà les diagrammes en boîte à moustaches, les histogrammes ou les diagrammes en tige et feuilles, qui permettent de lire approximativement la forme de la distribution. Si vous percevez sur votre échantillon une violation manifeste de l'hypothèse de normalité, vous pouvez très bien – mais cela dépasse le cadre de ce livre – transformer les données. Howell (1998) donne une bonne présentation de quelques transformations possibles. À titre d'information, les distributions représentées sur les figures 4.10(a) et 4.10(b) sont probablement suffisamment normales pour ne pas imposer de transformation, contrairement à 4.10(c) et 4.10(d). Si vos données sont distribuées de manière semblable à l'un de ces deux derniers cas, il est sans doute préférable de transformer les données.

Il existe d'autres types de représentations graphiques qui permettent une comparaison plus directe – mais sans doute moins intuitive – d'une distribution observée et d'une distribution normale. Vous trouverez par exemple des informations sur les diagrammes P-P gaussiens dans Gauvrit (2005b).

- La deuxième condition courante est que les variances dans les différentes populations devraient être approximativement égales. Souvenez-vous des chapitres précédents : nous avions déterminé la variance dans une étape intermédiaire pour le calcul de l'écart type (c'était au chapitre 2). Plus précisément, l'écart type était présenté comme la racine carrée de la variance. Dans la pratique, il est bien sûr impossible de vérifier l'égalité des variances dans la population toute entière, autant qu'il est impossible de vérifier la normalité des variables. On se contente donc de vérifier que les variances sur les différents échantillons sont approximativement égales. Mais vous vous demandez peut-être : *qu'est-ce que ça veut dire exactement « approximativement égales » ?* Et bien disons qu'en première approximation, tant que la plus grande variance ne dépasse pas *trois fois* la plus petite, alors on peut considérer les variances comme similaires [10]. Nous nous rendons bien compte que ce critère pour le moins permissif revient à dire qu'un

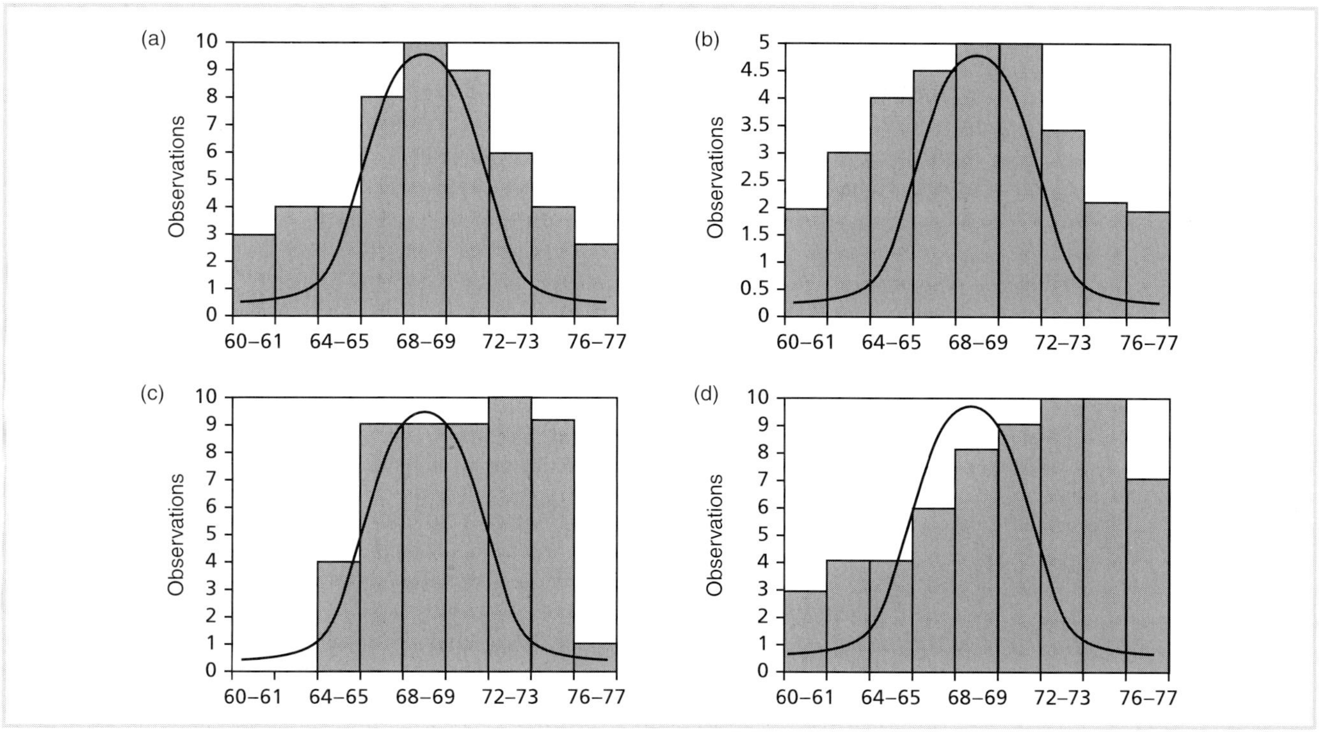

Figure 4.10

Exemples de distributions observées pouvant être considérées comme compatibles (a et b) ou non (c et d) avec la condition de normalité

homme et une girafe font à peu près la même taille, mais ça ne fait que rendre compte des variabilités naturelles qui apparaissent par suite des erreurs d'échantillonnage. En règle générale, et si tous les groupes correspondent au même nombre de participants, on considère qu'une violation de cette condition d'application n'est pas catastrophique. Dans le cas où les groupes n'auraient pas le même effectif et où, en outre, les variances seraient très différentes, il faudrait se tourner vers un test alternatif *libre*.

- Une dernière condition pour l'utilisation des tests est qu'il ne faut pas de valeurs aberrantes (extrêmes). Les raisons de cette condition sont liées à la sensibilité des paramètres usuels (notamment la moyenne) aux scores extrêmes, et ont déjà été discutées dans les chapitres précédents. Si vous trouvez un score aberrant dans vos données, il est important de comprendre pourquoi, et, s'il s'agit d'une erreur, de supprimer l'observation correspondante.

Étant donné que des conditions d'application sont à vérifier avant de faire un test paramétrique courant, vous vous demanderez sans doute pourquoi on s'embête avec ce type de méthode. En fait, les tests paramétriques (même non libres) sont utilisés de préférence aux tests libres parce qu'ils sont plus *puissants*. Autrement dit, si une véritable différence existe entre les populations – et de même pour un lien entre deux variables – il est plus probable qu'elle sera détectée par un test paramétrique que par un test libre non paramétrique. Aussi est-il préférable de choisir une option paramétrique, du moment que les conditions d'application sont vérifiées. Les tests paramétriques sont plus puissants parce qu'ils utilisent une

10. Howell propose pour sa part un coefficient de 4 au lieu de 3. Il existe des tests spécifiques (comme le test de Levene) pour traiter plus rigoureusement cette question, dont la réponse dépend évidemment de la taille des échantillons. De tels tests sont disponibles sous SPSS, et sont présentés dans Gauvrit (2005b). [ndt]

plus grande partie de l'information disponible dans vos données brutes. Ils utilisent des moyennes, des écarts type ou des mesures équivalentes de variation dont le principe sera expliqué dans les chapitres concernés. À l'inverse, les tests non paramétriques n'utilisent en général que les rangs ou les fréquences d'apparition des différentes modalités, et non les données elles-mêmes. Pour ces raisons, on privilégie systématiquement les tests paramétriques chaque fois que les conditions le permettent.

Dans ce chapitre et les quelques précédents, nous avons étudié les concepts de base permettant de bien comprendre les tests statistiques usuels. Nous vous avons également présenté des techniques de statistique descriptive, et vous avons averti de la rigueur nécessaire concernant les modalités de leur mise en œuvre. Dans les sections qui viennent de s'achever, nous vous avons fourni des indications permettant de choisir intelligemment une méthode en statistique inférentielle. Avant d'aborder les choses sérieuses, il semble utile de rappeler sous forme condensée tous les conseils épars que nous avons déjà donnés. La figure 4.11 vous donne une première idée – graphique – de la manière dont votre design expérimental et les questions que vous vous posez influeront sur les choix possibles en matière de techniques quantitatives. Notez bien que cet organigramme présente seulement une vue d'ensemble de ce que nous avons déjà vu, et doit être utilisé avec prudence. Mais chaque fois que vous aurez une question psychologique à résoudre et que vous devrez choisir une méthode statistique, nous recommandons l'utilisation de cet organigramme, ainsi que des divers conseils pratiques contenus dans l'ouvrage.

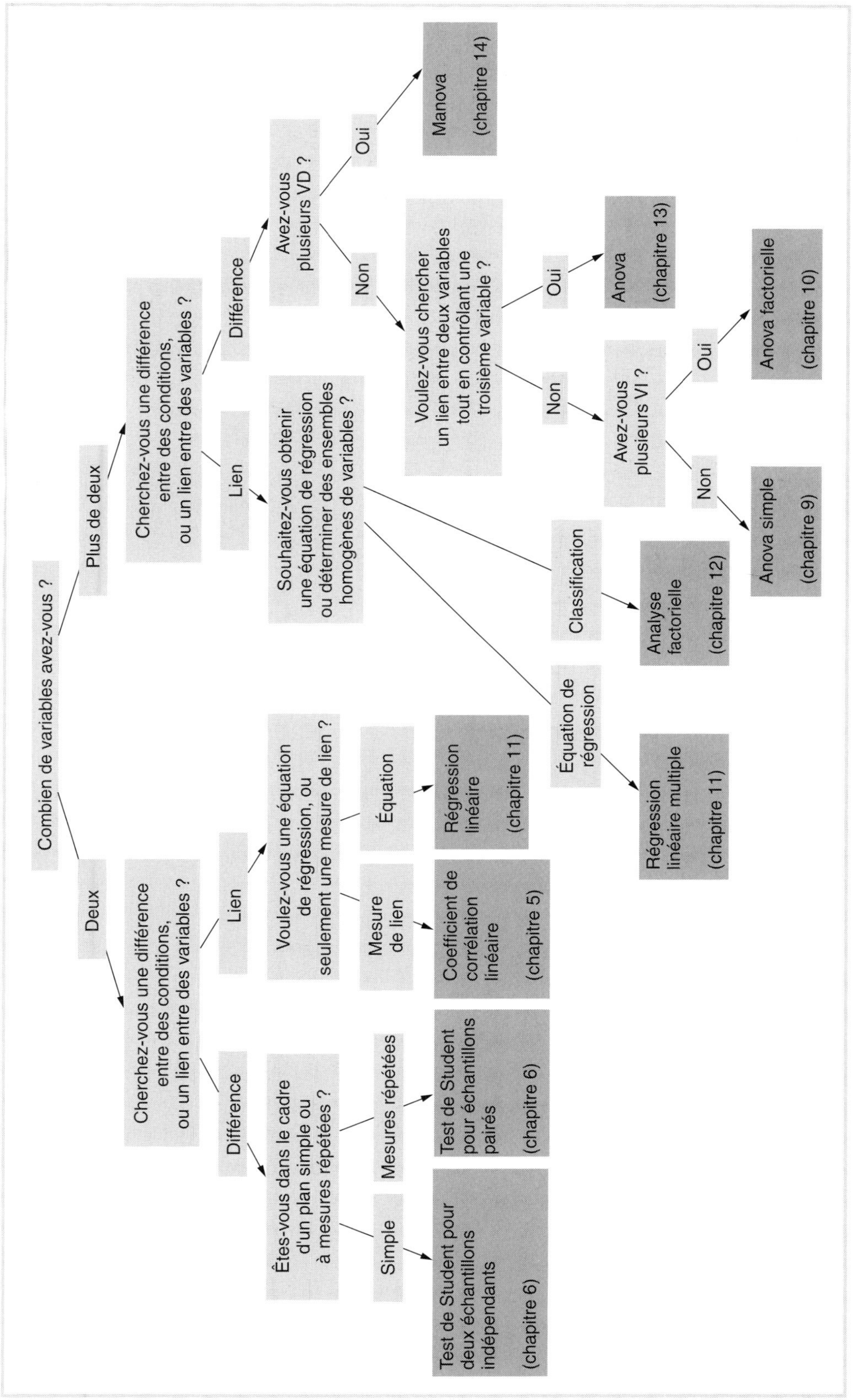

Figure 4.11
Guide de choix d'une méthode statistique sous forme d'organigramme

SPSS : Assistant statistique

Une fonctionnalité bien utile de SPSS dont nous n'avons pas encore parlé est *l'assistant statistique.* L'assistant statistique joue le même rôle que notre organigramme (figure 4.11) en permettant de prendre une décision rationnelle quant au choix de la méthode statistique adaptée à vos besoins. On lance l'assistant à partir du menu *Aide :*

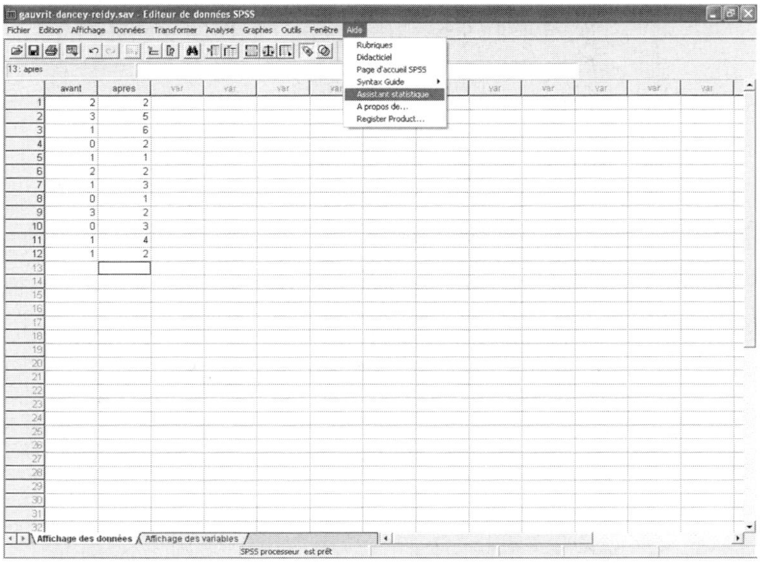

Lorsque cette fonctionnalité est lancée, vous voyez apparaître à l'écran une fenêtre où on vous demande ce que vous voulez faire, par exemple *Récapituler, décrire ou présenter des données,* ou encore *Comparer les groupes pour des différences significatives.*

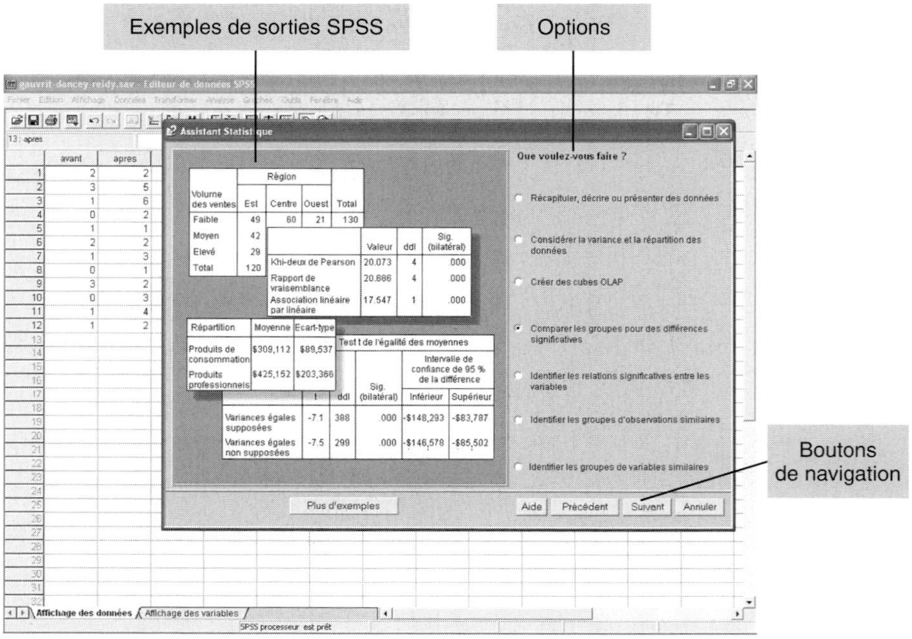

Sur la gauche de l'écran, des exemples de sorties SPSS apparaissent. En bas à droite de la fenêtre, vous trouverez des boutons permettant de naviguer dans l'assistant statistique. Commencez par choisir une option, cliquez sur le bouton *Suivant*, et d'autres options apparaîtront. En guise d'illustration, nous avons sélectionné *Comparer les groupes pour des différences significatives*. Une fois le bouton *Suivant* utilisé, on obtient ceci :

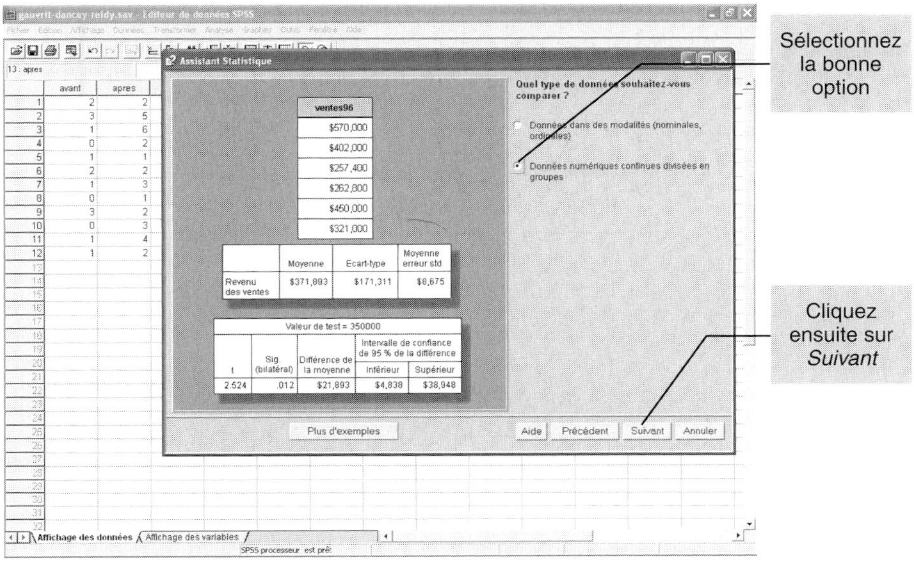

Répondez aux questions qui apparaissent à l'écran. Après chaque réponse, cliquez sur *Suivant* pour passer à la suite. La partie gauche de la fenêtre contient des exemples de sorties SPSS. Ces exemples évoluent au fur et à mesure que vous avancez dans la sélection de votre situation, afin de refléter vos choix.

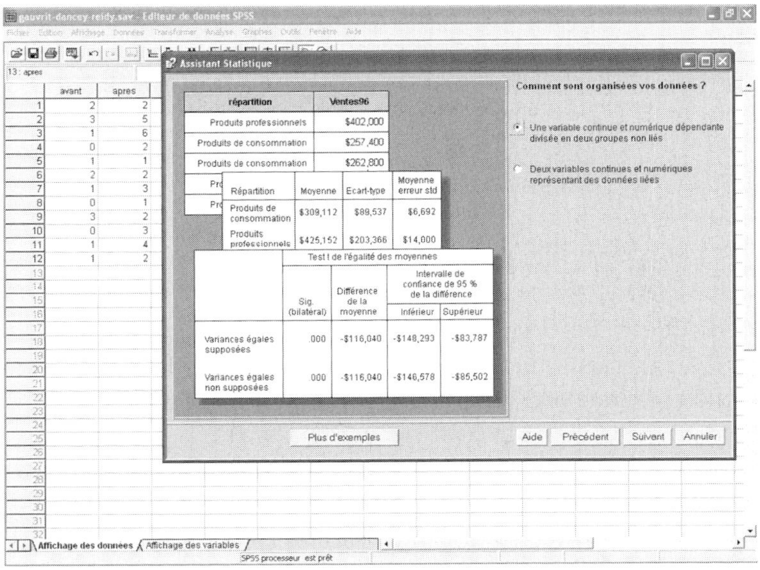

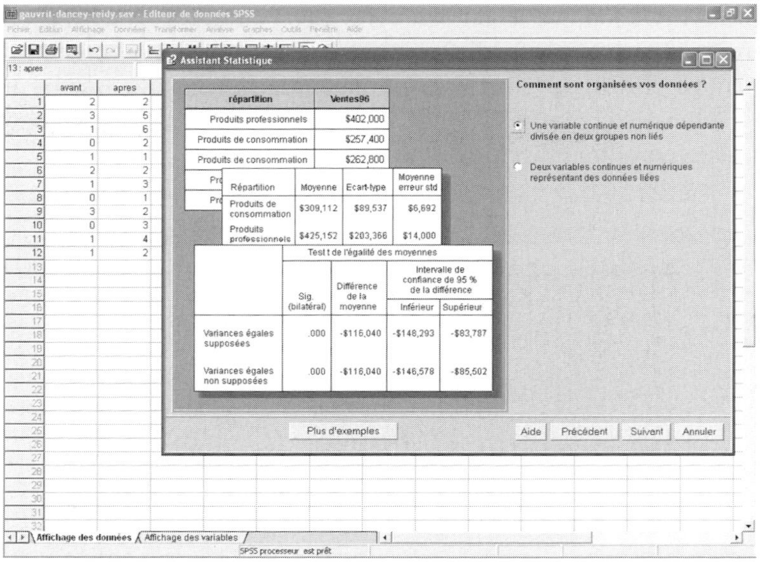

Vous découvrirez ainsi une série de questions, correspondant à des écrans différents. Continuez à répondre aux questions jusqu'à ce que le bouton *Suivant* soit finalement remplacé par un bouton *Terminer*.

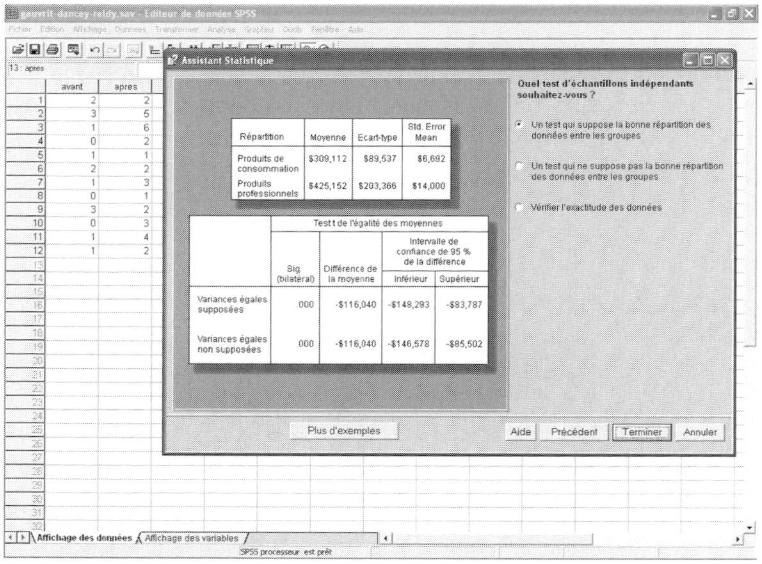

Une fois que vous avez répondu à la dernière question, cliquez sur *Terminer*, et SPSS fermera automatiquement l'assistant statistique pour vous ramener à la fenêtre principale. Vous remarquerez alors que le programme a automatiquement sélectionné le meilleur test possible d'après vos réponses. Une boîte de dialogue correspondant à ce test s'ouvre alors. Vous sera également proposé, sur une fenêtre d'aide à part, un petit texte expliquant le test en question et la manière de le réaliser sous SPSS. Un exemple est donné ci-dessous avec la présentation des tests *t* pour échantillons indépendants (voir le chapitre 6 pour plus de détails). Il ne vous reste plus qu'à suivre les instructions.

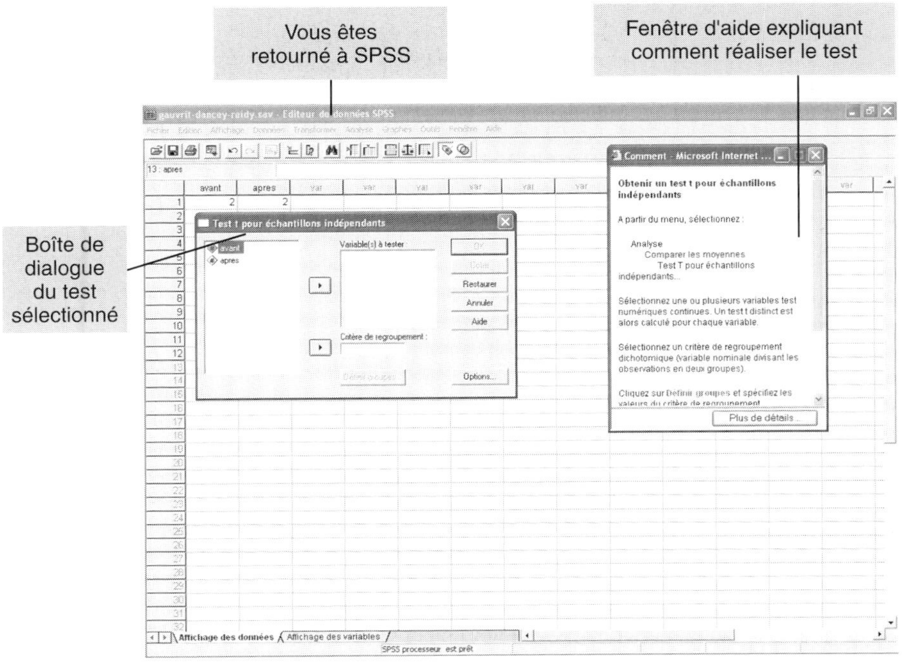

Récapitulatif

Dans ce chapitre, nous nous sommes aventurés un peu plus loin dans le royaume des statistiques. Ainsi avons-nous déposé les dernières pierres de fondation qui vous permettront désormais d'attaquer les techniques de la statistique inférentielle les plus courantes en psychologie contemporaine. Vous avez en particulier découvert les points suivants :

- La logique des tests statistiques et de la signification statistique.
- Que l'hypothèse nulle est à peu près la négation de l'hypothèse de recherche (ou hypothèse alternative).
- Comment la théorie mathématique nous permet de déterminer la probablité que nos observations ne soient que le fruit du hasard dans un monde où l'hypothèse nulle est vérifiée.
- Que malgré la suprématie de la statistique inférentielle aujourd'hui, de nombreux auteurs s'interrogent sur sa pertinence.
- Qu'il existe des méthodes complémentaires aux tests d'hypothèses, notamment le calcul de la signification exacte, des grandeurs d'effets, ainsi que les intervalles de confiance.
- Que, dans le cadre des tests statistiques, il existe deux types d'erreur :
  - l'erreur de première espèce correspond au cas où l'on rejette l'hypothèse nulle alors qu'elle est vérifiée ;
  - l'erreur de seconde espèce consiste à ne pas rejeter une hypothèse nulle pourtant fausse.

Récapitulatif (suite)

- Ce que signifient les tests unilatéraux et bilatéraux et comment ils sont liés aux distributions de probabilité :
  - les tests bilatéraux correspondent à des prédictions de différence ou de lien mais sans qu'il soit précisé lequel des deux groupes aura un score plus élevé ou, dans le cas du lien, s'il s'agit d'un lien croissant ou décroissant ;
  - les tests unilatéraux correspondent aux cas où l'on fait des prédictions plus précises, en spécifiant le sens de la différence ou du lien entre les variables.

Vous devriez, à ce stade de la lecture, avoir bien saisi les bases des statistiques descriptives, ainsi que les fondements des statistiques inférentielles. Dans les chapitres restant (le chapitre 7 étant toutefois à part), nous décrirons en détail quelques tests statistiques particuliers. Cependant, vous devez garder à l'esprit que tous ces tests sont fondés sur la logique que nous venons de décrire ici.

Exercices SPSS

Exercice 1

La professeure Loubard s'intéresse à la violence des foules lors des rencontres footballistiques. Elle fait l'hypothèse que cette violence est en fait une réaction à l'inconfort des sièges dans les stades. Elle modifie donc le confort de deux stades en Angleterre (n'est-ce pas le meilleur endroit pour étudier le hooliganisme ?). Dans l'un des stades, elle fait installer des sièges étroits, serrés, à l'assise inconfortable. Dans un autre stade, elle fait installer des fauteuils moelleux, larges et espacés. Elle organise ensuite une série de matchs de telle sorte que chaque club jouera autant dans chacun des deux stades. Elles suit un groupe de 12 brutes fanatiques d'un club, et enregistre le nombre de fois où ils se font arrêter ou expulser du stade. Elle prévoit un plus grand nombre d'arrestations et d'expulsions dans le cas des sièges inconfortables (voir les résultats tableau 4.2).

Tableau 4.2

Nombre d'arrestations ou expulsions pour chaque brute dans les stades confortable et inconfortable

Brute numéro	Sièges inconfortables	Fauteuils moelleux
1	8	3
2	5	2
3	4	4
4	6	6
5	4	2
6	8	1
7	9	6
8	10	3
9	7	4
10	8	1
11	6	4
12	7	3

1. S'agit-il d'un plan simple ou à mesures répétées ?
2. Les variables mesurées par la professeure Loubard sont-elles discrètes ou continues ?
   (a) Quelle est la VI ?
   (b) Quelle est la VD ?
3. La prédiction correspond-elle à un test unilatéral ou bilatéral ?
4. Quelle est l'hypothèse nulle ?
5. Entrez les données dans SPSS et donnez (le cas échéant, pour chaque groupe) :
   – un diagramme de variation
   – la moyenne
   – l'écart type
   – l'erreur standard
   – un intervalle de confiance au niveau de confiance 95 %.
6. Convertissez les données en scores *z*.

Exercice 2

Le docteur Difficultueux est un amoureux de la langue française. Il est particulièrement choqué par l'introduction des néologismes, anglicismes et mots d'argot. Il conspue la popularité passée du film *Les tontons flingueurs* qui, d'après lui, a causé du tort à la langue pratiquée dans les revues scientifiques. Il sélectionne 12 chercheurs en psychologie ayant publiés avant et après la sortie du film *Les tontons flingueurs*. Il étudie les vingt dernières publications avant la sortie du film et les vingt premières après sa sortie, pour chaque chercheur, et fait le décompte des néologismes, barbarismes, ou mots d'argot utilisés. Il pense que ce nombre est plus important après la sortie du film incriminé. Les résultats sont donnés tableau 4.3.

Chercheur numéro	Avant la sortie	Après la sortie
1	2	2
2	3	5
3	1	6
4	0	2
5	1	1
6	2	2
7	1	3
8	0	1
9	3	2
10	0	3
11	1	4
12	1	2

Tableau 4.3

Nombre de néologismes, barbarismes, ou mots d'argot utilisés par les chercheurs avant et après la sortie des *tontons flingueurs*.

1. S'agit-il d'un plan simple ou à mesures répétées ?
2. Les variables mesurées par le docteur Difficultueux sont-elles catégorielles, discrètes ou continues ?

(a) Quelle est la VI ?
(b) Quelle est la VD ?

3. La prédiction correspond-elle à un test unilatéral ou bilatéral ?
4. Quelle est l'hypothèse nulle ?
5. Entrez les données dans SPSS et donnez (le cas échéant, pour chaque groupe) :
   – un diagramme de variation
   – la moyenne
   – l'écart type
   – l'erreur standard
   – un intervalle de confiance au niveau de confiance 95 %.
6. Convertissez les valeurs observées en scores z.

QCM

1. Une erreur de seconde espèce se produit lorsque
   (a) l'hypothèse nulle n'est pas rejetée, alors qu'elle devrait l'être
   (b) l'hypothèse nulle est rejetée alors qu'elle devrait l'être
   (c) l'hypothèse nulle est rejetée alors qu'elle ne devrait pas l'être
   (d) l'hypothèse nulle n'est pas rejetée et ne devrait pas l'être.
2. Quelle est la base logique de l'inférence statistique ?
   (a) Déterminer la probabilité que nos observations se produisent par hasard sous l'hypothèse nulle
   (b) Déterminer la probabilité que nos observations se produisent par hasard si l'hypothèse nulle est fausse
   (c) Calculer la probabilité d'erreur de seconde espèce
   (d) Tout cela à la fois.
3. Si vous obtenez une signification p de 0,02 dans un test unilatéral, quelle est la valeur correspondante dans le cas d'un test bilatéral ?
   (a) 0,01
   (b) 0,04
   (c) 0,02
   (d) 0,4.
4. Si vous prédisez que deux variables A et B sont liées, quelle est l'hypothèse nulle ?
   (a) Qu'il n'y a aucun lien entre les variables A et B
   (b) Que A est plus grand que B
   (c) Qu'il y a une différence entre A et B
   (d) Rien de tout cela.
5. La *puissance* est
   (a) α
   (b) la capacité du test à rejeter l'hypothèse nulle si elle est, en réalité, fausse
   (c) la sensibilité des participants à nos manipulations
   (d) tout cela à la fois.

QCM (suite)

6. Quand vous prévoyez qu'une condition *A* donnera des résultats plus élevés que la condition *B*, vous faites
   (a) un test unilatéral
   (b) un test bilatéral
   (c) une prédiction unidirectionnelle
   (d) à la fois (a) et (c).
7. La probabilité qu'un effet significatif se produise par hasard alors que l'hypothèse nulle est vraie est
   (a) négligeable
   (b) β
   (c) α
   (d) rien de tout cela.
8. Si vous trouvez une signification *p* de 0,02 dans un test bilatéral, quelle est la valeur équivalente pour un test unilatéral ?
   (a) 0,01
   (b) 0,04
   (c) 0,02
   (d) 0,4.
9. Si vous prédisez une différence entre deux situations *A* et *B*, alors vous faites
   (a) un test unilatéral
   (b) un test bilatéral
   (c) une prédiction nulle
   (d) à la fois (b) et (c).
10. Si vous trouvez un *p* (ou α) de 4 %, qu'est-ce que cela signifie ?
    (a) La probabilité que l'hypothèse nulle soit vraie est de 4 %
    (b) La probabilité que l'hypothèse nulle soit fausse est de 4 %
    (c) La probabilité de trouver un effet aussi important que celui que vous avez observé du fait d'une erreur d'échantillonnage, et en supposant l'hypothèse nulle vérifiée, est de 4 %
    (d) Tout cela à la fois.
11. Si vous prédisez une différence entre deux conditions *A* et *B*, quelle est l'hypothèse nulle ?
    (a) La condition *A* donnera des résultats plus grands que la condition *B*
    (b) La condition *B* donnera des résultats plus grands que la condition *A*
    (c) La condition *A* et la condition *B* sont liées
    (d) Il n'y a aucune différence entre les situations *A* et *B*.
12. Si nous rejetons à tort l'hypothèse nulle, nous commettons
    (a) une erreur de première espèce
    (b) une erreur de seconde espèce
    (c) un progrès scientifique
    (d) à la fois (b) et (c).
13. Quelles sont les conditions d'utilisation de la plupart des tests paramétriques ?
    (a) Les données doivent être normalement distribuées
    (b) Les variances doivent être similaires
    (c) Il ne faut pas de scores aberrants
    (d) Tout cela à la fois.

QCM (suite)

14. Une erreur de seconde espèce se produit quand
    (a) on rejette l'hypothèse nulle alors qu'elle est vraie
    (b) on conclut que l'hypothèse alternative est vraie, alors qu'elle est fausse
    (c) on ne rejette pas l'hypothèse nulle alors qu'elle est fausse
    (d) rien de tout cela.
15. Un chercheur a réalisé une expérience sur des temps de réaction sur 20 participants passant chacun deux conditions différentes. Il trouve des variances de temps de réaction de 2 secondes dans une condition, et de 14 secondes dans l'autre. Dans ce cas,
    (a) il devrait renoncer aux tests paramétriques courants parce que l'homogénéité des variances est compromise
    (b) les conditions d'application standard sont vérifiées, et il peut donc utiliser n'importe quel test
    (c) les conditions d'application ne sont pas vérifiées, mais comme les échantillons ont la même taille il peut tout de même utiliser des tests paramétriques
    (d) rien de tout cela.
16. Comment se note la puissance ?
    (a) α
    (b) β
    (c) $1-\alpha$
    (d) $1-\beta$.
17. Pourquoi fixer α à 5 % ?
    (a) C'est la tradition psychologique qui veut ça
    (b) C'est un bon compromis quand on veut éviter les erreurs de première et de seconde espèce
    (c) C'est plus facile de conclure avec un tel α
    (d) À la fois (a) et (b).
18. Lorsque nous calculons un coefficient à partir de nos scores pour pouvoir faire un test, comment se nomme cette valeur ?
    (a) Significative
    (b) Non significative
    (c) Une variable de décision
    (d) La puissance.
19. Imaginons que l'on réalise deux études. Dans l'étude A, 1000 participants sont réunis et on trouve un p de 0,01. Dans l'étude B, qui regroupe 20 participants, on trouve un p de 0,05. Dans laquelle de ces deux études l'effet est-il le plus grand ?
    (a) L'étude A
    (b) L'étude B
    (c) Les effets sont égaux
    (d) On ne peut pas répondre à cette question parce qu'il nous manque des informations.
20. Si vous trouvez une signification p de 0,05 quelle est la probabilité que l'hypothèse alternative soit vraie ?
    (a) 0,05
    (b) 0,95
    (c) On ne peut pas le savoir
    (d) Rien de tout cela.

Références

Dracup, C. (1995). Hypothesis testing – What it really is. *The Psychologist, 16,* 636-638.

Beerten, A., Van der Linden, M., & Pesenti, M. (1995). Vieillissement, mémoire de travail et génération aléatoire. *Bulletin de psychologie, 43(420),* 473-477.

Gauvrit, N. (2005a). Sur l'indépendance des productions dans les tâches de simulation de hasard. *Cahiers Romans de Sciences Cognitives., 2(2),* 85-104

Gauvrit, N. (2005b). *Stats pour psycho. Exercices et corrigés.* Bruxelles : De Boeck Université.

Howell, D. C. (1998). *Méthodes statistiques en sciences humaines.* Bruxelles : De Boeck Université.

Lecoutre, B., & Poitevineau, J. (2000). Aller au-delà des tests de signification traditionnels : vers de nouvelles normes de publication. *L'Année Psychologique, 100,* 683-713.

Loftus, G. R. (1991). On the tyranny of hypothesis testing in the social sciences. *Contemporary Psychology, 36(2),* 102-105.

Loftus, G. R. (1996). Psychology would be a much better science when we change the way we analyze data. *Current Directions in Psychological Science, 5,* 161-171.

Mogg, K., Mathews, A., & Weinman, J. (1987). Memory bias in clinical anxiety. *Journal of Abnormal Psychology, 96,* 94-98.

Parkinson, B. (2001). Anger on and off the road. *British Journal of Psychology, 92,* 507-526.

Reidy, J., & Richards, A. (1997). A memory bias for threat in high-trait anxiety. *Personality and Individual Differences, 23,* 653-663.

Richards, A., & French, C. C. (1991). Effects of encoding and anxiety on implicit and explicit memory performance. *Personality and Individual Differences, 12,* 131-139.

Walsh, J. J., & Ugumba-Agwunoby, G. (2002). Individual differences in statistics anxiety : the role of perfectionnism, procrastination and trait anxiety. *Personality and Individual Differences, 33,* 239-251.

CHAPITRE 5

Analyse de corrélation : le coefficient *r*

Sommaire

Vue d'ensemble du chapitre

Dans les quatre premiers chapitres, nous avons posé les fondations indispensables pour construire une réelle compréhension du reste de l'ouvrage. Il est très important de bien comprendre ces bases, et vous pouvez vérifier vos connaissances en réfléchissant aux exercices, activités et QCM que vous trouverez dans le texte et à la fin du chapitre. Si l'un ou l'autre des concepts présentés dans les premiers chapitres vous échappe ou reste flou, il est certainement utile de revenir en arrière et de réviser ces notions jusqu'à les bien saisir. Une fois ces étapes accomplies, vous serez en mesure de continuer la lecture et d'aborder les parties suivantes, qui passent en revue des analyses statistiques plus accaparantes. C'est grâce aux concepts que nous avons déjà présentés que vous pourrez lire sans trop de difficulté les considérations qui suivent. Dans les premiers chapitres, nous avons évoqué des recherches réelles ou imaginaires portant sur des liens entre variables, comme par exemple celui entre le nombre d'heures passées aux études et la note finale. L'étude des relations entre grandeurs est une question récurrente en psychologie, et constitue le thème de ce chapitre.

Pour aborder sereinement cette partie, il vous faudra bien comprendre

- la distinction entre les tests unilatéraux et bilatéraux (chapitre 4),
- la signification (ou significativité) statistique (chapitre 4),
- les intervalles de confiance (chapitre 3).

Dans ce chapitre, nous passerons en revue quelques méthodes permettant d'analyser des *relations* ou des *associations* entre variables. Dans le chapitre précédent, nous avions par exemple évoqué la possible relation entre le nombre d'heures passées à étudier et la note à l'examen final. Pour déterminer si un tel lien existe, il nous faut relever sur un échantillon d'étudiants le nombre d'heures qu'ils passent aux études – par exemple chaque semaine – puis recueillir ensuite leur note finale. On aura alors deux variables (deux ensembles de données ou colonnes). L'analyse de la corrélation nous donne une méthode pour mesurer le lien entre ces deux variables. Dans le chapitre 4, nous avions suggéré l'existence d'une mesure de la force du lien entre deux variables. L'analyse de la corrélation donne une telle mesure.

Dans ce chapitre, nous discuterons les points suivants :

- l'analyse de corrélation et la manière dont elle doit être décrite dans un document scientifique ;
- le coefficient r – une mesure naturelle de la grandeur de l'effet ;
- les intervalles de confiance pour r.

1 Corrélation bivariée

Quand on étudie le lien entre deux variables, on parle parfois de *corrélation bivariée* [1]. Si les deux variables sont liées, on dit aussi qu'elles sont *corrélées*. Cela signifie qu'elles co-varient : lorsque l'une d'entre elles varie, l'autre a tendance à fluctuer également, dans un sens prévisible. En d'autres termes, les variables ne sont pas indépendantes.

1.1 *Tirer des conclusions d'une corrélation*

D'une corrélation, on ne peut tirer aucune conclusion de type causal. Souvenez-vous du chapitre 1. Nous avions montré que des relations entre variables pouvaient très bien ne correspondre à aucune relation de cause à effet. Pour le dire autrement, si on trouve un lien significatif entre deux variables x et y, cela ne veut pas dire que x « cause » y ni que y « cause » x. Considérons l'exemple qui suit. Il a été démontré qu'un lien existe entre le prix d'un litre d'essence au Canada et le nombre de lapins en Australie. Bien entendu, ce lien n'a rien de commun avec une relation directe de cause à effet. En réalité, Klatzman (1999), qui fournit un exemple analogue à celui-ci, fait observer qu'il n'est pas nécessaire de faire appel à une quelconque causalité dans cette histoire, puisque le plus probable est l'intervention d'un troisième facteur – en l'occurrence le temps – qui explique le lien, parce que tout augmente dans le monde, aussi bien le prix du pétrole que le nombre de lapins en Australie [2].

Assez couramment, deux variables sont liées non par l'intervention d'une causalité directe, mais par suite de l'action d'une troisième variable.

Il est aussi possible de trouver des corrélations totalement inexplicables, parce que fortuites. À l'occasion d'un cours, nous avions demandé à nos étudiants de calculer des coefficients de corrélation sur SPSS. L'une des étudiantes fit une erreur et inclua dans ses calculs le numéro – totalement arbitraire – des participants. Elle trouva par hasard que cette variable était liée positivement à l'image de soi, une des variables à étudier... Bien entendu, cette corrélation ne peut être que fortuite et aucune conclusion n'en peut être tirée. Gardez à l'esprit qu'une telle éventualité est toujours possible. Une corrélation peut très bien, le cas échéant, ne correspondre à aucune relation de cause à effet, même faisant intervenir des variables annexes.

L'exploration d'un lien entre deux variables suppose les étapes suivantes :

1. examen du diagramme de dispersion,
2. calcul du coefficient de corrélation linéaire (de Pearson) r, qui mesure la force du lien entre les variables et permet de réaliser un test d'hypothèses sur ce lien,
3. le cas échéant, détermination d'un intervalle de confiance pour r.

---

1. On dit aussi *corrélation simple* parce qu'il n'y a qu'une VI. [ndt]
2. D'autres exemples – mais en anglais ! – se trouvent dans Huff (1973), mais l'ouvrage de Klatzman est suffisant car très complet. [ndt]

1.2 *But de l'analyse de corrélation*

Le but de l'analyse de corrélation est de découvrir s'il existe un lien entre les variables sur notre échantillon, et si ce lien est assez fort pour qu'on soit presque certain qu'il n'a pas pu être observé par hasard – dans le cas où il n'existe pas sur la population (hypothèse nulle). L'hypothèse nulle est donc l'absence totale de relation entre les variables au niveau de la population. Mais le rejet de cette hypothèse, et donc l'existence d'un lien entre les variables, n'est pas la seule information fournie par l'analyse de corrélation. Elle permet en effet également de déterminer les choses suivantes :

- le sens de la relation – positive, négative ou nulle,
- la force, ou la « grandeur », de la relation entre les deux variables – la statistique de test, qui s'appelle *coefficient de corrélation linéaire*, varie en valeur absolue de 0 (pas de lien entre les variables) à 1 (relation parfaite entre les variables).

Nous discutons ces deux points plus en détail ci-dessous.

1.3 *Sens de la relation*

1.3.1 Positive

Les scores les plus élevés d'une variable – disons x – ont tendance à être associés aux grandes valeurs de l'autre variable – disons y. Réciproquement, les faibles valeurs de x correspondent globalement aux faibles valeurs de y.

1.3.2 Négative

Les grandes valeurs d'une variable sont associées aux petites valeurs de l'autre.

1.3.3 Nulle

On dira que la relation, au sens du coefficient de corrélation linéaire, est nulle, si les deux variables ne sont pas liées *de manière linéaire*. Ce que nous entendons par là sera précisé un peu plus loin dans ce chapitre.

Voici deux exemples liés à des sens de relation particuliers :

1.3.4 Nombre d'heures passées aux études et note finale

On peut penser que le nombre d'heures passées à étudier est lié positivement à la note finale, parce que les étudiants qui passent beaucoup d'heures à étudier ont tendance à avoir de bonnes notes.

1.3.5 Âge des conducteurs et accidents de moto

L'âge des motards est lié au nombre d'accidents de moto annuel. Mais cette fois, le lien est négatif. Lawton et ses collaborateurs (1997) ont en effet trouvé que l'âge (ainsi que le sexe d'ailleurs) est lié au taux d'accidents, les jeunes (plus spécialement les garçons) étant les plus susceptibles d'avoir un accident.

1.4 Relation positive parfaite

Nous avons déjà noté que, dans le cas d'une relation positive entre variables, les grandes valeurs d'une variable ont tendance à être associées aux grandes valeurs de l'autre variable, et de même les petites valeurs sont associées. Ce lien éventuel peut se visualiser sur un *diagramme de dispersion*. Lorsqu'on étudie une corrélation bivariée, on dispose de deux séries de valeurs. Pour réaliser un diagramme de dispersion, on associe chaque série – donc chaque variable – à un axe. Le premier axe (horizontal) est noté x habituellement. On associe l'autre série à l'autre axe : l'axe vertical y. Vous pouvez associer n'importe quelle série à x, c'est sans importance en général.

Pour construire un diagramme de dispersion, on prend les deux scores x et y d'une personne, puis on trace le point de coordonnées (x, y). Chaque point du « nuage de points » correspond ainsi à une personne, ou à un cas, mais à deux valeurs (x et y). Nous avons déjà vu comment construire les diagrammes de dispersion (avec SPSS) au chapitre 2, section 5. Dans ce chapitre, nous allons plus loin dans la description.

Une relation positive parfaite entre deux variables est représentée sur le diagramme de dispersion de la figure 5.1. On a une relation (linéaire) parfaite chaque fois que les points du diagramme se trouvent tous sur une même ligne droite. Considérons votre âge et celui de votre sœur, relevés à différentes dates – il s'agit bien sûr d'un exemple peu réaliste, parce que personne ne ferait ce diagramme, mais c'est seulement une illustration. Dans cet exemple, nous avons supposé que votre sœur avait 4 ans de plus que vous. Nous avons assigné l'âge de votre sœur à l'axe vertical (y), et votre âge à l'axe horizontal (x). Pour chaque couple d'âges possibles, nous obtenons un point. Vous devriez voir tout de suite que le lien entre les deux variables est positif : lorsque l'âge de votre sœur augmente, votre âge augmente également. De plus, ce lien est parfait parce que lorsque votre sœur prend un an, vous prenez également un an, et vous vieillissez ainsi de concert à la même allure.

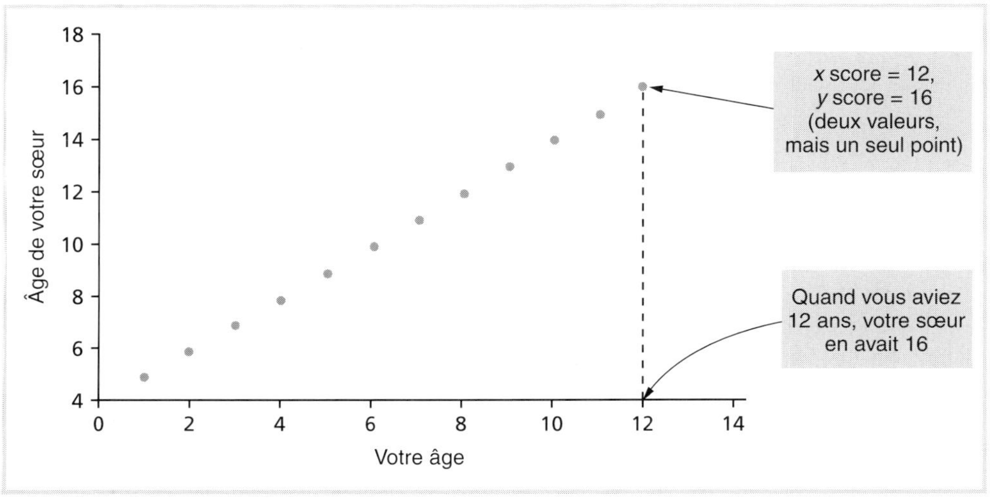

Figure 5.1
Âge de votre sœur et le vôtre

Un point important que cet exemple illustre est qu'on ne peut pas déduire d'une relation – même parfaite comme ici – quoi que ce soit en termes de relation causale. Ce n'est pas en effet *parce que* votre sœur vieillit que vous vieillissez, et ce n'est pas non plus *parce que* vous vieillissez que votre sœur prend de l'âge !

1.5 *Relation positive imparfaite*

Imaginez que nous ayons relevé, sur un échantillon d'étudiants, le QI et la note à l'examen final. Nous cherchons à savoir s'il existe un lien entre ces deux variables. Cela, rappelons-le, ne signifie pas que le QI est une « cause » de bonne ou de mauvaise note, ni que la note a un effet sur le QI. À supposer que les deux variables soient liées positivement, cela peut s'expliquer par plein d'autres variables – les cours de bachotage éventuels, la pratique des tests de logique, la motivation... pour n'en citer que quelques-unes.

On décide (arbitrairement) d'associer le QI à l'axe vertical (y) et la note (sur 50) à l'axe horizontal (x). Chaque étudiant fournira un point unique sur le diagramme de dispersion (voir figure 5.2).

Vous pouvez voir sur le diagramme de dispersion que les grandes valeurs du QI ont *tendance* à être associées aux meilleures notes, et les QI les plus faibles aux notes les plus basses. Bien sûr, dans ce cas, le lien entre les variables n'est pas parfait. Mais la tendance est là, et c'est ce qui compte. Certes, les points ne sont pas parfaitement alignés sur une droite, mais ils forment toutefois un motif remarquable qui « monte » depuis le coin en bas à gauche vers le coin situé à droite et en haut.

Figure 5.2

Diagramme de dispersion du QI en fonction de la note

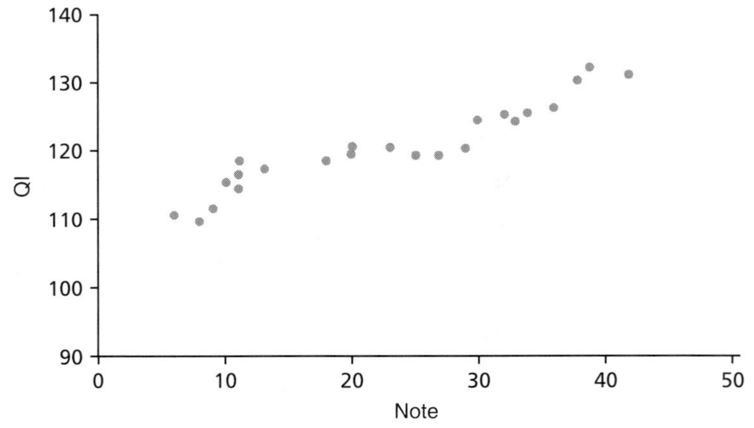

Activité 5.1

Essayez de trouver des relations positives et négatives. Vos exemples correspondent-ils à des liens parfaits ou imparfaits ? Discutez vos exemples avec vos voisins : sont-ils d'accord avec votre diagnostic ? Êtes-vous certain que vos exemples sont corrects ?

1.6 *Lien négatif parfait*

Dans le cas d'un lien négatif parfait, du fait de la perfection du lien, les points se trouveront, encore une fois, sur un même ligne droite. Enfin, parce que le lien est négatif, chaque fois que *x* augmente d'une certaine quantité, *y diminue* d'une certaine quantité.

Imaginons un distributeur automatique de friandises, vendant des chocolats. Les chocolats coûtent 50 centimes l'un. Le matin, la machine contient 10 chocolats. On suppose bien entendu que tout fonctionne correctement : la machine rend la monnaie, les chocolats ne restent pas coincés, la pièce ne ressort pas... je sais que tout cela n'est guère réaliste, mais passons... Dans ce cas, chaque fois que quelqu'un introduit 50 centimes, une barre disparaît de la machine, qui contient donc un chocolat de moins (voir figure 5.3).

Comme vous le voyez, avec un lien linéaire parfait mais négatif, les points du nuage apparaissent sur le diagramme de dispersion alignés sur une droite, mais une droite qui « descend », c'est-à-dire qui va, plus ou moins, du coin supérieur gauche au coin inférieur droit.

1.7 *Lien négatif imparfait*

Dans le cas d'un lien linéaire imparfait, les points ne tombent pas tout à fait sur une ligne, mais forment toutefois un motif reconnaissable qui va, plus ou moins, du coin gauche supérieur au coin droit inférieur (ça descend). Supposez par exemple qu'on relève le nombre de spectateurs lors des matches de tennis, ainsi que la quantité de pluie qui tombe, pour différents mois. Le diagramme de dispersion en résultant pourrait bien ressembler à celui de la figure 5.4.

En effet, on évite généralement les matches les jours où il pleut beaucoup.

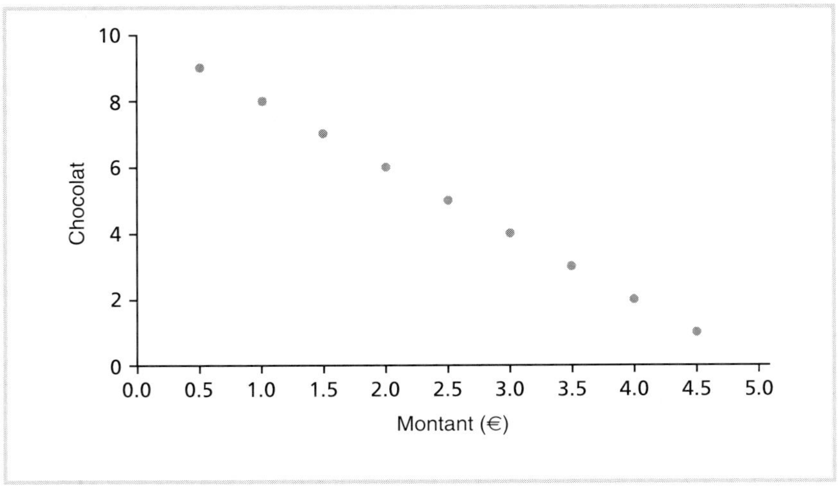

Figure 5.3
Représentation du lien entre le nombre de chocolats restant dans la machine et le montant total introduit dans le distributeur

Figure 5.4
Diagramme de dispersion du nombre de spectateurs à des matches de tennis en fonction de la pluviométrie

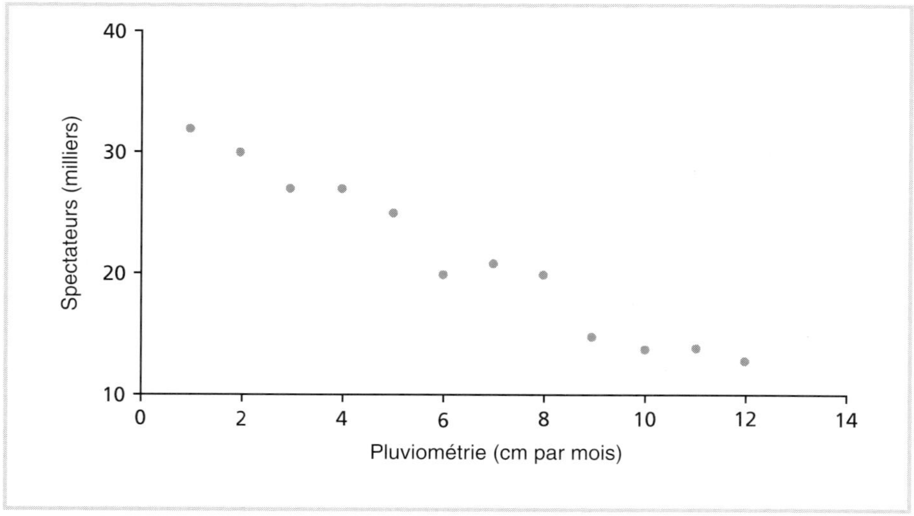

1.8 *Relation non linéaire*

Remarquez que si on ne trouve pas de corrélation linéaire entre deux variables, cela ne signifie pas qu'elles n'entretiennent aucun lien. C'est en effet seulement la relation *linéaire* entre les variables qui est mesurée par la méthode de la corrélation linéaire. Or, certaines relations ne sont pas linéaires. Un exemple de tel lien est donné par le rapport entre la vigilance et les performances sportives. Bien qu'un certain degré de vigilance augmente les performances par rapport à un degré de vigilance moindre, trop de vigilance réduit la performance[3]. Une telle loi est énoncée par Yerkes et Dodson (1908). Cette « loi » prédit un lien entre la vigilance et la performance en forme de parabole inversée. À des degrés faibles de vigilance, la performance (en l'occurence athlétique) augmente avec la vigilance. Mais, après un seuil critique, la performance diminue lorsque la vigilance continue à augmenter. Il y a ainsi nécessairement un niveau de vigilance optimal, au-delà duquel la performance est réduite. Une courbe correspondant à cette idée est donnée à la figure 5.5.

L'existence d'une valeur optimale dans un cas comme celui-ci est garantie mathématiquement, sous réserve que certaines conditions de régularité soient vérifiées (c'est le théorème de Rolle).

Un équivalent économique de la loi de Yerkes-Dodson est la « loi de Laffer » selon laquelle les revenus d'un État provenant des taxes sont liées par une courbe « en U inversée » au taux moyen des taxes (cette « loi » est en fait plus ou moins évidente : si les taxes sont nulles, il n'y a pas de revenu, et si les taxes sont de 100 %, personne ne travaille !).

3. Cela signifie simplement que si l'on n'accorde *aucune* importance à un tournoi auquel on participe, on ne sera pas très efficace. Si au contraire on accorde une importance démesurée à la rencontre, la performance sera également faible, à cause du stress. [ndt]

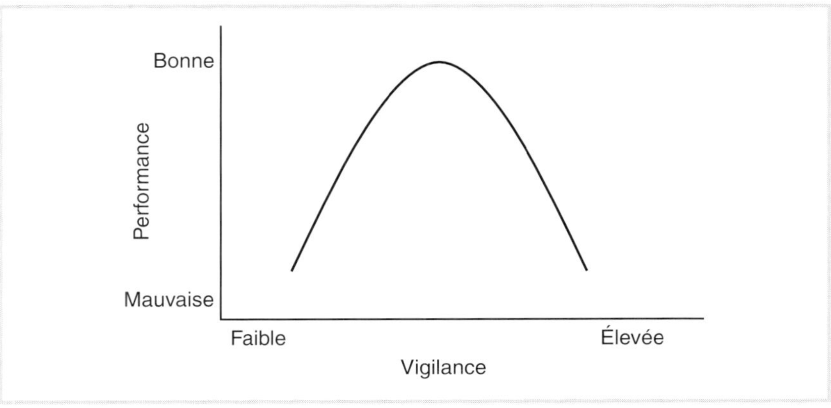

Figure 5.5

La courbe en U inversée (Yerkes-Dodson, 1908)

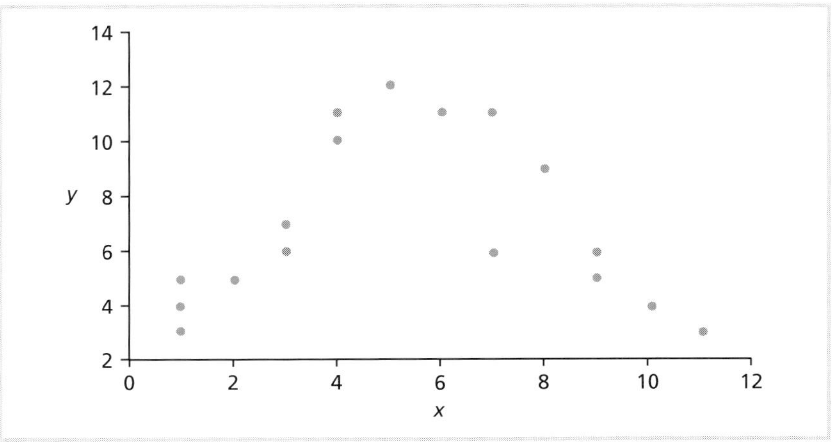

Figure 5.6

Diagramme de dispersion montrant un lien curvilinéaire entre *x* et *y*

Le même lien est représenté figure 5.6, par un diagramme de dispersion montrant une dépendance curvilinéaire, puisque les variables sont liées positivement pour les petites valeurs de x, puis négativement. Ce que nous voulons vous faire comprendre, c'est que dans un cas comme celui-ci il y a indubitablement un lien entre les variables, mais que ce lien ne sera pas détecté par une étude de corrélation linéaire, parce qu'il n'est pas linéaire. Autrement dit : le nuage de points ressemble à une courbe (lien), mais pas du tout à une droite (lien linéaire). C'est pourquoi il est bon de jeter un œil au diagramme de dispersion. Si un tel lien apparaît, il est inutile de poursuivre l'étude de corrélation linéaire. Les techniques que nous allons vous présenter dans ce chapitre ne seront d'aucune utilité dans le cas d'un lien non linéaire.

Activité 5.2

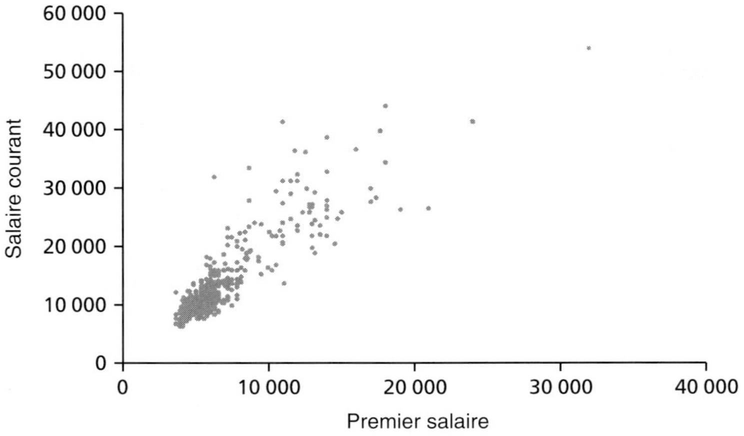

Quelle est la conclusion la plus crédible ?

La corrélation entre le premier salaire et le salaire courant est

(a) négative

(b) positive

(c) nulle.

1.9 *Force d'un lien*

La force du lien linéaire entre deux variables est mesurée par un coefficient qui se nomme *coefficient de corrélation linéaire*[4], et on le note *r*. Il varie de 0 à −1 (pour les liens négatifs) et de 0 à +1 (pour les liens positifs). Il existe en fait plusieurs coefficients de corrélation. Le plus connu est ce *r*, mais nous définirons également en passant les paramètres êta-carré[5] (η^2) et *V* de Cramer, ainsi qu'un coefficient de corrélation dit *de Spearman*. Le coefficient de corrélation linéaire *r* donne lieu à un test d'hypothèses que nous détaillerons plus loin dans ce chapitre. Pour pouvoir utiliser un test d'hypothèses, il est souvent indispensable de vérifier certaines conditions d'application (voir chapitre 4). La plus importante de ces conditions est la normalité des variables parentes[6]. Si vous avez réalisé suffisamment d'observations, les variables devraient également être normalement distribuées sur vos échantillons. Si vous vous apercevez que ce critère n'est pas vérifié, mieux vaudrait recourir alors au coefficient de Spearman, qui peut être considéré comme un équivalent *libre* (dans le sens où le test correspondant est libre) de *r* (voir chapitre 15).

La figure 5.1 (plus haut) montre une relation correspondant à un *r* de +1 : il est positif parce que la relation est positive, et il vaut 1 en valeur absolue parce que le lien est parfait. La figure 5.3 représente un lien négatif parfait, et correspond à un *r* de −1 : le coefficient est négatif parce que le lien est négatif, et il vaut 1 en valeur absolue parce que le lien est parfait.

---

4. On dit aussi parfois *coefficient de corrélation* (tout court), ou bien *coefficient de Pearson* ou encore *coefficient de Bravais-Pearson*. [ndt]

5. *Êta* est la septième lettre de l'alphabet grec, équivalent approximatif du H latin. [ndt]

6. Rappelons qu'on appelle *variable parente* toute variable étudiée, mais considérée sur la population tout entière et pas seulement sur l'échantillon observé. [ndt]

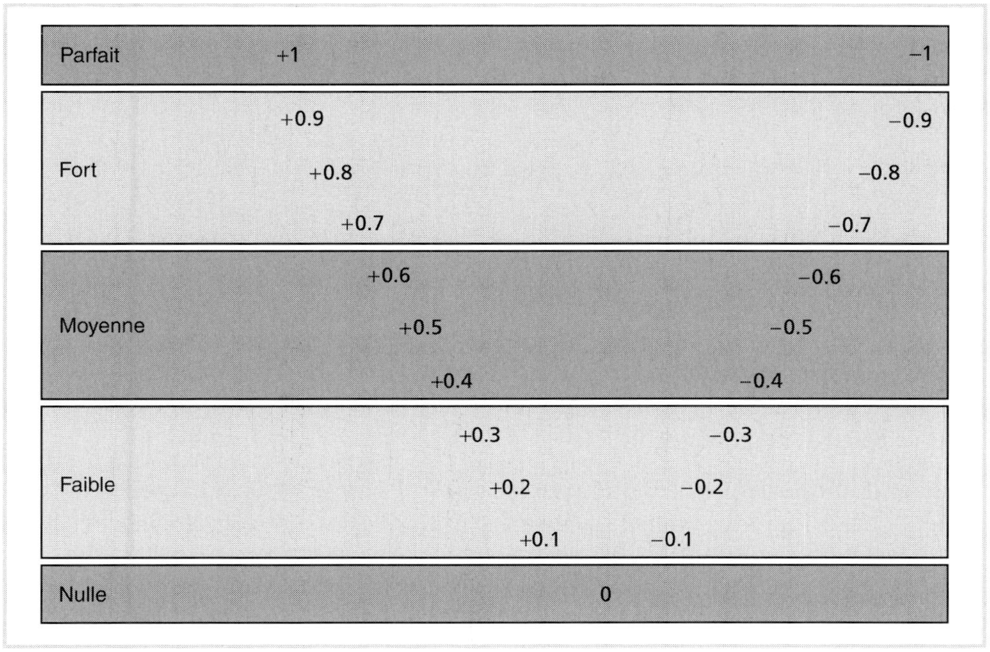

Figure 5.7
Illustration de la force d'un lien en fonction du coefficient de corrélation

Souvenez-vous :

+1 correspond à un lien positif parfait
−1 correspond à un lien négatif parfait.

Le diagramme de la figure 5.7 donne une idée approximative de ce qu'on nomme habituellement un lien « fort », « faible », « moyen »...

Ce diagramme de la figure 5.7 laisse entendre que −1 est *exactement aussi fort* que −1. Le fait qu'une relation soit négative ne dit rien sur la force de ce lien. Un lien négatif peut être plus ou moins fort qu'un lien positif. Comme nous l'avons déjà signalé *(bis repetita placent)*, une relation positive correspond simplement au cas où *x* et *y* ont tendance à varier dans le même sens. Les grandes valeurs de *x* sont donc associées aux grandes valeurs de *y*, et les petites valeurs de *x* aux plus petites valeurs de *y*. Au contraire, si le lien est négatif, les plus grandes valeurs d'une des variables ont tendance à correspondre aux plus petites valeurs de l'autre.

Vous pouvez voir sur la figure 5.7 qu'on a associé à différentes valeurs de *r* des mots. Ce ne sont que des guides approximatifs. La seule chose certaine : plus un coefficient *r* est proche de −1 ou de +1, plus le lien entre les variables correspondantes est fort. Plus ce coefficient est proche de 0, plus le lien est faible. Une corrélation de 0,4 ou 0,5 est habituellement considérée comme « moyenne ». Le coefficient de corrélation indique aussi si les points du nuage sont bien agrégés autour d'une droite[7].

Les diagrammes de dispersion présentés sur les figures 5.8 et 5.9 vous donneront une idée de la signification d'un coefficient de corrélation. La figure 5.8, par exemple, montre qu'il y a un lien modéré et positif entre l'âge et la culture générale.

7. Pour une explication un peu plus détaillée du lien entre la vision numérique et la vision graphique du coefficient de corrélation, consultez par exemple Gauvrit (2005) ou, mieux, Gauvrit (2006). [ndt]

Activité 5.3

Une corrélation de 0,2 est considérée comme

(a) nulle (b) faible (c) moyenne (d) forte

Les gens sont plus ou moins passionnés par la réflexion et les problèmes de logique. Des psychologues ont élaboré un concept mesurable, qui se nomme le *désir de cognition*, pour essayer de rendre compte de cela (Cacioppo et Petty, 1982). Les gens qui apprécient les problèmes logiques ont en général un plus grand désir de cognition que les gens qui préfèrent ne pas se fatiguer la cervelle. Les gens ont également plus ou moins d'aversion à l'égard des problèmes intellectuels. On parle dans ce cas d'évitement cognitif.

Le diagramme de dispersion illustrant la relation entre le désir de cognition et l'évitement cognitif montre un lien linéaire négatif faible entre les deux variables (voir figure 5.9).

Si une corrélation linéaire est nulle, il se peut que les points semblent répartis aléatoirement sur la figure, et aucun motif particulier n'apparaît. Cela correspond à une absence totale de lien entre x et y.

Figure 5.8

Diagramme de dispersion de la culture générale en fonction de l'âge sur un échantillon ($n = 143$, $r = 0,44$)

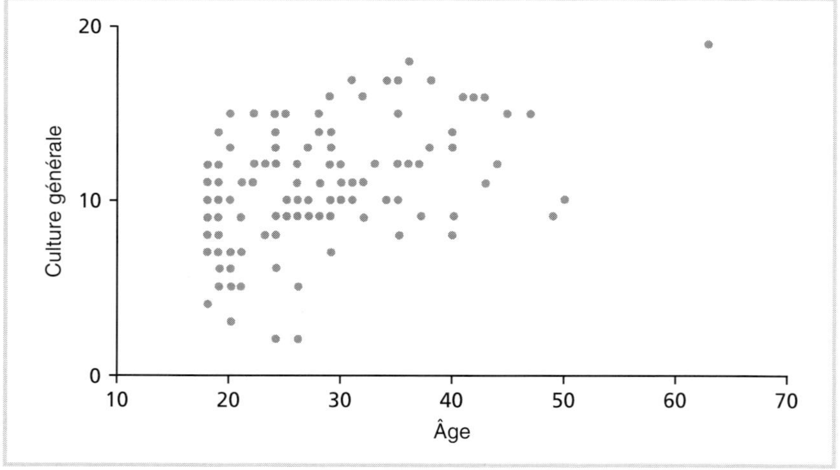

Figure 5.9

Diagramme de dispersion de l'évitement cognitif en fonction du désir de cognition

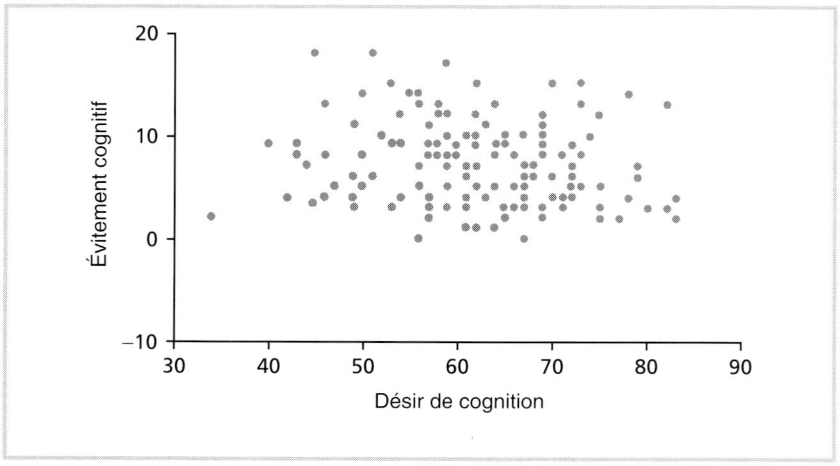

La figure 5.10 montre qu'il n'y a aucun lien notable entre le désir de cognition et l'amélioration des notes en cours d'année chez les étudiants.

Des données concernant les jours d'absence de l'école et le mépris dont les élèves font l'objet ($n = 11$, $r = 0{,}68$) sont présentées figure 5.11. On discerne un lien moyen-fort positif entre les deux variables.

Il y a une association positive forte ($n = 11$, $r = 0{,}85$) entre le mépris dont on fait l'objet et le sentiment d'être différent des autres, comme le montre la figure 5.12.

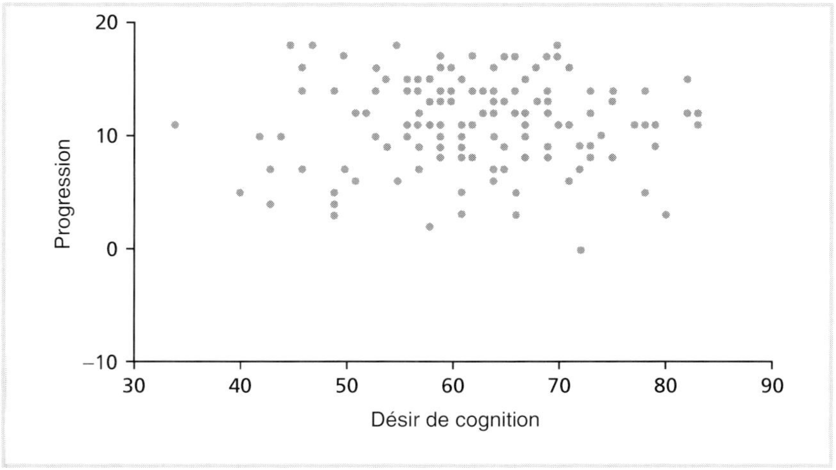

Figure 5.10

Il n'y a pas de lien notable entre la progression au cours de l'année et le désir de cognition chez les étudiants de cet échantillon ($n = 143$, $r = -0{,}01$)

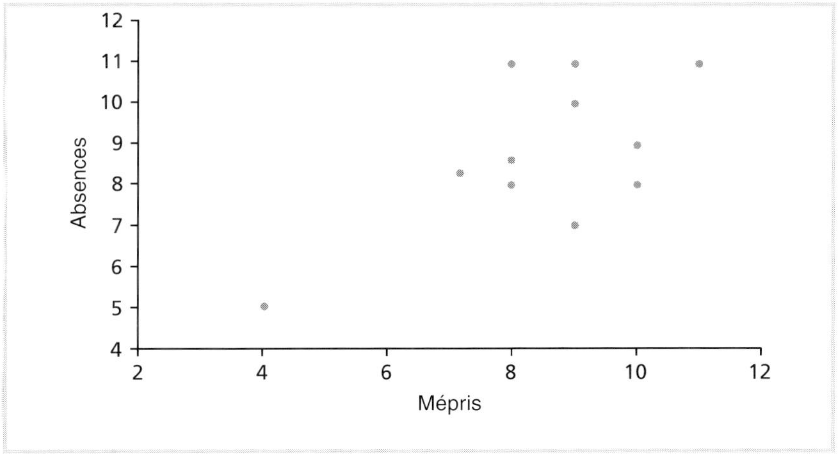

Figure 5.11

Diagramme de dispersion du nombre de jours d'absence en fonction du mépris ressenti ($n = 11$, $r = 0{,}68$)

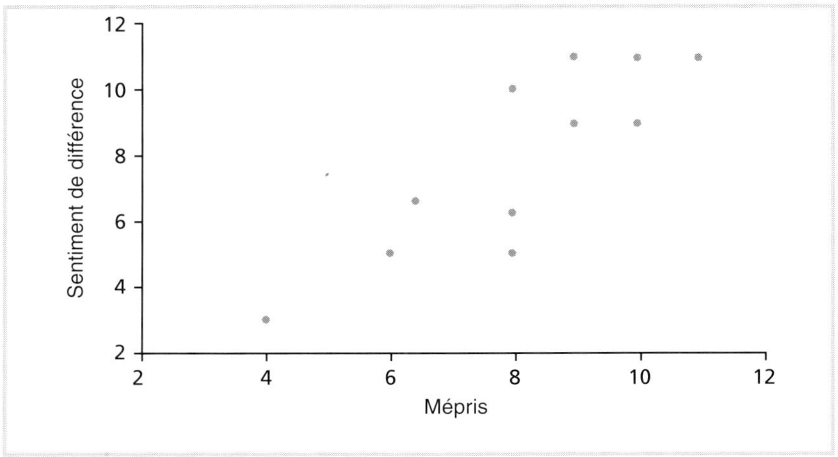

Figure 5.12

Diagramme de dispersion du sentiment d'être différent en fonction du mépris ressenti

Activité 5.4

Observez les diagrammes de dispersion qui suivent. Pouvez-vous déterminer, simplement en les regardant :

(a) Le sens de la relation entre les variables (positif, négatif ou nul) ?

(b) La force du lien entre les variables (parfaite, forte, moyenne, faible, nulle) ?

C'est parfois difficile à dire – et pour cette raison un paramètre comme le coefficient de corrélation linéaire peut s'avérer utile.

(a)

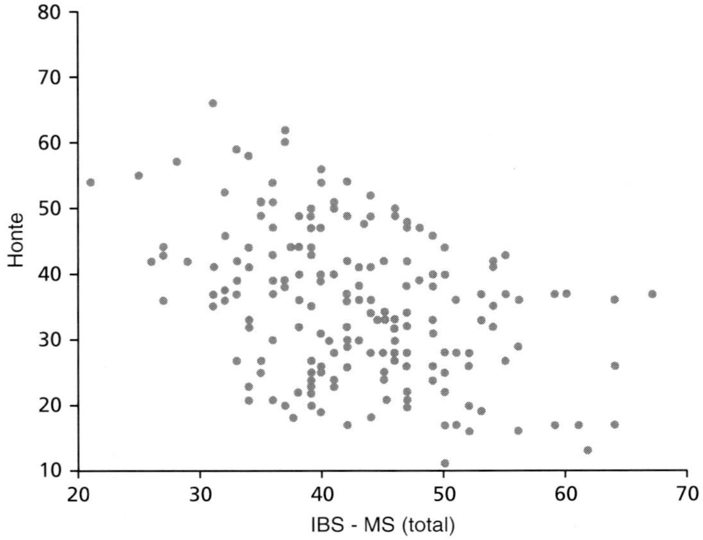

(b)

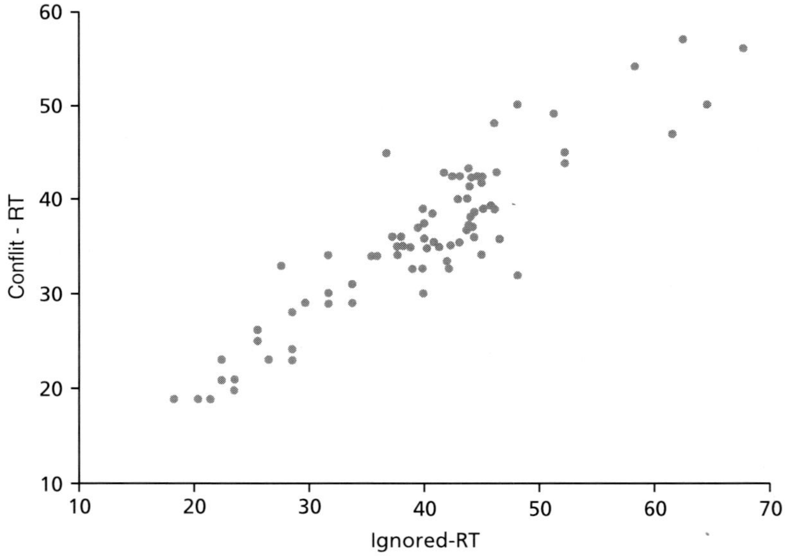

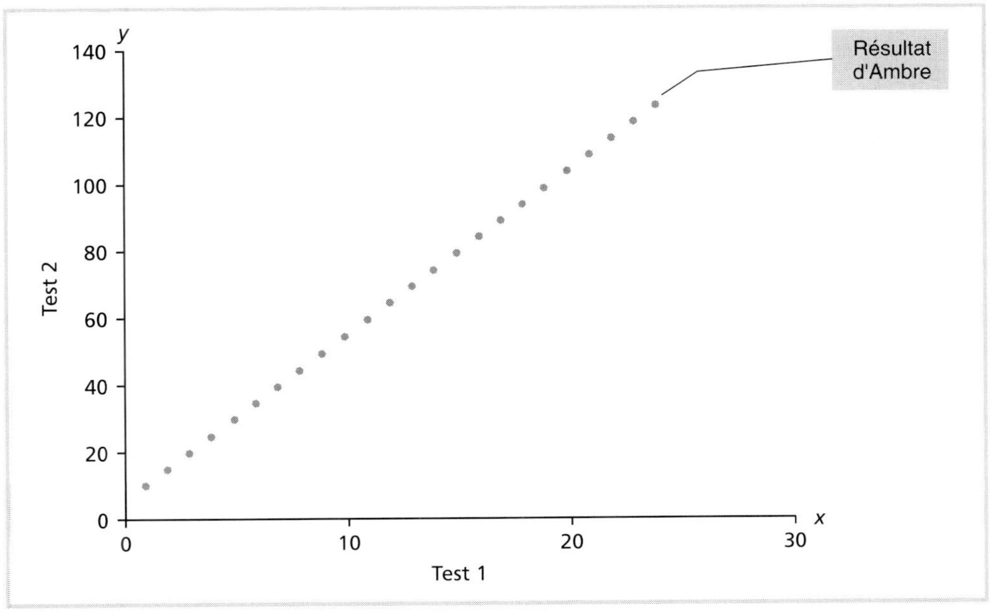

Figure 5.13
Lien linéaire parfait

Réfléchissez à l'information qui suit. L'église empêche-t-elle la grossesse ?

> Chaque année, 118 000 adolescentes environ tombent enceintes au Royaume-Uni. La moitié des parents seuls ont d'ailleurs moins de 25 ans. Le Royaume-Uni présente le plus fort taux de divorce de toute l'Europe et le plus grand nombre de mères adolescentes, même si d'autres pays sont en train de le rattrapper. La seule explication que les statistiques ont à proposer est la pratique religieuse. Le Royaume-Uni a vu les taux de divorce augmenter avec la baisse de la pratique religieuse, et le taux de mères adolescentes dans les différentes régions du pays est d'autant plus élevé que la pratique religieuse se perd. *(Polly Tonybee, Radio Times, 20-26 mars 1993)*

Revenons au cas des liens parfaits (figure 5.13).

Imaginons que la figure 5.13 représente les résultats à deux tests (test 1 et test 2). Le fait qu'il y ait un lien parfait et positif entre les deux scores implique que les personnes sont classées exactement de la même manière selon les deux tests. Autrement dit, si Ambre a le meilleur score pour le test 1 (soit 23), elle a aussi le meilleur score selon le test 2 (130). Réciproquement, celui qui a le score le plus bas pour le test 1 a aussi le moins bon score au sens du test 2.

Certes, les liens parfaits sont plus que rares, mais le même raisonnement est valable (en gros) avec des liens imparfaits. On peut donc interpréter les coefficients de corrélation en termes de position (ou rang dans le classement).

Exemple (température et glace) :

Imaginons que nous procédions à l'étude de la corrélation entre le nombre de cônes glacés vendus par un marchand à la sortie de l'Université, et la température extérieure. Chaque jour, nous demandons au vendeur, monsieur Racamax, combien de cornets il a vendu. On poursuit l'expérience pendant 20 jours. Maintenant, nous voulons savoir si ce nombre de cônes varie avec la température. Au vu des travaux antérieurs sur la question, nous prévoyons que les deux grandeurs sont liées positivement. Les données sont tabulées (tableau 5.1).

Il est très simple, avec ces données, de construire à la main le diagramme de dispersion, même si un grand nombre de scores peut rendre la tâche fastidieuse. Mais SPSS fait ça bien mieux que nous, et bien plus vite... La procédure pour obtenir un diagramme de dispersion *via* SPSS a été donnée au chapitre 2.

La figure 5.14 montre que la température et le nombre de cônes glacés vendus sont liés. Ce n'est, évidemment, pas une relation parfaite, mais le diagramme montre qu'il s'agit d'un lien positif.

Tableau 5.1

Données de l'observation « température et glaces ».

Cônes	Température	Cônes	Température
1000	26	550	14
950	22	600	19
870	19	700	21
890	20	750	22
886	19	800	22
900	21	850	24
560	17	950	22
550	16	1050	26
400	12	1000	26
500	13	1000	26

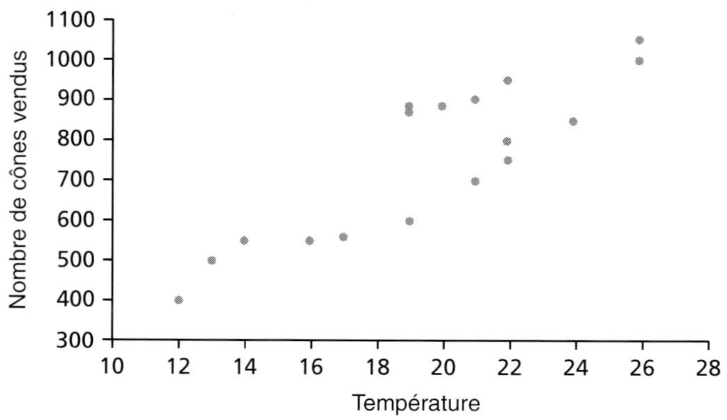

Figure 5.14

Diagramme de dispersion du nombre de glaces vendues en fonction de la température

SPSS : Corrélation bivariée – coefficient *r*

Nous voulons maintenant déterminer la valeur du coefficient de corrélation et la probabilité *p* associée, aussi nous tournons-nous à nouveau vers SPSS. Une fois les chiffres entrés dans l'éditeur de données, sélectionnons *Analyse,* puis *Corrélation* et enfin *Bivariée... :*

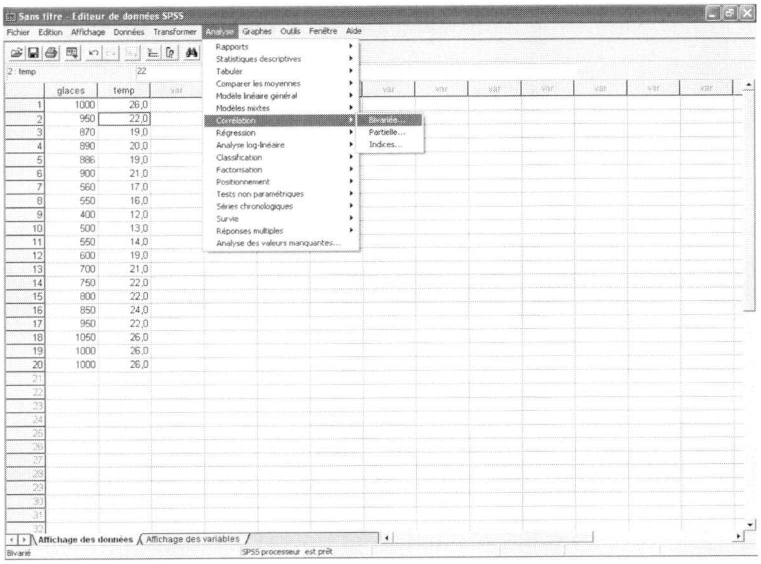

Cela nous amène à la boîte de dialogue suivante :

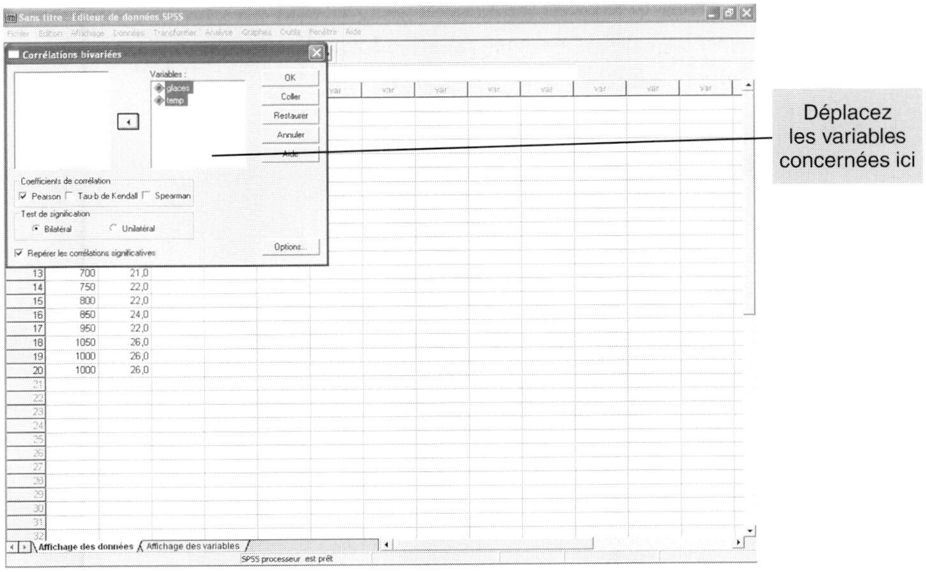

Déplaçons les deux variables dans la zone *Variables* de cette boîte de dialogue. Vérifiez que *Pearson* est sélectionné, et choisissez également *Unilatéral.* Cliquez ensuite sur le bouton *OK.* Les résultats arriveront tout cuits.

Observons ces résultats. Ceux qui ont un intérêt direct pour nous sont :

- le coefficient de corrélation linéaire *r* (de Pearson), qui nous montre la force du lien entre les deux variables, ainsi que le sens de ce lien ;
- le niveau de signification associé, qui nous permet de savoir si nos observations ont pu se produire par hasard – en supposant qu'il n'y a en réalité pas de lien entre les variables.

Les données sont affichées sous forme de matrice de corrélation. Une *matrice* est simplement un tableau de nombres arrangés en lignes et en colonnes. Une matrice de corrélation est un exemple de matrice carrée (il y a autant de lignes que de colonnes), symétrique (la case en haut à droite est la même qu'en bas à gauche). Vous devriez trouver que chaque variable est parfaitement corrélée avec elle-même. Sinon, il y a quelque chose qui cloche ! Notez également que chaque information est donnée deux fois. La partie supérieure de la matrice (au-dessus de la diagonale formée par les cases A1 et B2) est une image en miroir de la partie inférieure. Pour cette raison, il suffit de ne regarder que la moitié de la matrice, par exemple la partie supérieure droite. SPSS vous indique également le nombre d'individus correspondant à chaque paire de variables. Finalement, la seule case correspondant à la ligne « glace » et à la colonne « temp » nous fournit toute l'information dont on peut rêver. La première ligne de cette case nous donne la valeur de *r* (on ne donne habituellement que 2 décimales), et la seconde ligne indique la signification associée. La troisième ligne enfin, inutile, indique le nombre d'individus sur lequel portait le calcul, et confirme que les 20 valeurs ont été prises en compte. Lorsque SPSS vous donne une valeur comme ,000, on peut seulement en déduire que la valeur correspondante commence par trois 0. Aussi, lorsque SPSS indique pour p ,000, on écrit simplement $p < 0{,}001$. (on remplace le dernier 0 de SPSS par un 1). Notre coefficient de corrélation linéaire est positif : lorsque la température augmente, la vente de glaces suit.

Le coefficient *r* est donné dans la cellule où « glaces » et « temp » se croisent

Corrélations

		GLACES	TEMP
GLACES	Corrélation de Pearson	**1,000**	**,893****
	Sig. (unilatérale)	,	**,000**
	N	20	**20**
TEMP	Corrélation de Pearson	,893**	1
	Sig. (unilatérale)	,000	,
	N	20	20

**. La corrélation est significative au niveau 0.01 (unilatéral).

La signification est indiquée ici. Souvenez-vous que lorsque SPSS donne $p =$,000, il vous faut le remplacer par $p < 0{,}001$ par exemple

Activité 5.5

Considérez la sortie SPSS suivante :

Correlations

		Motivation	Nombre d'heure	Âge
Motivation	Corrélation de Pearson	1.000	.8801	–.0110
	Sig. (2-tailed)	.	.000	.811
	N	474	474	474
Nombre d'heures	Corrélation de Pearson	.8801	1.000	–.1459
	Sig. (2-tailed)	.000	.	.001
	N	474	474	474
Âge	Corrélation de Pearson	–0.110	–.1459	1.000
	Sig. (2-tailed)	.811	.001	.
	N	474	474	474

Quel est le lien le plus fort ?

(a) celui entre le nombre d'heures travaillées et la motivation

(b) celui entre l'âge et la motivation

(c) celui entre l'âge et le nombre d'heures travaillées.

Ces résultats montrent que le nombre de cônes vendus est lié positivement et fortement à la température. On pourrait, dans un article ou un rapport, rédiger les choses comme suit :

Le nombre de cônes vendus chaque jour est fortement lié, et de manière positive, à la température extérieure ($r = 0{,}89$, $p < 0{,}001$). Lorsque la température augmente, les ventes de glaces croissent également.

C'est tout ce que nous pouvons dire pour le moment, mais nous découvrirons plus loin des précisions nouvelles.

1.10 *Variance expliquée et coefficient de corrélation*

Le coefficient de corrélation linéaire *r* est le rapport de la *covariance*[8] (qui mesure la variance commune aux deux variables) et d'une mesure de variation séparée des deux variables.

8. La covariance est donnée par la formule (que vous n'avez pas besoin de connaître)

$$\mathrm{cov}(x, y) = \frac{1}{n}\sum (x_i - \bar{x})(y_i - \bar{y}) .$$

où n est la taille de l'échantillon, $\bar{x}$ la moyenne de x et $\bar{y}$ celle de y. [ndt]

Vous devriez déjà avoir une bonne perception visuelle de ce qu'est un coefficient de corrélation. Si l'on vous demandait d'inventer un diagramme de dispersion correspondant à un coefficient de corrélation de 0,9, vous y arriveriez très bien. Qu'on vous demande la même chose mais en visant un coefficient de corrélation linéaire de 0,1, et vous voilà traçant, là encore, une solution excellente. Mais il y a une autre manière de concevoir le coefficient de corrélation que comme une perception entièrement intuitive et inexplicable... Une vision qui, de plus, s'avérera bien utile lorsque nous aborderons l'analyse de la régression. Prenons l'exemple suivant en guise d'illustration : on considère l'ensoleillement (nombre d'heures de soleil dans la journée), et la température. Cet exemple a été proposé, il y a quelque temps déjà, par Alt (1990). Ces deux variables sont liées de manière croissante (donc positivement) : plus l'ensoleillement est long au cours de la journée, plus il fait chaud. Lorsque deux variables sont liées, on dit qu'elles « partagent » de la variance (ou variation) parce qu'elles varient, en partie, ensemble. Nous pouvons représenter les variables ensoleillement et température.

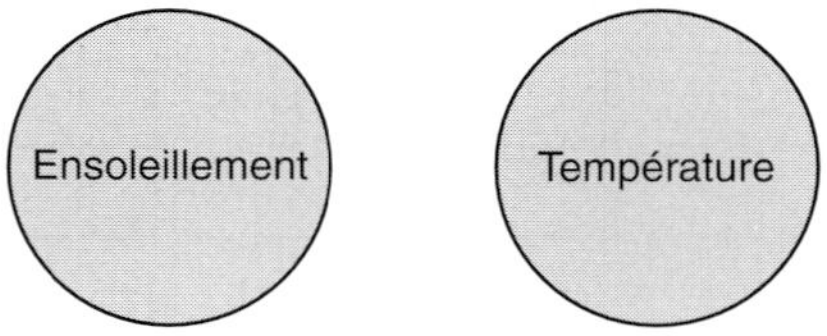

Nous avons dessiné ces disques, qui représentent donc l'ensoleillement et la température, comme si ces deux grandeurs étaient indépendantes. Mais elles ne le sont pas. Elles partagent pas mal de variance. Pouvons-nous mesurer cette variance partagée ? La réponse est oui, grâce au *coefficient de détermination*. Pour obtenir ce coefficient de détermination, il suffit d'élever le coefficient de corrélation, qui varie de -1 à $+1$, au carré. On obtient ainsi une grandeur qui peut varier entre 0 et 1 et donne la proportion de variance partagée. Jetez un œil au tableau 5.2.

Tableau 5.2

Signification du coefficient de détermination

Corrélations (r)	Détermination (r^2)	Pourcentage de variance partagé
0,0	0,0	0,00
0,1	$0,1^2$	0,01 (1 %)
0,2	$0,2^2$	0,04 (4 %)
0,3	$0,3^2$	0,09 (9 %)
0,4	$0,4^2$	0,16 (16 %)
0,5	$0,5^2$	0,25 (25 %)
0,6	$0,6^2$	0,36 (36 %)
0,7	$0,7^2$	0,49 (49 %)
0,8	$0,8^2$	0,64 (64 %)
0,9	$0,9^2$	0,81 (81 %)
1,0	$1,0^2$	1,00 (100 %)

Une autre manière – en fait identique – de considérer les choses est de dire que, parmi tous les facteurs permettant d'expliquer pourquoi certains jours sont plus chauds que d'autres, on peut identifier l'ensoleillement. Le coefficient de détermination peut alors être compris comme une mesure de l'importance de ce facteur « ensoleillement » dans la température. Si par exemple on trouve $r^2 = 0{,}81$, on pourra dire que « 81 % des variations de température s'expliquent par l'ensoleillement »... Une forme de phrase que l'on entend parfois à la radio sans la comprendre. Ainsi, l'ensoleillement explique 81 % des variations de température, et il reste donc 19 % de fluctuations thermométriques qui ne s'expliquent *pas* par l'ensoleillement (mais sont le fait d'autres facteurs à déterminer).

Souvenez-vous qu'il existe des corrélations négatives. Mais, une fois élevées au carré, elles donnent un coefficient de détermination toujours positif. Ainsi $(-0{,}4)^2 = (-0{,}4) \times (-0{,}4) = 0{,}16$, soit 16 %. Ainsi, 16 % de la variance est partagée dans le cas d'une corrélation linéaire de –0,4, exactement comme dans le cas +0,4. Si vous avez un coefficient de 0,9 ou de –0,9, vous expliquez 81 % de la variance. Un *diagramme de Venn* permet de représenter simplement les choses. Si les deux variables sont parfaitement liées ($r^2 = 1$), alors elles ne sont pas du tout indépendantes (séparées sur le diagramme), mais au contraire parfaitement superposées. Les deux disques représentant les variables (disons x et y) sont alors l'un sur l'autre, comme deux pièces :

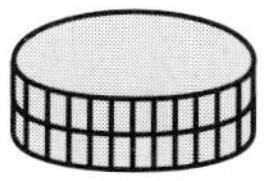

Le coefficient de corrélation entre les deux variables serait alors de +1 (ou –1), et la variable x, par exemple, expliquerait entièrement les variations de y. Considérons l'ensoleillement et la température, que nous supposons corrélés au niveau $r = 0{,}9$, ce qui correspond à $r^2 = 0{,}81 = 81$ % [9]. Les deux disques représentant les variables se placent alors comme ceci :

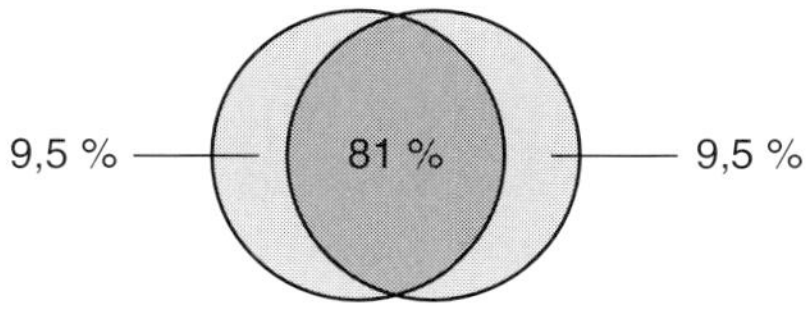

Si 81 % de la variance est partagée par les deux variables, alors 19 % ne l'est pas. Cela fait 19 % de la variance – 9,5 % de la variance appartient à l'ensoleillement seul, et 9,5 % à la température seulement. Si la variance partagée (explicable) représente une grande partie de la variance totale, donc si elle est suffisamment supérieure à la variance non partagée, alors r^2 est élevé. Si au contraire la variance non partagée est plus grande que la variance partagée, alors r^2 est faible.

$$r^2 = \frac{\text{variance partagée}}{\text{variance partagée + variance non partagée}}$$

9. Il s'agit de l'exemple de Alt (1990).

Activité 5.6

On donne le diagramme de dispersion suivant :

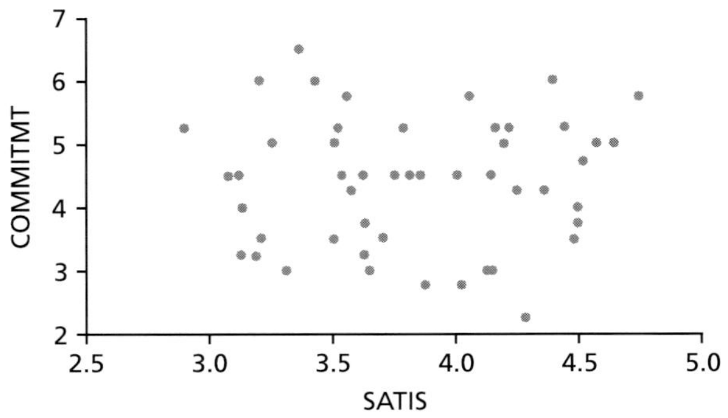

Quelle est la conclusion la plus sensée ?

(a) Il y a une corrélation positive moyenne entre les variables

(b) Il y a une corrélation négative

(c) Il y a une corrélation négative forte

(d) Il n'y a pas de corrélation entre les variables.

La partie doublement grisée (81 %) de la variance est la variance partagée. Autrement dit, 81 % des variations constatées dans le nombre d'heures d'ensoleillement s'expliquent par les variations de température. On peut également dire, réciproquement, que 81 % des variations de température peuvent s'expliquer par l'ensoleillement, 19 % des variations restant donc « inexpliquées », c'est-à-dire que cette partie des variations de la température dépend sûrement d'autres facteurs que l'ensoleillement.

Prenons l'exemple de la quantité de pluie et du nombre de spectateurs assistant à un match de tennis. On peut s'attendre à une relation négative entre les variables : plus il pleut, moins il y aura de spectateurs. Supposons que la corrélation soit de $-0{,}3$. Cela signifie que 9 % ($-0{,}3 \times -0{,}3 = 0{,}09$) de la variance (ou variation) du nombre de spectateurs est expliquée par la quantité de pluie (voir figure 5.15).

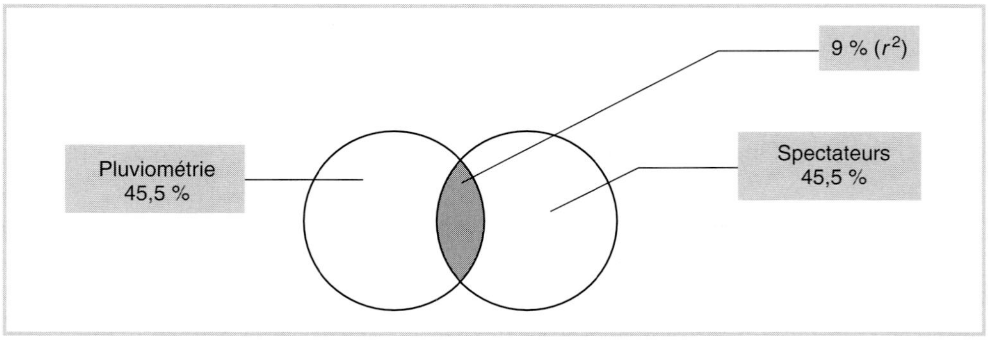

Figure 5.15

Diagramme illustrant la quantité de variance partagée par deux variables

Considérons maintenant l'exemple illustré par la figure 5.16. On mesure le poids et la taille de jeunes élèves dans une école, et on trouve une corrélation linéaire de 0,7. Quelle proportion de la variation du poids s'explique par la taille ? Pour le savoir, on multiplie 0,7 par lui-même, ce qui donne 0,49 (49 %). Cela signifie que près de la moitié des variations de taille s'expliquent par les différences de poids. Cela signifie aussi, inversement, que près de la moitié des variations de poids s'expliquent par les variations de la taille.

On en déduit, évidemment, que 51 % des variations restent *inexpliquées*, autrement dit que 51 % de la variance est explicable uniquement par d'autres facteurs (indéterminés pour le moment). Cela pourrait être l'âge, des facteurs génétiques, ou environnementaux. Un coefficient de corrélation peut toujours être élevé au carré, vous donnant ainsi le pourcentage de « variance expliquée », également appelé coefficient de détermination. Réciproquement, connaissant le coefficient de détermination, vous pourrez utiliser la touche « racine carrée » de votre calculatrice pour connaître le coefficient de corrélation linéaire correspondant – en réalité sa valeur absolue puisque vous ne connaîtrez pas le sens du lien entre les variables. Vous devriez maintenant avoir bien compris qu'une corrélation de 0,4 n'est *pas* deux fois plus forte qu'une corrélation de 0,2. Une corrélation de 0,4 indique que 16 % des variations sont expliquées, alors qu'une corrélation de 0,2 signifie que 4 % seulement de la variance est partagée. Ainsi, on peut considérer de ce point de vue qu'une corrélation de 0,4 est en réalité le quadruple d'une corrélation de 0,2. Le coefficient de corrélation est une bonne mesure de la force du lien entre les variables et peut toujours être élevé au carré. Le résultat indique quelle part de la variance de la VD peut être expliquée par la VI.

Il y a une corrélation (peut-être bien trompeuse !) entre la quantité de crèmes glacées consommées et le sentiment de bonheur (disons $r = +0{,}85$). Quelle proportion des variations du score de bonheur est expliquée par la consommation de glaces ? Quelle proportion de la variation reste inexpliquée ?

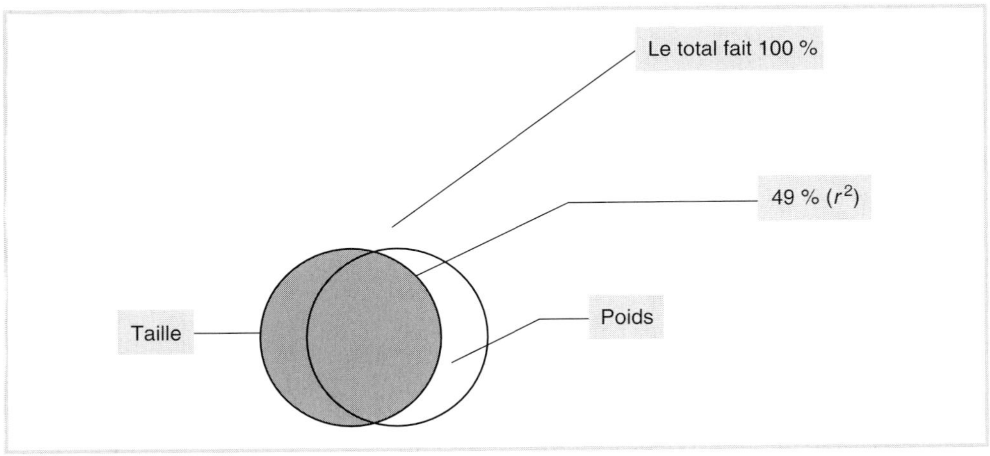

Figure 5.16
Une autre illustration de la variance partagée

Activité 5.7

Lorsque vous vous interrogez sur la taille et la signification d'un coefficient de corrélation, il est important de jeter un œil à

(a) la signification *p*

(b) la valeur du coefficient de corrélation

(c) à la fois (a) et (b)

(d) ni (a) ni (b).

1.11 *Signification statistique et importance psychologique*

Jadis, les gens s'intéressaient plus à la signification statistique qu'à la taille de l'effet ou à la proportion de variance expliquée. Ils disaient par exemple qu'ils avaient découvert une corrélation très significative, parce qu'ils se référaient à la valeur de *p* (par exemple 0,005), mais ils oubliaient la force du lien entre les variables. La valeur de *p* donne bien peu d'information si elle n'est pas complétée par *r*. Le coefficient de corrélation nous dit à quel point les variables sont liées sur notre échantillon, et *p* nous indique seulement si ce lien a pu arriver à cause des erreurs d'échantillonnage.

Aussi, lorsque vous rendez compte de vos résultats, n'omettez jamais de donner le coefficient *r* et demandez-vous s'il est important pour vos travaux. Indiquez également la significativité *p*. Mais ne vous contentez pas de rapporter *p*. *Souvenez-vous bien que la signification statistique n'est pas la même chose que l'importance psychologique* (voir chapitres 4 et 7 pour de plus amples informations).

Exemple : Retour sur les glaces et la température

Maintenant que les variances expliquées n'ont plus de secret pour vous, vous pouvez ajuster vos résultats et les inclure dans vos comptes rendus. Par exemple, la partie littéraire de vos analyses pourrait être la suivante :

> La vente de crèmes glacées est fortement corrélée à la température : lorsque la température croît, les ventes suivent cette augmentation. Le coefficient *r* (0,89) montre que la température explique 79 % des variations observées dans les ventes de crèmes glacées. La significativité *p* (0,001) prouve que cette corrélation est généralisable à la population.

Activité 5.8

Observez le diagramme de dispersion suivant :

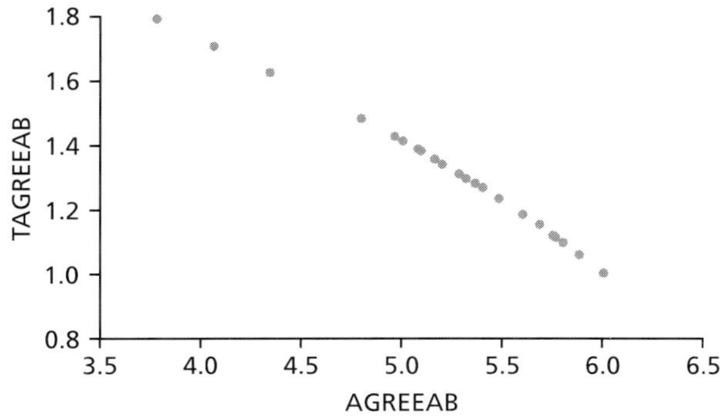

Montre-t-il que les variables sont

(a) fortement liées négativement ?

(b) moyennement liées positivement ?

(c) moyennement liées négativement ?

Exemple : Capacités cognitives et maladies chroniques

Une étude s'est attaquée à la question du lien éventuel entre les compétences cognitives et les maladies chroniques. Les mesures utilisées sont : Le QI (verbal, mais aussi comportemental) ; un score Stroop [10] ; la durée cumulée des maladies au cours de l'année ; et enfin une mesure de dépression. Toutes les hypothèses sont bilatérales. Soixante-dix participants ont pris part à l'expérience. Les résultats sont donnés dans le tableau 5.3.

La première ligne donne la valeur de *r*, et la seconde la significativité *p* associée. Enfin, la troisième ligne indique le nombre de participants pour lesquels les données ont pu être utilisées.

La partie littéraire de votre rapport sur cette étude pourrait être par exemple :

> Comme prévu, les QI verbal et comportemental sont fortement (et positivement) liés. Une corrélation moyenne a également été trouvée entre la durée cumulée des épisodes morbides et le score de dépression. Un résultat sans doute plus intéressant est le lien entre la dépression et le QI verbal ($r = -0{,}33$, $p = 0{,}006$), alors que la dépression n'est pas significativement liée au QI comportemental ($r = 0{,}27$, $p = 0{,}44$). La dépression est également liée au score de Stroop – la dépression augmente avec le score de Stroop ($r = 0{,}27$, $p = 0{,}022$).

Grâce à SPSS, vous pouvez également obtenir une matrice de diagrammes de dispersion (voir figure 5.17). Au premier abord, ce graphique semble bien confus ! Pourtant, il s'interprète en fin de compte de la même manière que le tableau des coefficients de corrélation ci-dessus.

En vérité, il suffit de considérer la moitié des cases du diagramme, parce qu'elles sont redondantes. La moitié supérieure droite du graphique est l'image en miroir de la partie inférieure gauche. Les diagrammes de dispersion correspondant à deux variables se trouvent à l'intersection de la ligne et de la colonne qui portent les noms des deux variables. Suivez par exemple une ligne verticale imaginaire partant de « durée de maladie » et une ligne horizontale à partir de « QI verbal ». Vous rencontrez la cellule (case) qui contient le diagramme de dispersion de « QI verbal » en fonction de « durée de maladie ».

---

10. Le test de Stroop traditionnel utilise des noms de couleur (rouge, bleu, jaune, vert), écrits soit dans une couleur similaire (par exemple, le mot *rouge* est écrit avec de l'encre rouge), soit dans une couleur différente (par exemple, *rouge* peut être écrit avec de l'encre bleue). Les participants mettent généralement plus longtemps à dire de quelle couleur est l'encre ayant servi à imprimer le mot s'il y a un décalage entre la couleur physique et celle évoquée par le nom. Le score de Stroop utilisé dans cette étude est fondé sur la différence de temps de réponse entre le cas où les couleurs sont similaires et le cas où elles sont différentes.

Tableau 5.3 - **Corrélations**

		QI verbal	QI comportemental	Durée de la maladie	Score Stroop	Dépression
QI verbal	Corrélation de Pearson	1	.615	–.175	–.227	–.327
	Sig. (bilatérale)	.	.000	.148	.059	.006
	N	70	70	70	70	70
QI comportemental	Corrélation de Pearson	.615	1	.043	–.231	–.094
	Sig. (bilatérale)	.000	.	.724	.055	.438
	N	70	70	70	70	70
Durée de la maladie	Corrélation de Pearson	–.175	.043	1	.217	.398
	Sig. (bilatérale)	.148	.724	.	.072	.001
	N	70	70	70	70	70
Score Stroop	Corrélation de Pearson	–.227	–.231	.217	1	.274
	Sig. (bilatérale)	.059	.055	.072	.	.022
	N	70	70	70	70	70
Dépression	Corrélation de Pearson	–.327	–.094	.398	.274	1
	Sig. (bilatérale)	.006	.438	.001	.022	.
	N	70	70	70	70	70

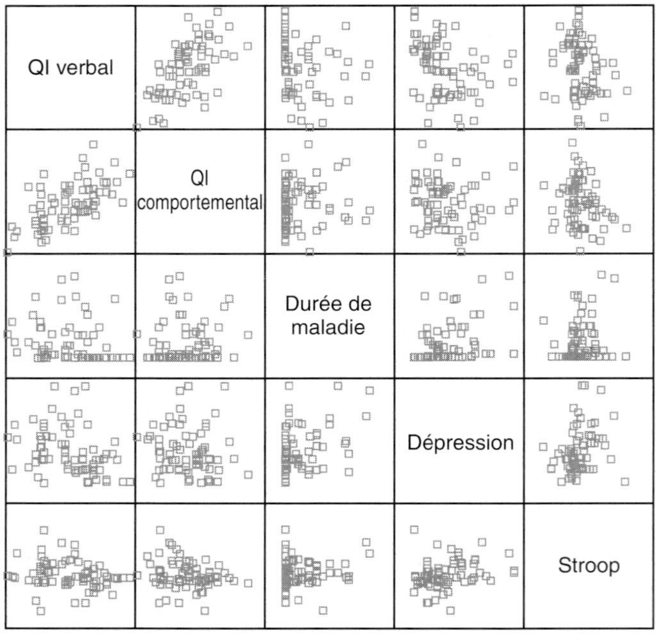

Figure 5.17

Matrice des diagrammes de dispersion pour les compétences cognitives et la maladie chronique

SPSS : Matrice de diagrammes de dispersion

Pour obtenir une telle matrice, ouvrez le fichier de données, puis sélectionnez *Graphes, Diagramme de dispersion* :

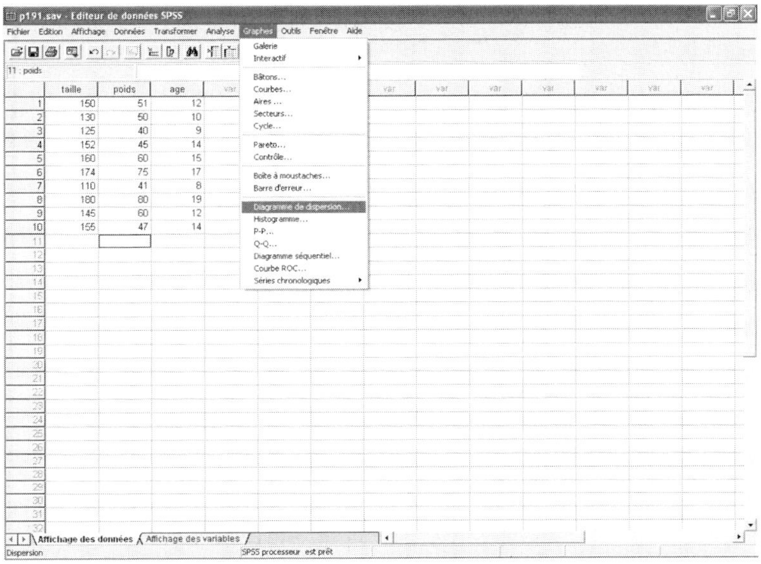

Sélectionnez ensuite *Matrice, Définir* :

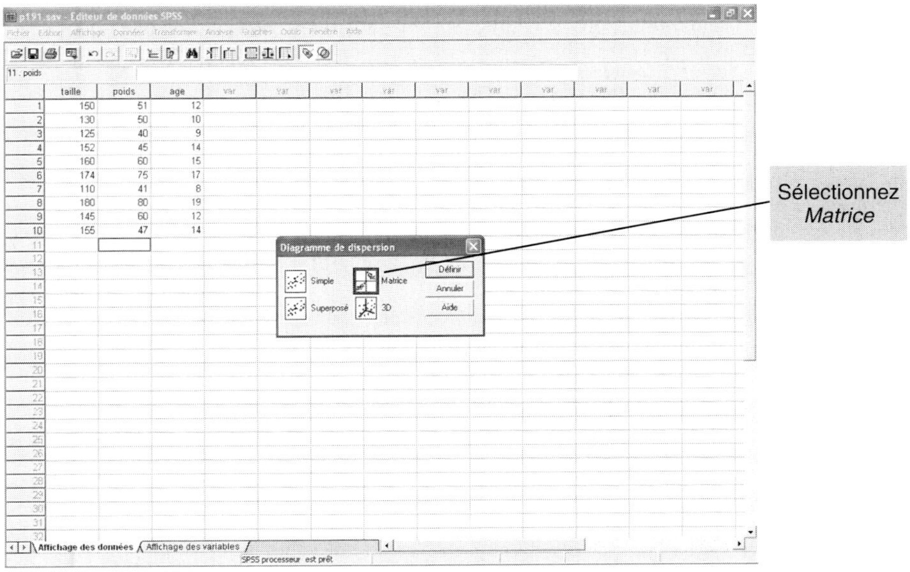

Déplacez les variables que vous souhaitez inclure dans la représentation de la liste de gauche à la boîte de dialogue à droite en utilisant le bouton ▸, puis cliquez sur OK.

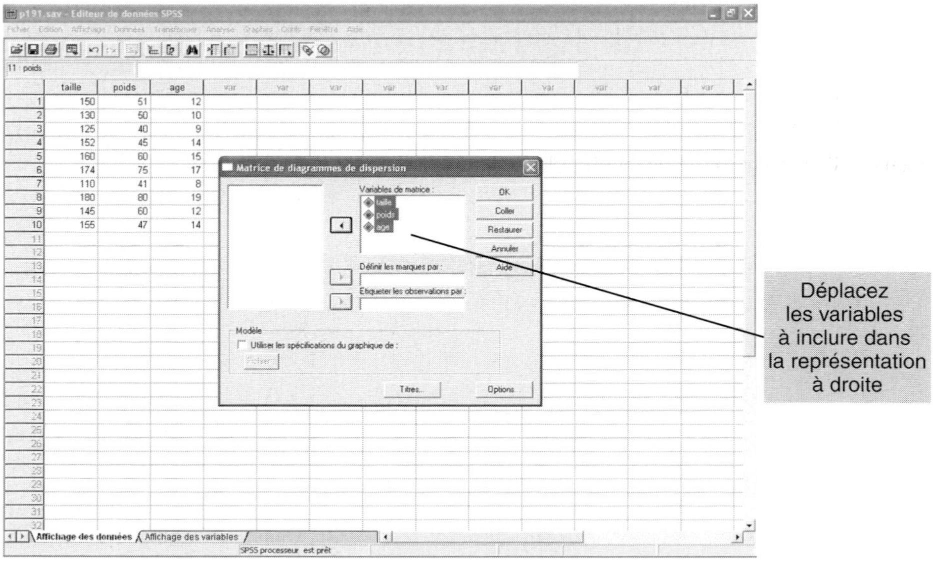

Vous obtiendrez alors la matrice souhaitée.

Exemple : QI et résultats universitaires

Si vous réalisez une étude de corrélation sur plus de deux variables à la fois, vous obtiendrez un résultat SPSS comme celui ci-dessous, sous forme de matrice de corrélation.

Corrélations

		qi	mathemat	score1	score2	score3
QI	Corrélation de Pearson	1.000	.5741	.0641	.0143	.1428
	Sig. (unilatérale)	.	.002	.383	.474	.253
	N	24	24	24	24	24
mathemat	Corrélation de Pearson	.5741	1.000	.0598	.0281	.2502
	Sig. (unilatérale)	.002	.	.391	.448	.119
	N	24	24	24	24	24
score1	Corrélation de Pearson	.0641	.0598	1.000	.9952	–.2153
	Sig. (unilatérale)	.383	.391	.	.000	.156
	N	24	24	24	24	24
score2	Corrélation de Pearson	.0143	.0281	.9952	1.000	.2188
	Sig. (unilatérale)	.474	.448	.000	.	.152
	N	24	24	24	24	24
score3	Corrélation de Pearson	–.1428	–.2502	–.2153	–2188	1.000
	Sig. (unilatérale)	.253	.119	.156	.152	.
	N	24	24	24	24	24

Bien que nous ayons ici corrélé cinq variables deux à deux, nous n'avons que 10 coefficients à consulter. Cela vient du fait que nous n'avons pas besoin de prendre en compte la diagonale (cases A1, B2...) : les cellules correspondantes contiennent systématiquement $r = 1,00$, car chaque variable est parfaitement corrélée avec elle-même. De plus, la moitié supérieure droite étant l'image inversée de la partie inférieure gauche, nous ne considérons que la moitié des cases restantes. Remarquez que les cases restantes ont été imprimées en gras.

La sortie SPSS donne les valeurs de *r* ainsi que les probabilités *p* correspondantes. Elle donne également le nombre de paires d'observations sur lesquelles sont basés les calculs de coefficients de corrélation.

Dans notre exemple, les scores de mathématiques sont liés positivement au QI ($r = 0,57$). C'est une corrélation moyenne, mais elle correspond à une signification *p* de 0,002. Il est donc très improbable (probabilité 0,2 %), si l'on suppose que le QI et le score de mathématiques sont en réalité indépendants, de tomber par hasard sur une telle valeur de *r*. Le nombre d'observations est de 24.

Si vous considérez la ligne supérieure de la matrice de corrélation, vous remarquerez que les coefficients liant les scores 1 ou 2 d'une part, et le score 3 d'autre part, sont approximativement nuls. Cela montre que nous n'avons pas observé de lien net sur notre échantillon. Les significations montrent en tout état de cause qu'on ne peut pas déduire de nos observations qu'il existe un lien quelconque entre ces variables.

Si vous passez maintenant à l'intersection des scores 1 et 2, vous pourrez voir qu'il existe un lien presque parfait entre ces deux scores, montrant qu'ils mesurent finalement des compétences similaires ($r = 0,9952$). La significativité associée est suffisamment faible ($p < 0,001$) pour qu'on puisse généraliser sans problème ce résultat. SPSS calcule les valeurs de *p* avec un certain nombre de chiffres après la virgule. L'utilisateur peut cependant changer ce nombre de décimales, pour obtenir par exemple 4 décimales ($r = 0,9952$) ou 3 seulement ($r = 0,995$), ou n'importe quel nombre. La même chose est possible pour les valeurs de *p*. Souvenez-vous que lorsque SPSS vous donne $p = 0,000$, il vous faut transformer le dernier 0 en 1 et écrire une inégalité, comme $p < 0,001$.

Pour obtenir un nombre de décimales différent de celui initialement proposé par le logiciel, rendez vous sur la fenêtre du « Viewer » où sont affichés les résultats. Double-cliquez sur le tableau contenant le *r* ou le *p* que vous voulez modifier. Le tableau doit alors apparaître entouré d'une bordure en pointillés, qui indique qu'il est bien sélectionné. Cliquez ensuite *avec le bouton droit de la souris* sur le *r* ou le *p* à modifier, puis choisissez *propriétés de la cellule* dans le menu déroulant. Dans la boîte de dialogue qui apparaît alors, choisissez l'onglet *valeur*. En face de *Décimales*, réglez le nombre à votre convenance, puis cliquez *appliquer*, et *OK*.

1.12 *Intervalles de confiance pour r*

Rosnow et Rosenthal (1996) ont proposé une procédure pour déterminer des intervalles de confiance au niveau de confiance de 95 % pour les coefficients de corrélation de Pearson *r*. En résumé, les étapes sont les suivantes :

1. Consultez la table pour transformer *r* en score *Z* de Fisher (voir appendice 2).
2. Multipliez $1/\sqrt{(n-3)}$ par 1,96.
3. La limite inférieure de l'intervalle de confiance est donnée par la différence entre le nombre trouvé en 1 et celui trouvé en 2.
4. La limite supérieure est donnée par la somme des nombres trouvés en 1 et 2.
5. Consultez à nouveau la table de Fisher pour retrouver les *r* correspondants aux valeurs Z_r (*Z* de Fisher) calculées.

Exemple

Essayons de déterminer, pour un coefficient de corrélation de 0,29 calculé sur un échantillon de taille 133, l'intervalle correspondant. On a donc $r = 0{,}29$ et $n = 133$.

- La table de Fisher montre que $r = 0{,}29$ correspond à $Z_r = 0{,}299$.
- On calcule $\sqrt{130}$, qui vaut 11,40.

  On calcule $1/\sqrt{130}$ qui vaut, d'après la calculatrice, 0,0877

  On calcule 0,0877 multiplié par 1,96, ce qui donne 0,1719.
- On fait la différence entre les deux valeurs ci-dessus, ce qui donne $0{,}229 - 0{,}1719 = 0{,}1271$. C'est le Z minimal de l'intervalle.
- On fait la somme $0{,}229 + 0{,}1719 = 0{,}4709$, qui est le Z maximum.
- On reconvertit ces valeurs en r grâce à la table :

  $Z_r = 0{,}1271 \rightarrow r = 0{,}126$

  $Z_r = 0{,}4709 \rightarrow r = 0{,}440$.

Bien que le coefficient observé soit de 0,29, nous sommes seulement sûr (à 95 %) que le vrai coefficient de Pearson, celui que l'on calculerait sur la population tout entière, est compris entre 0,126 et 0,440.

Les intervalles de confiance pour r n'ont pas à être calculés à la main, puisque SPSS peut très bien se charger des calculs pour nous. Pour obtenir l'intervalle de confiance pour un r avec SPSS, procédez comme suit :

Sélectionnez *Analyse > Régression > Linéaire...*

Dans la boîte de dialogue qui apparaît alors, faites glisser au moyen de la flèche ▸ l'une des deux variables qui vous intéressent dans la zone « Variable dépendante », et l'autre dans « Variables explicatives ».

Cliquez ensuite sur *Statistiques,* cochez *Intervalles de confiance,* puis *Poursuivre,* et enfin *OK.*

Des tableaux s'affichent alors. Le troisième de ces tableaux et de la forme suivante :

Coefficients

Modèle		Coef. non stand.		Coef. stand.			Intervalle de confiance à 95% de B	
		B	Err. St.	Bêta	t	sig.	Borne inférieure	Borne supérieure
1	(constante)	10,848	3,529		3,074	,007	3,434	18,261
	X	8,E-02	,255	,076	,324	,750	-,454	,619

Il vous faut alors considérer la dernière ligne. Les deux dernières colonnes (borne inférieure et borne supérieure) vous donnent l'intervalle de confiance de *B.* Ainsi, dans le cas qui nous occupe, l'intervalle de confiance pour B est $[-0{,}454 ; +0{,}619]$. Vous pouvez alors retrouver l'intervalle de confiance pour r en utilisant la relation

$$r = B \times \frac{s_x}{s_y}$$

(les valeurs de s_x et s_y sont les écarts type corrigés de X et y, et se trouvent dans le premier tableau donné par SPSS).

Jusqu'ici, nous n'avons évoqué que des coefficients de corrélation entre deux variables, sans prendre en compte de troisième variable. Ce type de corrélation se nomme *corrélation simple,* mais il existe aussi des corrélations plus complexes.

2 Corrélations partielles

Reprenons l'exemple du poids et de la taille chez les enfants. Un bref instant de réflexion vous convaincra que ces deux variables sont corrélées avec l'âge. On pourrait d'ailleurs étudier la corrélation entre ces trois variables prises deux à deux pour confirmer nos dires.

Corrélations

		TAILLE	POIDS	ÂGE
TAILLE	Corrélation de Pearson	1.000	**.834**	**.970**
	Sig. (unilatérale)	.	.001	.000
	N	10	10	10
POIDS	Corrélation de Pearson	.834	1.000	**.802**
	Sig. (unilatérale)	.001	.	.003
	N	10	10	10
ÂGE	Corrélation de Pearson	.970	.802	1.000
	Sig. (unilatérale)	.000	.003	.
	N	10	10	10

** Correlation is significant at the 0.01 level (1-tailed).

En gras sont indiqués les trois coefficients de corrélation importants. Vous pouvez ainsi vérifier que les trois variables sont fortement liées positivement deux à deux.

Si nous voulions révéler une association entre le poids et la taille qui ne soit en rien due à l'âge, il nous faudrait logiquement trouver des enfants tous nés le même jour. Si cela n'est pas possible [11], on pourra se débarrasser artificiellement de l'effet de l'âge en ôtant cet effet mathématiquement (on soustrait au lien entre taille et poids toute la partie qui peut être attribuée à l'âge). On dit aussi dans un tel cas que la variable âge est *contrôlée*, ou que l'on calcule une corrélation « à âge constant ». On calcule ainsi le *r* entre taille et poids que l'on aurait si l'âge n'intervenait pas. *r* montre alors la corrélation entre les deux variables de départ, mais l'effet de la variable de confusion âge est corrigée.

Conceptuellement, on peut imaginer les choses sous forme de variance partagée. Dans le diagramme qui suit, on montre le lien entre la taille, le poids et l'âge. La relation entre poids et taille – *sans* contrôle de l'âge – est *a*+b.

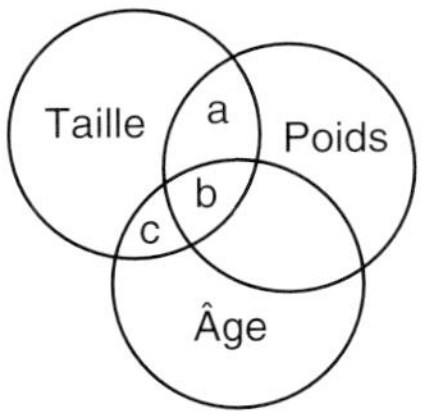

Ceci est la corrélation *simple* entre la taille et le poids. Cependant, une partie de cette relation est explicable par l'âge – c'est la partie représentée par *b* seul. Si on retire l'influence de l'âge, cela signifie que l'on ne tient pas compte de *b*. La corrélation entre taille et poids et alors réduite – c'est *a* tout seul. La voilà bien, la corré-

11. ... ou si nous voulons un résultat qui soit valable pour plusieurs âges et non pas seulement pour un âge particulier... [ndt]

lation *partielle*[12] ! – Une corrélation, donc, entre deux variables, lorsque l'effet d'une troisième variable est annulé[13].

SPSS : Corrélations partielles

Il est très facile d'obtenir des coefficients de corrélation partielle avec SPSS. Suivez pour cela la recette qui suit.

Une fois les données entrées, choisissez *Analyse, Corrélation, Partielle...* :

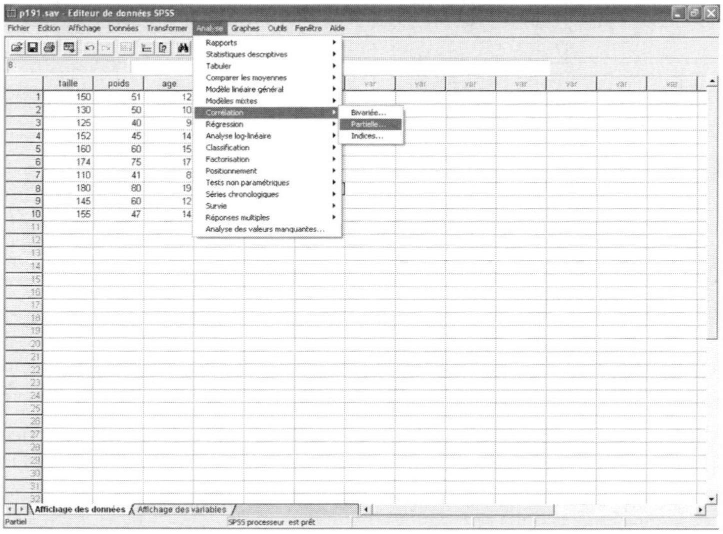

La boîte de dialogue suivante apparaît alors :

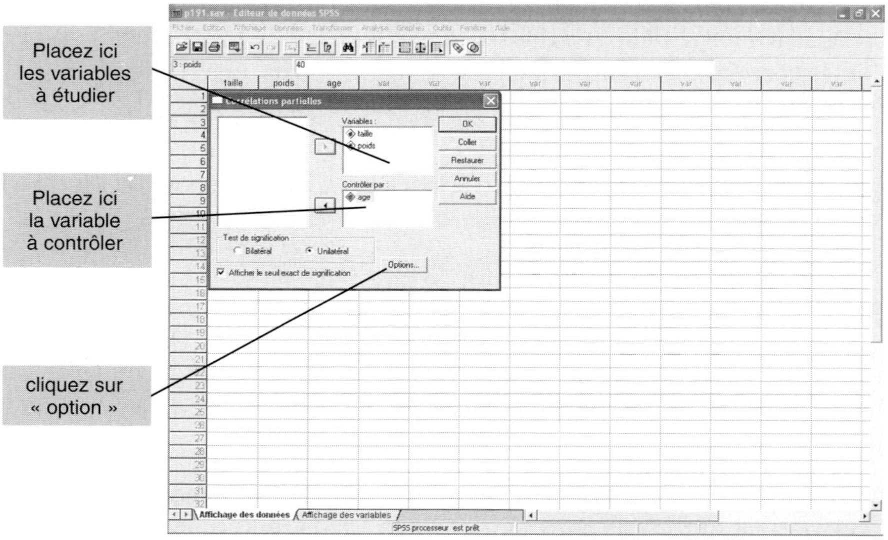

12. Il s'agit d'une explication intuitive, mais pas mathématique. La rigueur mathématique en prend un coup, mais l'idée globale est là. En réalité, la bonne formule pour déterminer la corrélation partielle est $r^2 = a/(a + \text{poids})$ ou $r^2 = a/(a + \text{taille})$.

13. La véritable formule de la corrélation partielle est donnée dans le livre de Howell (1998). [ndt]

Déplacez les variables taille et poids dans la boîte de dialogue *Variables* à droite, et la variable à contrôler (dans notre cas l'âge) dans la boîte *Contrôler par.*

Il serait également intéressant dans notre cas de connaître le coefficient de corrélation entre la taille est le poids *sans contrôler* l'âge, afin de comparer les deux coefficients de Pearson. Pour cela, il suffit de cliquer sur le bouton *Options...*, ce qui vous mène à la fenêtre suivante. Cochez *Corrélations simples* et cliquez sur *Poursuivre.*

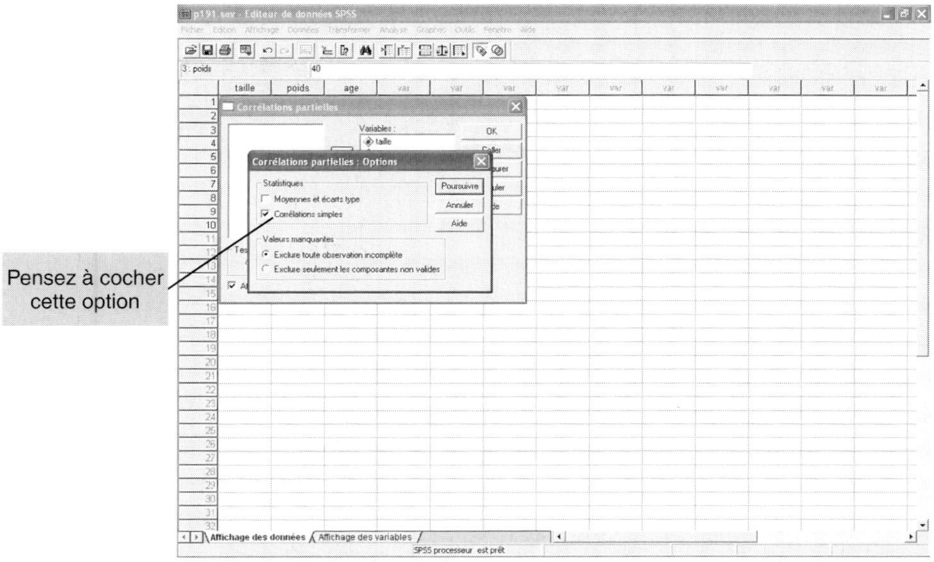

Vous voilà maintenant ramené à la boîte de dialogue *Corrélations partielles*, où vous pouvez cliquer sur *OK.*

Les corrélations simples sont affichées en premier lieu :

Partial Correlation Coefficients
Zero Order Partials

Corrélations simples *sans* contrôles de variables

		Taille	Poids	Âge
Taille	Corrélation de Pearson	1.000	**.8339**	**.9695**
	Sig. (unilatérale)	.	**.002**	**.001**
	N	0	**8**	**8**
Poids	Corrélation de Pearson	.8339	1.000	**.8020**
	Sig. (unilatérale)	.002	.	**.006**
	N	8	0	**8**
Âge	Corrélation de Pearson	.9695	.8020	1.000
	Sig. (unilatérale)	.001	.006	0
	N	8	8	0

La corrélation entre la taille et le poids (sans contrôler l'âge) est forte : 0,84

Les versions 10 et 11 de SPSS ne sont pas traduites pour les corrélations partielles. Il vous faudra donc lire les résultats en anglais. Cela ne pose cependant pas de difficulté. Il suffit de savoir que « Partial correlation coefficients, zero partials » désigne les corrélations simples. Ce premier tableau donne donc les coefficients de corrélation *(Pearson correlation)* simples, et leur significativité *p* (Sig.), dans une matrice classique.

Le tableau est semblable à celui de la page 219, mais le programme a indiqué ici qu'il s'agissait des coefficients de corrélation simples [14]. Cela vous donne les liens entre les variables, sans contrôle de l'âge.

Vient ensuite le tableau des coefficients de corrélation partielle de la taille et du poids, contrôlée par l'âge [15].

Partial Correlation Coefficients
Controlling for . . Age ← Les corrélations sont partielles, contrôlées pour l'âge

		Taille	Poids
Taille	Corrélation de Pearson	1.000	**.3853**
	Sig. (unilatérale)	.	**.306**
	N	0	**8**
Poids	Corrélation de Pearson	.3853	1.000
	Sig. (unilatérale)	.306	.

La corrélation entre la taille et le poids est maintenant de 0,39 seulement parce que l'âge est contrôlé

Vous pouvez constater que la corrélation entre la taille et le poids à été réduit de 0,83 à 0,39 (avec deux décimales). Nous pouvons donc dire que la relation entre la taille et le poids peut s'expliquer en partie par l'âge, du moins sur notre petit échantillon. Si au contraire le coefficient de corrélation n'avait *pas* été réduit par la prise en compte de l'âge, cela aurait permis d'éliminer l'âge comme variable de confusion.

Dans notre cas, nous avons contrôlé une unique variable. Mais il est tout à fait possible de contrôler plusieurs variables à la fois. On parle alors de coefficient de corrélation partielle de deuxième ordre (deux variables contrôlées), troisième ordre (trois variables contrôlées), etc.

Comment le programme fait-il pour déterminer la corrélation partielle ? Au fond, il s'agit simplement de calculer la corrélation de l'âge et de la taille, puis de l'âge et du poids, et de retirer ensuite les liens trouvés dans le calcul de la corrélation entre la taille et le poids. Cela revient à retirer artificiellement l'effet de l'âge sur les deux variables.

Exemple : Mémoire et vocabulaire

Maints chercheurs rapportent dans leurs articles des coefficients de corrélation, et des matrices de corrélation sont fréquemment présentées aux lecteurs qui doivent les interpréter. Nous vous avons chaleureusement convié à préciser systématiquement la valeur de la significativité, mais les auteurs ne suivent pas toujours ce judicieux conseil, et se contentent parfois de noter si les *p* sont inférieurs ou non à un certain seuil. Michas et Henry (1994) ont testé 24 garçons et 24 filles (âge moyen : 5,6 ans) sur différents points. L'étude portait sur la question du lien éventuel entre la mémoire phonologique, la non-répétition des mots, la mémoire non verbale, et l'empan mnésique. Le tableau 5.4 donne les corrélations entre toutes ces mesures et une variable supplémentaire mesurant l'étendue du vocabulaire.

Notez que les auteurs ne donnent que la moitié (et même un peu moins) de la matrice de corrélation. En effet, la diagonale est inutile (toutes les cellules contiendraient $r = 1{,}00$) et nous n'avons besoin que de la moitié des cases restan-

14. Il indique 4 chiffres après la virgule par défaut.

15. La ligne « controling for..age » signifie simplement « contrôlé pour l'âge ». [ndt]

Activité 5.9

Considérons les résultats suivants, issus d'un étude de Dancey *et al.* (2002)[1] :

Partial Correlation Coefficients
Zero Order Partials

		Total QOL	Total Stigma	Total Illness Intrusiveness
Total QOL	Pearson Correlation	1.000	–.4983	–.7161
	Sig. (1-tailed)	.	.000	.000
	N	117	117	117
Total Stigma	Pearson Correlation	–.4983	1.000	.4930
	Sig. (1-tailed)	.000	.	.000
	N	117	117	117
Total Illness Intrusiveness	Pearson Correlation	–.7161	.4930	1.000
	Sig. (1-tailed)	.000	.000	.
	N	117	117	117

Partial Correlation Coefficients
Controlling for . . Total Illness Intrusiveness

		Total QOL	Total Stigma
Total QOL	Pearson Correlation	1.000	–.2391
	Sig. (1-tailed)	.	.005
	N	117	117
Total Stigma	Pearson Correlation	–.2391	1.000
	Sig. (1-tailed)	.005	.
	N	117	117

(a) Quelle est la corrélation simple entre QOL et Stigma ?

(b) Quelle est la corrélation entre QOL et Stigma quand on contrôle la variable « Illness Intrusiveness » ?

(c) Que peut-on conclure de ces résultats ?

1. Les noms des variables n'ont pas été traduits, mais *QOL* signifie *qualité de vie* (quality of life), *stigma* mesure la stigmatisation sociale de la maladie, et *illness intrusiveness* mesure le caractère plus ou moins gênant de la maladie. [ndt]

tes. Les auteurs indiquent également par un astérisque (*) les corrélations qui avaient peu de chance de se produire suite à une erreur d'échantillonnage sous l'hypothèse nulle (avec un risque de 5 %). Ils notent de même par un double astérisque (**) les corrélations peu probables sous l'hypothèse nulle (avec un risque de 1 % cette fois). C'est une notation habituelle. Comme ils n'ont pas précisé les valeurs de *p*, nous ne savons pas, par exemple, si la corrélation entre l'âge et la non-répétition des mots (0,332*) correspond à une significativité *p* de 0,049 ou de 0,020. Est-ce important ? Si vous vous posez la question, relisez la discussion de la page 158 pour vous faire votre propre opinion !

Notez aussi que les chercheurs ont donné pour chaque *r* trois décimales. Il n'y a pas de standard pour cela, et de nombreux articles ne donnent que deux décimales.

Tableau 5.4

Matrice de corrélation

	mémoire spatiale	non-répétition	empan mnésique	vocabulaire	production verbale	production verbale	définition de mots
âge	0,049	0,332*	0,158	0,183	−0,023	−0,062	0,169
mémoire spatiale		0,185	0,114	0,211	0,200	−0,111	0,150
non-répétition			0,626**	0,484**	0,303*	0,278	0,391**
empan mnésique				0,476**	0,448**	0,291	0,347*
vocabulaire					0,279	0,378*	0,376*
production verbale						0,496**	0,479**
compréhension verbale							0,489**

* $p < 0{,}05$; ** $p < 0{,}01$.

Exemple : Croyances liées à la santé et mal de dos

Harkapaa et ses collaborateurs (2000) ont étudié l'optimisme concernant la santé et le sentiment de contrôle pour savoir si ces variables permettaient de prédire la réussite d'un traitement contre le mal de dos. Au cours de leur étude, ils ont eu à calculer des coefficients de corrélation entre les variables. Le tableau 5.5 est une traduction du leur.

Remarquez que les chercheurs, encore une fois, nous fournissent le moyen de savoir si les *r* sont significatifs à 5 % et à 1 %, mais qu'ils ne donnent pas les valeurs exactes de *p*, ce qui serait bien mieux.

Tableau 5.5

Corrélations de Pearson entre l'âge, le sexe, FCI [1], et les variables prédictives (optimisme en termes de santé, trois mesures de *locus of control (LOC)*, et dépression).

	optimisme	LOC (autrui)	LOC (interne)	LOC (hasard)	dépression
âge	−0,23	0,18	−0,23	0,18	−0,10
sexe	0,02	0,06	−0,04	−0,01	0,08
FCI	0,29	−0,15	0,15	−0,11	−0,35
optimisme	—	0,34	0,51	−0,27	−0,20
LOC (autrui)	−0,34	—	−0,13	0,43	0,38
LOC (interne)	0,51	−0,13	—	−0,05	−0,09
LOC (hasard)	−0,27	0,43	−0,05	—	0,29
dépression	−0,20	0,38	−0,09	0,29	—

1. Indice d'aptitude fonctionnelle.

Exemple : Qualité de vie et maladie

Dans l'article de Dancey et de ses collaborateurs (2002), les significativités exactes ont été fournies autant que possible. Cependant, comme vous l'avez appris un peu plus haut, il arrive que SPSS n'imprime qu'une liste de zéros ($p = 0{,}000$), et la convention est alors de remplacer le dernier zéro par un et de transformer l'égalité en inégalité ($p < 0{,}001$). C'est ce que les auteurs ont fait.

La tableau 5.6 est une reproduction partielle de celui de l'article.

Jetez un œil à la corrélation entre le caractère gênant de la maladie (« intrusivité [16] ») et la qualité de vie sociale chez les femmes. On trouve $r = -0{,}51$. Ainsi, lorsque l'intrusivité de la maladie augmente, la composante sociale de la qualité de vie diminue. La corrélation est moyenne. Si maintenant nous contrôlons la gravité des symptômes, le coefficient de corrélation passe à –0,37. Cela indique qu'une partie du lien entre l'intrusivité de la maladie et la qualité de vie (au sens social) est en réalité due – en partie du moins – à la sévérité des symptômes.

Tableau 5.6

Corrélations simples et partielles entre l'intrusivité et certaines composantes de la qualité de vie, séparées par sexe (la variable contrôlée est la gravité des symptômes)

	hommes		femmes	
Variable*	**Simple**	**Partielle**	**Simple**	**Partielle**
vie sociale	–0,64 ($p < 0{,}001$)	–0,58 ($p < 0{,}001$)	–0,51 ($p < 0{,}001$)	–0,37 ($p = 0{,}002$)
sommeil	–0,36 ($p = 0{,}004$)	–0,25 ($p = 0{,}035$)	–0,30 ($p <{,}0{,}001$)	–0,15 ($p = 0{,}13$)
rôle physique	–0,55 ($p < 0{,}001$)	–0,52 ($p < 0{,}001$)	–0,49 ($p <{,}0{,}001$)	–0,35 ($p <{,}0{,}001$)
santé mentale	0,70 ($p < 0{,}001$)	–0,65 ($p < 0{,}001$)	–0,50 ($p <{,}0{,}001$)	–0,38 ($p <{,}0{,}001$)
dynamisme	–0,54 ($p < 0{,}001$)	–0,48 ($p < 0{,}001$)	–0,51 ($p <{,}0{,}001$)	–0,38 ($p <{,}0{,}001$)

* L'échelle de qualité de vie contient 13 composantes. Nous n'en reproduisons que cinq ici.

Activité 5.10

Réfléchissez au *sens* des coefficients de corrélation négatifs (par exemple l'optimisme en termes de santé et les douleurs dorsales). Que dire de la taille et de la significativité d'un tel coefficient ?

16. Le terme anglais est *intrusiveness*. Il vient de *intrusive*, lui-même lié à « intrus » ou « importun » en français. Intrusivité est un anglicisme. [ndt]

3 Structure des corrélations

Vous devriez maintenant être capable de voir, en scrutant la seule matrice de corrélation, que des structures de corrélations émergent de ce tableau. Observez par exemple la matrice de corrélation suivante :

Groupe de variables liées

Deux variables liées entre elles, mais indépendantes des autres

Corrélations

	Relations de couple	Relations familiales	Relations sociales	Sentiment de tristesse	Peu satisfait de la vie	Crises de larmes
Relations de couple	1.000	**.672**	**.547**	.321	**.500**	.119
Relations familiales		1.000	**.689**	.236	**.508**	.072
Relations sociales			1.000	.165	**.584**	–.010
Sentiment de tristesse				1.000	.224	***.442***
Peu satisfait de la vie					1.000	–.117
Crises de larmes						1.000

En observant attentivement cette table, vous devez être capable de déterminer que les variables « peu satisfait de la vie » et les variables de relations (sociales, familiales, de couple) sont liées et forment ainsi un groupe plus ou moins homogène de variables associées. C'est une partie de la structure émergeant de la matrice. Les deux autres variables « crises de larmes » et « sentiment de tristesse » sont également corrélées (0,442), mais indépendamment des 4 premières, formant ainsi un second groupe homogène. Ainsi, nous pouvons finalement noter l'existence dans l'ensemble de nos six variables d'une structure formée par deux groupes de variables. Chaque groupe contient des variables liées deux à deux, mais les groupes de variables sont relativement indépendants. Bien sûr, il est particulièrement facile de repérer cette structure ici, vu le peu de variables à considérer.

Les psychologues qui travaillent, en psychométrie, sur la mise au point ou la vérification de questionnaires, ont bien souvent à utiliser cette structure des réponses pour déterminer des groupes de questions reliées au même thème. C'est un point important en psychométrie, particulièrement si le questionnaire a pour but de mesurer des grandeurs multidimensionnelles, comme la personnalité ou la qualité de vie par exemple. Dans l'exemple ci-dessus, les questions du premier groupe proviennent toutes d'une même sous-échelle d'un questionnaire de qualité de la vie. Un questionnaire peut très bien comporter toute une série de questions sur la qualité de la vie familiale (ce qui forme une sous-échelle), et plusieurs autres concernant la situation financière, et pourquoi pas une autre série sur la vie sexuelle. Le questionnaire complet est alors la réunion de ces différentes sous-échelles.

Utiliser la structure des corrélations pour vérifier que les ensembles de questions se tiennent permet d'être certain de la fiabilité du questionnaire. Les psychologues, dans un tel cas, ne se contentent pas d'observer la matrice des corrélations. Ils utilisent une méthode dite *analyse factorielle*, qui réalise la même chose, mais mieux et plus vite, que ce que nous venons de faire ! Ce thème sera développé au chapitre 12.

Récapitulatif

- Si deux variables sont corrélées, alors elles ne sont pas indépendantes – quand l'une des variables change, l'autre aussi, et ceci dans une direction prévisible.
- Les corrélations peuvent être positives (les scores les plus élevés pour *x* sont alors plutôt associés aux plus grands scores de *y*), négatives (les scores élevés de *x* correspondent alors plutôt aux scores bas de *y*), ou nulles (pas de relation linéaire).
- Le coefficient de corrélation linéaire peut varier de –1 (relation linéaire décroissante parfaite) à 1 (relation linéaire croissante parfaite), en passant par 0.
- Le coefficient de Pearson (ou de corrélation linéaire) est une mesure de corrélation. *r* mesure la force du lien entre les variables, autrement dit la *taille de l'effet* d'une variable sur l'autre. On peut calculer r^2, coefficient de détermination, qui est la proportion de la variation d'une variable que l'autre variable explique.
- On peut déterminer des intervalles de confiance pour *r*. Si *r* vaut par exemple 0,5 sur un échantillon, et si l'intervalle de confiance correspondant est [0,4 ; 0,6] au niveau de confiance 95 %, alors nous pouvons être sûrs à 95 % que, dans la population, *r* devrait se trouver entre 0,4 et 0,6.
- En observant la structure de l'ensemble des variables grâce à la matrice de corrélation, on peut repérer des groupes de variables liées deux à deux – ceci est particulièrement important pour la psychométrie.

Exercice SPSS

Entrez les données suivantes :

Récapitulatif des observations

		QDV	Intrusivité	Symptômes
1		48	5	26
2		99	1	30
3		78	2	23
4		47	4	43
5		87	3	48
6		68	2	20
7		94	1	39
8		66	6	40
9		70	3	25
10		67	3	28
11		62	4	64
12		85	2	33
13		78	2	33
14		87	3	34
15		53	7	73
16		79	1	20
17		62	5	37
18		79	6	20
19		83	2	40
20		86	2	21
Total	N	20	20	20

Analysez les données de la manière suivante :

1. Trouvez le coefficient de corrélation simple entre symptômes et qualité de vie (QDV).
2. Trouvez le coefficient de corrélation partiel entre symptômes et QDV indépendamment de l'intrusivité (c'est-à-dire en contrôlant l'intrusivité). Utilisez un test unilatéral.
3. Considérez le sens et l'amplitude des corrélations. Que pouvez-vous conclure de cette étude ?

QCM

1. Si une variable x explique 36 % des variations d'un score y, quel pourcentage de variation reste inexpliqué ?
   (a) 64 %
   (b) 36 %
   (c) 6 %
   (d) 0,6 %.
2. Si deux variables sont totalement indépendantes, alors le coefficient r vaut
   (a) −0,1
   (b) −1
   (c) +1
   (d) 0.

Les questions 3 à 5 portent sur le tableau qui suit :

Corrélations

		Âge	Humeur	qdv	Lien familial
Âge	Corrélation	1.000	−.011	−.093	−.106
	Sig (bilatérale)	.	.912	.332	.264
	N	113	112	111	112
Humeur	Corrélation	−.011	1.000	.463	−.328
	Sig (bilatérale)	.912	.	.000	.000
	N	112	118	115	117
QDV	Corrélation	−.093	.463	1.000	−.598
	Sig (bilatérale)	.332	.000	.	.000
	N	111	115	116	115
Lien familial	Corrélation	−.106	−.328	−.598	1.000
	Sig (bilatérale)	.264	.000	.000	.
	N	112	117	115	118

QCM (suite)

3. Quel couple de variables correspond au lien le plus fort ?
   (a) QDV et lien familial
   (b) QDV et âge
   (c) Humeur et QDV
   (d) Humeur et âge.

4. Quelle relation est la plus faible ? Celle entre
   (a) QDV et âge
   (b) humeur et âge
   (c) lien familial et âge
   (d) lien familial et humeur.

5. Quelle est la signification observée pour la corrélation entre lien familial et humeur ?
   (a) $p < 0{,}001$
   (b) $p = 0{,}011$
   (c) $p = 0{,}912$
   (d) $p < 0{,}01$.

6. Si vous trouvez un coefficient de corrélation $r = 0{,}5$, quel pourcentage de variation reste inexpliqué ?
   (a) 25 %
   (b) 50 %
   (c) 75 %
   (d) Rien de tout cela.

7. Un chercheur qui a réalisé une étude de corrélation trouve un effet de 64 %. À quelle valeur de r cela correspond-il ?
   (a) +0,8
   (b) −0,8
   (c) 0,8 ou −0,8 (on ne peut pas connaître le signe)
   (d) +0,64.

8. Si vous avez un coefficient de corrélation de 0,4, quelle proportion des variations reste inexpliquée ?
   (a) 16 %
   (b) 40 %
   (c) 84 %
   (d) Rien de tout cela.

9. Le temps passé devant un écran d'ordinateur et la qualité de la vue sont liés négativement. Que pouvons-nous en conclure ?
   (a) Les gens qui ont une mauvaise vue sont plus susceptibles que les autres de passer du temps devant l'écran
   (b) Un travail prolongé à l'ordinateur est mauvais pour les yeux
   (c) Certains types de personnalité correspondent à la fois à une envie de travailler à l'ordinateur et à une mauvaise vue
   (d) Tous ces cas sont possibles – la corrélation n'est pas une causalité.

QCM (suite)

10. Observez le diagramme de dispersion ci-dessous

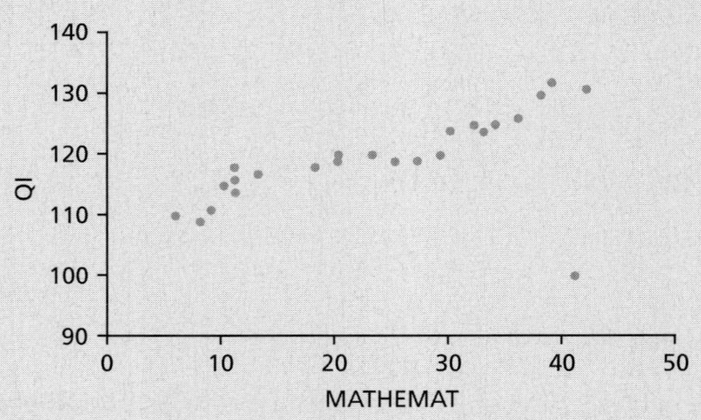

Quelle est la conclusion la plus sensée ? Que les variables présentent une corrélation de

(a) +1
(b) −1
(c) +0,7
(d) −0,7.

11. Observez le diagramme de dispersion ci-dessous

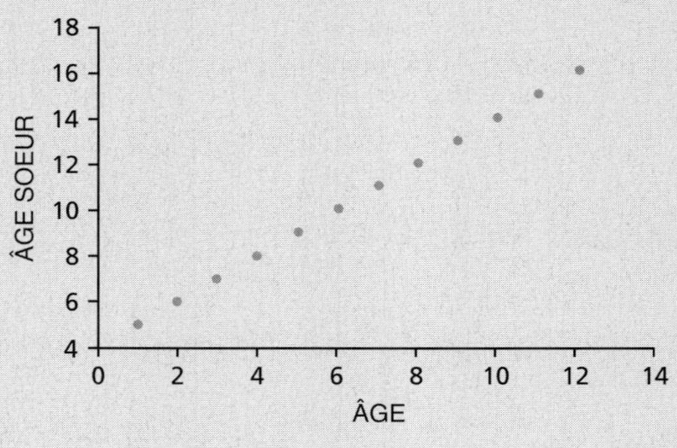

Quelle est la conclusion la plus sensée ? Que les variables présentent une corrélation de

(a) +1
(b) −1
(c) +0,7
(d) −0,7.

QCM (suite)

12. Les questions 12 et 13 se rapportent au diagramme suivant :

Corrélations

	Relations de couple	Relations familiales	Relations sociales	Sentiment de tristesse	Peu satisfait de la vie	Crises de larmes
Relations de couple	1.000	.672	.547	.321	.500	.119
Relations familiales		1.000	.689	.236	.508	.072
Relations sociales			1.000	.165	.584	–.010
Sentiment de tristesse				1.000	.224	.442
Peu satisfait de la vie					1.000	–.117
Crises de larmes						1.000

Quel couple de variables correspond au lien le plus fort ?
(a) Liens familiaux et relation de couple
(b) Dépression et liens familiaux
(c) Liens familiaux et liens sociaux
(d) Tristesse et crises de larmes.

13. Quelle est la corrélation la plus faible ? Celle entre
(a) liens familiaux et relation de couple
(b) liens familiaux et liens sociaux
(c) liens sociaux et crises de larmes
(d) dépression et crises de larmes.

14. Une corrélation de −0,5 a été trouvée entre la taille et le poids dans un groupe d'élèves. Quel pourcentage de la taille peut s'expliquer par le poids ?
(a) 5 %
(b) 50 %
(c) 25 %
(d) Rien de tout cela.

15. Une chercheuse souhaite étudier le lien entre la motivation et les performances à un examen. Cependant, elle pense que le QI peut influencer ces deux variables et décide donc de déterminer un coefficient de corrélation partielle. Quelle est la meilleure option possible : calculer le coefficient de corrélation
(a) de motivation et QI indépendamment de la performance
(b) de motivation et performance indépendamment du QI
(c) de QI et performance indépendamment de la motivation
(d) rien de tout cela n'est pertinent.

QCM (suite)

16. Les questions 16 et 17 se fondent sur la matrice suivante

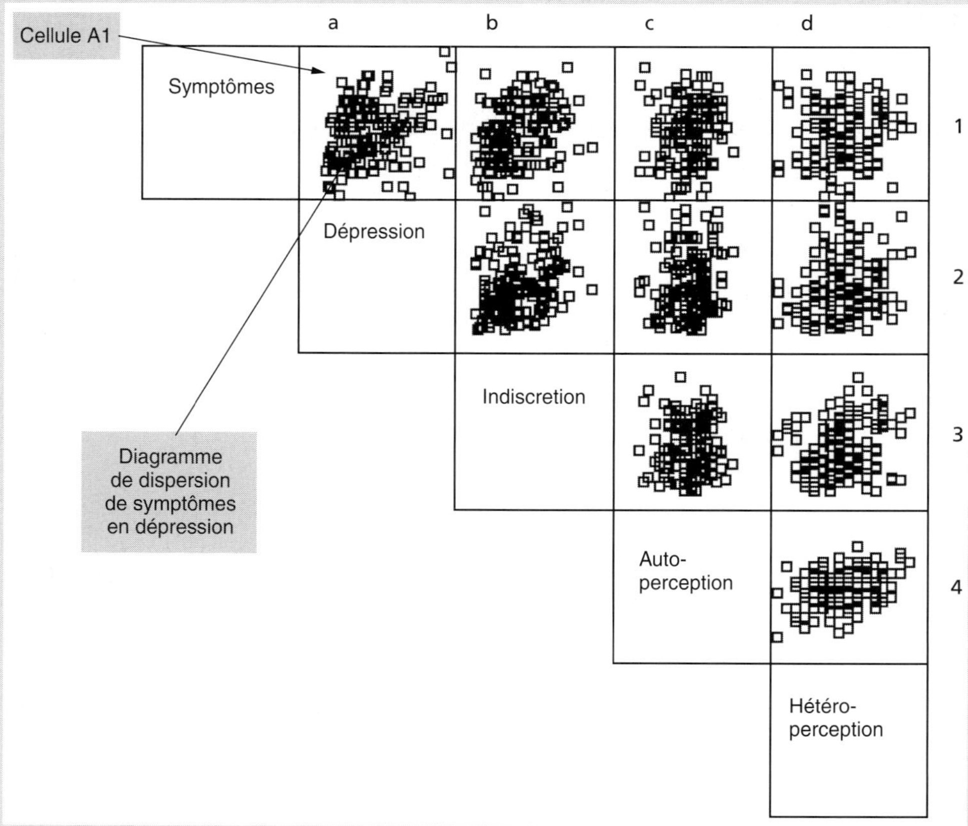

Quelle cellule se rapporte au lien entre l'autoperception et l'hétéro-perception ?
- (a) D1
- (b) D2
- (c) D3
- (d) D4.

17. La cellule C3 se rapporte au lien entre
- (a) indiscretion et autoperception
- (b) indiscretion et hétéro-perception
- (c) indiscretion et symptômes
- (d) dépression et symptômes.

18. Une relation est positive si
- (a) elle est importante
- (b) quand x augmente, y diminue
- (c) quand x augmente, y croît itou
- (d) x et y sont souvent grands.

QCM (suite)

19. Si un coefficient de corrélation est associé à une probabilité p de 0,02, alors
(a) notre hypothèse est juste
(b) les résultats sont importants
(c) il y a seulement 2 % de chance que nos résultats soient apparus suite à une erreur d'échantillonnage, si l'on suppose l'hypothèse nulle vraie
(d) il y a une probabilité de 2 % que nos résultats soient justes.

20. SPSS indique $p = ,0000$ comment devons nous rapporter cela dans un article ?
(a) $< 0,001$
(b) $p < 0,0001$
(c) $p > 0,001$
(d) $p > 0,0001$.

Références

Alt, M. (1990). *Exploring Hyperspace.* New York : MacGraw Hill.

Cacioppo, J. T., & Petty, R. E. (1982). The need for cognition. *Journal of Personality and Social Psychology, 42,* 116-131.

Dancey, C. P., Hutton-Young, S. A., Moye, S., & Devins, G. M. (2002). Perceived stigma, illness, intrusiveness and quality of life in men and women with irritable bowel syndrome. *Psychology, Health and Medecine, 7(4),* 381-395.

Gauvrit, N. (2005). *Stats pour psycho. Exercices et corrigés.* Bruxelles : De Boeck Université.

Gauvrit, N. (2006). *Stats pour psycho.* coll. « préparer l'examen de » Bruxelles : De Boeck Université.

Harkapaa, K., Jarvikoski, A., & Estlander, A. (2000). Health optimism and control beliefs as predictors for treatment outcome of a multimodal back treatment program. *Psychology and Health, 12(1),* 123-134.

Howell, D. C. (1998). *Méthodes statistiques en sciences humaines.* Bruxelles : De Boeck Université.

Huff, D. (1973). *How to lie with statistics.* Londres : Penguin.

Klatzman, J. (1999). *Attention : Statistiques.* Paris : La Découverte.

Lawton, R., Parker, D., Stradling, G., & Manstead, A. S. R. (1997). Predicting road traffic accidents : the role of social deviance and violations. *British Journal of Psychology, 88,* 249-262.

Michas, I. C., & Henry, L. A. (1994). The link between phonological memory and vocabulary acquisition. *British Journal of Developmental Psychology, 12(2),* 147-163.

Rosnow, R. L., & Rosenthal, R. (1996). Computing contrasts, effect sizes and counternulls on other people's published data : general procedures for consumers' research. *Psychological Methods, 1(4),* 331-340.

Yerkes, R. M., & Dodson, J. D. (1908). The relation of strenght of stimulus to rapidity of habit-formation. *Journal of Comparative Neurology and Psychology, 18,* 459-482.

CHAPITRE 6
Confrontation de deux conditions : le test de Student

Sommaire

Vue d'ensemble du chapitre

Dans les chapitres précédents, nous avons vu comment étudier le lien entre des scores fournis par deux variables. Cela nous a mené à un test paramétrique : le test du coefficient de corrélation de Pearson *r*. Dans ce chapitre, nous attaquons une autre situation courante en psychologie, celle correspondant au cas où on cherche une *différence* de scores entre deux conditions. Par exemple, vous pourrez ainsi étudier les capacités mnésiques d'arachnophobes et de non-arachnophobes pour les comparer. Dans un tel cas, le design expérimental est inter-sujets. On parle alors de *groupes indépendants*, parce que les groupes constitués par les arachnophobes et les non-arachnophobes sont formés indépendamment l'un de l'autre et constituent des groupes séparés. Dans d'autres cas, le même groupe de participants peut contribuer aux deux conditions de l'expérience, par exemple s'il s'agit de comparer la mémorisation de mots fréquents et rares, mesurée par le nombre d'items correctement rappelés. On parle alors de plan à mesures répétées ou intra-sujets. On dit aussi qu'on dispose de deux échantillons *appariés* ou *pairés* parce que les scores observés dans une condition sont liés à ceux de l'autre condition (il s'agit des mêmes personnes !). Dans ce chapitre, nous étudierons la comparaison entre deux conditions en utilisant un test paramétrique particulier : le « test de Student » [1]. On s'intéresse ainsi à la comparaison entre deux groupes, et plus précisément à la différence entre les moyennes des deux groupes. Ce chapitre vous donnera les moyens de réaliser de telles études rigoureusement. Comme le test de Student est paramétrique, vous devez vous rappeler que des conditions d'application sont à vérifier préalablement à son utilisation. Notamment, les variables doivent être normales – autrement dit, les variables sur la population toute entière devraient suivre une loi normale. Cela sera une hypothèse raisonnable dès que la variable aura l'air à peu près normale sur l'échantillon. Si vous avez des raisons de penser que ces critères ne sont pas atteints, il faudra vous rabattre sur des équivalents non paramétriques du test de comparaison de moyennes. De tels équivalents sont décrits au chapitre 15.

Pour bien comprendre le test présenté dans ce chapitre, il faut d'abord avoir bien assimilé les points suivants :

- la moyenne, l'écart type et l'erreur standard de la moyenne (chapitre 2) ;
- les scores *z* et la distribution normale (chapitre 3) ;
- les conditions d'application des tests paramétriques (chapitre 4) ;
- les distributions de probabilité et leur utilisation pour les tests (chapitre 4) ;
- les tests unilatéraux et bilatéraux (chapitre 4) ;
- la significativité statistique (chapitre 4) ;
- les intervalles de confiance (chapitre 3).

1. On dit aussi *test t* ou *test de comparaison de moyennes.* [ndt]

1 Comparer deux conditions

Pour analyser finement la différence entre deux conditions, les représentations ou calculs suivants peuvent être envisagés :

1. *Des statistiques descriptives*, comme la médiane ou la moyenne, l'écart type, mais aussi des intervalles de confiance pour la moyenne dans chaque groupe séparément, des représentations graphiques comme les boîtes à moustaches ou les diagrammes de dispersion.
2. *La taille de l'effet* – c'est une mesure de la différence entre les deux variables ou entre les deux groupes.
3. *Des intervalles de confiance* pour la différence entre les moyennes.
4. *Un test statistique* – le test de Student – permet de savoir s'il est plausible que la différence constatée provienne d'une erreur d'échantillonnage en supposant qu'il n'y a pas de différence entre les populations. Autrement dit, il permet le cas échéant de généraliser la différence observée à la population tout entière.

2 Deux groupes indépendants

Vingt-quatre personnes participent à une expérience par laquelle on souhaite déterminer si le bruit ambiant (musique, claquement de porte, glouglou de cafetière électrique, etc.) a un effet néfaste sur la mémoire à court terme (MCT) mesurée par une tâche de rappel de mots. La moitié des personnes sont placées dans la situation BRUIT, et l'autre moitié dans la situation CALME. Les volontaires de la condition BRUIT doivent apprendre une liste de 20 mots en deux minutes, tout en écoutant au moyen d'écouteurs une série de bruits préenregistrés. Les autres participants portent également des écouteurs, mais n'entendent aucun bruit. Par la suite, on demande à tous les participants de rappeler le maximum de mots de la liste, et on compte le nombre de mots correctement rappelés. Le nombre de mots correctement rappelés est donné dans le tableau 6.1.

Tableau 6.1

Données brutes pour les deux conditions BRUIT/CALME

Bruit	Calme
5.00	15.00
10.00	9.00
6.00	16.00
6.00	15.00
7.00	16.00
3.00	18.00
6.00	17.00
9.00	13.00
5.00	11.00
10.00	12.00
11.00	13.00
9.00	11.00
$\sum = 87$	$\sum = 166$
$\bar{X} = 7.3$	$\bar{X} = 13.8$
SD = 2.5	SD = 2.8

Tableau 6.2

Moyenne, écart type et intervalle de confiance pour la moyenne dans les conditions BRUIT et CALME

Bruit			Calme		
X	SD	95 % CI	X	SD	95 % CI
7.3	2.5	5.7-8.8	13.8	2.8	12.1-15.6

2.1 *Statistiques descriptives*

La première chose à faire est de calculer des statistiques descriptives en utilisant par exemple la fonction *Explorer* de SPSS. Vous aurez alors un premier aperçu de la situation en inspectant des représentations graphiques, comme par exemple des boîtes à moustaches ou des histogrammes. Des statistiques descriptives résumant les données, comme la moyenne, l'écart type, ou des intervalles de confiance, que vous pouvez déterminer automatiquement en utilisant SPSS – les résultats seront alors présentés en table – seront également bien utiles. (Ces chiffres sont également fournis par SPSS lorsque vous utilisez la procédure de comparaison de moyennes.)

Le tableau 6.2 montre par exemple que les moyennes diffèrent, et ceci dans la direction attendue. Les participants dans la situation CALME ont rappelé en moyenne 13,8 mots, alors que la situation BRUIT fut moins favorable au rappel, avec une moyenne de 7,3 items récupérés en mémoire seulement. Les personnes de la condition CALME semblent donner une variabilité un peu plus grande, si l'on se fie aux *écarts type.*

2.2 *Intervalles de confiance pour la moyenne*

Les moyennes que nous avons obtenues à partir de nos échantillons sont des *estimations ponctuelles* des moyennes de la population correspondante. Si nous reproduisons l'expérience, nous observerons certainement que, d'une fois sur l'autre, la moyenne varie. Par exemple, la moyenne dans la situation CALME est ici de 13,8. Si nous choisissons un nouvel échantillon, et cela plusieurs fois, la meilleure estimation de la vraie moyenne – celle de la population – sera alors la moyenne de toutes les moyennes que nous aurons trouvées. Il est évident, puisque la moyenne dépend de l'échantillon, que notre unique moyenne d'échantillon 13,8 n'est pas nécessairement égale à la moyenne de la population. Aussi, donner 13,8 comme estimation de la moyenne n'est sans doute pas suffisant. Mieux vaut préférer un *intervalle.* C'est une approche plus réaliste.

L'intervalle a une borne inférieure (ici 12,1) et une borne supérieure (15,6 dans le même exemple). On appelle l'intervalle ainsi défini *intervalle de confiance,* et les *bornes* sont les limites de l'intervalle de confiance. Nous avons déjà parlé de ces choses dans le chapitre 3. L'intervalle de confiance vous permet d'être relativement sûr que la vraie moyenne se trouve entre telle et telle limite. De ce point de vue, c'est une estimation (par intervalle) de la moyenne de la population – et non pas de notre échantillon.

Pourquoi les limites de l'intervalle de confiance sont-elles donc si importantes ? Lorsque nos procédons à une expérience, nous souhaitons la plupart du temps généraliser nos observations de notre échantillon à la population tout entière. Nous souhaitons également que les lecteurs aient une image réaliste et pertinente de nos trouvailles. Bien que notre moyenne observée pour la situation BRUIT soit de 7,3, dire au lecteur que nous sommes certains à 95 % que la vraie moyenne se trouve entre 5,7 et 8,8 lui donne une information bien plus précise et, surtout, plus pragmatique que la simple moyenne de l'échantillon. Les intervalles de confiance sont de plus en plus en vogue dans la littérature, aussi est-il important de bien saisir le raisonnement dont ils sont issus.

2.3 Diagramme de variation

Pour la condition BRUIT, notre estimation de la moyenne (par intervalle, au niveau de confiance 95 %) est l'intervalle compris entre 5,7 et 8,8. Cela peut être représenté graphiquement grâce à un diagramme de variation, comme celui de la figure 6.1.

2.4 Taille de l'effet

Nous pouvons également comparer, sur nos échantillons, les deux moyennes observées.

$$7{,}3 - 13{,}8 = -6{,}5$$

Ce nombre, qui est la différence brute entre les moyennes d'échantillon, nous apprend finalement assez peu de choses. Le mieux est alors de transformer cette valeur en un score standardisé, qui nous donnera plus d'information. On convertit ainsi la différence brute en un score *z*, qui donne une mesure standardisée de l'écart entre les situations, et donc de l'effet de la situation sur le nombre de mots rappelés. Ce score est plus facile à interpréter. Il se nomme *taille* ou *grandeur* de

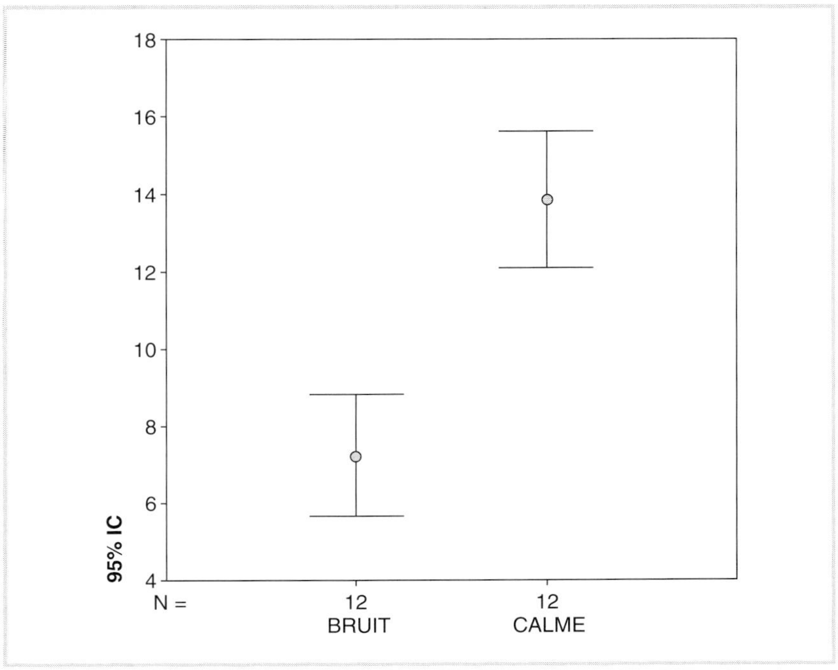

Figure 6.1

Intervalles de confiance (IC) au niveau de confiance 95 % pour les situations BRUIT et CALME

l'effet, et se note *d*. *d* mesure l'écart entre les deux moyennes, exprimé en écarts type. On le calcule comme cela :

$$d = \frac{x_1 - x_2}{\text{écart type moyen}}$$

Cela signifie que nous calculons la différence entre les deux moyennes (le sens n'est pas important entre m_1 et m_2, parce que nous ne tenons pas compte du signe du résultat) et que nous divisons cette différence par l'écart type moyen. Voici donc comment procéder :

Étape 1 Trouver l'écart type moyen

$$\frac{s(\text{situation 1}) + s(\text{situation 2})}{2} = \frac{2,5 + 2,8}{2} = 2,65$$

Étape 2 Calculer *d*

$$\frac{m_1 - m_2}{\text{écart type moyen}} = \frac{7,3 - 13,8}{2,65} = \frac{6,5}{2,65} = 2,45$$

Dans ce cas, nos deux moyennes diffèrent de 2,45 écarts type. Cela correspond à un effet important, si important qu'il est assez rare en psychologie de trouver une telle grandeur d'effet.

2.5 *Interprétation de la taille de l'effet*

La taille de l'effet, *d*, est exprimée en écarts type. Pensez à la courbe normale :

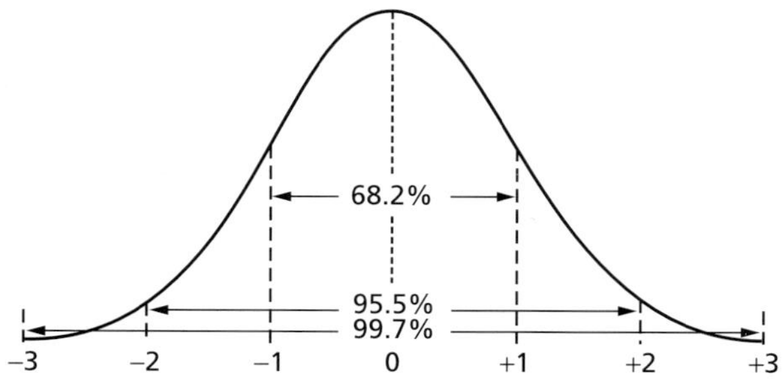

Les scores *z* sont standardisés. La moyenne est donc 0 et l'écart type 1 (sous l'hypothèse nulle). Si les moyennes diffèrent de $d = 0,1$, cela signifie qu'elles ne s'écartent l'une de l'autre que d'un dixième d'écart type. Cela est peu sur notre échelle allant globalement de 0 à 3. Une différence de 3 est énorme. Il n'existe pas de règle gravée dans le marbre permettant une interprétation toujours correcte de la taille de l'effet en termes de « petite différence », « moyenne différence » ou « différence importante ». Pourtant, Cohen (1988) donne quelques indications :

Taille de l'effet	d	Superposition (%)
petite	0,2	85
moyenne	0,5	67
grande	0,8	53

Lorsqu'il y a une petite différence entre les moyennes des groupes, les scores des deux populations correspondantes se recoupent largement. On pourrait représenter les scores des deux populations ou des deux échantillons séparément : par exemple, les valeurs observées pour la situation BRUIT tendent à suivre une loi normale. Les scores de la situation CALME peuvent également être représentés, et seront également distribués normalement. Si les moyennes diffèrent peu, les distributions se recouvrent largement :

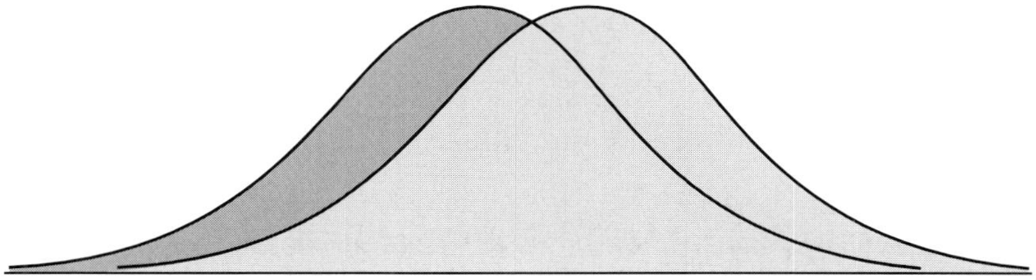

Si au contraire il y a un grande différence, les distributions seront mieux séparées :

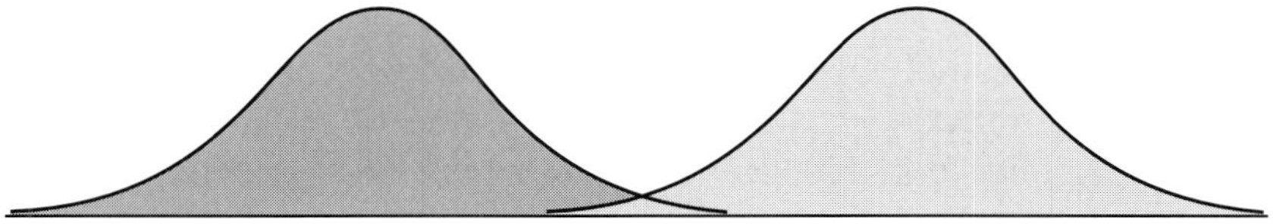

C'est de cela que l'on parle lorsqu'on évoque les pourcentages de superposition. Cette mesure de l'effet permet d'interpréter la taille de l'effet d'une manière sensée. Le pourcentage de superposition est donné dans la table ci-dessous :

d	Superposition (%)
0,1	92
0,2	85
0,3	79
0,4	73
0,5	67
0,6	62
0,7	57
0,8	53
0,9	48
1,0	45
1,1	42
1,2	37
1,3	35
1,4	32
1,5	29

Les *tailles d'effet* seront discutées plus en détail dans le chapitre 7.

Activité 6.1

Calculez les tailles d'effet dans une comparaison entre deux groupes indépendants, avec les chiffres suivants :

- groupe 1 : moyenne 50, écart type 10
- groupe 2 : moyenne 70, écart type 5.

2.6 *Statistique inférentielle : le test de Student*

Le test de Student est utilisé dans le cas où nous avons deux conditions à comparer. Ce test permet de révéler une différence significative entre les conditions en termes de moyennes.

Le test de Student *pour deux échantillons indépendants* est utilisé lorsque les sujets participent à *une seule* condition chacun, autrement dit que les groupes sont indépendants, et que nous avons un plan d'expérience classique. Au contraire, si les groupes sont appariés, donc si les participants passent tous les deux conditions, donc encore si nous avons un plan à mesures répétées, alors il faudra utiliser le test de Student *pour deux échantillons appariés.*

Le test de comparaison de moyennes a été inventé par William Gossett en 1908. Gossett travaillait à l'époque pour la société Guiness, dont les ingénieurs avaient interdiction de publier leurs résultats. C'est pourquoi Gossett a envoyé certains de ses travaux sous un faux nom (Student), et c'est ce pseudonyme qui donna au test de comparaison de moyennes son nom courant de *test de Student.*

Regardez à nouveau les données brutes pour les conditions BRUIT et CALME (tableau 6.3). La première chose à remarquer est que les participants donnent des résultats différents *à l'intérieur* des groupes. Dans la situation BRUIT, les valeurs

Tableau 6.3
Données brutes pour les conditions BRUIT et CALME

Bruit	Calme
5,00	15,00
10,00	9,00
6,00	16,00
6,00	15,00
7,00	16,00
3,00	18,00
6,00	17,00
9,00	13,00
5,00	11,00
10,00	12,00
11,00	13,00
9,00	11,00
$\sum = 87$	$\sum = 166$
$\overline{X} = 7,3$	$\overline{X} = 13,8$
SD = 2,5	SD = 2,8

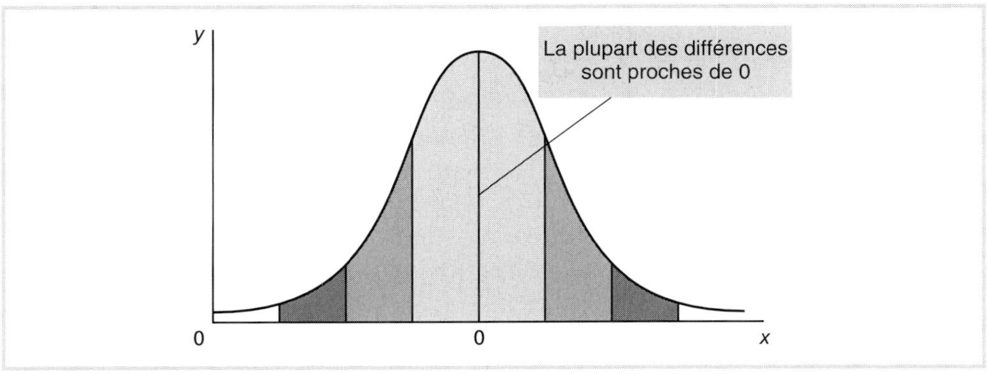

Figure 6.2
Distribution d'échantillonnage

vont de 3 à 11. Dans la condition CALME, elles varient entre 9 et 18 (cette variation ou variance entre les participants peut s'appeler *variance intra-groupes).* Vous vous souvenez sûrement du chapitre 2, où nous avions indiqué que l'écart type (qui est lié à la variance) est une mesure de variation – plus l'écart type est grand, plus les scores varient, ici dans chacune des conditions par exemple. Mais les scores diffèrent aussi *entre les conditions*. C'est ainsi que les scores de la situation BRUIT sont globalement inférieurs à ceux de la situation CALME – ce qui confirme l'intuition. Cela se nomme la variance *inter-groupes* et peut être compris comme l'écart entre les deux colonnes du tableau 6.3.

Nous voulons savoir si la différence entre les moyennes est suffisante pour que l'on puisse conclure qu'elle est due, au moins en partie, à notre variable indépendante – c'est-à-dire à notre manipulation de la condition BRUIT/CALME. Cela peut se faire grâce à une série de calculs sur nos données. La formule utilisée dans le test de comparaison de moyennes – que nous ne donnons pas ici [2] – fournit une statistique que nous noterons *t*[3]. Ce test statistique est simplement fondé sur le rapport entre la variation inter-groupes et la variance intra-groupes. Plus la variation entre les groupes est grande par rapport à la variation à l'intérieur des groupes, plus *t* est grand.

Une fois que nous avons calculé *t* (ou plutôt, que l'ordinateur l'a fait pour nous), il reste à considérer la signification *p*, probabilité de tomber par hasard sur une telle valeur de *t* en supposant que les deux conditions sont, en fait, parfaitement identiques (ce qui constitue l'hypothèse nulle). *p* répond ainsi à la question : « Si la condition n'a aucun effet sur la VD, quelle est la probabilité que l'on observe quand même un *t* aussi grand sur nos échantillons ? »

S'il n'y avait aucune différence entre les deux conditions BRUIT et CALME, et si nous tirions plusieurs fois de suite des paires d'échantillons aléatoires, la plupart des différences observées entre nos échantillons tourneraient autour de 0 (les moyennes pour les conditions BRUIT et CALME seraient en général proches). Parfois pourtant, nous trouverions de grandes différences (et par exemple, il se pourrait que les participants de la condition BRUIT réalisent un bien meilleur score que ceux de la situation CALME). La différence peut être très importante. Une telle différence, même colossale, peut être due au simple hasard, du fait que les échantillons sont formés de manière aléatoire. On dit alors que la différence est due à une *erreur d'échantillonnage*[4]. La différence entre les moyennes que nous pouvons

2. Mais que l'on peut trouver dans Gauvrit (2005), page 270, par exemple. [ndt]
3. C'est pourquoi on appelle aussi le test de comparaison de moyennes *test t*. [ndt]

observer sur des échantillons aléatoires – ou plutôt sa distribution – est donnée par la figure 6.2 (c'est un autre exemple de distribution d'échantillonnage).

Si la condition n'avait aucune influence réelle sur le nombre de mots rappelés, il serait bien plus probable de trouver un t tombant vers le milieu de la distribution, donc vers 0, que dans les queues de la distribution. Ceci découle logiquement du théorème de la limite centrale, qui affirme que les valeurs ont de grandes chances de tomber dans le centre de la distribution (voir page 119). Il est improbable (mais pas impossible) que notre t tombe par hasard dans les extrêmes de la distribution. Autrement dit, si nous réalisions la même expérience un grand nombre de fois en utilisant des échantillons indépendants, seule une petite proportion de ces expériences conduiraient à une valeur de t extrême. Dans la pratique, si nous tombons sur un t dans la queue de distribution, nous concluerons qu'il est peu raisonnable de supposer qu'une telle valeur ne soit que le reflet d'une *erreur d'échantillonnage*. On peut même mesurer le caractère plus ou moins fiable de cette conclusion. Chaque valeur de t correspond en effet à une certaine signification p. Si par exemple t est associée à une probabilité p de 0,03,[5] nous pourrons dire que, *si l'hypothèse nulle est vraie* (aucun effet de la condition sur la VD), c'est seulement 3 fois sur 100 que nous trouverons une valeur de t aussi importante que celle que nous venons d'observer. On en conclut qu'il y a problablement autre chose que l'erreur d'échantillonnage, qui, seule, ne saurait expliquer la valeur extrême de t. Comme nous en avons discuté dans le chapitre 4, c'est ce qu'on appelle la signification (ou significativité) statistique. Cela ne signifie pas pour autant que nos résultats sont psychologiquement importants, ni que nous avons trouvé une différence considérable, donc une grande taille d'effet. Il nous faut prendre en considération les statistiques descriptives et une mesure de la taille de l'effet, les intervalles de confiance, etc. que nous avons également calculés.

2.7 Que rapporter dans le cas d'un test de Student ?

Dans notre expérience, la variable dépendante est le nombre de mots correctement rappelés, et la variable indépendante est la situation (BRUIT et CALME en sont les modalités). Tout programme de calcul statistique bien fait, comme SPSS, fournit les données suivantes :

- *Les moyennes observées* dans chacune des deux conditions. Ce que nous voulons savoir est si la différence entre les deux moyennes est suffisante pour être considérée comme psychologiquement importante (et pas seulement statistiquement significative).
- *Des intervalles de confiance*. SPSS, lorsqu'il procède au test de Student, donne l'intervalle de confiance associé à la *différence* des moyennes[6]. La différence entre vos deux moyennes observées est seulement une estimation *ponctuelle*. C'est la meilleure estimation ponctuelle possible de la véritable différence de moyennes sur la population. Mais si nous répétons l'expérience un grand nombre de fois, nous trouverons des différences de moyen-

4. Ce qui, une fois encore, n'est pas une « erreur » au sens courant. [ndt]
5. Que l'on nomme parfois *signification observée* ou – en anglais – Achieved Significance Level (ASL).
6. Il est plus important de rapporter une estimation de la différence entre les moyennes qu'une estimation par intervalle de chacune des deux moyennes séparément.

Activité 6.2

Le test de Student pour deux échantillons indépendants étudie

(a) la différence entre deux médianes
(b) la différence entre deux variances
(c) la différence entre deux moyennes.

nes très disparates. La meilleure estimation de la différence serait alors la moyenne de tous ces résultats. Il est bien entendu préférable de donner une estimation par intervalle, comme nous l'avons dit plus haut. Les limites de l'intervalle de confiance vous indiquent entre quelles valeurs vous pouvez espérer que la vraie différence se situe. C'est donc une estimation de la différence moyenne entre les deux conditions sur la population – et non pas sur l'échantillon.

- *Statistique t* : plus la valeur de t est grande, plus faible est la probabilité que ce t apparaisse suite à une erreur d'échantillonnage, alors qu'aucune différence réelle ne sépare les deux conditions. Une valeur négative n'est pas moins importante qu'une valeur positive. Le signe positif ou négatif de t dépend de la manière dont vous avez codé vos groupes. Par exemple, vous pourriez coder CALME par 1, et BRUIT par 2, mais cela est totalement arbitraire. Vous pourriez aussi bien noter CALME 2 et BRUIT 1 – en passant d'un code à l'autre, vous ne modifiez pas la valeur absolue de t, mais vous changez son signe.
- *Significativité p* : c'est la probabilité *a priori* de trouver un t aussi grand que le vôtre si la condition n'a aucun effet sur la VD. Si p est faible, c'est que la valeur que vous avez trouvée pour t se situe, par rapport à la courbe de la distribution de Student, dans une zone très peu probable si l'hypothèse nulle est vraie – le simple hasard amène alors rarement une telle valeur. p est donc la probabilité d'erreur de première espèce sous l'hypothèse nulle. Par exemple, si $p = 0{,}001$, et si la condition n'a aucun effet sur la VD, alors il y avait seulement une chance sur 1000 d'obtenir un résultat aussi convaincant que le vôtre (par hasard).
- *Degré de liberté (dl ou ddl)* : pour la plupart des utilisations statistiques et des tests (mais pas tous), le degré de liberté est à peu près égal à la taille de l'échantillon. Pour un test de Student pour deux échantillons appariés, le degré de liberté est le nombre de participants moins 1. Pour deux échantillons indépendants, le dl est $(n - 1) + (n - 1)$, ce qui fait que pour un test portant sur 20 observations par exemple (avec 10 observations dans chaque situation), le dl est de 18 dans le cas de deux échantillons indépendants $(9 + 9 = 18)$, mais de 19 dans le cas d'échantillons appariés $(20 - 1 = 19)$. Il faut toujours rapporter les degrés de liberté dans vos publications en même temps que les valeurs de t et p et, le cas échéant, les intervalles de confiance pour la différence de moyennes. Les degrés de liberté sont généralement annoncés de la manière suivante : $t(87) = 0{,}78$. Cela signifie que la valeur de t est 0,78, et que le degré de liberté correspondant est 87.

- *Écart type* : il s'agit de l'écart type de l'échantillon (voir page 87).
- *Erreur standard de la moyenne* : elle sert à la détermination des intervalles de confiance (voir page 122).

Degrés de liberté

Il s'agit d'un terme mathématique que vous rencontrerez souvent dans le cadre des tests statistiques[7]. Il existe une définition mathématique des degrés de liberté, mais elle est inutile pour le psychologue. Il existe également des définitions pratiques. Par exemple, le degré de liberté est le nombre de scores que l'on peut changer sans modifier la moyenne. Quelques exemples permettront d'illustrer ce concept. Supposez par exemple que vous ayez à choisir deux nombres au hasard sans aucune contrainte. Vous avez alors deux degrés de liberté. Mais si on vous impose que la somme des deux valeurs fasse 10, dès que vous avez choisi le premier chiffre, il ne vous reste plus aucun choix pour le deuxième. Si vous avez choisi 7, alors le second est nécessairement 3. Aussi, le degré de liberté est réduit à 1.

Prenons maintenant un exemple extra-mathématique. Supposons que vous organisiez un important dîner. Vous avez 10 invités à placer. Une fois que vous avez décidé où les neuf premiers prendraient place, il ne vous reste plus aucune marge de manœuvre pour le dernier. Vous serez donc libre du placement de neuf personnes, mais pas de la dernière qui prendra automatiquement la dernière place. Le degré de liberté est alors 9 (10 – 1 = 9). Supposez maintenant que le dîner en question soit très vieux jeu. Vous attendez 5 hommes et 5 femmes, et vous êtes forcé (étiquette oblige) de placer chaque femme entre deux hommes et réciproquement. Une fois que les 8 premiers (4 femmes et 4 hommes) sont placés, vous n'avez plus le choix pour les deux derniers, dont les places sont automatiquement déterminées par l'étiquette. Le degré de liberté est donc ici de 8 (10 – 2 = 8).

Si le degré de liberté est *n*-1 quand la moyenne seule est fixée, c'est que, identiquement à l'exemple du dîner, nous pouvons choisir librement toutes les valeurs sauf une, la dernière étant imposée par la moyenne. Les formules que nous utilisons dans les tests incluent souvent le degré de liberté.

Bien sûr, nos amis les psychologues sont trop occupés par leur travail pour organiser des dîners en ville ou s'y laisser convier. Une autre manière de concevoir les degrés de liberté est de dire que le degré de liberté est le nombre d'observations moins le nombre de paramètres estimés. On utilise souvent, dans les tests statistiques, des estimations de paramètres. Si nous voulons estimer une moyenne, nous perdons un degré de liberté – c'est pourquoi on a souvent un dl de *n*-1 au lieu de *n*. Plus on estime de paramètres, plus le degré de liberté est réduit. Le degré de liberté tient compte du nombre de participants, mais aussi du nombre de variables concernées. C'est une gageure que de trouver un manuel de statistiques qui explique de manière compréhensible ce qu'est un degré de liberté et son utilité. Un texte du Dr Chong Ho Yu donne une explication très intéressante, mais utilisant des concepts que nous ne découvrirons qu'au chapitre 11, aussi reparlerons-nous des degrés de liberté à cette occasion. Si vous souhaitez consulter le site Internet[8] du Dr Chong Ho Yu, son adresse se trouve à la fin du chapitre (Yu, 2003).

7. Mathématiquement, le degré de liberté est une *dimension*. Imaginez que vous ayez deux chiffres à choisir. Cela signifie que votre espace de choix est le plan (deux coordonnées x et y), de dimension 2. Si maintenant on imposait que vos deux valeurs x et y satisfassent une certaine équation, par exemple $x+y=10$, vous seriez ramené à une droite, donc à un espace de choix de dimension 1. C'est ce que la suite de l'encart explique de manière informelle. [ndt]

8. Anglophone ! [ndt]

Activité 6.3

Il est facile d'être embrouillé par les psychologues, qui utilisent parfois plusieurs noms pour désigner la même chose ! Comment pourrait-on parler autrement d'échantillons appariés ? Et d'échantillons indépendants ?

2.8 *Conditions d'application des tests de Student*

Le test de Student est un test paramétrique, et une condition d'application concernant les distributions des variables doit être vérifiée avant toute utilisation : Les variables doivent être distribuées (à peu près) normalement. On supposera cette condition réalisée dès que les données observées sur nos échantillons sont approximativement normales. On peut voir si les données présentent une asymétrie en observant leur distribution, par exemple grâce à un histogramme. Autrefois, on précisait que le test de Student ne pouvait être utilisé qu'avec des échelles d'intervalles. Cependant, depuis de nombreuses années, les psychologues utilisent des tests de Student sur des données issues d'échelles de Lickert (les variables sont des scores entiers sur un certain nombre de points, pouvant par exemple aller de 1 à 7).

Le test de comparaison de moyennes est fondé sur l'hypothèse de normalité. Ainsi, il nous faut supposer que les scores proviennent d'une distribution normale. Plus votre échantillon est important, plus il est probable qu'une telle normalité sera visible sur icelui. Tant que vos données ont l'air à peu près normales, vous n'avez pas besoin de vous inquiéter ; en revanche, si elles sont nettement asymétriques, mieux vaut alors opter pour un équivalent non paramétrique du test de comparaison de moyennes.

Pour l'instant, nous vous suggérons simplement de « zieuter » l'histogramme pour détecter intuitivement une éventuelle asymétrie des variables. L'histogramme peut se faire *via* SPSS. Il faut entreprendre ce travail pour chaque groupe pris séparément. Les figures 6.3 à 6.6 vous donnent des indications sur l'interprétation des histogrammes [9].

Souvenez-vous que le test de Student compare des *moyennes*. Si vos données ne sont pas symétriques, la moyenne peut ne pas être la meilleure mesure de tendance centrale.

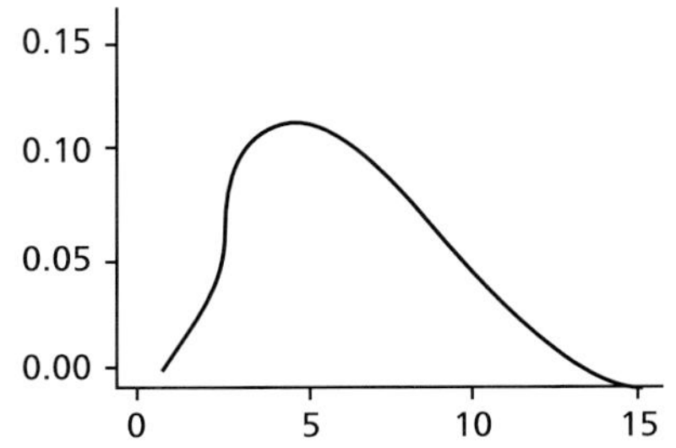

Figure 6.3
Légère asymétrie positive

9. Pour une estimation plus fine de la normalité ou de la non normalité des variables, des représentations alternatives existent, comme les diagrammes P-P (voir par exemple Gauvrit, 2005, page 232). [ndt]

Figure 6.4
Légère asymétrie négative

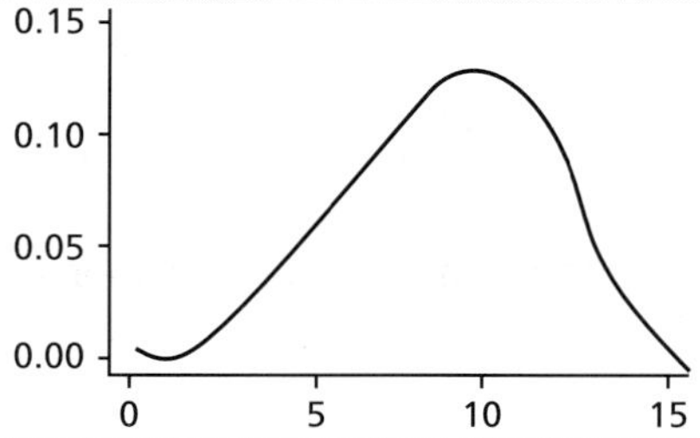

Figure 6.5
Forte asymétrie positive

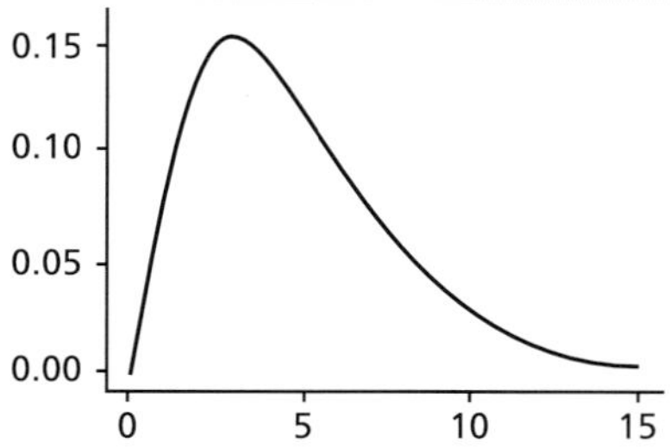

Figure 6.6
Forte asymétrie négative

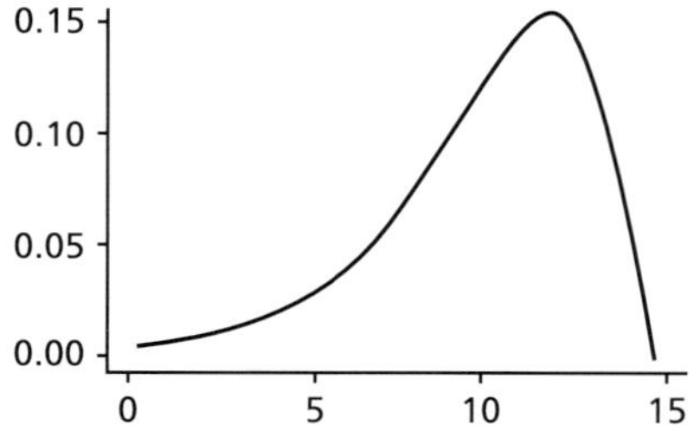

Jadis, les psychologues apprenaient à n'utiliser le test de Student que dans le cas où les variances des différents groupes étaient égales. Cela vient du fait que les variances des deux groupes sont additionnées et moyennées dans le calcul de la statistique *t*. Si les variances sont très différentes, la moyenne ainsi utilisée ne sera pas représentative de la variation globale des scores. SPSS, ceci dit, utilise une méthode légèrement différente pour trouver la valeur de *t*, méthode qui rend possible l'utilisation du test même avec des variances très différentes.

Lorsque le nombre de participants diffère d'un groupe à l'autre, utiliser la moyenne simple des variances peut être trompeur, parce que cela revient à accorder la même importance aux deux variations inter-groupes, alors que l'une est fondée sur un groupe de scores plus important. Dans une telle situation, on utiliserait plutôt une moyenne pondérée. La pondération est utilisée pour affiner l'estimation de la variance globale.

Si vos données sont très asymétriques et que vos échantillons sont petits, il faudra sans doute penser à une alternative non paramétrique au test de comparaison de moyennes (voir chapitre 15). Cela est préférable, car les tests non paramétriques ne nécessitent pas – en général – l'hypothèse de normalité.

2.9 *Test t pour deux échantillons indépendants*

Utilisons notre exemple de l'expérience sur les situations BRUIT et CALME pour découvrir comment SPSS gère les tests de comparaison de moyennes dans le cas de deux groupes indépendants.

SPSS : test *t* pour groupes indépendants

Ouvrez votre fichier de données. Il faut d'abord faire en sorte que votre fichier soit bien adapté au cas de groupes indépendants. Nous avions déjà parlé de ce type de choses dans le chapitre 1. N'hésitez pas à vous y reporter si besoin.

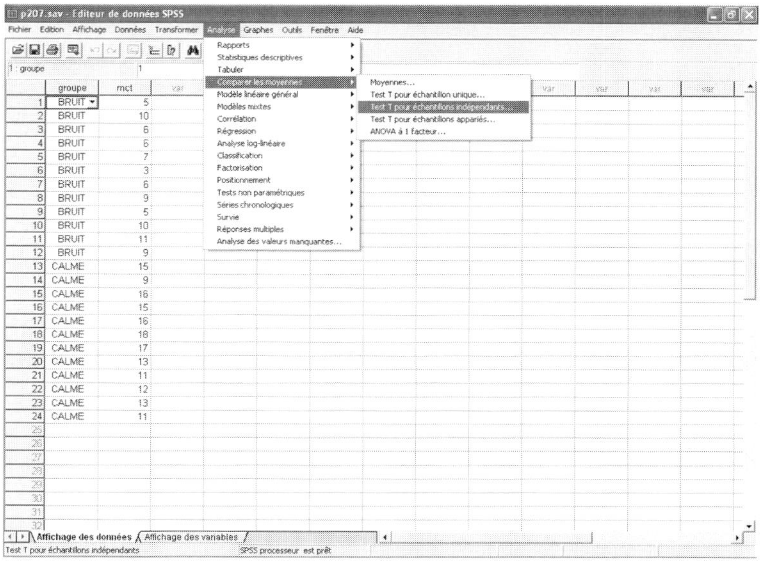

Vous ouvrez ainsi la boîte de dialogue *Test T pour échantillons indépendants,* comme on le voit ici :

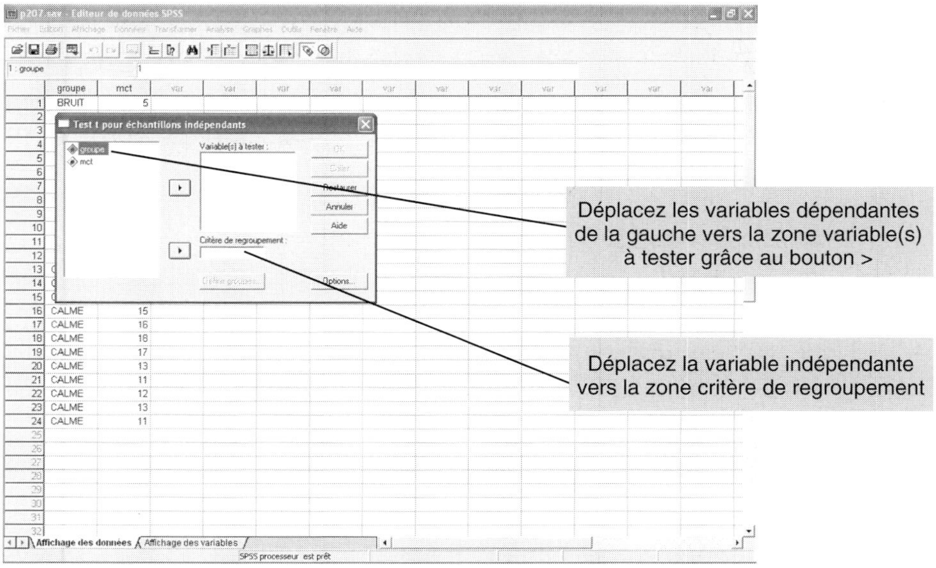

La boîte de dialogue *ad hoc* s'ouvre quand on clique sur *Définir les groupes.*

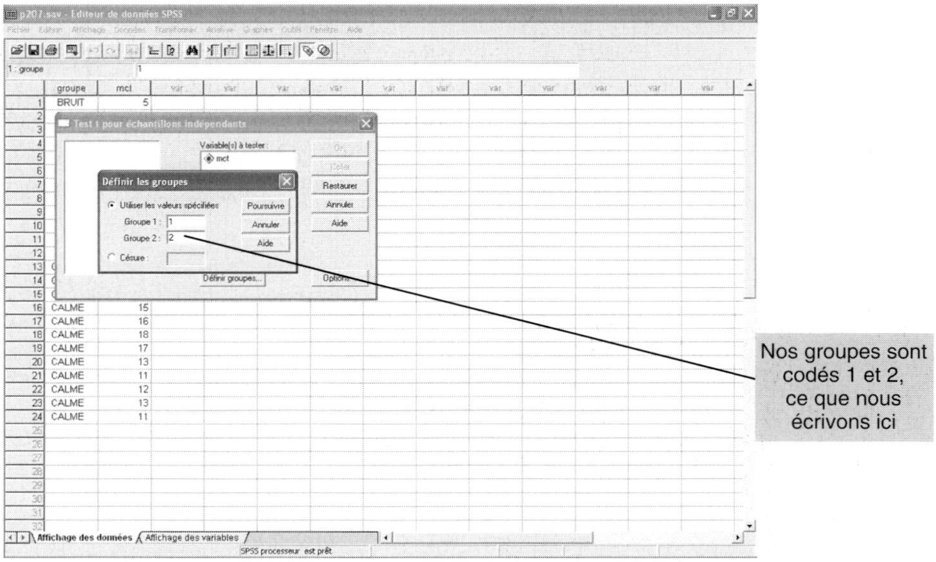

Il vous faut ensuite entrer les codes correspondant aux deux groupes. Si par exemple le sexe est codé par 0 pour les hommes et 1 pour les femmes, il faudra entrer 0 et 1 pour comparer les sexes. Mais dans notre cas, les groupes sont codés 1 et 2, aussi tapons-nous ces deux valeurs dans la boîte de dialogue correspondante.

Cliquez sur *Poursuivre* afin de revenir à la fenêtre précédente. Vous pouvez alors cliquer le bouton *Options*, ce qui vous amène à la fenêtre suivante et vous permet de modifier le niveau de confiance pour les estimations par intervalle si nécessaire.

Cliquez ensuite sur *Poursuivre*, puis sur *OK*.

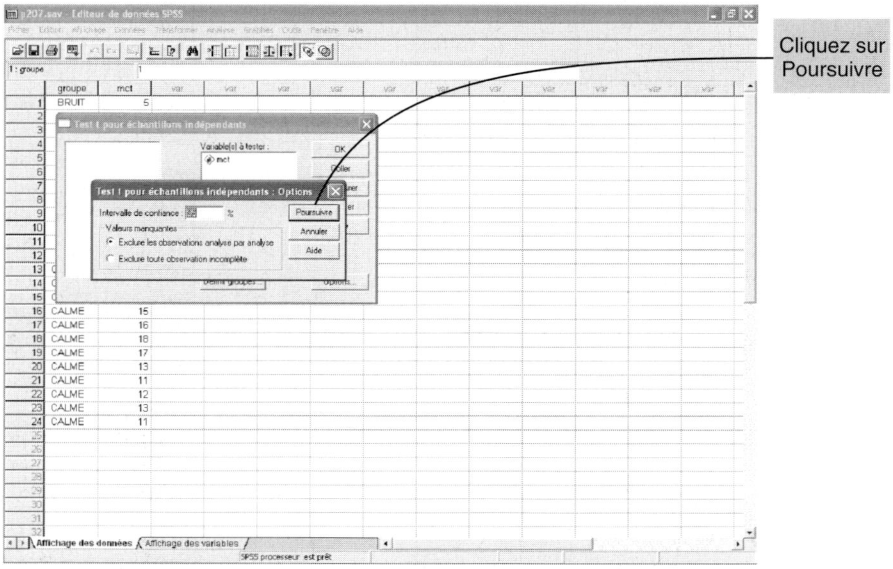

La fenêtre des résultats (viewer) vous donne alors différentes indications, dont une grande partie est superflue. On dirait une macédoine de chiffres ! Il ne faut pas vous inquiéter pour autant, car vous allez apprendre à sélectionner l'information pertinente dans ce fouillis. Certains chiffres ne font que vous répéter ce que vous savez déjà. Regardez par exemple la première partie des résultats. Vous y trouverez les informations suivantes :

- les noms des conditions,
- le nombre d'observations pour chaque condition,
- les moyennes pour chaque groupe,
- l'écart type et l'erreur standard de la moyenne pour chaque condition.

L'œil peut se contenter de balayer rapidement ces informations. Nous connaissons déjà ces choses-là. Une fois que vous avez mentalement éliminé ce qui ne compte pas, la sortie est plus lisible. Voici les premières statistiques qui apparaissent à l'écran :

Statistiques de groupe

	GROUPE	N	Moyenne	Ecart-type	Erreur standard moyenne
MCT	BRUIT	12	7,25	2,491	,719
	CALME	12	13,83	2,758	,796

La section suivante est celle qui nous intéresse vraiment :

Test d'échantillons indépendants

	Test de Levene sur l'égalité des variances		Test-t pour égalité des moyennes						
								Intervalle de confiance 95% de la différence	
	F	Sig.	t	ddl	Sig. (bil.)	Diff. moyenne	Différence écart-type	Inférieure	Supérieure
MCT Hypothèse de variances égales	,177	,678	-6,137	22	,000	-6,58	1,073	-8,808	-4,358
Hypothèse de variances inégales			-6,137	21,776	,000	-6,58	1,073	-8,809	-4,357

Cela indique que les variances ne sont pas significativement différentes (p = 0,678) si bien que nous pouvons admettre l'hypothèse de variances égales, et donc utiliser la première ligne

Nous donnons habituellement la probabilité exacte. Quand SPSS donne une suite de 0, nous changeons le dernier 0 en 1 et remplaçons par une inégalité, en écrivant p < 0,001.

Ceci est la différence entre les deux moyennes observées

Une des premières choses que vous pouvez noter en lisant les résultats SPSS est qu'on vous donne les résultats d'un test nommé *Test de Levene pour l'égalité des variances*. Ce test sert à savoir si on peut considérer les variances commes similaires. Si les variances sont égales, ont dit qu'on est dans le cadre de l'homogénéité des variances. Certains tests, dont le test de Student classique, supposent l'égalité des variances. Le test de Levene sert à vérifier l'homogénéité des variances. Les résultats du test *t* sont ensuite séparés en deux cas, selon que l'on peut supposer les variances égales (les variances sont suffisamment proches sur les différents groupes) ou non (les variances sont très différentes entre les groupes). Le test de Levene est fondé sur une statistique *F*, que nous n'avons pas encore rencontrée mais qui fonctionne exactement comme la statistique *t*. En fait, si le degré de liberté est 1, alors $F = t^2$ ou $|t| = \sqrt{F}$. Par exemple, si $t = 3$, alors vous savez que la valeur de *F* est 9. Nous reparlerons de cette statistique *F* pour d'autres tests au chapitre 9.

Le test de Levene est un test d'homogénéité des variances qui n'est pas fondé sur la normalité des variables [10]. Le test de Levene nous permet de savoir si nous pouvons faire l'hypothèse de variances égales. Pour cela, il nous faut consulter la valeur *p* dans la colonne correspondante. Conformément à la tradition, nous pourrons considérer que les variances sont trop différentes si le *p* est inférieur à 0,05. Si au contraire *p* est supérieur ou égal à 0,05, nous considèrerons que nos variances sont similaires. SPSS utilise un critère de la forme $p < 0{,}05$ pour décider si les variances doivent être considérées comme différentes ou non. Évidemment, cette décision est sujette à caution, exactement comme toute décision prise sur la base d'un test statistique (voir chapitre 4). Pour faire simple, nous conservons cependant ce critère.

La partie « résultats » de votre article pourrait alors ressembler à ceci :

Les sujets de la condition BRUIT ont rappelé moins de mots en moyenne (moyenne ± écart type : 7,3 ± 2,5) que ceux de la condition CALME (moyenne ± écart type : 13,8 ± 2,8). La différence moyenne entre les conditions (IC au niveau 95 % : [4,36 ; 8,81]) correspond à un effet important de la condition ($d = 2{,}45$). Le test de Student pour deux groupes indépendants montre que cette différence est significative ($t(22) = 6{,}14$; $p < 0{,}001$). On conclut donc que le bruit a un effet négatif sur la mémoire à court terme, du moins dans le cadre du rappel de mots.

ATTENTION !

Souvenez-vous que le signe de *t* est sans importance dans l'estimation de l'effet. Ainsi, un score $t = -5$ est aussi fort qu'une valeur de $t = +5$.

10. En réalité, le test de Levene est fondé mathématiquement sur l'hypothèse de normalité, mais il est suffisamment « robuste » pour être utilisé même si les variables ne sont pas parfaitement normales. [ndt]

Exemple : désir de cognition

Certaines personnes passent beaucoup de temps à résoudre des problèmes et à s'informer. D'autres pas. Il y a de grandes différences entre les gens concernant le goût pour les « activités cognitives ». Cette prédilection pour la connaissance est nommée *désir de cognition* (NEEDCOG ici). Dans la suite de cet exemple, on souhaite comparer les hommes et les femmes sur cette dimension, en utilisant des données que nous avons récoltées. Il y avait bien plus d'hommes que de femmes dans l'échantillon. Les moyennes semblent proches, ainsi que les écarts type et les erreurs standard.

Statistiques de groupes

	Hommes et femmes	N	Mean	Écart type	Erreur st.
NEEDCOG	Hommes	440	62.4886	9.942	.474
	Femmes	290	63.1586	8.484	.498

Le deuxième tableau donné par SPSS est le suivant :

Test d'échantillons indépendants

		Test de Levene sur l'égalité des variances		Test-t pour égalité des moyennes						
									Intervalle de confiance 95% de la différence	
		F	Sig.	t	ddl	Sig. (bil.)	Diff. moyenne	Différence écart-type	Inférieure	Supérieure
NEEDCOG	Hypothèse de variances égales			-.94	728	.346	-.67	.710	-2.064	.724
	Hypothèse de variances inégales	14.577	.000	-.97	631.39	.330	-.67	.688	-2.020	.680

Les variances sont ici significativement différentes, aussi utilisons-nous la seconde ligne

p = 0,33 ; il y a donc une probabilité de 33 % qu'une telle différence arrive par hasard – à supposer que NEEDCOG ne dépende pas du sexe

Vous pouvez voir que la différence moyenne entre les groupes est de 0,67. Les variances des groupes sont significativement différentes, si bien qu'il nous faut considérer la ligne « hypothèse de variances inégales ». On a donc une valeur de $t = 0,97$. L'intervalle de confiance montre qu'on peut être sûr à 95 % que la vraie différence de moyennes se trouve entre –2,020 et 0,680 – un intervalle assez large, et qui surtout contient malheureusement 0. Comme l'intervalle contient 0, on peut penser qu'en répétant l'expérience un grand nombre de fois, on trouverait parfois un score supérieur chez les femmes (comme ici), et parfois au contraire une valeur moyenne supérieure pour les hommes. On pourrait aussi trouver le même score pour les deux sexes. Cela n'est pas très instructif, et nous conclurons simplement que NEEDCOG ne diffère pas *notablement* entre les hommes et les femmes. Cette décision est justifiée par la faible valeur de t (0,97) et la forte valeur de p (0,33). Si l'on suppose que NEEDCOG ne dépend pas du sexe, notre observation n'est pas surprenante puisqu'elle avait une probabilité de 33 % de se produire. On ne peut donc rien conclure.

Exemple : Facteurs psychosociaux et maladie coronarienne

Ketterer et son équipe (1996) ont recherché d'éventuels facteurs psychosociaux favorisant les maladies coronariennes. Ketterer et ses collaborateurs ont comparé les patients qui ont participé à l'étude jusqu'à la fin et ceux qui se sont arrêtés avant. Des tests de Student permettent de comparer ces deux groupes sur une série de variables dont la liste est donnée dans le tableau 6.4. Le tableau donne également les moyennes et les écarts type.

Ce tableau est utile parce qu'il donne les moyennes et les écarts type des deux groupes à la fois, ce qui nous permet de connaître le sens de la différence entre les groupes. Il fournit également les valeurs exactes de p, ce qui est largement préférable à un simple « ns » – souvenez-vous que certains auteurs n'indiquent pas la significativité exacte de leur résultats mais se contentent de dire si ceux-ci sont significatifs ou non significatifs (ns). Notons que cette tendance diminue avec l'évolution des programmes de calculs statistiques. La variable qui diffère significativement entre les deux groupes est la variable « éducation » qui est le nombre d'années d'études. Les moyennes montrent que, globalement, les personnes qui ont été jusqu'au bout de l'étude de Ketterer sont plus cultivés (en terme de nombre d'années d'études) que ceux qui ont abandonné avant la fin. Cependant, les groupes ne diffèrent significativement sur aucune autre variable. Bien que les tailles d'effet n'aient pas été reproduites ici, vous pouvez les calculer sans problème, ayant accès à tous les éléments nécessaires. Alors, pourquoi ne pas le faire ? [1]

Tableau 6.4

Moyennes, écarts type et significativité pour les participants de l'étude de Ketterer *et al.* (1996) ayant fini le projet (colonne « fini ») ou non (colonne « abandon »).

	Fini (n = 175)	Abandon (n = 187)	p
Âge	58,0 (10,6)	58,9 (11,8)	0,435
Éducation (années)	13,7 (2,8)	12,6 (3,3)	0,001
Cigarettes (paquets/an)	42,9 (3,6)	49,0 (44,4)	0,191
Sport (heures/semaine)	2,4 (4,5)	2,1 (4,3)	0,530
Caféine	3,3 (3,9)	3,5 (3,7)	0,668
Indice de masse corporelle (IMC)	19,2 (2,6)	19,3 (3,3)	0,582
Alcool (boissons/jour)	0,5 (1,4)	0,7 (2,2)	0,373

1. Vous pourrez vérifier vos résultats en les comparant aux nôtres, à la fin de l'ouvrage.

3 Test de Student pour échantillons appariés

Le test de comparaison de moyennes pour échantillons appariés est aussi nommé test de comparaison de moyennes pour échantillons *pairés*. Comme nous l'avons expliqué page 240, le test t pour échantillons pairés s'applique lorsque les mêmes participants passent les deux conditions. Assez naturellement, les formules utilisées pour ce test sont très similaires à celles que nous avons déjà rencontrées dans le cas d'échantillons indépendants. Cependant, le test est plus sensible dans le cas d'échantillons appariés. Cela vient du fait que chaque participant donne des valeurs dans les deux conditions et peut donc être testé par rapport à lui-même. Si nous avons un ensemble de 20 personnes, dans un plan à mesures répétées (chacune des vingt personnes passe les deux conditions), nous aurons l'équivalent de 40 personnes pour un plan simple (20 dans chaque condition). La formule de t dans le cas du test pour échantillons pairés tient compte du fait que les mêmes personnes participent deux fois à l'expérience. Si vous comparez les résultats donnés avec les mêmes chiffres dans le cas de tests pour échantillons indépendants et appariés, vous trouverez que le test donne, dans le cas des échantillons pairés, une plus faible valeur de p. Cela vient du fait que si nous pouvons comparer chaque participant avec lui-même, nous réduisons alors la variation inter-participants, ce qui donne une valeur de t supérieure.

Dans le cas d'un plan à mesures répétées, et donc d'un test de comparaison de moyennes pour échantillons pairés (si c'est possible), nous aurons un test plus puissant. On peut imaginer la chose sur un exemple. Comparons dans deux conditions, disons 1 et 2, une variable numérique x. Supposons que la condition a un effet relativement faible : par exemple, la condition 2 donne toujours un x supérieur de 1 point à la situation 1. Ainsi, un sujet qui donne un x de 7 dans la première condition donnera 8 (7 + 1) dans la seconde. Un sujet qui donne une valeur de 13 dans la situation 1 donnerait, de même, 14 (13 + 1) dans la seconde. Supposons en outre que les valeurs de x sont très dispersées. Par exemple, x varie de 0 à 100 environ. C'est par rapport à cet intervalle étendu [0 ; 100] que nous pouvons considérer l'effet de la condition comme faible (1 point est faible par rapport à l'écart de 100 points entre les faibles et les fortes valeurs de x).

Si nous formons deux groupes pour tester l'effet de la condition sur x, nous aurons deux paquets de valeurs. Dans la première série, les valeurs iront par exemple de 0 à 98, alors que dans la seconde, elles iront de 1 à 99. Il est clair qu'un telle différence n'est pas très convaincante !

Mais si nous formons un seul groupe qui passe les deux conditions, nous pouvons observer les personnes une par une. Par exemple, nous verrons que l'un des individus a donné dans la première situation 1, et 2 dans l'autre (soit une différence de +1). Un autre donnera 56 puit 57 (soit une différence de +1). Nous pourrons ainsi regarder l'évolution sujet par sujet, et si tous donnent la même différence de +1, alors nous seront largement convaincus de l'effet de la condition. Cela montre la supériorité (en termes de puissance) des plans à mesures répétées – dans les cas favorables.

Supposons que nous souhaitions savoir si différents types d'images mentales permettent un contrôle de la douleur plus ou moins efficace. Pour faire simple, comparons seulement deux situations (on demande aux participants de se concentrer sur des images avec les consignes suivantes) :

- imaginez que vous êtes en train de réaliser un magnifique test de Student (condition « statistiques ») ;
- imaginez que vous vous reposez sur une plage ensoleillée en buvant un cocktail (condition « plage »).

Les participants sont assis et commencent à visualiser les images proposées. Ils plongent à ce moment la main dans un bol d'eau glacé. Bien que nous n'ayons pas personnellement testé cette situation, nous supposons qu'elle est au moins désagréable. La variable dépendante est le nombre de secondes pendant lesquelles le sujet arrive à garder sa main dans l'eau. Nous exigeons un plan à mesures répétées, parce qu'il est plus puissant et que nous ne pensons pas que l'effet recherché soit très fort : il nous faut donc un test sensible. Nous devons donc faire passer le test aux participants deux fois : d'abord pour l'une des conditions, puis pour l'autre. Il se peut alors que des effets d'ordre apparaissent, ou que les participants refusent de recommencer à souffrir pour la deuxième condition ! Pour limiter les effets d'ordre, la moitié des candidats commencera par l'une des situations et l'autre moitié par l'autre situation (voir ou revoir le contrebalancement, présenté au chapitre 1). Peut-être que certains lecteurs pensent que nous avons à tester une hypothèse unidirectionnelle, parce qu'il paraît évident que la situation de la plage est plus favorable à une relaxation, et, partant, à un contrôle efficace de la douleur ? Quoi qu'il en soit, nous vous convions avec empressement à préférer fonder vos hypothèses sur des travaux déjà publiés, et non sur des intuitions : on n'a pas toujours le nez creux. Étant donné qu'il n'y a aucune recherche déjà publiée sur le sujet, autant que nous le sachions, mieux vaut choisir une hypothèse bidirectionnelle. Les données sont celles du tableau 6.5.

Tableau 6.5

Temps (secondes) pendant lequel les participants gardent leur main dans l'eau glacée

Sujet	Statistiques	Plage
1	5	7
2	7	15
3	3	6
4	6	7
5	10	12
6	4	12
7	7	10
8	8	14
9	8	13
10	15	7

SPSS : Test de Student pour échantillons pairés

Ouvrez votre fichier de données, et choisissez, dans le menu *Analyse, Comparer les moyennes,* puis *Test T pour échantillons appariés...* :

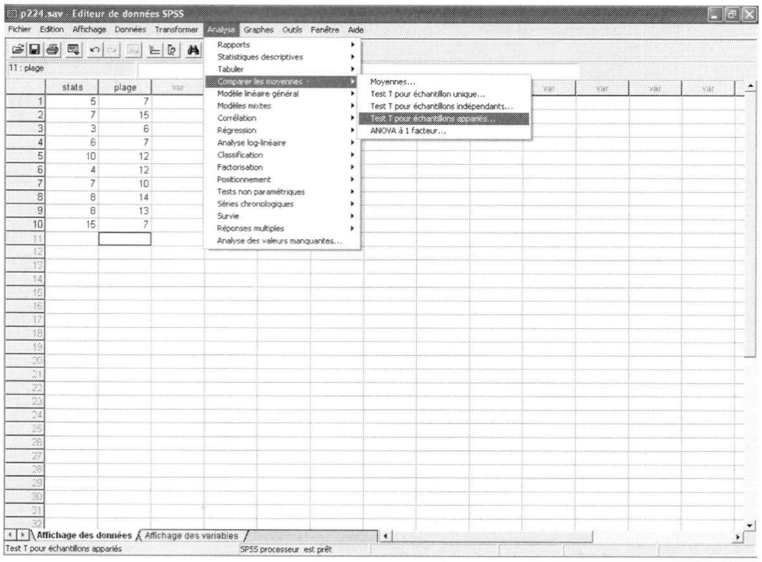

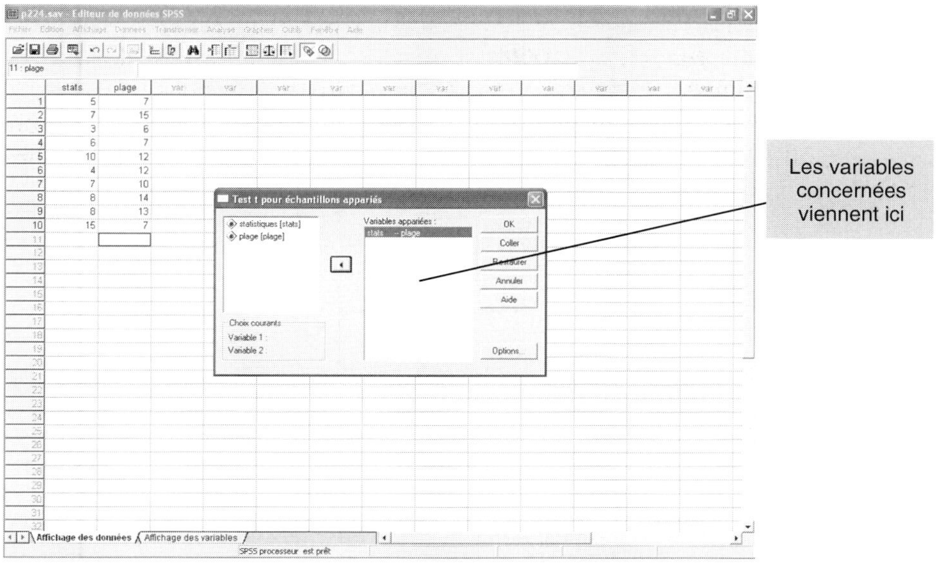

Pour sélectionner une paire de variables :

- cliquez sur la première variable,
- tout en maintenant la touche Ctrl (contrôle) enfoncée, cliquez sur la deuxième variable,
- cliquez sur ▸ pour déplacer la paire ainsi choisie.

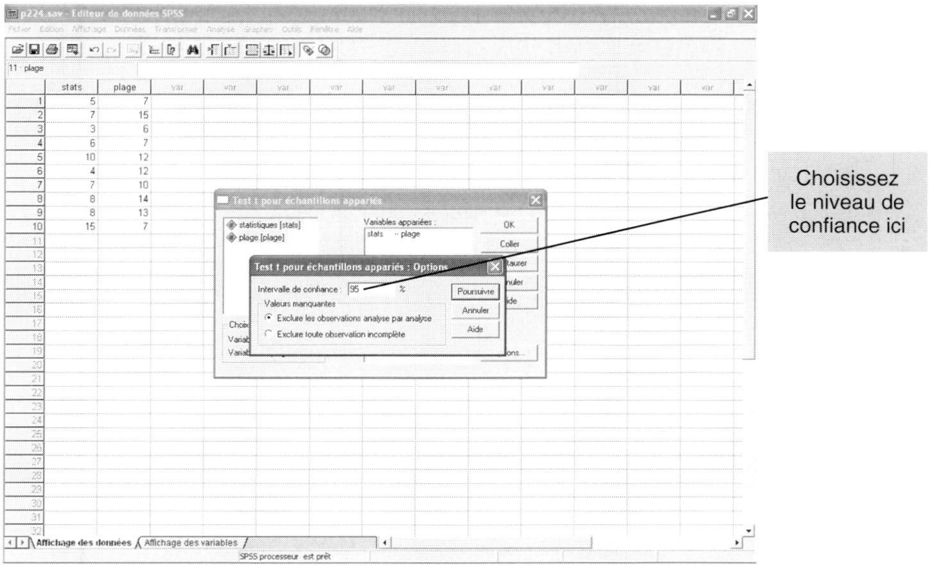

Cliquez sur *Options...* si nécessaire pour changer le niveau de confiance des intervalles de confiance, fixé par défaut à 95 %. Cliquez alors sur *Poursuivre*, puis sur *OK*. Les résultats apparaissent à l'écran.

Vous pouvez d'abord lire des statistiques de groupes. Ce sont des informations courantes et classiques : moyenne, écart type, nombre de participants, erreur standard.

Statistiques pour échantillons appariés

		Moyenne	N	Ecart-type	Erreur standard moyenne
Paire 1	statistiques	7,30	10	3,401	1,075
	plage	10,30	10	3,335	1,055

Viennent ensuite les corrélations entre les conditions :

Corrélations pour échantillons appariés

		N	Corrélation	Sig.
Paire 1	statistiques & plage	10	,070	,849

Cela signifie qu'il n'y a pas de corrélation notable entre les conditions « statistiques » et « plage » (le *r* est très faible).

Il n'est pas très simple de comprendre le sens de cette corrélation. Elle mesure en quelque sorte la variation entre les sujets. Si elle est, comme ici, faible, cela signifie que les sujets sont plus ou moins similaires. Si au contraire – chose tout à fait imaginable – certains participants étaient flegmatiques en toute circonstance (donnant donc des scores élevés dans les deux cas) et d'autres douillets (donnant des scores faibles deux fois), alors le coefficient de corrélation serait plus proche de 1.

Enfin viennent les résultats les plus importants, ceux du test de comparaison de moyennes :

Test échantillons appariés

		Différences appariées					t	ddl	Sig. (bil)
					IC (95%) de la différence				
		Moy.	Ec. Type	Erreur standard moyenne	inf.	sup.			
Paire 1	statistiques - plage	-3,00	4,595	1,453	,29	-6,29	-2,065	9	,069

Différence entre les moyennes des conditions plage (10,3) et statistiques (7,3)

L'intervalle de confiance au niveau 95 % permet de conclure au risque de 5 % seulement que la vraie différence moyenne se situe entre –6,29 et 0,29

$p = 0{,}07$

Bien qu'on puisse constater sur l'échantillon – curieusement – que les participants de la situation plage ont réussi à garder leur main plus longtemps en moyenne dans l'eau glacée, avec une moyenne de 10,3 contre 7,3 pour l'autre situation, l'analyse statistique donne une valeur *t* de 2,06, associée à une significativité de 0,07. L'intervalle de confiance contient la valeur 0, ce qui implique que nous ne sommes pas certains du signe de la différence, et donc de l'ordre des conditions. Peut-être que l'image mentale de la plage est favorable au contrôle de la douleur, peut-être pas. En tout état de cause, notre expérience ne permet aucune conclusion à ce sujet.

La partie statistique de notre rapport pourrait être rédigée comme cela :

Bien que les participants étudiés aient réussi à garder, en moyenne, leur main plus longtemps dans l'eau lorsqu'ils étaient soumis à la condition *plage*, avec des moyennes de 10,3 secondes (*plage*) contre 7,3 (*statistiques*), le test de Student montre que cette différence n'est pas significative et ne peut donc pas être généralisée, puisque $t(9) = 2{,}06$ ($p = 0{,}07$).

Exemple : QI verbal et comportemental chez les patients souffrant de maladie chronique

Une étude compare le QI verbal (QIV) et le QI comportemental (QIC) chez des patients souffrant de maladie chronique. Dans une population normale, les deux QI sont à peu près similaires. La moyenne de chacun des deux vaut en effet 100 sur la population générale.

SPSS permet de calculer les corrélations entre les deux QI :

Corrélations pour échantillons appariés

		N	Corrélation	Sig.
Paire 1	QIV & QIC	40	,680	,000

Comme on pouvait s'y attendre, les deux QI sont liés positivement et fortement, suggérant que les tests correspondant mesurent des compétences similaires, ou tout au moins associées.

On jette en général un coup d'œil à la première partie des résultats, pour avoir une idée de l'ordre des moyennes, et du nombre de participants :

Statistiques pour échantillons appariés

		Moyenne	N	Ecart-type	Erreur standard moyenne
Paire 1	QIV	94,87	40	12,039	1,903
	QIC	109,00	40	12,867	2,035

On peut ainsi voir que le QIV moyen du groupe considéré est plus faible que le QIC.

Test échantillons appariés

		Différences appariées					t	ddl	Sig. (bilatérale)
		Moyenne	Ecart-type	Erreur standard moyenne	Intervalle de confiance 95% de la différence — Inférieure	Intervalle de confiance 95% de la différence — Supérieure			
Paire 1	QIV - QIC	-14,22	9,989	1,579	-17,42	-11,03	-9,007	39	,000

Dans ce cas, la différence de moyennes observée sur notre échantillon (entre QIV et QIC) est de 14,22. En ce qui concerne cette différence sur la population, on peut être certain à 95 % qu'elle est comprise entre 11,03 et 17,42.

$t(39) = -9{,}01$ a une signification associée de $p < 0{,}001$, ce qui indique une différence moyenne entre les deux QI, car si nous supposons que l'hypothèse nulle est vérifiée (pas de différence entre les deux QI), alors notre observation est très improbable *a priori*. C'est pourquoi on concluera que, chez les personnes souffrant d'une maladie chronique, le QI comportemental est supérieur au QI verbal en moyenne.

Activité 6.4

Observez les résultats suivants et répondez aux deux questions qui suivent :

Statistiques pour échantillons appariés

		Moyenne	N	Ecart-type	Erreur standard moyenne
Paire 1	cond1	15,60	10	5,621	,178
	cond2	23,90	10	11,130	3,520

Corrélations pour échantillons appariés

		N	Corrélation	Sig.
Paire 1	cond1 & cond2	10	,786	,007

Test échantillons appariés

	Différences appariées					t	ddl	Sig. (bilatérale)
	Moyenne	Ecart-type	Erreur standard moyenne	Intervalle de confiance 95% de la différence – Inférieure	Intervalle de confiance 95% de la différence – Supérieure			
Paire 1 cond1 - cond2	-8,30	7,558	2,390	-13,71	-2,89	-3,470	9	,007

1. La valeur de la statistique de test est
   (a) 0,007
   (b) –8,30
   (c) –3,47.
2. La différence entre les conditions 1 et 2 est
   (a) –8,3
   (b) 7,558
   (c) 2,390.

Exemple : Contrôle perçu et état de détresse après une agression sexuelle

Frazier (2003) a récolté des données auprès de femmes ayant subi une agression sexuelle grave. Les femmes sont interrogées quatre fois. L'étude devait permettre de mieux comprendre comment le sentiment de contrôle et de détresse évolue après l'agression. Les statistiques descriptives sont données sous la forme suivante :

	2 semaines		2 mois		6 mois		12 mois	
Variable	$\overline{X}$	SD	$\overline{X}$	SD	$\overline{X}$	SD	$\overline{X}$	SD
Contrôle								
Auto-condamnation	3,54	1,18	3,37	1,07	3,07	1,14	2,88	1,10

	2 semaines		2 mois		6 mois		12 mois	
Condamnation de l'agresseur	3,85	0,95	3,65	1,15	3,73	1,16	3,47	1,21
Contrôle de la guérison	3,74	0,77	3,93	0,71	3,91	0,79	4,03	0,78
Contrôle sur l'avenir	4,07	0,63	4,23	0,64	4,13	0,72	4,12	0,64
Probabilité d'une nouvelle agression	2,40	0,76	2,63	0,84	2,72	0,75	2,81	0,75
Détresse								
Anxiété	2,31	0,85	1,78	0,98	1,52	1,01	1,29	0,96
Dépression	2,04	0,98	1,64	1,03	1,50	1,02	1,18	0,94
Hostilité	1,58	0,90	1,44	0,96	1,31	1,04	1,03	0,88
Détresse proprement dite	2,00	0,74	1,63	0,85	1,45	0,92	1,17	0,82

Les auteurs écrivent :

> *La condamnation du violeur est plus courante que l'auto-condamnation, mais avec un taille d'effet faible à deux semaines de l'agression ;* $t(87) = -0{,}78$, $p = 0{,}08$, $d = 0{,}19$, *ainsi qu'à deux mois de l'agression :* $t(94) = -0{,}80$, $p = 0{,}07$, $d = 0{,}19$. *À 6 mois de l'agression, l'effet est moyen :* $t(84) = -4{,}61$, $p < 0{,}0001$, $d = 0{,}50$, *de même qu'après 12 mois :* $t(89) = -4{,}50$, $p < 0{,}0001$, $d = 0{,}48$. *Rappelons que selon les conventions de Cohen (1992), une taille d'effet* d *de 0,20 est considérée comme faible, une valeur de 0,50 comme moyenne, et 0,80 comme forte.*

Vous pouvez remarquer que les auteurs ont utilisé 4 tests de comparaison de moyennes pour échantillons appariés. Ils ont en effet comparé les résultats de condamnation de soi-même et de l'agresseur à quatre dates différentes. La première comparaison est faite 2 semaines après le drame. Bien que les victimes condamnent les coupables plus violemment qu'elles-mêmes, cette différence est d'abord assez faible, puisque $d = 0{,}19$, ce qui est la mesure, nous rappellent les auteurs, d'un effet réduit. On trouve des résultats similaires à 2 mois, puis l'écart entre la condamnation de soi-même et du véritable coupable se creuse. Autrement dit, les victimes renoncent petit à petit à l'idée qu'elles sont, elles aussi, responsables de leur agression. La prépondérance de la condamnation de l'autre devient généralisable à partir du sixème mois.

Tests multiples

Lorsque vous réalisez plusieurs tests dans une étude ou pour une expérience, alors il se pourrait que l'une ou l'autre de vos hypothèses alternatives soit validée par erreur. Il se pourrait que vous obteniez pour quelque test un p très faible, par exemple $p = 0{,}001$, par suite d'une erreur d'échantillonnage. Il faut tenir compte de cela pour interpréter les résultats. Le plus simple est de diviser 0,05 (la limite traditionnelle des significations) par le nombre de tests effectués, et de vous fonder sur cette valeur pour conclure.

Si, par exemple, vous avez utilisé 3 tests, alors vous pouvez calculer l'erreur minimale :

$$\frac{0,\ 05}{3} = 0,\ 0167$$

Vous ne considérerez alors comme significative qu'une valeur de p inférieure à 0,0167. Rappelez-vous aussi que le fait d'être ou non significatif n'est pas la seule caractéristique importante d'une statistique de test. La taille des effets et les intervalles de confiance peuvent également servir.

Dans un cas comme celui décrit au-dessus, si 0,0167 est le risque que l'on prend pour *chacun* des tests, alors (et c'est le but de la manipulation), le risque *global* (ou *risque de l'ensemble*) de notre conclusion est de 0,05 comme souhaité.

Il est assez simple de comprendre que les risques simples ne sont pas la même chose que les risques globaux. En simplifiant, si l'on considère que la signification p mesure la probabilité de se tromper, alors il est évidemment plus probable de se tromper sur l'une au moins de 3 conclusions que sur chacune des trois conclusions prise isolément. C'est pourquoi il faut modifier le risque dans le cas de tests multiples.

Récapitulatif

1 Les intervalles de confiance permettent de penser, avec un certain niveau de confiance (généralement 95 %) que la moyenne de la population (ou une différence entre deux moyennes) se situe dans un certain intervalle.

2 *d*, la taille de l'effet, donne l'amplitude de la différence entre deux moyennes obtenues sur des échantillons indépendants, exprimée en écarts type.

3 Les tests de Student permettent d'estimer la vraisemblance de l'apparition d'une différence entre deux groupes, aussi forte que celle constatée, par suite d'une erreur d'échantillonnage. Par exemple, si $p = 0{,}03$, cela indique que, s'il n'y a en réalité aucune différence entre nos deux conditions, et si nous reproduisons notre expérience 100 fois, on peut s'attendre à trouver 3 fois une différence entre les deux échantillons aussi importante que celle ici observée.

4 Les tests de Student sont légitimes seulement si les données sont issues de variables normales – il s'agit d'un test paramétrique.

Exercice SPSS

Une vingtaine d'écoliers (10 garçons et 10 filles) ont été suivis. On relève le nombre de jours où ils ont été malades au cours de l'année, ainsi que les résultats à un test de compétence générale au début et à la fin de l'année. Entrez les données suivantes dans SPSS. Les garçons sont codés 1 et les filles 2.

SEXE	MALADIES	test début d'année	test fin d'année
1	24	13	16
1	20	16	20
1	8	7	18
1	12	30	35
1	5	5	5
1	24	10	15
1	0	9	10
1	8	15	24
1	20	18	30
1	24	20	27
2	7	18	17
2	30	14	10
2	2	20	20
2	10	9	10
2	18	13	9
2	9	13	16
2	20	10	1
2	10	16	14
2	15	5	6
2	8	7	14

Supposez que les variables considérées sont normales.

- Réalisez un test de Student pour comparer les garçons et les filles en termes de nombre de jours de maladie, ainsi que pour les tests de début et de fin d'année.
- Calculez les tailles des effets (d) le cas échéant.
- Imaginez qu'un de vos amis, qui a des difficultés en statistiques, ne comprend pas bien vos sorties SPSS, ni les grandeurs d'effet, ni les intervalles de confiance. Rédigez quelques paragraphes explicatifs pour que même ce copain puisse savoir ce qui se passe.
- Réalisez un test de comparaison de moyennes sur les résultats de début et de fin d'année. Rédigez à nouveau un petit paragraphe explicatif pour votre ami dur de la comprenette. Le but de votre analyse est de vérifier que les résultats sont meilleurs en fin d'année.

QCM

1. Le dl pour un test de comparaison de moyennes pour deux groupes indépendants de 20 personnes chacun est
   (a) 38
   (b) 20
   (c) 40
   (d) 68.
2. Pour un test de comparaison de moyennes (40 participants) pour deux échantillons appariés, le dl est de
   (a) 20
   (b) 39
   (c) 38
   (d) aucun de ceux-là.
3. Pour un test de comparaison de moyennes pour deux échantillons indépendants de 15 participants chacun, le dl est
   (a) 28
   (b) 14
   (c) 30
   (d) 15.
4. Une centaine d'étudiants ont été testés grâce à un questionnaire d'anxiété avant et après une thérapie contre l'anxiété. Les scores sont normaux sur la population. Quel test est le plus approprié ?
   (a) Le test de comparaison de moyennes pour deux échantillons indépendants
   (b) Le test de comparaison de moyennes pour deux échantillons appariés
   (c) Le test de Levene
   (d) Aucun de ceux-là.
5. La plus importante condition qui permet l'utilisation du test de Student est que
   (a) les variances doivent être aussi petites que possible
   (b) les scores doivent être normaux sur la population
   (c) les conditions doivent correspondre à des moyennes égales
   (d) tout cela à la fois.

QCM (suite)

6. Plus la statistique t est élevée, plus il est probable que la différence observée
   (a) vienne d'une erreur d'échantillonnage sous l'hypothèse nulle
   (b) vienne d'autre chose qu'une erreur d'échantillonnage
   (c) soit nulle
   (d) rien de tout cela.
7. Une valeur t de -5 est
   (a) moins importante qu'une valeur de +5
   (b) plus importante qu'une valeur de +5
   (c) équivalente à $t = +5$
   (d) moins significative que $t = +5$.

Les questions 8 à 10 sont liées aux tableaux ci-dessous :

Statistiques de groupes

	Sexe	N	Moyenne	Écart type	Erreur standard
Symptôme (groupe)	1.00	62	33.8710	12.1149	1.5386
	2.00	53	34.8302	13.0586	1.7937

Test d'échantillons indépendants

		Test de Levene		Test de Student						
									Intervalle de confiance pour la différence	
		F	Sig.	t	dl	Sig. (2-tailed)	Différence de moyennes	Différence d'écarts type	Inférieure	Supérieure
Symptôme (groupe)	Égalité des variances supposée	.755	.387	–.408	113	.684	–.9592	2.3493	–5.6136	3.6951
	Égalité des variances non supposée			–.406	107.199	.686	–.9592	2.3632	–5.6439	3.7255

8. La différence entre les moyennes des groupes est, à deux décimales près,
   (a) 0,41
   (b) 0,69
   (c) 0,96
   (d) 0,76.
9. Les variances des deux groupes sont
   (a) indéterminées
   (b) inégales
   (c) égales
   (d) asymétriques.

QCM (suite)

10. Que peut-on conclure de ces résultats ?
(a) Il n'y a aucune différence notable entre les groupes
(b) Il y a une différence significative entre les groupes, mais elle n'est pas importante
(c) Il y a une différence importante entre les groupes, mais elle n'est pas significative
(d) Il y a une différence à la fois importante et significative entre les groupes.

11. La grandeur de l'effet pour des groupes indépendants *d* est donnée par :
(a) (moyenne 1 – moyenne 2) / écart type
(b) (moyenne 1 + moyenne 2) / écart type
(c) (moyenne 1 – moyenne 2) / erreur standard
(d) (moyenne 1 + moyenne 2) / erreur standard.

12. Si l'intervalle de confiance au niveau de confiance 95 % pour la différence entre les moyennes est [10,5 ; 13,0], nous pouvons en déduire que, si nous reproduisons 100 fois l'expérience :
(a) nos résultats seront significatifs 5 fois
(b) nos résultats seront significatifs 95 fois
(c) la moyenne observée sera entre 10,5 et 13,0 dans 95 % des cas, et sera en dehors le reste du temps
(d) rien de tout cela.

13. Dans une analyse utilisant un test de Student, vous trouvez la chose suivante pour le test de Levene : $F = 0,15$; $p = 0,58$. Cela montre que les variances des deux groupes
(a) sont inégales
(b) sont similaires
(c) sont parfaitement égales
(d) sont indéterminées.

14. Dans une sortie SPSS, si on lit p=0,000, il faut écrire
(a) $p = 0,000$
(b) $p = 0,0001$
(c) $p < 0,001$
(d) $p < 0,0001$.

15. Dans un test de comparaison de moyennes pour deux groupes indépendants, il faut utiliser le test « égalité des variances non supposée » lorsque
(a) le p de Levene est au-dessus d'un certain critère (par exemple $p > 0,05$)
(b) le p du test de Levene est en-dessous d'un certain critère (par exemple $p < 0,05$)
(c) le nombre de participants dépend du groupe
(d) les données sont asymétriques.

16. Pour un plan à mesures répétées utilisant 20 participants, le degré de liberté pour le test de comparaison de moyennes est
(a) 20
(b) 38
(c) 19
(d) 40.

QCM (suite)

17. Le test de Levene est
    (a) un test d'hétérogénéité des variances fondé sur l'hypothèse de normalité
    (b) un test d'homogénéité des variances fondé sur l'hypothèse de normalité
    (c) un test d'hétérogénéité des variances non fondé sur l'hypothèse de normalité
    (d) un test d'homogénéité des variances non fondé sur l'hypothèse de normalité.

18. Après avoir lu l'extrait suivant d'un article de Ratcliff[a] *et al.* (2003), répondez à la question qui suit.

    Les changements de moyenne entre les sessions 4 et 5 étaient tous significatifs selon les tests de comparaison de moyennes pour échantillons pairés (tous les p étant inférieurs à 0,001, sauf pour MMSE, $p = 0{,}012$, le rappel différé de listes de mots, $p = 0{,}009$, et le « Boston naming », $p = 0{,}019$).

    Pourquoi les premières valeurs p sont-elles rapportées comme étant simplement inférieures à 0,001, alors que les trois dernières sont données par des chiffres exacts ?
    (a) Les chercheurs n'ont pas réussi à calculer les vraies valeurs
    (b) Le programme de calcul a donné $p = 0{,}000$
    (c) Les premières variables n'ont aucune importance
    (d) Tout cela à la fois.

Les questions 19 et 20 se réfèrent au tableau ci-dessous

Test d'échantillons indépendants

		Test de Levene		Test de Student						
									Intervalle de confiance pour la différence	
		F	Sig.	t	dl	Sig. (2-tailed)	Différence de moyennes	Différence d'écarts type	Inférieure	Supérieure
Conséquences économiques	Égalité des variances supposée	.113	.738	.923	106	.358	.5258	.56951	–.60327	1.65494
	Égalité des variances non supposée			.882	16.607	.391	.5258	.59644	–.73481	1.78649

19. Quelle ligne les chercheurs vont-ils utiliser pour interpréter les résultats de leur test de comparaison de moyennes ?
    (a) La ligne d'égalité des variances supposée
    (b) La ligne d'égalité des variances non supposée.

20. Si on généralise à la population, quel signe s'attend-on à trouver pour t ?
    (a) Positif
    (b) Négatif
    (c) Ça pourrait être les deux.

a. Il s'agit d'une traduction, bien entendu. [ndt]

Références

Cohen, J. (1988). *Statistical Power for Behavioral Sciences (2e éd.).* New York : Academic Press.

Cohen, J. (1992). A power primer. *Psychological Bulletin, 112,* 155-159.

Frazier, P. A. (2003). Perceived control and distress following sexual assault : a longitudinal test of a new model. *Journal of Personality and Social Psychology, 84(6),* 1257-1269.

Gauvrit, N. (2005). *Stats pour psycho. Exercices et corrigés.* Bruxelles : De Boeck.

Ketterer, M. W., Kenyon, L., Foley, B. A., Brymer, J., Rhoads, K., Kraft, P., & Lovallo, W. R. (1996). Denial of depression as an independent correlation of coronary artery disease. *Journal of Health Psychology, 1(1),* 93-105.

Ratcliff, G., Dodge, H., Birzescu, M., & Ganguli, M. (2003). Tracking cognitive functioning over time : ten-year-longitudinal data from community-based study. *Applied Neuropsychology, 10(2),* 89-95.

Yu, C. H., Ho, W. J., & Stockford, S. (2001). Using multimedia to visualize the concept of degree of freedom perfect-fitting and over-fitting. *Joint Statistical Meeting, 08-2005, Atlanta, GA.*

Yu, C. H. (2003). Illustrating degrees of freedom in multimedia. Disponible à l'adresse http://seamonkey.ed.asu.edu/nalex/pub/df/default.htm

CHAPITRE 7
Autour de la signification

Sommaire

Vue d'ensemble du chapitre

Dans les deux derniers chapitres, vous avez appris à décrire et à analyser le lien entre deux variables, ainsi que la différence entre deux conditions. Dans ces chapitres, nous vous avons invité à utiliser des méthodes variées et complémentaires pour donner une image aussi précise que possible de la réalité, et pour donner à vos lecteurs (en général, des gens qui jugent votre travail) un aperçu complet de vos données. C'est pourquoi nous vous avons conseillé l'utilisation de représentations graphiques, de mesures de tendance centrale et de variation. Des méthodes simples permettent de quantifier la taille des effets. Les intervalles de confiance (IC) donnent une image plus fiable des paramètres à estimer. Donner la signification (ou significativité) *p* permet une appréhension fine des résultats statistiques.

Dans ce chapitre, nous allons creuser un peu ces différents concepts. En particulier, la question de la signification sera étudiée plus en détail, et nous pourrons alors découvrir la notion de *puissance*. La puissance est la capacité d'un test à révéler un effet... lorsqu'il existe. C'est donc la probabilité qu'un test permette de rejeter une hypothèse nulle, si celle-ci est effectivement fausse. C'est une notion capitale qu'il est important de bien cerner lorsqu'on utilise des tests, et c'est pourquoi nous en parlons ici.

Dans ce chapitre, vous découvrirez :

- la relation entre puissance, taille d'effet et signification ;
- les facteurs influençant la puissance ;
- des questions tournant autour de l'utilisation des seuils de signification (risque).

Pour être capable de comprendre les questions soulevées ici, il vous faut d'abord une bonne compréhension des analyses de corrélation (chapitre 5) ainsi que de l'étude des différences entre groupes par l'utilisation du test de Student (chapitre 6).

1 Risque

Comme nous l'avons moult fois évoqué dans ce qui précède, il était jadis commun de se contenter, pour les résultats statistiques, de dire, pour chaque test, si la signification était supérieure ou inférieure à 0,05 (on dit alors que 0,05 est le *risque*, c'est-à-dire le seuil à partir duquel on se permet de conclure). Une des explications de cette mystérieuse coutume est qu'avant l'avènement des logiciels de calculs statistiques, on ne savait pas déterminer la signification exacte associée à un test. Cependant, il y a d'excellentes raisons pour préférer avoir la signification exacte *p*.

Imaginez par exemple que vous réalisez une expérience, développiez une analyse, et trouviez une signification de $p = 0{,}049$. Vous répliquez l'expérience et trouvez cette fois $p = 0{,}051$. Rapporter vos travaux en disant la première fois que votre expérience a donné des résultats significatifs à 5 %, et dans le deuxième cas des résultats non significatifs à 5 % est pour le moins trompeur, surtout si l'on considère que toute recherche en sciences humaines est entâchée d'imprécision (voir chapitre 4). En répliquant une fois de plus l'expérience, vous pourriez fort bien trouver une probabilité de 0,04 ou de 0,06. De même, comme Howell (1998) le fait remarquer, il est peu raisonnable de considérer comme équivalentes des probabilités de 0,051 et de 0,75, en se contentant de rapporter dans les deux cas que les résultats sont non significatifs. De même, il est au moins étrange de considérer comme équivalentes des probabilités de 0,000001 et de 0,049 en précisant simplement que $p < 0{,}05$ dans les deux cas.

D'autre part, utiliser systématiquement le seuil de 0,05 conduit à penser ce seuil de 0,05 comme une barrière universelle, et la règle du « > ou < 0,05 » comme une loi transcendante. C'est pourquoi bien des gens finissent pas penser que tout résultat significatif à 5 % est important pour la psychologie, et que tout résultat non significatif à ce seuil est sans importance. Il faut bien savoir que ce seuil de 0,05 n'est pas une règle absolue, mais plutôt une indication, et que la valeur de *p* n'évalue pas l'importance psychologique du résultat. Une des raisons de cette différence entre *p* et l'importance d'un effet est que *p* dépend de la taille de l'échantillon, comme nous l'allons voir. Ceci dit, le choix d'un risque unique (5 %) comme seuil

Activité 7.1

I — Le problème

Oh, quel grand *t*, quel petit *p*,
Nous n'allons pas considérer
Le sens précis de ces valeurs,
Mais bien plutôt conclure sur l'heure.
Khi-deux si haut, *p* au néant,
Ce résultat est convaincant.
Nos preuves se fondent sur des sondages ?
Quelle importance, suivons l'adage,
Ce grand principe, cette habitude :
p sous le seuil, une certitude.

II — Implications

Quelle est la morale de cette fable ?
Pauvres mortels tellement instables,
Quand nous sentons *p* près zéro,
Bombons le torse comme des héros.
Mais si parfois c'est l'incertain,
Pour tricher avec le destin,
Remplaçons ce désir de braise
Pour le rejet d'une hypothèse
Par la mesure de l'effet,
Simple valeur d'un petit fait,
Qui n'a jamais donné la gloire,
Mais raconte à tous une histoire.
Voilà le genre de métrie
Par quoi la psycho est grandie.
(Robert Rosenthal, 1991)[1]

À votre avis, pourquoi Rosenthal a-t-il écrit ce poème ? Que veut-il nous dire ?

1. Que le lecteur me pardonne cette traduction qui, quoique rimante, reste assez peu littéraire. [ndt]

absolu conserve des défenseurs parmi les utilisateurs avertis des statistiques... des gens qui ne conçoivent la lecture de p que comme un découpage entre les p plus petits que 0,05 et les p plus grands. Pourtant, comme le disent Rosnow et Rosenthal (1989),

> Dieu aime sûrement 0,06 presque autant que 0,05.

La valeur exacte de p permet au lecteur de savoir quelle était la probabilité *a priori* d'observer des résultats aussi importants que ceux que vous avez trouvés, si la réalité correspond à l'hypothèse nulle. Cette probabilité est l'un des points à prendre en compte pour l'interprétation des résultats, et nous n'avons aucun argument à fournir à l'encontre des significations exactes. Comme le dit McDonald (1997) :

> Les données doivent être considérées comme des arguments pour des démonstrations psychologiques, et la signification est l'une des mesures de leur qualité. Elle permet aux chercheurs de ne pas affirmer trop de conclusions, certaines pouvant s'expliquer par le seul hasard.

Le débat concernant l'utilisation de la signification ou d'un seuil (risque) n'est qu'une petite partie d'une plus vaste controverse sur l'utilisation des tests d'hypothèses en psychologie [1]. Cette controverse n'est pas nouvelle, et d'éminents psychologues et statisticiens ont pris parti pour l'une ou l'autre des approches possibles. De nombreuses publications abordent ce sujet. Si vous souhaitez approfondir la question, vous pourrez consulter par exemple Kranz (1999) ou Nickerson (2000) [2].

2 Taille d'effet

Les chapitres 5 et 6 vous ont permis de découvrir des mesures de taille d'effet. La taille d'un effet est l'importance d'une différence entre deux conditions, ou la force d'un lien entre deux variables. Il existe plusieurs moyens d'évaluer cette taille d'effet. Dans le chapitre 5, nous avons évoqué une mesure naturelle de la taille d'effet (le coefficient de corrélation), et dans le chapitre 6 une mesure de la différence entre deux conditions en termes d'écarts type (*d*). *d* mesure en fait la différence moyenne entre deux conditions en prenant comme unité de mesure l'écart type de la variable dépendante. Souvenez-vous comme il est simple de déterminer *d* :

$$\frac{m_1 - m_2}{\text{écart type moyen}}$$

Comme nous l'avons noté, *d* est la distance entre les deux conditions – en fait entre les deux moyennes – mesurée en écarts type. S'il y a un intervalle important entre les deux groupes, alors la taille de l'effet *d* sera grande. Si l'intervalle est réduit, alors *d* est faible.

Parfois, la taille de l'effet est facile à calculer (comme dans le cas d'une comparaison entre deux conditions), et parfois c'est plus difficile. Rapportez toujours, autant que possible, les tailles d'effet. Il arrive qu'un chercheur ait une idée de la taille d'effet qu'il peut s'attendre à trouver, en se fondant sur quelque étude antérieure.

1. Les nombreux travaux de Lecoutre, en France, sur l'inférence bayésienne, fournissent une alternative crédible mais très imparfaite également, aux tests d'hypothèses. Voir par exemple Lecoutre (1984, 1994). [ndt]
2. Voir aussi, pour une référence en français, Poitevineau (2004). [ndt]

Mais si tel n'est pas le cas, des statisticiens ont donné des indications (des indications et non des lois, souvenez-vous !) concernant les tailles d'effet à considérer comme faibles ou importantes. Nous en avons déjà discuté au chapitre précédent. Les indications fournies par Cohen[3] (1988) sont les suivantes :

Taille de l'effet	d	Superposition (%)
Petite	0,2	85
Moyenne	0,5	67
Grande	0,8	53

Il existe d'autres mesures de taille d'effet, qui seront traitées plus loin dans l'ouvrage. *d* est, de plus en plus, utilisé par une grande majorité des auteurs, et il est important de comprendre de quoi il retourne.

3 Puissance

Peut-être croiserez-vous un jour quelqu'un qui vous dira tout de go « le test de Student est plus puissant que le test de Mann-Whitney », ou encore « les tests sont plus puissants dans le cas des plans à mesures répétées ». Que voudra-t-il dire par là ? La puissance est la capacité d'un test à détecter un effet lorsque celui-ci existe. Souvenez-vous que par « effet » nous entendons une différence entre deux conditions ou un lien entre deux variables. C'est cette différence, ou ce lien entre variables, que l'on cherche à détecter s'il existe. On pourrait aussi dire que la puissance est la probabilité de rejeter l'hypothèse nulle, à supposer que celle-ci soit fausse. La puissance (une probabilité) est un nombre qui varie entre 0 (puissance nulle) et 1. Si votre test à une puissance nulle, vous ne pourrez jamais détecter une différence entre deux conditions ou un lien entre deux variables. Une puissance de 0,1 ou de 0,2 est faible, alors qu'une puissance de 0,8 ou 0,9 est élevée.

Que signifient exactement ces valeurs, 0,1 ; 0,2, etc. ?

- 0,1 signifie que s'il existe vraiment un lien, vous n'aurez pourtant qu'une chance sur 10 de le démontrer avec votre test. C'est désespérant ! Qui s'engagerait dans une étude coûteuse en temps et en argent avec une telle puissance ?
- 0,7 signifie que, si l'effet existe, alors vous avez 70 % de chance de le trouver grâce à une expérience et un traitement des résultats avec votre test. Il est déjà plus raisonnable d'envisager une telle expérience !
- 0,9 signifie que si l'effet existe, vous avez 9 chances sur 10 de le trouver avec votre test. Hélas, un tel cas de figure se produit rarement en psychologie.

Vous avez maintenant compris que – à supposer qu'un effet existe vraiment – une puissance de 0,5 vous indique que vous avez une chance sur deux de démontrer cet effet, ce qui est une probabilité un peu trop faible.

3. Une table plus précise, qui donnait les pourcentages de recouvrement des distributions pour différentes valeurs de *d* a été donnée au chapitre 6, page 239.

Il doit désormais vous paraître clair qu'il est largement préférable de connaître la puissance du test que vous allez utiliser *avant* de faire votre expérience. Quelle tristesse de s'engager dans une longue et ruineuse recherche, pour ne rien trouver et s'apercevoir après coup que, de toute manière, il était très peu probable de conclure, même si l'effet était réel !

4 Facteurs influençant la puissance

- La taille de l'effet qu'on peut s'attendre à trouver.
- Le risque (ou seuil de signification) choisi (autrement dit, la valeur de la signification p à partir de laquelle on décide de conclure que l'hypothèse nulle est fausse.)
- Le nombre de participants dans l'étude.
- Le type de test statistique qu'on utilise.
- Le type de design : plan simple ou à mesures répétées.
- Le caractère unilatéral ou bilatéral du test.

4.1 *Taille de l'effet*

Pour calculer la puissance, vous devrez utiliser une taille d'effet. Comment connaître, *avant de faire l'expérience,* la taille de l'effet que l'on cherche ? Si votre thème de recherche n'est pas neuf, la littérature sur le sujet vous permet de répondre à cette question : cherchez la taille d'effet trouvée par les autres chercheurs. Parfois, les auteurs donnent explicitement la taille de l'effet. D'autres fois, vous pourrez la calculer à partir des résultats cités. Les recherches antérieures donnent en général une idée assez précise de la taille d'effet à laquelle on peut s'attendre. S'il n'y a aucune recherche sur votre sujet (ce qui est très peu probable !) vous pourrez vous rabattre sur les indications de Cohen (1988). Mais sachez qu'en psychologie, des effets faibles ou moyens sont bien plus fréquents que des effets « forts ».

Un effet important est bien entendu plus facile à détecter qu'un effet réduit. Pour découvrir un effet réduit, il vous faudra une méthode statistique puissante.

4.2 *Risque*

Le risque, ou seuil de signification, est le niveau de significativité p que vous êtes prêt à considérer comme convaincant. Si Roger Van Glück veut être rigoureux et décide de ne rejeter l'hypothèse nulle que si p est inférieur à 0,02, que se passe-t-il ? Si sa signification p n'est pas aussi basse que 0,02, il considèrera que, potentiellement, son résultat est dû à la seule erreur d'échantillonnage. Aussi, un effet ne sera détecté que s'il correspond à la queue de la distribution de la variable de décision, représentée sur la figure 7.1.

De son côté, Natacha Petrouchka décide – pour d'obscures raisons d'elle seule connues – que le bon seuil de signification est de 0,16. Natacha concluera en rejetant l'hypothèse nulle chaque fois que sa variable de décision tombera sous la barre mystérieuse des 16 %. Si p est supérieur à 16 %, elle conclura que ses résultats pro-

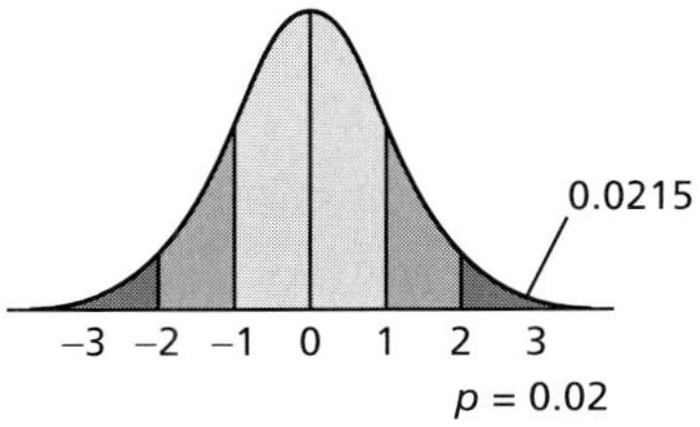

Figure 7.1
Distribution normale et surfaces associées

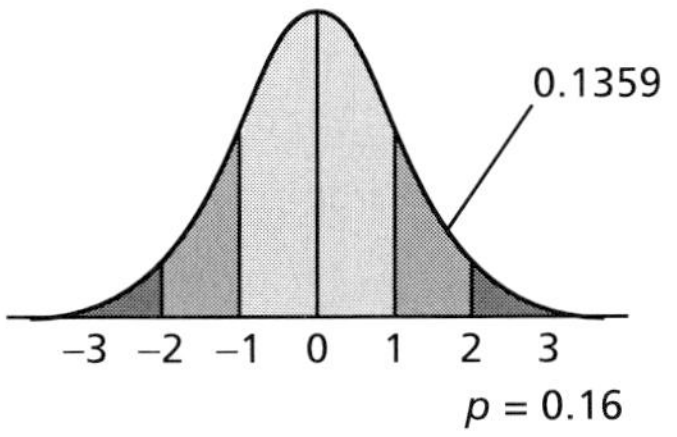

Figure 7.2
Distribution normale et surfaces associées

viennent peut-être d'une erreur d'échantillonnage. Autrement dit, elle pourra conclure si la variable de décision tombe dans la queue de distribution de la figure 7.2 [4].

Il paraît évident que Natacha Petrouchka est bien plus susceptible de trouver un effet que Roger Van Glück, puisqu'elle est nettement plus indulgente dans ses critères.

Quand les psychologues doivent choisir un niveau de signification, ils le choisissent avec prudence et en y réfléchissant. En général, il varie entre 0,01 et 0,05, mais il monte parfois à 0,10, selon le type d'expérience réalisée ou de résultat cherché.

4.3 *Nombre de participants*

Plus la taille de l'échantillon est élevée, plus la puissance est grande. Peut-être avez-vous entendu des gens dire que si votre échantillon est très important, il est plus probable que vous trouverez un effet significatif [5]. Cela peut paraître étrange dans la mesure où cela implique que le caractère « significatif » ou non d'un résultat dépend alors du nombre de personnes interrogées. Cela vient de l'utilisation du risque comme unique critère de décision, et du fait que l'on néglige souvent la taille de l'effet et les intervalles de confiance [6].

On peut comprendre ce qui se passe sur un exemple. Supposons qu'on cherche une différence entre des situations calme et bruyante, comme dans le chapitre 6. Utilisons pour cela 5 participants.

4. Il s'agit d'un test unilatéral.

5. Certains psychologues recommandent de ne pas utiliser de grands échantillons (dépassant 50 individus) pour éviter de démontrer des effets très faibles et sans importance psychologique. [ndt]

6. Mais le problème n'est pas entièrement résolu par la prise en compte de ces choses, puisque les intervalles de confiance par exemple sont d'autant plus courts que la taille de l'échantillon est importante. Eux aussi dépendent donc de la taille de l'échantillon. [ndt]

Activité 7.2

On suppose que l'hypothèse alternative est vraie. Dans ce cas, une puissance de 0,7 signifie

(a) que le chercheur a 49 % de chances de trouver un effet significatif

(b) que le chercheur a 7 % de chances de trouver un effet significatif

(c) que le chercheur a 70 % de chances de trouver un effet significatif.

Statistiques de groupe

	condition	N	Moyenne	Ecart-type	Erreur standard moyenne
score	bruit	2	9,50	,707	,500
	calme	3	13,67	2,517	1,453

Test d'échantillons indépendants

	Test de Levene sur l'égalité des variances		Test-t pour égalité des moyennes						
								Intervalle de confiance 95% de la différence	
	F	Sig.	t	ddl	sig (bil)	diff. moy	Différence écart-type	inf	sup
score Hypothèse de variances égales	1,845	,267	-2,179	3	,117	-4,17	1,912	-10,253	1,920
Hypothèse de variances inégales			-2,712	2,433	,092	-4,17	1,537	-9,768	1,435

Il y a si peu de participants dans cette étude que bien que la différence de moyenne (de 4,17 points) paraisse énorme, elle *pourrait* tout à fait être due à une erreur d'échantillonnage. Il n'est donc pas possible de conclure au risque de 5 % (puisque $p = 11{,}7$ %) qu'il y a une réelle différence entre les situations avec et sans bruit. Intuitivement, il paraît tout à fait possible que si l'on sélectionne à nouveau 5 participants aléatoirement pour répéter l'expérience, ils pourraient donner des résultats tout à fait différents. Il nous faudrait, compte tenu du nombre de participants, une différence entre les moyennes bien plus importante pour pouvoir généraliser nos observations à toute la population, c'est-à-dire obtenir un intervalle de confiance suffisamment court et une probabilité *p* assez faible. En revanche, si nous utilisons plus de participants, les mêmes résultats seraient peut-être significatifs, avec une différence aussi petite – et même plus petite – entre les moyennes. Dans notre exemple, l'intervalle de confiance pour la différence des moyennes et très large, allant de –10 à 2 environ. Cela signifie que si nous reproduisons cette expérience, il se pourrait *a priori* qu'à nouveau le score soit plus élevé dans le groupe « calme » (différence négative), mais il se pourrait aussi qu'il soit plus important dans le groupe « bruit » (différence positive), ou que les deux scores soient égaux (différence nulle). Cela revient à dire qu'il pourrait faire beau, ou moche, ou encore variable demain... ça n'est guère informatif. *Avec un échantillon trop petit, la puissance est limitée. Si un effet existe réellement, il est probable qu'on ne le trouvera pas, parce que même un effet observé important pourrait tout à fait provenir d'une erreur d'échantillonnage.*

Recommençons l'expérience, mais avec un échantillon plus honorable (de taille 150).

Statistiques de groupe

	condition	N	Moyenne	Ecart-type	Erreur standard moyenne
score	bruit	60	9,50	,504	,065
	calme	90	13,67	2,066	,218

Test d'échantillons indépendants

		Test de Levene sur l'égalité des variances		Test-t pour égalité des moyennes						
									Intervalle de confiance 95% de la différence	
		F	Sig.	t	ddl	sig (bil)	diff moy	diff sigma	Inférieure	Supérieure
score	Hypothèse de variances égales	91,037	,000	-15,3	148	,000	-4,17	,272	-4,705	-3,629
	Hypothèse de variances inégales			-18,3	104,353	,000	-4,17	,227	-4,617	-3,716

Dans ce cas, la différence entre les moyennes est exactement la même que dans le premier cas (mais elle pourrait aussi être plus petite). Pourtant, parce que l'échantillon est considérablement plus gros, cet effet devient ici très significatif ($p < 0{,}001$). Nous pouvons donc parier que la différence observée n'est pas due à la seule erreur d'échantillonnage, et qu'il y a une véritable différence entre les situations calme et bruyante. Si nous répétons l'expérience avec un autre échantillon de taille 150, il est très probable que l'on retrouvera à nouveau une différence allant dans le même sens. L'intervalle de confiance est maintenant bien plus court, et l'on peut parier que la véritable différence de moyennes entre les deux situations se situe quelque part entre 3,629 et 4,705 dans la direction observée (lorsque les deux signes sont identiques, on peut les négliger). Cela implique que l'on est raisonnablement convaincu que la situation bruit est effectivement moins propice – en moyenne – à la réalisation de la tâche. *Avec un échantillon suffisamment important, nous avons plus de chance de détecter un effet (le test est plus puissant), et nous pouvons plus facilement conclure que la différence observée n'est pas seulement due à l'erreur d'échantillonnage.*

Notez que si vous vous focalisez sur la seule signification *p*, vous trouverez que le résultat de la deuxième expérience est plus significatif que celui de la première. La différence de moyenne est-elle devenue plus importante pour autant ? Non pas. Dans le second cas, nous sommes plus convaincus par la généralisation du résultat parce qu'il est peu probable que le seul choix des échantillons (énormes) ait pu don-

Activité 7.3

Un chercheur effectue une expérience sur un échantillon démesuré, et utilise un test dont la puissance est 0,9. Il ne trouve aucun effet significatif. Quelle est la conclusion la plus raisonnable ?

(a) il y a un effet réel sur la population, mais il ne l'a pas trouvé

(b) il n'y a vraiment pas d'effet (ou si peu que ça ne vaut pas le coup d'en parler).

ner une telle différence, mais en réalité il serait bien plus impressionnant de trouver ce résultat significatif sur un petit échantillon, parce que cela prouverait que l'effet et non seulement réel (notre conclusion ici), mais en plus important (assez important pour être détecté sur un petit échantillon). Bien sûr, utiliser, comme dans le premier cas, un 5-échantillon [7]*n* est à la fois inutile (on ne conclut rien) et déraisonnable (il était prévisible qu'on ne trouverait rien). En effet, il était presque certain qu'aucune conclusion ne pourrait sortir de données brutes aussi peu nombreuses. Comprendre que la puissance dépend de la taille de l'échantillon est important, parce que cela permet de sentir que la signification statistique est une notion bien différente de l'importance psychologique, même si les deux concepts se recoupent parfois en partie. C'est pour cette raison que la valeur de p ne suffit pas, et qu'il nous faut calculer des intervalles de confiance ou des grandeurs d'effet par exemple.

4.4 Test choisi

Les tests paramétriques sont en règle générale plus puissants que les équivalents non paramétriques – mais il faut, bien entendu, que les conditions d'application soient vérifiées. Ainsi, un test de Student est plus puissant qu'un de ses équivalents non paramétriques (voir chapitre 15), et il faut privilégier ce type de test dès que les données le permettent.

4.5 Plan

Les plans à mesures répétées augmentent la puissance par rapport aux plans simples, parce qu'ils permettent de réduire la variation entre les participants, chaque sujet étant étudié par rapport à lui-même. Lorsque cela est possible, mieux vaut donc préférer un plan à mesures répétées.

4.6 Latéralisation des hypothèses

Si un test unilatéral est adapté à vos données, utilisez-le de préférence. Sinon, il vous faudra un échantillon plus grand pour compenser la perte de puissance.

7. Un 5-échantillon est simplement un échantillon de taille 5. De manière générale, un n -échantillon est un échantillon de taille n. [ndt]

En réalité, un test bilatéral est équivalent à deux tests unilatéraux (un dans chaque sens [8]). Prenons un exemple qui montrera que la règle énoncée au-dessus – selon laquelle il faut privilégier les test unilatéraux – a toutefois des limites. Supposons que nous testions un médicament A qui doit réduire la douleur. On compare des scores de douleur chez des personnes ayant reçu un placebo (groupe témoin) et chez des personnes ayant reçu le médicament A (groupe test).

Si nous utilisons un test bilatéral pour vérifier que les deux moyennes ainsi obtenues sont différentes, nous avons un procédé effectivement moins puissant que le test unilatéral. En revanche, il permet de conclure dans les deux sens : si l'on trouve (ce qui est souhaitable) que A réduit la douleur en moyenne, on pourra conclure à l'efficacité de A. Si maintenant il se trouve que A *augmente* la douleur, le test permettra également de le démontrer.

Si au contraire, dans le but d'augmenter la puissance, nous préférons un test unilatéral, alors la seule conclusion possible est que le médicament est efficace. Autrement dit, si le produit A *augmente* la douleur, nous ne le saurons pas, car nous ne pourrons pas conclure (ou concluerons à tort que A est neutre).

Le test unilatéral est donc plus puissant, mais ne doit être utilisé que si l'on est déjà certain que la différence de moyennes (ou le lien entre deux variables) ne peut aller *que dans un sens*. Par exemple, si l'on est *certain* que le produit A n'est *pas* dangereux (il peut seulement être bienfaisant ou neutre), alors il vaut mieux utiliser un test unilatéral. Si l'on ne connaît pas bien l'effet de A, alors il vaut sans doute mieux utiliser un test bilatéral malgré la perte de puissance.

5 Calculer une puissance

La puissance associée à une expérience particulière peut se déterminer en utilisant :

1. le nombre de participants dans l'étude,
2. la taille d'effet recherchée,
3. un seuil de signification (par exemple $\alpha = 0{,}10$).

Mettons que vous ayez à traiter des données issues d'une étude dans le cadre d'un plan simple. Vous utilisez pour cela un test de Student pour deux échantillons indépendants. Vous pensez utiliser un échantillon de taille 20 (10 personnes dans chaque groupe), et vous pensez que l'effet que vous voulez démontrer est moyen. Les trois points (1), (2) et (3) ci-dessus étant connus, vous avez tout ce qu'il faut pour calculer la puissance. En général, vous n'aurez pas à calculer à la main cette puissance, parce qu'il existe des tables (voir par exemple Stevens, 2002), ou – mieux ! – des logiciels, qui font ça très bien et infiniment plus vite. Dans notre cas, on trouve une puissance inférieure à 20 %. Cela indique que si l'effet cherché existe vraiment, nous avons tout de même moins d'une chance sur 5 de le trouver grâce à notre expérience ! Vu le faible pourcentage que cela représente, nous pouvons, ayant calculé cette puissance *avant* de nous lancer dans l'opération, augmenter par exemple la taille de l'échantillon. Pour que la puissance atteigne un niveau

8. Voir par exemple Gauvrit (2005) – exercice 361 page 280 – à ce propos. [ndt]

de 0,7, donc 70 %, il nous faudrait ici deux groupes de 50 personnes, soit un total de 100 participants...

Si vous réalisez votre expérience sans avoir calculé au préalable la puissance, et si votre test permet de conclure, alors il est évident que vous aviez assez de puissance. Après tout, si votre test n'avait pas été assez puissant pour vos besoins, vous n'auriez pas pu conclure. Autrement dit, la puissance calculée *après l'expérience* est surtout importante si vous n'arrivez pas à conclure. C'est dans ce cas en effet (si vous ne rejetez pas l'hypothèse nulle) que vous ne savez pas si (a) la réalité est proche de l'hypothèse nulle ou (b) vous ne pouvez pas conclure simplement parce que le test n'est pas assez puissant.

Les formules permettant de réaliser explicitement des calculs de puissance peuvent être trouvées dans l'ouvrage de Howell (1998). Plus l'analyse statistique est délicate, plus complexe est le calul de la puissance. Ceci dit, les calculs à la main sont devenus extrêment rares, depuis l'avénement des logiciels et surtout des « gratuiciels » (logiciels gratuits) en ligne.

5.1 *Déterminer le nombre de participants nécessaires*

Ce que nous avons raconté au-dessus implique aussi que si vous connaissez (a) la puissance désirée (b) la taille de l'effet attendu et (c) le risque choisi, alors vous pouvez déterminer le nombre de participants minimal qu'il vous faudra utiliser. En fait, la connaissance de trois de ces quatre paramètres vous permet de déterminer le dernier. Mais le plus fréquent, surtout pour les étudiants, et que l'on cherche à déterminer le nombre de participants nécessaires – les trois autres paramètres étant connus ou fixés. On pourrait croire que le mieux est d'éviter les calculs et d'interroger autant de personnes que possible, mais la vie n'est pas si simple. En général, on ne peut pas trouver de financement pour une étude presque infinie. Souvent aussi, notamment si vous étudiez une population particulière (comme celles des jeunes enfants présentant une malformation cérébrale congénitale associée à des troubles physiques rares), il est très difficile et coûteux de recruter des participants.

De plus, quel est l'intérêt de faire passer un test à des centaines de personnes si une dizaine suffit largement ? Dès que vous avez assez de volontaires pour atteindre la puissance voulue, pourquoi s'embêter ? Imaginez qu'une personne ayant entendu dire « plus de participants, c'est plus de puissance » fasse une expérience sur 2 000 personnes. Dans ce cas, un effet microscopique sera détecté avec une probabilité $p = 0{,}0001$. Voilà bien un cas de signification statistique qui ne correspond pas à une importance psychologique quelconque. Un effet minuscule (différence entre deux moyennes ou lien entre deux variables) correspondrait ici à une signification p très proche de 0. La signification seule ne compte pas, et il faut prendre en compte la grandeur de l'effet et les intervalles de confiance.

Les méthodes de calcul de puissance, données dans Howell (1998) par exemple, vous permettent de calculer explicitement le nombre de participants nécessaires dans bien des situations. Ceci dit, un moyen peut-être plus élémentaire qu'un calcul à la main est d'utiliser une lecture directe. Kraemer et Thieman (1987) vous donnent une méthode immédiate de détermination du nombre de participants pour les cas courants. Des programmes de calculs statistiques comme PASS ou GPOWER sont encore plus sympathiques et ne présentent aucune difficulté d'utilisation. Si vous avez un accès à Internet, vous pourrez trouver des programmes de ce type, dont certains sont gratuits et téléchargeables. D'autres s'utilisent directement en ligne. Enfin, certains ouvrages statistiques comme celui de Stevens (2002) donnent des tables bien utiles. SPSS donne une estimation de la puissance pour certains tests, par exemple l'analyse de variance pour plans factoriels (que nous étudierons au chapitre 9). Mais dans d'autres cas, vous pouvez être amené à utiliser PASS, GPOWER ou n'importe quel programme de calcul de puissance en ligne ou à télécharger. Si vous êtes friands de calculs à la main, référez-vous à Howell (1998).

5.2 *L'importance de la puissance quand un test échoue*

Comme nous l'avons déjà dit plus haut, la puissance est particulièrement instructive lorsque votre expérience n'a pas été concluante, donnant un effet faible, voire nul. Nous ne savons pas, alors, s'il n'y a vraiment pas (ou peu) d'effet, ou si au contraire un effet réel et important a été ignoré. Aussi, lorsque votre test échoue et que vous trouvez un effet faible, il est bon de rapporter la puissance. Certains psychologues, dans un tel cas, indiquent le nombre de participants qu'il faudrait pour trouver, avec un certaine probabilité, un effet exactement aussi important que celui qu'ils ont observé et qui n'était pas significatif. Dans le cas où le nombre de participants qu'il aurait fallu pour trouver un effet de la taille observée est astronomique (et on n'attend pas d'un psychologue qu'il étudie des milliers de personnes), alors on conclut qu'il n'y a vraiment *aucun effet notable.*

Deux problèmes conceptuels se posent ici.

Le premier vient du fait que la puissance dépend de la taille de l'effet réel. Un effet réel non nul, mais très proche de 0, donne *toujours* une puissance très faible. Aussi, on ne peut *jamais* conclure qu'il n'y a aucun effet. Lorsque les psychologues disent « il n'y a aucun effet », ils veulent en général dire « s'il y a un effet, il est vraiment très faible ». Or un effet très faible étant considéré comme sans importance, on fait comme s'il était nul.

Le deuxième problème vient du calcul de la puissance dans SPSS par exemple : pour calculer une puissance, SPSS utilise les résultats de l'expérience pour estimer la taille de l'effet. Par exemple, si vous trouvez *sur votre échantillon* un effet moyen, alors SPSS calculera la puissance associée à un effet moyen. C'est ce qu'on appelle la *puissance observée.* Mais utiliser les résultats d'une expérience particulière pour déterminer si on avait des chances de trouver ce qu'on a trouvé est pour le moins suspect, et cette « puissance observée » est donc à prendre avec une grande prudence. En tout état de cause, elle ne représente rien de bien intuitif. Mais, comme la démocratie, on s'en sert parce qu'on n'a pas trouvé mieux pour le moment (du moins lorsqu'on n'a aucune idée extérieure de la taille de l'effet que l'on cherche).

Activité 7.4

Recherchez des programmes de calcul de puissance (*power* en anglais) sur Internet.

Exemple : Thérapie cognitive et syndrome du côlon irritable

Vollmer et Blanchard (1998) ont réparti des patients souffrant du syndrome du colon irritable (douleurs intestinales) en trois groupes. L'un des groupes suivait une thérapie cognitive de groupe (TCG), un deuxième suivait une thérapie cognitive individuelle (TCI) et le troisième ne suivait aucune thérapie (groupe témoin). Dans le groupe TCG, il y avait entre trois et cinq patients. La thérapie durait normalement 10 semaines. On mesurait ensuite dans chaque groupe certaines grandeurs, notamment la réduction des symptômes. Une comparaison était faite, par exemple, entre les groupes TCG et TCI. Un calcul de la taille de l'effet aboutit à la conclusion que celui-ci était faible. Voilà comment la chose est exprimée dans l'article :

> La différence entre les conditions TCI et TCG n'est pas significative ($F(1,21) = 0,11$, $p = 0,75$)[9]. La taille de l'effet pour cette comparaison indique que 4 % des variations s'expliquent par le type de traitement. On a pu déterminer le nombre de participants nécessaires pour détecter, avec une puissance de 80 % et un risque de 5 %, un tel effet. Ce nombre s'élève à 1 158. Il paraît donc raisonnable de considérer que, du point de vue pratique, les deux thérapies sont équivalentes en termes d'efficacité.

Vollmer et Blanchard ont ajouté dans l'article toutes les informations nécessaires au calcul du nombre de participants nécessaires. Il ont en effet précisé :

- le niveau de signification désiré (5 %) ;
- la puissance désirée (80 %) ;
- la taille de l'effet (4 %)[10].

Ils ont ainsi pu calculer (sans nous dire comment) le nombre de participants correspondant. Le nombre de participants nécessaires pour déceler un effet aussi faible est tellement énorme pour la psychologie (plus de 1100) que l'on peut considérer l'effet comme négligeable. Telle est leur conclusion.

6 Intervalles de confiance

Imaginez que vous demandiez à des gens d'estimer le nombre d'étudiants qui poursuivent une licence de psychologie dans une université typique. La plupart du temps, vous obtiendrez la réponse « 140, à 5 près », ou « entre 135 et 145 ». Autrement dit, vous pourrez obtenir une estimation ponctuelle (140) accompagnée d'une estimation par intervalle. Le nombre 140 est la meilleure estimation que les gens pensent pouvoir donner, et le « plus ou moins 5 », ou « à 5 près » précise un intervalle dans lequel ils sont presque certains que la bonne réponse se trouve (intervalle de confiance).

9. *F* est une statistique de test dont nous reparlerons au chapitre 9.

10. Ce 4 % est la grandeur de l'effet observé sur l'échantillon (pas nécessairement égale, bien entendu !, à la taille de l'effet réel). Leur calcul est donc à prendre avec prudence, étant fondé sur des estimations dont la qualité est inconnue. Le sens de ce calcul est le suivant : « Si ce que nous avons observé est le reflet fidèle de la réalité (donc si l'effet réel est bien de 4 %), alors on peut considérer qu'il est sans importance et faire comme s'il était nul, parce que ça ne fait de toute manière aucune différence notable pour les besoins courants. » [ndt]

Tableau 7.1

Comparaison des moyennes dans quatre groupes obstétriques, sur huit variables dépendantes (d'après MacLean *et al.*, 2000, avec l'aimable autorisation de Taylor et Francis Ltd).

Variable dépendante	Déroulement de l'accouchement								F	p	η^2 (taille d'effet)
	Accouchement naturel ($n = 10$)		Accouchement provoqué ($n = 10$)		Accouchement aidé (forceps & épisiotomie) ($n = 10$)		Césarienne ($n = 10$)				
	Moyenne (SD)	Intervalle de confiance (95 %)	Moyenne (SD)	Intervalle de confiance (95 %)	Moyenne (SD)	Intervalle de confiance (95 %)	Moyenne (SD)	Intervalle de confiance (95 %)			
1 Risque perçu de blessure importante	[a]1.30 (0.95)	0.62—1.98	[b]1.30 (0.48)	0.95—1.65	[abc]4.20 (0.79)	3.64—4.76	[c]1.50 (0.53)	1.12—1.88	*39.65	0.001	0.77
2 Diminution de la douleur pendant le travail	2.30 (1.42)	1.29—3.31	2.70 (1.06)	1.94—3.46	4.00 (1.50)	3.25—4.75	1.50 (0.85)	0.89—2.11	*8.77	0.001	0.42
3 Détresse perçue	[a]2.20 (1.32)	1.26—3.14	b2.30 (0.95)	1.62—2.98	[abc]4.20 (0.79)	3.64—4.76	[c]2.60 (1.43)	1.58—3.62	*6.56	0.001	0.35
4 Soutien familial (nombre de parents à moins de 10 km)	3.60 (2.79)	1.59—5.60	3.80 (3.19)	1.51—6.08	0.00 (0.00)	0.00—0.00	2.50 (3.27)	0.15—4.84	4.25	0.01	0.06
5 Dépression	3.20 (2.90)	1.13—5.27	6.90 (3.03)	4.73—9.07	4.20 (2.70)	2.27—6.13	3.70 (2.21)	2.12—5.28	3.66	0.02	0.23
6 Anxiété	6.80 (5.14)	3.12—10.48	6.60 (4.01)	3.73—9.47	7.10 (3.35)	4.70—9.50	4.60 (2.91)	2.52—6.68	0.83	0.49	0.07
7 Réaction d'évitement	4.60 (7.76)	—0.95—10.15	5.90 (3.98)	3.05—8.75	7.00 (6.02)	2.69—11.51	3.80 (2.94)	1.70—5.90	0.66	0.58	0.05
8 Indiscrétion perçue	8.00 (8.29)	2.07—13.93	7.10 (4.86)	3.62—10.58	11.30 (7.29)	6.09—16.51	7.90 (8.72)	1.66—14.14	0.63	0.60	0.05

Note : Les moyennes précédées d'une même lettre en exposant sont significativement différentes d'après le test de Sheffé ; les *F* signalés par des astérisques sont significatifs ($p < 0{,}0063$) ; la procédure de Bonferroni (avec $p = 0{,}05/N$ où N est le nombre de tests [donc 8] selon le principe de Dunn, 1961) a été utilisée.

Ceci présente une leçon dans le cas des tests. Les tests impliquent généralement le calcul des moyennes et des variances. La moyenne d'échantillonnage est un estimateur de la moyenne réelle (sur la population), et la moyenne que nous trouvons sur notre échantillon particulier sert ainsi à estimer la moyenne qu'on trouverait sur la population. Si nous répétons l'expérience, bien sûr, nous trouverons probablement des moyennes un peu différentes à chaque fois. Cela signifie que l'estimation que nous faisons diffère d'une fois sur l'autre. En particulier, elle n'est pas toujours juste. Un intervalle de confiance a donc un intérêt certain, puisqu'il est presque toujours valable, alors que l'estimation ponctuelle est presque toujours fausse. C'est pourquoi il est important de calculer les intervalles de confiance. Avec SPSS, on peut le faire en utilisant la fonction *Explorer* (voir chapitre 3, page 130).

Dans le chapitre 5, vous avez appris que l'on pouvait également construire des intervalles de confiance pour le coefficient *r* de Pearson. Au chapitre 6, nous avons appliqué le même principe aux moyennes et aux différences de moyennes dans le cadre des tests de Student pour échantillons indépendants ou appariés. Dans le chapitre 11, c'est aux droites de régression que nous appliquerons l'estimation par intervalle. Lorsque SPSS ne fournit pas automatiquement des intervalles de confiance – ce qui est le cas pour certains tests – il n'est pas simple de les déterminer (à la main). Nous vous conseillons, pour le moment, de ne pas vous tracasser avec ces histoires. Rapportez les intervalles de confiance quand vous les connaissez, et ignorez-les dans le cas contraire.

Il est évident qu'un intervalle de confiance court est plus informatif qu'un intervalle de confiance long. Plus le test que vous utilisez est puissant, et plus votre intervalle de confiance associé sera court.

Exemple : Réponse émotionnelle à l'accouchement

MacLean et ses collaborateurs (2000) ont comparé quatre groupes de jeunes mères. Les femmes ayant donné naissance à leur enfant de manière spontanée et naturelle constituent le groupe 1. Le groupe 2 rassemblent celles qui ont donné naissance par voie naturelle, mais de façon provoquée. On distingue ensuite les accouchements avec assistance médicale (épisiotomie ou forceps) et les césariennes. Chaque groupe comporte 10 personnes. Les groupes sont comparés sur 8 variables dépendantes par une série d'anova. Il est assez rare de trouver dans la littérature un article qui suivent tous les sages conseils que nous avons cités plus haut. Comme vous pourrez le voir sur le tableau 7.1 cependant, les auteurs ont ici rapporté les moyennes, écarts type, intervalles de confiance, significations exactes, et mesures de la taille de l'effet (η^2)[11]. Vous noterez qu'ils utilisent un critère de significativité pour déterminer lesquels de leurs résultats sont concluants. Ils précisent même comment le seuil de risque $\alpha = 0{,}0063$ a été trouvé en tenant compte du nombre de tests effectués. Le tableau a été reproduit ici en entier, afin qu'il vous serve de modèle pour un bon usage des statistiques.

11. Lire « êta carré ». Êta est la lettre grecque correspondant plus ou moins au H latin. [ndt]

Récapitulatif

- Plusieurs points doivent être considérés et étudiés lorsque vous organisez et réalisez une expérience, et que vous en traitez les résultats. Par exemple, il faut penser à la puissance, la taille de l'effet, la signification, le nombre de participants, le type de design expérimental, et le test statistique utilisé.
- La puissance est la capacité d'un test statistique à détecter un effet, s'il existe. La puissance se mesure par une grandeur qui varie entre 0 (pas de puissance du tout) et 1 (ou 100 %). Ainsi, une puissance de 0,5 indique que, *s'il y a réellement un effet*, alors vous avez une chance sur 2 de le détecter.
- Il est important de considérer la puissance avant même de commencer l'expérience, afin de pouvoir maximiser la probabilité de trouver un résultat concluant. Organiser une expérience qui ratera presque sûrement ? le jeu n'en vaut pas la chandelle ! C'est pourquoi il faut bien réfléchir à l'organisation de votre étude. Par exemple, demandez-vous si vous pouvez utiliser un plan à mesures répétées ou non, et le nombre de participants qu'il vous faudra.
- Indiquez dans vos publications les tailles d'effet et les intervalles de confiance chaque fois que cela est possible.

QCM

1. Plus l'intervalle de confiance est court,
   (a) plus on est sûr des résultats
   (b) moins on est sûr des résultats
   (c) plus il est probable que les résultats soient dus à une erreur d'échantillonnage
   (d) rien de tout cela.

2. La signification statistique
   (a) est équivalente à l'importance psychologique
   (b) ne signifie pas forcément que le résultat est psychologiquement important
   (c) dépend de la taille de l'échantillon
   (d) (b) et (c).

3. Toutes choses égales par ailleurs, les plans à mesures répétées donnent
   (a) la même puissance que les autres plans
   (b) une puissance en général inférieure aux autres plans d'expérience
   (c) une puissance en général supérieure aux autres plans
   (d) rien de tout cela.

4. Toutes choses égales par ailleurs,
   (a) quand la taille de l'échantillon augmente, la puissance diminue
   (b) quand la taille de l'échantillon augmente, la puissance croît itou
   (c) la taille de l'échantillon et la puissance sont indépendantes
   (d) quand la taille de l'échantillon augmente, l'imprécision concernant la puissance aussi.

5. La puissance est la capacité à détecter
   (a) un effet significatif, à supposer qu'il existe
   (b) l'importance psychologique d'un résultat réel
   (c) à la fois (a) et (b)
   (d) des erreurs dans l'expérience.

QCM

6. La taille de l'effet, c'est
   (a) l'écart entre les conditions
   (b) la force du lien entre les variables
   (c) ça peut être les deux
   (d) ça n'est ni l'un ni l'autre.

7. Les moyennes d'échantillons sont
   (a) des estimations ponctuelles des moyennes d'échantillon
   (b) des estimations par intervalle de la moyenne de la population
   (c) des estimations par intervalle de la moyenne des échantillons
   (d) des estimations ponctuelles de la moyenne de la population.

8. Toutes choses égales par ailleurs, plus un test statistique est puissant,
   (a) plus l'intervalle de confiance est large
   (b) plus il est probable que l'intervalle de confiance contienne zéro
   (c) plus l'intervalle de confiance est court
   (d) plus la taille de l'échantillon est réduite.

9. On peut calculer la puissance quand on connaît
   (a) le test, le type de design expérimental, et la taille de l'effet
   (b) le test, le seuil de signification et la taille de l'effet
   (c) le risque, la taille de l'effet et le type de design expérimental
   (d) le risque, la taille de l'effet et la taille de l'échantillon.

10. Une puissance de 0,3 indique
    (a) que l'on a 30 % de chances de détecter un effet s'il existe
    (b) que l'on a 49 % de chances de détecter un effet s'il existe
    (c) que l'on a 70 % de chances de détecter un effet s'il existe
    (d) que l'on a 0,7 % de chances de détecter un effet s'il existe.

11. Observez la sortie SPSS qui suit (test de Student pour deux échantillons indépendants) :

Test d'échantillons indépendants

	Test de Levene sur l'égalité des variances		Test-t pour égalité des moyennes						
								Intervalle de confiance 95% de la différence	
	F	Sig.	t	ddl	sig (bil)	Différence moyenne	Différence écart-type	Inférieure	Supérieure
Hypothèse de variances égales			-6,807	38	,000	-27,00	4,069	-35,938	-19,462
Hypothèse de variances inégales	34,86	,00	-6,807	19,000	,000	-27,00	4,069	-36,217	-19,183

QCM

12. Quelle est la conclusion la plus appropriée ? On peut être sûr à 95 % que
    (a) la différence moyenne sur la population est différente de 27
    (b) la différence moyenne sur la population tombe entre 19,18 et 36,21
    (c) la différence moyenne sur la population tombe entre 19,46 et 35,94
    (d) les résultats sont importants.

13. Un chercheur a trouvé un coefficient de corrélation de $r = +0{,}30$, un IC (95 %) de [−0,2 ; 0,7]. Quelle est la meilleure conclusion : que l'on est sûr à 95 % que la corrélation, sur la population toute entière,
    (a) est positive (+0,30)
    (b) est nulle
    (c) est négative (−0,2)
    (d) se trouve entre −0,2 et 0,7.

14. Considérez les tableaux suivants, issus d'un test de Student pour deux échantillons pairés :

Statistiques pour échantillons appariés

		Moyenne	N	Ecart-type	Erreur standard moyenne
Paire 1	neutre	,08	80	,265	,029
	connoté	,23	80	,711	,080

Corrélations pour échantillons appariés

		N	Corrélation	Sig.
Paire 1	neutre & connoté	80	-,024	,836

Test échantillons appariés

		Différencesappariées					t	ddl	sig (bil)
					Intervalle de confiance 95% de la différence				
		moy.	ec. type	Erreur standard moyenne	Inférieure	Supérieure			
Paire 1	neutre - connoté	-,15	,764	,088	-,32	,02	-1,754	79	,083

15. Quelle est la meilleure conclusion ?
    (a) La différence moyenne d'échantillon est de -0,15 et nous sommes sûrs à 95 % que sur la population cette différence se situe entre −0,32 et 0,02
    (b) la différence moyenne d'échantillon est de 0,76 et nous sommes sûrs à 95 % que sur la population cette différence se situe entre −0,32 et 0,02
    (c) la différence moyenne d'échantillon est de -0,15 et nous sommes sûrs à 95 % que sur la population cette différence se situe entre −0,17 et -0,15
    (d) les résultats sont importants.

QCM

16. Il est plus important de connaître la puissance associée à une étude quand
    (a) l'étude est faite sur un nombre important de participants et les résultats sont significatifs
    (b) l'étude est faite sur un nombre important de participants et les résultats sont non significatifs
    (c) l'étude est faite sur un nombre réduit de participants et les résultats sont significatifs
    (d) l'étude est faite sur un nombre réduit de participants et les résultats sont non significatifs.

17. Relativement à des effets importants, un effet modéré est
    (a) plus facile à détecter
    (b) plus difficile à détecter
    (c) pareillement facile à détecter
    (d) aussi difficile à détecter.

18. Quelle est la probabilité de trouver un effet (s'il existe vraiment) lorsque la puissance est de 0,6 ?
    (a) 50 %
    (b) 60 %
    (c) 40 %
    (d) 60 sur 60.

19. L'intervalle de confiance autour de la moyenne indique
    (a) un ensemble de valeurs où il est raisonnable de penser que la moyenne de la population se trouve
    (b) un ensemble de valeurs où il est raisonnable de penser que la moyenne de l'échantillon se trouve
    (c) une estimation ponctuelle de la moyenne de la population
    (d) une estimation ponctuelle de la moyenne de l'échantillon.

20. Lorsque votre test statistique devient plus puissant, la taille de votre intervalle de confiance
    (a) grandit
    (b) diminue
    (c) n'a pas spécialement tendance à augmenter ni à décroître.

21. Si $d = 0,89$, alors la taille de l'effet est dite
    (a) nulle
    (b) faible
    (c) modérée
    (d) forte.

22. Quand est-il particulièrement important de connaître la puissance ?
    (a) Quand on trouve un effet
    (b) Quand on ne trouve pas d'effet
    (c) Ça a toujours autant d'importance.

Références

Cohen, J. (1988). *Statistical power analysis for behavioral sciences.* (deuxième édition). New York : Academic Press.

Dunn, D. J. (1961). Multiple comparisons among means. *Journal of the American Statistical Association, 56,* 52-64.

Gauvrit, N. (2005). *Stats pour psycho. Exercices et corrigés.* Bruxelles : De Boeck Université.

Howell, D. C. (1998). *Méthodes statistiques en sciences humaines.* Bruxelles : De Boeck Université.

Kraemer, D. C., & Thieman, S. (1987). *How many subjects ?* London : Sage.

Krantz, D. H. (1999). The null hypothesis controversy in psychology. *Journal of the American Statistical Association, 94,* 1372-1381.

Lecoutre, B. (1984). *L'analyse bayésienne des comparaisons.* Lille : Presses Universitaires de Lille.

Lecoutre, B. (1994). Inférence statistique et raisonnement inductif. *Psychologie Française, 39,* 141-151.

MacDonald, R. (1997). On statistical testing in psychology. *British Journal of Psychology, 88,* 333-347.

MacLean, L. I., MacDermott, M. R., & May, C. P. (2000). Method of delivery and subjective distress : women's emotional responses to childbirth practices. *Journal of Reproductive and Infant Psychology, 18(2),* 153-162.

Nickerson, R. S. (2000). Null hypothesis significance testing : a review of an old and continuing controversy. *Psychological Methods, 5(2),* 241-301.

Poitevineau, J. (2004). L'usage des tests statistiques par les chercheurs en psychologie : aspects normatif, descriptif et prescriptif. *Mathématiques et Sciences Humaines, 167,* 5-25.

Rosenthal, R. (1991). Cumulating psychology : an appreciation of Donald T. Campbell. *Psychological Science, 2(2),* 213, 217-221.

Rosnow, R. L., & Rosenthal, R. (1989). Statistical procedures and the justification of knowledge in psychological science. *American Psychologist, 44(10),* 1276-1284.

Stevens, J. (2002). *Applied multivariate statistics for the social sciences* (4th edition). New Jersey : Lawrence Erlbaum Associates.

Vollmer, A., & Blanchard, E. B. (1998). Controlled comparison of individual versus group cognitive therapy for irritable bowel syndrome. *Behavior Therapy, 29,* 19-33.

CHAPITRE 8
Mesures d'association

Sommaire

Vue d'ensemble du chapitre

Dans le chapitre 5, vous avez appris à analyser la relation entre deux variables grâce au coefficient de corrélation linéaire de Pearson (*r*). Cela est bien utile quand on souhaite disposer d'une évaluation de la force de l'association entre deux variables continues. Vous avez appris à représenter graphiquement, par un diagramme de dispersion, une telle association. Vous avez compris ce que l'on mesurait par le coefficient de corrélation linéaire, et que *r* est une mesure assez naturelle de la force du lien linéaire entre deux variables. Le présent chapitre traite à nouveau de la question du lien entre deux variables, mais cette fois nous discuterons le cas de deux variables *catégorielles*.

La mesure d'association que nous étudierons dans ce chapitre se nomme le χ^2 ou khi-deux, ou encore khi-carré [1]. Le χ^2 mesure le lien entre deux variables catégorielles. Nous avions déjà évoqué les variables catégorielles au chapitre 1. Si par exemple nous classons les gens en fonction de la couleur de leur chemise, tee-shirt, polo, corsage, sarrau ou chemisier, cela nous donne une variable catégorielle *couleur*. De même, si nous classons les personnes par groupe ethnique, religion ou pays d'habitation, ça nous fera dans chaque cas une variable catégorielle, parce que les diverses modalités ne sont pas ordonnées : on ne peut pas les classer du plus petit au plus grand ! Dans ce chapitre, vous apprendrez comment

- analyser l'association entre deux telles « grandeurs » ;
- rendre compte d'un autre indice d'association (le V de Cramer) ;
- rapporter les résultats d'une analyse d'association.

Une analyse complète de lien entre variables catégorielles comporte

- une table des *fréquences* (tableau statistique) ;
- un *test d'hypothèses* permettant de généraliser la relation détectée de l'échantillon à la population tout entière
- la mesure de la *taille de l'effet*. Le χ^2 peut être transformé en V de Cramer, qui s'interprète à peu près comme le coefficient de corrélation. Par bonheur, tout ceci est fait automatiquement par SPSS.

1 Effectifs

Les tests que vous avez utilisés jusqu'ici étaient fondés sur des calculs basés sur les résultats bruts fournis par les participants. Mais il arrive que l'on ait à traiter des variables catégorielles, qui sont plutôt connues par des fréquences ou des effectifs. Imaginons par exemple que nous interrogions un échantillon de fermiers (ils sont en fait 544). Nous leur demandons laquelle des quatre représentations ils préfèrent pour illustrer la campagne « sauvez notre bacon » (voir tableau 8.1). Le plus simple est de relever combien de fermiers ont choisi chacune des quatre images (plutôt que de faire la liste des 544 réponses !). Le tableau 8.1 vous montre les résultats obtenus.

1. χ (khi) est une lettre grecque, à peu près équivalente au Q latin. [ndt]

Tableau 8.1

Nombre de fermiers préférant chaque image de cochon

Illustration 1	Illustration 2	Illustration 3	Illustration 4
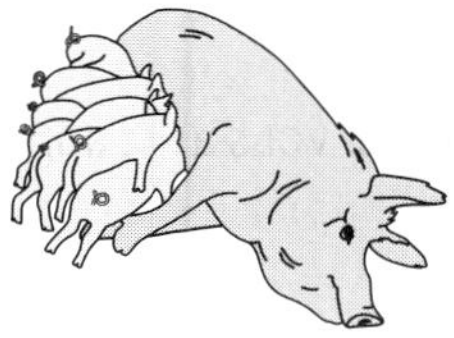			
150	220	60	114

Vous pouvez voir directement que les fermiers préfèrent le plus souvent l'illustration 2. Comme nous ne disposons que des effectifs, et qu'il s'agit d'une variable catégorielle, il n'est pas nécessaire de calculer d'autre paramètre que le mode.

L'exemple que nous venons de citer correspond au cas d'un χ^2 dit *de conformité*, parce qu'on s'interroge sur la conformité de ce que nous observons avec la théorie selon laquelle, par exemple, les fermiers répondent au hasard. La variable que nous étudions est l'illustration choisie, dont les modalités sont « illustration 1 »,..., « illustration 4 ».

Notez que, dans un tel cas, chaque participant fournit un point pour un unique effectif. Si un fermier est compté dans « illustration 2 », il ne pas être recompté ailleurs. Les illustrations ne sont pas des variables, mais des modalités. C'est pourquoi chaque participant se trouve dans une catégorie et une seule, les catégories étant définies par les modalités de la variable. Cela fait sens, et correspond très bien au qualificatif de « variable catégorielle ». Si par exemple nous créons des catégories fondées sur le pays d'habitation principale, chaque personne se trouvera de même dans une catégorie et une seule.

Lorsque les données sont présentées dans une table du type du tableau 8.1 (tableau statistique, issu d'un *tri à plat)*[2], les valeurs que vous y lisez ne sont pas des niveaux de la variable, mais des effectifs (ou, parfois, des fréquences). Ce type de tableau est particulièrement bien adapté au cas des variables catégorielles. Et le χ^2 aussi. Le χ^2 est une mesure d'association entre variables catégorielles. Ce concept fut inventé par Karl Pearson en 1900. Il nous permet de savoir si la distribution (rappelons que la donnée des différentes fréquences se nomme la *distribution* de la variable) est conforme à ce qu'on aurait pu obtenir par hasard, ou selon une certaine théorie[3]. Nous allons clarifier tout cela dans la suite.

Les mesures et les statistiques dont nous allons maintenant parler sont les suivantes :

- Le χ^2 *de conformité* s'utilise dans le cas d'une unique variable – comme dans notre exemple.
- Le χ^2 *d'indépendance pour les tables* 2 × 2. Ce χ^2 est utile pour analyser le lien entre deux variables dichotomiques, autrement dit catégorielles mais à deux

2. Pour une présentation très didactique et élémentaire du *tri à plat*, lire par exemple Baggio (à paraître). [ndt]

3. Cela peut également servir à vérifier que certaines modalités sont priviliégiées par rapport à d'autres ; tout dépend comment on conçoit la question.

Activité 8.1

Les mesures d'association servent à tester le lien entre deux variables. Cela implique que l'expérience est
(a) une expérience réelle
(b) une observation
(c) une étude de corrélation.

modalités seulement. On l'utilisera par exemple pour chercher un lien éventuel entre la boisson (boit/ne boit pas) et la cigarette (fume/ne fume pas). La table de contingence qui fournit les effectifs est alors de taille 2×2 (deux lignes, deux colonnes).

- Le χ^2 *d'indépendance pour les tables* $l \times c$. On utilise ce χ^2 pour mesurer le lien éventuel entre deux variables catégorielles, pas nécessairement dichotomiques. Par exemple, on pourrait ainsi étudier le lien entre la cigarette (fume/ne fume pas) et la boisson (ne boit pas/boit peu/boit beaucoup). Ici, la table des fréquences serait de taille $l \times c$ (dans notre exemple 2×3), autrement dit l lignes, et c colonnes.

2 Test du χ^2 de conformité

Ce test nous permet de décider si une série d'effectifs *observés* diffère significativement d'une série d'effectifs *théoriques* (ou *attendus*). La distribution (ensemble des effectifs) théorique est celle qui correspond à l'hypothèse nulle. C'est très souvent la distribution uniforme (même fréquence pour toute catégorie), mais nous pouvons aussi tester de la sorte n'importe quelle distribution théorique. Des détails sont donnés sur cette question dans les paragraphes qui suivent. Dans la situation qui nous intéresse présentement, nous n'avons qu'une variable. Les détails des calculs, que nous donnons dans la suite, vous permettront de bien comprendre le principe des tests du χ^2, y compris pour les tests d'indépendance dans le cas des tables 2×2 ou $l \times c$.

Exemple : Les barres de chocolat

Un échantillon de 110 personnes a répondu à un sondage. Il était demandé aux sujets de dire quelle barre de chocolat ils préféraient parmi une sélection de 4 barres chocolatées. Les résultats sont donnés dans le tableau 8.2.

Nous voulons déterminer si l'une des marques (ou plusieurs) a un avantage par rapport aux autres dans le cœur des consommateurs. Si tel n'est pas le cas, on s'attend à trouver à peu près le même nombre de personnes dans chaque catégorie, c'est-à-dire que les fréquences correspondant aux différentes barres seront à peu près identiques. Bien sûr, il se pourrait qu'elles ne soient pas *parfaitement* égales (on n'a qu'un échantillon), mais elles ne seront pas très éloignées du cas idéal d'égalité stricte. Cela constitue l'hypothèse nulle. L'hypothèse nulle affirme donc qu'aucune marque n'a d'avantage sur une autre, et donc que les fréquences associées aux barres chocolatées seront voisines du cas d'égalité.

Nous attendons donc des nombres similaires dans les quatre cellules du tableau statistique dans le cas où l'hypothèse nulle est vérifiée.

Tableau 8.2
Nombre de personnes choisissant chaque barre chocolatée

chocolat A	chocolat B	chocolat C	chocolat D
20	60	10	20

Note : nous avons au total $20 + 60 + 10 + 20 = 110$ personnes

Si l'hypothèse nulle est vérifiée, on devrait avoir à peu près le même nombre de personnes dans chaque catégorie, ce qui nous fait ici, puisque nous avons 110 personnes dans notre échantillon et quatre catégories,

$$\frac{110}{4} = 27{,}5$$

Cela vient du fait que, si les quatre barres de chocolat sont identiques, il y aura à peu près autant de gloutons à choisir chacune des possibilités. Bien entendu, il est impossible d'avoir 27,5 personnes, et ce ne sont que des effectifs théoriques, mais nous ne nous encombrons pas de tels détails ![4]

Les effectifs que nous avons vraiment observés sont astucieusement nommés *effectifs observés.*

Les effectifs théoriques que nous calculons (par exemple ici 27,5) sont appelés effectifs théoriques ou *effectifs attendus*. Ce sont les effectifs qui réalisent parfaitement l'hypothèse nulle.

Le travail du χ^2 est de comparer les effectifs observés et les effectifs théoriques. Si les barres chocolatées sont identiques, les effectifs observés ne seront pas éloignés, globalement, des effectifs théoriques. Aussi, si l'écart entre les effectifs théoriques et observés est très important, il est probable (et ça serait notre conclusion) que les barres ne sont pas équivalentes. Bien entendu, il est difficile de donner une conclusion fiable, et de décider si oui ou non il faut rejeter l'hypothèse nulle, en contemplant simplement les données brutes. C'est pourquoi il faut calculer un χ^2 et faire un test. Le tableau 8.3 montre comment présenter les données de manière traditionnelle dans un cas comme celui de cet exemple.

Tableau 8.3
Effectifs observés et attendus pour les barres de chocolat

effectifs	chocolat A	chocolat B	chocolat C	chocolat D
observés	20	60	10	20
attendus	27.5	27.5	27.5	27.5

Activité 8.2

Qu'est-ce qui cloche dans la table suivante ? On a demandé à 100 personnes de choisir l'une des images de chat. Les effectifs observés sont les suivants :

50	25	15	10	10

4. On peut concevoir en réalité les effectifs théoriques comme les effectifs *moyens* sous l'hypothèse nulle. Ainsi, s'il est impossible d'observer 27,5 personnes par catégorie, il est possible d'en observer 27,5 *en moyenne*. Cela signifie simplement que, si nous répétons l'expérience un grand nombre de fois, nous trouverons tantôt 27 personnes pour la barre A, tantôt 28, etc. et qu'en moyenne, ça fera 27,5. [ndt]

2.1 *Comment savoir si les effectifs observés et théoriques sont compatibles ?*

1. Ôtez les effectifs théoriques des effectifs observés :

observé	-	théorique	=	différence
20	-	27,5	=	-7,5
60	-	27,5	=	32,5
10	-	27,5	=	-17,5
20	-	27,5	=	-7,5
110		110		

Nous ignorons les signes (plus ou moins) parce que seule la valeur absolue nous intéresse ici. En réalité, comme nous élevons ensuite les différences au carré, le signe est de toute manière inutile ;

2. Élevez les différences au carré :

$$7{,}5^2 = 56{,}25$$
$$32{,}5^2 = 1056{,}25$$
$$17{,}5^2 = 306{,}25$$
$$7{,}5^2 = 56{,}25\ ;$$

3. Divisez ces nombres par une mesure de variance (de la même manière que pour le test de Student ou celui du r de Pearson). Dans le cas présent, la variance est mesurée par la fréquence attendue (27,5).

$$\frac{56{,}25}{27{,}5} = 2{,}05$$
$$\frac{1056{,}25}{27{,}5} = 38{,}41$$
$$\frac{306{,}25}{27{,}5} = 11{,}14$$
$$\frac{56{,}25}{27{,}5} = 2{,}05\ ;$$

4. Additionnez tous ces nombres pour trouver

$$\text{total} = 53{,}65$$

soit

$$\chi^2 = 53{,}65 \simeq 53{,}7.$$

Le degré de liberté (dl) est le nombre de catégories moins 1. Dans notre cas, cela donne 3 dl. Nous avons besoin de savoir cela parce que la tradition impose de reporter le dl en plus de la valeur du χ^2 et de la signification.

La valeur du χ^2 est approximativement 53,7. On compare cette valeur à celle qu'on s'attendrait à trouver avec 3 dl si l'hypothèse nulle était vraie, donc si les barres chocolatées étaient équivalentes. Nous ne faisons pas cette comparaison nous-même ; l'ordinateur s'en charge.

SPSS : χ^2 de conformité

Si vos données sont disponibles sous la forme d'un tableau statistique (effectifs) comme dans les exemples de ce chapitre, vous pouvez les entrer dans SPSS directement de cette manière.

Les données se présentent alors ainsi :

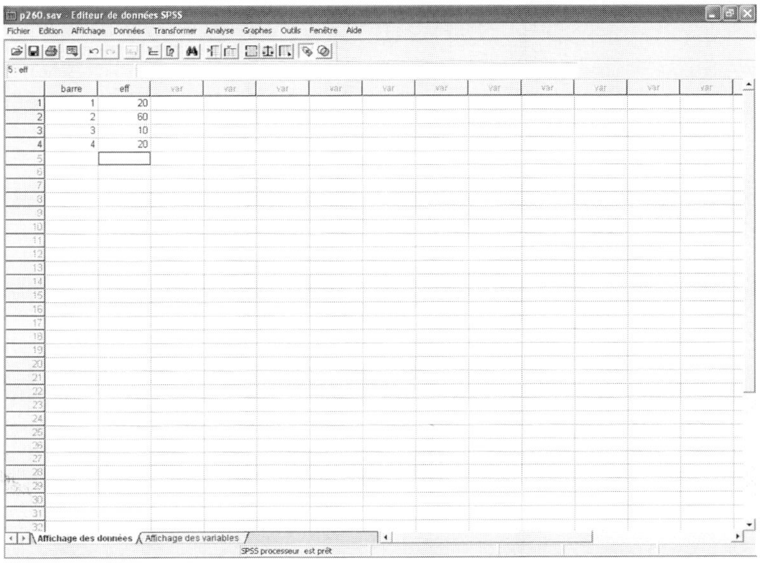

Mais si nous entrons les données de cette manière, il faut prévenir SPSS que la colonne des effectifs ne correspond pas à une variable, mais à des effectifs. Voilà comment on procède pour informer SPSS qu'on se trouve dans le cas d'un tableau statistique : on sélectionne *Données > Pondérer les observations...*

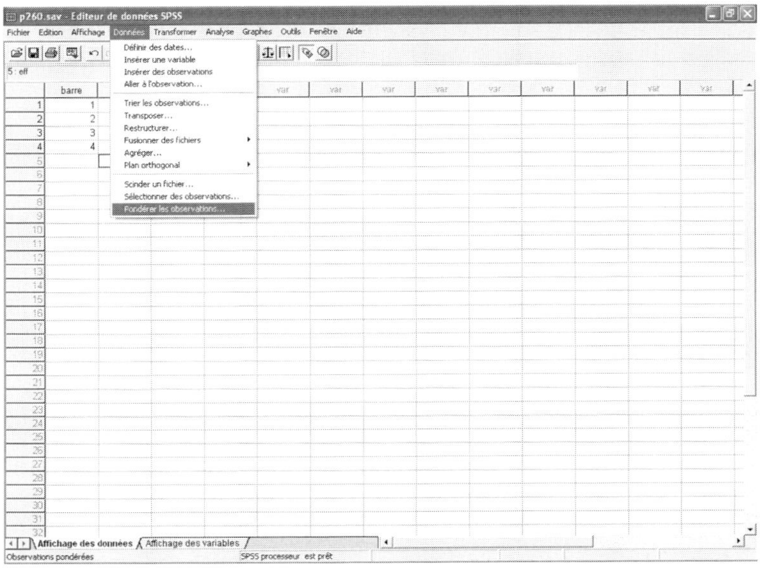

Ce qui ouvre une boîte de dialogue :

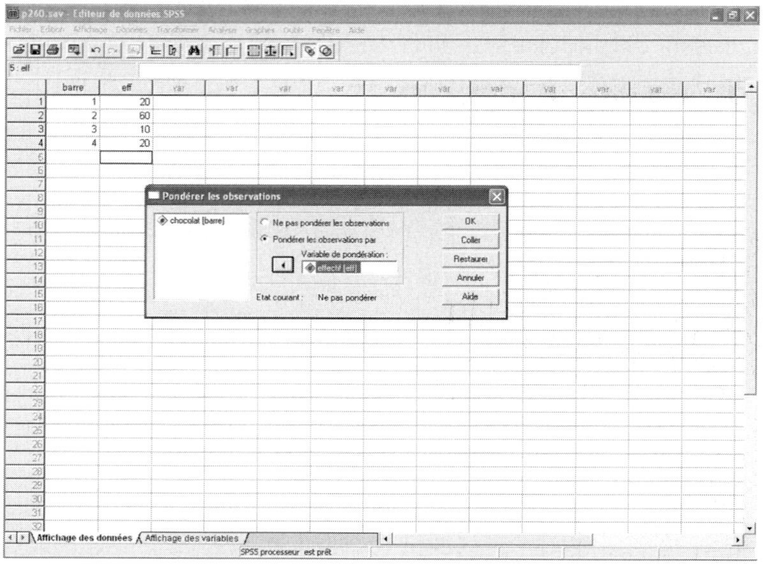

Vérifiez que l'option *Pondérer les observations par* est sélectionnée, puis déplacez « effectif » dans la zone *Variable de pondération*

Déplacez *effectif* dans la zone « variable de pondération » en cliquant sur ▶ . Cliquez ensuite sur *OK* pour revenir à l'écran principal. Choisissez enfin *Analyse* > *Tests non paramétriques...* > *khi-deux* :

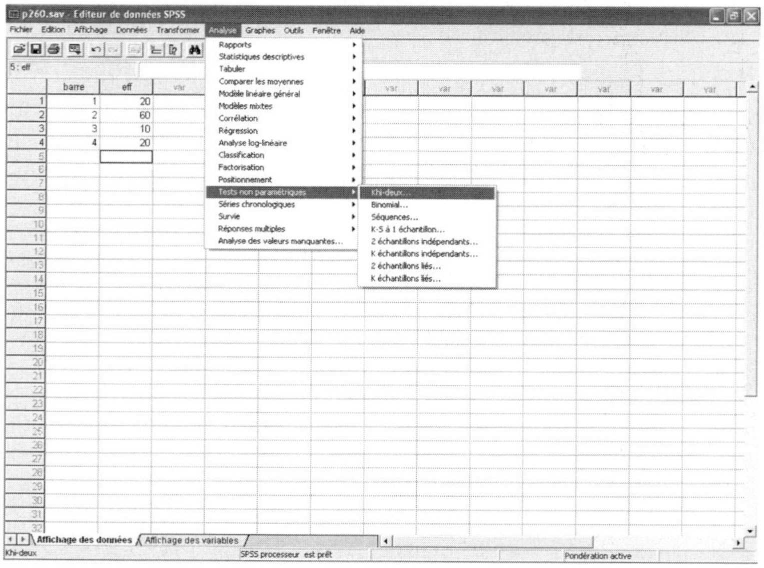

Cela ouvre la boîte de dialogue correspondante :

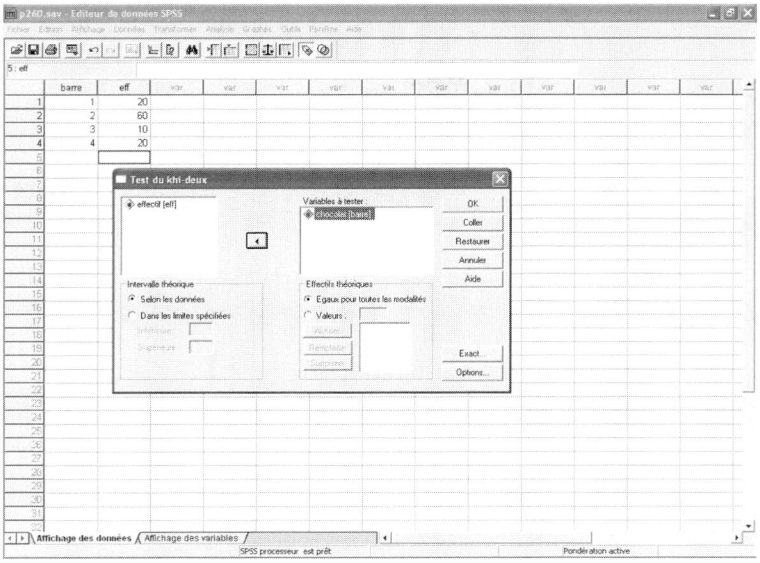

Cliquez si vous le désirez sur *Options*, et finissez par *OK*. Les résultats apparaissent dans la fenêtre des résultats (Viewer).

2.2 Les résultats du test du χ^2 de conformité

Pour un test du χ^2 de conformité, il faut toujours reporter la valeur du χ^2, le degré de liberté (dl ou ddl), ainsi que la signification associée. La première partie des résultats confirme nos calculs précédents :

chocolat

	Effectif observé	Effectif théorique	Résidu
1	20	27,5	-7,5
2	60	27,5	32,5
3	10	27,5	-17,5
4	20	27,5	-7,5
Total	110		

et la seconde partie nous donne les résultats du test [5] [6] :

Test

	chocolat
Khi-deux[a]	53,636
ddl	3
Signification asymptotique	,000

a. 0 cellules (,0%) ont des fréquences théoriques inférieures à 5. La fréquence théorique minimum d'une cellule est 27,5.

$p < 0,001$ montre que, si l'hypothèse nulle est vraie, un résultat comme le nôtre ne se produira que moins d'une fois sur 1000, donc très rarement

5. SPSS fournit désormais deux types de résultats. La dernière ligne du tableau ci-dessous indique *signification asymptotique*. Cette signification est valable uniquement pour des échantillons assez grands. Si les échantillons sont plus petits, SPSS utilise à la place une *signification exacte*.

6. Pour approfondir la différence entre les tests *asymptotiques* et *exacts*, voir par exemple Gauvrit (2005), pages 143 et suivantes. [ndt]

Activité 8.3

Le test du χ^2 *de conformité* pourrait aussi s'appeler

(a) test du χ^2 pour tables $l \times c$
(b) test du χ^2 pour une variable
(c) test du χ^2 pour tables 2×2
(d) rien de tout cela.

La partie littéraire de nos résultats pourrait être :

> Le χ^2 de conformité ($\chi^2 = 53{,}6$, $dl = 3$) correspond à une significativité p inférieure à 0,001. On est donc fondé à rejeter l'hypothèse nulle d'équivalence des barres chocolatées, les différences de fréquences étant très significatives. Le mode observé est « B » (voir table ci-dessous). La barre B est donc globalement préférée aux trois autres.

effectifs	chocolat A	chocolat B	chocolat C	chocolat D
observés	20	60	10	20
attendus	27,5	27,5	27,5	27,5

Bien que notre conclusion soit que les personnes ont tendance à préférer certains produits plus souvent que d'autres, nous sommes en réalité bien plus précis dans ce que nous écrivons. Nous observons les résultats expérimentaux, et concluons que c'est la friandise B qui l'emporte. Autrement dit, nous donnons le *sens* de la différence entre l'uniformité théorique et l'observation, pour affirmer que c'est le chocolat B, et non le A ou le C, que les gens préfèrent globalement.

2.3 *Cas où les effectifs attendus ne sont pas égaux*

Il arrive que nous ayons à comparer des effectifs observés avec des effectifs théoriques qui ne sont pas tous égaux. Par exemple, les chercheurs ont trouvé une surreprésentation des gauchers parmi les patients souffrant de colopathie fonctionnelle. Autrement dit, la prévalence de gauchers est supérieure dans un groupe de patients à ce qu'elle est dans la population générale. Supposons qu'on observe 150 patients et qu'on trouve les valeurs suivantes :

	droitiers	gauchers
observé	120	30
théorique (cas d'uniformité)	75	75

Si nous divisons simplement la taille de l'échantillon (150) par le nombre de modalités (2), nous trouvons 75. Nous attendrions donc 75 gauchers et 75 droitiers sous l'hypothèse d'uniformité. Mais il est évident que cela n'est pas la bonne hypothèse nulle ! nous ne nous attendrions pas à avoir autant de gauchers que de droitiers, mais bien plutôt à avoir la même proportion de gauchers que dans la population générale (hypothèse nulle). La bonne hypothèse nulle, et donc les bonnes fréquences attendues, correspondent à ce que nous savons de la population générale. Comme la latéralité diffère selon le sexe (il y a environ 10 % de gauchères, mais le pourcentage est différent chez les garçons), nous décidons de ne pas mélanger les deux, et nous étudions uniquement les femmes.

Trois cent dix-sept femmes souffrant de colopathie fonctionnelle sont testées. On trouve que 268 d'entre elles sont droitières, et il reste donc 49 gauchères. Puisque l'hypothèse nulle prévoit que 10 % des femmes souffrant de colopathie fonctionnelle seront gauchères, et 90 % droitières, cela devrait correspondre à un effectif attendu de 285,3 pour les droitières (90 % de 317 font 285,3). Nous attendons également alors 31,7 gauchères en moyenne (317 – 285,3 = 31,7).

	droitières	gauchères
	n	n
observé	268	49
attendu	285,3	31,7

Nous avons donc trouvé plus de gauchères que ce que prévoit l'hypothèse nulle (49 au lieu de 31,7). Nous avons en effet dans notre échantillon 84,5 % de droitières, donc moins que les 90 % de la population féminine générale.

SPSS : χ^2 de conformité dans le cas où la distribution attendue n'est pas uniforme

Ouvrez le fichier des données, et cliquez – si le fichier est donné sous forme d'effectifs – sur *Données > Pondérer les observations...*

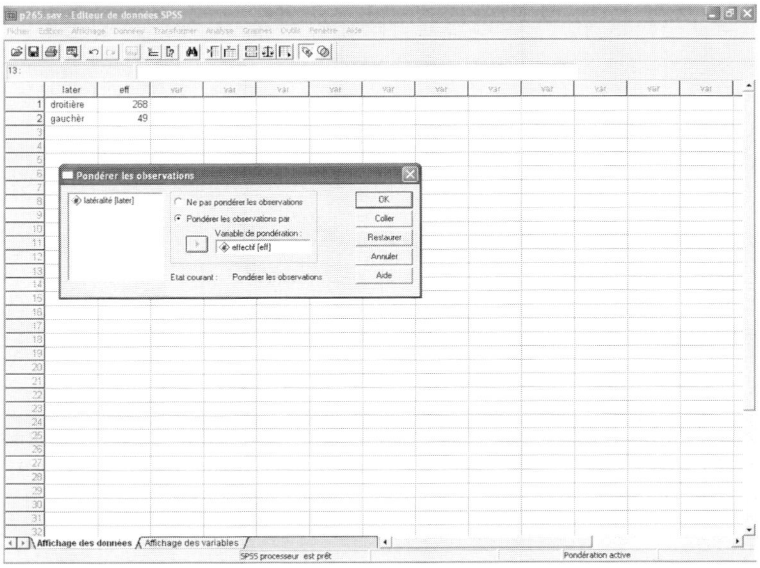

Cela ouvre la boîte de dialogue correspondante, dans laquelle vous pourrez choisir l'option *Pondérer les observations par* et sélectionner les effectifs comme *Variable de pondération* grâce au bouton ▸.

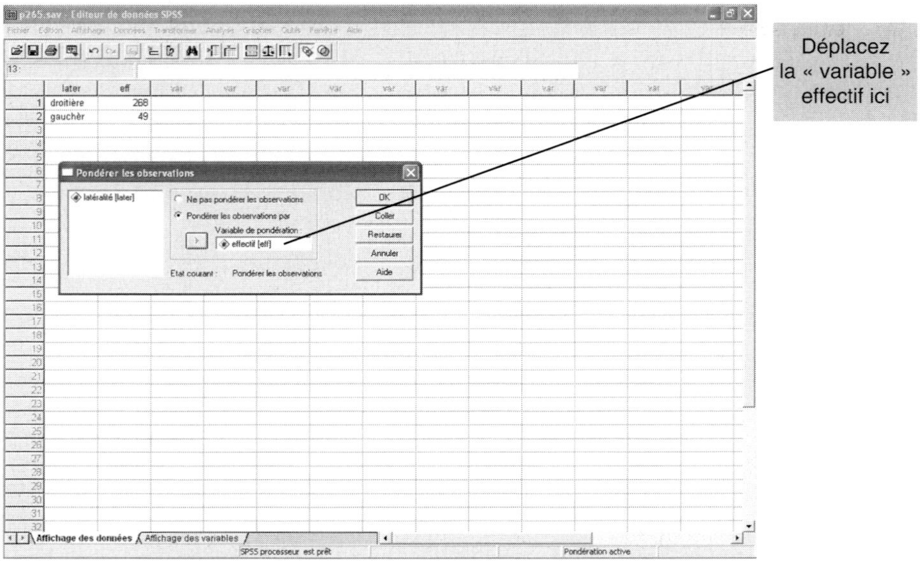

Une fois que tout cela est fait, vous pouvez cliquer sur le bouton *OK*. Cela vous ramène à la fenêtre précédente.

Vous pouvez alors choisir *Analyse* > *Tests non paramétriques* > *khi-deux* :

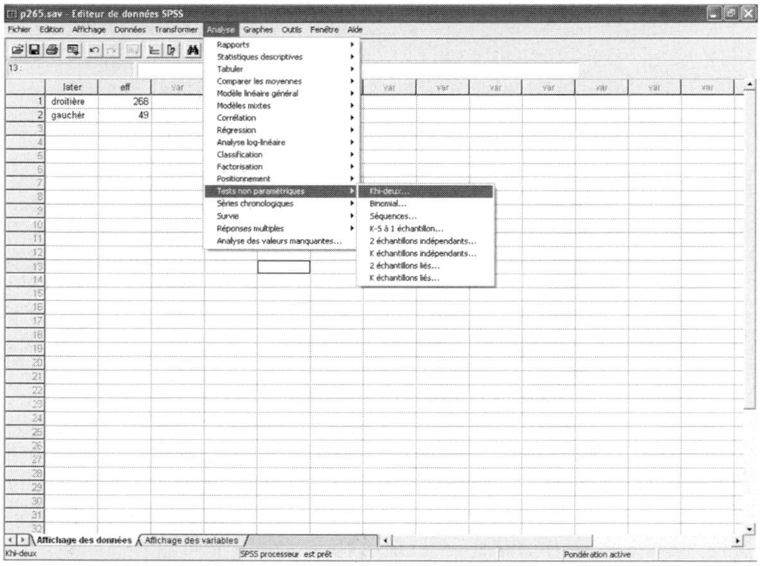

ce qui a pour effet d'ouvrir une nouvelle boîte de dialogue, comme celle-ci :

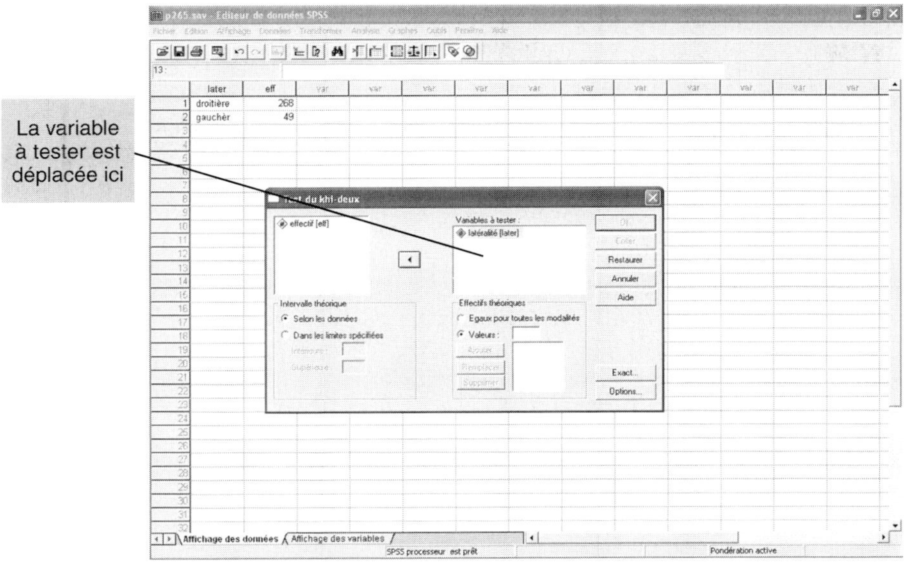

Vérifiez que la bonne variable se trouve dans la partie droite *Variables à tester*. Remarquez que dans le bas à droite de la boîte de dialogue se trouvent, dans l'encart *Effectifs théoriques,* des boutons radio. Vous pouvez ainsi choisir soit *Egaux pour toute modalité,* ce qui correspond au cas où on cherche à comparer notre distribution à la distribution uniforme, soit *Valeurs :,* qui correspond au cas présent où nous souhaitons préciser les valeurs attendues. Choisissez cette option. Entrez ensuite l'effectif attendu pour la première catégorie, soit 285,3, puis cliquez sur *Ajouter* (Attention ! selon les options de SPSS, peut-être devrez-vous taper 285.3 et non 285,3, c'est-à-dire un point à la place de la virgule)

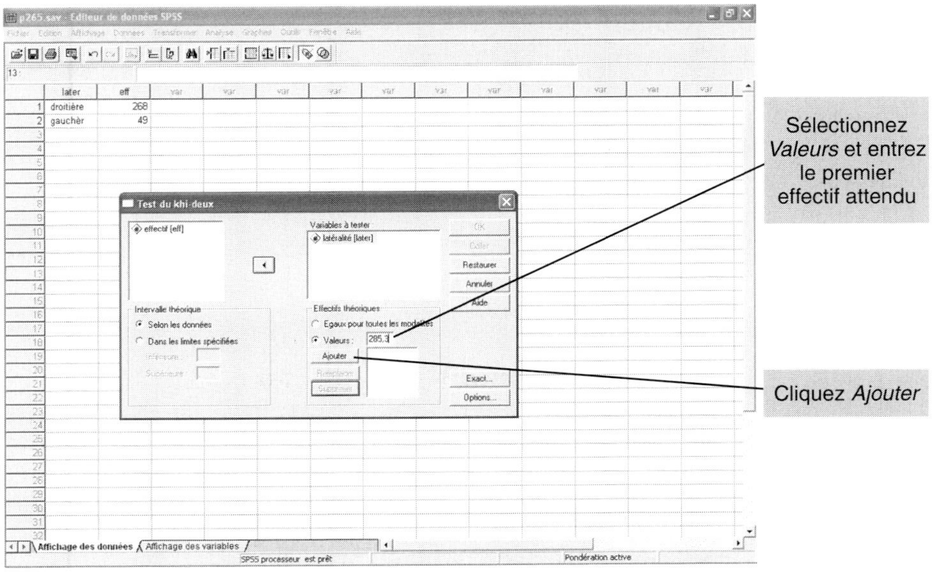

Tapez ensuite l'effectif attendu pour la seconde catégorie (gauchère), soit en l'occurence 31,7. Re-cliquez sur *Ajouter*.

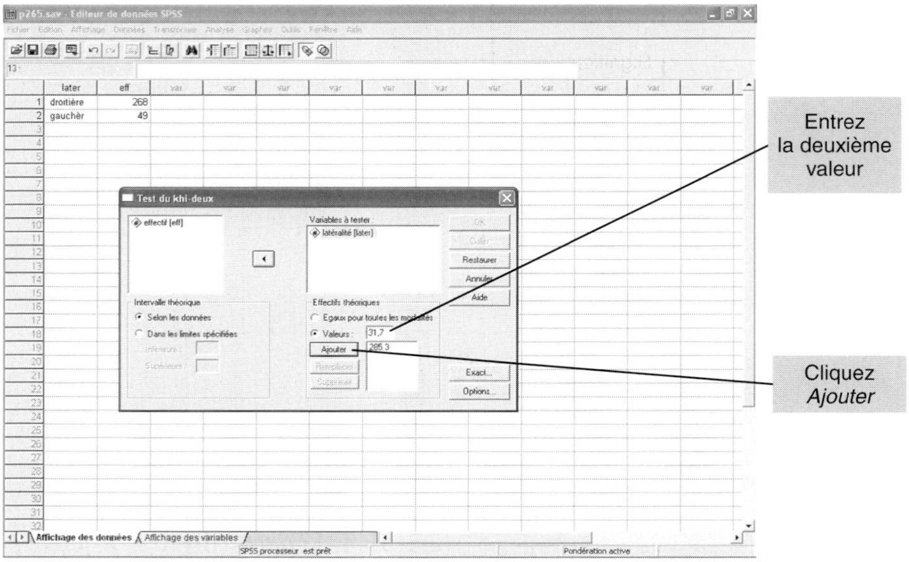

Pour finir, cliquez sur *OK* :

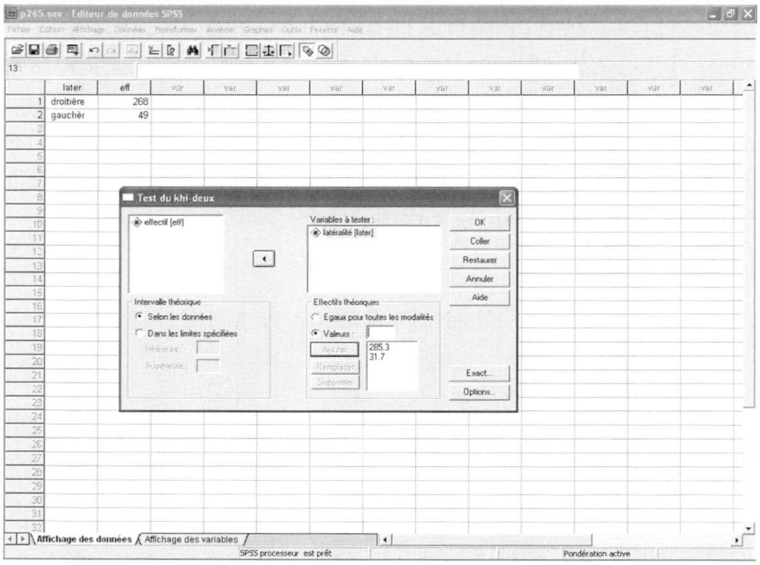

Cela vous donne les résultats suivants :

latéralité

	Effectif observé	Effectif théorique	Résidu
droitière	268	285,3	-17,3
gauchère	49	31,7	17,3
Total	317		

Test

	latéralité
Khi-deux[a]	10,490
ddl	1
Signification asymptotique	,001

a. 0 cellules (,0%) ont des fréquences théoriques inférieures à 5. La fréquence théorique minimum d'une cellule est 31,7.

Cela prouve une différence significative entre les résultats observés et les effectifs attendus.

3 Test du χ^2 d'indépendance pour des tables 2 × 2

Le χ^2 nous permet de savoir s'il existe une association entre deux variables catégorielles (par exemple entre le fait de fumer ou non et le fait de boire ou non). Dans le cas de la cigarette et de la boisson alcoolisée, il s'agit de variables catégorielles parce qu'on ne demande pas aux gens combien de cigarettes ils fument, ni combien de verres ils boivent. Si on le faisait, on aurait des variables numériques, et c'est sans doute vers un test du coefficient de Pearson *r* qu'on s'orienterait. Mais ici, on demande simplement « fumez-vous ? » et « buvez-vous ? », et les variables sont donc catégorielles (dichotomiques en l'occurrence). Un tel plan d'expérience conduit à quelque chose comme le tableau 8.4.

C'est une *table de contingence* que l'on appelle 2 × 2 parce qu'il y a 2 lignes et 2 colonnes.

Tableau 8.4

Table de contingence 2 × 2

	boit	ne boit pas
fume		
ne fume pas		

Exemple : Association entre la cigarette et la boisson

Existe-t-il chez les étudiants un lien entre le fait de fumer et le fait de boire ? S'il n'y a pas de lien entre les deux vices, alors nous pourrons dire que les variables sont indépendantes l'une de l'autre. Il serait possible de demander à chacun combien de cigarettes il fume, et combien de verres il boit chaque jour, mais nous demandons simplement si chaque étudiant fume ou non, et s'il boit ou non. C'est pourquoi, plutôt que d'utiliser un test du coefficient de corrélation linéaire *r*, nous préférons un test du χ^2 d'indépendance pour table 2 × 2. Il nous faut répondre aux questions suivantes :

A. Combien de personnes boivent et fument ?

B. Combien boivent mais ne fument pas ?

C. Combien ne boivent pas mais fument ?

D. Combien ne boivent pas et ne fument pas ?

Cela ne donne pas des variables continues ni ordinales, mais seulement catégorielles. C'est pourquoi on les transcrit plutôt sous forme d'un tableau d'effectifs (ou table de contingence dans notre cas). Vous pouvez entrer les données dans SPSS directement avec les effectifs, mais vous pouvez aussi les entrer normalement, et SPSS s'occupera alors de construire la table correspondante.

On considère donc les deux variables « fumer » et « boire » comme deux variables catégorielles, et non comme des variables ordinales ou numériques.

On peut présenter les résultats dans une table à deux lignes et deux colonnes. Supposez qu'on ait interrogé 110 étudiants. Chaque étudiant ne peut se trouver que dans un groupe. Nous avons quatre groupes. Nous donnons les résultats sous forme classique (tableau statistique), comme cela est présenté dans le tableau 8.5. Chaque case se nomme une *cellule*. On code les catégories de la manière suivante : (1) rassemble ceux qui boivent, et (2) ceux qui ne boivent pas. De même, sur l'axe de la cigarette, (1) désigne ceux qui fument et (2) ceux qui ne fument pas. Nous aurions certes tout aussi bien pu choisir un autre codage des catégories, inverser les 1 et 2, ou ne pas prendre de chiffres. Une tradition mathématique est de coder « 0 » pour non (ne fume pas, ne boit pas) et « 1 » pour oui (fume ou boit)[7].

Tableau 8.5

Table de contingence avec variables codées

	fume (1)	ne fume pas (2)
boit (1)	50 (A)	15 (C)
ne boit pas (2)	20 (B)	25 (D)

Nous avons choisi d'identifier les cellules par des lettres latines majuscules. La cellule A correspond aux personnes qui fument et boivent. La cellule D à ceux qui ne fument ni ne boivent. Ainsi, les effectifs sont les suivants :

groupe	cellule	effectif
1	A	50
2	B	20
3	C	15
4	D	25

Les données peuvent être présentées comme sur le tableau 8.6.

Tableau 8.6

Données codées : tableau statistique

Fume	Boit	Effectif
1	1	50
1	2	20
2	1	15
2	2	25

Ainsi, dans la catégorie correspondant à ceux qui fument (1) et boivent (1), on trouve 50 étudiants. Dans la table de contingence (tableau 8.5), cela correspond à la cellule A.

Rappelez-vous qu'aucun étudiant ne peut être dans plus d'une catégorie. C'est très important : les catégories doivent être mutuellement exclusives.

7. Ce codage est dicté par des considérations mathématiques. Le codage « 0 » et « 1 » rend les calculs bien plus simples, en permettant notamment d'identifier *proportion* et *moyenne*.. [ndt]

Activité 8.4

Pour les situations qui suivent, est-il préférable d'envisager un test du coefficient de corrélation linéaire ou un test du χ^2 ? On étudie la relation entre :

(a) la taille (cm) et le poids (kg)
(b) la distance (m) et le temps de parcours (min)
(c) la silhouette d'une personne et sa catégorie professionnelle (manuel, intellectuel, etc.)
(d) la latéralité (gaucher ou droitier) et les compétences spatiales (excellentes, moyennes, ou navrantes).

3.1 *La logique du χ^2 pour les tables 2 × 2*

Le test calcule en premier lieu les effectifs théoriques des cellules. Il y a 110 étudiants. La première étape du test du χ^2 est de déterminer combien on peut s'attendre à trouver d'étudiants dans chaque catégorie, en supposant qu'il n'y a aucune relation entre les deux variables (ce qui constitue l'hypothèse nulle).

Ces effectifs attendus sont calculés par une méthode assez similaire, au fond, à celle utilisée pour le χ^2 de conformité, sauf qu'on ne s'attend pas à avoir quatre cellules identiques ici, vu que les étudiants qui fument sont plus nombreux que ceux qui ne fument pas. Les effectifs attendus ne sont donc pas tous égaux.

Le χ^2 permet ensuite de comparer la distribution obtenue sur notre échantillon à celle – théorique – que l'on aurait si l'hypothèse nulle était vérifiée, donc si les deux variables n'entretenaient aucune association entre elles. La probabilité qu'un χ^2 aussi important que celui observé apparaisse par suite d'une erreur d'échantillonnage alors que l'hypothèse nulle est vérifiée est la signification *p*, fournie automatiquement par l'ordinateur.

Il faut vous dire que les fréquences que nous avons indiquées dans le tableau 8.5 sont controuvées et incompatibles avec la réalité de la vie étudiante. Bien plus réalistes sont les effectifs du tableau 8.7.

Hélas, le χ^2 n'est valable que sous l'hypothèse que les effectifs *attendus* sont assez importants. Il faut que moins de 25 % de ces effectifs théoriques soient inférieurs à 5.[8] On ne sait pas en regardant la table des effectifs observés si cette condition est vérifiée ou non, parce qu'il faut connaître les effectifs théoriques. Pour notre plus grand bonheur, heureusement, SPSS nous prévient si la condition est violée. Et même mieux : si un tel cas devait se produire, SPSS calculerait automatiquement le test exact de Fisher, qui remplacerait alors avantageusement le test du χ^2 devenu illicite. Dommage que le test exact de Fisher ne fonctionne que pour les tables 2 × 2...

Il est possible d'utiliser le test de Fisher même quand les effectifs sont réduits, parce qu'il n'est pas fondé sur des hypothèses concernant les fréquences.[9]

Tableau 8.7
Table de contingence 2 × 2

	fume	ne fume pas
boit	60	34
ne boit pas	5	1

8. Tous les auteurs n'ont pas les mêmes critères, mais la limite de 5 semble être assez consensuelle. [ndt]
9. Cela vient du fait que le χ^2 est un test asymptotique (donc vrai *à la limite* avec des échantillons énormes) alors que celui de Fisher est un test *exact* fondé sur un calcul exact (sans approximation). [ndt]

Activité 8.5

Si vous souhaitez vérifier que les étudiants sont plus friands de barres chocolatées *Grobide* que de *Gerbil*, *Casse-foie* ou *Labare*, quelle analyse est la plus appropriée ?

(a) Un test du χ^2 d'indépendance pour table 2×2

(b) Un test du χ^2 d'indépendance pour table 2×4

(c) Un test du χ^2 de conformité

(d) Rien de tout cela.

SPSS : χ^2 d'indépendance pour table 2 × 2

Le cas échéant, pondérez vos observations comme nous l'avions fait pour le χ^2 de conformité (voir page 295). Choisissez ensuite *Analyse > Statistiques descriptives > Tableaux croisés...*

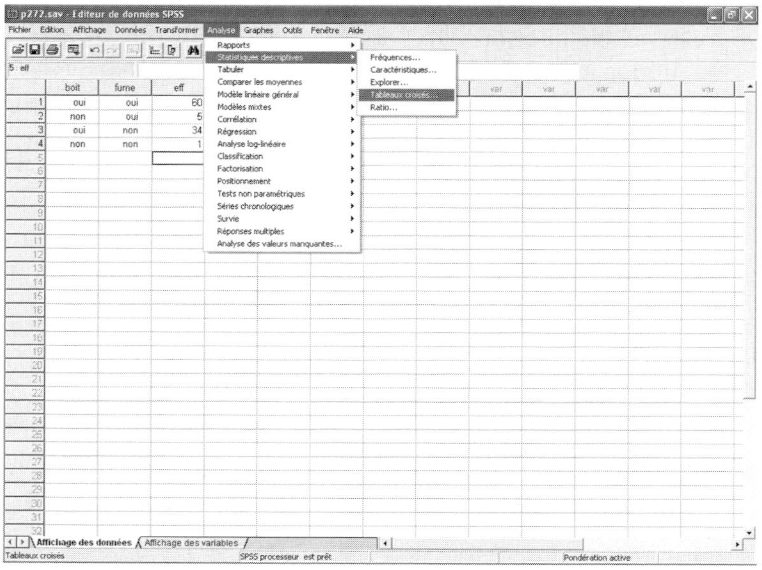

Cela vous amène à l'écran suivant

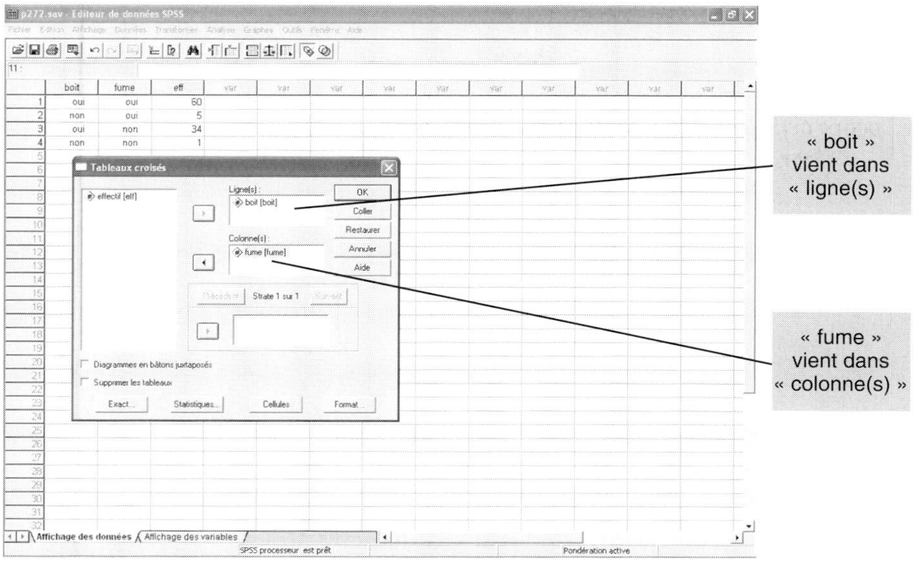

Déplacez « boit » dans la zone *ligne(s)* et « fume » dans la zone *colonne(s)*. Cela permet de définir le tableau de contingence (tableau croisé). Cliquez ensuite sur *Statistiques*, ce qui ouvre la fenêtre suivante :

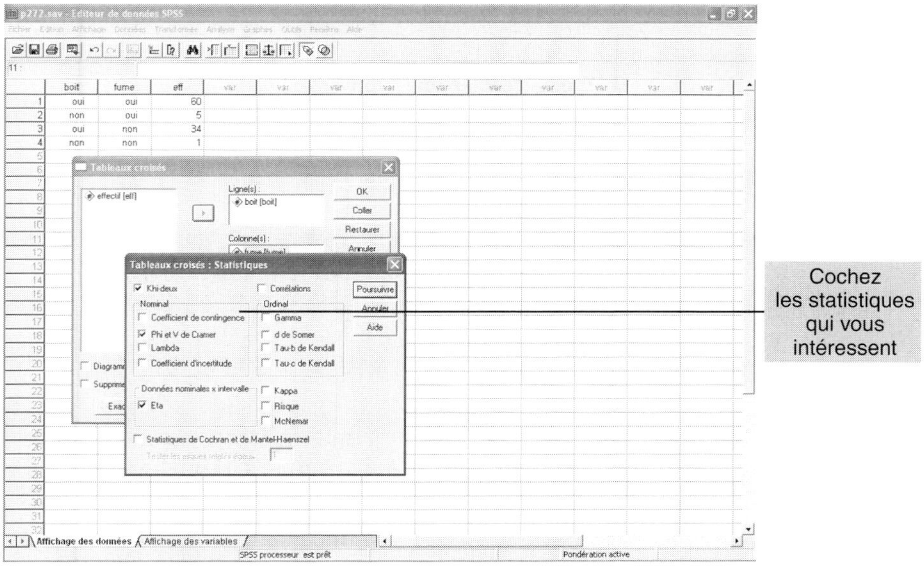

Vous pouvez alors cocher les statistiques qui vous intéressent, en choisissant par exemple *Khi-deux*, *Phi et V de Cramer* et *Eta*.

Cliquez maintenant sur *Poursuivre* pour retourner à la fenêtre précédente. Si vous voulez préciser ou modifier le contenu des cellules (cases) du tableau, cliquez sur *Cellules*. Vous verrez alors la boîte de dialogue suivante :

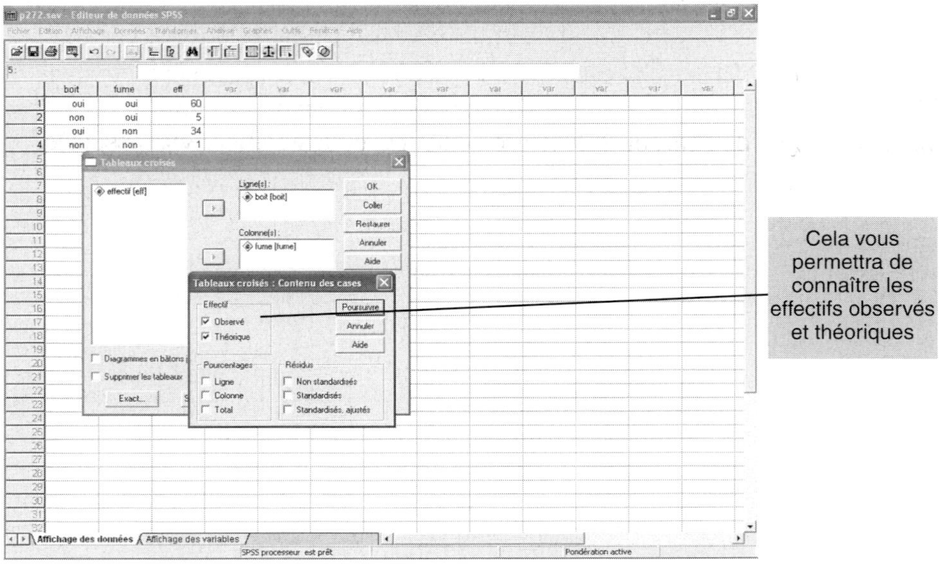

Cliquez sur les options qui vous conviennent. Vous pouvez obtenir un tableau des effectifs théoriques et observés seulement, mais vous pouvez aussi afficher les sommes de lignes, de colonnes, et les pourcentages totaux. Cliquez sur *Poursuivre*. Une fois de retour à la fenêtre principale de *Tableaux croisés...*, cliquez *OK*. Les résultats apparaissent dans la fenêtre des résultats. Les effectifs sont présentés comme ceci :

Tableau croisé boit * fume

			fume		
			oui	non	Total
boit	oui	Effectif	60	34	94
		Effectif théorique	61,1	32,9	94,0
	non	Effectif	5	1	6
		Effectif théorique	3,9	2,1	6,0
Total		Effectif	65	35	100
		Effectif théorique	65,0	35,0	100,0

Cela montre que la condition d'application du χ^2 est violée. Deux cases (donc 50 % des cellules) correspondent en effet à un effectif théorique de moins de 5. Il s'agit des cellules « ne boit pas/fume » (effectif théorique 3,9) et « ne boit pas/ne fume pas » (effectif théorique 2,1). Une solution à ce problème est de recommencer l'expérience avec un plus grand nombre de personnes. Mais nous pouvons aussi compter sur le test de Fisher.

3.2 *Résultats pour le χ^2 dans le cas d'une table 2 × 2*

Comme souvent avec les logiciels de calcul statistique, vous obtiendrez pas mal d'informations inutiles, et il faudra sélectionner les résultats pertinents pour vous. La première partie de vos résultats (si l'on ne compte pas la table vous rappelant le nombre de personnes interrogées) est la table de contingence. Jetez-y un œil pour vérifier qu'il n'y a pas d'erreur.

Statistiques χ^2

SPSS imprime plusieurs lignes de statistiques pour le test du χ^2. Pourtant, vous n'aurez à en considérer qu'une. La plupart du temps, c'est la première, qui se nomme *khi-deux (ou khi-carré) de Pearson*. Il vous faudra reporter dans vos rapports la valeur de ce χ^2 « de Pearson », le degré de liberté et la significativité associée.

***V* de Cramer**

C'est une mesure d'association utilisée dans le cas des tests du χ^2. C'est un coefficient de corrélation, et il s'interprète comme le coefficient de corrélation linéaire *r*.

3.2.1 Premier cas

Supposons dans un premier temps que les données soient les suivantes :

50 personnes boivent et fument

15 personnes boivent mais ne fument pas

20 personnes fument mais ne boivent pas

25 personnes ne boivent pas, ni ne fument.

La première section de vos résultats est le tableau de contingence,

Tableau croisé boit * fume

Effectif

		fume		
		oui	non	Total
boit	oui	50	15	65
	non	20	25	45
Total		70	40	110

grâce auquel vous pouvez vérifier qu'il n'y a pas d'erreur. Vient ensuite le test proprement dit :

$\chi^2 = 12,12$

Tests du Khi-deux

	Valeur	ddl	Signification asymptotique (bilatérale)	Signification exacte (bilatérale)	Signification exacte (unilatérale)
Khi-deux de Pearson	**12,121**[b]	**1**	**,000**		
Correction pour la continuité[a]	10,759	1	,001		
Rapport de vraisemblance	12,153	1	,000		
Test exact de Fisher				,001	,001
Association linéaire par linéaire	12,011	1	,001		
Nombre d'observations valides	110				

a. Calculé uniquement pour un tableau 2 x 2

b. 0 cellules (,0%) ont un effectif théorique inférieur à 5. L'effectif théorique minimum est de16,36.

La ligne inscrite en gras est la seule qui nous intéresse directement. La plupart du temps, vous n'aurez à lire que la ligne *Khi-deux de Pearson* qui est ici en gras. Ainsi, la valeur du χ^2 est 12,12, le degré de liberté est 1, et la signification associée est $p < 0{,}001$. Autrement dit, la probabilité *a priori* d'obtenir un χ^2 aussi élevé que 12,12, en supposant que les deux variables « fume » et « boit » sont indépendantes (hypothèse nulle) est inférieure à une chance sur 1000... aussi concluons-nous qu'il y a un lien entre le fait de boire et le fait de fumer, du moins chez les étudiants.

L'ordinateur nous donne également le *V* de Cramer, qui est ici 0,33. Cela montre que l'effet est de 0,33. Si vous élevez 0,33 au carré, vous trouvez 0,1089. Ainsi, près de 11 % des variations de la variable « fume » s'explique par les variations de la variable « boit ». Pour le dire plus brièvement (mais moins rigoureusement) : le fait de boire est « dû », chez les étudiants et à hauteur de 11 %, au fait de fumer. On peut aussi dire réciproquement que la boisson explique 11 % du tabagisme estudiantin.

Mesures symétriques

		Valeur	Signification approximée
Nominal par Nominal	Phi	,332	,000
	V de Cramer	**,332**	**,000**
Nombre d'observations valides		110	

a. L'hypothèse nulle n'est pas considérée.

b. Utilisation de l'erreur standard asymptotique dans l'hypothèse nulle.

Dans vos comptes rendus, vous présenterez les données brutes dans une table de contingence de taille 2 × 2, et vous indiquerez la valeur du χ^2, le dl et le *p* associés. La partie littéraire de votre analyse pourrait être par exemple :

> La table de contingence (table 2 × 2) permet de montrer que la majorité des étudiants boivent, et que la majorité fument. La comparaison des effectifs observés et attendus montre que, sur notre échantillon, la tendance est à l'association des deux caractéristiques : les étudiants qui boivent semblent avoir, plus que les autres, également tendance à fumer. Un test du χ^2 d'indépendance montre un lien significatif entre les deux variables « fume » et « boit » ($\chi^2(1) = 12{,}12$, $p < 0{,}001$). Le *V* de Cramer vaut 0,33, montrant que près de 11 % des variations d'une variable expliquent les variations de l'autre variable. On conclut donc à un lien réel et notable entre la boisson et le tabagisme chez les étudiants.

3.2.2 Second cas

Supposons maintenant que les conditions d'application ne soient pas satisfaites. Si ce cas advient, alors vous serez prévenus que les effectifs théoriques sont trop petits (par l'ordinateur), et vous pourrez lire la ligne du test exact de Fisher. Le logiciel vous dira le pourcentage de cellules dont les effectifs théoriques sont inférieurs à 5.

Dans une telle situation, au lieu de reporter les valeurs du χ^2, vous vous rabattrez sur le test de Fisher et sa signification exacte. Le test de Fisher ne correspond pas à une statistique portant un nom (comme *t* ou χ^2), associée à une valeur, alors on dit simplement qu'il est ou non significatif, en précisant *p*. L'exemple qui suit vous montre comment faire dans une telle situation.

On reprend les effectifs du tableau 8.7 (page 305). Les résultats sont les suivants pour le tableau de contingence :

Tableau croisé boit * fume

Effectif

		fume		
		oui	non	Total
boit	oui	60	34	94
	non	5	1	6
Total		65	35	100

Et pour le test :

Tests du Khi-deux

	Valeur	ddl	Signification asymptotique (bilatérale)	Signification exacte (bilatérale)	Signification exacte (unilatérale)
Khi-deux de Pearson	,943[b]	1	,332		
Correction pour la continuité[a]	,281	1	,596		
Rapport de vraisemblance	1,057	1	,304		
Test exact de Fisher				**,662**	**,312**
Association linéaire par linéaire	,934	1	,334		
Nombre d'observations valides	100				

a. Calculé uniquement pour un tableau 2x2

b. 2 cellules (50,0%) ont un effectif théorique inférieur à 5. L'effectif théorique minimum est de 2,10.

Attention ! La condition d'application est violée, aussi faut-il utiliser le test de Fisher (en gras)

La ligne inscrite en gras correspond au test de Fisher. C'est cette ligne qu'il faut utiliser, parce que les conditions d'application du χ^2 classique sont violées : 50 % des cellules ont des effectifs trop petits. La signification associée au test exact de Fisher est de 0,66 pour un test bilatéral (cas standard). Si l'hypothèse nulle est vraie, il n'est donc pas étonnant de trouver un tel résultat, et nous ne pouvons donc pas rejeter cette hypothèse nulle.

Le dernier tableau intéressant pour nous est le suivant :

Mesures symétriques

		Valeur	Signification approximée
Nominal par Nominal	Phi	-,097	,332
	V de Cramer	**,097**	**,332**
Nombre d'observations valides		100	

Vous pouvez rapporter vos résultats comme suit :

Activité 8.6

Le V de Cramer est

(a) une mesure de différence
(b) un coefficient de corrélation
(c) un équivalent de la statistique du test exact de Fisher
(d) un coefficient de variation.

L'effet observé, mesuré par le *V* de Cramer, est de 0,10. Autrement dit, le tabagisme expliquerait 1 % (0,102 = 0,01) des variations de la variable « boit », soit un effet presque nul.

50 % des effectifs attendus sont inférieurs à 5, ce qui interdit l'utilisation du test du χ^2 classique et incite à utiliser le test exact de Fisher. Celui-ci prouve que l'écart à l'indépendance de nos observations n'est pas significatif ($p = 0{,}66$ en bilatéral). Il ne nous est donc pas possible de généraliser nos résultats à la population entière.

Un test du χ^2 pour une table 2 × 2 peut se réaliser à la main très simplement. Nous ne vous demanderons pas de le faire, puisque les instructions vous permettant de le faire à l'ordinateur viennent de vous être livrées (mais le lecteur intéressé peut consulter Howell, 1998).

ATTENTION !

Vous ne pouvez pas prédire avec certitude combien de personnes se retrouveront dans telle ou telle catégorie lorsque vous commencez votre étude. C'est pourquoi il est préférable de prévoir plus de participants que vous ne pensiez nécessaire *a priori*, pour être sûr que les cellules seront suffisamment remplies.

Le χ^2 est toujours positif, parce que c'est une valeur au carré.

Le degré de liberté est généralement égal, du moins à peu près, et dans la plupart des situations statistiques, au nombre de participants. Mais dans le cas du χ^2, il est lié au nombre de *modalités* et non pas au nombre d'individus. Dans le cas des χ^2 d'indépendance, la valeur du dl est le produit du nombre de lignes moins 1 par le nombre de colonnes moins 1. Dans le cas d'une table 2 × 2 par exemple, cela donne $(2 - 1) \times (2 - 1) = 1$.

4 Test du χ^2 pour tables $l \times c$

Et s'il y a plus de deux modalités par variable ? Il est tout à fait possible de réaliser un test du χ^2 aussi dans cette situation. Dans ce cas, le tableau de contingence a plus de deux lignes ou plus de deux colonnes. Mais le principe du χ^2 s'adapte parfaitement à une telle table également. Supposons, pour rester dans notre exemple de cigarettes et de boissons alcoolisées, qu'on ait *trois* niveaux pour la variable « fume » (non-fumeur/fumeur modéré/gros fumeur). On pourrait aussi définir trois niveaux (ou modalités) pour l'autre variable « boit » (abstinent/buveur modéré/gros buveur). Les données peuvent être présentées dans quelque chose qui ressemble au tableau 8.8 par exemple.

Tableau 8.8
Table de contingence 3 × 3

	non fumeur	fumeur modéré	gros fumeur
abstinent			
buveur modéré			
gros buveur			

C'est une table 3 × 3 puisqu'il y a 3 lignes et 3 colonnes. Les calculs indispensables à la réalisation du χ^2 se font exactement de la même manière que dans le cas d'une table 2 × 2. Le degré de liberté, par contre, ne sera plus égal à un.

Souvenez-vous en effet que le degré de liberté est défini par

$$dl = (l - 1) \times (c - 1)$$

où l est le nombre de lignes et c le nombre de colonnes. Ainsi, dans notre cas,

$$dl = (3 - 1) \times (3 - 1) = 4.$$

Il est également tout à fait possible de traiter des tables plus grandes, donc des variables avec plus de modalités (par exemple 6 × 4 ou 7 × 3), mais les interprétations deviennent plus délicates. En règle générale, nous ne voulons pas seulement conclure qu'il existe une relation entre les deux variables. Nous aimerions également conclure quelque chose comme « le lien entre les deux variables se fait dans telle ou telle direction ». Dans notre exemple, nous pourrions voir que la relation entre la boisson et la cigarette est un lien *positif*. Ceux qui boivent ont plus que les autres tendance à fumer. (Le vice appelle le vice). Dans le cas de tables trop grandes, il devient très délicat de démêler les différentes attirances entre les modalités des variables.

En outre, souvenez-vous que pour faire le test du χ^2 il faut :

- que moins de 25 % des effectifs théoriques se trouvent sous la barre des 5,
- qu'aucune cellule ne contienne de valeur inférieure à 1.

Si un tel cas se produit, on peut regrouper des niveaux d'une variable. Par exemple, « anciens fumeurs » et « fumeurs » pourraient être regroupés en une unique catégorie. Ceci dit, il n'est pas toujours pertinent de regrouper les cellules de la sorte. Notamment, il arrive que des cellules n'aient rien en commun, ce qui compromet le regroupement.

Peut-être vous demandez-vous pourquoi il faut vérifier des conditions dans le cas du χ^2. Cela vient du fait que les calculs cachés qui permettent de réaliser un test du χ^2 font intervenir des approximations. Ces approximations ne sont valables qu'à la limite. En toute rigueur, il faudrait des effectifs théoriques infinis, mais on a pu montrer que s'ils sont tous supérieurs à 1 et presque tous (75 %) supérieurs à 5, alors les approximations sont déjà excellentes.

Vérifiez toujours que chaque participant se trouve bien dans une catégorie et une seule, et cela pour chacune des variables. La somme de tous les effectifs doit être égale à la taille totale de l'échantillon. Cela doit donc être le nombre total de participants.

Il n'y a pas d'interdiction à l'utilisation du test du χ^2 avec des variables numériques. Si on ne l'utilise pratiquement jamais dans un tel cas, c'est simplement parce qu'il existe des tests équivalents bien plus puissants que le test du χ^2 – par exemple des tests paramétriques comme le test de comparaison de moyennes.

Activité 8.7

Vrai ou faux ?

(a) Pour faire un test du χ^2, il faut vérifier que les cases contiennent le même nombre de personnes.
(b) Chaque participant doit contribuer à toutes les cellules du tableau.
(c) Il faut que moins de 50 % des cases correspondent à des fréquences inférieures à 5 pour pouvoir réaliser un test du χ^2.
(d) Un participant peut très bien être compté dans plusieurs cellules.

4.1 *Le test du χ^2 : bilatéral ou unilatéral ?*

Un débat agite la communauté scientifique sur la question de savoir s'il faut considérer le χ^2 comme un test bilatéral ou unilatéral. L'approche classique et, pourrait-on dire, « par défaut », reste de considérer le χ^2 comme bilatéral. Certaines personnes préfèrent utiliser systématiquement les résultats en bilatéral. Dans le doute, préférez un test bilatéral, parce que vous ne pouvez pas vous tromper en faisant ça (si le test bilatéral est significatif, le test unilatéral l'est aussi !).

On pourrait cependant dire que le χ^2 que nous calculons est plutôt, intuitivement, unilatéral. D'abord, il ne repère pas le sens de variation. Ainsi, on trouvera la même chose avec des tables de contingence comme

15	40
36	22

ou

36	15
22	40

De même,

22	36
40	15

ou

40	22
15	36

donnera encore le même χ^2.

En outre, le χ^2 est toujours positif. Cela vient du fait que χ^2 est en fait un carré, et qu'un carré est toujours positif. Il est donc impossible de trouver un χ^2 négatif, ce qui rend plus logique un test unilatéral. Un χ^2 « trop petit » n'est jamais considéré comme significatif. C'est uniquement dans le cas de grandes valeurs du χ^2 que l'on peut conclure. Ainsi, le test du χ^2 est, fondamentalement, unilatéral.

Mais il n'empêche que votre hypothèse alternative peut, elle, être unilatérale ou au contraire bilatérale. Vous pouvez vouloir conclure « il y a un lien entre les deux variables », sans préciser le sens de ce lien : cela constitue une hypothèse bilatérale. Au contraire, vous pouvez (et c'est fréquent) prévoir un certain sens. Par exemple, si vous étudiez le lien entre le tabagisme et le cancer, vous ne cherchez pas seulement un lien, mais un lien *positif* entre les variables. Mais faites bien attention : une hypothèse unilatérale ne doit se fonder que sur des recherches précédant la vôtre, où sur une théorie préétablie. Vous ne devez pas fonder une hypothèse unilatérale sur votre intuition. En outre, si vous cherchiez un lien dans un certain sens et que vous observez le lien inverse, alors vous ne pourrez pas conclure. Certaines personnes pensent que si nous faisons une hypothèse unilatérale et que les données s'avèrent significatives *mais dans l'autre sens*, alors nous sommes perdus – nous avons en tout cas perdu du temps pour rien. Il est vrai qu'on ne peut alors rien conclure, parce que les hypothèses doivent *obligatoirement être faites indépendamment des données récoltées, et donc avant l'expérience* (et on ne peut donc pas changer l'hypothèse alternative après coup !). Mais c'est le cas avec tout test unilatéral, et pas seulement le χ^2 (voir le chapitre 4, page 166 pour plus de détails).

Si nous avons de très bonnes raisons de croire que le lien entre deux variables dichotomiques ne peut se faire *que dans un sens*, alors nous pourrons poser comme hypothèse alternative que l'association entre les variables est dans ce sens. Et il est dans ce cas licite d'utiliser un test unilatéral. Mais ceci doit être décidé, rappelons-le encore une fois, *avant de faire l'expérience et de relever nos données*. Dans les cas les plus courants où nous avons un doute, nous utiliserons toujours la signification bilatérale.

Exemple : Utilisation des tranquilisants dans les différentes classes sociales

Bish et ses collaborateurs (1996) ont voulu savoir si l'utilisation des tranquilisants différait selon la classe sociale. Un groupe de personnes qui essaient de réduire leur consommation de tranquilisants, et un autre groupe qui ne souhaite pas diminuer cette consommation, ont été étudiés. Les personnes sont classées en fonction de leur travail et de leurs revenus en classe supérieure ou classe moyenne. Les résultats sont donnés dans le tableau 8.9.

	réduction de consommation	**pas de réduction**
classe supérieure	9 (53 %)	5 (38 %)
classe moyenne	8 (47 %)	8 (62 %)
$\chi^2 = 0.18$ (ns)		

Tableau 8.9

Résultats de Bish *et al.* (1996). Effectifs et profils colonne.

Comme vous pouvez le voir sur cette table, une plus grande proportion des gens qui ne réduisent pas leur consommation de tanquilisants se trouvent dans la classe moyenne. Le test du χ^2, cependant, montre que le lien entre les deux variables n'est pas significatif. C'est pourquoi nous ne pouvons pas conclure qu'il y a une différence entre les classes sociales en termes de désir de réduction de la consommation de tranquilisants. Bish et ses coauteurs ne donnent pas la signification exacte, malheureusement, mais nous pourrions la déterminer nous-mêmes, puisque nous disposons de tous les éléments nécessaires.

Dans la littérature scientifique, vous rencontrerez parfois des auteurs qui utilisent la *correction de continuité* (on précise parfois « de Yates »). C'est un ajustement de la formule du χ^2 surtout utile pour de petits effectifs, et uniquement pour les tables 2×2. Jadis (dans les années 1980), moult psychologues défendaient l'idée qu'il fallait systématiquement utiliser cette correction de continuité. Mais il est apparu à la pratique que ça ne changeait finalement pas grand chose, et cette méthode de Yates est peu à peu tombée en désuétude. Si vous souhaitez approfondir cette question, vous pourrez lire une discussion très intéressante là-dessus dans Howell (1998). Notez que SPSS fournit systématiquement, dans le cas des tables 2×2, la valeur corrigée de χ^2 (voir page 309), une valeur que le logiciel appelle « correction pour la continuité ». Dans un premier temps, nous vous suggérons de ne pas pinailler sur cette question, et d'ignorer royalement la correction de continuité. Sachez cependant que certains journaux scientifiques exigent que soient fournies les corrections de continuité. Dans ce cas, utilisez la ligne « correction pour la continuité » à la place de la ligne « khi-deux de Pearson », et tout rentrera dans l'ordre.

Exemple : Relations familiales perçues dans la névrose boulimique

Benninghoven et ses collaborateurs (2003) ont étudié la perception que les patients boulimiques ont de leur relations familiales passées et présentes. Ils ont comparé ces relations perçues avec les relations perçues par des patients névrosés non boulimiques et un groupe témoin de sujets sans névrose connue. Il est important de vérifier que des groupes comme ceux-ci ne diffèrent pas significativement sur des variables démographiques (potentiellement, des variables de confusion). Ainsi, si on trouve une différence entre les groupes concernant la perception des relations familiales, on saura au moins que cela n'est pas dû à l'âge, au sexe, à la catégorie socio-professionnelle, ou à une autre des variables que nous contrôlons ainsi. Dans l'étude de Bennighoven et ses coauteurs, l'une des variables contrôlées est la catégorie socio-professionnelle (CSP). Les résultats sont reproduits dans le tableau 8.10. Vous pouvez voir qu'il s'agit d'un test du χ^2 pour table 4 × 3. Le degré de liberté est donc $(l-1) \times (c-1)$ où l est le nombre de lignes et c le nombre de colonnes, soit ici $(4-1) \times (3-1) = 6$. $\chi^2 = 3{,}5$, et la signification associée est de $p = 0{,}744$. Ainsi, il n'y a aucun lien significatif entre le groupe et la CSP, ce qui veut dire que la CSP n'est pas notablement différente entre le groupe de patients boulimiques, le groupe de patients non boulimiques et le groupe de sujets.

Tableau 8.10

Tableau croisé du groupe et de la CSP, et test du χ 2 d'indépendance

	boulimie	autre névrose	sans névrose	test du χ^2		
employés	18	28	15	χ^2	dl	p
en apprentissage	12	11	10	3.5	6	0.744
étudiants	71	56	75			
au foyer	0	6	0			

Récapitulatif

- Pour analyser une relation entre deux variables catégorielles, le χ^2 d'indépendance est le test le plus courant.
- Un test du χ^2 de conformité s'utilise avec une seule variable. Le test permet de savoir si la variable parente présente une distribution différente de celle prévue par une théorie qui constitue l'hypothèse nulle.
- Un test du χ^2 d'indépendance permet de montrer un lien entre deux variables catégorielles qui peuvent avoir 2 modalités ou plus. Le test se fonde sur une statistique, χ^2, qui mesure l'écart entre les effectifs observés et les effectifs moyens que l'on peut s'attendre à trouver si l'hypothèse nulle (à savoir l'absence de lien entre les variables) est vraie.
- Le test du χ^2 est fondé sur une condition d'application, qui se résume ainsi : les effectifs théoriques doivent être assez grands. Dans le cas d'une violation de cette condition, et si la table de contingence est de taille 2 × 2 (donc si les deux variables sont dichotomiques), on peut se rabattre sur le test exact de Fisher. Cela est fait automatiquement dans SPSS.
- La valeur du χ^2 d'indépendance donne naissance à une valeur dite V de Cramer. Le V de Cramer est un coefficient de corrélation qui mesure la taille de l'effet (lien entre deux variables). Il est donné automatiquement dans SPSS.

Exercices SPSS

Exercice 1

Utilisez les données de Bish *et al.* (1996) de la page 315, et réalisez un test du χ^2 pour table 2 × 2 sur ces données. Que remarquez-vous dans l'analyse des auteurs ?

Exercice 2

Réalisez une analyse du χ^2 pour table 2 × 2 avec les données de votre promotion.

	non fumeurs	fumeurs
abstinents		
buveurs		

Y a-t-il un lien entre la consommation de tabac et de boissons alcoolisées dans votre promotion ?

1. Quelle est la valeur du χ^2 ?
2. Quelle est la signification p ?
3. Concluez.

Exercice 3

Trente-trois personnes ont rempli un questionnaire contenant entre autre la question « quel est votre animal préféré ? souris, araignée, chauve-souris ou serpent ? » Les réponses sont les suivantes :

souris	araignée	chauve-souris	serpent
10	8	11	4

1. Quels sont les effectifs attendus ?
2. Combien vaut le χ^2 ?
3. Quelle est la signification p ?
4. Concluez.

Exercice 4

Réalisez un test du χ^2 sur les données suivantes :

	fumeurs	non fumeurs
buveurs	70	32
abstinents	7	1

Rédigez un compte rendu de vos résultats et expliquez ce qu'ils signifient.

Discussion — χ^2 ou test de Student ?

Lisez les deux extraits de journaux suivants (courrier des lecteurs), et proposez un test adapté à la question qui se pose : χ^2 ou test de Student ?

Extrait A : Risque accru de pluie le jeudi

De : Professeur MJ

Le courrier des lecteurs du 24 juillet contient un texte de NP qui tente d'expliquer les résultats étonnants trouvés par GN (lettre du 22 juillet) selon lesquels le jeudi est le jour le plus humide de la semaine. Aucune statistique n'est à fournir, parce que ces résultats sont purement fortuits, et tout statisticien pourra vous l'expliquer.

Les précipitations totales de la semaine sont de 938,9, soit un taux quotidien moyen de 134,13. Ce taux est la valeur attendue chaque jour si l'on suppose qu'il n'y a pas de différence entre les jours de la semaine. Nous pouvons alors utiliser un test du χ^2 pour comparer les valeurs observées aux valeurs attendues. Le résultat est un χ^2 de 1,28, avec 6 dl, ce qui est très insuffisant pour démontrer le moindre effet. En fait, un tel décalage entre l'uniformité et l'observation se produira au moins 95 % des semaines étudiées.

Bien cordialement, etc.

Extrait B : Le jour le plus trempé

De : Monsieur AF

Messieurs, quoi qu'il puisse paraître présomptueux de la part d'un modeste thésard de critiquer ses aînés, je me permets de penser que le professeur MJ fit une regrettable erreur dans son courrier du 27 juillet. Le test du khi-deux est utilisé pour tester des fréquences d'occurences ou effectifs. Dans le cas présent, nous avons une variable numérique continue et c'est un test de Student qu'il faut certainement privilégier. Cela implique qu'il nous faut connaître l'écart type observé. Néanmoins, les résultats seront très certainement similaires.

Mais de mon point de vue, jeudi est le jour le plus triste, parce que c'est celui où commencent les examens de septembre cette année.

Bien cordialement, etc.

QCM

1. Le test exact de Fisher est utile lorsque
   (a) les calculs du χ^2 sont trop compliqués
   (b) plus de 25 % des cellules ont un effectif théorique inférieur à 5 dans un tableau de contingence 2 × 2
   (c) plus de 25 % des cellules ont un effectif théorique inférieur à 5 dans un tableau de contingence 2 × 3
   (d) les données ne sont pas catégorielles.
2. Le *V* de Cramer est
   (a) un signe de victoire que l'on fait lorsqu'on a réussi un test de Cramer
   (b) une mesure d'effet fondée sur les scores standardisés
   (c) une mesure de corrélation liée au test du χ^2
   (d) une mesure de différence.

QCM (suite)

Les questions 3 à 5 se rapportent aux sorties SPSS qui suivent :

Tableau croisé jour * sexe

Effectif

		sexe		
		homme	femme	Total
jour	mardi	21	210	231
	mercredi	43	170	213
	un autre jour	25	124	149
Total		89	504	593

Tests du Khi-deux

	Valeur	ddl	Signification asymptotique (bilatérale)
Khi-deux de Pearson	11,187[a]	2	,004
Rapport de vraisemblance	11,686	2	,003
Association linéaire par linéaire	5,645	1	,018
Nombre d'observations valides	593		

a. 0 cellules (,0%) ont un effectif théorique inférieur à 5. L'effectif théorique minimum est de 22,36.

3. Combien de femmes se trouvaient dans le groupe du mardi ?
   (a) 127
   (b) 43
   (c) 99
   (d) 210.
4. Le test du χ^2 donne une signification de
   (a) $p < 0{,}001$
   (b) 0,00004
   (c) 0,00124
   (d) rien de tout cela.
5. Le nombre total de participants est
   (a) 231
   (b) 170
   (c) 124
   (d) 525.
6. On demande à 290 personnes d'indiquer leur soda préféré parmi les cinq proposés. Les résultats sont les suivants :

Canadian cola	P-psy cola	Euro cola	Cheap cola	Africa cola
67	83	77	6	57

QCM (suite)

Quelles sont les fréquences attendues ?
(a) 57
(b) 58
(c) 290
(d) Rien de cela.

7. On donne la sortie suivante :

Tests du Khi-deux

	Valeur	ddl	Signification asymptotique (bilatérale)
Khi-deux de Pearson	14,321	1	,00050
Rapport de vraisemblance	14,370	1	,00004
Association linéaire par linéaire	14,352	1	,00005

Le χ^2 est associé à une p-value de
(a) 0,00005
(b) 0,00004
(c) 0,00200
(d) 0,00050.

8. On donne la table :

Effectifs	Statistiques	Développement de l'enfant	Psychobiologie	Psychologie cognitive
observés	72	31	15	50
attendus				

Quels sont les effectifs attendus sous l'hypothèse d'uniformité ?
(a) 32
(b) 50
(c) 42
(d) 25.

9. Un test du χ^2 pour une seule variable est
(a) un test de conformité
(b) un test d'indépendance
(c) un test 2×4
(d) un test 2×2.

10. La valeur du χ^2 est toujours
(a) positive
(b) négative
(c) haute
(d) inconnue.

QCM (suite)

11. La correction de continuité de Yates est utilisée (parfois) quand
(a) les effectifs sont grands
(b) les effectifs sont petits
(c) on a une table de contingence 2 × 2
(d) à la fois (b) et (c).

Les questions 12 à 14 sont liées aux sorties qui suivent. Il s'agit des résultats partiels d'un test du χ^2 issu d'une étude cherchant le lien entre la silhouette et le sport pratiqué.

Tests du Khi-deux

	Valeur	ddl	Signification asymptotique (bilatérale)
Khi-deux de Pearson	22,305[a]	9	,00796
Rapport de vraisemblance	21,516	9	,01055
Association linéaire par linéaire	12,162	1	,00049
Nombre d'observations valides	525		

a. 0 cellules (,0%) ont un effectif théorique inférieur à 5. L'effectif théorique minimum est de 22,36.

Mesures symétriques

	Valeur	Signification approximée
V de Cramer	,09943	,00796

12. La valeur du χ^2 est
(a) 12,162
(b) 21,516
(c) 22,305
(d) 525.

13. Le χ^2 est associé à un niveau de signification de
(a) 0,0004
(b) 0,05
(c) 0,01055
(d) 0,00796.

14. Le V de Cramer vaut
(a) 0,05
(b) 0,008
(c) 0,099
(d) 0,010.

QCM (suite)

15. On donne la table de contingence suivante, obtenue sur un échantillon de 150 volontaires :

	boit du thé	boit du café
pète la forme	70	50
se sent crevé	30	80

Il y a quelque chose qui cloche dans ce tableau, parce que
(a) la somme des cellules devrait faire 150
(b) la somme des cellules devrait faire 100
(c) les cellules devraient être égales
(d) le tableau devrait avoir 4 lignes.

16. 485 personnes doivent choisir le meilleur dessin d'oiseau pour une campagne pacifiste. Les résultats sont les suivants :

162	84	57	94	88

Quels sont les effectifs attendus ?
(a) 79
(b) 97
(c) 485
(d) 5.

17. Pour connaître la taille de l'effet lorsqu'on a réalisé un test du χ^2 d'indépendance, il faut
(a) convertir le V de Cramer en χ^2
(b) convertir le χ^2 en V de Cramer
(c) élever au carré le χ^2
(d) convertir le χ^2 en Z de Fisher.

18. On donne la table suivante :

	anxieux	non anxieux
métier affreux	210	150
métier merveilleux	62	52

19. Cela s'appelle
(a) une table 2 × 2 de contingence
(b) une table 3 × 3 de contingence
(c) une table 1 × 2 du χ^2
(d) une table 2 × 2 du χ^2.

QCM (suite)

20. Le but d'un test du χ^2 d'indépendance pour une table 2 × 2 est de montrer
    (a) une association entre deux variables catégorielles
    (b) une association entre deux variables numériques
    (c) une différence entre 2 × 2 groupes
    (d) rien de tout cela.
21. Si vous réalisez un test du χ^2 d'indépendance sur une table de contingence 4 × 4 et que les conditions d'application sont violées, il faut alors
    (a) utiliser le test exact de Fisher
    (b) voir si on ne peut pas regrouper des catégories
    (c) voir si un test de Student est possible
    (d) laisser tomber.

Références

Baggio, S. (à paraître). *Statistiques descriptives.* Bruxelles : De Boeck Université.

Benninghoven, D., Schneider, H., Sttrack, M., Reich, G., & Cierpka, M. (2003). Familiy representations in relationship episodes of patients with a diagnosis of bulimia nervosa. *Psychology and Psychotherapy, 76(3),* 323-336.

Bish, A., Golombok, S., Hallstrom, C., & Fawcett, S. (1996). The role of coping strategies in protecting individuals against long-term tranquilizer use. *British Journal of Psychology, 69(2),* 101-115.

Gauvrit, N. (2005). *Stats pour psycho. Exercices et corrigés.* Bruxelles : De Boeck Université.

Howell, D. C. (1998). *Méthodes statistiques en sciences humaines.* Bruxelles : De Boeck Université.

CHAPITRE 9

Comparaison de plus de deux groupes : anova

Sommaire

Vue d'ensemble du chapitre

Dans les chapitres précédents, vous avez appris à analyser la différence entre deux conditions et à étudier le lien entre deux variables. En particulier, vous avez appris à rendre compte des grandeurs d'effet, des intervalles de confiance et des significations *p*. Vous disposez maintenant de tous les outils conceptuels pour aller de l'avant et aborder l'analyse de la différence entre trois ou plus de trois conditions. Vous avez maintenant bien compris comment comparer deux conditions (chapitre 6), et la comparaison entre plus de deux conditions est une extension naturelle de ces techniques. Au lieu d'utiliser le test de comparaison de moyennes (test de Student), nous utiliserons dans le cas de plusieurs conditions (trois ou plus) l'*anova*. L'anova est l'équivalent du test de comparaison de moyennes, mais pour plus de deux conditions. Le terme anova signifie *analyse de variance*, qui se dit « ANalysis Of VAriance » en anglais : c'est un acronyme. Comme pour le test de comparaison de moyennes, l'anova repose sur des conditions d'application. Vous devriez reconnaître certaines de ces conditions.

- Les scores doivent être issus d'une population où ils sont distribués normalement. Nous supposerons vérifiée cette condition *de normalité* dès que la distribution observée sur l'échantillon sera assez proche de la normalité. Si la condition est vérifiée, la variable observée devrait en effet être à peu près normale, surtout sur un échantillon important (voir chapitre 2,).
- L'homogénéité des variances doit également être vérifiée. Cela signifie que les variances doivent être identiques, approximativement, dans les différents groupes. SPSS s'occupera de tester pour vous cette condition d'application. Dans le cas d'une anova simple, on utilise le test de Levene, et dans le cas d'une anova pour plan à mesures répétées, on utilise aussi parfois le *F max de Hartley*.
- Dans le cas d'un plan à mesures répétées, une condition supplémentaire doit être vérifiée. On la nomme *sphéricité*. Ceci dit, il existe une version ajustée de l'anova dans le cas où cette condition n'est pas satisfaite. Cet ajustement, appelé le epsilon de Greenhouse-Geisser, est fourni automatiquement par SPSS.

L'anova est robuste vis-à-vis de ces conditions d'application. Aussi, si vos données sont légèrement en décalage par rapport à celles-ci – par exemple si elles sont légèrement asymétriques ou si les variances sont un peu différentes – vous pouvez foncer quand même. La seule condition importante et pour laquelle l'anova n'est pas robuste est la sphéricité. C'est pourquoi il est très agréable de disposer d'une version ajustée de l'anova pour plan à mesures répétées. Si vous ne disposez que d'un petit échantillon, que les données sont asymétriques, et que le nombre de participants varie d'une condition à l'autre, il est toutefois préférable d'envisager un équivalent non paramétrique de l'anova. Reportez-vous alors au chapitre 15.

Dans le présent chapitre, vous découvrirez :

- les principes de l'anova,
- comment analyser des données en utilisant l'anova,
- comment utiliser et interpréter la mesure d'effet global η^2 (êta-carré) partiel,
- comment représenter vos résultats graphiquement.

L'analyse complète de la différence entre plusieurs groupes passe par :

- des statistiques descriptives, comme les moyennes, des intervalles de confiance, et le cas échéant les médianes, écarts type, erreurs standard, ou des illustrations graphiques comme les boîtes à moustaches,
- la mesure de l'effet. C'est la différence entre les conditions, appelée *d*, ou bien une mesure plus globale : le η^2 (êta-carré) partiel.

1 Présentation des données

L'anova permet de comparer une variable dépendante numérique selon plusieurs groupes. Dans toute la suite du chapitre, on suppose donc qu'on étudie une unique VD numérique. Dans le cadre de l'anova, on parle souvent de *facteur* pour désigner la VI (qui constitue les groupes). On a donc toujours un facteur groupe, dont les modalités correspondent à différentes conditions dans lesquelles on relève la VD.

Dans le cas d'une comparaison entre groupes, il est pratique et simple de présenter les données dans un tableau comme celui-ci :

Tableau 9.1
Plan simple (groupes indépendants)

Trois conditions ou niveau du facteur (A)

A1	A2	A3
P1	P11	P21
P2	P12	P22
.	.	.
.	.	.
.	.	.
.	.	.
.	.	.
.	.	.
.	.	.
P10	P20	P30

On parle dans ce cas d'anova simple parce qu'on n'a qu'un facteur (ou VI), noté ici A. Cet unique facteur a trois modalités, A1, A2 et A3. On voit qu'il s'agit d'un plan classique (donc de groupes indépendants) car chaque participant apparaît une unique fois dans le tableau. Par exemple, le participant P1 ne fournit de valeur que dans la condition A1.

Le tableau 9.2 montre un plan différent. On pourrait parler de plan simple également, dans la mesure où il n'y a apparemment qu'un facteur, à nouveau le facteur A, avec trois modalités A1, A2 et A3. D'un autre côté, il faut également considérer le facteur *sujet* dans un cas comme celui-ci. Il s'agit d'un plan un peu à part, qu'on appelle le plus souvent *plan à mesures répétées*. Vous pouvez savoir qu'il s'agit d'un plan à mesures répétées parce que chaque participant se trouve dans *toutes* les conditions. Par exemple, la personne P1 se trouve dans la condition A1, mais aussi dans la condition A2 et la condition A3. Et c'est la même chose pour les participants P2 à P10.

Tableau 9.2

Plan à mesures répétées (groupes appariés)

A1	A2	A3
P1	P1	P1
P2	P2	P2
.	.	.
.	.	.
.	.	.
.	.	.
.	.	.
.	.	.
.	.	.
P10	P10	P10

L'anova cherche une différence entre les moyennes des groupes. Cela est réalisé en déterminant la moyenne générale[1] *et en comparant les différents scores à cette moyenne générale.*

Il y a deux sortes d'anova lorsqu'on a un seul facteur :

1. L'anova à un facteur, ou anova simple, utilisée dans le cas de groupes indépendants, donc quand chaque participant se trouve dans une unique condition.
2. L'anova pour plan à mesures répétées, utilisée dans le cadre de groupes appariés, c'est-à-dire quand chaque participant contribue à tous les groupes de scores.

L'analyse de variance simple et l'analyse de variance pour plan à mesures répétées sont des tests paramétriques qui testent l'égalité des moyennes entre les conditions. Elle procède en comparant les moyennes des groupes à la moyenne générale.

L'anova est une généralisation du test de Student, applicable dans le cas où le nombre de groupes excède 2. Il existe une relation intime entre le test de Student et l'anova. En réalité, vous *pouvez* utiliser l'anova dans le cas de deux groupes seulement, et vous retombez alors sur le test de Student. Le test de Student est donc une anova particulière.

2 Les principes de l'anova

Comme son nom le suggère aux esprits fins, l'analyse de variance analyse la variance. Plus sérieusement, l'anova étudie les différentes causes potentielles de variation de la VD. Observez par exemple les données du tableau 9.3.

Vous remarquerez que les scores ne varient pas du tout dans la première condition (A1). La variance est plus importante dans la condition A2, et encore plus dans la condition A3.

1. C'est la moyenne des moyennes de groupes.

Tableau 9.3

Scores des participants dans trois conditions

A1	A2	A3
9	15	21
9	15	25
9	16	17
9	15	22
9	16	26
X = 9	X = 15.4	X = 22.2

Variation à l'intérieur du 3e groupe (de 17 à 26).

2.1 *Variation entre les groupes*

L'anova recherche des différences entre les moyennes correspondant aux différents niveaux du facteur. S'il y a de grosses différences entre ces moyennes, on dit que la variation ou variance *inter-groupes* ou *entre les groupes* est importante. Si les moyennes sont égales, alors il n'y a aucune variation entre les groupes. Vous pouvez voir sur le tableau 9.3 que les moyennes des groupes varient de 9 à 22,2. Il y a donc une variation entre les groupes, et la variation inter-groupes n'est donc pas nulle.

La variation entre les groupes provient de plusieurs sources :

- *L'effet de la VI.* On organise généralement une expérience pour montrer que les différences entre les groupes sont assez importantes pour nous, et sont le reflet de la manipulation du facteur. Les différences entre les groupes qui sont effectivement dues aux variations du facteur constituent l'effet de la VI (condition).
- *Les différences individuelles.* Chaque participant est unique et potentiellement différent des autres. Chacun répondra à sa manière, et donnera un score qui dépend de lui, même si la tâche est la même pour tous. Même si nous attribuons un groupe aléatoire à chaque participant, il se peut que l'un des groupes contienne par hasard des participants plus motivés, ou meilleurs, etc. Cela pourra modifier la moyenne du groupe correspondant, et accentuer (ou diminuer) la différence entre les groupes.
- *L'erreur expérimentale.* Aucune expérience n'est parfaite. Il arrive que, malgré le soin apporté à l'élaboration de la recherche, les conditions ne soient pas tout à fait identiques pour certaines variables de confusion. Les participants peuvent par exemple ne pas avoir reçu exactement la même consigne. Parfois, le lieu de passation diffère d'un groupe à l'autre. Ou bien l'équipement utilisé n'est pas toujours le même. Des variations dues à des erreurs de ce type peuvent contribuer à accentuer l'écart entre les groupes.

La variation entre les groupes peut être considérée, d'un point de vue très terre-à-terre, comme la variation *entre les colonnes* du tableau. Mais dans le tableau 9.3, nous avons remarqué qu'il y avait également des variations entre les scores d'une même colonne, donc une variation *à l'intérieur des colonnes.*

2.2 *Variation à l'intérieur des groupes*

Une autre variation qui contribue à la variance globale est celle que l'on trouve à l'intérieur des groupes. On peut imaginer que cela correspond à ce qui se passe dans chaque colonne de la table. Par exemple, le tableau 9.3 montre qu'il n'y a, dans le cas de la condition A1 (groupe A1), et donc de la première colonne, *aucune* variation. Tous les participants de ce groupe ont en effet obtenu le même score 9. Dans la condition A2, on trouve une légère différence entre les scores, puisque ceux-ci varient de 15 à 16. Enfin, dans la condition A3, la variation est bien plus importante, les scores allant de 17 à 26. Ces données ne sont là que pour illustrer notre propos. Il n'est pas question de réaliser une anova avec ces valeurs brutes, puisque l'anova impose, entre autre, l'homogénéité des variances. Ici, on ne peut pas considérer les variances des groupes comme similaires. L'anova estime en effet la variance intra-groupes (i.e. à l'intérieur des groupes) *globale* en prenant la moyenne des variances. Cela n'a de sens que quand celles-ci sont proches.

La variation intra-groupes provient :

- *de différences individuelles.* Dans chaque groupe, les participants sont censés avoir reçu les mêmes consignes et dans les mêmes conditions exactement. Ceci dit, il n'en restent pas moins différents les uns des autres, ce qui explique pourquoi les résultats ne sont pas tous égaux. Des résultats comme ceux de la condition A1 ci-dessus sont peu réalistes, car les personnes diffèrent forcément en termes de rapidité, QI, compétences diverses, etc ;
- *d'erreurs expérimentales.* Comme dans le cas de la variation inter-groupes, l'expérience n'est jamais parfaite et peut aussi induire des écarts entre les valeurs observées à l'intérieur d'un même groupe.

2.3 *Répartition de la variance*

Comme vous le savez, le but de l'anova est de révéler une éventuelle différence entre les moyennes de la VD calculées sur les différentes conditions. Pour cela, on calcule la moyenne générale et on compare à cette moyenne celles correspondant aux groupes. Cela se fait en comparant des variances, et en *répartissant la variance* totale entre les différentes causes potentielles de variation, comme nous l'avons déjà expliqué. Les variations des scores à l'intérieur des groupes (intra-groupes) et entre les groupes (inter-groupes) constituent la variation totale. Cette variation totale se répartit donc entre deux types de sources de variations : les sources intra-groupes et les sources inter-groupes. L'anova répartit la variation totale entre ces deux types de sources. Pour cela, elle doit déterminer quelle partie de la variation peut être attribuée à chacune des deux composantes :

1. D'abord, l'anova calcule la *moyenne* de chaque groupe.

2. Elle calcule ensuite la *moyenne générale* (qui est la moyenne des moyennes des groupes).
3. Pour chaque groupe, l'écart entre les scores individuels et la moyenne du groupe est utilisé pour déterminer la *variance intra-groupes*.
4. Enfin, les écarts entre les moyennes des groupes et la moyenne générale permettent de calculer la *variation inter-groupes*.

Comme vous le voyez, ces calculs se fondent entre autre sur la moyenne générale. Par exemple, la contribution d'un groupe à la variation totale correspond intuitivement à la distance entre la moyenne générale et le score le plus extrême du groupe étudié (voir figure 9.1) [2]. Ainsi, cette variance totale peut être découpée en une partie correspondant à l'écart entre la moyenne générale et la moyenne du groupe (variance inter-groupes) et une autre partie qui est l'écart entre la moyenne du groupe et le score le plus extrême de ce groupe (variance intra-groupes).

On réalise cette décomposition pour chaque groupe. En première approximation, on pourrait considérer que la variance inter-groupes est une moyenne de ces différentes variations inter-groupes. Les calculs finaux utilisent ces résultats pour déterminer quelle part de la variation totale revient aux composantes inter- et intra-groupes. La statistique de décision, F, est le rapport des variances inter-groupes et intra-groupes :

$$\textit{variance inter-groupes} \div \textit{variance intra-groupes} = F.$$

Comme nous l'avions déjà dit plus haut, F est en relation directe avec t. Si nous avons seulement deux conditions, alors les deux techniques (test t et anova) sont envisageables, et l'on a alors

$$t^2 = F.$$

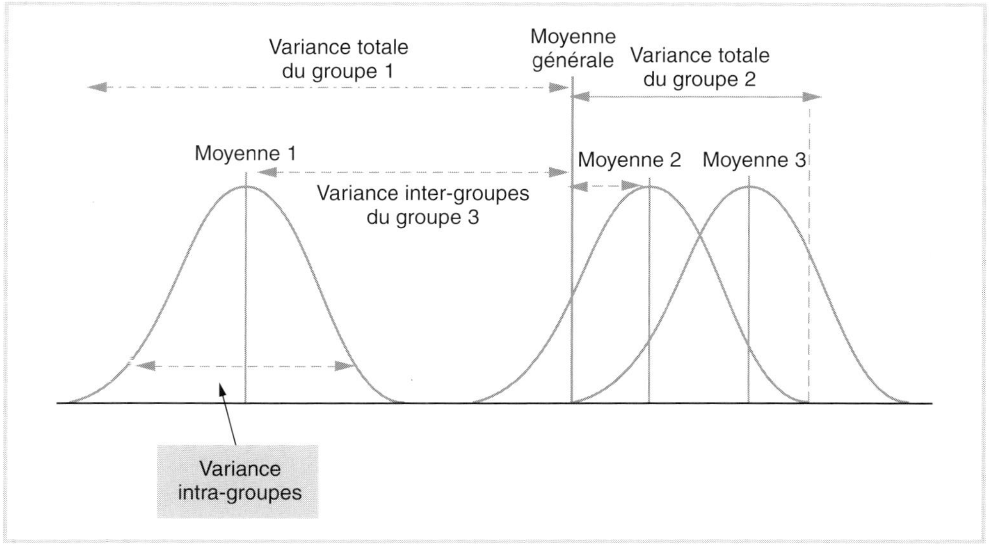

Figure 9.1
Un exemple avec trois groupes montrant la répartition de la variance et les distances à la moyenne générale

Lorsque nous réalisons notre expérience, nous espérons que la variation intra-groupes est réduite, parce qu'alors le F est plus grand. Quand la variation inter-

2. Il s'agit d'une image très approximative, mais qui permet de comprendre de manière intuitive ce qui se passe. Ne prenez pas ces « définitions » au pied de la lettre ! [ndt]

groupes est grande, le F est grand également, et il est peu probable qu'il soit dû à la seule erreur d'échantillonnage.

Sur la figure 9.1, vous pouvez voir que les distributions des groupes 2 et 3 se recouvrent largement. Cela suggère que la différence entre les deux groupes est faible, et non significative. Au contraire, le groupe 1 est nettement séparé des deux autres. La ligne grise correspond à la moyenne générale (la somme des trois moyennes divisée par 3). La distribution du groupe 1 se trouve entièrement à gauche de cette ligne. On peut représenter la variation totale correspondant au groupe 1 par un trait allant de la moyenne générale à la valeur la plus basse du groupe 1. Cette mesure se décompose ensuite en une première partie allant de la moyenne générale à la moyenne du groupe 1, et une autre allant de la moyenne du groupe 1 jusqu'à la valeur la plus basse du groupe 1. Cela représente les variances inter-groupes et intra-groupes respectivement.

Vous devriez être capable de voir que la variance totale pour les groupes 2 et 3 est bien plus faible. L'écart entre les moyennes des groupes 2 et 3 et la moyenne générale (variance inter-groupes) est en effet bien plus petit que celui que l'on observe entre la moyenne générale est la moyenne du groupe 1.

Au contraire, les variances intra-groupes, qui sont plus ou moins les largeurs des distributions, sont à peu près égales pour les trois groupes.

La figure 9.2 montre trois groupes dont les distributions se recoupent largement. Les moyennes des groupes sont assez peu différentes, et elles se trouvent toutes proches de la moyenne générale. L'effet correspondant à cet exemple est faible.

La figure 9.3 montre au contraire une situation où le recouvrement est bien plus faible. L'effet est ici plus important.

Plus la variation entre les groupes est importante, ou plus la variance à l'intérieur des groupes est faible, plus F est grand. Lorsque F est significatif, cela montre que les moyennes des groupes (au moins une, mais souvent plusieurs) sont notablement différentes de la moyenne générale. En revanche, cela ne nous indique pas *quelle* moyenne est différente de quelle autre. Pour cela, il nous faudra des tests plus poussés.

Figure 9.2
Représentation schématique d'un effet faible

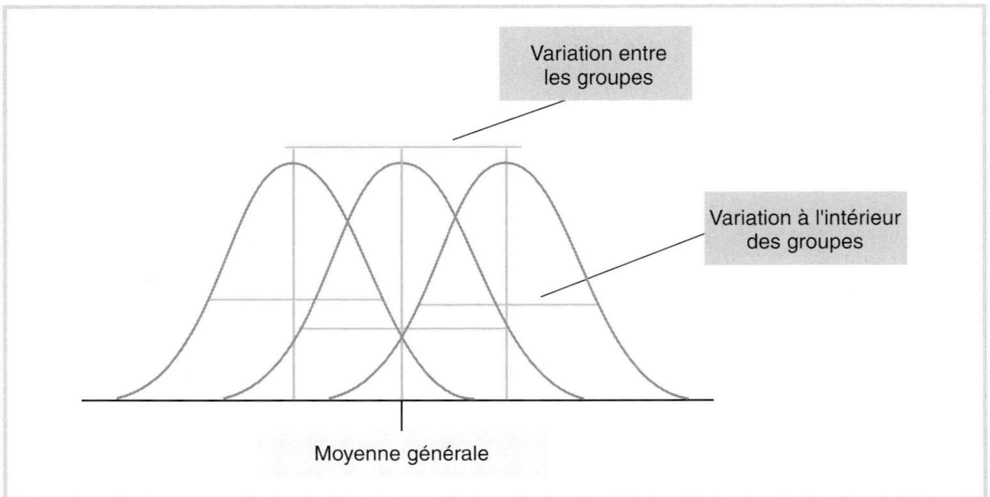

Activité 9.1

Imaginez une expérience par laquelle on compare quatre conditions. Réfléchissez aux raisons d'éventuelles différences entre les groupes. Réfléchissez ensuite aux raisons qui pourraient expliquer les différences entre les individus d'un même groupe.

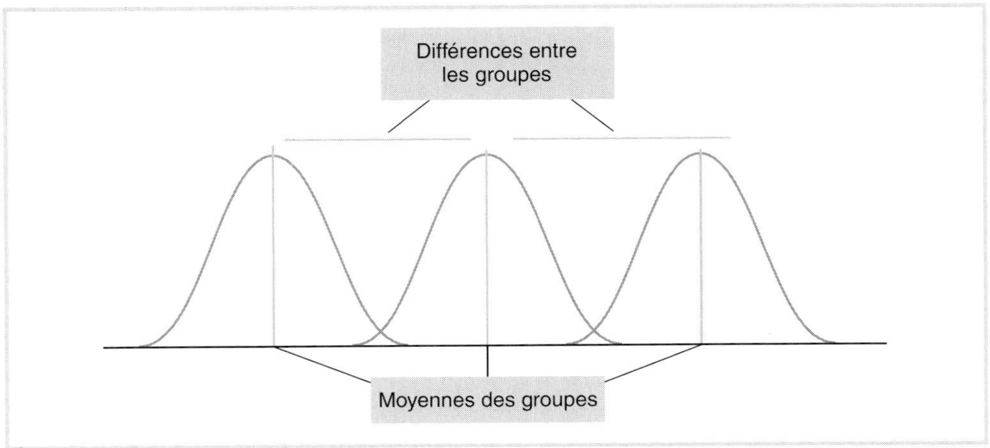

Figure 9.3
Représentation schématique d'un effet important

Exemple : Alcool au volant

Trente-six personnes ont pris part à une expérience qui inspecte les effets de l'alcool sur la capacité à conduire. Les personnes sont aléatoirement réparties en trois conditions : placebo (pas d'alcool), peu d'alcool, et beaucoup d'alcool. La boisson non-alcoolisée du groupe placebo a la même couleur et le même goût que celle des deux autres groupes (!). Les participants sont pesés et on leur donne la quantité d'alcool correspondant à leur groupe. Ainsi, nous sommes dans le cas d'un plan simple (groupes indépendants). Une demi-heure après la consommation, les volontaires « conduisent » un simulateur pendant 10 minutes. Le nombre d'erreurs est automatiquement enregistré par l'ordinateur. Les résultats sont présentés dans le tableau 9.4.

Tableau 9.4
Données récoltées dans les trois groupes de conduite

placebo	peu d'alcool	beaucoup d'alcool
5	5	8
10	7	10
7	9	8
3	8	9
5	2	11
7	5	15
11	6	7
2	6	11
3	4	8
5	4	8
6	8	17
6	10	11
$\sum = 70$	$\sum = 74$	$\sum = 123$
$\bar{X} = 5.83$	$\bar{X} = 6.17$	$\bar{X} = 10.25$
$\sigma = 2.69$	$\sigma = 2.33$	$\sigma = 3.05$

Note : $\sum$ désigne la somme (total de colonne), $\bar{X}$ la moyenne et σ l'écart type

SPSS : anova simple

Entrez les données de la manière qui vous est désormais habituelle (? !). Enregistrez les données (on ne sait jamais). Sélectionnez *Analyse > Comparer les moyennes > ANOVA à un facteur.*

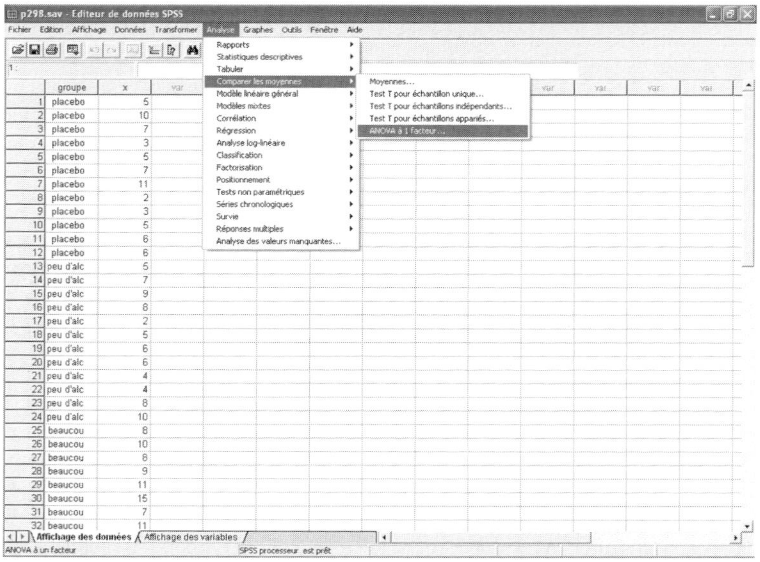

Cela vous amène à la boîte de dialogue qui suit :

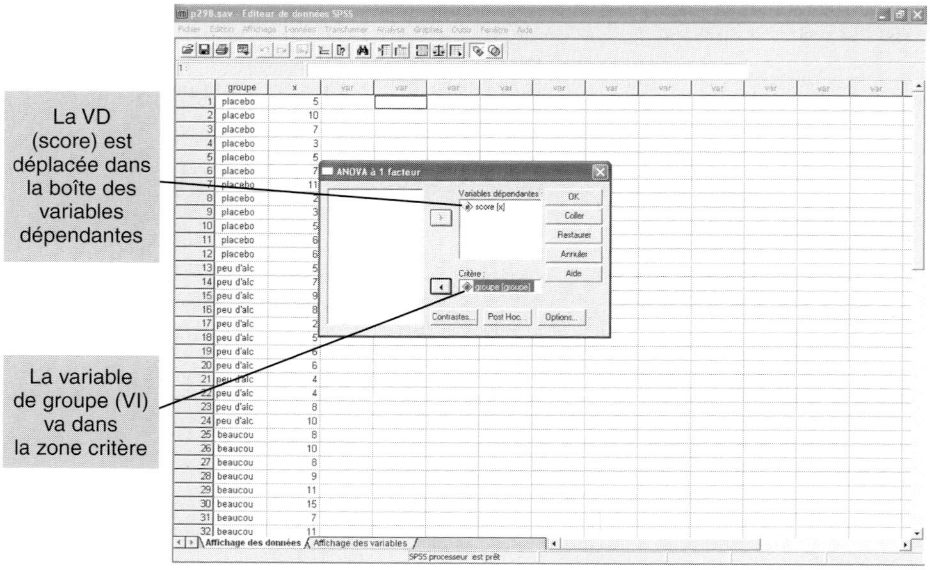

Si vous souhaitez effectuer des tests post hoc, cliquez sur le bouton correspondant (les tests post hoc sont expliqués page 340) :

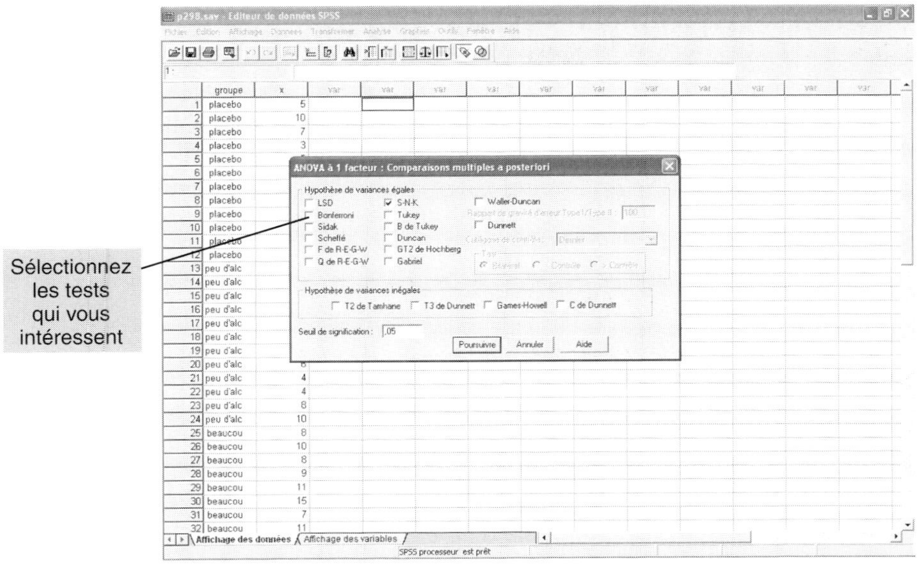

Une fois cochés les tests qui vous intéressent, cliquez sur *Poursuivre*. Si vous souhaitez obtenir des statistiques descriptives pour chaque groupe, cliquez sur *Options*.

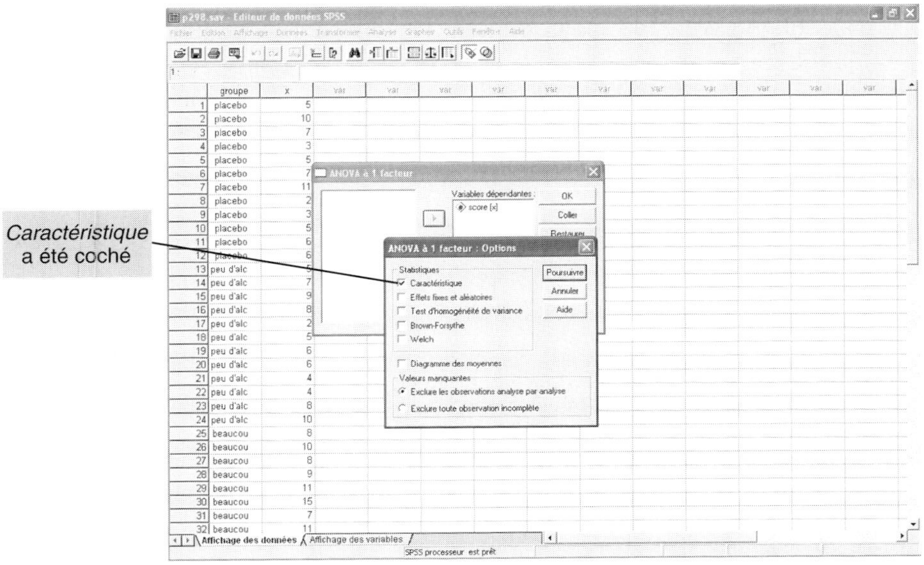

Cliquez sur *Poursuivre*, puis sur *OK*. Les résultats apparaissent à l'écran.

3 Statistiques descriptives

Les statistiques descriptives, que nous avons réclamées en cochant *Caractéristique*, contiennent essentiellement les moyennes, écarts type et intervalles de confiance pour la moyenne des différents groupes, comme le montre le tableau 9.5.

Tableau 9.5

Statistiques descriptives (et intervalles de confiance) pour l'expérience sur l'alcool et la conduite

	placebo	peu d'alcool	beaucoup d'alcool
$\bar{X}$	5.83	6.17	10.25
σ	2.69	2.33	3.05
IC	4.12-7.54	4.69-7.65	8.31-12.19

Les moyennes semblent très différentes. Les écarts type semblent au contraire similaires. Jetons un œil aux moyennes et aux intervalles de confiance représentés sur un diagramme de variation – dirigeons pour cela notre regard vers la figure 9.4.

Bien que les moyennes du groupe placebo (5,83) et du groupe « peu d'alcool » (6,17) soient légèrement différentes, les intervalles de confiance se recoupent très largement. Aussi, la différence que nous avons observée pourrait fort bien être due à une simple erreur d'échantillonnage. Après tout, l'intervalle de confiance pour le groupe placebo nous dit que nous sommes seulement sûrs (à 95 %) que la vraie moyenne se situe entre 4,12 et 7,54. L'intervalle de confiance pour le groupe « peu d'alcool » indique que nous sommes certains au même niveau de confiance (95 %) que la moyenne réelle pour cette condition se trouve entre 4,69 et 7,65. Ainsi, si nous recommençons l'expérience, il est tout à fait possible que nous tombions sur des moyennes parfaitement égales !

La moyenne du groupe « beaucoup d'alcool » est bien plus élevée que les deux autres. Mais surtout, les intervalles de confiance ne se recoupent pas. C'est ainsi que nous pouvons voir tout de suite qu'il y a probablement un effet, ici caractérisé par une différence entre le groupe « beaucoup d'alcool » et les deux autres groupes.

Le résultat du test statistique – anova proprement dite – est donné dans le tableau qui suit :

ANOVA

score

	Somme des carrés	ddl	Moyenne des carrés	F	Signification
Inter-groupes	145,167	2	72,583	9,915	,000
Intra-groupes	241,583	33	7,321		
Total	386,750	35			

La ligne *Inter-groupes* contient les informations concernant la variation entre les groupes. C'est la ligne principale de ce tableau, celle qui nous intéresse directement. Notre analyse montre que $F(2; 33) = 9{,}915$, $p < 0{,}001$. Vous vous souvenez sûrement qu'au chapitre 5, nous avions élevé le coefficient de corrélation linéaire au carré, afin de connaître la proportion de variance de la VD expliquée par la VI ? Et

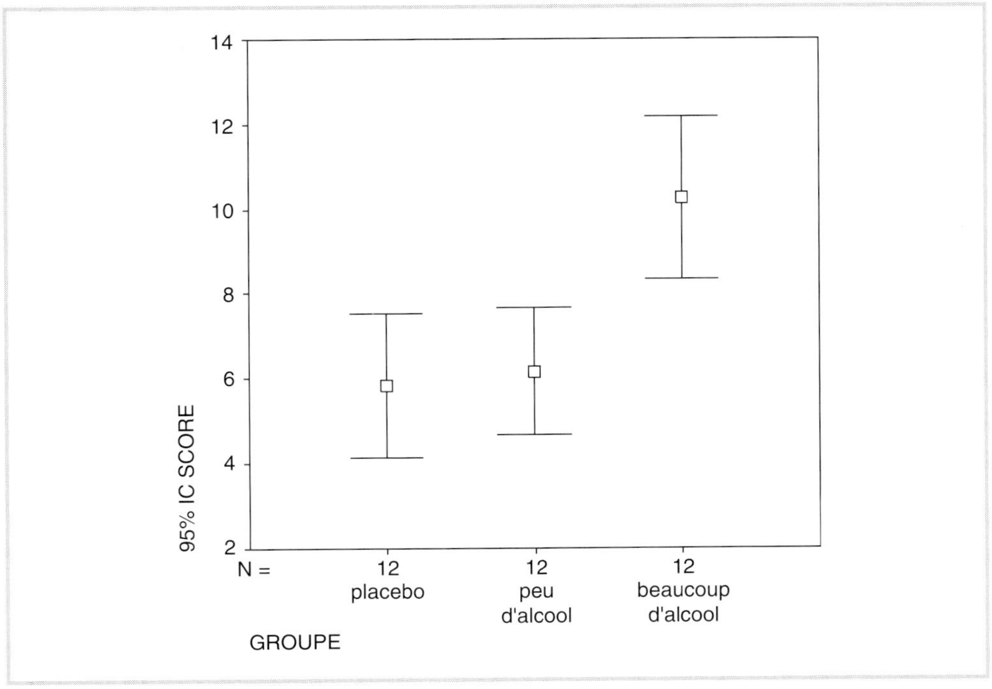

Figure 9.4

Diagramme de variation du score en fonction du groupe (intervalles de confiance au niveau 95 %)

bien il existe un coefficient, déjà mis au carré, que l'on nomme le coefficient êta-carréη (η^2), qui est équivalent au coefficient de détermination et que nous pouvons lire directement. Dans le cas présent, ce coefficient vaut $\eta^2 = 0{,}375$, ce qui indique que l'alcool (le groupe) explique 37,5 % des variations du score de conduite.

Pour obtenir le coefficient η^2 avec SPSS version 11, sélectionnez *Analyse > Comparer les moyennes > moyennes...*

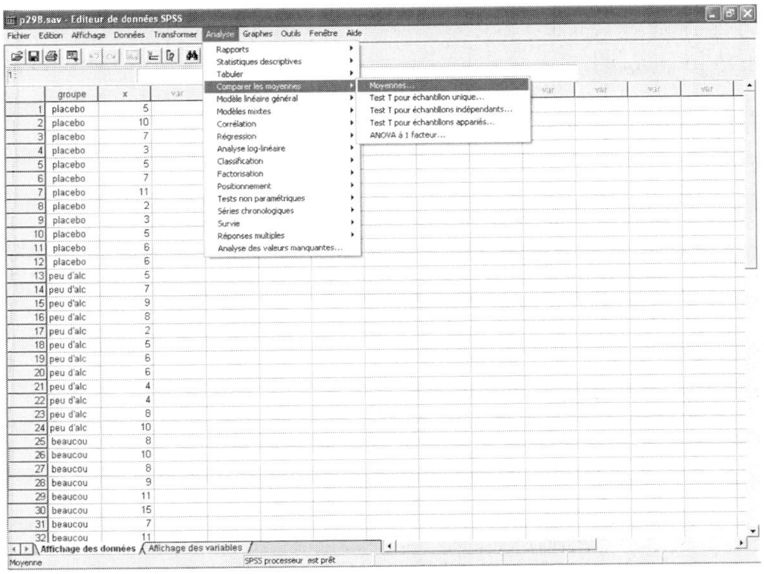

Dans la boîte de dialogue qui apparaît alors, précisez la VD (score) et la variable explicative (VI), ici « groupe ».

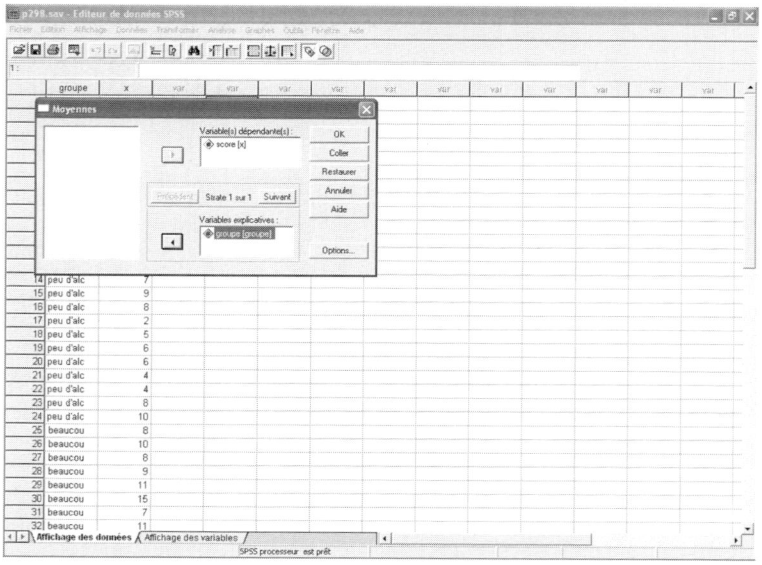

Cliquez ensuite sur *Options...* et cochez la case *tableau ANOVA et êta.*

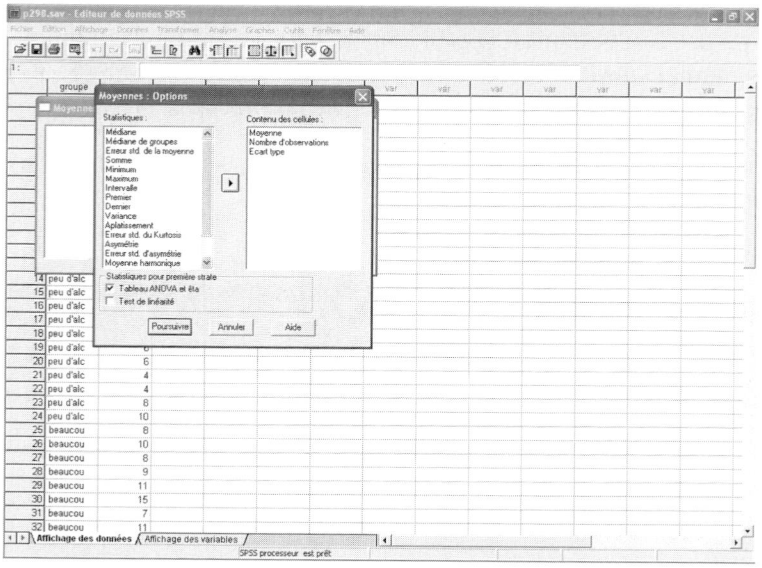

Cliquez sur *Poursuivre,* puis *OK.* L'un des tableaux qui apparaissent alors sur la fenêtre des résultats est le suivant :

Mesures des associations

	Eta	Eta carré
score * groupe	,613	,375

Vous pouvez y lire, en dernière colonne, que le coefficient êta-deux (ou êta-carré) η^2 vaut 0,375, comme annoncé plus haut.

La ligne *Intra-groupes* du tableau de l'anova contient les chiffres concernant la variance à l'intérieur des groupes. La ligne *Total* ne nous intéresse pas directement.

Dans le cas où vous avez demandé à SPSS de vérifier l'homogénéité des variances (dans les options de l'anova), le tableau suivant est affiché :

Test d'homogénéité des variances

score

Statistique de Levene	ddl1	ddl2	Signification
,215	2	33	,808

Il montre que les variances des trois groupes ne sont pas significativement différentes ($p = 0,808$) selon le test de Levene. Nous pouvons donc faire l'hypothèse d'homogénéité des variances.

Dans les articles des journaux scientifiques, vous pourrez constater que la valeur du F (9,915), les degrés de liberté (2 ; 33), et la signification associée (ici $p < 0,001$) sont (presque) toujours cités dans le texte. Il est également utile de donner la taille de l'effet η^2. SPSS peut le faire pour vous (cochez l'option « estimation de l'effet », ou « êta » selon le cas), et il le fera d'ailleurs parfois automatiquement dans les autres procédures d'anova. Dans notre cas, on peut dire que le groupe, donc la quantité d'alcool consommée, explique 37,5 % des variations de score de conduite, puisque $\eta^2 = 0,375$.

Nous avons maintenant une vision un peu plus précise de l'effet de l'alcool sur la conduite. Il semble que l'effet néfaste imputable à l'alcool soit surtout notable pour les grandes quantités. On dirait bien, en effet, que si le groupe « beaucoup d'alcool » donne des scores bien plus élevés (ce qui signifie, ne l'oublions pas, *plus* d'erreurs de conduite) que les deux autres, il ne semble pas en revanche y avoir de différence significative entre les deux autres groupes. L'anova nous dit seulement s'il y a une différence entre certaines moyennes, mais ne précise pas les groupes qui diffèrent – ou ne diffèrent pas [3]. Il existe, fort heureusement, d'autres procédures qui permettent de déterminer plus finement quel groupe fait quoi.

3. Pour une discussion plus précise sur ce point, et sur l'anova en général, vous pouvez consulter Howell (1998). [ndt]

4 Comparaisons multiples entre moyennes

Ces procédures se nomment *tests de comparaisons multiples*. Ils permettent de dire quels groupes sont similaires et lesquels ne le sont pas.

4.1 *Comparaisons a priori*

Les chercheurs ont parfois des idées préalables à l'expérience sur les différences qu'il pourrait y avoir entre les groupes, et bien souvent ils savent à l'avance quel groupe ils veulent comparer à quel autre. Ces comparaisons sont la plupart du temps prévues à l'avance. On les utilise lorsque le F est significatif, montrant qu'il y a bien des (ou au moins une) différences significatives. Il existe plusieurs méthodes pour faire ces comparaisons prévues à l'avance (donc *a priori*), mais le plus simple est d'utiliser des tests de Student, que vous connaissez déjà fort bien.

La plupart du temps, on fait plusieurs comparaisons entre paires de groupes après avoir réalisé une anova. Si vous procédez à plusieurs comparaisons, donc à plusieurs tests de Student, il faut absolument, comme nous l'avions déjà noté à la page 282, corriger la signification limite (le risque). La probabilité d'erreur de première espèce augmente en effet lorsqu'on réalise plusieurs tests. Il faut donc être plus strict sur le seuil de signification de chaque test, afin de conserver un risque d'erreur de l'ensemble raisonnable. Un moyen simple de contrôler ceci est de diviser le seuil – le risque –, typiquement 0,05, par le nombre de comparaisons que vous avez envisagé de faire. Ainsi, si vous souhaitez faire *a priori* trois comparaisons, vous diviserez 0,05 par 3, ce qui donne 0,016. Aussi ne considérerez-vous comme significatif qu'un t dont la p -value est inférieure à 0,016. Vous éviterez ainsi une erreur de première espèce.

4.2 *Tests post hoc*

Mais il arrive également que les chercheurs essaient de savoir quelle moyenne diffère de quelle autre, en comparant toutes les moyennes deux à deux, et sans avoir de théorie préconçue sur la question. Ils utilisent alors des *tests de comparaisons multiples a posteriori*, ou *tests post hoc*[4]. Il existe de nombreux tests post hoc, dont la différence tient au risque d'erreur de première espèce essentiellement. Autrement dit, ils sont plus ou moins permissifs ou au contraire conservateurs (ces mots ont été expliqués au chapitre 4, page 165). Lorsque nous utilisons un test post hoc, il n'est pas nécessaire de corriger l'erreur pour obtenir un risque d'erreur de l'ensemble raisonnable, comme nous l'avons expliqué à la section précédente, parce que les tests post hoc prennent déjà en compte le fait qu'il y a des comparaisons multiples : il sont déjà corrigés. Lorsque vous souhaitez faire de nombreuses comparaisons, vous pouvez utiliser un test post hoc très conservateur (donc minimisant le risque), comme par exemple le test de Tukey[5]. Un test qui tend à être plus per-

4. Étymologiquement, *post hoc* signifie « après cela » (du latin post : après, et hoc : cela). [ndt]
5. Une traduction littérale du nom anglais du test (HSD pour « honestly significant difference ») serait *test de la différence franchement significative*. [ndt]

missif est le test LSD[6]. Une discussion détaillée de ces tests dépasserait largement le cadre de cet ouvrage, mais le lecteur intéressé pourra lire Howell (1998) sur le sujet – ou faire des recherches sur Internet !

Si nous (ou plutôt notre logiciel...) réalisons un test de Tukey sur nos données, nous obtenons :

Comparaisons multiples

Variable dépendante: score

	(I) groupe	(J) groupe	Différence de moyennes (I-J)	Erreur standard	Signification	Intervalle de confiance à 95%	
						Borne inférieure	Borne supérieure
Test de Tukey	**placebo**	peu d'alcool	-,33	1,105	,951	-3,04	2,38
		beaucoup d'alcool	**-4,42***	**1,105**	**,001**	**-7,13**	**-1,71**
	peu d'alcool	placebo	,33	1,105	,951	-2,38	3,04
		beaucoup d'alcool	**-4,08***	**1,105**	**,002**	**-6,79**	**-1,37**
	beaucoup d'alcool	placebo	4,42*	1,105	,001	1,71	7,13
		peu d'alcool	4,08*	1,105	,002	1,37	6,79

*. La différence de moyennes est significative au niveau .05.

Cela montre qu'il y a bien une différence significative entre les groupes placebo et « beaucoup d'alcool », ainsi qu'entre les groupes « peu d'alcool » et « beaucoup d'alcool » (lignes en gras). Au contraire, il n'y a pas de différence notable entre les groupes placebo et « peu d'alcool ». Vous pouvez maintenant calculer la taille de l'effet, *d*, pour la comparaison entre les deux conditions, exactement comme vous l'avez fait pour le test de Student (page 238). Souvenez-vous, ça fonctionnait comme cela :

$$d = \left|\frac{m_1 - m_2}{\sigma \text{ moyen}}\right|$$

$$= \left|\frac{5{,}83 - 10{,}25}{\sigma \text{ moyen}}\right|$$

$$= \left|\frac{-4{,}42}{\sigma \text{ moyen}}\right|$$

ainsi, pour les conditions 1 et 3, la taille de l'effet se trouve en calculant le Σ moyen :

$$\sigma \text{ moyen} = \frac{2{,}69 + 3{,}05}{2} = 2{,}87$$

donc

ignorez le signe

$$d = \text{taille de l'effet} = \frac{4{,}42}{2{,}87} = 1{,}54$$

Ainsi, les moyennes des groupes placebo et « beaucoup d'alcool » sont distantes de 1,54 écart type, ce qui est significatif. Si vous calculez de la même manière la taille

6. On garde le terme anglais qui signifie *plus petite différence significative* (least significant difference). [ndt]

Activité 9.2

En calculant la taille de l'effet entre deux conditions dans le cadre d'une anova pour plan simple, vous obtenez un *d* de 0,490. Cela indique que vos moyennes diffèrent de

(a) environ un demi écart type,
(b) environ un quart d'écart type,
(c) 4,9 écarts type,
(d) rien de tout cela.

de l'effet entre les groupes « peu d'alcool » et « beaucoup d'alcool », vous trouverez à nouveau que les moyennes diffèrent de 1,54 écart type. La comparaison des groupes placebo et « peu d'alcool » conduit au chiffre de 0,135. Ces deux conditions donnent des moyennes différentes d'environ un septième d'écart type. Une différence si faible pourrait très bien ne provenir que de l'erreur d'échantillonnage. Nous avons désormais un tas d'informations à rapporter ! La partie « résultats » de notre compte rendu pourrait être le suivant :

> Les statistiques descriptives (voir tableau x)[7] montre que la condition la plus alcoolisée conduit sur notre échantillon à un plus grand nombre d'erreurs, en moyenne, que les deux autres conditions. L'effet de l'alcool est confirmé par l'analyse de variance ($F(2; 33) = 9{,}92$, $p < 0{,}001$). Cet effet global correspond à une mesure de $\eta^2 = 37{,}5\ \%$. L'alcool explique donc près de 38 % des variations dans le nombre d'erreurs de conduite. Un test post hoc (test de Tukey) confirme la différence significative entre le groupe le plus alcoolisé et chacun des deux autres groupes (avec des effets de taille identiques $d = 1{,}54$). Au contraire, il ne montre aucune différence significative entre les groupes placebo et légèrement alcoolisé (taille d'effet $d = 0{,}135$).

Exemple : Habitudes alimentaires et syndrome du côlon irritable

Des chercheurs ont étudié le lien entre les habitudes alimentaires et le syndrome du côlon irritable. Ils pensaient qu'il pouvait y avoir une relation entre les habitudes alimentaires anormales (boulimie ou anorexie) et le syndrome du côlon irritable. Des travaux antérieurs ont démontré un lien entre la boulimie et certaines inflammations des intestins (d'un type comparable au syndrome du côlon irritable, mais dont les causes sont connues). Un questionnaire standardisé fut mis au point : le EAT[8]. Sullivan et ses collaborateurs (1997) firent remplir ce questionnaire à quatre groupes de volontaires : un groupe souffrant de syndrome du côlon irritable (SCI), un groupe de personnes souffrant de troubles alimentaires notoires, un groupe de patients souffrant d'une inflammation connue des intestins, et un groupe contrôle de sujets normaux. Le tableau 9.6 montre les résultats bruts.

Vous devriez voir immédiatement que, comme on pouvait le supposer, les personnes souffrant d'un trouble alimentaire donnent en moyenne un score plus élevé que les trois autres groupes pour ce qui est du score au test EAT. Si tel n'était pas le cas, le test serait manifestement invalide ! Les intervalles de confiance des groupes inflammation intestinale et contrôle se recoupent largement, suggérant un différence peu significative entre ces deux situations. À l'inverse, le groupe SCI donne une moyenne plus élevée que les autres, mais surtout l'intervalle de confiance correspondant ne recoupe pas les intervalles de confiance des groupes contrôle et inflammation intestinale. Cela suggère que la différence fondamentale entre les groupes provient essentiellement de l'écart que l'on peut trouver entre le

7. Renvoyez vos lecteurs au tableau qui contient les caractéristiques des groupes.

8. Pour *Eating Attitude Test* (test d'attitudes alimentaires). (Notez le jeux de mot, EAT signifiant « manger » en anglais.) [ndt]

groupe contrôle et le groupe SCI. L'intervalle de confiance pour la moyenne du groupe troubles alimentaires ne recoupe aucun des trois autres groupes.

groupe	effectif	moyenne	IC (95 %)
SC	48	16,67	13,6-19,7
troubles alimentaires	32	56,7	48,7-64,8
inflammation intestinale	31	10,4	8,0-12,9
contrôle	28	9,6	7,2-12,0

Tableau 9.6

Résultats de Sullivan *et al.* (1997)

Sullivan et ses coauteurs ont rapporté leurs résultats comme suit :

> Les quatres groupes ont été comparés grâce à une anova ($F = 93{,}7217$) et un test de comparaisons multiples (le test LSD)[9], avec un risque fixé à 0,05. Les deux groupes « troubles alimentaires » et « SCI » ont donné des résultats significativement supérieurs au groupe contrôle. En revanche, le groupe « inflammation intestinale » n'est pas significativement différent du groupe contrôle.

Exemple : Performances cognitives sous Ecstasy

Le docteur Parrott et ses collègues (Parrott *et al.*, 1998) ont réalisé une étude sur les performances cognitives chez des consommateurs occasionnels ou réguliers d'Ecstasy. Des travaux antérieurs ont montré une baisse significative de la mémoire chez les utilisateurs réguliers d'Ecstasy. Les auteurs ont mesuré diverses compétences cognitives (rapidité de réponse, temps de réaction, temps de choix, compréhension des nombres, mémoire à court terme) dans trois groupes de participants. Ils ont étudié dix utilisateurs réguliers d'Ecstasy, 10 consommateurs occasionnels, et 10 sujets contrôle n'ayant jamais consommé d'Ecstasy. Les données ont été traitées par une anova simple complétée par un test de Duncan[10].

Seules deux des compétences mesurées diffèrent significativement entre les groupes : le rappel immédiat et le rappel différé de mots, comme on peut le voir sur le tableau 9.7.

	non	occ	reg	anova p	non/occ	non/reg	occ/reg
rappel immédiat	$8{,}2 \pm 1{,}6$	$5{,}3 \pm 1{,}1$	$6{,}5 \pm 1{,}3$	$< 0{,}001$	$< 0{,}01$	$< 0{,}05$	
rappel différé	$6{,}9 \pm 1{,}6$	$4{,}6 \pm 1{,}0$	$5{,}1 \pm 1{,}4$	0,010	$< 0{,}01$	$< 0{,}01$	

Tableau 9.7

Performances cognitives chez les utilisateurs occasionnels (occ) ou réguliers (reg) (ou non utilisateurs – non) de MDMA (Ecstasy). Le tableau donne les moyennes et les écarts type.

Les comparaisons effectuées grâce au test de Duncan montrent des différences entre les groupes non et occ, ainsi qu'entre les groupes non et reg. En revanche, aucune différence n'est démontrée entre les utilisateurs occasionnels (occ) et réguliers (reg). C'est ce que nous déduisons du fait que Parrott et ses coauteurs ne donnent pas la signification associée à la comparaison entre les groupes occ et reg. Nous supposons donc que les résultats n'étaient pas significatifs. Il semble donc que l'Ecstasy ait une influence néfaste sur les compétences cognitives (du moins la mémoire).[11]

9. Le LSD est l'un des tests post hoc proposés par SPSS.

10. Un autre test post hoc.

11. Mais, encore une fois, cela n'est pas démontré, parce qu'un lien n'est pas toujours une relation de cause à effet. Il se pourrait que les gens ayant une mauvaise mémoire soient les seuls à goûter à l'Ecstasy. Même si cette explication paraît un peu fumeuse, elle n'est pas nécessairement fausse. [ndt]

5 Anova pour plan à mesures répétées

On utilise l'anova pour plan à mesures répétées lorsque les participants (un seul groupe) réalisent toutes les conditions de l'étude. Vous vous souvenez que, dans le cas d'une anova simple, la variance totale se répartit en deux composantes :

- la variance inter-groupes,
- la variance intra-groupes.

Lorsque nous utilisons un plan à mesures répétées, on peut détailler la répartition de la variance intra-groupes comme ceci :

1. la variance due aux différences individuelles entre les participants,
2. la variation dues aux fluctuations aléatoires (que l'on appelle erreur).

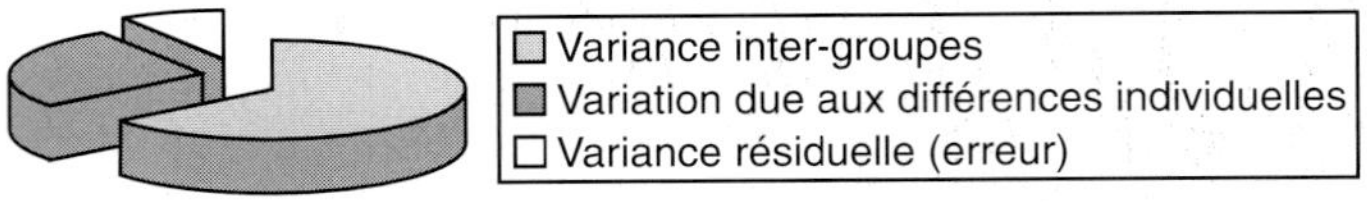

On peut mesurer la variation (1) ci-dessus parce que, dans les plans à mesures répétées, chaque participant est testé dans toutes les conditions. On peut ainsi comparer le résultat global d'une personne avec les résultats globaux des autres personnes.

Vous vous souvenez sûrement que la statistique *F* était définie, dans le cas simple, par

$$F = \frac{\text{variance inter-groupes}}{\text{variance intra-groupes}}$$

La variance inter-groupes était constituée de variations dues au traitement (condition), de différences individuelles, et d'erreurs expérimentales. Dans le cas des plans à mesures répétées, il n'y a plus de variation entre les groupes due à des variations entre les sujets, puisque les personnes sont les mêmes dans tous les groupes ! La formule pour calculer *F* dans le cas des plans à mesures répétées prend cela en compte. Les variations dues aux différences entre les personnes (que nous pouvons mesurer, comme nous l'avons noté plus haut) sont mathématiquement retirées du numérateur et du dénominateur de la fraction définissant *F*. Ceci rend le test plus puissant, et la formule devient :

$$F = \frac{\text{variance inter-groupes}}{\text{variance intra-groupes (sans différences individuelles)}}$$

Imaginons maintenant une réplication de notre expérience sur l'alcool et la conduite, mais avec cette fois un plan à mesures répétées. Cela signifie que les participants passent tous les trois conditions (placebo, peu d'alcool, beaucoup d'alcool). Il serait aberrant de faire passer les trois conditions à la même personne en une journée. Aussi ferons-nous venir les volontaires trois fois, disons par exemple trois lundis de suite. Afin de compenser les effets – toujours possibles – de l'ordre, les conditions sont contrebalancées. Nous avons là un design expérimental plus puissant que le cas simple (groupes indépendants), car chaque participant peut être contrôlé par rapport à lui-même. Nous supposerons, pourtant, que les résultats sont les mêmes (voir tableau 9.8).

L'analyse commence, comme pour le cas de l'anova simple, par des statistiques descriptives et des graphiques.

participant	placebo	niveau 1 (peu)	niveau 2 (beaucoup)
1	5	5	8
2	10	7	10
3	7	9	8
4	3	8	9
5	5	2	11
6	7	5	15
7	11	6	7
8	2	6	11
9	3	4	8
10	5	4	8
11	6	8	17
12	6	10	11
total	70	74	123

Tableau 9.8

Données pour les trois niveaux d'alcool

SPSS : anova pour plan à mesures répétées

Choisissez *Analyse > Modèle linéaire général > Mesures répétées...* :

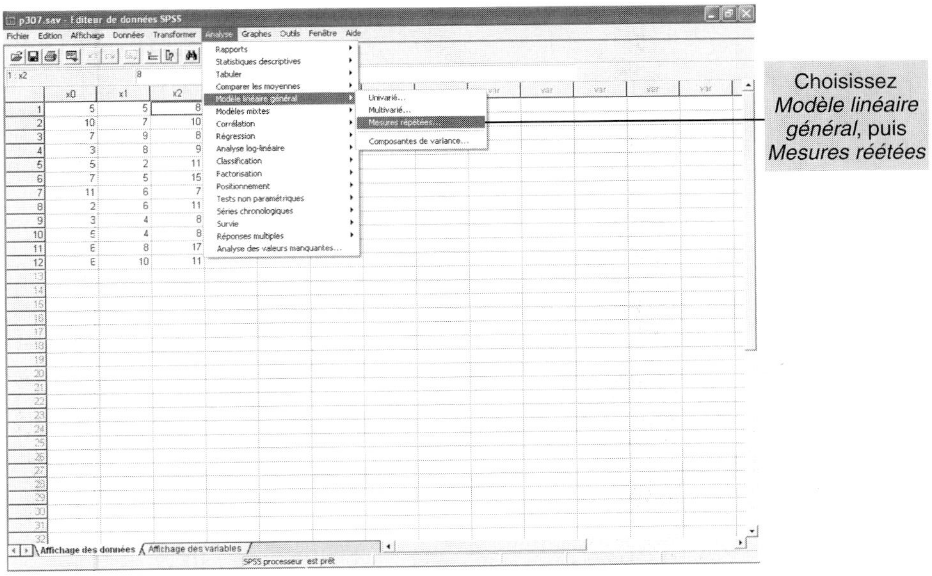

Cela vous mène à la boîte de dialogue suivante :

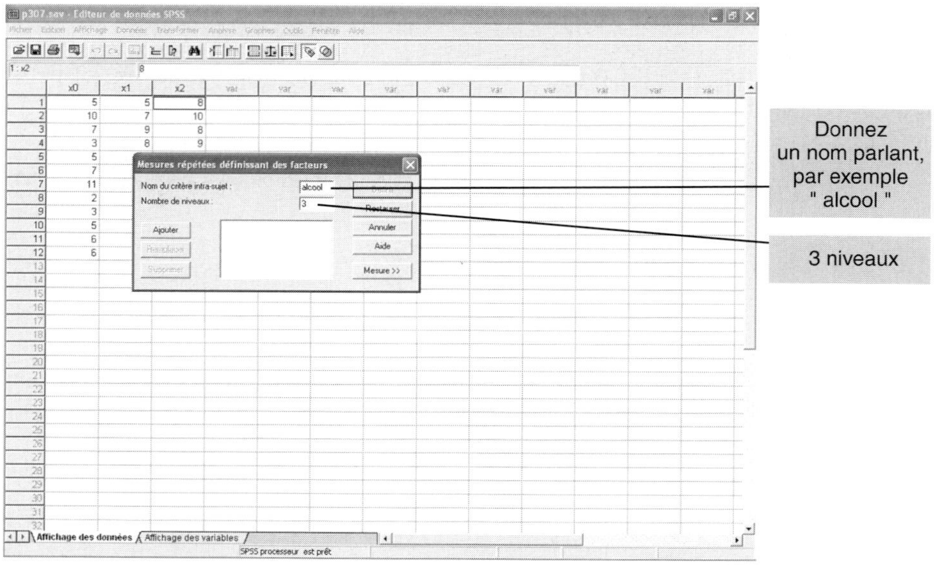

Changez le nom « facteur1 » en quelque chose de parlant, par exemple « alcool » – et indiquez le nombre de niveaux. Puisque nous avons des doses placebo (0), peu (1) et beaucoup (2), cela nous fait ici 3 niveaux. Pressez ensuite *Ajouter*. Cliquez maintenant *Définir*.

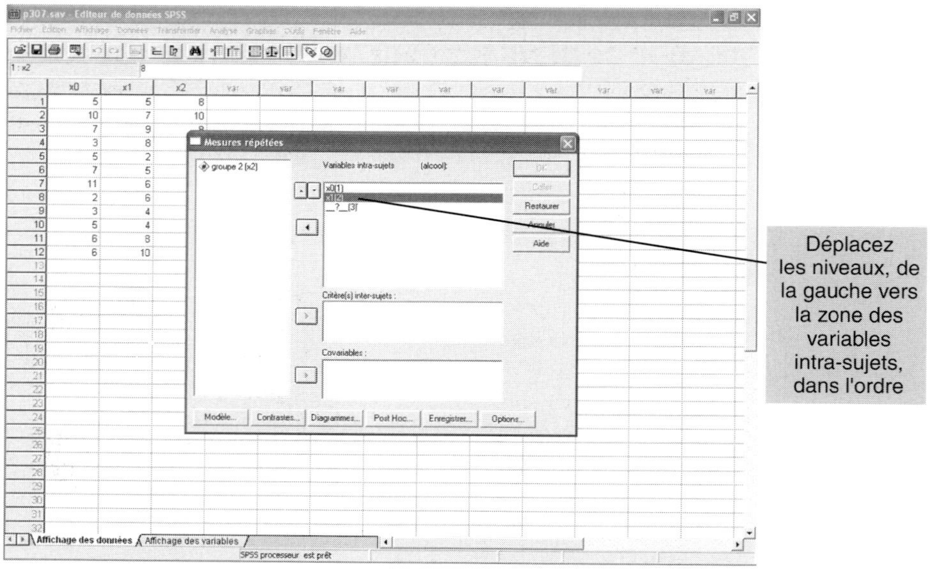

Déplacez les variables, une par une, dans la zone *Variables intra-sujets* à droite. Dans notre exemple, placebo (X0) est déplacé en premier, donc en première position, puis vient peu (X1), et enfin beaucoup (X2). Cela représente nos trois niveaux du facteur (VI). Cliquez maintenant sur *Options...*

(Ignorez les boutons *Facteurs inter-sujets* et *Covariables*, qui ne nous intéressent pas en l'occurrence.)

Vous arrivez à la fenêtre suivante :

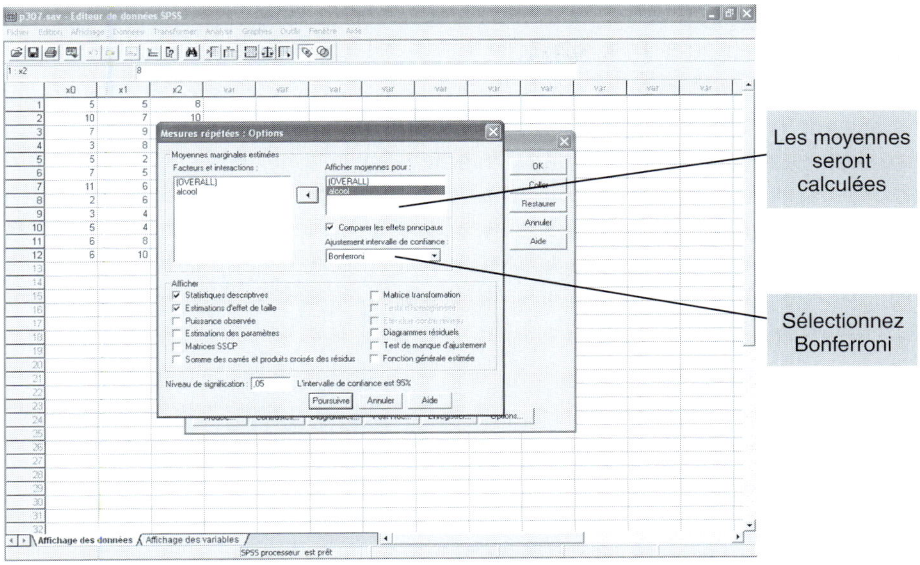

N'oubliez pas de cocher *Comparer les effets principaux*. Vous disposez alors de trois tests possibles : *LSD, Bonferroni*, et *Sidak*. Choisissez *Bonferroni*, qui corrige l'erreur pour le nombre de comparaisons que vous faites (voir à ce sujet les comparaisons multiples, page 340).

Vous pouvez alors cocher les options qui vous intéressent. Ici, nous avons demandé des statistiques descriptives, la taille des effets, les moyennes et la puissance observée. Les intervalles de confiance sont donnés par défaut. Cliquez maintenant sur *Poursuivre*, ce qui vous ramène à la boîte de dialogue principale de l'anova pour mesures répétées. Cliquez *OK*. Les résultats apparaissent sur la fenêtre correspondante.

5.1 *Sphéricité*

Dans le cas des plans simples, on partait de l'idée que les groupes étaient indépendants. Dans le cas des mesures répétées, les mêmes personnes participant aux différentes situations, il est très probable qu'on pourra trouver entre les conditions une certaine corrélation. Lorsque vous avez trois conditions, il y a trois corrélations possibles : entre les conditions 1 et 2, 2 et 3, 1 et 3. Nous faisons implicitement l'hypothèse que ces corrélations sont similaires. Nous supposons donc que les covariances sont similaires. Dans un tel cas, donc si cette hypothèse est vérifiée, on dit que la *sphéricité* est satisfaite. Étant donné que cette condition est importante, et qu'elle est en outre susceptible de ne pas être vérifiée, nous vous convions fortement à lire systématiquement la ligne « Greenhouse-Geisser » de la sortie SPSS. Autrement dit, mieux vaut systématiquement supposer que nous avons violé la condition d'application. La ligne Greenhouse-Geisser vous donne des résultats corrigés pour le cas, précisément, où la sphéricité n'est pas satisfaite. Ce test fonctionne en ajustant, comme vous pourrez le voir, le degré de liberté. Cela rend notre test plus rigoureux, et réduit le risque d'erreur de première espèce dû à une violation des conditions d'application.

5.2 Sortie SPSS

Les lignes intéressantes ont été imprimées en gras. Le degré de liberté semble bizarre dans le tableau, parce qu'il a des décimales. Les dégrés de liberté, au lieu d'être donnés sous la forme 2, ou 20, comme pour la sphéricité supposée, sont donnés sous la forme décimale 1,833 et 20,164. Ne soyez pas si précis lorsque vous rédigez vos comptes rendus. Arrondissez les dl à l'entier le plus proche. Dans notre cas, on indiquerait 2, et 20. Vous voyez ici que $F = 10{,}83$ et $p = 0{,}001$. La taille de l'effet, arrondie, est de 50 %. Aussi, 50 % des variations des scores de conduite s'expliquent par le degré d'alcool.

Lisez cette ligne : Greenhouse-Geisser

Tests des effets intra-sujets

Mesure: MEASURE_1

Source		Somme des carrés de type III	ddl	Moyenne des carrés	F	sig.	eta deux
ALCOOL	Sphéricité supposée	145,167	2	72,583	10,826	,001	,496
	Greenhouse-Geisser	**145,167**	**1,833**	**79,194**	**10,826**	**,001**	**,496**
	Huynh-Feldt	145,167	2,000	72,583	10,826	,001	,496
	Borne inférieure	145,167	1,000	145,167	10,826	,007	,496
Erreur ALCOOL	Sphéricité supposée	147,500	22	6,705			
	Greenhouse-Geisser	147,500	20,164	7,315			
	Huynh-Feldt	147,500	22,000	6,705			
	Borne inférieure	147,500	11,000	13,409			

a. Calculé à partir d'alpha = ,05

Notez que $F(2,20) = 10{,}83$; $p = 0{,}001$

5.3 Comparaisons multiples

Comme nous avons coché *Comparer les effets principaux,* nous avons les sorties qui suivent.

Estimations

Mesure: MEASURE_1

ALCOOL	Moyenne	Erreur standard	Intervalle de confiance à 95% Borne inférieure	Limite supérieure
1	5,833	,777	4,123	7,543
2	6,167	,672	4,687	7,646
3	10,250	,880	8,313	12,187

La table ci-dessus montre les moyennes du score de conduite pour chaque condition, ainsi qu'un intervalle de confiance au niveau de confiance 95 %.

Comparaisons par paires

Mesure: MEASURE_1

(I) ALCOOL	(J) ALCOOL	Différence des moyennes (I-J)	Erreur standard	Signification[a]	Intervalle de confiance de la différence à 95%[a]	
					Borne inférieure	Limite supérieure
1	2	-,333	,924	1,000	-2,939	2,272
	3	-4,417*	1,196	,011	-7,790	-1,043
2	1	,333	,924	1,000	-2,272	2,939
	3	-4,083*	1,033	,007	-6,997	-1,170
3	1	4,417*	1,196	,011	1,043	7,790
	2	4,083*	1,033	,007	1,170	6,997

Basée sur les moyennes marginales estimées

*. La différence de moyennes est significative au niveau ,05

a. Ajustement des comparaisons multiples : Bonferroni.

La seconde table (ci-dessus) compare les conditions deux par deux. Elle donne, pour chaque paire de conditions, la différence moyenne, l'erreur standard de cette différence, la signification associée, et l'intervalle de confiance centré au niveau 95 % pour la différence des moyennes.

La première ligne compare les conditions 1 (placebo) et 2 (peu d'alcool). La différence moyenne est de 0,333. Cela ne constitue pas une différence significative, quel que soit le risque choisi ($p = 1{,}000$!). La ligne immédiatement inférieure compare les situations 1 (placebo) et 3 (beaucoup d'alcool). La différence moyenne est de 4,417 (on se fiche du signe), et cette différence est significative à 5 % ($p = 0{,}011$). Prenez votre courage à deux mains, et continuez l'interprétation de la table tout(e) seul(e).

La rédaction est relativement similaire à celui des plans simples, et nous pouvons formuler ainsi nos résultats :

> Les données ont été traitées au moyen d'une anova pour plan à mesures répétées. Les conditions de normalité, d'homogénéité des variances et de sphéricité semblent satisfaites. Les résultats montrent une différence significative entre les niveaux d'alcoolisme, avec un effet sur le score de conduite ($F(2\ ;\ 20) = 10{,}83$, $p = 0{,}001$). Globalement, l'effet est de 0,496 (η^2 partiel), ce qui indique que près de 50 % des variations du score de conduite s'expliquent par le degré d'alcool. Les comparaisons par paires (utilisant la procédure de Bonferroni) indiquent une différence significative entre les conditions peu et beaucoup alcoolisées ($p = 0{,}007$), mais pas entre la situation placebo et la situation peu alcoolisée ($p = 1{,}000$). L'alcool serait donc néfaste à la conduite, mais seulement à partir d'un certain degré, la différence entre un haut niveau d'alcool et une situation contrôle se situant, pour ce qui est du score de conduite, entre 1,78 et 7,05 (intervalle de confiance à 95 % pour la différence moyenne).

Activité 9.3

Que vous apprennent les limites des intervalles de confiance ? Comment pourriez-vous expliquez la signification des intervalles de confiance pour les différences de moyennes à un ami néophyte en statistiques qui ne comprendrait pas les résultats donnés par l'ordinateur ?

Exemple : Les témoins oculaires sont-ils fiables ?

Kebbell et ses collaborateurs (1996) ont réalisé deux expériences sur les témoignages des témoins oculaires. Certaines études semblent montrer que les témoignages (pour des accidents de la route ou autres incidents) sont d'autant plus fiables que le témoin est sûr de lui. Mais d'autres recherches semblent au contraire démontrer que le lien entre la certitude du témoin et la fiabilité du témoignage est très faible. Kebbell et ses coauteurs pensent que les différents chercheurs ont négligé un point important, à savoir la complexité des détails à fournir. Par exemple, le fait que tel intervenant était un homme ou une femme est facile à rappeler, mais la couleur des cheveux est difficile à rappeler en général.

Kebbell et ses collègues ont donc conçu deux expériences mesurant la fiabilité des témoignages concernant des films vidéo, et la certitude que les témoins associent à leur témoignage. Tout d'abord, il leur fallait concevoir une première expérience permettant de classer les détails à rappeler en facile, moyennement facile, et difficile. C'est de cette première partie que nous allons parler ici. Dans leur article, ils affirment qu'une question facile pourrait être « quelle chanson chantait la femme ? », une question moyennement facile pourrait être « que contenait le plat près de la télévision ? » et une question difficile pourrait être « qu'y avait-il derrière la bouteille de sauce piquante dans la cuisine ? ». Les chercheurs devaient vérifier que leur classement était correct. Il serait absurde de classer dans la catégorie « facile » la question « que chantait la femme ? » si aucun participant n'arrive à répondre ! Il faut donc que les participants répondent plus facilement aux questions censées être faciles qu'à celles classées comme complexes. Cela indiquerait que les questions sont bien catégorisées.

La variable dépendante est le nombre de réponses correctes dans chacune des trois catégories. La variable indépendante la difficulté supposée de la question. Ce facteur a trois niveaux (facile, moyen, difficile), parce que c'est ainsi que les chercheurs ont choisi de classer les questions. On peut représenter le design expérimental par le tableau 9.9.

Tableau 9.9

Illustration du plan expérimental utilisé par Kebbell *et al.* (1996) – P1 signifie « participant 1 »

facile	moyen	difficile
P1	P1	P1
P2	P2	P2
P3	P3	P3
P...	P...	P...

Le test classique le plus pertinent pour traiter ces données est sans doute l'anova pour plan à mesures répétées, et c'est celui choisi par Kebbell et ses collaborateurs. Ils rendent compte de leurs résultats de la manière qui suit :

> Une anova pour plan à mesures répétées montre un effet significatif de la difficulté supposée de la question sur le nombre de réponses correctes ($F(2\,;\ 88) = 591{,}37$, $p < 0{,}0001$). Des tests de comparaisons multiples montrent que, au risque de 0,05, les différences vont dans le sens attendu. Les questions classées « faciles » donnent lieu à moins d'erreurs que les questions « moyennes » qui, elles mêmes, donnent moins d'erreurs que les questions « difficiles ». Ceci justifie le classement des questions.

Récapitulatif

- L'anova permet de comparer des moyennes obtenues selon plusieurs conditions.
- L'anova est un test paramétrique valable sous la condition de normalité.
- L'anova permet de dire si la différence que nous avons observée entre les conditions peut être imputée au seul hasard de l'échantillonnage ou si, au contraire, la condition intervient également.
- Les tests post hoc et les comparaisons multiples *a priori* servent à préciser quelles paires de groupes expliquent les différences globales observées.
- Le coefficient η^2 est une mesure de corrélation au carré qui quantifie l'effet global du facteur (VI) sur la VD. Il donne la proportion de variation de la VD imputable à la VI.

Exercices SPSS

Exercice 1

Entrez les données du tableau 9.10 dans SPSS, analysez-les en utilisant une anova pour plan simple à un facteur (dans le menu *Comparer les moyennes*), et affichez les résultats. Réalisez un test post hoc. Recopiez les parties importantes de vos résultats, interprétez-les de manière pertinente.

Dans une université locale, les étudiants sont aléatoirement rattachés à l'un des trois groupes pour leur travaux expérimentaux : groupe du matin, de l'après-midi, ou du soir. À la fin du semestre, on leur pose une vingtaine de questions permettant d'évaluer ce qu'ils ont retenu du cours. Y'a-t-il des différences notables entre les groupes, et si oui dans quelle direction ?

Tableau 9.10

Données pour les groupes du matin, de l'après-midi et du soir

matin	après-midi	soir
15	14	13
10	13	12
14	15	11
15	14	11
17	16	14
13	15	11
13	15	10
19	18	9
16	19	8
16	13	10

Exercice 2

Il existe de nombreuses preuves de l'effet néfaste du cannabis sur la mémoire à court terme et la capacité à réaliser des tâches simples. Sept étudiants, fumeurs de tabac mais pas de cannabis, ont eu à résoudre une série de problèmes arithmétiques complexes, chacun dans quatre conditions. Dans la condition placebo (1), on leur faisait fumer une mixture d'herbes dont on leur disait qu'il s'agissait de cannabis (mais c'était faux). Dans la seconde condition, ils fumaient un peu de cannabis, un peu plus dans la condition 3 et encore plus dans la condition 4. Pour éviter l'effet d'entraînement, les exercices à réaliser diffèrent d'une condition à l'autre, mais le niveau est le même et la correspondance entre les niveaux de cannabis est les tests varie d'une personne à l'autre. L'ordre est contrebalancé.

Les résultats sont les suivants :

participant n°	placebo	faible dose	dose moyenne	haute dose
1	19	16	8	7
2	14	8	8	11
3	18	17	6	3
4	15	16	17	5
5	11	14	16	7
6	12	10	9	8
7	11	9	5	11

Entrez les données, analysez-les grâce à un anova pour plan à mesures répétées, et rédigez un compte-rendu.

QCM

1. L'anova simple généralise
   (a) le test de Student pour échantillons appariés
   (b) le test de Student pour échantillons indépendants
   (c) le χ^2
   (d) le coefficient de corrélation linéaire.

Les questions 2 à 4 correspondent aux informations ci-dessous :

Alice, étudiante en troisième année, a remarqué qu'elle et ses amis comprenaient mieux les statistiques lorsqu'ils se trouvaient dans la classe de Mme MacAdame par comparaison au cours de M. de Saint-Glé. Ils ne savent pas, pourtant, si cela provient du contenu du cours, ou de la manière d'enseigner, les deux choses différant entre les deux professeurs. Pour réaliser son projet de troisième année, Alice réussit à convaincre les professeurs (ainsi qu'un troisième enseignant) de s'en tenir au même programme, mais en conservant leur style d'enseignement. Les étudiants de première année sont aléatoirement répartis dans les trois cours, pour une leçon d'une heure. Après l'heure en question, les étudiants sont testés sur le plaisir qu'ils ont éprouvé à apprendre les statistiques (variable *plaisir*) ainsi que les connaissances statistiques acquises (variable *savoir*). Alice utilise une anova simple pour comparer les résultats. Voici ce qu'elle obtient pour la variable *plaisir* :

QCM (suite)

ANOVA

plaisir

	Somme des carrés	ddl	Moyenne des carrés	F	Signification
Inter-groupes	94,000	2	47,000	,489	,614
Intra-groupes	13798,000	143	96,000		
Total	13892,000	145			

Descriptives

plaisir

	Moyenne
groupe 1	62,00
groupe 2	61,00
groupe 3	62,00

2. Quelle est la conclusion la plus raisonnable ?
   (a) Les trois groupes sont significativement différents concernant la variable *plaisir*
   (b) Il existe des différences importantes entre les groupes, mais elles ne sont pas significatives
   (c) Il n'y a pas de différence importante ou significative entre les groupes
   (d) On ne peut pas tirer de conclusion de cette étude.

3. Le tableau suivant est également donné par le logiciel :

Test d'homogénéité des variances

plaisir

Statistique de Levene	ddl1=	ddl2	Signification
1,334	2	143	,268

Que peut-on en conclure ?
   (a) Les variances sont significativement différentes
   (b) Les variances sont similaires
   (c) Les variances sont hétérogènes
   (d) Rien de tout cela.

4. Voici les résultats pour la variable *savoir*, relevée par un questionnaire rempli par les étudiants :

ANOVA

savoir

	Somme des carrés	ddl	Moyenne des carrés	F	Signification
Inter-groupes	110,310	2	55,155	5,356	,006
Intra-groupes	1482,960	144	10,298		
Total	1593,279	146			

QCM (suite)

Quelle est la meilleure conclusion ?
(a) Il y a des différences significatives entre les groupes pour ce qui concerne le savoir. En particulier, le groupe du professeur Larron a mieux retenu la leçon
(b) Il y a des différences significatives entre les groupes pour ce qui concerne le savoir. En particulier, le groupe du professeur de Saint-Glé a moins bien retenu la leçon que celui de MacAdame
(c) Il y a des différences significatives entre les groupes pour ce qui concerne le savoir. En particulier, le groupe du professeur de Saint-Glé a mieux retenu la leçon que les deux autres groupes
(d) Il n'y a aucune différence significative entre les groupes.

5. La valeur de F est le rapport de
(a) la variance intra-groupes sur la variance inter-groupes
(b) la variance inter-groupes sur la variance intra-groupes
(c) la variance inter-groupes × la variance intra-groupes
(d) la variance inter-groupes + la variance intra-groupes.

6. La relation entre F et t est donnée par
(a) $t^3 = F$
(b) $F^2 = t$
(c) $t^2 = F$
(d) $F^3 = t$.

7. Le professeur de Saint-Glé examine la différence entre trois groupes. Si les groupes sont homogènes pour la variance, cela signifie que les variances des trois groupes sont
(a) similaires
(b) dissemblables
(c) exactement égales
(d) très différentes.

8. Une différence entre les groupes qui provient de la manipulation expérimentale se nomme
(a) différence individuelle
(b) effet du traitement ou de la condition
(c) erreur expérimentale
(d) effet intra-sujets.

9. Monsieur Noisette se demande s'il doit utiliser un plan simple ou à mesures répétées pour son étude. Comme d'habitude, il y a des avantages et des inconvénients dans chaque cas. Il a quatre conditions. Si, dans un plan à mesures répétées, il utilise 10 participants, combien lui en faudrait-il pour un plan simple ?
(a) 40
(b) 20
(c) 10
(d) 100.

QCM (suite)

10. Les différences individuelles à l'intérieur des groupes se nomment
    (a) effets du traitement
    (b) erreurs inter-sujets
    (c) erreurs intra-sujets
    (d) biais individuels.
11. Le docteur Dingue répartit aléatoirement 96 participants dans 4 groupes. Il inspecte, car il est fort méticuleux, les histogrammes des quatre groupes, et remarque que ses données sont plus ou moins normales. Pour traiter ses données, il devrait utiliser
    (a) une anova simple
    (b) un test de Student
    (c) un coefficient de corrélation linéaire
    (d) une anova pour plan à mesures répétées.
12. La condition de sphéricité est satisfaite lorsque
    (a) les variances sont similaires
    (b) les covariances sont similaires
    (c) les variances des écarts à la moyenne générale sont égales
    (d) les variances sont toutes différentes.
13. Si, dans une anova, vous obtenez un η^2 de 0,52, quelle proportion de la variance des scores est imputable à la variable indépendante ?
    (a) 9 %
    (b) 52 %
    (c) 25 %
    (d) 27 %
14. Calculer quelle proportion de la variance totale est due à l'erreur et à la manipulation expérimentale, c'est
    (a) calculer la variance
    (b) répartir la variance
    (c) produire la variance
    (d) résumer la variance.
15. On donne les résultats d'un test post hoc :

Comparaisons multiples

Variable dépendante: salaire
Bonferroni

(I) emploi	(J) emploi	Différence de moyennes (I-J)	Erreur standard	Signification	Intervalle de confiance à 95% Borne inférieure	Borne supérieure
clergé	surveillance	-1	1	,670	-4	1
	immobilier	****	1	,000	***	***
surveillance	clergé	1	1	,670	-1	4
	immobilier	****	1	,000	***	***
immobilier	clergé	48*	1	,000	45	51
	surveillance	47*	1	,000	44	50

*. La différence de moyennes est significative au niveau .05.

QCM (suite)

Quel groupe diffère de quel autre ?

(a) Seulement surveillance et clergé
(b) Seulement surveillance et immobilier
(c) Immobilier et clergé seulement
(d) Clergé diffère de immobilier, ainsi que immobilier de surveillance.

16. Considérons les résultats suivants, issus d'une anova pour plan à mesures répétées. On supposera la sphéricité non satisfaite.

Tests des effets intra-sujets

Mesure: MEASURE_1

Source		Somme des carrés de type III	ddl	Moyenne des carrés	F	Signification
FACTEUR1	Sphéricité supposée	145,167	2	72,583	10,826	,001
	Greenhouse-Geisser	145,167	1,833	79,194	10,826	,001
	Huynh-Feldt	145,167	2,000	72,583	10,826	,001
	Borne inférieure	145,167	1,000	145,167	10,826	,007
Erreur(FACTEUR1)	Sphéricité supposée	147,500	22	6,705		
	Greenhouse-Geisser	147,500	20,164	7,315		
	Huynh-Feldt	147,500	22,000	6,705		
	Borne inférieure	147,500	11,000	13,409		

Comment présenter ces résultats ?

(a) $F(2;22) = 10{,}826$, $p = 0{,}001$
(b) $F(2;20) = 10{,}826$, $p = 0{,}001$
(c) $F(2;22) = 10{,}826$, $p = 0{,}001$
(d) $F(2;10) = 10{,}826$, $p = 0{,}007$.

17. Si η^2 vaut 0,566, quelle est la taille de l'effet ?

(a) 5,7 %
(b) 57 %
(c) 0,57 %
(d) 5 %

Les questions 18 à 20 sont liées aux données suivantes, issues d'une anova pour plan à mesures répétées pour trois niveaux. On suppose que la sphéricité n'est pas vérifiée.

Tests des effets intra-sujets

Mesure: MEASURE_1

Source		Somme des carrés de type III	ddl	Moyenne des carrés	F	Signification
FACTEUR1	Sphéricité supposée	552,533	2	276,267	10,070	,007
	Greenhouse-Geisser	552,533	1,075	513,842	10,070	,030
	Huynh-Feldt	552,533	1,154	478,602	10,070	,026
	Borne inférieure	552,533	1,000	552,533	10,070	,034
Erreur(FACTEUR1)	Sphéricité supposée	219,467	8	27,433		
	Greenhouse-Geisser	219,467	4,301	51,025		
	Huynh-Feldt	219,467	4,618	47,525		
	Borne inférieure	219,467	4,000	54,867		

QCM (suite)

Comparaisons par paires

Mesure: MEASURE_1

(I) FACTEUR1	(J) FACTEUR1	Différence des moyennes (I-J)	Erreur standard	Signification[a]	Intervalle de confiance de la différence à 95%[a] Borne inférieure	Limite supérieure
1	2	-12,000*	,894	,000	-14,483	-9,517
	3	-13,600*	3,982	,027	-24,657	-2,543
2	1	12,000*	,894	,000	9,517	14,483
	3	-1,600	4,032	,712	-12,796	9,596
3	1	13,600*	3,982	,027	2,543	24,657
	2	1,600	4,032	,712	-9,596	12,796

Basée sur les moyennes marginales estimées

*. La différence de moyennes est significative au niveau ,05

a. Ajustement des comparaisons multiples : Différence la moins significative (équivalent à aucun ajustement).

18. Quelle « phrase » est la plus juste ?
    (a) $F(2;8) = 10,07$, $p = 0,007$
    (b) $F(1;4) = 10,07$, $p = 0,034$
    (c) $F(2;8) = 10,07$, $p = 0,030$
    (d) $F(1;4) = 10,07$, $p = 0,030$.
19. Quelles sont les deux conditions les plus différentes ?
    (a) 1 et 3
    (b) 2 et 3
    (c) 1 et 4
    (d) Elles sont identiques.
20. Si l'hypothèse nulle est vraie, quelle est la probabilité que la différence entre les conditions 1 et 3 se produise quand même et soit aussi grande que celle observée ?
    (a) Moins de 1 %
    (b) 2 %
    (c) 3 %
    (d) 71 %

Références

Howell, D. C. (1998). *Méthodes statistiques en sciences humaines.* Bruxelles : De Boeck Université.

Kebbell, M. R., Wagstaff, G. F., & Covey, J. A. (1996). The influence ot item difficulty on the relationship between eyewitness confidence and accuracy. *British Journal of Psychology, 87,* 653-662.

Parrott, A.C., Lees, A., Garnham, N. J., Jones, M., & Wesnes, K. (1998). Cognitive performance in recreational users of MDMA or 'ecstasy' : evidence for memory deficits. *Journal of Psychopharmacology, 12(1),* 79-83.

Sullivan, G., Blewett, A. E., Jenkins, P. L., & Allison, M. C. (1997). Eating attitudes and the irritable bowell syndrom. *General Hospital Psychiatry, 19,* 62-64.

CHAPITRE 10

Anova pour plusieurs facteurs

Sommaire

Vue d'ensemble du chapitre

Dans le chapitre 9, nous avions introduit l'une des méthodes statistiques les plus répandues dans la recherche en psychologie : l'anova. Dans ce chapitre, nous allons

- vous montrer comment étendre l'anova au cas de plusieurs facteurs (VI) ;
- décrire en détail trois types de designs expérimentaux à deux facteurs, à savoir :
  - le cas de deux facteurs inter-sujets,
  - le cas de deux facteurs intra-sujets,
  - le cas d'un facteur intra-sujets et un autre inter-sujets ;
- expliquer sur ces différents exemples comment se répartit la variation de la VD, et comment étudier et évaluer l'interaction entre les deux facteurs ;
- vous montrer comment il est possible de se débarrasser artificiellement de l'interaction entre les VI, et de déterminer les *effets simples*.

1 Introduction

Le chapitre 9 vous a permis de découvrir comment utiliser l'anova pour comparer plusieurs groupes dans le cas d'une unique VD numérique. Il s'agissait donc d'étudier l'effet sur la VD numérique d'une unique VI (ou facteur) : le groupe. Mais un aspect important et apprécié de l'anova est qu'elle permet aussi d'étudier l'effet sur une VD numérique de *plusieurs* facteurs. En outre, l'anova permet de détecter si l'*interaction* entre deux VI peut avoir un effet sur la VD. Si tel est le cas, cela voudrait dire que l'effet de l'une des VI sur la VD dépend du niveau de l'autre VI. Sachez cependant que l'anova n'est pas limitée au cas de deux VI. On pourrait très bien avoir 3 ou 4 VI, voire plus. Mais plus nous avons de VI, plus l'interpétation des interactions devient difficile. Lorsque vous aurez bien compris comment étudier l'interaction dans le cas de deux VI seulement, vous imaginerez comme il est délicat d'interpréter des anova avec plus de deux VI...

Un exemple simple montrera ce que cette anova généralisée pourra vous apporter. Supposez qu'on cherche à déterminer l'effet de l'alcool et du café sur les compétences en matière de conduite automobile. On peut faire plusieurs prédictions :

1. des niveaux d'alcool élevés risquent d'amoindrir la qualité de la conduite ;
2. la caféine, par son effet sur la vigilance, pourrait augmenter la qualité de la conduite ;
3. si l'on en croit le vieil adage selon lequel le café permet de dessoûler plus vite, on peut imaginer que le café réduira l'effet de l'alcool sur la conduite.

Les deux premières prédictions correspondent à ce qu'on appelle des *effets principaux*. Il s'agit de l'effet global d'un facteur sur la VD. Plus précisément, nous cherchons d'une part l'effet de l'alcool sur la conduite, sans faire attention au niveau de caféine des participants, puis l'effet global de la caféine sans différencier les niveaux d'alcool. La troisième prédiction est d'un type différent. Elle concerne la manière dont l'une des VI influence le *lien* entre l'autre VI et la VD. Il s'agit donc d'une interaction, et plus précisément de l'effet de l'interaction sur la VD. Si une telle interaction existe et a un effet, alors les impacts de l'alcool et du café ne font pas que s'additionner l'un à l'autre : l'effet de l'alcool dépend de la prise ou non de café [1]. Nous avons fait trois prédictions, et l'anova nous permet de tester ces trois prédictions.

2 Sources de variations

Comme son nom le suggère, l'anova analyse les sources possibles de variations de la VD. Lorsque nous relevons les valeurs de la VD (numérique ici, rappelons-le), nous trouvons des différences entre les scores. Une partie de ces différences, ou de cette variation de la VD, peut être attribuée à l'une ou l'autre des VI, une autre partie provient de l'interaction entre les VI, et le reste vient d'inévitables erreurs, et de variations aléatoires dues au fait que nous avons choisi un échantillon au hasard. Le but de l'anova est d'abord de déterminer quelle part de la variation totale doit être attribuée à ces différentes explications ou sources (voir figure 10.1). La figure 10.1 montre qu'une partie de la variation est attribuée à chacune des deux VI prises séparément, et une autre partie à l'interaction entre les facteurs. Toute la variance restante est regroupée dans une tranche que l'on nomme « erreur », bien qu'elle contienne aussi autre chose que des variances dues à l'erreur expérimentale.

Dans le chapitre 9, nous avions expliqué comment l'anova simple compare la variance inter-groupes et la variance intra-groupes. Nous avions dit que, lorsque la variance inter-groupes est très supérieure à la variance intra-groupes, on peut conclure qu'une telle différence avait peu de chance de se produire par le seul fait des erreurs d'échantillonnage, et que la bonne conclusion est par conséquent un effet de la VI sur la VD. C'est donc – au moins en partie – par suite des différences entre les niveaux du facteur que les scores de VD diffèrent. La logique qui sous-tend l'anova généralisée que nous étudions ici est fondamentalement la même que celle de l'anova simple. Le principe est de répartir la variance totale entre différentes sources de variations, à savoir chacun des facteurs pris isolément, puis l'interaction des deux facteurs. On compare finalement les variations issues de ces sources à la variation erreur, qui est l'équivalent de la variance intra-groupes. Cela nous permet de déterminer si chaque effet est généralisable ou non à la population tout entière.

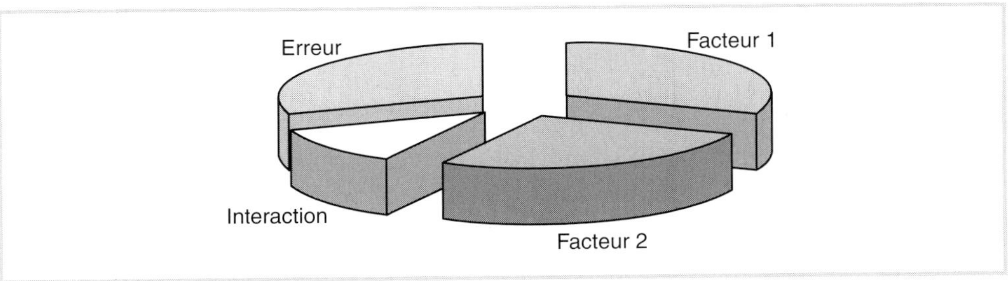

Figure 10.1
Diagramme circulaire illustrant les variations de la VD issues des différentes sources dans le cas de deux facteurs

Nous avions écrit plus haut que l'anova nous permet d'analyser le cas de plus de deux VI. La figure 10.2 vous montre comment se répartit la variance de la VD dans le cas de 3 facteurs. Il paraît clair sur ce graphique que le nombre de sources de variation a considérablement augmenté. En fait, on double le nombre de sources

1. Pour plus de détails sur l'interaction, voir par exemple Howell (1998). [ndt]

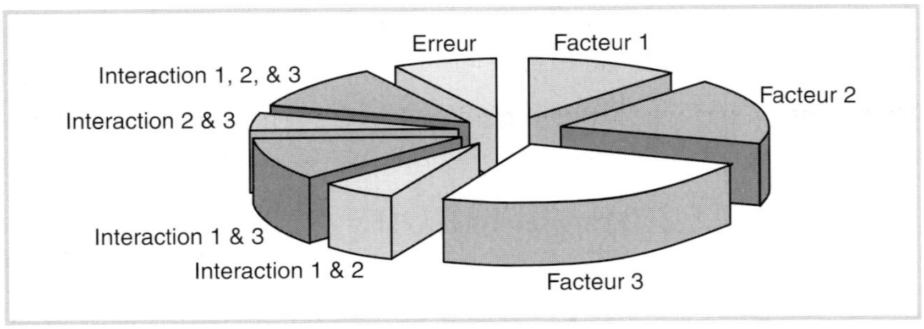

Figure 10.2
Diagramme circulaire illustrant les variations de la VD issues des différentes sources dans le cas de trois facteurs

de variation par l'ajout d'une unique VI. (Comparez par exemple les figures 10.1 et 10.2 à la section 9.2.3.) Il est en outre, dans le cas de trois facteurs, assez difficile d'interpréter l'interaction entre les trois VI. Aussi, à ceux qui voudraient étudier l'effet de l'âge, du métier, de la classe sociale, de l'anxiété, des capacités spatiales, de la personnalité et de la silhouette sur la capacité à grimper le long d'une falaise, cela en utilisant une anova... nous souhaitons bon courage ! Une telle analyse serait absconse et bien loin de ce qu'on peut comprendre et expliquer en quelques lignes. Il y a de meilleurs moyens d'étudier ce genre de choses, soit en décomposant les questions, soit par exemple en optant pour une régression linéaire multiple (voir chapitre 11), même si cela pose d'autres problèmes.

Notons que les décompositions de la variation illustrées par les figures 10.1 et 10.2 ne sont valables que dans le cas de designs complètement inter-sujets (les deux facteurs sont inter-sujets, c'est-à-dire qu'un participant ne passe qu'un niveau de chacun des facteurs). Lorsque le design est complètement ou partiellement intra-sujets, les choses se compliquent étrangement. Nous traiterons ces cas un peu plus loin dans ce chapitre.

3 Designs compatibles avec l'anova

Plusieurs types de plans d'expérience sont compatibles avec l'anova. Le principe de base est qu'il faut toujours avoir *une* VD numérique, et *au moins deux* facteurs (VI). Dans ce chapitre, nous expliquerons le principe de l'anova pour trois types de designs :

- le cas de deux facteurs inter-sujets,
- le cas de deux facteurs intra-sujets,
- le cas d'un facteur intra-sujets et d'un facteur inter-sujets.

Pour faire simple, toutes les anova que nous décrivons dans ce chapitre correspondent à des facteurs dichotomiques, c'est-à-dire qui ont deux niveaux (ou modalités). Par exemple, dans l'étude sur la caféine et l'alcool citée plus haut, il pourrait y avoir seulement deux niveaux d'alcool (pas d'alcool, beaucoup d'alcool), et deux niveaux de caféine (pas de caféine, beaucoup de caféine). Si cette étude était com-

Activité 10.1

Essayez de décomposer la variation totale dans le cas d'une anova complètement inter-sujets à 4 facteurs, disons A, B, C, et D.

plètement inter-sujets, les sujets seraient alors répartis en 4 groupes, comme on peut le voir sur le tableau 10.1.

Mais nous pourrions fort bien réaliser la même recherche avec un design complètement intra-sujets. Dans ce cas, chaque participant prendrait part à l'expérience dans chacune des quatre conditions, comme le montre le tableau 10.2.

Enfin, nous pourrions aussi avoir une VI intra-sujets (par exemple la caféine), et une autre inter-sujets (l'alcool). Dans un tel cas, les participants interviendraient dans les deux conditions définies par la caféine, mais dans une seule des deux conditions définies par l'alcool, comme on le voit sur le tableau 10.3.

Tableau 10.1

Répartition des participants (P1, P2,...) dans les conditions dans le cas d'un plan complètement inter-sujets

pas d'alcool		alcool	
pas de café	café	pas de café	café
P1	P5	P9	P13
P2	P6	P10	P14
P3	P7	P11	P15
P4	P8	P12	P16

Tableau 10.2

Répartition des participants dans le cas d'un plan complètement intra-sujets

pas d'alcool		alcool	
pas de café	café	pas de café	café
P1	P1	P1	P1
P2	P2	P2	P2
P3	P3	P3	P3
P4	P4	P4	P4

Tableau 10.3

Répartition des participants dans le cas d'un plan mixte, avec une VI intra-sujets (café) et une VI inter-sujets (alcool)

pas d'alcool		alcool	
pas de café	café	pas de café	café
P1	P1	P5	P5
P2	P2	P6	P6
P3	P3	P7	P7
P4	P4	P8	P8

4 Vocabulaire de l'anova

Souvent, dans la littérature, vous lirez des anova anoncées comme par exemple « une anova 2 × 2 » ou encore « une anova 3 × 4 », et même peut-être « une anova 3 × 2 × 2 ».

Une telle terminologie permet d'indiquer combien de VI il y a, et en même temps le nombre de conditions correspondant à chacune d'entre elles.

- Dans le premier cas, nous avons deux facteurs avec, chacun, deux niveaux.

- Dans le deuxième cas, nous avons deux facteurs. L'un des ces facteurs a trois modalités, l'autre 4.
- Enfin, dans le dernier cas, il y a 3 facteurs, deux à deux niveaux, et un à 3 niveaux.

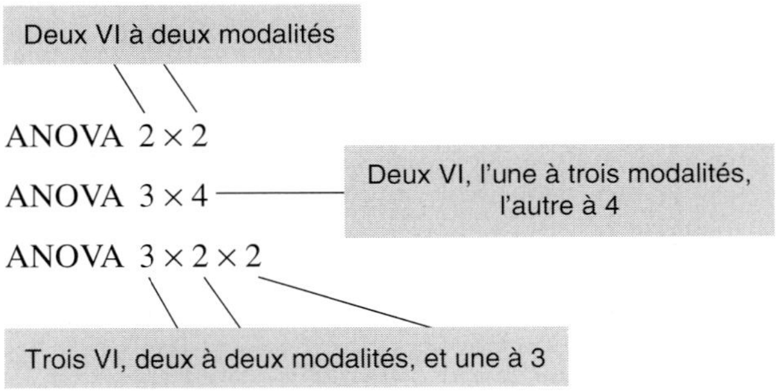

Comment décririez-vous l'anova suivante : une anova 4 × 4 × 2 × 2 × 2 × 5 × 6 ? La réponse officielle est « c'est une anova à 7 facteurs, un à 6 niveaux, un à 5, deux à 4 et 3 à 2 ». Mais bien sûr, nous dirions plutôt que cette anova est de type délirant, parce qu'il serait plus que délicat d'interpréter une interaction entre 7 VI... Souvenez-vous que lorsqu'on augmente le nombre de facteurs, le nombre de sources potentielles de variation explose. C'est pourquoi vous trouverez très rarement dans les journaux des anova à plus de trois facteurs.

Dans le cas du plan présenté ci-dessus (sept facteurs), le nombre de sources de variation est $2^7 - 1 = 127$. Vous imaginez comme il est difficile de décortiquer les résultats d'une telle analyse !

En outre, si l'on utilise un plan inter-sujets, il nous faudra constituer

$$4 \times 4 \times 2 \times 2 \times 2 \times 5 \times 6 = 3\,840$$

groupes de sujets. L'étude n'est donc pas possible avec moins de 38 400 participants si l'on en veut 10 par condition, ce qui est peu.

Si on opte pour un plan intra-sujets, chaque participant devra réaliser l'expérience 3 840 fois... On peut souhaiter bon courage à ceux qui devraient recruter des volontaires !

Un tel plan n'est donc absolument pas raisonnable, autant pour des raisons expérimentales (impossible à même en œuvre) que théoriques (difficultés quasi insurmontables d'interprétation).

Notons également que si nous avons de nombreuses VI dans une anova, cela signifie que nous testons de nombreux effets, et de nombreuses hypothèses nulles. Il nous faut donc considérer l'augmentation du risque d'erreur associée aux comparaisons multiples. Un exemple montrera ce que cela donne. Supposons que nous réalisions une étude d'anova à quatre VI. Nous pouvons alors tester 15 effets (les quatre effets principaux, plus 11 interactions. Nous augmentons alors considérablement le risque d'erreur de l'ensemble des conclusions. Il faut donc être prudent dans nos anova, et ne pas nous lancer dans des analyses trop complexes.

Si vous avez, comme ci-dessus, 15 tests d'hypothèses, le risque est, *grosso modo*, multiplié par 15. Ainsi, pour obtenir un risque global de 0,05, il faut imposer à *cha-*

Activité 10.2

Décrivez les analyses suivantes :

(a) une anova 6 × 2
(b) une anova 3 × 3 × 3
(c) une anova 4 × 2 × 4 × 2
(d) une anova 2 × 2 × 2 × 2 × 2.

que comparaison, donc à chaque *F*, un seuil pour *p* de $\frac{0,05}{15} = 0,003$. Par conséquent, il est très peu problable qu'on puisse conclure quoi que ce soit, parce qu'un tel *p* est rarement atteint, à moins d'avoir de gros échantillons. Mais si nous voulons des échantillons importants (pour avoir une chance de conclure quelque chose), et qu'en plus nous avons de nombreux groupes, cela implique un échantillon total énorme, et peu réaliste.

5 Deux facteurs inter-sujets

Retournons à l'exemple de l'alcool et du café, et de leur effet sur la conduite. Des données inventées sont présentées dans la table 10.4.

5.1 *Analyse initiale*

Comme pour l'anova simple à un facteur, il nous faut avant toute chose explorer les données grâce à quelques statistiques descriptives, afin de vérifier que les conditions d'application de l'anova sont bien satisfaites. Ces analyses préliminaires (moyennes, écarts type, intervalles de confiance pour la moyenne) sont présentées avec les données brutes dans le tableau 10.4. Nous pouvons voir dans ce tableau qu'il y a eu en moyenne moins d'erreurs de conduite (5,75) dans la condition sans alcool et avec café que dans la condition alcool-café (moyenne 21,25). Les conditions alcool-café et pas d'alcool-pas de café donnent des moyennes situées entre ces deux valeurs extrêmes (avec, respectivement, 9 et 7,92). Nous pouvons également voir que les écarts type semblent globalement similaires, et nous pouvons donc être raisonnablement convaincus que la condition *d'homogénéité des variances* n'est pas violée.

L'étape suivante pour nos analyses exploratoires serait d'établir des histogrammes ou autres représentations graphiques pour vérifier la normalité approximative de nos scores. On peut utiliser des histogrammes, des diagrammes en tige et feuilles ou même des boîtes à moustaches. Nous supposerons sans le faire, dans la suite, qu'une telle série de graphiques a été réalisée, et que les résultats sont satisfaisants, légitimant l'utilisation d'un test fondé sur la normalité des données (comme l'anova). Nous pouvons désormais nous lancer dans l'anova proprement dite.

Tableau 10.4

Données brutes et statistiques descriptives pour l'étude de l'effet de l'alcool et du café sur les erreurs de conduite

	pas d'alcool		alcool	
pas de café	4	2	28	19
	9	11	22	16
	10	11	21	25
	8	10	27	17
	6	3	21	19
	11	10	20	20
	$\bar{X}$ = 7.92[a] ; S = 3.32 95 % IC : 5.81-10.02		$\bar{X}$ = 21.25 ; S = 3.72 95 % IC : 18.89-23.61	
café	8	6	5	11
	4	3	6	8
	9	0	14	10
	0	8	8	11
	8	9	14	8
	6	8	5	8
	$\bar{X}$ = 5.75 ; S = 3.28 95 % IC : 3.67-7.83		$\bar{X}$ = 9.00 ; S = 3.07 95 % IC : 7.05-10.95	

5.2 *Sources de variation*

Comment déterminer les sources de variation dans le cas d'un plan complètement inter-sujets ? Si vous relisez nos prédictions, vous verrez que l'on a déjà identifié trois sources potentielles de variance :

1. l'effet *principal* de l'alcool,
2. l'effet *principal* du café,
3. l'effet de l'*interaction* entre alcool et café.

Y a-t-il d'autres sources de variations ? Si vous repensez au chapitre 9, vous devriez vous souvenir que dans le cas d'un unique facteur et d'un plan inter-sujets (plan simple), il y avait deux sources de variations, à savoir la source inter-groupes (effet de la VI) et la source intra-groupes (erreur). Cela venait du fait que les scores diffèrent entre les groupes, mais aussi à l'intérieur des groupes. Dans le cas de deux facteurs, il nous faut également prendre en compte cette variation à l'intérieur des groupes, qui ne peut pas s'expliquer par l'un ou l'autre des facteurs, ni par leur interaction. Nous avons donc, comme dans le cas d'une unique VI, un source sup-

Activité 10.3

Interprétez les « intervalles » donnés dans le tableau 10.4.

plémentaire de variation, qui correspond à la variation intra-groupes, ou *erreur*. Les sources de variations sont donc :

1. l'effet *principal* de l'alcool,
2. l'effet *principal* du café,
3. l'effet de l'*interaction* entre alcool et café,
4. l'*erreur*, qui correspond à la variation intra-groupes.

Lorsque vous réalisez une anova par ordinateur, vous obtenez une sortie comparable à celle ci-dessous, obtenue avec les données du tableau 10.4.

Regardez la sortie, et vous verrez que nous disposons, en regard de chaque entrée de la table, des mêmes informations que dans le cas d'une anova simple (voir chapitre 9). Nous pouvons y lire en effet les sommes de carrés (SC), les degrés de liberté (dl), les carrés moyens (CM), les valeurs de *F*, et les significations *p*. Souvenez-vous que pour déterminer la valeur de *F*, nous divisons simplement la variance (CM) correspondant à l'effet cherché par la variance (CM) de l'erreur. Dans le chapitre 9, nous avions suggéré que la variance se lisait dans la colonne CM. Le carré moyen n'est rien d'autre qu'une estimation de la variance associée à un effet particulier. Ainsi, dans notre analyse, lorsque nous divisons le CM de l'alcool (825,02) par le CM de l'erreur (11,26), nous obtenons une valeur (73,27) qui n'est autre que la valeur de *F*. De même, le café est associé à une valeur *F* de 55,38 qui n'est autre que 623,52 ÷ 11,26. Enfin, l'interaction (ligne alcool*coffe) correspond à $F = 27{,}09$ (305,02 ÷ 11,26).

Facteurs inter-sujets

		Étiquette de valeur	N
alcool	0	non	24
	1	oui	24
café	0	non	24
	1	oui	24

Tests des effets inter-sujets

Variable dépendante : score

Source	Somme des carrés de type III	ddl	Moyenne des carrés	F	Signification	Eta au carré partiel
Modèle corrigé	1753,562[a]	3	584,521	51,914	,000	,780
Constante	5786,021	1	5786,021	513,880	,000	,921
ALCOOL	825,021	1	825,021	73,274	,000	,625
COFFE	623,521	1	623,521	55,377	,000	,557
ALCOOL * COFFE	305,021	1	305,021	27,090	,000	,381
Erreur	495,417	44	11,259			
Total	8035,000	48				
Total corrigé	2248,979	47				

a. Rdeux=,780(Rdeuxajusté = , 765)

La sortie montre que la probabilité associée à l'effet principal de l'alcool, ou du café, est de 0,000. De même pour l'interaction alcool*café. On noterait donc $p < 0{,}001$.

Cela indique que si l'hypothèse nulle était vraie (donc si aucun des effets cités plus haut n'existait), alors la probabilité d'observer des *F* aussi élevés que ceux que nous avons observés ici serait très faible. Pour cette raison, on rejette les hypothèses nulles correspondantes, et on conclut que l'alcool, le café, mais aussi l'interaction entre l'alcool et le café, ont un effet sur les capacités de conduite. Il est toujours utile, spécialement pour des plans complexes, de représenter graphiquement les moyennes pour comprendre ce qui se passe véritablement. Conformément aux conseils de Loftus (1996), nous avons ainsi demandé un diagramme de variation avec les valeurs de notre exemple (voir figure 10.3). SPSS n'imprime pas automatiquement les lignes reliant les moyennes qui se correspondent [2], mais nous les avons ajoutées ici pour simplifier la lecture. Grâce à ces lignes, vous comprendrez mieux ce qu'est l'interaction.

La ligne du haut sur la figure 10.3 représente le nombre d'erreurs de conduite sans café, et la ligne du bas correspond au contraire au nombre d'erreurs de conduite dans la situation avec café. Ainsi, le graphique nous permet de voir très directement l'effet principal du café, montrant que le café diminue globalement le nombre d'erreurs, et a donc un effet positif sur la conduite (mais rappelez-vous qu'il s'agit de données inventées, alors n'essayez pas l'expérience chez vous !). Il y a en effet plus d'erreurs sans café (ligne du haut) qu'avec café (ligne du bas). Les points situés à droite représentent les moyennes du nombre d'erreurs dans les situations avec alcool. Les points situés à gauche représentent au contraire les conditions sobres. Nous voyons donc immédiatement que l'alcool augmente globalement le nombre d'erreurs de conduite. Autrement dit, l'effet principal de l'alcool apparaît sur le graphique. Puisque les lignes « montent », c'est que l'alcool a un effet négatif sur la conduite (et positif sur le nombre d'erreurs). Le plus simple pour se représenter les effets principaux est sans doute, mais seulement si nous avons comme ici le *même nombre* de participants dans chaque condition, de tracer les points moyens. Nous pouvons par exemple marquer les points du milieu de chaque ligne correspondant aux deux niveaux de café (voir figure 10.4). La distance entre ces deux points représente l'écart global entre les conditions avec et sans café, lorsqu'on ignore la quantité d'alcool. C'est donc bien la mesure de l'effet principal du café. Pour visualiser l'effet principal de l'alcool, vous pouvez tracer un point à mi-chemin entre les deux points de gauche et un autre entre les deux points de droite. La différence verticale entre ces deux points mesure l'effet principal de l'alcool, puisqu'il mesure l'écart de moyenne entre les conditions avec et sans alcool, en ne tenant pas compte du niveau de café. Souvenez-vous seulement que ces techniques visuelles ne sont licites que si vous avez des groupes de même taille. Si les nombres de participants sont différents d'un groupe à l'autre, il vous faudra calculer les moyennes, puis les représenter sur le graphique.

Comment interpréter l'interaction ? Si vous avez une interaction dont l'effet est significatif, vous pouvez aussi le voir graphiquement. La figure 10.5 montre que la différence entre les conditions avec et sans café est bien plus faible dans le cas où il n'y a pas d'alcool. Il apparaît donc que le café a un effet positif bien plus fort dans la situation avec alcool, comme nous l'avions imaginé. Une interpétation récipro-

2. Lorsque vous demandez à SPSS des diagrammes de variation en passant par le menu « barres d'erreur », vous pouvez choisir une option pour avoir des lignes, mais cela n'est pas automatique.
Lorsque vous réalisez une anova en utilisant le menu correspondant, en revanche, si vous demandez à SPSS de faire un graphique, les lignes seront tracées. [ndt]

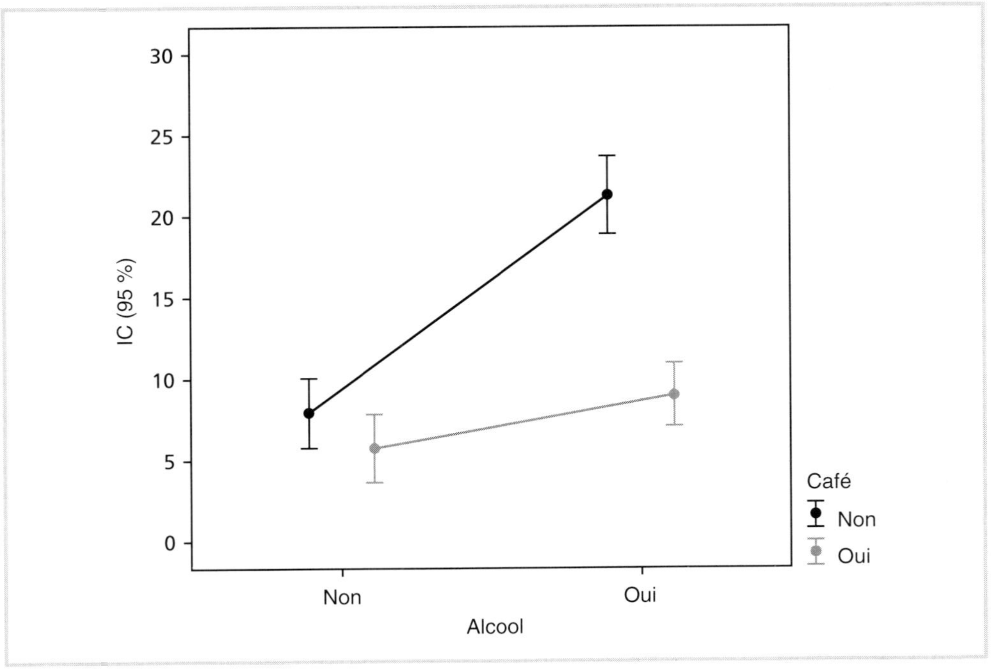

Figure 10.3
Diagramme de variation pour les conditions définies par l'alcool et le café

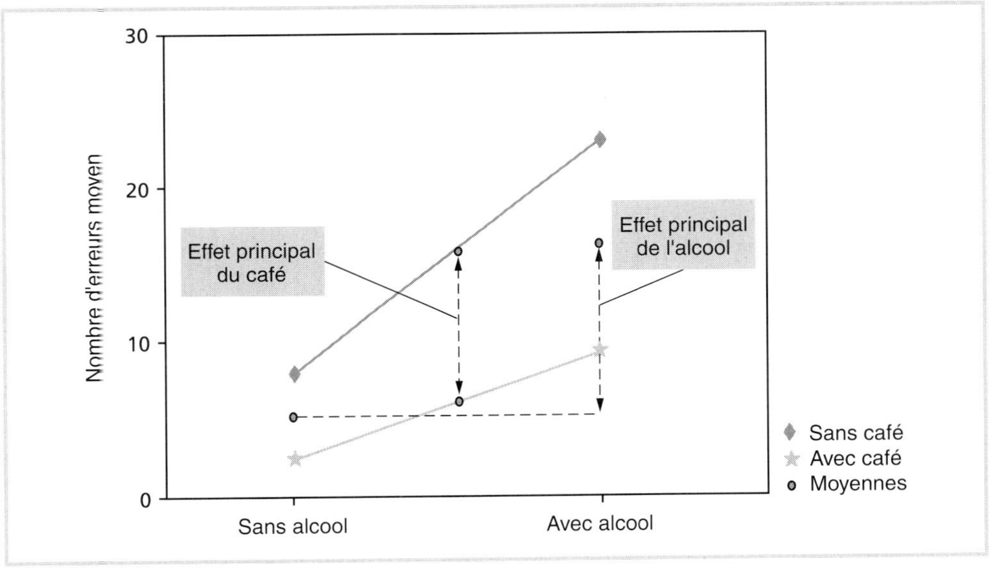

Figure 10.4
Graphique montrant les effets principaux de l'alcool et du café

que est la suivante. Lorsqu'on ne prend pas de café, l'alcool a un effet négatif (comparer les altitudes des points qui se situent aux extremités de la ligne du haut) bien plus fort que si on a pris du café (comparer de même les ordonnées des points situés aux bouts de la ligne du bas). Ces deux manières de voir sont tout à fait équivalentes, et indiquent simplement que l'effet d'une VI dépend du niveau de l'autre VI. Il y a donc une interaction.

Figure 10.5
Illustration graphique de l'interaction

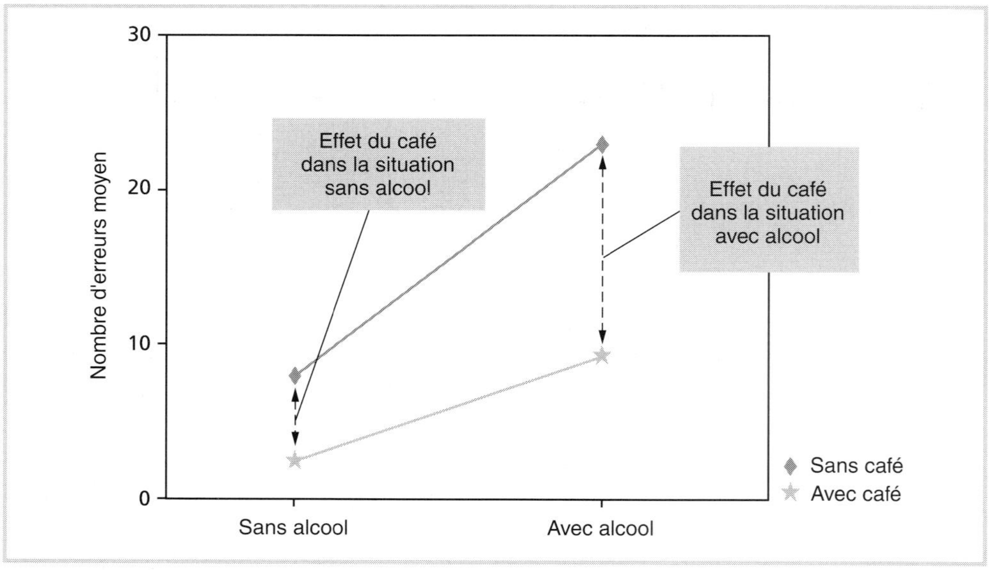

5.3 *Interaction entre variables*

Une des règles d'or de l'anova est que, lorsque vous avez trouvé une interaction significative entre deux VI, vous devez creuser un peu la question de cette interaction, pour comprendre de quel type elle est. Que signifie avoir une interaction entre deux variables ? Si vous avez deux variables, dire que vous avez une interaction, c'est dire que l'effet d'une des VI sur la VD diffère selon le niveau de l'autre VI. Par exemple, dans notre historiette, nous avons vu que le café a un effet dans chacune des deux conditions définies par l'alcool (sans alcool ou avec alcool). Ceci dit, l'effet est différent selon la condition. Il semble bien plus fort dans la situation avec alcool. Un autre exemple, issue d'une recherche réelle et publiée, pourrait être le suivant. Les personnes anxieuses ont tendance à porter leur attention sur les stimuli négatifs de l'environnement. Au contraire, les personnes non anxieuses ont tendance à éviter les stimuli négatifs (Mogg et Bradley, 1999). Ici, il y a une interaction entre le type de stimuli et l'anxiété.

Il faut voir les choses comme suit : pour faire leur expérience, les chercheurs placent des gens anxieux ou non anxieux dans une situation contenant des éléments positifs et négatifs. On demande ensuite aux personnes de rappeler les éléments en question. On a ainsi trois variables, dont deux VI. La première VI est l'anxiété (modalités : oui ou non), la seconde est le type de stimulus (positif ou négatif). La VD, enfin, est un score de mémoire (par exemple le nombre d'éléments rappelés). Si les anxieux rappellent plus de mots négatifs que positifs, et qu'au contraire les non anxieux rappellent mieux les éléments positifs, alors l'interaction entre l'anxiété et le type de stimulus apparaîtra et aura un effet sur le score de mémoire. Nous sommes bien dans le cas d'une anova pour plans complexes.

Pour représenter une interaction, il est très courant de construire des graphiques en courbes, comme celui de la figure 10.3. Regardez par exemple la figure 10.6.

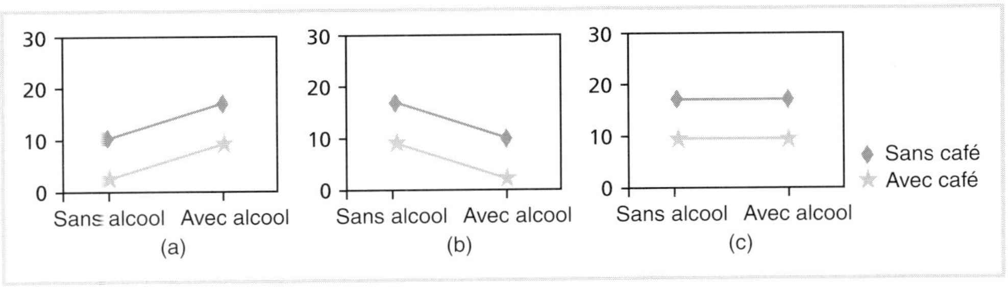

Figure 10.6
Diagrammes illustrant l'absence d'interaction

Cette figure montre que, lorsqu'il n'y a pas d'interaction entre les facteurs, les lignes représentant l'effet du café sont parallèles. Lorsque nous observons des lignes parallèles comme celles-ci, nous pouvons être certains qu'il n'y a pas d'interaction notable. Que nous dit en effet le parallélisme des lignes ? Si vous comparez les conditions avec et sans alcool dans les trois cas de la figure 10.6, vous pourrez voir que les participants font plus d'erreurs sans café qu'avec café, aussi bien avec que sans alcool. Aussi, nous avons le même type d'effet du café sur la conduite quelle que soit la condition associée à l'alcool : il n'y a donc pas d'interaction.

À quoi peut ressembler le graphe dans le cas d'une interaction ? Regardez pour le savoir la figure 10.7.

Les différents diagrammes de cette figure illustrent des interactions diverses. La caractéristique clef qui revient tout le temps dans ces diagrammes est que les lignes ne sont pas parallèles. Dans chacun de ces cas, vous verrez que les résultats de l'étude diffèrent selon qu'on est dans la situation avec ou sans alcool. Si vous commencez par l'exemple (a), vous pourrez constater que dans un tel cas, nous observons un effet négatif du café dans la situation sobre, puisque le nombre d'erreurs est supérieur avec le café dans le cas où on n'a pas bu d'alcool. En revanche, la tendance est inverse dans la condition avec alcool. Dans ce cas (partie droite), le café implique en effet une diminution du nombre d'erreurs. Dans le deuxième exemple (b), il semble ne pas y avoir de différence entre les situations avec et sans café si l'on est sobre. Par contre, l'effet (négatif) du café sur la conduite

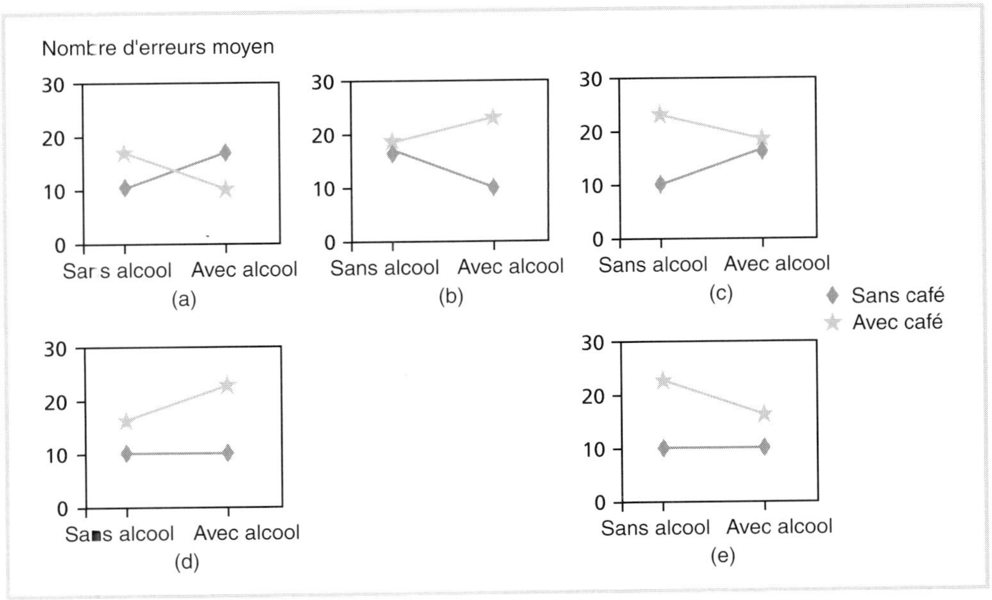

Figure 10.7
Diagrammes illustrant divers types d'interaction

est très net dans la situation avec alcool. Le diagramme (c), quant à lui, montre une situation inverse de celle de l'exemple (b) : alors que le café n'a aucun effet si on a bu, il a un effet très négatif si l'on est sobre. Passons maintenant au diagramme (d). Ici, nous voyons que le café a un effet négatif sur la conduite que l'on ait bu ou non. Mais cet effet est bien plus net si nous avons bu de l'alcool. Enfin, le diagramme (e) montre une forme de réciproque du (d) : c'est dans la situation sobre que le café a le plus d'impact sur la conduite.

Gardez à l'esprit que la seule contemplation d'un diagramme ne vous permet pas de savoir si vous avez ou non une interaction significative entre les facteurs. Le diagramme en courbe vous donne seulement une indication, mais il reste indispensable de consulter les résultats numériques de l'anova pour conclure. Par contre, il est important d'utiliser les diagrammes en association avec les résultats du test, afin de mieux comprendre *comment* s'exprime l'interaction si elle existe.

5.4 *Interprétation des effets principaux sous interaction*

Il faut être très prudent dans l'interprétation des effets principaux si l'interaction est significative. Ils doivent être interprétés uniquement s'ils sont vraiment pertinents pour la recherche que vous menez. Dans le cas contraire, il est certainement préférable de se concentrer sur l'interaction. De grandes difficultés se présentent en effet lorsqu'on veut interpréter des effets principaux alors que l'interaction agit significativement sur la variable dépendante. Reprenons l'exemple de la figure 10.7(b). Dans la situation sans alcool, nous avons dit que le café n'a pas d'effet. Au contraire, il a un effet négatif dans la situation avec alcool. L'effet principal est donc négatif. Mais peut-on honnêtement dire « le café a un effet négatif sur la conduite », sans préciser que ça n'est vrai que dans une condition ? c'est pour le moins trompeur. Ainsi, l'effet principal négatif du café sur la conduite n'est pas interprétable simplement dans un tel cas, et mieux vaut ne pas y faire référence, car

Activité 10.4

Quels graphes suggèrent une interaction entre les VI ?

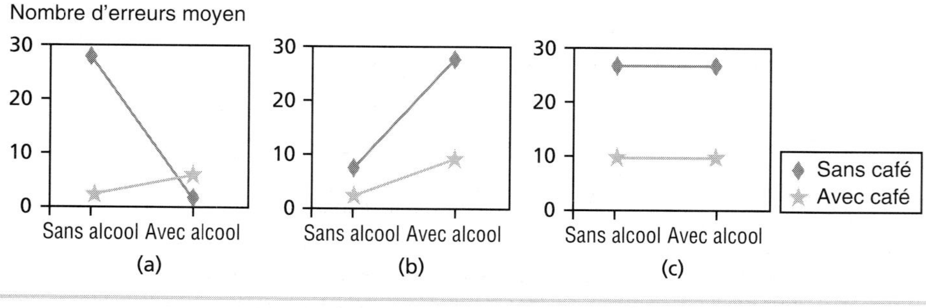

vous risqueriez d'induire vos lecteurs en erreur. Si vous dites que le café a un effet principal négatif, les gens imaginerons plus volontiers quelque chose comme le diagramme 10.7(d). Si l'on s'en tient aux données fournies par l'analyse de variance, on verra que les deux VI ont un effet (principal), alors qu'une telle assertion conduit à imaginer quelque chose de tout à fait différent de ce qui se produit réellement. Il est donc très important de prendre en compte l'illustration des effets, surtout dans le cas d'une interaction entre les facteurs. Pour citer Howell (1998, page 468) :

> L'expérimentateur doit examiner ses données avec attention : tel est l'un des points qu'il convient de souligner lorsqu'on s'attache aux effets simples. Représenter les données et examiner leur signification est une partie importante, sinon *la plus* importante, de l'analyse appropriée de tout ensemble de données.

5.5 *Effets simples*

Les divers scénarios que nous avons présentés ci-dessus vous montrent l'importance de l'illustration graphique, qui vous permet de bien comprendre quels sont vos effets principaux et comment est organisée l'interaction. Si vous trouvez une interaction significative, alors il est largement préférable de bien regarder ces représentations pour comprendre en détail ce qui se passe dans chaque condition. Vous pouvez faire cela en analysant les *effets simples*. Un effet simple est l'effet de l'une des VI sur la VD pour *un* niveau fixé de l'autre facteur. Par exemple, on pourrait comparer les groupes avec et sans café (donc étudier l'effet du café sur la conduite) dans la condition sans alcool. Cela est un effet simple. En général, nous avons des idées *a priori* concernant les moyennes des différentes cellules, et nous savons par avance quels effets simples il nous faudra étudier. L'analyse des effets simples se fait – possiblement – par des tests de Student si on a seulement deux niveaux, ou par des anova simples dans le cas contraire. SPSS s'occupe bien entendu des calculs pour vous. Ceci dit, pour que SPSS arrive à le faire correctement, il nous faudrait apprendre le *langage de syntaxe* SPSS[3]. Un tel apprentissage dépasse très largement ce que nous souhaitons présenter dans cet ouvrage. C'est pourquoi nous vous suggérons tout simplement de réaliser des tests de Student ou des anova simples sur les données pour repérer les effets simples qui vous intéressent. Pour les données que nous avons inventées ici et présentées dans le tableau 10.4 (l'exemple initial du chapitre dans le cadre des plans inter-sujets), les résultats pour les effets simples sont les suivants :

Alcool = non. Statistiques de groupe

	café	N	Moyenne	Ecart-type	Erreur standard moyenne
score	non	12	7,92	3,315	,957
	oui	12	5,75	3,279	,946

3. On peut aussi utiliser la méthode proposée par Howell. Il suffit pour cela de réaliser des anovas séparées pour chaque effet recherché et de recalculer ensuite le *F* obtenu, en utilisant les CM de l'analyse originelle à la place de celui des analyses simples. Voir Howell (1998) pour des détails sur cette méthode.

Test d'échantillons indépendants[a]

		Test de Levene sur l'égalité des variances		Test-t pour égalité des moyennes						
									Intervalle de confiance 95% de la différence	
		F	Sig.	t	ddl	Sig. bil	dif moy	dif moy	Inférieure	Supérieure
score	Hypothèse de variances égales	,027	,872	1,610	22	,122	2,17	1,346	-,625	4,958
	Hypothèse de variances inégales			1,610	21,997	,122	2,17	1,346	-,625	4,958

a. alcool = non

Ces résultats concernent le cas sans alcool. Nous avons en effet comparé les groupes avec et sans café, mais en ne prenant en compte que les personnes n'ayant pas bu d'alcool. Les moyennes que nous comparons ainsi sont indiquées par la flèche sur la figure 10.8(a). Le test de comparaison de moyennes nous indique que lorsqu'on teste la différence entre les conditions avec et sans café, dans le cas de personnes sobres, on trouve $t = 1{,}610$, $p = 0{,}122$. La différence n'est donc pas significative.

Le deuxième effet simple associé au café est testé ci-dessous :

Alcool = oui. Statistiques de groupe

	café	N	Moyenne	Ecart-type	Erreur standard moyenne
score	non	12	21,25	3,720	1,074
	oui	12	9,00	3,075	,888

Test d'échantillons indépendants[a]

		Test de Levene sur l'égalité des variances		Test-t pour égalité des moyennes						
									Intervalle de confiance 95% de la différence	
		F	Sig.	t	ddl	sig bil	Différence moyenne	Différence écart-type	Inférieure	Supérieure
score	Hypothèse de variances égales	,173	,682	8,792	22	,000	12,25	1,393	9,360	15,140
	Hypothèse de variances inégales			8,792	21,247	,000	12,25	1,393	9,355	15,145

a. alcool = oui

Ce test de Student montre que dans la situation alcoolisée il existe une différence significative entre les deux conditions définies par le café. Les détails à rapporter sont $t(22) = 8{,}79$ et $p < 0{,}001$. Cette analyse est illustrée par le graphique 10.8(b). Nous disons que p est inférieur à 0,001 car SPSS inscrit 0,000, ce qui indique que

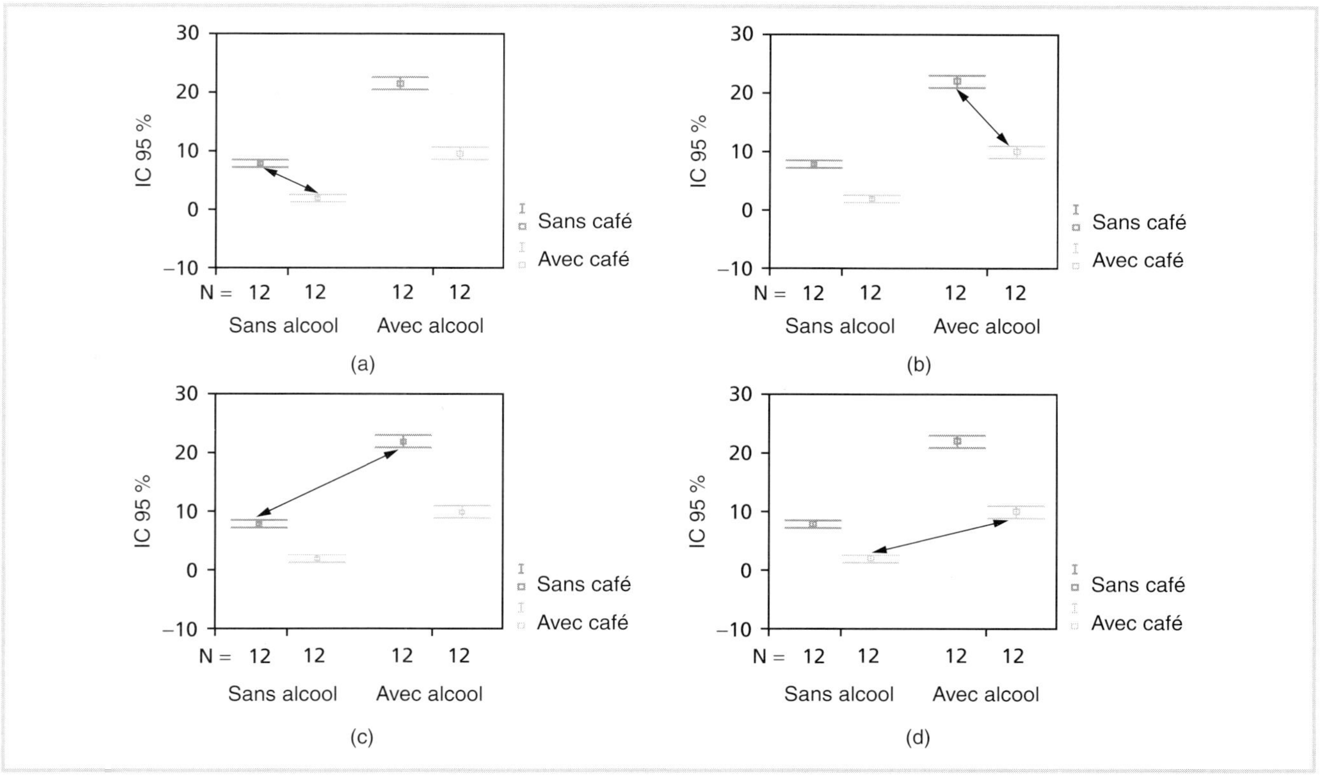

Figure 10.8
Diagrammes de variation montrant des effets simples

la troisième décimale est inférieure à 1, mais comme SPSS n'écrit que trois décimales, nous ne savons pas ce qu'il y aurait après.

Nous avons étudié l'effet de la caféine dans les deux groupes définis par l'alcool. Mais nous pouvons tout aussi bien étudier l'effet de l'alcool dans chaque groupe formé par le café. Le test de la différence entre les groupes avec et sans alcool dans les cas sans caféine et avec est présenté ci-dessous. Le premier test étudie la différence indiquée sur la figure 10.8(c).

Café = oui. Statistiques de groupe

	alcool	N	Moyenne	Ecart-type	Erreur standard moyenne
score	non	12	5,75	3,279	,946
	oui	12	9,00	3,075	,888

Café = non. Statistiques de groupe

	alcool	N	Moyenne	Ecart-type	Erreur standard moyenne
score	non	12	7,92	3,315	,957
	oui	12	21,25	3,720	1,074

Testd'échantillonsindépendants[a]

		Test de Levene sur l'égalité des variances		Test-t pour égalité des moyennes						
									Intervalle de confiance 95% de la différence	
		F	Sig.	t	ddl	sig bil	diff moy	dif ecart type	Inférieure	Supérieure
score	Hypothèse de variances égales	,005	,945	-9,269	22	,000	-13,33	1,439	-16,317	-10,350
	Hypothèse de variances inégales			-9,269	21,714	,000	-13,33	1,439	-16,319	-10,348

a. café = non

Cette sortie montre qu'il y a une différence significative entre les conditions définies par l'alcool, dans le cas où les participants n'ont pas bu de café. On écrirait $t(22) = 9{,}27$, $p < 0{,}001$.

Le dernier effet simple que nous pouvons étudier est donné ci-dessous. Il s'agit de l'effet simple de l'alcool sous la condition « café = oui ». Le test de Student correspondant à cette comparaison oppose les deux conditions sobre et sous alcool, dans le cas de personnes ayant bu du café (voir figure 10.8(d)). L'analyse montre une différence significative entre les deux groupes. Les détails à rapporter sont : $t(22) = 2{,}51$, $p = 0{,}02$.

Test d'échantillons indépendants[a]

		Test de Levene sur l'égalité des variances		Test-t pour égalité des moyennes						
									Intervalle de confiance 95% de la différence	
		F	Sig.	t	ddl	sig bil	Différence moyenne	Différence écart-type	Inférieure	Supérieure
score	Hypothèse de variances égales	,059	,810	-2,505	22	,020	-3,25	1,298	-5,941	-,559
	Hypothèse de variances inégales			-2,505	21,910	,020	-3,25	1,298	-5,942	-,558

a. café = oui

Vous devriez être capable de voir que l'alcool a un effet significatif dans chacune des deux conditions définies par le café. Bien que la signification soit à prendre avec des pincettes du fait que nous avons réalisé une série de comparaisons, nous considérons tout de même ces deux effets comme significatifs. Cela indique alors que l'effet principal de l'alcool correspond à une réalité et n'est pas le résultat trompeur d'une interaction. Au contraire, le café n'a d'effet notable que sous certaines conditions, et bien que l'effet principal du café soit très significatif, nous ne dirions pas ici « le café a un effet sur la conduite », parce que cet effet n'est avéré que dans certaines situations d'alcoolémie. Dans le cas de l'alcool par contre, puisque l'effet négatif de l'alcool est confirmé à la fois pour des personnes n'ayant pas pris de café et d'autres en ayant bu, on pourra résumer tout cela en disant simplement, sur la base aussi de l'effet principal, que « l'alcool a un effet négatif sur la conduite ». Ces résultats vous montrent encore une fois qu'il ne faut pas conclure hâtivement sur

Activité 10.5

Quelle expression décrit un effet simple ?

(a) La différence entre chewing gum et pas de chewing gum en situation de discussion

(b) La différence globale entre les situations avec et sans thé

(c) L'effet du bruit en situation d'examen de mathématiques

(d) L'effet d'une thérapie cognitive sur le contrôle de la peur dans la population générale.

la base des résultats des effets principaux testés. Ici, alors que nous pouvons dire « l'alcool a un effet sur la conduite, puisque l'effet principal est démontré », nous ne dirions pas « le café a un effet sur la conduite », bien que l'effet principal soit également significatif. C'est assurément seulement lorsque les participants ont bu que nous trouvons un impact vraiment significatif du café.

Dans la pratique, il faudrait être encore plus prudent. En effet, plus nous testons d'effets simples, et plus le risque d'erreur de l'ensemble est grand. Nous avions déjà discuté ce point au chapitre 9. Lorsque vous réalisez une série de tests ou d'analyses statistiques, il est important de corriger le risque pour l'ajuster à cette situation. Bien souvent, lorsque vous vous lancez dans une anova, vous avez au préalable émis des hypothèses concernant les effets principaux, simples, ou de l'interaction entre les deux facteurs. Il faut utiliser ces prédictions pour planifier la recherche d'effets simples. Moins on recherche d'effets simples, et plus on a de chances de ne pas se tromper. C'est ce qu'on appelle des comparaisons planifiées ou *a priori*. Lorsque vous faites de nombreuses comparaisons, par exemple lorsque vous réalisez *toutes* les comparaisons possibles (comme nous venons de le faire), il faut ajuster le α en fonction du nombre de comparaisons effectuées ou prévues (voyez ou revoyez la section concernant les tests post hoc dans le chapitre précédent). Dans notre cas, puisque nous comparâmes 4 couples de résultats, il nous faut diviser le risque par 4, soit ici un risque maximum admissible de 0,05 / 4 = 0,0125. Lorsque nous faisons cela, nous devons conclure que l'effet simple de l'alcool en présence de café n'est pas significatif ($p = 0{,}02$), et il faudrait en fait considérer cette différence comme potentiellement due aux erreurs d'échantillonnage.

5.6 *Taille d'effet*

Le calcul des tailles d'effet est similaire à celui que nous avions exposé dans le cas d'une anova simple au chapitre 9. Il existe plusieurs mesures d'effet pour l'anova, mais SPSS est programmé pour fournir le coefficient η^2 (êta-carré partiel). C'est donc celui que nous présenterons ici.

Le η^2 partiel est très facile à obtenir avec SPSS, tant pour des VI inter-sujets qu'intra-sujets. Vous pourriez noter en regardant les sorties SPSS fournies plus haut que les η^2 ne font pas, une fois additionnés, 1. Cela vient du fait que le η^2 ne décrit pas la répartition d'une grandeur. Il est défini comme le rapport des sommes de carrés et des sommes de carrés auxquelles on ajoute la somme des carrés de l'erreur :

$$\eta^2 = \frac{SC_{\text{effet}}}{SC_{\text{effet}} + SC_{\text{erreur}}}$$

Pour l'effet de l'alcool, par exemple, le coefficient vaut

$$\eta^2_{\text{alcool}} = \frac{SC_{\text{alcool}}}{SC_{\text{alcool}} + SC_{\text{erreur}}} = \frac{825{,}021}{825{,}021 + 495{,}417}$$

Tous les η^2 fournis dans la table de la page sont calculés sur ce principe. Ces analyses nous disent que 62,5 % des variations de la conduite peuvent être attribuées à l'alcool [4]. Ce η^2 partiel est très utile pour mesurer globalement la taille d'un effet pour une VI. Si, en revanche, vous souhaitez seulement comparer deux groupes (la taille d'un effet simple, par exemple), il est préférable d'utiliser le *d* que nous avions présenté au chapitre 9, et même 6.

5.7 *Rédaction d'un compte rendu*

Lorsque vous avez réalisé une telle analyse, vous pouvez la retracer par exemple comme ceci :

> Les moyennes et les intervalles de confiance (niveau de confiance 95 %) correspondant, pour les conditions avec/sans alcool et avec/sans caféine sont représentés sur la figure 10.9. Le graphique suggère que l'effet du café, remarquable dans le cas où les participants ont ingéré de l'alcool, est peu significatif dans le cas contraire. Il apparaît d'autre part (les intervalles de confiance ne se recoupent presque pas) que les conditions avec et sans alcool sont très différentes. Il semble donc que l'alcool ait un effet néfaste sur la conduite, et ce avec ou sans caféine. Ceci dit, le diagramme suggère aussi une interaction entre les deux facteurs.
>
> Nous avons analysé le nombre d'erreurs de conduite en utilisant une anova pour deux facteurs inter-sujets, à savoir l'alcool (oui/non) et la caféine (oui/non). L'effet principal de l'alcool est significatif ($F(1 ; 44) = 73{,}27$, $p < 0{,}001$), ainsi que celui du café ($F(1 ; 44) = 55{,}38$, $p < 0{,}001$), et que l'effet de l'interaction ($F(1 ; 44) = 27{,}09$, $p < 0{,}001$, $\eta^2 = 0{,}38$). 63 % des variations de la VD peuvent être attribuées à l'alcool selon le η^2 partiel. Cet effet est négatif, puisque le groupe sans alcool fait globalement moins d'erreurs (moyenne 6,83 contre 15,13). Au contraire, le café semble avoir un effet positif sur la conduite, puisque le nombre moyen d'erreurs est de 7,38 avec café, mais de 14,58 sans.
>
> L'importance et la forme de l'interaction, qui explique 38 % des variations totales, ont été étudiées plus en détail grace à une série de tests de comparaison de moyennes. La correction pour comparaisons multiples (quatre comparaisons) pousse à fixer un risque de 0,0125. Avec ce seuil, les seuls effets significatifs sont celui de la caféine sous alcool ($t(22) = 8{,}79$, $p < 0{,}001$, $d = 3{,}61$) et celui de l'alcool dans la condition sans caféine ($t(22) = 9{,}27$, $p < 0{,}001$, $d = 3{,}79$). Au contraire, l'effet de la caféine dans la condition sans alcool n'est pas significatif ($t(22) = 1{,}61$, $p = 0{,}0122$, $d = 0{,}66$), ni l'effet de l'alcool sous caféine ($t(22) = 2{,}51$, $p = 0{,}020$, $d = 1{,}02$).

4. Si l'on ne tient pas compte du café. Ce coefficient « oublie » que le café est aussi étudié, et c'est pourquoi la somme des η^2 ne fait pas 100 %. [ndt]

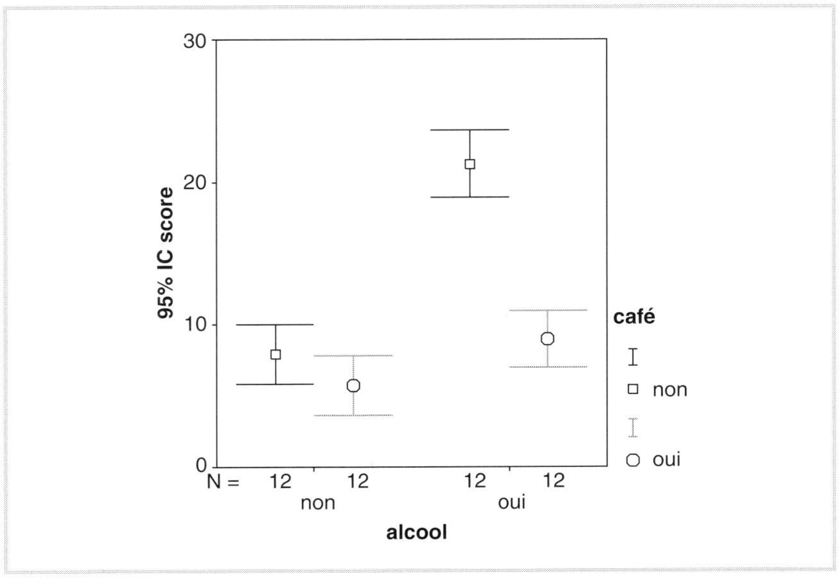

Figure 10.9

Diagramme de variation du nombre d'erreurs de conduite en fonction des VI alcool et café. On donne les intervalles de confiance au niveau 95 %

Exemple : le sexe des préjugés

Ekehammar et ses collaborateurs (2003) ont étudié les préjugés implicites en fonction du sexe. Ils ont présenté à des hommes et des femmes des visages que les gens devaient juger. Selon le cas, il s'agissait de visages suédois ou, dans une autre situation, de visages d'étrangers immigrés en Suède. Les personnes entendaient une histoire (toujours la même) décrivant ce qui était arrivé (prétendument) à la personne dont le visage s'affichait. Les volontaires devaient ensuite évaluer le caractère plus ou moins sympathique du personnage en fonction de cette histoire. Les auteurs présentent ainsi leurs résultats :

Pour l'analyse, une anova 2 (visage suédois/immigré) × 2 (sexe masculin/féminin) a été utilisée, avec pour VD l'évaluation du caractère du personnage. Aucun effet significatif du visage n'est apparu (F(1 ; 39) = 0,94, p = 0,94), suggérant un effet global négligeable du type de visage sur l'évaluation du personnage. L'interaction entre le sexe et le type de visage est en revanche significative (F(1 ; 39) = 5,63, p = 0,02). Un test post hoc a été utilisé pour affiner ces résultats. Il apparaît que les femmes ont des préjugés plus marqués que les hommes à l'encontre des immigrés, ce qui expliquerait l'interaction.

Les détails sont directement issus de l'article de Ekehammar et ses collègues. Vous pouvez voir qu'ils ont bien rapporté les valeurs exactes des *p*-values et non pas seulement le caractère significatif ou non de chaque effet.

Vous pouvez aussi remarquer que, dans l'étude de Ekehammar *et al.* (2003), l'effet principal du sexe n'est pas fourni. Il est pourtant probable que les auteurs avaient

Activité 10.6

Parmi les mesures suivantes, lesquelles indiquent la magnitude (taille) de l'effet dans le cadre d'une anova ?

(a) d

(b) r^2

(c) η^2 partiel.

prévu de l'étudier (et, sans doute, ils n'en parlent pas parce que les résultats ne sont pas intéressants).

Autrement dit, *trois* tests étaient sans doute prévus au départ : ceux portant sur les deux effets principaux, et celui relatif à l'interaction. La conclusion des chercheurs (pas d'effet principal, mais un effet de l'interaction) est donc la combinaison de trois conclusions simples. Dans une telle situation, ils auraient dû corriger le risque, et n'accepter qu'un risque de $\frac{0,05}{3} = 0,017$. Dans ce cas, ils ne pourraient pas conclure à la significativité de l'interaction. En revanche, si le test de l'effet principal du sexe avait été exclu dès le départ (avant l'expérience), alors leur conclusion est seulement la combinaison de *deux* conclusions simples, et le risque acceptable est alors 0,025. Dans ce cas, leur résultat est correct.

En tout état de cause, il eût été préférable qu'ils indiquassent [5] leurs *a priori*.

SPSS : deux facteurs inter-sujets

Les variables

Comme pour toute analyse statistique, la première chose à faire est d'entrer vos données. La bonne manière de le faire est présentée ci-dessous :

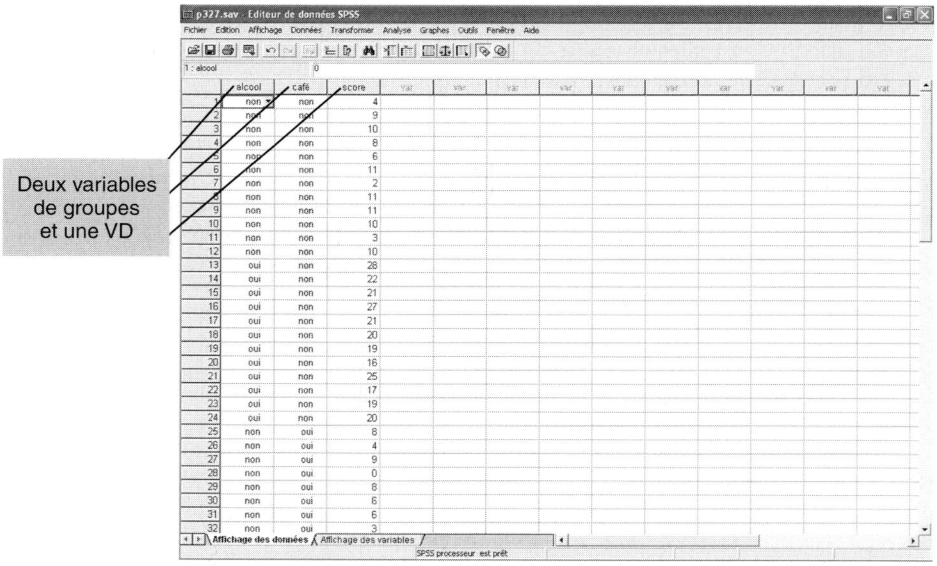

	alcool	café	score
1	non	non	4
2	non	non	9
3	non	non	10
4	non	non	8
5	non	non	6
6	non	non	11
7	non	non	2
8	non	non	11
9	non	non	11
10	non	non	10
11	non	non	3
12	non	non	10
13	oui	non	28
14	oui	non	22
15	oui	non	21
16	oui	non	27
17	oui	non	21
18	oui	non	20
19	oui	non	19
20	oui	non	16
21	oui	non	25
22	oui	non	17
23	oui	non	19
24	oui	non	20
25	non	oui	8
26	non	oui	4
27	non	oui	9
28	non	oui	0
29	non	oui	8
30	non	oui	6
31	non	oui	6
32	non	oui	3

Lorsque vous entrez des données correspondant au cas de deux variables inter-sujets, il vous faut déclarer deux variables de groupes. Dans ces colonnes, vous indiquerez les numéros correspondant au groupe concerné pour chaque participant. Nous avons ici codé non par 0 et oui par la valeur 1. Ainsi, une personne qui se trouve dans la situation sans alcool et sans café correspondra à « café = 0 » et « alcool = 0 ». De même, un individu du

5. C'est toujours un plaisir de caser un imparfait du subjonctif !

groupe sans café mais avec alcool correspondra à 1 (ou oui) dans la colonne « alcool », mais 0 (ou non) dans la colonne « café ». Il vous faut enfin déclarer la troisième variable, qui est la VD numérique – ici « score » – soit en fait le nombre d'erreurs de conduite.

Statistiques descriptives

La première partie de votre analyse consiste à calculer des statistiques descriptives pour chaque groupe. Nous avons quatre groupes, mais la procédure pour obtenir les statistiques n'est pas directe si l'on souhaite avoir les résultats pour les quatre groupes séparément. Pour cela, nous devons commencer par scinder notre fichier en deux parties : celle contenant les données pour la condition sobre, et celle contenant les observations correspondant à la condition avec alcool. Une fois que nous aurons fait cela, nous pourrons lancer nos analyses sur le lien entre la caféine et la VD. SPSS nous fournira alors les résultats demandés pour chacune des deux parties de l'ensemble des observations, donc pour la situation avec alcool, puis sans alcool. De cette manière, nous aurons accès à chacun des groupes.

Il existe en réalité une procédure bien plus simple. Si nous présentons tout de même la procédure utilisant la coupure en deux du fichier, c'est qu'elle est utile pour d'autres choses (notamment pour étudier les effets simples).

La procédure la plus simple est de sélectionner *Analyse > Rapport > Récapitulatif des observations*. Vous pouvez alors cliquer sur *Statistiques* pour choisir les statistiques descriptives qui vous intéressent. Mais revenons à la première méthode.

La première étape est donc de séparer le fichier en deux. Pour cela, il faut choisir *Données > Scinder un fichier*.

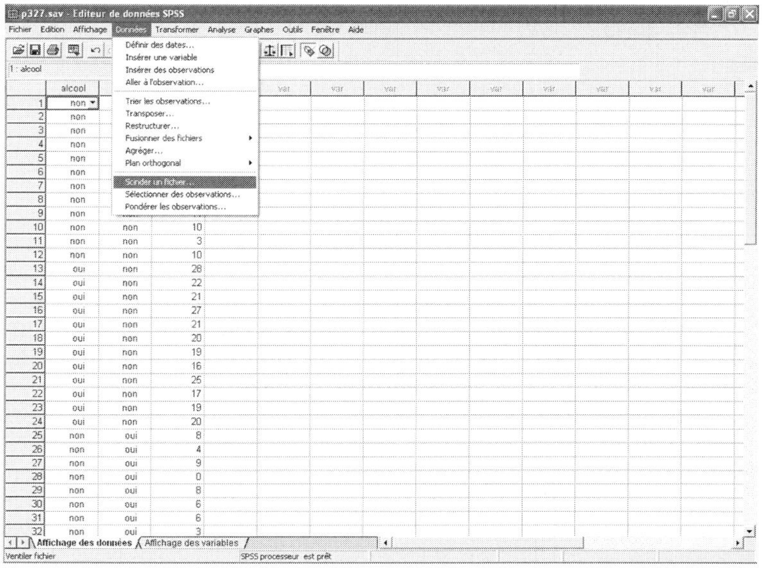

ce qui vous amène à la fenêtre suivante

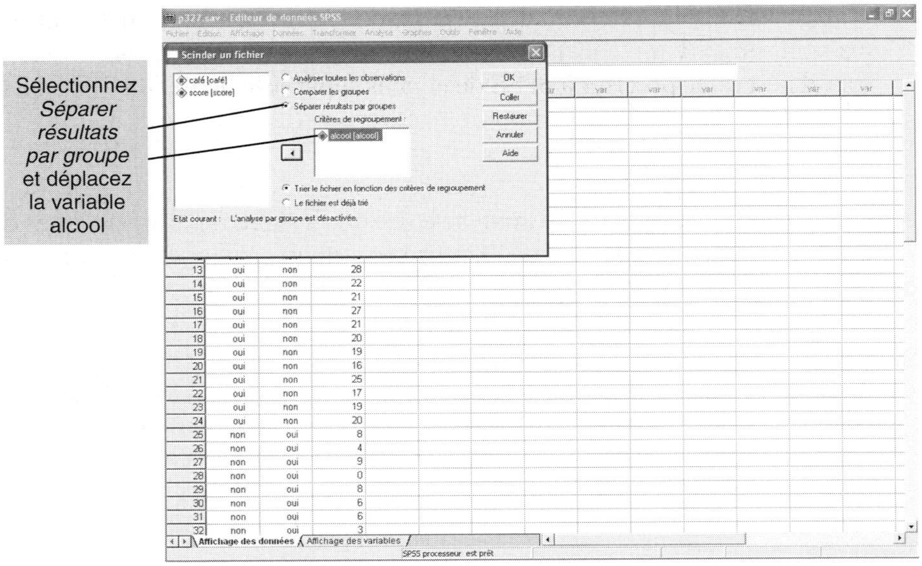

Il vous faut maintenant choisir l'option *séparer résultats par groupe*, et déplacer la variable alcool dans la zone correspondante (critères de regroupement). Une fois cela effectué, vous pouvez cliquer sur *OK*. Désormais, tout ce que vous demanderez à SPSS sera séparé en deux parties : une pour la condition sans alcool, une pour la situation avec. L'étape suivante consiste à réclamer des caractéristiques. Pour cela, choisissez *Analyse > Statistiques descriptives > Explorer* ce qui vous mène à

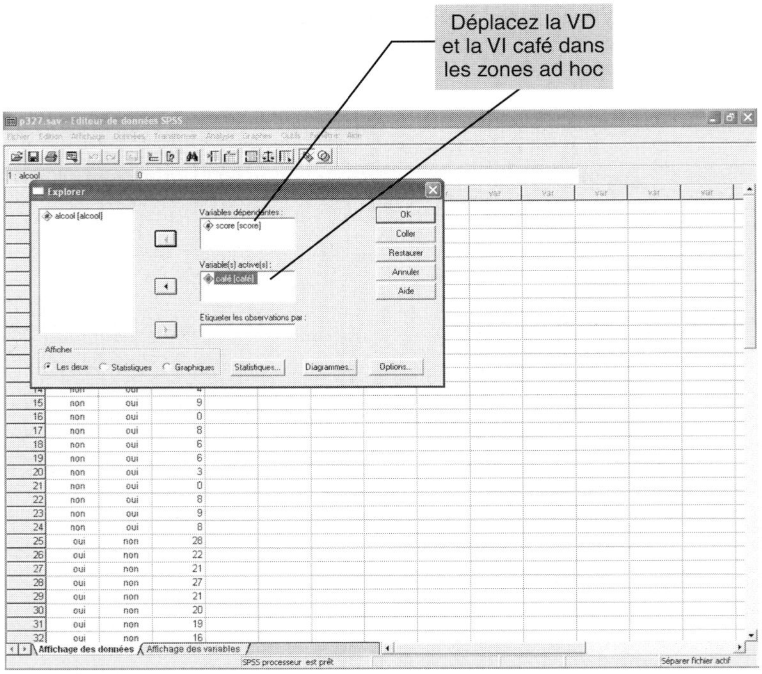

Lorsque SPSS réalisera ces calculs, il produira deux séries de résultats. De cette manière, vous pourrez voir les résultats des quatre groupes séparés, y compris les boîtes à moustaches ou les histogrammes si vous le souhaitez.

Une fois obtenues les statistiques descriptives des quatre groupes, vous voudrez bien sûr réaliser l'anova en utilisant toutes les données disponibles à la fois. Il faut donc préciser à SPSS de ne plus séparer le fichier en deux parties selon le niveau d'alcool. Si vous ne faites pas cela, SPSS essaiera de réaliser l'anova sur chacune des deux parties du fichier, ce qui est incorrect et donnerait des résultats absurdes. C'est pourquoi nous devons retourner dans la boîte de dialogue qui nous a permis de scinder le fichier, pour rétablir la configuration initiale. Pour cela, sélectionnez *Données > Scinder un fichier*. Dans la boîte de dialogue qui apparaît, choisissez *Analyser toutes les observations :*

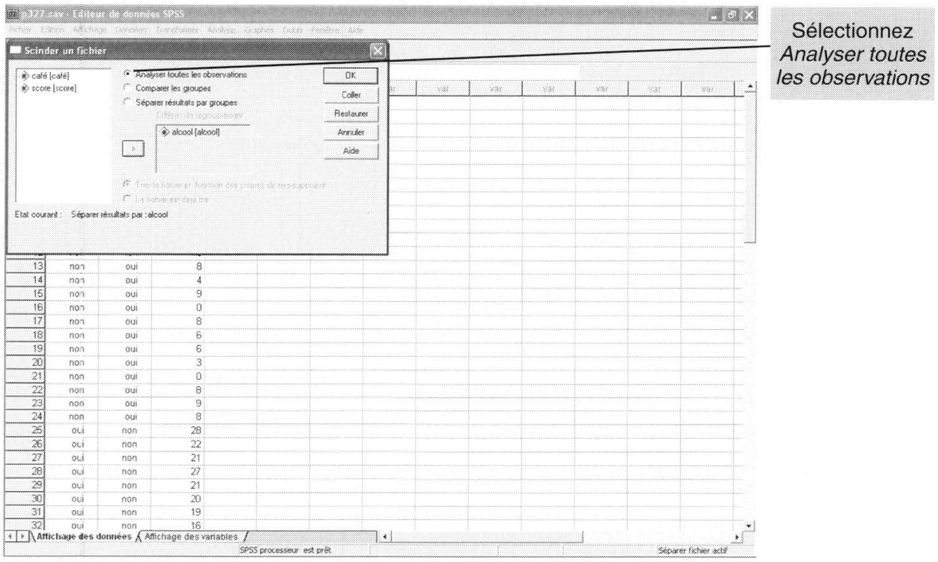

L'ANOVA

Pour obtenir l'anova proprement dite, choisissez *Analyse > Modèle linéaire général > Univarié.*

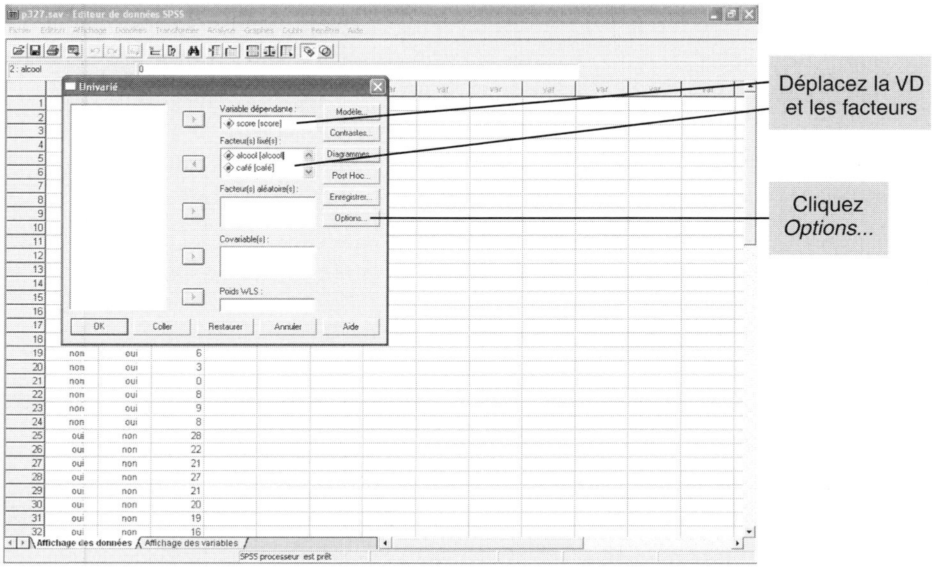

Une fois qu'arrive la boîte de dialogue correspondante, déplacez la VD et les facteurs (VI) dans les zones *ad hoc*, comme sur l'image ci-dessus. Pour obtenir des informations sur les tailles d'effet (effets principaux et interaction) il faut aller dans *Options....* Vous arrivez alors à :

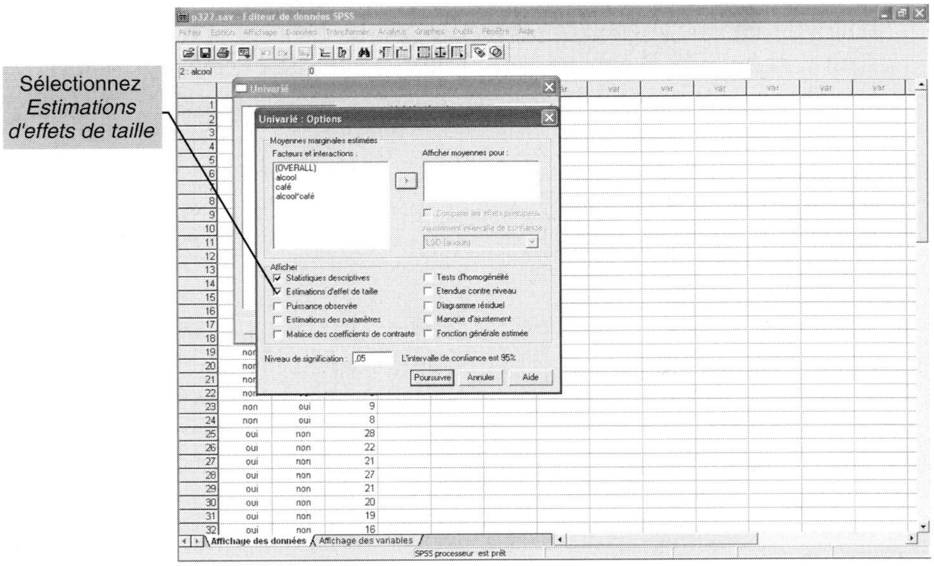

Sélectionnez *Estimations d'effets de taille*[6] ainsi que *Statistiques descriptives* si vous le souhaitez (mais nous avons déjà les statistiques descriptives nécessaires grâce à la première manipulation), puis utilisez le bouton *Poursuivre*. Finissez par *OK*, et l'analyse tourne. Les résultats qui apparaîtront à l'écran devraient être similaires à ceux que nous avions présentés plus tôt (page 367).

Pour étudier les effets simples, nous allons maintenant utiliser des tests de comparaison de moyennes. Ceci dit, la procédure n'est pas, une fois encore, totalement directe. Nous souhaitons en effet comparer des groupes mais pour *un* niveau fixé d'une des deux VI. Par exemple, nous commençons par chercher l'effet de l'alcool dans la condition sans café, puis à nouveau dans la condition avec café. Il nous faut donc, une fois de plus, demander à SPSS de séparer les cas avec et sans café, autrement dit d'utiliser la variable café pour scinder le fichier des observations. Cela se fait, comme nous l'avons déjà vu plus haut, via le menu *Données > Scinder un fichier :*

6. Le logiciel a vraisemblablement été mal traduit, car c'est bien « estimations de tailles d'effet » qu'il faut comprendre. [ndt]

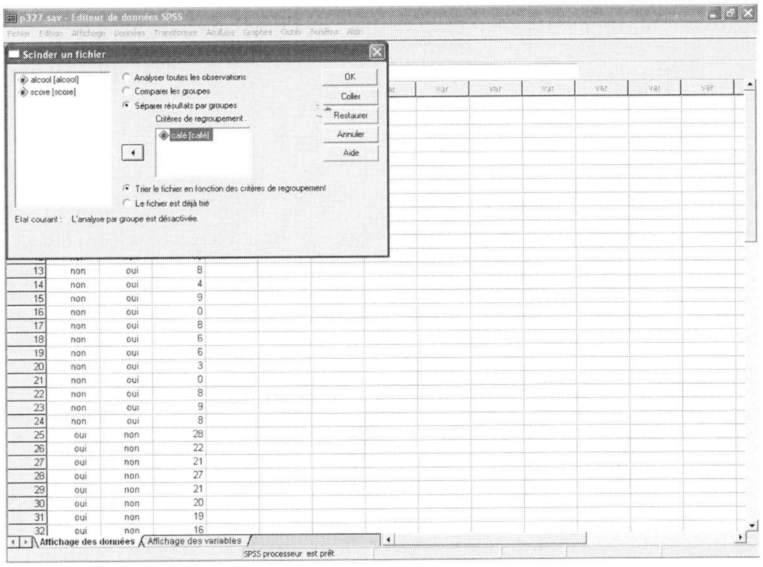

Une fois que vous avez fait cela, cliquez *OK* et le fichier sera à nouveau séparé en deux (mais selon le niveau de café et non d'alcool). Vous pouvez maintenant réaliser vos tests de comparaison de moyennes avec la VI alcool et la VD score. SPSS réalisera à chaque fois deux comparaisons de moyennes, l'une pour la condition sans café, et l'autre dans la condition inverse.

Il vous faudra réaliser de nouvelles comparaisons de moyennes si vous voulez également comparer les niveaux de café pour les conditions avec alcool et sans alcool séparément. Pour cela, il faudra retourner au menu *Données > Scinder un fichier* et sélectionner comme critère de regroupement *alcool* au lieu de *café*. Demandez ensuite à SPSS de réaliser des tests de comparaison de moyennes avec la VI café, et vous aurez alors tous les résultats souhaités.

N'oubliez pas, une fois votre étude des effets simples ainsi terminée, de retourner encore une fois dans le menu *Scinder un fichier* pour dire à SPSS de ne plus séparer les observations, mais au contraire de prendre en compte toutes les observations.

DIAGRAMMES DE VARIATION

Si vous souhaitez obtenir des diagrammes de variation (ce qui serait une bonne idée), il vous faudra sélectionner, dans le menu déroulant *Graphes*, l'option *Barre d'erreur*.

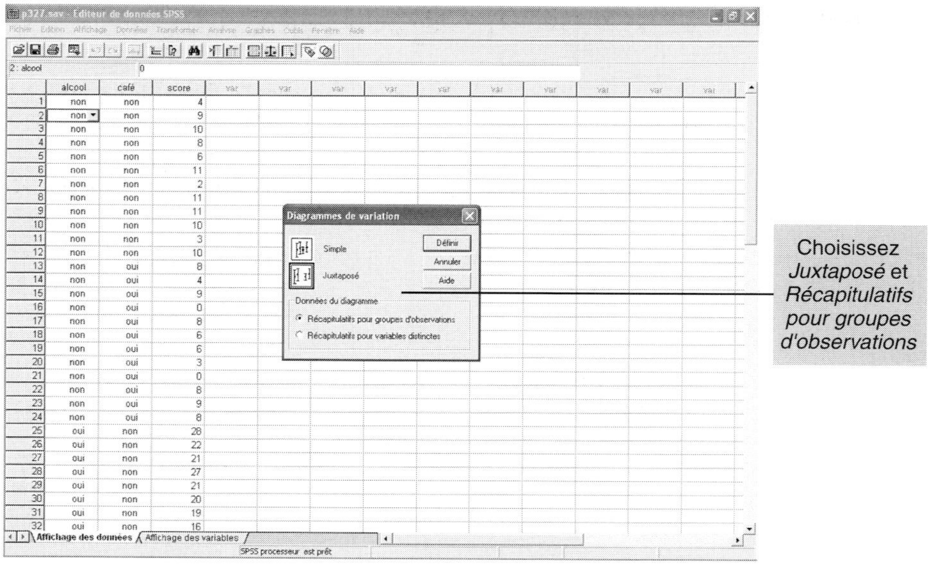

Il vous choisir *Juxtaposé* car il y a plusieurs VI, ainsi que *Récapitulatifs pour groupes d'observations* car chaque bâton représente un groupe. Cliquez ensuite sur *Définir*. Le nouvel écran ressemble à celui ci-dessous. Il vous faut maintenant déplacer la VD « score » dans la zone *Variable*, et définir par exemple alcool comme *Axe de modalités*, et mettre café dans *Définir les groupes par*. Cliquez pour finir sur *OK*, ce qui vous donnera le graphique voulu. Votre diagramme devrait être similaire à celui de la figure 10.3 (mais sans ligne entre les moyennes).

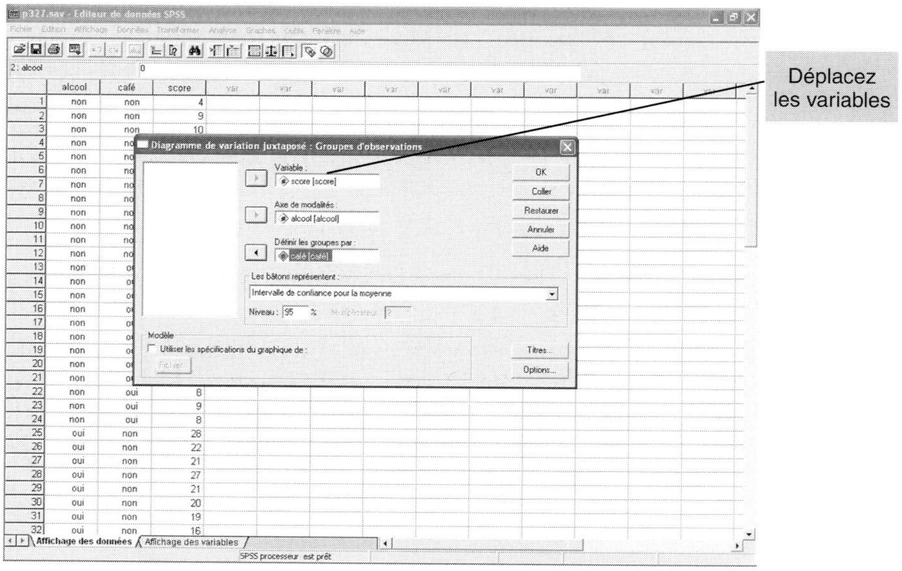

6 Deux facteurs intra-sujets

Vous venez de découvrir comment traiter le cas d'une anova pour deux facteurs inter-sujets, et comment analyser l'interaction dans un tel cas. Passons maintenant au cas de deux variables intra-sujets. Nous conservons le cadre, l'exemple et les valeurs numériques de la section précédente, afin de bien montrer les différences que l'on peut noter entre les plans inter-sujets et intra-sujets. La répartition des participants dans les différentes conditions est maintenant similaire à celle du tableau 10.5. Comparez cela avec le tableau 10.4 (cas inter-sujets).

Tableau 10.5

Répartion des sujets dans les différentes conditions dans le cadre d'un plan totalement intra-sujets

Participants	Sans alcool		Avec alcool	
	Sans café	Avec café	Sans café	Avec café
1	4	8	28	5
2	9	4	22	6
3	10	9	21	14
4	8	0	27	8
5	6	8	21	14
6	11	6	20	5
7	2	6	19	11
8	11	3	16	8
9	11	0	25	10
10	10	8	17	11
11	3	9	19	8
12	10	8	20	8

Vous devriez pouvoir remarquer tout de suite que nous avons désormais 12 participants et non plus 48, mais que chacun participe à toutes les conditions – au nombre de quatre – de l'expérience. Il participe ainsi à chaque cellule du tableau. Il est évidemment délicat de réaliser en une seule fois une telle chose, et c'est pourquoi on fait en général venir les volontaires 4 fois au laboratoire.

Les données sont les mêmes que dans le cas du plan inter-sujets, ce qui indique que les conditions d'application de l'anova sont vérifiées. Mais ceci n'est vrai que parce que les variables indépendantes sont dichotomiques. Si l'un des facteurs avait plus de deux modalités, alors il faudrait également vérifier la sphéricité grâce, par exemple, au test de Mauchly qui est donné automatiquement avec l'anova. Souvenez-vous que la sphéricité est une des conditions d'application de l'anova pour les plans à mesures répétées – c'est-à-dire pour les facteurs intra-sujets.

6.1 *Sources de variation*

Quand nous réalisons une anova, nous cherchons d'abord les sources potentielles de variation. Si vous vous souvenez de ce que nous avions expliqué dans le cas des plans inter-sujets, vous savez que les variations dues aux différences individuelles entre les participants à l'intérieur des groupes sont alors classées dans le terme dit « d'erreur ». Lorsque nous avons un facteur intra-sujets, nous avons une source de variance particulière qui provient du fait que nous utilisons les mêmes participants dans toutes les conditions (revoir si besoin le chapitre 9 à ce sujet). Grâce à la possibilité de contrôle sur les variations individuelles que nous gagnons en utilisant des facteurs intra-sujets, nous pouvons retirer artificiellement de la variance « d'erreur » celle qui est en fait due aux variations entre les personnes. Pourquoi donc retirer de l'erreur ces variations dues aux différences entre les personnes (et que l'on nomme *effet du facteur sujet*) ? Dans le cadre d'un plan inter-sujets, une des conditions d'application (que nous avons supposée), est que les valeurs obtenues dans les différentes conditions sont indépendantes les unes des autres. C'est pourquoi on parle de groupes indépendants dans ce cas. Cela indique que les valeurs ne sont pas corrélées. C'est une hypothèse raisonnable pour de tels plans. Si l'expérience est bien faite, il est en effet impossible que les participants aient pu utiliser les résultats des autres groupes. En revanche, cette hypothèse est évidemement absurde dans un plan à mesures répétées (ou intra-sujets). Puisque les mêmes personnes se trouvent dans les différentes situations, et qu'elles diffèrent par des caractéristiques personnelles, il doit y avoir des corrélations entre les scores des différentes conditions ! Par exemple, les bons conducteurs auront de bons résultats (nombre faible d'erreurs) dans toutes les situations, avec ou sans alcool et avec ou sans café – par rapport aux autres personnes mises dans les mêmes contextes. Au contraire, les conducteurs distraits auront, toujours par rapport aux autres, des résultats faibles dans toutes les conditions. Bon, évidemment, on pourrait trouver des situations où ça ne serait pas le cas... Mais dans la grande majorité des études, les résultats sont corrélés. Aussi la condition d'indépendance des conditions est-elle irrémédiablement perdue.

Comment alors résoudre un tel problème ? La réponse est que l'on enlève tout simplement l'effet du facteur « sujet » dans toutes les conditions. Une fois cela réalisé, les données sont indépendantes les unes des autres, et nous pouvons raisonner comme dans le cas de l'anova pour plan simple. Mais cela a aussi pour effet, positif, de réduire l'erreur, ce qui augmente la puissance de l'anova. En effet, la plupart du temps (si les corrélations sont réelles), le terme d'erreur ayant diminué, on compare les différents effets à un terme plus faible que l'équivalent pour plan inter-sujets.

Vous pourrez noter que, dans le cas des plans intra-sujets, la sortie SPSS est considérablement plus longue que dans le cadre des plans inter-sujets. Cela vient du fait, d'une part, qu'il existe plusieurs procédures pour le calcul des différents effets, et que d'autre part on peut désormais tester deux types d'effets. Les *effets intra-sujets* regroupent les effets principaux, et l'interaction. Les *effets inter-sujets* correspondent à l'analyse des différences entre les sujets, et non plus entre les situations.

En réalité, il faut comprendre que dans un cas comme celui qui nous occupe, nous avons 3 VI et non pas 2, même si nous n'en déclarons que 2. Il y a en effet les VI alcool et café, comme dans le cas d'un plan inter-sujets, mais on y adjoint la variable « sujet », qui est par exemple le numéro de participant. Or, nous avons déjà vu précédemment qu'ajouter un facteur augmente le nombre de sources potentielles de variations.

Facteurs intra-sujets

Mesure: MEASURE_1

CAFÉ	ALCOOL	Variable dépendante
1	1	NONNON
	2	NONOUI
2	1	OUINON
	2	OUIOUI

Ce tableau indique seulement quelles sont les VI. Il permet de vérifier que vos données ont été correctement codées.

Tests multivariés[b]

Effet		Valeur	F	ddl de l'hypothèse	Erreur ddl	Signification	Eta au carré partiel
CAFÉ	Trace de Pillai	,767	36,150[a]	1,000	11,000	,000	,767
	Lambda de Wilks	,233	36,150[a]	1,000	11,000	,000	,767
	Trace de Hotelling	3,286	36,150[a]	1,000	11,000	,000	,767
	Plus grande racine de Roy	3,286	36,150[a]	1,000	11,000	,000	,767
ALCOOL	Trace de Pillai	,882	82,331[a]	1,000	11,000	,000	,882
	Lambda de Wilks	,118	82,331[a]	1,000	11,000	,000	,882
	Trace de Hotelling	7,485	82,331[a]	1,000	11,000	,000	,882
	Plus grande racine de Roy	7,485	82,331[a]	1,000	11,000	,000	,882
CAFÉ * ALCOOL	Trace de Pillai	,696	25,184[a]	1,000	11,000	,000	,696
	Lambda de Wilks	,304	25,184[a]	1,000	11,000	,000	,696
	Trace de Hotelling	2,289	25,184[a]	1,000	11,000	,000	,696
	Plus grande racine de Roy	2,289	25,184[a]	1,000	11,000	,000	,696

a. Statistique exacte

b. Plan : Intercept
Plan intra-sujets : CAFÉ+ALCOOL+CAFÉ*ALCOOL

Ce tableau est inutile dans notre cas (car redondant avec celui des effets intra-sujets.

Test de sphéricité de Mauchly[b]

Mesure: MEASURE_1

Effet intra-sujets	W de Mauchly	Khi-deux approché	ddl	Signification	Epsilon[a]		
					Greenhouse-Geisser	Huynh-Feldt	Borne inférieure
CAFÉ	1,000	,000	0	,	1,000	1,000	1,000
ALCOOL	1,000	,000	0	,	1,000	1,000	1,000
CAFÉ * ALCOOL	1,000	,000	0	,	1,000	1,000	1,000

Teste l'hypothèse nulle selon laquelle la matrice de covariance des erreurs des variables dépendantes orthonormées est proportionnelle à la matrice identité.

a. May be used to adjust the degrees of freedom for the averaged tests of significance. Corrected tests are displayed in the Test sof Within-Subjects Effect stable.

b. Plan : Intercept
Plan intra-sujets : CAFÉ+ALCOOL+CAFÉ*ALCOOL

Ce tableau teste la sphéricité. Dans notre cas, le *p* vaut nécessairement 1 car les variables sont dichotomiques. Il est donc inutile de lire ce tableau.

Tests des effets intra-sujets

Mesure: MEASURE_1

Source		Somme des carrés de type III	ddl	Moyenne des carrés	F	Signification	Eta au carré partiel
CAFÉ	Sphéricité supposée	623,521	1	623,521	36,150	,000	,767
	Greenhouse-Geisser	623,521	1,000	623,521	36,150	,000	,767
	Huynh-Feldt	623,521	1,000	623,521	36,150	,000	,767
	Borne inférieure	623,521	1,000	623,521	36,150	,000	,767
Erreur(CAFÉ)	Sphéricité supposée	189,729	11	17,248			
	Greenhouse-Geisser	189,729	11,000	17,248			
	Huynh-Feldt	189,729	11,000	17,248			
	Borne inférieure	189,729	11,000	17,248			
ALCOOL	Sphéricité supposée	825,021	1	825,021	82,331	,000	,882
	Greenhouse-Geisser	825,021	1,000	825,021	82,331	,000	,882
	Huynh-Feldt	825,021	1,000	825,021	82,331	,000	,882
	Borne inférieure	825,021	1,000	825,021	82,331	,000	,882
Erreur(ALCOOL)	Sphéricité supposée	110,229	11	10,021			
	Greenhouse-Geisser	110,229	11,000	10,021			
	Huynh-Feldt	110,229	11,000	10,021			
	Borne inférieure	110,229	11,000	10,021			
CAFÉ * ALCOOL	Sphéricité supposée	305,021	1	305,021	25,184	,000	,696
	Greenhouse-Geisser	305,021	1,000	305,021	25,184	,000	,696
	Huynh-Feldt	305,021	1,000	305,021	25,184	,000	,696
	Borne inférieure	305,021	1,000	305,021	25,184	,000	,696
Erreur (CAFÉ*ALCOOL)	Sphéricité supposée	133,229	11	12,112			
	Greenhouse-Geisser	133,229	11,000	12,112			
	Huynh-Feldt	133,229	11,000	12,112			
	Borne inférieure	133,229	11,000	12,112			

Cette table est la première vraiment utile. Le mieux est (en général) de lire les seules lignes « Greenhouse-Geisser » qui ne supposent pas la sphéricité. Seules les lignes « café » (effet principal du café), « alcool » (effet principal de l'alcool) et « café*alcool » (effet de l'interaction) nous intéressent. Ici, tout est significatif, ce qui indique un effet de chaque VI, et de leur interaction.

Tests des contrastes intra-sujets

Mesure: MEASURE_1

Source	CAFÉ	ALCOOL	Somme des carrés de type III	ddl	Moyenne des carrés	F	Signification	Eta au carré partiel
CAFÉ	Linéaire		623,521	1	623,521	36,150	,000	,767
Erreur(CAFÉ)	Linéaire		189,729	11	17,248			
ALCOOL		Linéaire	825,021	1	825,021	82,331	,000	,882
Erreur(ALCOOL)		Linéaire	110,229	11	10,021			
CAFÉ * ALCOOL	Linéaire	Linéaire	305,021	1	305,021	25,184	,000	,696
Erreur(CAFÉ*ALCOOL)	Linéaire	Linéaire	133,229	11	12,112			

Ce tableau donne des indications supplémentaires sur la manière dont se répartissent les différences. Il est inutile dans notre cas (et la plupart du temps en psychologie).

Tests des effets inter-sujets

Mesure : MEASURE_1
Variable tranformée : Moyenne

Source	Somme des carrés de type III	ddl	Moyenne des carrés	F	Signification	Eta au carré partiel
Intercept	5786,021	1	5786,021	1022,772	,000	,989
Erreur	62,229	11	5,657			

Enfin, les effets inter-sujets permettent de savoir qu'il y a une différence entre les participants (résultat totalement inintéressant en l'occurrence). Il existe quelques cas particuliers (rares) où cela peut avoir une certaine importance.

Essentiellement, l'anova pour facteurs intra-sujets analyse chaque effet principal comme dans le cadre d'une anova simple. Elle calcule donc la variation totale associée à un effet principal (en incluant toutes les sources de variation, erreur comprise). L'anova retire ensuite de ce total la variance expliquée par l'effet principal du facteur, et par le facteur sujet. Ce qui reste est l'erreur. C'est exactement la même procédure que pour l'anova simple que nous avions présentée au chapitre 9.

Activité 10.7

Comment le η^2 (êta carré) partiel est-il calculé pour chaque effet dans les sorties ci-dessus ?

Mais cela implique désormais un terme d'erreur par effet (au lieu d'un seul terme d'erreur global comme dans le cas des plans inter-sujets).

Le principe de calcul pour le terme d'interaction est le même que celui que nous avons présenté au début de ce chapitre dans le cadre des plans indépendants (facteurs inter-sujets). Lorsque nous avons trouvé les termes correspondant aux effets principaux et les termes d'erreur, nous pouvons encore expliquer une partie des variations par l'interaction, et le reste est un terme d'erreur final associé à l'interaction. Nous pouvons alors utiliser le terme d'interaction et l'erreur correspondante pour déterminer le F de l'interaction. Vérifiez que la sortie, dans le cas d'un plan intra-sujets, fournit un terme d'erreur par effet.

Pour calculer le F avec des facteurs intra-sujets, il faut diviser le terme associé à l'effet (CM_{effet}) par le terme d'erreur correspondant (CM_{erreur}). Ainsi, par exemple, l'effet principal de l'alcool correspond à un F de

$$825{,}021 \div 10{,}021 = 82{,}331$$

Remarquez aussi que le degré de liberté du total est passé de 44 dans le cas inter-sujets à 11 ici. Cela s'explique simplement par le fait que nous avions 48 participants et 4 groupes (44 = 48 – 4), alors que nous avons ici 12 participants (11 = 12 – 1).

6.2 Effets simples

Les conseils que nous avions donnés concernant les représentations graphiques dans le cadre des plans complètement inter-sujets sont encore valables pour les designs à mesures répétées (intra-sujets). Les données étant les mêmes que dans le cas précédent (facteurs inter-sujets), le diagramme de variation est également le même. Reportez-vous donc à la figure 10.3 pour voir ce que ça donnerait. L'étude des effets simples suit les mêmes principes que dans le cas des plans inter-sujets, et les calculs sont sensiblement identiques. La seule différence notable est qu'on utilise ici des tests de Student pour échantillons pairés et non pas pour échantillons indépendants. Les résultats sont donnés ci-dessous :

Statistiques pour échantillons appariés

		Moyenne	N	Ecart-type	Erreur standard moyenne
Paire 1	sans café, sans alcool	7,92	12	3,315	,957
	avec café, sans alcool	5,75	12	3,279	,946
Paire 2	sans café, avec alcool	21,25	12	3,720	1,074
	avec café, avec alcool	9,00	12	3,075	,888
Paire 3	sans café, sans alcool	7,92	12	3,315	,957
	sans café, avec alcool	21,25	12	3,720	1,074
Paire 4	avec café, sans alcool	5,75	12	3,279	,946
	avec café, avec alcool	9,00	12	3,075	,888

Ce tableau résume simplement les statistiques descriptives des différentes conditions. Cette table n'est pas importante, puisque les mêmes résultats sont fournis à nouveau dans la troisième (et dernière)...

Corrélations pour échantillons appariés

		N	Corrélation	Sig.
Paire 1	sans café, sans alcool & avec café, sans alcool	12	-,353	,260
Paire 2	sans café, avec alcool & avec café, avec alcool	12	-,262	,410
Paire 3	sans café, sans alcool & sans café, avec alcool	12	-,153	,635
Paire 4	avec café, sans alcool & avec café, avec alcool	12	,225	,481

Cette table donne les corrélations. Aucune n'est significative, ce qui indique que les scores ne sont pas tellement liés aux sujets. Si certaines personnes étaient fortes en conduite dans toutes les situations et d'autres faibles tout le temps, alors les coefficients serait (significativement ?) positifs. Mais cette table ne nous intéresse pas directement et nous pouvons l'ignorer.

Test échantillons appariés

		Différences appariées					t	ddl	sig bil
		moy	s	Erreur standard moyenne	Intervalle de confiance 95% de la différence Inférieure	Supérieure			
Paire 1	sans café, sans alcool - avec café, sans alcool	2,17	5,424	1,566	-1,28	5,61	1,384	11	,194
Paire 2	sans café, avec alcool - avec café, avec alcool	12,25	5,413	1,562	8,81	15,69	7,840	11	,000
Paire 3	sans café, sans alcool - sans café, avec alcool	-13,33	5,348	1,544	-16,73	-9,94	-8,636	11	,000
Paire 4	avec café, sans alcool - avec café, avec alcool	-3,25	3,957	1,142	-5,76	-,74	-2,845	11	,016

Cette dernière table, la seule qui nous intéresse directement, montre que (dans l'ordre):

- dans la situation sobre, le café n'a pas d'effet (simple) significatif ($t(11) = 1{,}384$, $p = 0{,}194$),
- dans la situation avec alcool, le café a en revanche un effet significatif ($t(11) = 7{,}840$, $p < 0{,}001$),
- l'alcool a un effet significatif en l'absence de café ($t(11) = -8{,}636$, $p < 0{,}001$),
- l'alcool a un effet (s'il existe) *non* significatif en présence de café ($t(11) = -2{,}845$, $p = 0{,}016$).

Cela nous montre d'abord que le café a un effet trop faible pour être détecté dans le cas sobre. L'effet du café en l'absence d'alcool n'est donc pas démontré. Peut-être le café n a-t-il aucun effet, ou peut-être a-t-il un effet, mais léger. Nous concluons également que l'alcool n'a peut-être pas d'effet en présence de café. Pourtant, le *p* est inférieur à 0,05. Mais souvenez-vous que, puisque nous faisons ici 4 comparaisons, il faut être plus exigeant sur le risque. Ici, on pourrait prendre comme signification maximale acceptable 0,05 ÷ 4 = 0,0125. L'effet simple de l'alcool sachant « café = oui » est donc non significatif.

Il faut reconnaître que dans les designs impliquant des facteurs intra-sujets, l'étude des effets simples peut devenir très complexe. L'explication de ce fait dépasse très largement le cadre de cet ouvrage, mais sachez simplement que la manière dont nous avons procédé est assez artisanale, et qu'il existe des procédures bien plus élaborées pour traiter les effets simples. Essayez toujours de réduire au minimum nécessaire le nombre de comparaisons par paire. Plus vous prévoyez de comparaisons, plus le risque d'erreur est important, et plus vous êtes obligé de réduire le risque des conclusions simples, ce qui diminue la puissance de chacun de vos tests. Si vous êtes intéressé par des développements sur les termes d'erreur ou l'étude des effets simples, vous pourrez consulter l'un des ouvrages cités à la fin du livre.

6.3 *Taille d'effet*

La meilleure mesure d'effet est sans doute, une fois encore, le η^2 partiel. Vous pouvez lire les valeurs η^2 sur la table de la page 391. L'effet principal de l'alcool donne ainsi une mesure de 0,88, celui de la caféine de 0,77 et l'interaction 0,70. Ainsi, l'alcool semble avoir, globalement, plus d'effet sur la conduite que le café.

6.4 *Rédaction*

La rédaction de tels résultats se fait de manière tout à fait semblable à ce que nous avions proposé pour le cas des plans totalement inter-sujets. La seule différence concerne (à part la mise à jour des valeurs de *F* et *p*, bien entendu), la présentation liminaire de l'anova. Ici, nous pourrions par exemple proposer :

> ... Le nombre d'erreurs de conduite a été étudié grâce à une anova pour plans à mesures répétées, avec deux facteurs intra-sujets, à savoir l'alcool (oui/non) et le café (oui/non)...

Le reste de la rédaction est parfaitement identique à ce qu'elle était dans le cas inter-sujets.

Exemple : Évaluation du corps des femmes par les femmes

Une étude de Forestell et ses collaborateurs (2004) examine l'évaluation des corps de femmes par les femmes elles-mêmes[7]. Plusieurs silhouettes sont présentées, correspondant à différents poids et à différents rapports taille/hanche (T/H). Les poids varient selon trois modalités (maigre, mince, enveloppé), et les rapports T/H sur 5 niveaux, allant de 0,5 à 0,9. Des études antérieures laissent penser qu'un rapport T/H est considéré comme plus séduisant s'il tourne autour de 0,7.

> *Les scores d'évaluation du charme ont été traités en fonction des facteurs poids et rapport T/H par une anova pour mesures répétées avec deux facteurs intra-sujets. La VD est le score donné par les participants. L'analyse révèle un effet principal du poids ($F(2\,;41)= 11{,}70$, $p= 0{,}005$) et du rapport T/H ($F(4\,;39)= 29{,}92$, $p< 0{,}001$). L'interaction entre les VI est également significative ($F(8\,;35)= 45{,}50$, $p< 0{,}001$). L'interaction a été ensuite analysée en suivant la procédure de Bonferonni. Pour tous les niveaux de poids testés, un rapport T/H de 0,7 est privilégié. Cependant, pour les silhouettes classées comme maigres, l'intervalle de rapport T/H considéré comme séduisant est plus large que dans les autres conditions.*

7. Si vous êtes intéressé par ce thème, ne ratez pas Amadieu (2002). [ndt]

SPSS : Anova pour plans complètement intra-sujets

Pour les designs complètement intra-sujets comme celui que nous traitons, nous avons quatres variables, donc quatre colonnes (puisque chaque personne donne 4 valeurs). Les données sont donc entrées comme ceci :

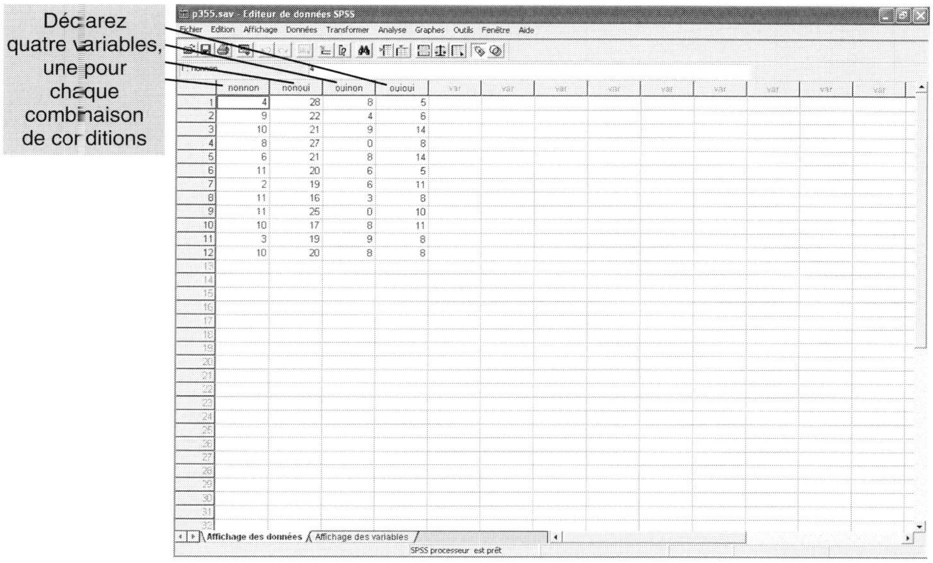

Une fois les données entrées, cliquez sur *Analyse > Modèle linéaire général,* et terminez en choisissant *Mesures répétées...*

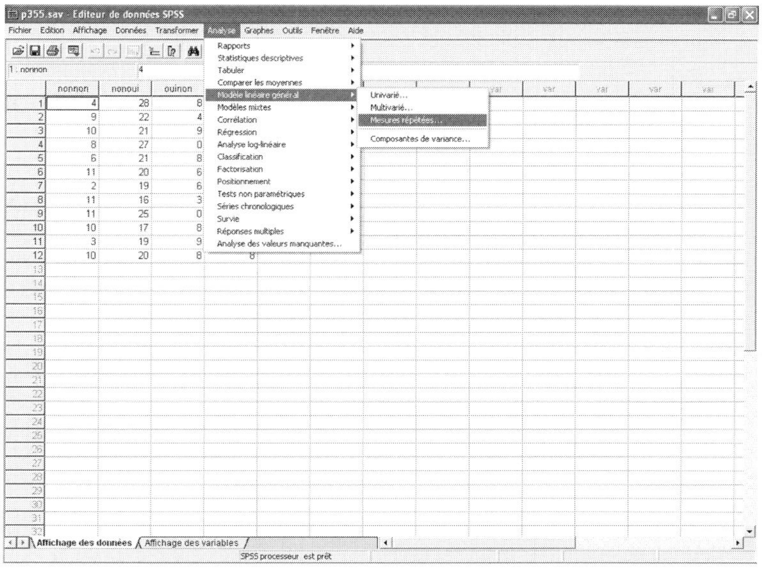

Cela vous amène à la boîte de dialogue suivante. Elle devrait vous être déjà familière, parce que c'est celle que nous avions également rencontrée lors de l'anova pour plan à mesures répétées dans le cas d'un unique facteur.

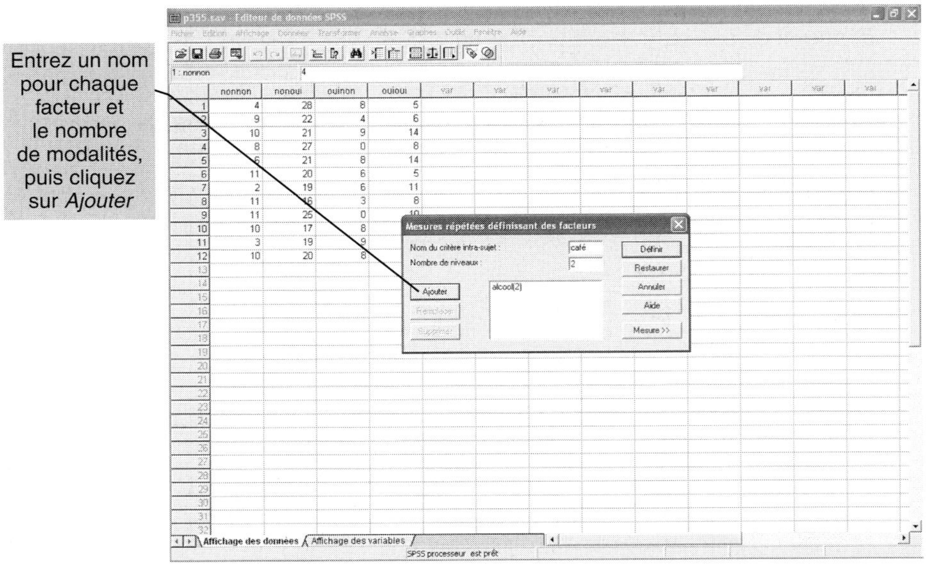

Quand vous donnez des noms aux facteurs, il est très important de se rappeler quelle VI vous avez indiquée en premier, parce que cela est nécessaire pour bien définir les niveaux, dans la nouvelle boîte de dialogue (que vous atteignez en cliquant sur *Définir)* :

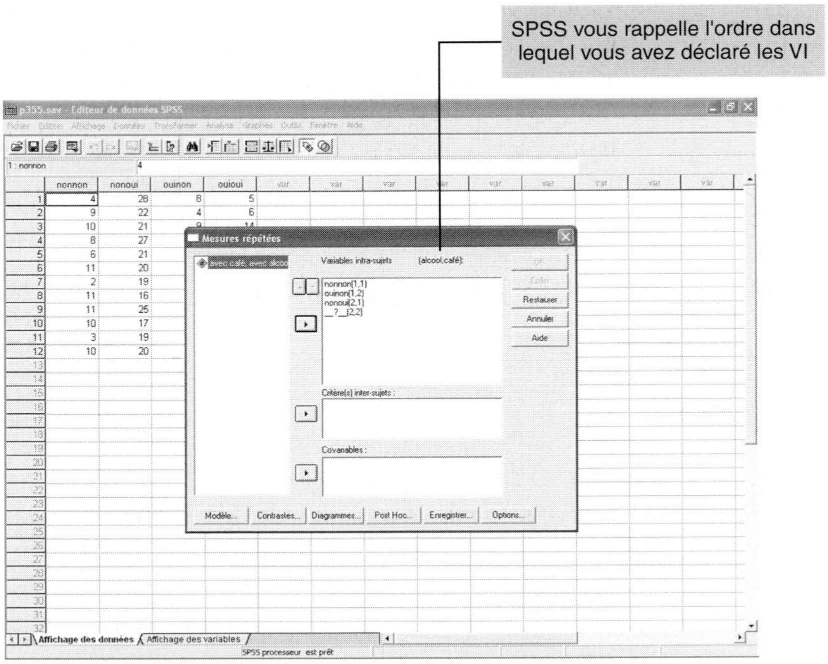

Lorsque vous déplacez les variables dans les boîtes correspondantes, vous devez le faire dans le bon ordre. C'est pourquoi vous devez bien vous souvenir dans quel sens vous avez entré les données dans la boîte de dialogue précédente. Dans la zone *Variables intra-sujets*, vous noterez que chaque ligne correspond à un code de deux chiffres, comme par exemple (1,2). Ce code vous indique à quelle condition doit correpondre la variable. Par exemple (en considérant que 1 signifie « non » et 2 « oui »), la première ligne (1,1) correspond au cas sans alcool et sans café. Le premier chiffre correspond au niveau d'alcool et le second au niveau de café, comme vous le rappelle SPSS (en haut à gauche de la boîte de dialogue est indiqué (alcool, café), qui implique que l'alcool arrive en premier). Ainsi les conditions sont :

- (1,1) = pas d'alcool, pas de café,
- (1,2) = pas d'alcool, café,
- (2,1) = alcool, pas de café,
- (2,2) = alcool, café.

Les variables doivent donc être entrées dans cet ordre dans la boîte de dialogue. Lorsque vous avez réussi à bien entrer les variables dans l'odre adéquat, vous pouvez cliquer sur *Options...* puis sélectionner *Estimations d'effets de taille,* comme nous le fîmes dans le cadre de l'anova inter-sujets. Cliquez ensuite sur *Poursuivre,* puis sur *OK* pour lancer l'analyse. Les sorties devraient alors être celles que nous avons déjà présentées plus haut.

Les effets simples peuvent être étudiés plus simplement et plus directement que dans le cas de plans inter-sujets (groupes indépendants). Il n'est en effet pas nécessaire de demander à SPSS de scinder le fichier, puisque chaque condition correspond à une colonne particulière. Il suffit donc, à chaque fois, de dire à SPSS quelle colonne il doit comparer à quelle autre. Et rappelons qu'il sagit dans ce cas d'un test de comparaison de moyennes pour échantillons appariés. Ainsi, si vous souhaitez par exemple comparer les groupes avec et sans alcool, dans la situation sans café, il suffira de sélectionner dans *Analayse > Comparer les moyennes > Echantillons pairés* les variables « sans café, sans alcool » et « sans café, avec alcool ». De même, pour étudier l'effet simple du café dans la situation sobre, sélectionnez « sans café, sans alcool » et « avec café, sans alcool ».

7 Plan mixte : un facteur intra, un facteur inter

Le dernier type de plan que nous allons évoquer dans ce chapitre est un mélange de plan inter-sujets et intra-sujets. On parle parfois de plan mixte. Nous resterons dans l'exemple de l'alcool, du café, et de leur effet sur la conduite. Mais cette fois, nous considérerons que le facteur alcool est inter-sujets, alors que le café sera un facteur intra-sujets. La répartition des participants (P1 à P24) associée à ce plan est donnée dans le tableau 10.6.

Étant donné que nous utilisons les mêmes données que précédemment, nous pouvons supposer que les conditions d'application de l'anova sont bien respectées.

Cela est, une fois encore, possible parce que nos variables indépendantes ont chacune deux modalités. Si elles avaient plus de deux modalités, la sphéricité ne découlerait pas aussi simplement de la satisfaction des autres conditions.

7.1 *Anova*

Exactement comme dans le cas des autres anova, la première chose à faire – en théorie – est de lister les différentes sources potentielles de variations dans notre design expérimental. La sortie SPSS que vous trouverez un peu plus loin vous montre que la variable inter-sujets a son propre terme d'erreur. L'étude du facteur inter-sujets est identique à celle d'un unique facteur : on réalise une anova simple en ne tenant pas compte de l'autre facteur.

Tableau 10.6

Répartition des participants et résultats bruts dans un design mixte

	Sans alcool			Avec alcool	
Participant	Sans café	Avec café	Participant	Sans café	Avec café
1	4	8	13	28	5
2	9	4	14	22	6
3	10	9	15	21	14
4	8	0	16	27	8
5	6	8	17	21	14
6	11	6	18	20	5
7	2	6	19	19	11
8	11	3	20	16	8
9	11	0	21	25	10
10	10	8	22	17	11
11	3	9	23	19	8
12	10	8	24	20	8

Facteurs intra-sujets

Mesure : MEASURE_1

CAFÉ	Variable dépendante
1	SANSCAFÉ
2	AVECCAFÉ

Facteurs inter-sujets

		Étiquette de valeur	N
alcool	1	sans	12
	2	avec	12

Ces deux premiers tableaux ne font que répéter ce que nous savons déjà, à savoir quelles sont les VI, quel est leur type (inter ou intra-sujets), et le nombre de participants.

Tests multivariés[b]

Effet		Valeur	F	ddl de l'hypothèse	Erreur ddl	Signification
CAFÉ	Trace de Pillai	,659	42,474[a]	1,000	22,000	,000
	Lambda de Wilks	,341	42,474[a]	1,000	22,000	,000
	Trace de Hotelling	1,931	42,474[a]	1,000	22,000	,000
	Plus grande racine de Roy	1,931	42,474[a]	1,000	22,000	,000
CAFÉ * GROUPE	Trace de Pillai	,486	20,778[a]	1,000	22,000	,000
	Lambda de Wilks	,514	20,778[a]	1,000	22,000	,000
	Trace de Hotelling	,944	20,778[a]	1,000	22,000	,000
	Plus grande racine de Roy	,944	20,778[a]	1,000	22,000	,000

a. Statistique exacte

b. Plan : Intercept + GROUPE
Plan intra-sujets : CAFÉ

Test des phéricité de Mauchly[b]

Mesure : MEASURE_1

					Epsilon[a]		
Effet intra-sujets	W de Mauchly	Khi-deux approché	ddl	Signification	Greenhouse-Geisser	Huynh-Feldt	Borne inférieure
CAFÉ	1,000	,000	0	,	1,000	1,000	1,000

Teste l'hypothèse nulle selon laquelle la matrice de covariance des erreurs des variables dépendantes orthonormées est proportionnelle à la matrice identité.

a. May be used to adjust the degrees of freedom for the averaged tests of significance. Corrected tests are displayed in the Tests of Within-Subjects Effects table.

b. Plan : Intercept+ GROUPE
Plan intra-sujets : CAFÉ

Ces deux tables sont également inutiles pour nous : la première est redondante avec celles qui suivent, et la seconde ne fait que confirmer la sphéricité, qui est automatique dans le cadre où nous nous trouvons.

Tests des effets intra-sujets

Mesure: MEASURE_1

Source		Somme des carrés de type III	ddl	Moyenne des carrés	F	Signification
CAFÉ	Sphéricité supposée	623,521	1	623,521	42,474	,000
	Greenhouse-Geisser	623,521	1,000	623,521	42,474	,000
	Huynh-Feldt	623,521	1,000	623,521	42,474	,000
	Borne inférieure	623,521	1,000	623,521	42,474	,000
CAFÉ * GROUPE	Sphéricité supposée	305,021	1	305,021	20,778	,000
	Greenhouse-Geisser	305,021	1,000	305,021	20,778	,000
	Huynh-Feldt	305,021	1,000	305,021	20,778	,000
	Borne inférieure	305,021	1,000	305,021	20,778	,000
Erreur(CAFÉ)	Sphéricité supposée	322,958	22	14,680		
	Greenhouse-Geisser	322,958	22,000	14,680		
	Huynh-Feldt	322,958	22,000	14,680		
	Borne inférieure	322,958	22,000	14,680		

Voilà le premier tableau que nous regardons vraiment. Il montre que le café a un effet significatif, de même que l'interaction entre le café et l'alcool (pour l'alcool, chercher la variable GROUPE).

Tests des contrastes intra-sujets

Mesure: MEASURE_1

Source	CAFÉ	Somme des carrés de type III	ddl	Moyenne des carrés	F	Signification
CAFÉ	Linéaire	623,521	1	623,521	42,474	,000
CAFÉ * GROUPE	Linéaire	305,021	1	305,021	20,778	,000
Erreur(CAFÉ)	Linéaire	322,958	22	14,680		

Ce tableau est un résumé du précédent dans notre cas. Il est donc inutile si l'on a déjà utilisé le précédent.

Tests des effets inter-sujets

Mesure: MEASURE_1

Variable tranformée: Moyenne

Source	Somme des carrés de type III	ddl	Moyenne des carrés	F	Signification
Intercept	5786,021	1	5786,021	738,106	,000
GROUPE	825,021	1	825,021	105,245	,000
Erreur	172,458	22	7,839		

Cette table, la deuxième et dernière qui nous intéresse, montre un effet significatif de l'alcool (facteur groupe).

La partie intra-sujets de l'anova est divisée en trois sous-parties : l'effet de la caféine, celui de l'interaction entre le café et l'alcool, et enfin un terme d'erreur. C'est la division standard de la variance totale. Nous aurons ainsi un terme d'erreur pour la partie inter-sujets de l'anova, et un autre pour la partie intra-sujets. L'interaction fait partie de l'investigation des effets intra-sujets, parce que son effet éventuel agit à l'intérieur des séries de scores des participants. Autrement dit, le facteur (théorique) café*alcool est un facteur intra-sujets.

Vous pouvez voir sur les sorties ci-dessus que l'effet principal de l'alcool correspond à un F de 105,25 (825,02 ÷ 7,84) et a une signification associée $p < 0{,}001$. L'effet du café correspond quant à lui à un F de 42,47 (623,52 ÷ 14,68) et à une signification $p < 0{,}001$. Enfin, l'interaction a un effet significatif avec $F = 305{,}02 \div 14{,}68 = 20{,}78$ et une signification $p < 0{,}001$.

7.2 *Effets simples*

L'analyse des effets simples peut se faire de manière tout à fait similaire à ce que nous avions décrit dans le cas des plans complètement inter-sujets ou complètement intra-sujets. Une fois encore, soyez prévenu que le risque d'erreur de la conclusion combinée augmente lorsque le nombre de comparaisons simples croît. Si toutes les comparaisons ne sont pas indispensables, décidez (mais *avant l'expérience)* de ne pas réaliser les comparaisons secondaires. D'autre part, nous utilisons simplement des tests de comparaison de moyennes dans notre présentation, parce qu'il s'agit d'un moyen commode et rapide d'obtenir des résultats sur les effets simples, mais il existe des procédures bien plus fines, impliquant des calculs complexes – notamment, le terme d'erreur est difficile à déterminer dans ces cas. Les résultats des tests de Student sont donnés ci-dessous. Notez que, du fait de notre plan mixte, il nous faut utiliser parfois des tests pour échantillons appariés, et parfois pour échantillons indépendants.

Test-t : ALCOOL = SANS. Statistiques pour échantillons appariés[a]

		Moyenne	N	Ecart-type	Erreur standard moyenne
Paire 1	sans café	7,92	12	3,315	,957
	avec café	5,75	12	3,279	,946

a. alcool = sans

Corrélations pour échantillons appariés[a]

		N	Corrélation	Sig.
Paire 1	sans café & avec café	12	-,353	,260

a. alcool = sans

Test échantillons appariés[a]

		Différences appariées					t	ddl	Sig. (bilatérale)
		Moyenne	Ecart-type	Erreur standard moyenne	Intervalle de confiance 95% de la différence Inférieure	Supérieure			
Paire 1	sans café - avec café	2,17	5,424	1,566	-1,28	5,61	1,384	11	,194

a. alcool = sans

Test-t. ALCOOL = AVEC. Statistiques pour échantillon sappariés[a]

		Moyenne	N	Ecart-type	Erreur standard moyenne
Paire 1	sans café	21,25	12	3,720	1,074
	avec café	9,00	12	3,075	,888

a. alcool = avec

Corrélations pour échantillons appariés[a]

		N	Corrélation	Sig.
Paire 1	sans café & avec café	12	-,262	,410

a. alcool = avec

Test échantillons appariés[a]

		Différences appariées					t	ddl	Sig. (bilatérale)
		Moyenne	Ecart-type	Erreur standard moyenne	Intervalle de confiance 95% de la différence Inférieure	Supérieure			
Paire 1	sans café - avec café	2,17	5,424	1,566	-1,28	5,61	1,384	11	,194

a. alcool = sans

Test-t : Statistiques de groupe

	alcool	N	Moyenne	Ecart-type	Erreur standard moyenne
sans café	sans	12	7,92	3,315	,957
	avec	12	21,25	3,720	1,074
avec café	sans	12	5,75	3,279	,946
	avec	12	9,00	3,075	,888

Test d'échantillons indépendants

		Test de Levene sur l'égalité des variances		Test-t pour égalité des moyennes						
		F	Sig.	t	ddl	Sig. (bilatérale)	Différence moyenne	Différence écart-type	Intervalle de confiance 95% de la différence Inférieure	Supérieure
sans café	Hypothèse de variances égales	,005	,945	-9,269	22	,000	-13,33	1,439	-16,317	-10,350
	Hypothèse de variances inégales			-9,269	21,714	,000	-13,33	1,439	-16,319	-10,348
avec café	Hypothèse de variances égales	,059	,810	-2,505	22	,020	-3,25	1,298	-5,941	-,559
	Hypothèse de variances inégales			-2,505	21,910	,020	-3,25	1,298	-5,942	-,558

Ces tables montrent que

- l'effet du café dans la situation sans alcool donne $t(11) = 1{,}38$, $p = 0{,}19$,
- l'effet du café dans la situation avec alcool est significatif, puisque $t(11) = 7{,}84$, $p < 0{,}001$,
- l'effet (simple) de l'alcool sans café est significatif également, avec $t(22) = 9{,}27$, $p < 0{,}001$,
- enfin, l'effet de l'alcool sous caféine donne $t(22) = 2{,}51$, $p = 0{,}02$.

Comme nous avons les mêmes données brutes que dans les cas précédents, il n'est pas très étonnant que l'on retrouve à peu près les mêmes conclusions. On voit à nouveau l'effet significatif du café sous alcool, et de l'alcool sans café. Les autres effets simples ne sont pas significatifs, puisque le risque corrigé est de 0,0125.

7.3 *Taille d'effet*

La meilleure mesure d'effet est, là encore, le η^2 partiel. Si vous avez demandé les mesures de tailles d'effet à SPSS, vous avez trouvé que l'effet de l'alcool est désormais de taille 0,83, celui du café 0,66 et l'interaction 0,49.

Activité 10.8

Calculez les quatre *d* correspondant aux comparaisons ci-dessus.

7.4 *Rédaction*

Pour rédiger nos résultats, nous procédons à nouveau presque comme précédemment, en modifiant bien entendu les *F*, *p* et autres statistiques obtenues. La seule autre chose à modifier est la description intiale de l'anova. On pourra par exemple écrire :

> ... Le nombre d'erreurs de conduite a été traité par une anova mixte, utilisant un facteur intra-sujets (café/pas de café) et un facteur inter-sujets (alcool/pas d'alcool)...

Exemple : Différences hommes/femmes dans la lecture de cartes

Une étude de MacFadden et ses collaborateurs (2003) analyse les différences entre les hommes et les femmes concernant la manière de lire une carte routière et surtout de donner des indications sur la direction à prendre à partir d'un plan. Un plan est présenté sur un moniteur à des participants. On leur demande d'indiquer comment aller d'un point à un autre (par exemple de l'école à l'aéroport), comme s'ils devaient renseigner quelqu'un. Ils doivent écrire leurs indications sur un bout de papier, afin que quelqu'un qui n'a pas le plan puisse aller sans difficulté du point de départ au point d'arrivée. Les chercheurs utilisent un dispositif permettant de suivre le regard des sujets pour voir s'il existe des différences entre hommes et femmes concernant la manière de consulter le plan. Ils étudient également les productions écrites des volontaires.

La manière de scruter le plan a été étudiée en utilisant une anova 2 × 2, avec une VI inter-sujets (le sexe) et une VI intra-sujets, à savoir le type d'information cherchée (avec comme modalités *points de repère* et *légendes*). La VD est le temps passé sur l'information en question. Les auteurs ont trouvé un effet significatif du type d'information ($F(1 ; 42) = 1504,220$, $p < 0,001$). Les participants regardent en effet bien plus longtemps les points de repère de la carte que la légende. Il n'y avait aucun effet significatif du sexe, ni de l'interaction entre le sexe et le type d'information. Les *F* correspondant à ces effets (non significatifs) n'ont pas été rapportés par les auteurs.

L'analyse des productions écrites a été faite grâce à une anova. On relève le nombre de directions cardinales (« est », « ouest », mais aussi « à gauche », « à droite »...), et le nombre de points de repère marquants (église, carrefour...) cités. Ces données sont converties en scores *z*, puis étudiées par une anova 2 × 2. Le sexe est à nouveau une VI inter-sujets, et le type d'information (point cardinal ou repère) est une VI intra-sujets. Il n'y a aucun effet principal notable du sexe (les auteurs ne fournissent pas les *F* et *p* correspondants). En revanche, l'interaction entre les VI a un effet significatif sur la VD, avec $F(1 ; 42) = 4,458$, $p = 0,021$. Cette interaction est étudiée plus en détail grâce à des tests post hoc qui suggèrent que les hommes font plus référence à des points de repère que les femmes ($t(43) = 2,699$, $p = 0,006$). Les auteurs ne citent pas les autres *t* permettant de se rendre compte des effets simples, parce que celui-ci est le seul qui les intéresse.

Vous noterez que les auteurs ont tendance à ne pas rapporter les statistiques correspondant à des effets non significatifs. Nous vous conseillons pourtant de le faire (même si cela risque parfois de rendre le texte un peu lourd, ce qui est probablement la raison de cette omission habituelle).

SPSS : Anova mixte

Les données issues d'un plan mixte sont entrées, ce qui ne surprendra guère, d'une manière « intermédiaire » si l'on compare aux plans complètement inter-sujets et complètement intra-sujets. Il nous faut en effet déclarer une variable de groupe pour les conditions d'alcool (avec/sans), et deux variables correspondant chacune à un niveau de café (une colonne correspond donc à la condition avec café, une autre à la condition sans café). Ainsi se présentent donc nos données :

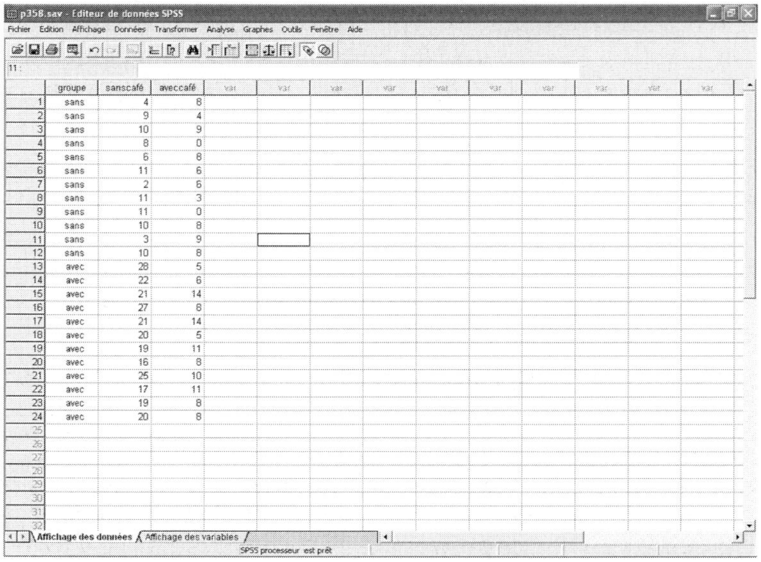

Cliquez sur *Analyse > Modèle linéaire général > Mesures répétées* pour commencer. Cette fois, il vous faut déclarer une unique variable intra-sujets, le café :

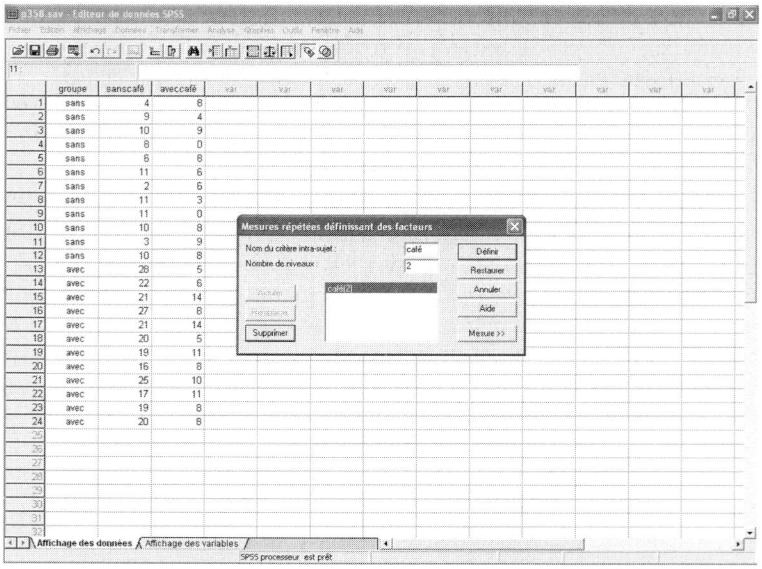

Cliquez sur *Définir*, pour préciser les niveaux de la variable café :

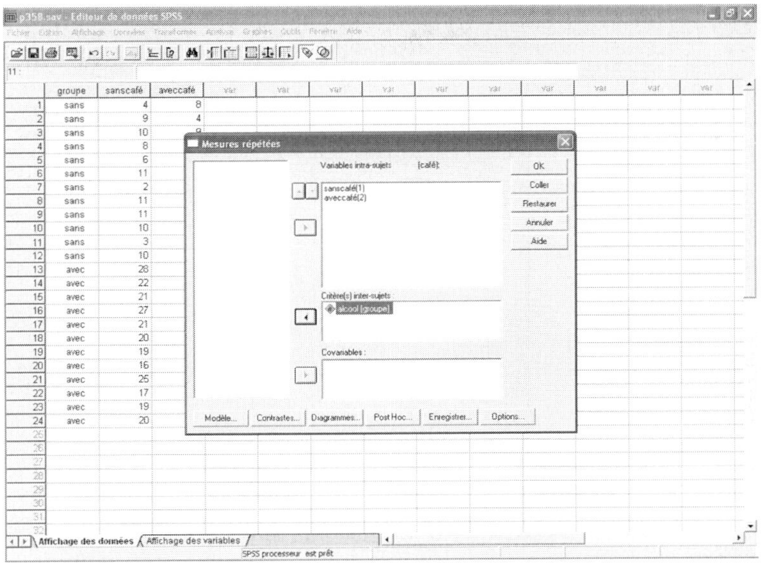

Lorsque vous avez terminé, vous pouvez choisir *Options...* pour demander la taille des effets, puis cliquer sur *OK* pour finir. La sortie devrait être comme celle que nous avons déjà examinée.

Si vous voulez étudier plus en détail les effets simples, vous devrez garder à l'esprit que l'une des variables indépendantes est inter-sujets (en l'occurrence l'alcool). Par conséquent, si vous souhaitez étudier la différence entre les situations avec et sans café (donc l'effet simple du café) dans chacune des conditions définies par l'alcool, il vous faudra dire à SPSS de scinder le fichier pour qu'il étudie séparément le cas avec et sans alcool. Pour cela, choisissez *Données > Scinder un fichier*. Nous avons déjà étudié cette procédure plus haut. Il vous faudra ensuite utiliser la procédure *Test T pour échantillons pairés* du menu *Analyse > Comparer les moyennes*, afin de comparer les variables *aveccafé* et *sanscafé*. Si maintenant vous voulez étudier les effets simples de l'alcool au contraire, il ne faut plus scinder le fichier, mais utiliser toutes les observations. Vous utiliserez ensuite un test T pour échantillons indépendants, avec la VI alcool et les VD *sanscafé* ou *aveccafé* selon l'effet simple recherché. Faites bien attention à défaire l'option « scinder le fichier », parce que c'est une source d'erreurs potentielle pour vous. Retournez donc bien dans le menu *Données > Scinder un fichier*, où vous sélectionnerez *Analyser toutes les observations*, avant de faire vos tests de Student pour échantillons indépendants.

Récapitulatif

Dans ce chapitre, nous avons expliqué

- que l'anova factorielle ou complexe est une extension de l'anova simple (vue au chapitre 9) ;
- comment analyser nos données dans le cas d'un plan à deux VI, en utilisant une anova ;
- quelles étaient les sources de variation dans les plans
  - complètement inter-sujets,
  - complètement intra-sujets,
  - mixtes ;
- comment examiner une interaction et son effet sur la VD grâce à
  - un diagramme de variation,
  - un diagramme en courbe,
  - l'analyse des effets simples ;
- comment SPSS utilise le η^2 partiel comme mesure de taille d'effet, comment obtenir un tel η^2 dans le logiciel, et qu'il s'agit du rapport des sommes de carrés (SC) de l'effet sur le même SC auquel on ajoute un terme d'erreur ;
- que les plans complètement intra-sujets amènent à considérer un terme d'erreur pour chaque effet particulier ;
- que les comparaisons multiples *a priori* ou *post hoc* peuvent être faites en utilisant une série de tests de Student (ou d'anova simples) ;
- qu'il faut alors ajuster le risque α en divisant par exemple 0,05 par le nombre de comparaisons prévues.

Exercices SPSS

Exercice 1

Une chercheuse, Madame Unetelle, se demande si les compétences universitaires des étudiants ont diminué en 20 ans. Elle décide pour cela de comparer les résultats obtenus par des étudiants de première année en 1977 et en 1997. Chaque étudiant a passé un examen de lettres et un autre de mathématiques. Pour être certaine des résultats, elle demande à des correcteurs professionnels de recorriger les copies, afin d'éviter des effets d'évolution dans la notation. Les nouvelles notes sont alors les suivantes :

1977		1997	
mathématique	**lettres**	**mathématique**	**lettres**
67	62	67	63
52	73	49	67
45	41	48	42
58	51	61	52
59	62	54	51
81	59	55	54
61	65	51	55

1977		1997	
mathématique	lettres	mathématique	lettres
55	57	49	52
60	58	53	51
57	60	56	48
51	63	51	50
60	61	50	52

1. De quel type de design expérimental s'agit-il ?
2. Quelles sont les VI et la VD ?
3. Entrez les données et faites une analyse de variance en utilisant SPSS.
4. Quelles sont les valeurs de F et les significations associées à chaque effet principal et à l'interaction ?
5. Certaines différences sont-elles significatives ?
6. Quels effets sont les plus importants ?

Exercice 2

Une chercheuse, Madame Bidule, se demande si la perception des couleurs diffère entre les garçons et les filles. Elle pense que les filles sont bien plus douées que les garçons pour détecter d'infimes nuances de couleurs, et ce dès le plus jeune âge. Elle teste deux groupes d'âge (5 ans et 11 ans) sur un test standardisé de perception des couleurs, et compare les performances (notées sur 10) des garçons et des filles. Les données sont les suivantes :

5 ans		11 ans	
garçons	filles	garçons	filles
4	6	4	8
3	5	2	9
4	6	3	9
5	4	4	8
9	6	7	7
1	7	5	10
0	8	4	9
2	6	3	10
3	5	2	8
3	4	2	6
4	6	4	9
5	3	5	8

1. De quel type de design expérimental s'agit-il ?
2. Quelles sont les VI et la VD ?
3. Entrez les données et faites une analyse de variance en utilisant SPSS.
4. Quelles sont les valeurs de F et les significations associées à chaque effet principal et à l'interaction ?

5. Certaines différences sont-elles significatives ?
6. Quelles sont les tailles d'effet pour les effets principaux et celui de l'interaction ?
7. Réalisez une analyse des effets simples pour savoir si on trouve une amélioration de la perception des couleurs avec l'âge chez les garçons, puis chez les filles.

QCM

1. Comment décrire un anova 2 × 2 × 4 ?
   (a) Une VI à trois conditions
   (b) Une VI à 4 niveaux, et une à deux niveaux
   (c) Une VI à 4 niveaux, et deux à deux niveaux
   (d) Une VI à 16 conditions.
2. L'anova est utile pour
   (a) découvrir les effets de différents facteurs sur des individus
   (b) étudier des données dans le cas de plusieurs VI et une seule VD
   (c) analyser des corrélations
   (d) tout cela à la fois.
3. Quelles sont les sources de variation possibles dans un plan complètement inter-sujets ?
   (a) La population dans son ensemble
   (b) Chacune des deux VI, et l'erreur
   (c) Les deux VI, les erreurs, et l'interaction des VI
   (d) À la fois (a) et (c).
4. η^2 est
   (a) une mesure de la taille de la probabilité d'erreur d'échantillonnage
   (b) une mesure de taille d'effet qu'on utilise en anova
   (c) une organisation terroriste
   (d) à la fois (a) et (b).
5. Lorsqu'on engendre un diagramme de variation pour deux VI à deux conditions, quelle option faut-il choisir dans SPSS ?
   (a) Simple, Récapitulatif pour groupes d'observations
   (b) Simple, Récapitulatif pour variables distinctes
   (c) Juxtaposé, Récapitulatif pour groupes d'observations
   (d) Juxtaposé, Récapitulatif pour variables distinctes

Les questions 6 à 9 correspondent à la sortie suivante :

Facteurs inter-sujets

		Etiquette de valeur	N
VEHICULE	1	voiture	10
	2	autocar	10
LIEU	1	ville	10
	2	campagne	10

QCM (suite)

Tests des effets inter-sujets

Variable dépendante : erreurs de conduite

Source	Somme des carrés de type III	ddl	Moyenne des carrés	F	Signification	Eta au carré partiel
Modèle corrigé	97,000[a]	3	32,333	19,020	,000	,781
Constante	561,800	1	561,800	330,471	,000	,954
VEHICULE	,800	1	,800	,471	,503	,029
LIEU	80,000	1	80,000	47,059	,000	,746
VEHICULE * LIEU	16,200	1	16,200	9,529	,007	,373
Erreur	27,200	16	1,700			
Total	686,000	20				
Total corrigé	124,200	19				

a. R deux = ,781 (R deux ajusté = ,740)

6. Quelle est la bonne conclusion ?
   (a) Il y sûrement un effet principal du lieu et un effet de l'interaction sur le nombre d'erreurs de conduite
   (b) Seule l'interaction a un effet sur le nombre d'erreurs de conduite
   (c) Aucun effet n'est significatif
   (d) À la fois (a) et (b).
7. La signification pour l'effet principal de *véhicule* est
   (a) 0,003
   (b) 0,471
   (c) 0,101
   (d) rien de tout cela.
8. Comment est calculée la valeur *F* pour l'interaction ?
   (a) 16,200 ÷ 27,200
   (b) 1 ÷ 16
   (c) 16,200 ÷ 1,700
   (d) Rien de tout cela.
9. Quelle proportion des variations de la VD s'explique par l'interaction entre le véhicule et le lieu ?
   (a) 95,4 %
   (b) 5,2 %
   (c) 37,3 %
   (d) 0,7 %

QCM (suite)

10. Quelle conclusion semble suggérer le diagramme de variation suivant ?

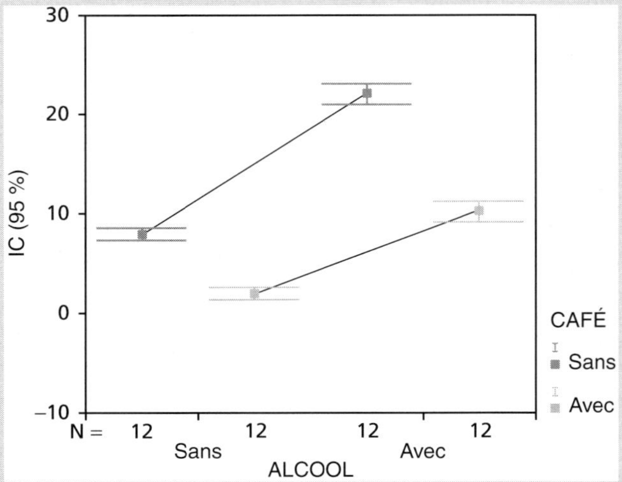

(a) Il y a des effets significatifs de chaque variable, et de l'interaction
(b) Il n'y a aucun effet des VI ou de l'interaction
(c) Il y a un seul effet principal significatif
(d) Il y a deux effets principaux significatifs, mais pas d'effet d'interaction notable.

11. Combien d'effets pouvons-nous tester dans le cadre d'une anova 2 × 2 ?
(a) 1
(b) 2
(c) 3
(d) 4.

12. Le test de Mauchly est
(a) un test qui permet de vérifier l'hypothèse de sphéricité
(b) un test qui permet de savoir si les données de l'anova sont arrondies
(c) un test bien connu développé par un grand psychiatre Suisse
(d) rien de tout cela.

13. Comment décrire une anova 2 × 3 × 5 × 7 × 7 ?
(a) Raisonnable
(b) Une anova avec 2 variables à 3 conditions, 5 à sept conditions et sept à une condition
(c) Une anova à 5 VI
(d) À la fois (a) et (c).

14. Quelles sont les sources de variation dans un plan complètement intra-sujets à deux VI ?
(a) La VI1 et l'erreur associée, la VI2 et son erreur associée, l'interaction et l'erreur associée
(b) Les facteurs, l'interaction, l'erreur
(c) Les facteurs, l'interaction
(d) Rien de tout cela.

QCM (suite)

15. Le η^2 partiel mesure
    (a) la puissance
    (b) la même chose que η^2 total
    (c) quelque chose de plus grand que η^2
    (d) la taille de l'effet.

16. Qu'est-ce qu'un effet simple ?
    (a) L'effet d'une variable sur une autre
    (b) L'effet d'une variable indépendante sur une VD, pour un niveau fixé d'une autre VI
    (c) Un moyen commode de faire des statistiques
    (d) Tout cela à la fois.

17. Si vous avez un carré moyen de 12,4 pour votre effet, et de 3,1 pour l'erreur, quelle est la valeur de F ?
    (a) 6,2
    (b) 4,1
    (c) 3,1
    (d) 4.

18. Dans le cas d'un plan complètement intra-sujets, avec des VI à deux modalités, comment étudier les effets simples ?
    (a) Avec des tests T pour échantillons indépendants en scindant le fichier
    (b) Par des tests de Student pour échantillons indépendants, en ajustant le risque d'erreur α
    (c) Avec des tests de comparaison de moyennes pour échantillons pairés en ajustant α
    (d) Rien de tout cela.

19. Combien d'effets pouvons-nous étudier dans une anova $2 \times 2 \times 2$ sans tenir compte des effets simples ?
    (a) 3
    (b) 5
    (c) 7
    (d) 8.

20. Dans une étude avec un plan inter-sujets de type 2×2, quelle est la première étape avant de lancer les statistiques descriptives ?
    (a) Transformer les données
    (b) Scinder le fichier
    (c) Faire des tests de Student
    (d) Faire des analyses de corrélation.

Références

Amadieu, J.-F. (2002). *Le poids des apparences. Beauté, amour et gloire.* Paris : Odile Jacob.

Ekehammar, B., Akrami, N., & Araya, T. (2003). Gender differences in implicit prejudice. *Personality and Individual Differences, 34,* 1509-1523.

Forestell, C. A., Humphrey, T. M., & Stewart, S. H. (2004). Involvement of body weight and shape factors in ratings of attractiveness by women : A replication and extension of Tassinary and Hansen (1998). *Personality and Individual Differences, 36,* 295-305.

Howell, D. C. (1998). *Méthodes statistiques en sciences humaines.* Bruxelles : De Boeck Université.

Loftus, C. R. (1996). Psychology will be much a better science when we change the way we analyze data. *Current Directions in Psychological Science, 5,* 161-171.

MacFadden, A., Elias, L., & Saucier, D. (2003). Males and females scan maps similarly, but give directions differently. *Brain and Cognition, 53,* 297-300.

Mogg, K., & Bradley, B. P. (1999). Some methodological issues in assessing attentional biases for threat faces in anxiety : A replication study using a modified version of the probe detection task. *Behaviour Research and Therapy, 37,* 595-604.

CHAPITRE 11
Régression linéaire

Sommaire

Vue d'ensemble du chapitre

La régression linéaire peut être vue comme une extension de la corrélation linéaire, que nous avions traitée au chapitre 5. S'il vous semble que vous avez un peu oublié la corrélation, le mieux est sans aucun doute de réviser ce chapitre. Dans la première partie du présent chapitre, nous verrons comment estimer l'effet d'une variable x sur une autre variable y (toutes deux numériques). C'est ce qu'on appelle la régression linéaire *simple* ou *bivariée*. Puis, dans la seconde partie, nous découvrirons comment évaluer l'impact de plusieurs variables numériques x_1, x_2, x_3, etc., sur une unique variable y. C'est ce qu'on appelle la régression linéaire multiple.

Dans ce chapitre, vous apprendrez

- comment évaluer l'effet sur une unique variable numérique d'une ou plusieurs VI numériques,
- comment prédire le score d'une personne en utilisant comme critères les variables indépendantes et leur effet sur le score,
- comment utiliser des intervalles de confiance dans le cadre de la régression linéaire.

1 Le but de la régression linéaire

Les psychologues utilisent la régression linéaire pour découvrir l'effet d'une variable numérique x sur une autre variable numérique y. Cela doit vous rappeler la corrélation linéaire. Cependant, la corrélation linéaire permet seulement de dire si les deux variables sont liées, et quelle est la force de ce lien éventuel, tandis que la régression permet de répondre à la question bien plus précise : « si x varie, de combien y variera à son tour ? ». Autrement dit, la régression permet d'estimer de quelle quantité la variable dépendante sera modifiée en cas de changement de la VI.

Imaginez que vous avez des données sur les ventes de Breiz Cola et sur le prix de vente du Breiz Cola. Il est clair que si le prix augmente suffisamment, les ventes baisseront (les chalands se tourneront vers une alternative meilleur marché). Une analyse de corrélation simple nous montrerait que les deux variables, à savoir le prix du soda et le chiffre de vente, sont liées négativement. Lorsque le prix augmente, les ventes décroissent. Mais la corrélation ne nous dira pas de combien les ventes diminueront, pour un accroissement de prix fixé. Les psychologues utilisent des régressions linéaires lorsqu'ils souhaitent être capables de prédire des valeurs de y connaissant x. La régression linéaire fournie une formule (dite *équation de régression)* que nous pouvons utiliser pour déterminer y connaissant x. Cela nous permettrait de prédire quelque chose comme « si on augmente le prix du Breiz Cola de 50 %, les ventes chuteront de 40 % ».

Dans le cas de la vente, la régression permet de déterminer le prix de vente optimal. Disons que p est le prix de vente (unitaire), et v le nombre d'exemplaires vendus. Le bénéfice pour une unité est de $p - p_0$ où p_0 est le prix que coûte l'unité au vendeur. Le bénéfice total est donc $v\,(p - p_0)$. La régression nous donne une équation du type $v = a - bp$, et le bénéfice total prédit est

$$(a - bp)\,(p - p_0),$$

qui est une équation du second degré en p. Cette fonction de p a un unique maximum que l'on peut déterminer. Prenons par exemple, pour fixer les idées $p_0 = 1$ (une bouteille de Breiz Cola coûte 1 €), et imaginons que l'équation de régression soit :

$$v = 100 - 20 \times p$$

(on compte en milliers de bouteilles vendues). Cela signifie que si le prix augmente de 1 €, le nombre de bouteilles vendues chutera de 20 000 bouteilles, soit 20 milliers. Le bénéfice total est alors

$$\begin{aligned}(a - bp)(p - p_0) &= (100 - 20p) \times (p - 1)\\ &= -20p^2 + 120p - 100\end{aligned}$$

Le graphe de cette fonction (qui donne le bénéfice en fonction de p), permet de trouver le prix optimal, qui, dans notre exemple théorique, est de 3 € (abscisse de la ligne grise) :

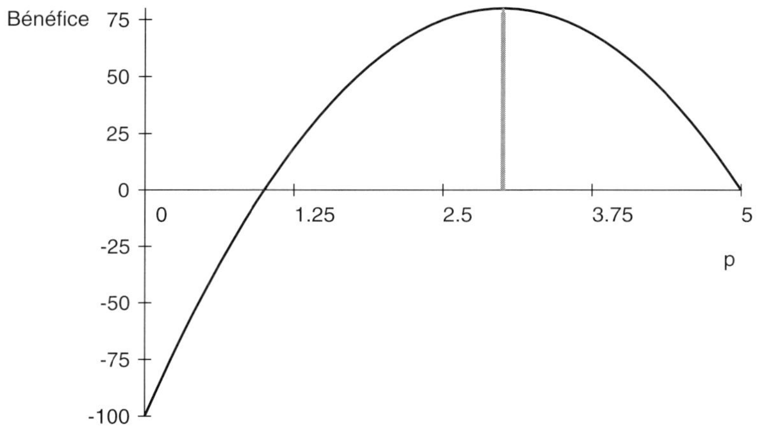

En psychologie, il peut être important d'estimer l'effet d'une variable sur une autre. Supposons par exemple que l'on sache déterminer, grâce à une régression linéaire, l'effet des humiliations sur la dépression. Connaissant cet effet, on sera capable de prédire dans une situation sociale donnée, le score de dépression des personnes. Si nous connaissons le score de dépression critique au-delà duquel il existe des risques sérieux sur la santé (notamment suicides), on pourra alors savoir dans quel cas il est important d'agir. Ce type de recherche n'est pas irréaliste, et des psychologues travaillent activement sur le profil des suicidants [1], ce qui pourrait permettre de prévenir les risques de suicide.

Puisque la régression linéaire donne une mesure de l'effet de x sur y, cette technique permet de prédire y connaissant x. Dans notre exemple, si nous connaissons le prix, nous pouvons estimer les ventes. En psychologie, on utilise souvent la régression linéaire pour *suggérer* qu'une variable a un effet (au sens courant) sur une autre. Autrement dit, on utilise la régression pour étayer une relation hypothétique de cause à effet.

1. Par exemple, Thu Tram Pham, de l'Université de Metz, finit actuellement un ambitieux projet de comparaison des profils psychologiques des suicidants Français et Vietnamiens. [ndt]

La régression linéaire peut ainsi être utilisée pour

- estimer l'effet du stress sur les symptômes de maladies courantes (rhume, grippe...),
- prédire les compétences mathématiques des enfants à partir de leurs capacités de lecture.

Lorsqu'on lance une étude de régression linéaire, on procède exactement comme pour la corrélation, dont la régression n'est au fond qu'un raffinement. On cherche donc s'il existe une relation linéaire entre les variables (un lien que se représente graphiquement par une droite) – voir le chapitre 5 si besoin. Nous allons expliquer tout cela dans la suite.

Supposons par exemple qu'on cherche le lien entre les résultats à un examen blanc de statistique et les résultats à l'examen réel. Il existe un lien croissant (positif) entre ces deux variables : ceux qui réussissent mieux à l'examen blanc ont également tendance à réussir l'examen final mieux que les autres. Le lien, bien entendu, n'est pas parfait. Certaines personnes réussissent magnifiquement l'examen blanc, et se plantent lamentablement à l'examen final. D'autres, franchement minables à l'examen blanc, obtiennent ensuite de spectaculaires résultats. Pourtant, si le lien est assez fort (ce qui est probable), nous pourrions estimer le résultat final d'un individu à partir de son résultat à l'examen blanc. La plupart du temps, on ne se trompera pas de beaucoup (mais pour certaines personnes, si !). Nous pourrions ainsi identifier les étudiants qui présentent un risque d'échec important, par exemple pour les aider. Dans un tel cas, l'examen blanc est à visée diagnostique. Voilà bien un exemple simple et pratique où la régression pourrait servir !

Il faut bien admettre qu'en général les psychologues n'utilisent pas vraiment la régression dans le but de prédire des valeurs sur des personnes qu'ils n'ont pas observées. Mais les résultats de la régression permettent de savoir dans quelle mesure les variations de x expliquent celles de y. Dans notre exemple de l'examen final et de l'examen blanc, les résultats du premier test ne sont pas liés aux notes terminales par une relation causale, évidemment. Pourtant, les résultats de l'examen blanc sont *prédictifs* dans la mesure où ils permettent (même s'il n'y pas de relation de cause à effet) de connaître, à l'avance et avec une certaine fiabilité globale, les notes finales. Bien souvent, les psychologues utilisent la régression linéaire pour conclure à un lien de cause à effet. Mais, même si l'effet a lieu après la cause putative, on n'est jamais certain que le lien observé soit causal. aussi faut-il être méfiant vis-à-vis des conclusions.

1.1 Les deux variables x et y

La variable prédite est appelée *variable dépendante*, puisque c'est celle qui dépend (peut-être) de l'autre. On dit aussi parfois *critère*, et on la note en général y.[2] La variable qui sert à prédire y est assez naturellement nommée *variable explicative*, ou bien plus couramment *variable indépendante*. On la note habituellement x.

On appelle souvent les variables explicatives *variables indépendantes*. Cette dénomination engendre des confusions chez maints étudiants, parce que ces variables

2. On note y la vraie valeur de cette variable, mais on note $\hat{y}$ la valeur estimée (ou prédite) de y.

indépendantes ne sont pas, en général, manipulées. Par exemple, on ne répartit pas les sujets dans des groupes correspondant à différents niveaux de la VI (du moins pas toujours). Il s'agit plus souvent d'une pseudo-expérience, ou même d'une simple observation. Nous nous trouvons souvent dans le type de design utilisé au chapitre 5. Dans ce chapitre, nous dirons plutôt *variable explicative* à la place de *variable indépendante.*

Ceci dit, il n'y a aucune contradiction formelle à parler de variable indépendante pour x. Les statisticiens définissent simplement la variable dépendante comme celle que l'on souhaite étudier en fonction de l'autre, et la variable indépendante comme celle qui sert à prévoir, ou encore celle dont on pense qu'elle a potentiellement un effet sur la VD. Dans la définition de la VI, il n'est nullement question de manipulation. Variable indépendante ne signifie pas *variable manipulée par l'expérimentateur.* Pour une discussion sur ce point, voir par exemple Gauvrit (2005).

La confusion entre les deux notions de variables manipulées et indépendantes, très fréquente, vient probablement du fait que l'on présente habituellement dans les cours de statistiques pour la psychologie *d'abord* le cas des expériences véritables, où la variable manipulée est nécessairement la VI – et réciproquement. Mais cette coïncidence des deux notions dans ce cas particulier ne doit pas occulter la réalité d'une différence conceptuelle profonde.

1.2 *La droite de régression*

Si vous avez bien compris le chapitre sur la corrélation (chapitre 5) comme nous l'espérons, la régression ne vous posera pas de difficulté, parce que c'est au fond la même chose. Par exemple, la corrélation permet de mesurer si un nuage de points est proche d'une droite imaginaire ? Et bien, la régression permet de donner une existence réelle (au sens mathématique !) à cette ligne imaginaire, la droite de régression, que l'on peut (enfin, l'ordinateur peut, et ça nous suffit) tracer. Grâce à cela, les desiderata de la corrélation, comme par exemple l'absence de méthode de prédiction effective des valeurs de la VD sont enfin comblés.

Observez les données du tableau 11.1.

On peut représenter ces données, exactement comme nous l'avions fait au chapitre 5, sous forme d'un diagramme de dispersion. La convention est de placer le prédicteur x en abscisse (axe horizontal) et la VD en ordonnée (axe vertical). Autrement dit, on place x sur l'axe des x et y sur celui des y...

Vous pourrez probablement dire, rien qu'en regardant le graphique (figure 11.1), qu'il y a une corrélation linéaire positive entre x et y (en fait, le coefficient de corrélation est 0,9), mais tout ce que vous pouvez en tirer est que lorsque la note à l'examen blanc augmente, ainsi fait la note à l'examen final. Certes, les points se regroupent autour d'une ligne imaginaire, mais comment peut-on prédire la note à l'examen terminal connaissant la note à l'examen blanc ? voilà un grand mystère. La réponse est, bien entendu, fournie par la régression. La régression permet de tracer la meilleure ligne possible (la droite de régression) pour représenter le nuage de points. Aucune droite ne sera globalement plus proche du nuage de points que la droite de régression. On parle parfois à son sujet de « droite de tendance » parce qu'elle donne une idée globale du nuage. Nous en reparlerons dans les paragraphes suivants (mais voyez d'ores et déjà la figure 11.2).

Tableau 11.1

Note sur 100 pour les examens blanc et final

Blanc	Final
50	55
30	20
60	59
75	78
40	55
90	70
15	20
19	15
64	60
80	84

Une fois que nous disposons de la ligne droite collant le mieux aux données, nous pouvons en dire bien plus que « lorsque x augmente, y itou ». On peut en fait dire de combien y augmente lorsque x augmente d'un point. Dans l'exemple ci-dessus, on peut dire que lorsque la note à l'examen blanc augmente de 20 points, alors la note à l'examen final augmente (en moyenne) de 18 points.

Pour estimer y connaissant x à partir du graphique et de la droite de régression, on procède ainsi : on repère sur l'axe des x la valeur de x qui nous intéresse (disons 30 pour fixer les idées).

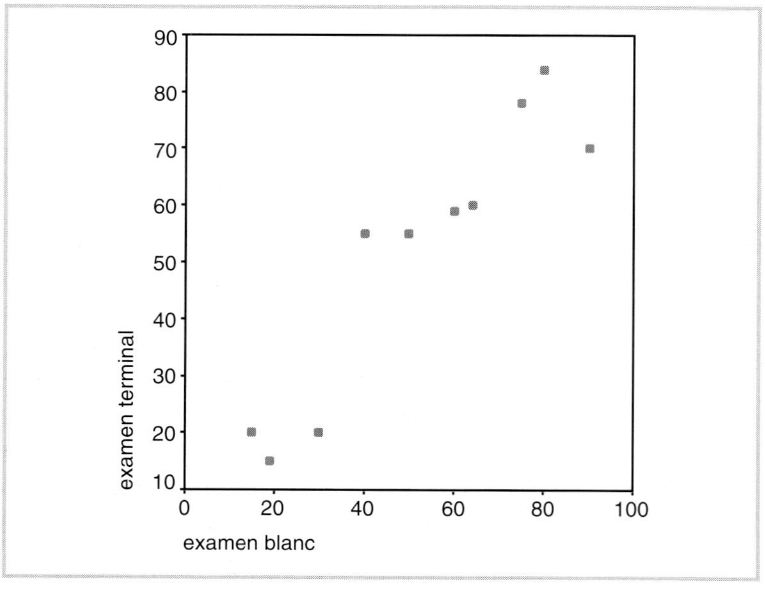

Figure 11.1

Diagramme de dispersion de la note finale en fonction de la note à l'examen blanc

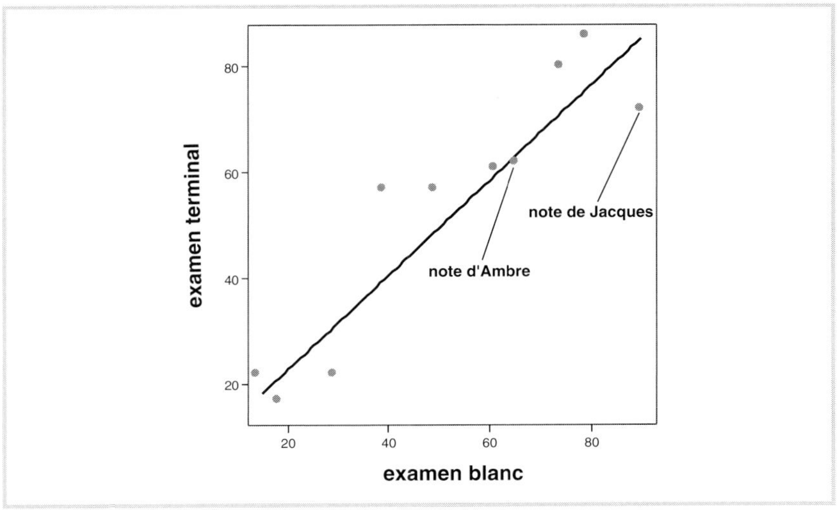

Figure 11.2

Diagramme de dispersion et droite de régression

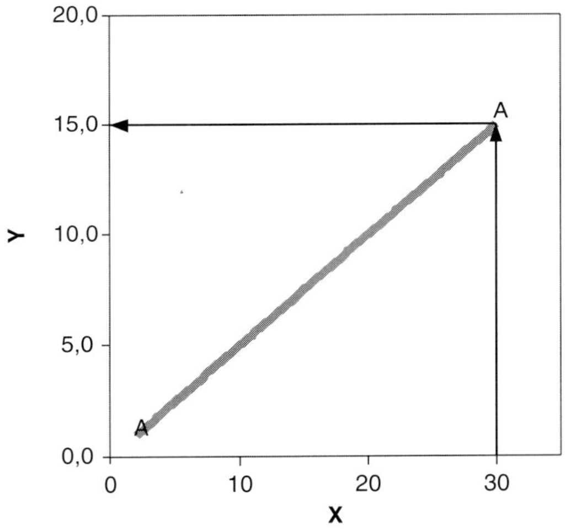

On remonte alors verticalement depuis l'axe horizontal jusqu'à la droite, puis horizontalement de la droite jusqu'à l'axe des y (voir figure ci-dessus). La valeur que nous lisons (disons 15) sur l'axe des y est la valeur cherchée pour y. On peut alors écrire $\hat{y} = 15$, car la valeur *estimée* de y est 15.

Mais revenons maintenant à la figure 11.2. Nous pouvons utiliser la droite de régression (la ligne pleine) pour prévoir y connaissant x. Par exemple, pour une personne qui obtiendrait 60 à l'examen blanc, on estime que la note finale tourne autour de 59. Si vous considérez le score d'Ambre, vous verrez justement qu'elle a eu 60 à l'examen blanc, et 59 à l'examen final. La droite de régression donne donc, dans ce cas, une excellente estimation. D'un autre côté, Jacques a eu d'abord 90, ce qui laissait prévoir un score de 86 à l'examen final (selon la droite de régression). Pourtant, sa note terminale est de 70 seulement. Ainsi, la prédiction (estimation) n'est pas terrible pour Jacques. Ceci dit, on obtient grâce à la droite de régression la *meilleure* estimation possible *globalement*.

Vous vous demandez sûrement comment nous avons pu déterminer la droite de la figure 11.2, autrement dit comment on peut savoir qu'une augmentation de 20 pour x se traduit par une augmentation de y de 18 points ? Cela peut se faire mathématiquement – c'est simple, mais aussi très long et casse-pieds –, mais pourquoi ne pas laisser SPSS se débrouiller ?[3] La pente de la droite (que l'on appelle généralement a), nous dit de combien augmente y lorsque x augmente de 1 point. Plus a est grand (en valeur absolue), plus la pente est raide. Grâce à l'utilisation d'une droite, nous pouvons prédire des valeurs de y même pour des x que nous n'avons pas observés. Il ne faut pas se contenter de considérer r. Le truc, c'est bien sûr de tracer la bonne droite (mais, à la différence de nous autres, SPSS n'éprouve aucune difficulté à faire ça...).

SPSS : Tracer une droite de régression

Choisissez *Graphes* > *Diagramme de dispersion...*

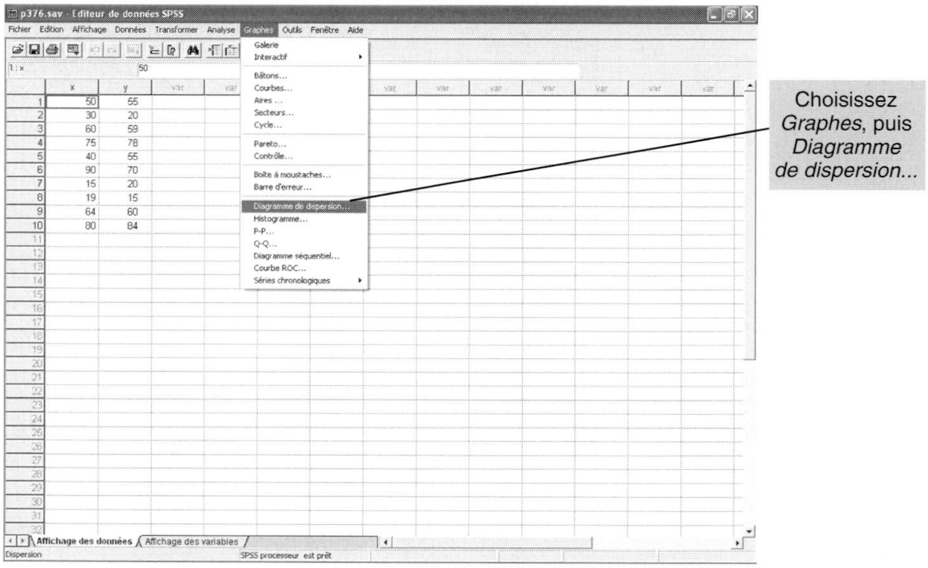

Il vous faut maintenant sélectionner la bonne option. En l'occurrence, c'est l'option *Simple* :

3. Pour ceux que la question passionne, nous conseillons de chercher par exemple dans Saporta (1990) les formules définissant l'équation de régression et la démonstration de leur exactitude. [ndt]

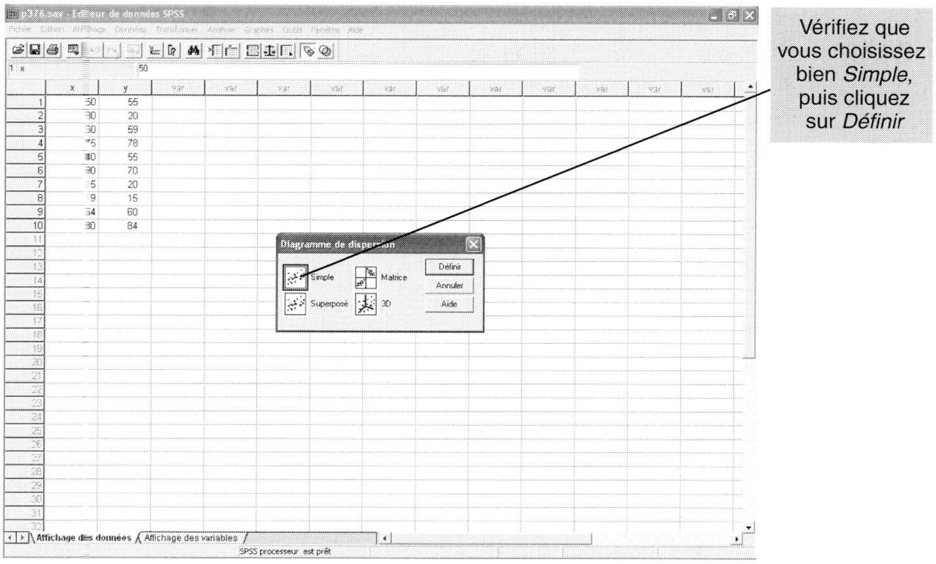

Les variables dépendante et explicative doivent être déplacées de la gauche vers la droite, dans les zones prévues à cet effet :

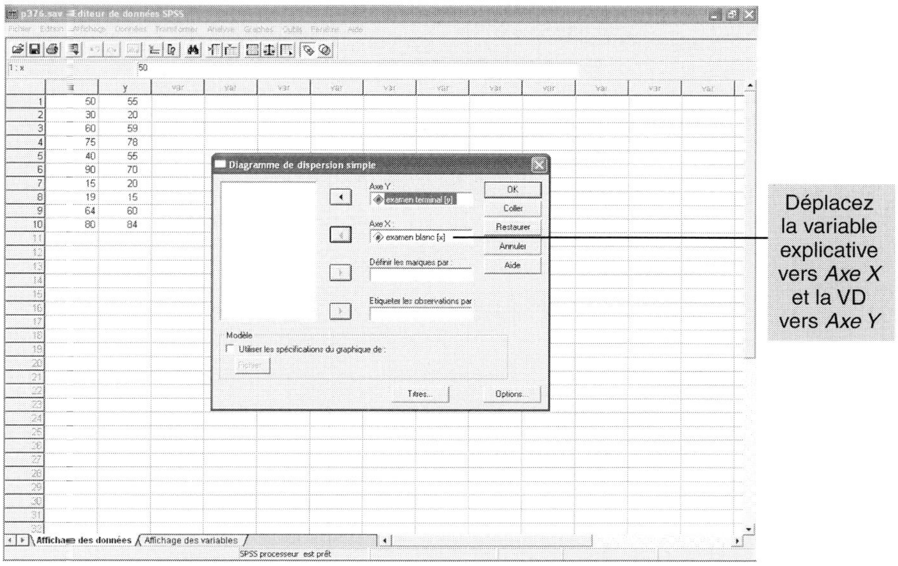

Lorsque vous aurez cliqué *OK*, le diagramme de dispersion apparaîtra à l'écran. Pour pouvoir le modifier, double-cliquez dessus.

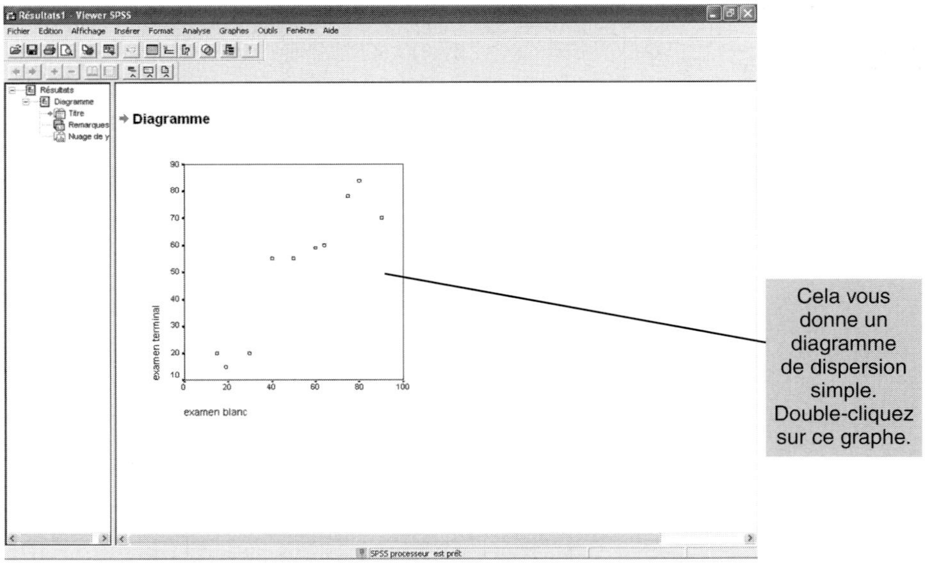

En double-cliquant sur le graphe, vous vous dirigez vers une nouvelle fenêtre où vous pourrez effectuer quelques modifications :

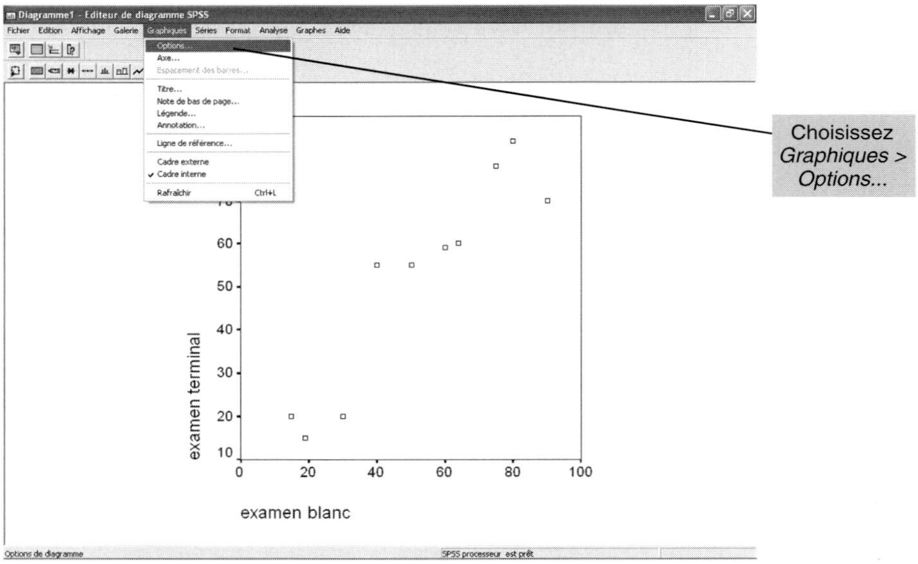

Cochez maintenant *Total* dans l'encart *Courbe d'ajustement*.

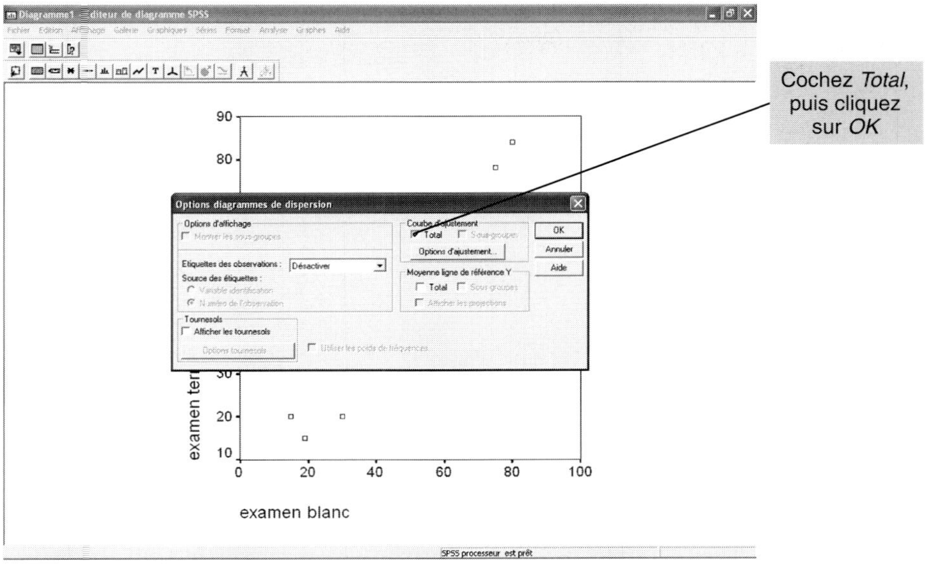

Cliquez ensuite sur *OK*. Si vous avez bien coché *Courbe d'ajustement* > *Total,* vous obtiendrez ceci :

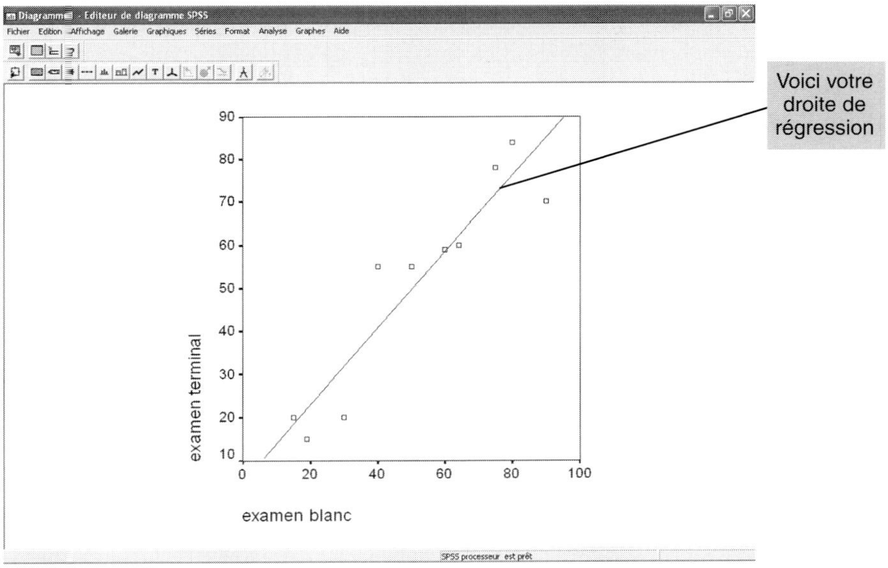

Activité 11.1

Expliquez la différence entre la corrélation et la régression. Quelle information supplémentaire nous donne la régression ?

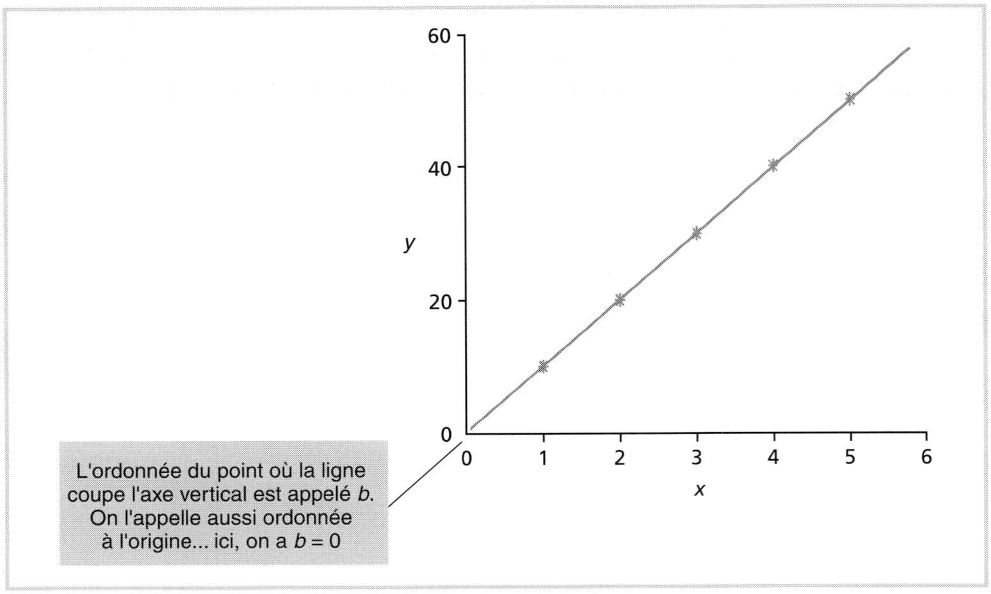

Figure 11.3
Diagramme de dispersion de *y* en *x*

1.3 *Prédictions linéaires*

Dans les quelques sections qui suivent, nous allons étudier la bonne manière d'utiliser une droite de régression pour prédire une variable numérique à partir d'une autre. Nous commençons doucement, avec des relations parfaites.

Relation positive parfaite

Nous partons ici de ce que vous connaissez déjà très bien (voir figure 11.3). La relation linéaire parfaite et positive qu'entretiennent les variables présentées sur la figure 11.3 doit vous sauter aux yeux. Une ligne droite est tracée, qui passe par tous les points du diagramme. Comme la corrélation est idéale, il est en effet possible de tracer une droite de la sorte. La meilleure droite possible (la droite de régression) est donc celle-ci, et elle est *parfaite*.

Chaque fois que x augmente de 1, y augmente de 10. (Vous pouvez le vérifier sur la figure 11.3.) La droite passe par l'origine, ce qui indique que la constante, ou *ordonnée à l'origine,* est nulle. Cela signifie que si une personne donne $x = 0$, alors elle donnera aussi $y = 0$ (c'est du moins notre estimation). Considérez par exemple ceci :

x	*y*
0	0
1	10
2	20
3	30
4	40
5	50
etc.	

Les points augmentent de 10 en 10

La table ci-dessus montre également, à sa manière, qu'une augmentation de 1 pour x se traduit par une augmentation de 10 pour y. Nous avons donc un « changement » constant (les deux variables sont proportionnelles).

La quantité dont augmente y pour un accroissement de une unité de x se nomme la *pente* de la droite de régression, et se note en général a.

1.4 Équation de régression

Lorsque nous réalisons une régression linéaire, nous obtenons entre autres choses une équation de régression, qui montre comment y évolue en fonction de x. À partir de cette formule, nous pouvons calculer une estimation du score y de quelqu'un connaissant x. La formule générale est du type[4]

$$y = ax + b$$

ou, ce qui revient au même

$$y = b + ax$$

Cela signifie que pour connaître y (du moins une estimation de y), il suffit de multiplier la valeur de x par la pente a, puis d'ajouter au résultat une constante, b, qui est l'ordonnée à l'origine.

- y est la variable à estimer
- x est le score observé
- a est la pente de la droite de régression
- b est l'ordonnée à l'origine, c'est-à-dire l'altitude du point de rencontre entre la droite de régression et l'axe vertical.

L'équation de régression montre comment y varie en fonction de x. Plus la pente est raide, donc plus a est grand, plus x a d'effet sur y, dans le sens où une même variation de x aura un impact plus grand sur y. Aussi la pente est-elle un point important des résultats, qu'il convient de bien reporter lorsque vous écrivez un compte rendu. Dans l'équation correspondant à notre exemple théorique, la pente est de 10, et l'ordonnée à l'origine est de 0.

Ainsi, $a = 10$ et $b = 0$, donc l'équation de régression est

$$\begin{aligned} y &= b + ax \\ &= 0 + 10 \times x \\ &= 10 \times x \end{aligned}$$

$b = 0$ indique que si x vaut 0, alors y est estimé à 0 également.

$a = 10$ indique que si x augmente d'une unité, alors y augmente de 10 unités.

Si une personne obtient 7 pour le score x, alors nous pouvons prédire la valeur de y correspondant à cette personne :

$$\hat{y} = 0 + 10 \times 7 = 70.$$

4. Les anglosaxons ont une habitude inverse des francophones, et écrivent généralement y=bx+a, si bien que les a et b sont inversés partout dans les publications étasuniennes, australiennes, britanniques, etc, par rapport à ce qui est présenté ici. [ndt]

Ainsi, une personne qui obtient $x = 7$ devrait obtenir 70 pour y. En regardant le graphe (figure 11.3), vous devriez pouvoir confirmer ce pronostic.

Bien entendu, c'est très facile de prévoir le score y de quelqu'un quand tous les points se trouvent sur une droite. On ne se trompe jamais ! (du moins avec les personnes de l'échantillon). Bien souvent, les étudiants se demandent – et c'est justifié – pourquoi on se fatigue à estimer des valeurs dont on dispose déjà ! En réalité, si l'équation de régression permet d'avoir une bonne estimation en général sur l'échantillon, on est fondé à croire que cela sera encore vrai avec d'autres personnes, pour lesquelles nous *ne disposons pas* de y, mais seulement de x. C'est exactement comme chez les assureurs : on a des statistiques qui montrent que les jeunes mâles ont plus d'accidents de voiture que les autres (filles ou personnes plus âgées des deux sexes). Lorsque vous voulez assurer votre véhicule pour la première fois, l'assureur n'a pas besoin de connaître vos capacités de conduite. Votre âge et votre sexe donnent une bonne estimation des risques que vous encourez. Les assureurs font attention à cela pour éviter que vous ayez des accidents qui fassent perdre de l'argent à l'assurance (inutile d'insister sur le fait que vous feriez alors partie d'une infime minorité d'assurés...). Nous sommes bien heureux, pour notre part, que les professeurs de plus de 40 ans, suite aux révélations des statistiques, aient accès à des assurances plus économiques, même lorsqu'ils pilotent comme d'épouvantables chauffards.

Résidus. Si nous utilisons notre droite de régression pour prédire le score d'une personne, nous ferons des erreurs, sauf dans le cas idéal où le lien entre les variables est parfait. Observez les résultats obtenus avec les données du Burpa Cola à la page 432. Certains points avoisinent immédiatement la droite, mais d'autres s'en écartent. Ces écarts à la ligne de prévision (ou droite de régression) sont les erreurs de prédiction.

Si nous utilisons notre droite pour estimer les ventes connaissant le prix, nous obtiendrons une valeur prévue pour chaque prix. Sur notre échantillon, nous pouvons facilement comparer les valeurs réelles et celles prévues par la régression linéaire. Si notre régression est bonne, donc si la droite permet des prévisions fiables, alors les différences entre les valeurs estimées et réelles seront faibles. Si la droite de régression est au contraire éloignée du nuage de points – par exemple si ce dernier est trop dispersé – alors les écarts seront importants. La différence entre la valeur réelle et la valeur prévue se nomme le *résidu*. Les résidus sont particulièrement importants dans le cas de la régression multiple, et nous en reparlerons plus loin dans le chapitre pour cette raison. SPSS vous donne des statistiques concernant les résidus. Si vous souhaitez creuser un peu cette question, reportez-vous à des livres plus détaillés sur la question.

S'il n'y pas de lien linéaire entre x et y, on ne peut pas prévoir y à partir de x, et la droite de régression est horizontale. Si x et y sont totalement indépendantes, alors les informations concernant x n'apprennent rien sur y, si bien que notre estimation de y ne dépend pas de x. Autrement dit, notre estimation de y, qui est l'altitude du

Activité 11.2

Quel score y prévoir pour quelqu'un qui obtient $x = 20$? On supposera $a = 2$ et $b = 5$.

point de la droite de régression, est constante, ce qui signifie que la droite ne monte ni ne descend : elle est horizontale, si bien que $a = 0$.

La figure 11.4 montre que lorsque les deux variables x et y sont linéairement indépendantes ($r = 0$), la prédiction de y ne dépend plus de x ($a = 0$).

Relation linéaire parfaite et négative. La possibilité de « deviner » y connaissant x ne se limite pas au cas des relations positives (croissantes). Les relations linéaires négatives permettent également des prédictions. Décidons par exemple que x est le nombre d'heures passées devant la télévision en une nuit. Posons maintenant que y est le résultat scolaire à la fin de l'année. Les résultats sont fournis sur la figure 11.5 (les données sont fictives !). On voit tout de suite que lorsque le nombre d'heures passées devant la télévision augmente, la note finale diminue. La relation entre les deux variables est parfaite (c'est pour ça qu'on peut savoir *illico presto* qu'il s'agit de nombres inventés !), puisqu'on peut tracer une ligne droite passant par tous les points du nuage.

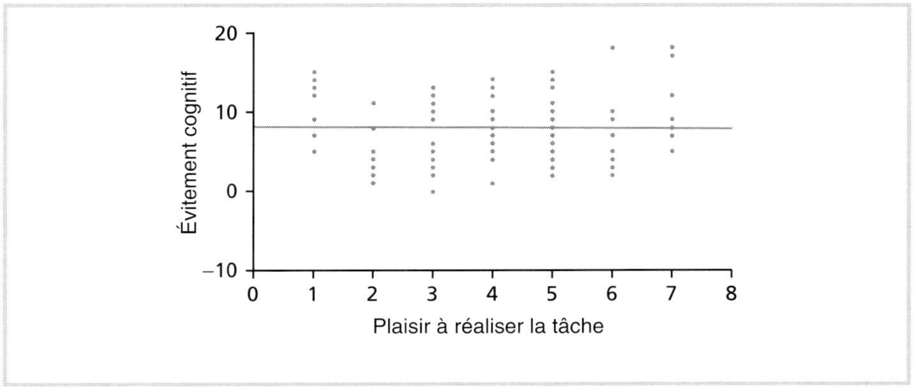

Figure 11.4
Relation linéaire nulle

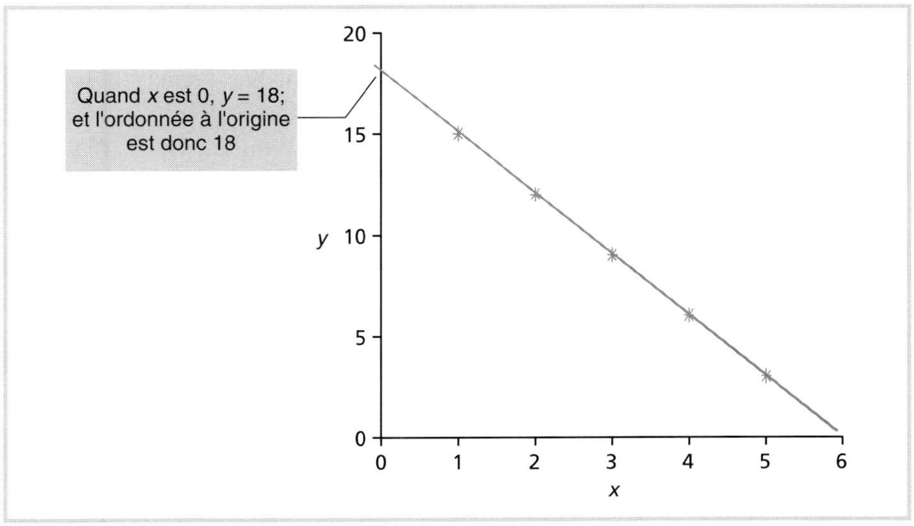

Figure 11.5
Diagramme de dispersion de y en x

Si vous regardez bien la figure 11.5, vous verrez que y diminue de 3 points lorsque x augmente d'un point (une heure de télévision par nuit « coûte » donc 3 points, à payer sur la note finale). Observez les données suivantes :

remarquez que si $x = 0$, $y = 18$, ce qui montre que la constante est 18

x	y
0	18
1	15
2	12
3	9
4	6
5	3
6	0

Les nombres décroissent de 3 en 3

Vous pouvez y voir que chaque incrément de 1 point pour x se traduit par une baisse de 3 points pour y. La droite de meilleure estimation coupe l'axe vertical en 18, qui est l'ordonnée à l'origine.

- $\hat{y}$ (lire « y estimé ») est la note estimée au test final,
- x est le nombre d'heures passées devant la télévision,
- $b = 18$,
- $a = -3$.

Ainsi, l'équation de régression est

Voici *b*

et voici *a*

$$\hat{y} = 18 - (3x)$$

Un signe moins : relation décroissante

Si vous apprenez qu'une personne regarde la télévision 3 heures et demie chaque nuit, quel score pouvez-vous prédire pour l'examen final ? Vous pourriez bien sûr vous rapporter au graphique (figure 11.5) pour avoir une idée du résultat. Pour cela, vous mesureriez l'ordonnée du point de la droite qui se trouve à l'abscisse 3,5. Mais le mieux est sans aucun doute possible d'utiliser la formule, dont le résultat est plus précis :

$$\hat{y} = 18 - 3x,$$

donc ici

$$\hat{y} = 18 - 3 \times 3{,}5$$

et il suffit donc de calculer $3 \times 3{,}5$, puis d'ôter le résultat obtenu de 18 :

$$\hat{y} = 18 - 10{,}5 = 7{,}5$$

Ainsi, une personne qui passe 3 heures et 30 minutes devant la télévision chaque nuit devrait avoir une note finale de 7,5.

Le signe moins (–) dans l'équation de régression montre que le lien entre les variables est négatif. Quand x augmente, y diminue donc.

Sur la figure 11.6, l'ordonnée à l'origine (ou constante) est 5. Cela montre qu'une personne qui donnerait $x = 0$ devrait aussi donner $y = 5$. Mais bien sûr, il est parfois impossible d'avoir $x = 0$, comme par exemple pour le QI. Considérons tout cela comme une question théorique peu urgente pour le moment. Lorsque x augmente d'un point, y augmente de 5 points. Ainsi, l'équation de régression est

$$\hat{y} = 5 + 5x.$$

Si une personne a par exemple un score x de 3, alors on pourra prédire son score y de la manière suivante :

$$\begin{aligned}\hat{y} &= 5 + 5 \times 3\\ &= 5 + 15\\ &= 20\end{aligned}$$

si bien qu'une valeur de $x = 3$ conduit à estimer y par la valeur 20. Vérifiez cela graphiquement sur la figure 11.6. Le nombre constant est l'ordonnée à l'origine. La pente vaut ici $a = 5$:

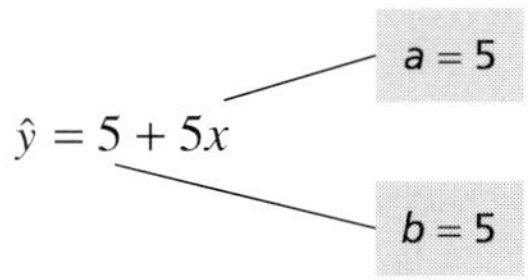

Relation imparfaite. Comme nous l'avons déjà noté plus haut, il est facile de prédire y à partir de x lorsque la relation est parfaite, parce qu'alors on ne se trompe jamais. Mais regardez un instant la figure 11.7. Le diagramme de dispersion qui y est présenté correspond à une relation imparfaite entre les deux variables numériques, chose bien plus réaliste qu'un lien parfait.

Dans un tel cas, impossible de tracer une ligne droite qui passe par tous les points du nuage. Conséquence ? il semble impossible de prédire y à partir de x. En réalité, c'est tout de même possible. Certes, notre droite de régression ne sera pas parfaite (elle ne passera pas par tous les points), mais si notre droite n'est pas très éloignée de la plupart des points, elle aura toutefois un certain pouvoir prédictif.

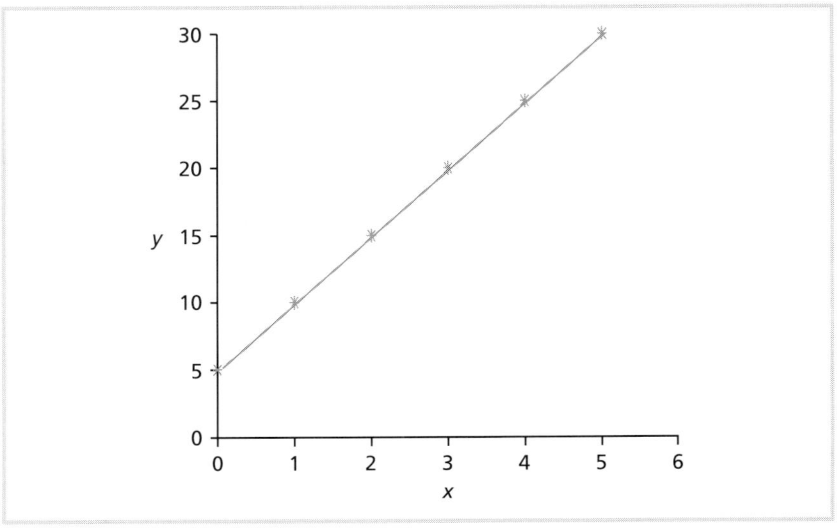

Figure 11.6
Diagramme de dispersion de *y* en *x*

Figure 11.7
Diagramme de dispersion de *y* en *x*

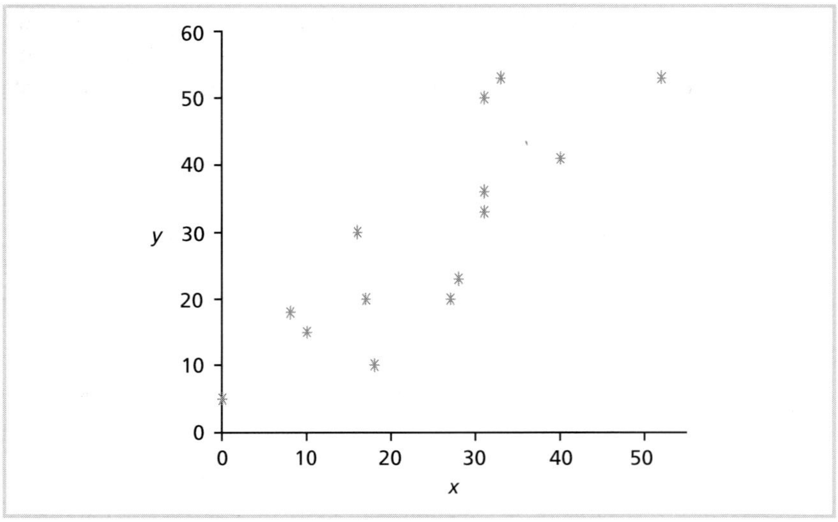

Il nous faut donc tracer une droite à la meilleure place possible. Autrement dit, choisir une droite qui soit *le plus proche possible d'un maximum de points*. Le nuage doit, autant que faire se peut, coller à la droite en question. Mais si vous faites cela au « pifomètre », vous risquez de vous tromper grandement. La plupart des gens qui essaient de tracer la ligne au jugé tentent de tracer une ligne qui passerait par « le milieu » du nuage, mais ne savent pas bien définir ce qu'ils entendent par « milieu ».

En guise d'exercice, essayez donc de tracer la meilleure droite possible. Normalement, vous ne donnerez pas une réponse parfaite, et il est largement préférable de traiter les choses autrement. Non seulement parce que le tracé à main levée manque de rigueur scientifique, mais aussi parce que votre logiciel de calcul statistique vous y aidera grandement, en vous donnant l'équation exacte de la droite, et peut même tracer la droite lui-même !

Supposons que $b = 5$. Cela signifie alors que votre droite intercepte [5] l'axe des y à l'ordonnée 5 (voir ci-dessus). Si vous le voulez bien, tracez donc une ligne correspondant à ce que vous pensez être la droite de régression, en utilisant cette valeur. Bien sûr, vous *pourriez* tracer moult lignes différentes. Le but est d'atteindre la meilleure droite possible. Si vous travaillez en groupe, comparez la droite que vous avez tracée avec celle de vos collaborateurs. Avez-vous choisi la même droite ? Probablement non. À ce stade, puisque tout le monde n'est pas d'accord, il est difficile de donner l'équation de la droite de régression explicitement. Mais nous pouvons le faire toutefois en utilisant des lettres pour les chiffres inconnus. Nous connaissons une valeur, qui est b. Voilà déjà un point de départ. b, qui vaut 5, est la constante de l'équation de régression, et c'est aussi l'altitude du point de contact entre la droite de régression et l'axe vertical. Aussi, nous pouvons écrire que l'équation de régression est de la forme :

$$\hat{y} = 5 + ax$$

ou, ce qui revient au même,

$$\hat{y} = ax + 5.$$

Le sens de la somme n'a évidemment aucune importance.

5. Le nom anglais de l'ordonnée à l'origine, donc b, est justement *intercept*. [ndt]

Nous avons écrit $+a$, avec un signe plus, parce qu'il s'agit d'une somme. Cependant, si a est négatif, lorsque nous remplacerons a par sa valeur, nous aurons un signe moins (ça ne sera pas le cas en l'occurrence, parce que la relation est croissante).

Exemple : ventes de soda

Retournons à notre exemple des ventes de soda. L'univers de choix est immense dans le domaine des sodas, et si notre produit – le Eurpa Cola – est trop cher, nul doute que les clients se tourneront vers une alternative plus économique. La direction de Burpa Cola a organisé une étude dont les résultats sont fournis dans le tableau 11.2.

Observons d'abord le diagramme de dispersion (figure 11.8).

Il est clair qu'on a ici une relation négative (décroissante) entre le prix de vente et le chiffre de vente. Lorsque le lien est imparfait, comme ici, il nous faut sélectionner parmi toutes les droites possibles celle qui correspond le mieux à nos données : c'est la droite de régression, que nous essayâmes de deviner précédemment. Nous cherchons en effet la droite qui nous fournira la meilleure estimation possible de la VD en fonction de la VI. On pourrait faire cela de plein de manières différentes, mais la méthode la plus classique est de minimiser la distance au carrée moyenne entre les points et leur projection verticale sur la droite (!). C'est ce qu'on appelle *la méthode des moindres carrés*, une technique très générale qui s'applique aussi à plein d'autres choses que la régression linéaire. Pour l'exemple que nous traitons en ce moment, vous pouvez voir la droite de régression obtenue de cette manière sur la figure 11.8.

Les points semblent agrégés autour de la ligne de la figure 11.8, ce qui laisse penser que l'estimation du chiffre de vente que l'on obtiendrait en utilisant l'équation de régression serait excellente. Elle s'ajuste bien aux données. La droite est obtenue grâce à des équations qui fournissent la meilleure estimation globale possible. On pourrait appeler la droite de régression la « droite de meilleure estimation ».

Mais hélas, la réalité est souvent bien plus cruelle que cet exemple ne le laisse penser. Regardez maintenant la figure 11.9.

Sur ce nouveau diagramme de dispersion, les points sont moins proches de la droite de régression que dans le cas précédent. Ici non plus, la droite de régression ne saurait être améliorée : c'est bien la droite de meilleure approximation. Pourtant, elle ne fournit pas de moyen d'estimation aussi puissant, précis et fiable que dans le cas de la figure 11.8, parce que le nuage est moins proche de la droite.

Nous avions expliqué à la page 426 que la connaissance de la droite de régression nous permet de faire des estimations de la VD. Cela est vrai ici, même si dans le cadre de la figure 11.9 cette estimation serait moins bonne.

Tableau 11.2
Prix et chiffre de vente du Burpa Cola

Prix unitaire (centimes)	Chiffre des ventes (milliers)
80	500
81	500
82	499
83	498
84	497
85	450
86	445
87	440
88	439
89	438
90	400
91	380
92	370
93	360
94	330

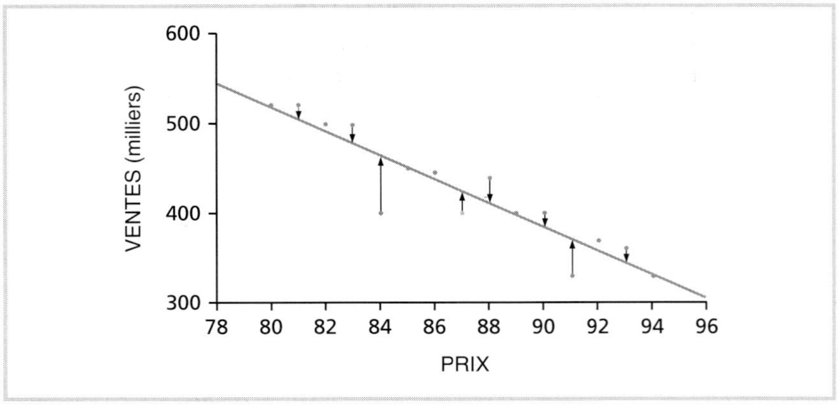

Figure 11.8
Diagramme de dispersion des ventes en fonction du prix

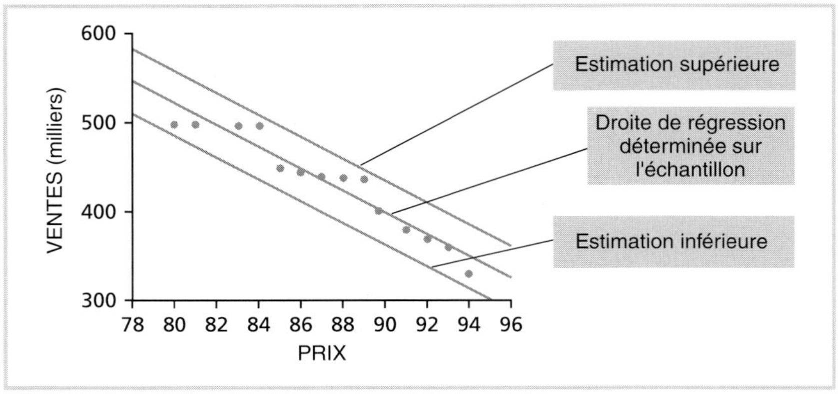

Figure 11.9
Diagramme de dispersion des ventes en fonction du prix

1.5 *Comment connaître a et b ?*

Vous pourriez calculer vous-mêmes les valeurs de a et b en utilisant les formules qui se trouvent dans la plupart des manuels de statistique. Ceci dit, les chercheurs (et les autres) n'ont pas recours à ce genre de pénibles procédures, et utilisent plutôt un logiciel de calcul statistique, qui donne immédiatement tout cela. Nous écrivons ce livre avec l'idée de réduire le nombre de formules mathématiques indigestes, et c'est pourquoi les équations donnant a et b ne sont pas écrites ici ! Si vous éprouvez un grand désir de connaître ces formules, reportez-vous à l'un des manuels conseillés à la fin des différents chapitres.

Lorsque vous utilisez un logiciel de calcul statistique pour faire vos régressions, vous obtenez tout ce dont vous pouvez rêver, et en particulier tout ce qui vous est nécessaire pour rédiger ensuite un article ou un compte rendu. SPSS (mais les autres logiciels aussi, et même la plupart des calculatrices courantes) vous donneront ainsi le coefficient de corrélation, les valeurs de b (constante ou ordonnée à l'origine), et de a (pente). Connaître a est indispensable, mais savoir si cette pente est significative, donc si l'on peut parier qu'elle n'est pas apparue à la suite d'une simple erreur d'échantillonnage, est également capital. Cela est testé grâce à une sorte d'anova – fournie dans une table qui vous est désormais familière. La pente a est également convertie en une pente *standardisée*, qui se note habituellement β (bêta). Ce β répond à la question « si x augmente d'un écart type, de combien y va-t-il augmenter (ou diminuer) en écarts type ? » (les scores standardisés ou scores z ont déjà été traités au chapitre 3).

Activité 11.3

Quelle droite de régression permet d'obtenir les meilleures estimations, (a) ou (b) ?

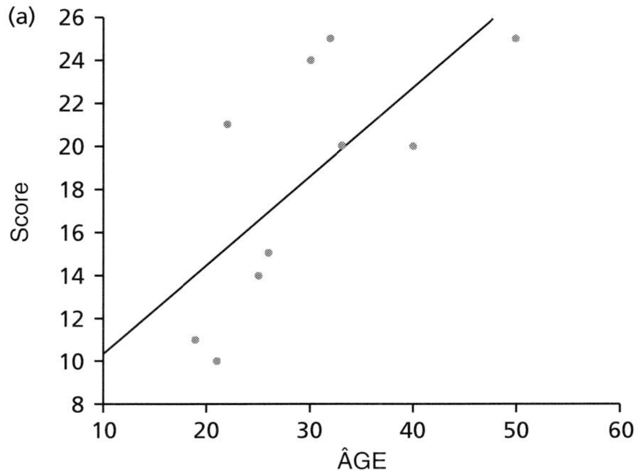

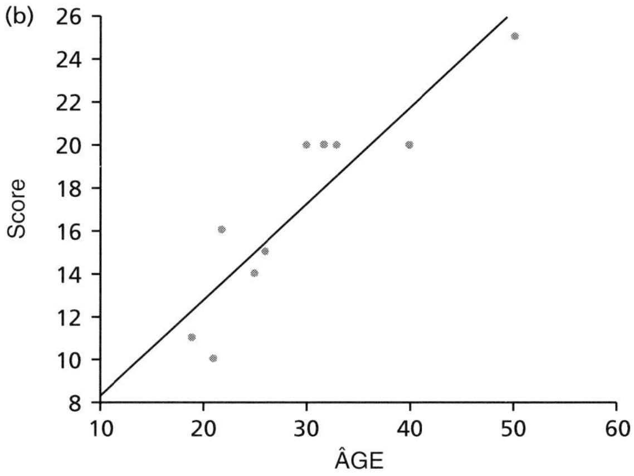

SPSS : régression linéaire

Allez dans *Analyse* > *Régression* > *Linéaire...*

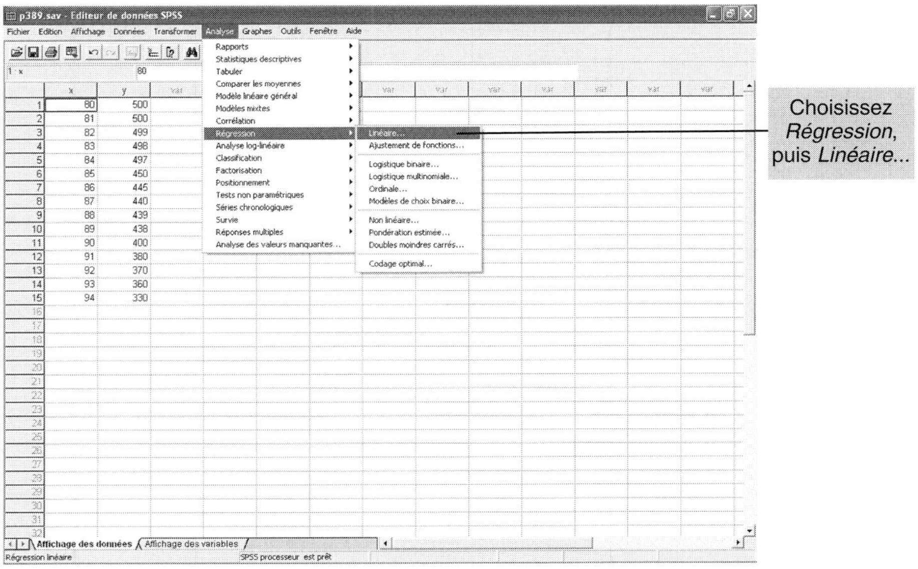

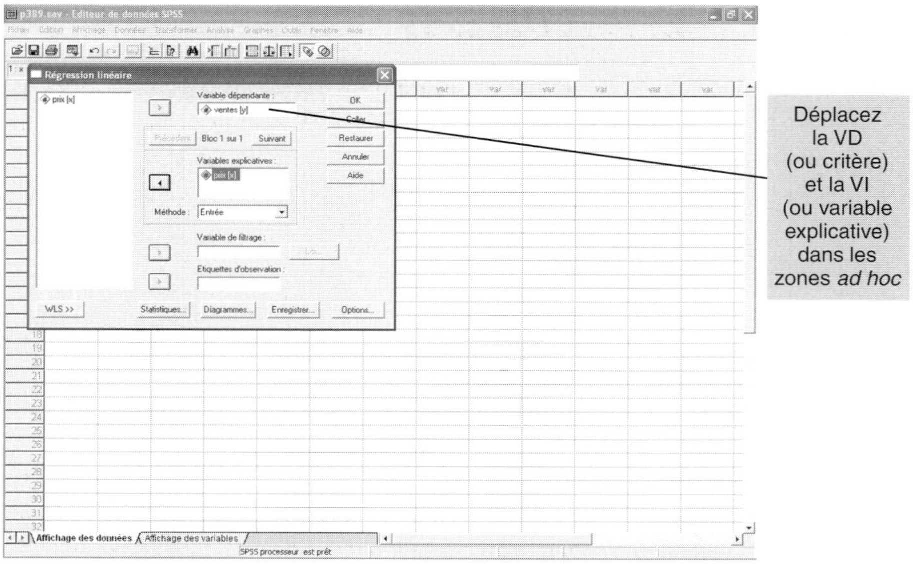

Déplacez bien la variable à prédire (VD ou critère) de la zone de gauche à la zone de droite correspondante (zone *Variable dépendante)* en cliquant sur la flèche ▸. Déplacez de même la variable explicative (VI ou prédicteur) dans la zone de droite *Variables explicatives.* La zone *Méthode* doit contenir le mot *Entrée.* Cliquez ensuite sur le bouton *Statistiques.*

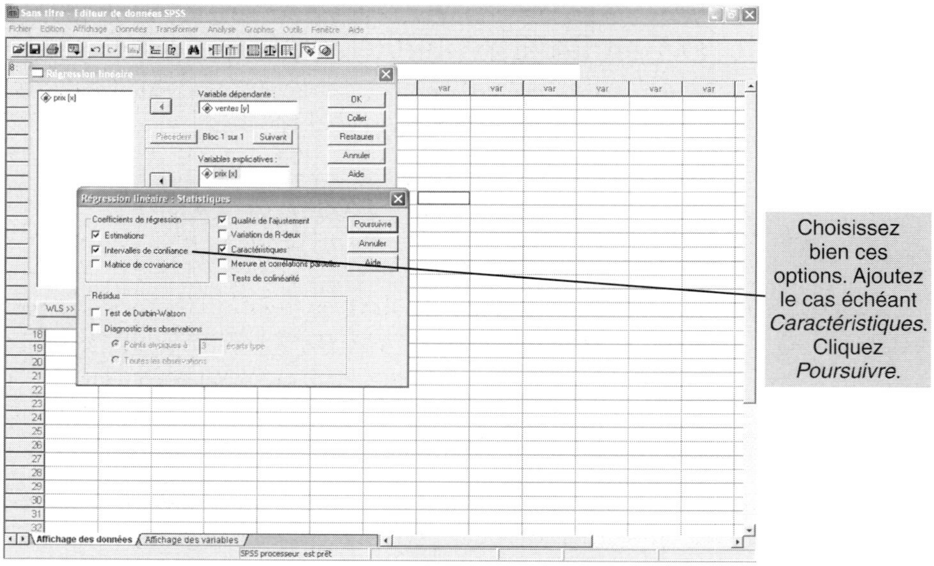

Cochez si vous le souhaitez l'option *Intervalle de confiance,* et *Caractéristiques.* Cliquez ensuite sur *Poursuivre.*

Cela vous ramène à la boîte de dialogue principale de la régression linéaire. Cliquez *OK.*

1.6 Que lire dans la sortie SPSS ?

Vu la longueur de la sortie SPSS dans le cas de la régression linéaire, nous avons découpé la chose en tranches, que nous traiterons une par une. Le résumé du modèle est le suivant :

Récapitulatif du modèle

Modèle	R	R-deux	R-deux ajusté	Erreur standard de l'estimation
1	,968[a]	,937	,932	14,874

a. Valeurs prédites : (constantes), prix

La corrélation entre x et y. La corrélation entre *x* et *y* est le coefficient de corrélation linéaire de Pearson, *r*. Il est fourni dans la première colonne, grâce à *R*. *R* est le coefficient de corrélation linéaire multiple. Pour des raisons qui ne nous intéressent guère pour le moment, ce coefficient *R* est toujours positif, mais il coïncide avec la valeur absolue de *r*. Dans le cas présent, nous savons donc que *r* vaut 0,97 (on arrondit souvent à 2 décimales seulement) *en valeur absolue*. Pour connaître le signe de *r*, il faut regarder (dans les tables suivantes) le signe de *a*. *r* est en effet toujours du même signe que *a*. Dans notre cas, *a* est négatif. Par conséquent, *r* est également négatif, et l'on a donc $r = -0{,}97$. C'est une excellente valeur, parce qu'elle est proche de -1. Une valeur faible en valeur absolue laisserait penser que l'estimation obtenue est plutôt mauvaise, mais ça n'est pas le cas ici.

Variance expliquée. Nous vous avons conseillé plus haut d'élever les coefficients de corrélation linéaire au carré pour obtenir un *coefficient de détermination*, qui est la proportion de variance de la VD que l'on peut expliquer *linéairement* par la VI. Mais dans le cas d'une régression linéaire, il est inutile de vous casser la tête, puisque SPSS le fait pour vous ! Dans notre cas, R^2 (R-deux) est de 0,937, ce qui indique que 94 % environ des variations du chiffre de vente du Burpa Cola s'expliquent linéairement par le prix de vente, sur notre échantillon.

R-deux ajusté. Mais cette proportion est bien optimiste. Nous l'avons obtenue sur un échantillon, pas sur la population totale. Fondée sur un échantillon unique, elle a tendance à surestimer ce qu'on aurait sur la population. Pour cette raison, les statisticiens ont inventé le R^2 « ajusté », qui corrige cette surestimation. Nous sommes ainsi ramené à 93 %, et nous pouvons dire que sur la population, le prix de vente doit expliquer 93 % des variations du chiffre de vente (il s'agit d'une estimation).

Erreur standard. La dernière colonne vous donne l'erreur standard de l'estimation. Souvenez-vous du fait que tout ce que nous faisons ici est approximatif. Il s'agit d'estimations et non de réalités exactes. Les valeurs prédites ne sont pas égales aux valeurs réelles, puisqu'il y a, la plupart du temps, une distance non nulle entre les points du nuage et leurs projections verticales sur la droite de régression, autrement dit un écart entre les valeurs de *y* et les valeurs prédites, $\hat{y}$: c'est ce qu'on appelle le résidu.

Une moyenne particulière de ces résidus (moyenne quadratique) donne une idée de la qualité de nos estimations. L'erreur standard d'estimation est cette moyenne des résidus. Ici, nous voyons que cette erreur standard de l'estimation est de 14,88. Cela indique que l'on peut s'attendre à une erreur de 14,88 pour les estimations, globalement. Ainsi, si, pour un certain prix de vente *x* fixé, l'équation de régression prévoit que le *y* (chiffre de vente) correspondant doit être 400 par exemple, on pourra penser que le *vrai* chiffre est en fait quelque part entre 400 – 14,88 et 400 + 14,88. Ce nombre de 14,88 est donc utile pour connaître la précision de nos prévisions !

L'analyse de variance arrive ensuite :

ANOVA[b]

Modèle		Somme des carrés	ddl	Carré moyen	F	Signification
1	Régression	42953,657	1	42953,657	194,162	,000[a]
	Résidu	2875,943	13	221,226		
	Total	45829,600	14			

a. Valeurs prédites : (constantes), prix

b. Variable dépendante : ventes

Cette table résumée, d'un type désormais familier pour vous, vous dit si la pente de votre droite de régression est – ou n'est pas – significativement différente de 0. Si *x* et *y* ne sont pas liés linéairement, vous pourriez en effet tomber par hasard sur un coefficient *r* non nul, et aussi grand que celui que vous avez trouvé. La table de l'anova permet de savoir si ce cas est probable ou non, donc si le *r* observé est assez grand en valeur absolue pour qu'on soit raisonnablement certain que le *vrai r*, celui de la population totale, est également non nul. Dans notre cas, le *F* vaut 194,16, et la signification associée est $p < 0{,}001$. Autrement dit, si les variables *x* et *y* ne sont pas liées linéairement (donc si la vraie droite de régression est horizontale, donc encore si le vrai *a* vaut 0), alors il est très improbable que l'on tombe quand même sur un *r* aussi négatif que –0,97. Il est donc raisonnable de conclure que le lien entre *x* et *y* est généralisable à la population.

Si la signification de *r* est testée par une analyse qui se présente comme une anova, c'est tout simplement parce qu'il s'agit effectivement d'une anova ! Il s'agit en effet de comparer des variances de la VD. Les variations de la VD *y* peuvent, pour partie, s'expliquer par la relation linéaire que *y* entretient avec *x*. Cette partie de la variance de *y* est la variance expliquée (ligne *Régression* du tableau). Le reste (ligne *Résidu* du tableau) correspond au terme d'erreur de l'anova. Si *x* explique une assez grande proportion de la variation, c'est que l'effet de *x* sur *y* est sûr. Sinon, il pourrait être dû aux erreurs d'échantillonnage.

Bien sûr, les détails de cette anova particulière vous sont totalement inutiles. Il suffit de savoir que l'on teste *r* en utilisant le principe déjà exposé dans le chapitre sur l'anova (simple).

Coefficients[a]

Modèle		Coefficients non standardisés		Coefficients standardisés			Intervalle de confiance à 95% de B	
		B	Erreur standard	Bêta	t	Signification	Borne inférieure	Borne supérieure
1	(constante)	1513,957	77,427		19,553	,000	1346,686	1681,228
	prix	-12,386	,889	-,968	-13,934	,000	-14,306	-10,465

a. Variable dépendante : ventes

Voici b — Voici a

La pente a. Vous pouvez lire dans le tableau des coefficients que $a = -12{,}386$. Il se trouve dans la première colonne, et dans la ligne « prix », parce que c'est le coefficient qui se trouve devant « prix » dans l'équation de régression. Cela vous apprend que chaque fois que le prix d'une bouteille de Burpa Cola augmente de 1 centime, les ventes baissent de 12,386 (milliers), donc de 12 386 unités environ. On pourrait utiliser l'erreur standard de l'estimation pour mesurer la qualité de notre estimation, mais on peut aussi lire, dans le tableau des coefficients, les limites de l'intervalle de confiance. Ici, on voit que *a* est probablement compris (c'est l'intervalle de confiance pour *a*) entre $-14{,}306$ et $-10{,}465$. On est presque sûr que si l'on augmente les bouteilles de Burpa Cola de 1 centime, les ventes baisseront de 10 465 unités au moins, et de 14 306 unités au plus. La colonne suivante, β (Bêta), donne le *a* que l'on aurait si on avait standardisé les données. Cette valeur est de $-0{,}97$. Cela indique que chaque fois que le prix augmente d'un écart type, les ventes diminuent de 0,97 écarts type sur notre échantillon, et selon l'estimation linéaire.

La constante b. La valeur de la constante est $b = 1513{,}96$. Elle est donnée à la seconde colonne avec son erreur standard associée (77,43). Dans la sortie SPSS, *b* est donné dans la ligne « constante », parce que c'est la constante additive dans l'équation de régression. Un intervalle de confiance pour *b* est également donné dans les deux dernières colonnes du tableau. Comme nous connaissons *a* et *b*, nous pouvons maintenant écrire l'équation de régression :

$$\hat{y} = ax + \mathrm{b}$$

Avec nos valeurs particulières, à savoir :

- $\hat{y}$ est le chiffre de vente estimé
- x est le prix de vente
- $a = 1513{,}96$
- $b = -12{,}39$.

Ça donne :

Ventes (estimation) = $-12{,}39 \times$ (prix de vente) + 1513,96.

Les valeurs de *t* dans le tableau des coefficients indiquent si les valeurs *a* et *b* sont significativement non nulles.

1.7 Représentation graphique

Nous avons dit que la pente de la droite de régression est $-12{,}39$ (c'est *a*). Ceci dit, la véritable pente – celle qu'on aurait en étudiant tous les cas possibles et pas uniquement un échantillon – n'est peut-être pas (probablement pas !) exactement $-12{,}39$. Nous savons seulement, avec une certitude de 95 %, que l'on estime suffisante, que *a* est quelque part entre $-14{,}306$ et $-10{,}465$. De même, la constante *b* peut être n'importe où entre 1346,686 et 1681,228. Si l'on fait varier *a* et *b* dans ces intervalles de confiance, on obtient des droites différentes à chaque fois, et donc aussi des estimations différentes. L'ensemble de toutes les estimations possibles se représente alors comme une sorte de bande sur le diagramme de dispersion. Pour des raisons un peu difficiles à expliquer, cette bande n'est pas vraiment droite (les limites de la bande sont en fait un peu courbées). Si vous souhaitez comprendre pourquoi, voyez par exemple Howell (1998).

Par chance, SPSS peut tracer pour vous cette bande. Pour chaque valeur de *x*, on est sûr à 95 % que la meilleure estimation possible de *y* se trouve entre les deux lignes courbes qui entourent la droite de régression (voir figure 11.10).

Pour obtenir ces courbes, demandez a SPSS un diagramme de dispersion, comme nous l'avions vu plus haut (page). Après avoir double-cliqué sur le diagramme, vous pouvez le modifier dans une fenêtre spéciale. Choisissez *Graphiques > Options*. Dans la boîte qui apparaît se trouve une zone *Courbe d'ajustement*. Cochez *Total*, puis cliquez sur le bouton *Options d'ajustement*. Une boîte apparaît, avec une zone *Ligne(s) de prévision de la régression*. Dans cette zone, sélectionnez *Individuelles*. Choisissez ensuite *Poursuivre*, puis *OK*. Le tour est joué !

1.8 *Rédaction*

Pour un compte rendu de laboratoire, vous rapporteriez sans doute tout ce que SPSS vous donne, mais la partie textuelle de votre analyse pourrait être la suivante :

> Une régression linéaire simple a été utilisée pour déterminer l'impact du prix de vente unitaire du Burpa Cola sur les ventes. Un lien négatif significatif a été mis à jour ($r = -0{,}97$, $p < 0{,}001$). L'intervalle de confiance pour la pente de la droite de régression (au niveau de confiance de 95 %) montre que chaque centime d'augmentation du prix de vente unitaire pourrait réduire le chiffre des ventes d'une valeur comprise entre 10 470 et 14 310 unités.

1.9 *Non-linéarité*

Il n'est guère judicieux de tenter une régression linéaire si les données ne sont pas liées linéairement. Souvenez-vous que le lien entre les deux variables est linéaire seulement si une augmentation de *x* d'un point a toujours le même impact sur *y*. Dans ce cas, le nuage de point s'agrège non seulement autour d'une courbe, mais autour d'une *droite*. Si cela n'est pas clair, reportez-vous au chapitre 5.

Figure 11.10

Droite de régression et intervalles de confiance (95 %) pour les estimations globales

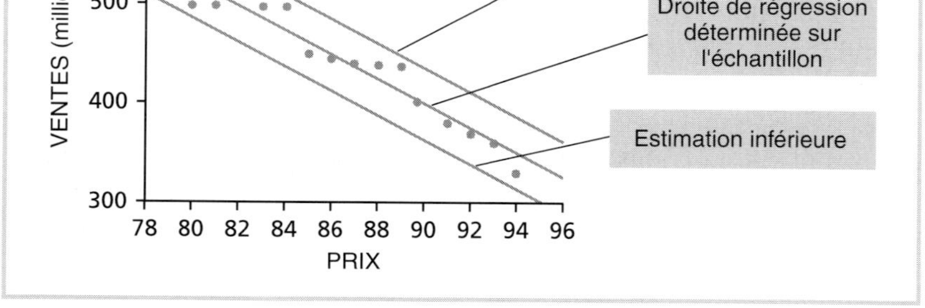

Une étude conforte une vieille légende de sages-femmes

« La taille des boîtes de chocolats offertes aux sages-femmes par les nouveaux parents dans les maternités augmente avec le poids du nouveau-né à la naissance. » Une recherche on ne peut plus sérieuse vient de confirmer ce vieux conte obstétrique. La corrélation entre les deux variables a été démontrée par Andrew Nordin, un jeune chercheur de Taunton, dans le Somerset. Son travail, qui a duré six mois, a permis d'étudier des sages-femmes employées dans les salles de travail ou les chambres de la clinique de Musgrove Park. L'étude a été rapportée dans le journal médical américain *Obstetrics and Gynecology* (obstétrique et gynécologie). Chaque sage-femme devait noter le poids des nouveau-nés et le poids de chocolat offert par les parents reconnaissants.

Le docteur Nordin, obstétricien et gynécologue d'origine australienne, rêve que son travail soit la première pierre d'un vaste audit de la profession médicale. « Nous sommes très sérieux avec les évaluations, mais nous aimons toutefois nous relâcher un peu pour la session de Noël », avoue-t-il.

Dans son article, le Dr Nordin rapporte fort à propos les détails suivants : « l'analyse de régression linéaire a permis de démontrer un lien positif entre le poids à la naissance et le poids net total de chocolats offert à la sage-femme. L'équation de régression est $\hat{y} = 3349 + 0{,}52058x$.

Le docteur Nordin prépare une conférence sur le sujet, qu'il donnera à l'automne, au meeting des obstétriciens et gynécologues du sud-est de l'Angleterre. Il espère que son travail ouvrira la voie à des investigations connexes, notamment en élargissant son champs aux autres cadeaux offerts par les parents, comme le vin ou les biscuits…

(Lu dans un journal national britannique)

Activité 11.4

Regardez ce graphique :

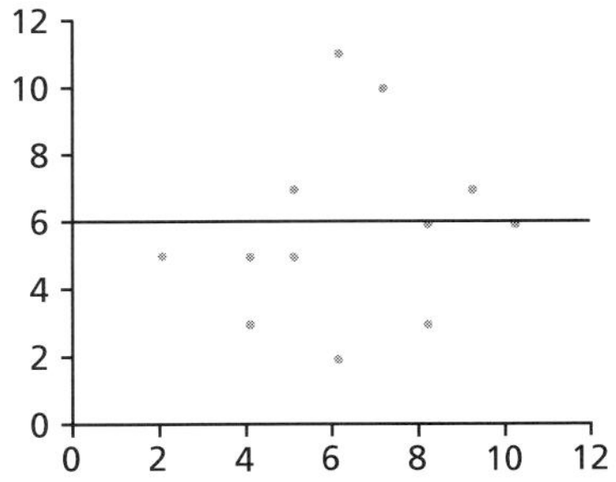

1. Combien vaut *a* ?
   (a) 0
   (b) 5
   (c) 1.
2. (2) Dans une régression linéaire, le *y* estimé est noté
   (a) *y* ?
   (b) *x* ?
   (c) $\hat{y}$?

Degré de liberté [6]

Le concept de degré de liberté est complexe, et on peut l'aborder de différentes manières. Ici, nous parlerons de degrés de liberté en terme de taille d'échantillon [7]. Mais gardez bien à l'esprit que notre explication est à visée illustrative, et n'est pas rigoureuse. Il s'agit d'une explication conceptuelle qui doit vous permettre de comprendre l'idée générale des dl. Chong Ho Yu (2001) illustre les degrés de liberté avec la régression linéaire. Si vous avez bien compris la régression linéaire, cela vous aidera grandement pour comprendre les dl. Le professeur Yu montre que si vous aviez un nuage constitué d'un seul point, vous ne pourriez pas parler de degré de liberté. Il serait en fait impossible de déterminer la droite de régression, qui n'est pas définie.

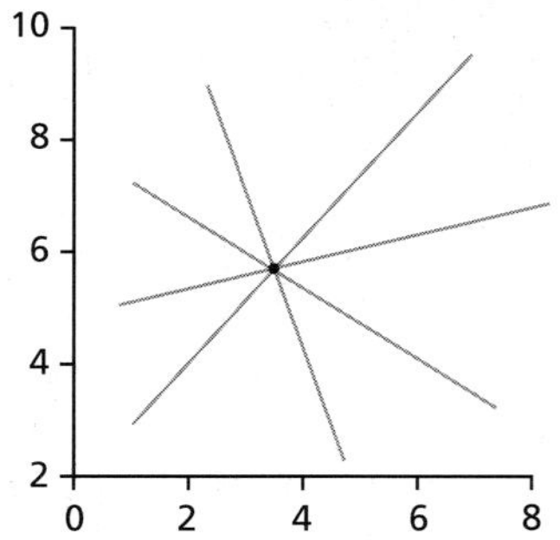

Ce diagramme montre seulement un point correspondant aux données – si vous cherchez une droite de régression, toute droite passant par ce point est parfaite. Ce n'est pas très utile ! Le degré de liberté dans le cas de la régression est $n-1$ où n est le nombre de points. Donc ici, cela fait $n-1 = 1-1 = 0$. Comme le dit le professeur Yu, « les données n'ont aucune « liberté » de variation et vous n'avez aucune marge pour faire une étude ». Si vous essayez de faire une régression avec SPSS, vous obtiendrez un message d'erreur.

Imaginez maintenant le cas de deux individus, donc deux points, pour une régression linéaire.

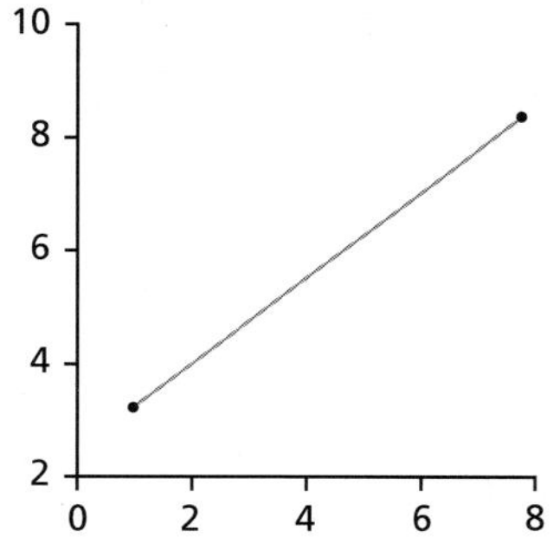

Si vous avez deux points seulement, il existe une ligne de meilleure approximation. Cette ligne est parfaite, et votre estimation a *un* degré de liberté (2 – 1 = 1). Si vous essayez avec SPSS, cela marchera. Ceci dit, le résultat n'a aucune signification puisque nous savons que de toute façon la droite de régression est parfaite (elle passe par tous les points). Avec deux points, c'est forcément comme ça !

Regardez maintenant le diagramme de dispersion suivant :

6. Voir aussi l'encart de la page 243.

7. Mais attention : le *dl* n'est pas toujours $n-1$.

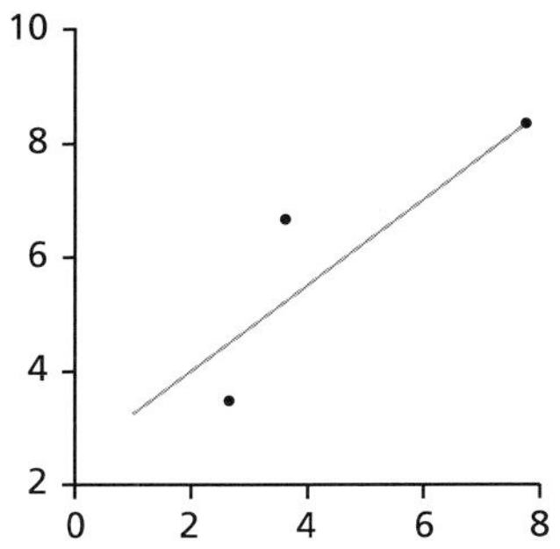

Ici, la meilleure droite (la droite de régression) correspondant à trois points est montrée. Le degré de liberté est 2. Ici, la droite de régression avait *a priori* plus de liberté pour bouger, dans la mesure où elle n'est pas restreinte à deux points.

On peut comprendre le degré de liberté comme le nombre d'informations importantes. Ainsi, si *dl* = 0, vous n'avez aucune information importante. Si maintenant le dl vaut 1, c'est que vous disposez d'une unique information utile, et ainsi de suite. Mais même si le dl vaut 2, vous n'avez pas assez d'information pour faire une régression utile.

Le site Internet de Chong Ho Yu (2003) présente (en anglais) une explication interactive et multimedia du degré de liberté. L'adresse du site se trouve à la fin du chapitre.

Il est à peu près impossible de présenter rigoureusement les degrés de liberté sans faire référence soit à la *dimension* d'objets algébriques, soit à l'*indépendance* des variables aléatoires. Autrement dit, le mieux est sans doute soit d'admettre l'existence mystérieuse de ces « degrés de liberté », soit, si un tel renoncement à la vérité vous est insupportable, de vous reporter avec courage vers un ouvrage mathématique, seul endroit où vous aurez une chance de lire une définition fiable (voir par exemple Saporta, 1990).

Les explications fournies par les psychologues, et notamment celles du professeur Yu, peuvent avoir sur certains étudiants un effet inverse de celui recherché, en rendant encore plus floue une notion déjà complexe. D'un autre côté, les explications mathématiques fidèles à la réalité sont incompréhensibles du « grand public ».

2 Régression linéaire multiple

La régression linéaire multiple est une extension de la régression linéaire simple que nous venons de traiter, applicable dans le cas où l'on a plusieurs VI. Les psychologues se servent de cette procédure pour découvrir si plusieurs variables indépendantes (ou variables explicatives, ou prédicteurs) ont un effet sur une unique VD (ou critère), toutes ces variables étant supposées numériques. Par exemple, cela permet :

- de trouver les causes de dépression chez les enseignants,
- de déterminer l'effet de l'âge, du QI, et autres variables numériques sur le « locus of control » dans le cadre de la santé.

Le critère est en général noté y, et les différentes variables explicatives sont notées x_1, x_2, x_3 etc. La régression multiple permet de décrire l'effet de toutes les variables explicatives dans leur ensemble sur le critère, mais également de décrire l'effet de chacune des variables séparément des autres, et encore bien plus.

L'équation de régression est également une généralisation de celle qu'on avait dans le cas simple :

$$\hat{y} = b + a_1x_1 + a_2x_2...$$

Cela signifie que l'on estime y en multipliant la première variable par une constante (pente), que l'on ajoute à la deuxième variable multipliée par une constante, etc. On ajoute au total une constante b, et l'on obtient $\hat{y}$.

Souvenez-vous que vous *pourriez* vouloir utiliser l'équation de régression pour estimer des valeurs de y sur une nouvelle population, du moins sur des personnes que vous n'avez pas encore observées. La plupart du temps, les psychologues n'utilisent pas les équations de régression dans cette optique, même si le cas peut se produire. La plupart du temps, ils cherchent seulement à préciser l'effet des VI sur la VD, et à décrire l'effet des différentes VI pour les comparer et trouver les causes profondes des variations du critère.

La régression multiple est une technique commode, et, avec un ordinateur, facile d'utilisation – si vous regardez dans un journal de recherche, vous verrez de nombreux exemples d'utilisation. Il y a plusieurs variantes de la régression multiple (au fond assez similaires). Nous ne présentons ici que la méthode la plus répandue, dite *standard.* Une discussion sur les autres procédures dépasse le cadre de l'ouvrage, mais vous pourrez trouver des détails par exemple dans Tabachnik et Fidell (2003).

2.1 *Prédiction du critère*

Le QI seul ne permet sans doute pas de prédire correctement la note à l'examen final. La motivation, seule, ne permet sans doute pas non plus de connaître avec précision cette note. Mais *ensemble,* ces deux variables combinées pourraient éventuellement donner une bonne idée de la note finale, du moins la précision de l'estimation sera-t-elle sûrement *bien meilleure.* Dans la vie courante, il est rare qu'une unique variable en explique correctement une autre. En revanche, il est fréquent que la combinaison de plusieurs variables en explique correctement une autre. Pour cette raison, la régression multiple est plus réaliste que la régression simple.

Supposons que vous disposiez de notes d'examen (scores sur 100 par exemple). Le QI et la motivation ont également été relevés par des questionnaires. Vous pourriez avoir plus de deux variables explicatives, bien entendu, mais pour illustrer notre propos, deux VI sont bien suffisantes. La prédiction de la note permise par le QI et la motivation est-elle fiable ? Précise ? Non seulement la régression linéaire multiple permet de répondre à ces questions, mais encore nous dira-t-elle, par dessus le marché, lequel des deux prédicteurs a le plus grand impact sur la note.

Ainsi, la régression (linéaire) multiple nous permet de décrire à la fois l'effet combiné des VI sur le critère, mais aussi les effets séparés de chacune des variables (x_1, x_2, etc) sur y.

Supposons qu'on désire faire une régression linéaire simple de la note en fonction du QI. Pour cela, on dessine un diagramme de dispersion avec la note en ordonnée, et le QI en abscisse. Le diagramme et la droite de régression correspondante sont donnés sur la figure 11.11.

De même, on pourrait étudier graphiquement le lien entre la note et la motivation grâce au diagramme de dispersion correspondant (voir figure 11.12).

Chacun des deux prédicteurs peut effectivement donner une idée de la note, mais la combinaison des deux sera sans doute meilleure.

Sur la figure 11.13, un diagramme de dispersion (en trois dimensions) permet de visualiser (?) le lien entre la note et les deux variables explicatives.

Dans un tel cas, nous n'avons pas de droite de régression, mais un *plan* de régression. On peut se représenter ce plan comme la section du cube qui coupe le nuage de points en deux parties proches de la coupure. Il est impossible de représenter

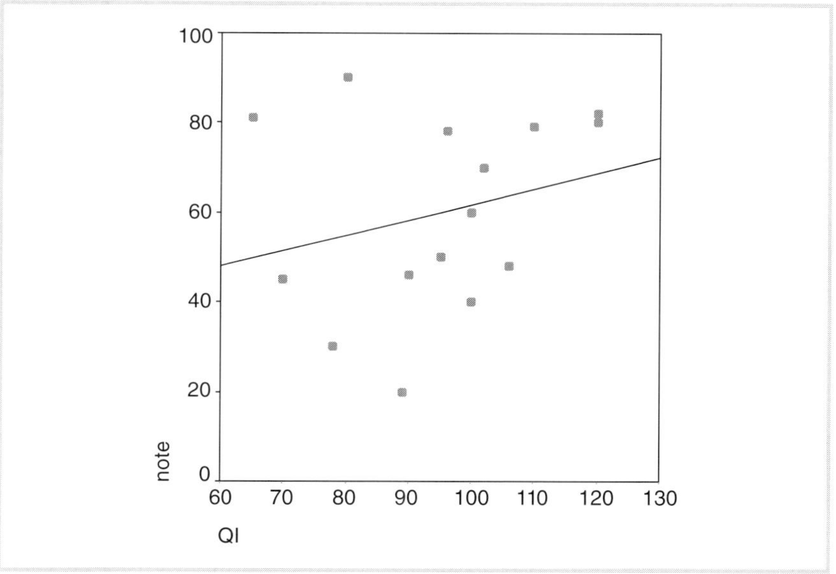

Figure 11.11

Diagramme de dispersion de la note en fonction du QI

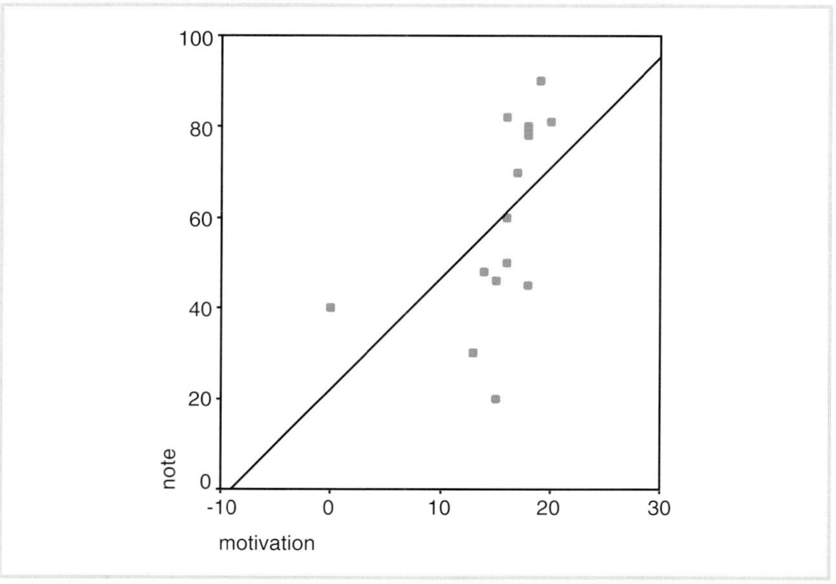

Figure 11.12

Diagramme de dispersion de la note en fonction de la motivation

Figure 11.13

Diagramme de dispersion tridimensionnel de la note en fonction de la motivation et du QI

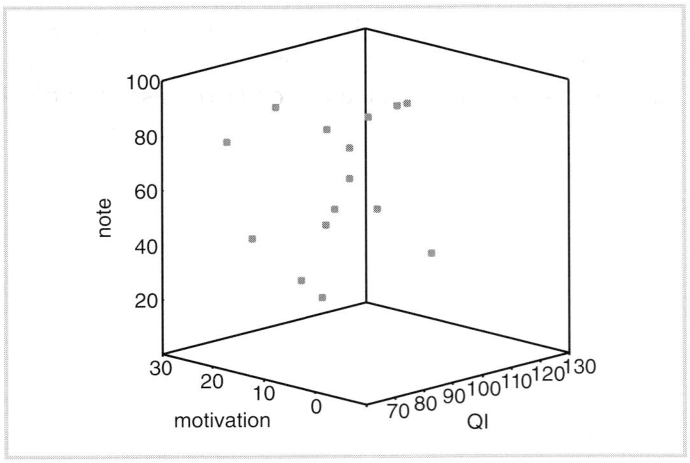

de la même manière les données dans le cas où nous avons plus de deux prédicteurs (donc trois variables), mais les calculs peuvent se faire quand même !

La régression linéaire multiple est, on s'en doute, similaire à la régression linéaire simple. On donne dans la suite les statistiques provenant d'une régression linéaire multiple avec SPSS. Nous détaillons les parties importantes de la sortie SPSS, laissant de côté ce qui ne nous sert à rien.

Les variables. La première partie résume les variables, et la méthode particulière de régression linéaire utilisée :

Variables introduites/éliminées[b]

Modèle	Variables introduites	Variables éliminées	Méthode
1	QI, motivation[a]	,	Introduire

a. Toutes variables requises introduites

b. Variable dépendante : note

Cela confirme que les deux prédicteurs QI et motivation sont bien utilisés, et que les deux VI sont entrées ensemble dans le modèle (méthode *Introduire*).

Récapitulatif du modèle. La valeur du coefficient de corrélation linéaire multiple R (0,633) indique la corrélation qu'il y a entre d'une part la note, et d'autre part la combinaison des deux prédicteurs (QI et motivation). Nous avons déjà parlé du coefficient de détermination, qui est le carré de R (c'est donc R-deux). Il vaut ici 0,401, mais sa valeur ajustée est de 0,301. Dans la section correspondant à la régression linéaire simple, nous avions trouvé un a égal à R. Mais dans le cas de la régression multiple – où nous nous trouvons –, les deux coefficients ne coïncident plus.

Récapitulatif du modèle

Modèle	R	R-deux	R-deux ajusté	Erreur standard de l'estimation
1	,633[a]	,401	,301	18,115

a. Valeurs prédites : (constantes), QI, motivation

Souvenez-vous que le coefficient de corrélation linéaire est tout simplement le coefficient de corrélation de Pearson, et mesure la corrélation entre deux variables (dans le cas simple). Dans le cas de la régression multiple, on passe de r à R, qui mesure le lien entre la VD et la combinaison des VI [8]. Dans notre cas, on peut lire que la corrélation multiple (toujours positive, rappelons-le) est de 0,633.

R^2. Ce coefficient de détermination, de 0,30 (une fois ajusté), mesure la partie de la variance de la VD que les VI permettent d'expliquer. Ainsi, les différences de notes à l'examen final sont « dues » pour 30 % au QI et à la motivation, d'après nos observations. Pourtant, ce que nous avons observé sur notre échantillon était plutôt que le QI et la motivation expliquent à eux deux 40 % (exactement 0,401) des variations de la note à l'examen. Seulement, cette estimation est trop optimiste. Nous avons déjà vu que le coefficient trouvé sur un échantillon donne une mauvaise idée du R^2 qu'on aurait sur la population toute entière. C'est pourquoi si l'on veut estimer ce « véritable » R^2, il est donc préférable de se reporter au coefficient de détermination ajusté. Nous dirons ainsi que la motivation et le QI expliquent sans doute 30 %, et non pas 40 %, des variations de la note.

2.2 *Anova et coefficients*

Grâce à la table de l'anova, nous savons si les prédicteurs permettent d'obtenir une estimation fiable et précise du critère. Ici, nous pouvons déterminer si le QI et la motivation suffisent à prédire la note, donc si ces deux variables QI et motivation expliquent correctement la note à l'examen. Il s'agit d'un test statistique. L'hypothèse nulle est que le QI et la motivation n'ont aucun effet sur la note. Nous voyons ici que si l'on suppose cela, alors la probabilité *a priori* d'observer un R aussi élevé que celui que nous avons (0,633) est faible (4,6 %).

ANOVA[b]

Modèle		Somme des carrés	ddl	Carré moyen	F	Signification
1	Régression	2637,247	2	1318,623	4,018	,046[a]
	Résidu	3937,687	12	328,141		
	Total	6574,933	14			

a. Valeurs prédites : (constantes), QI, motivation

b. Variable dépendante : note

L'anova nous montre ainsi que le plan de régression pour ces variables est significativement « penché » (non horizontal). Cela revient très exactement à dire que la connaissance de la motivation et du QI permet de faire une estimation de la note plus précise que si on ne connaissait pas ces valeurs. Nous pouvons donc utiliser efficacement le QI et la motivation pour deviner la note. Bien sûr, nos prédictions seront en général inexactes, mais ça sera tout de même mieux que de répondre sans tenir compte des prédicteurs, puisque $F(2 ; 13) = 4{,}018$, $p = 0{,}046$.

---

8. R est en fait le coefficient de corrélation (simple) entre y et $\hat{y}$.

Dans le cas de la régression simple, nous n'avions que deux coefficients de régression : la constante *b* et la pente *a* (voir page 436). Ici, nous en avons un de plus. Souvenez-vous que dans le cas où nous nous trouvons, on n'a plus $r = a$.

Table des coefficients. La table qui suit présente les coefficients de régression, ainsi que les coefficients standardisés β. Nous avons également des intervalles de confiance pour ces coefficients, et les résultats de tests (*t*) permettant de savoir s'il sont significativement non nuls.

Coefficients[a]

Modèle		Coefficients non standardisés		Coefficients standardisés			Intervalle de confiance à 95% de B	
		B	Erreur standard	Bêta	t	Signification	Borne inférieure	Borne supérieure
1	(constante)	-25,724	34,931		-,736	,476	-101,832	50,383
	motivation	2,690	1,042	,584	2,582	,024	,420	4,960
	QI	,463	,298	,352	1,556	,146	-,185	1,112

a. Variable dépendante : note

Motivation. La motivation correspond à un coefficient de régression de 2,690. Ainsi, on prévoit que si la motivation augmente d'un point, alors la note croît de 2,690 points. On peut être sûr à 95 % que l'augmentation de la note sera comprise entre 0,420 et 4,960 points. Ce coefficient de régression est significativement non nul au risque de 5 % puisque $p = 0{,}024$. Autrement dit, la motivation a un réel effet sur la note.

QI. Le QI correspond à un coefficient de régression de 0,463, ce qui suggère qu'une augmentation d'un point du QI correspond à une augmentation de la note à l'examen de 0,463 points. Ceci dit, on est seulement certain à 95 % que cette « augmentation » de la note est située entre −0,185 et 1,112. Il n'est donc pas certain qu'il y ait vraiment une augmentation. D'ailleurs, notre coefficient de régression n'est pas significativement non nul, puisque le test donne $t = 1{,}556$, $p = 0{,}146$. Il n'est pas certain que l'on puisse considérer le QI comme explicatif de la note, dans le modèle où l'on prend en compte à la fois la motivation et le QI.

Comparaison des prédicteurs. Si l'on souhaite comparer les effets observés des prédicteurs sur le critère, afin de savoir si un changement dans l'une des VI a un impact important ou non sur la VD (il ne faut pas confondre un effet *important*, ce qui nous intéresse ici, et un effet *significatif*), le mieux est de lire les β (bêta). Ces coefficients β donnent en effet l'impact de chacune des VI sur la VD, mais exprimé de manière standardisée (en écarts type), ce qui donne un résultat bien plus universel que les coefficients a_1 et a_2. Ces coefficients β sont les *a* qu'on aurait si on avait standardisé toutes les variables avant de commencer la régression linéaire multiple. On peut voir dans notre cas qu'une augmentation d'un écart type pour le QI aura un impact de 0,352 sur la note selon le modèle, alors qu'une augmentation d'un écart type pour la motivation aura un impact de 0,584 écart type sur la note. Autrement dit, l'impact de la motivation semble bien plus important que celui du QI. Les coefficients *a* étant positifs, on sait que l'impact, tant du QI que de la motivation, est, pour notre échantillon, positif. Mais on voit ici que cet impact n'est pas le même pour les deux variables. On dit que la motivation est plus *discriminante* que le QI.

Activité 11.5

Dans la régression linéaire multiple, R est

(a) le coefficient de corrélation entre le premier prédicteur et le critère

(b) le coefficient de corrélation entre les prédicteurs

(c) le coefficient de corrélation entre le critère et l'ensemble de tous les prédicteurs.

2.3 *L'équation*

Dans le cas de la régression simple, l'équation de régression était de la forme

$$\hat{y} = ax + b.$$

Notre nouvelle formule y est similaire, mais plus générale. Pour pouvoir prédire la valeur de y en fonction de x_1 et x_2, il vous faut reconstituer l'équation de régression, donc reporter les valeurs de b, a_1 et a_2. Dans notre cas, nous pouvons lire (colonne B du tableau des coefficients), que le coefficient constant est −25,724. Le coefficient correspondant au QI est 0,463, et celui correspondant à la motivation 2,690. Ainsi, l'équation de régression est

$$\text{note estimée} = 0{,}263 \times \text{QI} + 2{,}690 \times \text{motivation} - 25{,}724$$

mais pour un calcul à la main ou à la calculatrice, une ou deux décimales suffiraient largement.

La formule nous permet de calculer explicitement à la machine les scores estimés à l'examen final. Pour cela, il suffit, lorsqu'on connaît le QI et la motivation d'une personne, de remplacer « QI » et « motivation » par ces chiffres dans l'équation. SPSS vous a fourni toutes les constantes nécéssaires.

Ainsi, dans le cas très rare où vous souhaitez effectivement *prédire* le résultat à l'examen en fonction de la motivation et du QI, vous pouvez utiliser cette équation. Ceci dit, la plupart du temps, on n'utilisera pas l'équation, car la régression sert seulement, habituellement, à dire dans quelle mesure telle ou telle VI influence la VD.

2.4 *Rédaction d'un compte rendu*

En tant que psychologue, sachez donc que vous utiliserez généralement seulement la première partie de la régression, et que l'équation explicite sera rarement utilisée, ou même citée. Nous utilisons la régression multiple pour élucider les relations entre plusieurs prédicteurs et un critère.

Vous pourriez rédiger un rapport de vos découvertes de la manière suivante par exemple :

> Le lien entre la note finale (VD) d'une part, et le croisement[9] du QI et de la motivation (deux prédicteurs) est modéré ($R = 0{,}63$). Le QI et la motivation expliquent globalement

9. *Croisement* est ici synonyme de *combinaison*. [ndt]

30 % des variations de la note (R^2 ajusté). Chacun des deux prédicteurs est, sur notre échantillon, lié positivement à la note. Le coefficient de régression associé au QI (0,263) n'est cependant pas significativement positif (t = 1,56, p = 0,146). Au contraire, le coefficient associé à la motivation (2,69) l'est (t = 2,58, p = 0,024). Les coefficients de régression standardisés β montrent également que la motivation (β = 0,58) est plus discriminante que le QI (β = 0,35).

Gardez à l'esprit que vos résultats sont spécifiques à votre échantillon. Dans toutes les méthodes statistiques, nous avons des problèmes pour généraliser les résultats à la population toute entière – pas des problèmes insurmontables, mais tout de même pas élémentaires... Dans le cas de la régression linéaire, nous avons déterminé le plan de meilleure approximation pour les données de notre échantillon. Nous ne savons pas comment se comporterait notre modèle – et donc nos estimations – appliqué à la population toute entière. Si votre échantillon est énorme et que le coefficient de corrélation R est très proche de 1, vous avez plus de raisons de penser que vous pouvez utiliser vos estimations même sur des personnes qui ne font pas partie de votre échantillon (voir plus bas pour plus de détails).

2.5 *Conditions d'application de la régression*

1. *Vérifiez toujours que vous avez assez de participants.* Les psychologues ont des opinions parfois divergentes sur le nombre correct de participants à prévoir pour une régression linéaire multiple. La plupart du temps, vous trouverez dans les manuels de psychologie statistique des recommandations portant sur le *ratio* (c'est-à-dire *rapport*) nombre de participants/ nombre de variables. Supposons par exemple que vous réalisiez une étude à 4 variables explicatives. Le ratio nombre de participants/ nombre de variables préconisé se situe habituellement entre 15 – ce qui impliquerait alors qu'il vous faut au minimum 60 participants, puisqu'il en faut 15 par VI – et 40 – auquel cas il vous faudrait 160 participants au minimum... Une drôle de fourchette. Tabachnik et Fidell propose la règle suivante : le nombre de participants n doit vérifier
$$n \geq 50 + 8m$$
où m est le nombre de variables explicatives. Ainsi, pour quatre prédicteurs dans le cadre d'une régression multiple, il faudrait au moins
$$\begin{aligned} 50 + 8 \times 4 &= 50 + 32 \\ &= 82 \end{aligned}$$
participants.
Bien souvent, les chercheurs veulent étudier les effets des différents prédicteurs un par un. Dans ce cas particulier, Tabachnick et Fidell proposent le principe suivant :
$$n \geq 104 + m$$
soit dans notre cas un nombre minimal de participants de
$$\begin{aligned} n &= 104 + 4 \\ &= 108 \end{aligned}$$
Si vous voulez étudier à la fois l'effet global des VI et les effets de ceux-ci, un par un, choisissez le plus grand des deux nombres. Dans notre cas, il faudrait

108 participants (ce qu'on arrondit à 110). Si vous manquez de participants, vos résultats seront trop optimistes, et vous ne saurez pas s'ils sont généralisables.

Entendons-nous bien : les *p*-values sont là pour vous dire si vos résultats sont généralisables ou non. Et après tout, si vous trouvez des résultats significatifs avec 4 sujets, vous pourrez bien conclure quelque chose ! Mais toute la question est de savoir *quoi* généraliser. Si vous manquez de participants dans l'exemple que l'on a vu plus haut, vous pourrez certes dire (sous réserve de résultats significatifs) que le QI et la motivation ont un effet sur la note. Mais vous ne pourrez pas dire si la motivation a plus ou moins d'effet que le QI, ce qui est pourtant un résultat intéressant. Si vous manquez de participants, vous pourrez seulement dire s'il existe ou non un effet de chaque VI, et c'est tout. Toute autre conclusion (comparaison des effets, estimation des impacts) serait aventureuse.

2. *Le critère doit être distribué normalement dans la population.* Les variables explicatives n'ont pas besoin de suivre une loi normale, mais le critère si. C'est la variable y qui doit suivre une loi normale. En réalité, la condition d'application mathématique rigoureuse est plus restrictive encore : y doit suivre une loi normale pour *chaque niveau de chaque prédicteur.*

3. *Les prédicteurs doivent être liés linéairement au critère.* Comme dans le cas de la régression simple, s'il s'avère que les VI et la VD ne sont pas liées linéairement, alors la régression n'a pas grand sens et ne mène à rien. Les prédictions, même si elles sont correctes, pourront alors être améliorées. Pour savoir si cette condition est raisonnable, vous pouvez bien sûr consulter les coefficients de corrélation. Vous pouvez aussi regarder plus simplement les diagrammes de dispersion.

4. *Les valeurs extrêmes doivent sans doute être éliminées.* Dans le chapitre 2, nous avions parlé des valeurs extrêmes ou aberrantes. Les valeurs extrêmes ont, dans le cas de la régression multiple, une très grande influence sur les résultats. Certains individus donnent des valeurs extrêmes pour l'une des variables seulement. Ils sont alors très faciles à repérer. Mais pour d'autres, le caractère « aberrant » ou du moins peu commun, vient non d'une valeur particulière, mais d'une combinaison originale de valeurs. Prenons un exemple. Un âge de 17 ans n'a rien d'extraordinaire. De même, un salaire mensuel de 3 000 € n'est pas aberrant (sauf pour les auteurs de manuels de statistiques pour psychologues, qui gagnent beaucoup moins). En revanche, la combinaison des deux est pour le moins surprenante, et si vous observez une personne de 17 ans dont le salaire atteint 3 000 €, vous serez fondé à penser qu'il s'agit d'un cas très particulier. SPSS peut chercher pour vous les valeurs aberrantes, qu'il faudrait peut-être supprimer. Ceci dit, la méthode en question n'est pas traitée ici [10].

   La plupart du temps, lorsque vous n'avez pas trop de participants – ce qui est le cas courant en psychologie – vous trouverez facilement les valeurs extrêmes en regardant les diagrammes de dispersion. Si vous en repérez, vous pourrez *envisager* de supprimer les valeurs *aberrantes.* Mais, bien entendu, vous ne pouvez pas supprimer de l'étude un participant simplement parce qu'il donne des valeurs étranges qui vous gênent. Cela demande

10. Parce qu'elle est surtout utile pour des ensembles de données gigantesques qu'on ne peut pas étudier soi-même, ce qui est plus que rare en psychologie. [ndt]

une réflexion préliminaire, surtout pour des échantillons de moins de 100 personnes. Certains étudiants nous demandent si retirer les valeurs extrêmes n'est pas une manière de tricher. La réponse est non, parce qu'on cherche à comprendre ce qui se passe en général, et que cela peut être totalement déformé par les valeurs aberrantes.

5. *Colinéarité*. La situation la plus favorable à la régression linéaire est celle où la corrélation entre le critère et chacun des prédicteurs est forte, mais où, par contre, les différentes VI (prédicteurs) sont très peu corrélées. On peut étudier la matrice de corrélation avant de commencer l'étude de régression linéaire. Peut-être trouverez-vous des variables indépendantes hautement corrélées entre elles (avec des r de 0,8 ou plus). Lorsque tel est le cas, on parle de colinéarité. Cela signifie que les variables (corrélées) mesurent, en fait, la même chose. Vous pourrez alors les combiner en une unique variable résumant ce que vous mesurez, ou bien encore en omettre une. Cela a l'avantage de réduire le nombre de variables... ce qui aide à réaliser le point (1) ci-dessus !

Exemple : cigarettes et poumons

Emery et ses collègues (1997) ont cherché si les comportements vis-à-vis de la cigarette et les fonctions pulmonaires pouvaient permettre de prédire certaines fonctions cognitives, sur un échantillon britannique. La mesure de fonction cognitive est le temps de réaction simple (TRS). Avant de commencer leur étude proprement dite, les chercheurs ont analysé l'effet de l'âge, du genre[11], de la taille et du niveau d'éducation sur le TRS. Leurs résultats suivent.

Le tableau 11.3 montre que, pris ensemble, les prédicteurs expliquent près de 14 % de la variance du TRS. On pourrait dire aussi que 14 % des variations du TRS sont imputables à l'âge, au genre, au niveau d'étude ou à la taille. Les auteurs ne donnent pas le R (coefficient de corrélation multiple), mais ils fournissent le coefficient de détermination R^2 correspondant. On peut ainsi en déduire que R vaut 0,369. Ainsi, la corrélation entre TRS et les variables indépendantes est de 0,37 environ, une corrélation modérée, voire faible. Les auteurs donnent ensuite les valeurs de a (pentes) pour chaque VI. Par exemple, le a correspondant à l'âge est 0,2824. Cela indique que si l'âge augmente d'un an, alors le TRS augmente (la relation étant positive) de 0,2824 (millisecondes) en moyenne. La taille correspond à une valeur de a plus faible, indiquant que la taille a un effet peu remarquable sur TRS (mais il faudrait étudier, de préférence, les β et non les a).

Tableau 11.3

Résultats de Emery *et al.* (1997) ; Remerciements à Taylor et Francis Ltd.

pérdicteurs	a	TRS (ms)
âge	0,2824	
sexe	0,0572	0,1362***
taille	0,0100	
éducation	-0,1602	

***$p < 0{,}001$

11. La régression linéaire multiple permet de traiter comme numérique une telle variable. On pose simplement 1 = féminin et 2 = masculin par exemple, et on fait comme si c'était réellement numérique. Cela ne pose pas de problème, même s'il existe des méthodes mieux adaptées au traitement de ces variables – mais elles ne pourraient pas s'appliquer ici. [ndt]

Exemple : satisfaction au travail chez les télétravailleurs

Konradt et ses collaborateurs (2003) ont analysé l'effet du type de gestion d'entreprise et du stress sur la satisfaction au travail de télétravailleurs. Ils ont utilisé une régression linéaire multiple standard, dont les variables explicatives sont fournies par le tableau 11.4.

Les quatre variables, *prises ensemble*, prédisent significativement la satisfaction au travail, comme le montre le coefficient de détermination R^2 et sa signification. Comme prévu, l'importance des stresseurs est liée négativement à la satisfaction au travail. Par exemple, une augmentation de un point de cette variable explicative entraîne une diminution de 0,21 de la satisfaction au travail dans notre modèle ($a = -0{,}21$).

De toutes les variables indépendantes, la qualité du gouvernement d'entreprise est la plus liée à la VD. Vous pouvez voir que les coefficients associés à cette variable sont positifs. Une augmentation de un point dans la qualité du gouvernement d'entreprise correspond à une augmentation de 0,96 points de satisfaction au travail. La colonne β, plus parlante au fond, apprend qu'une augmentation d'un écart type pour la qualité du gouvernement d'entreprise augmente de 0,52 écart type la satisfaction au travail.

Tableau 11.4

Résultats de la régression linéaire multiple pour des variables explicatives de la satisfaction au travail (VD) chez des télétravailleurs (n=31)

variables explicatives	a	erreur standard	β
qualité du gouvernement	0,96	0,30	0,52*
stresseurs liés au travail	–0,21	0,34	–0,10
ressources	0,01	0,28	0,05
stresseurs externes	–0,40	0,38	–0,17
	Coefficients de régression simples (page 111)	Erreurs standard (page 111)	Coefficients de régression standardisés

$R^2 = 0{,}32$ ($p < 0{,}05$)
* $p < 0{,}01$

Activité 11.6

Calculez le nombre de participants nécessaires pour l'analyse ci-dessus. Étant donné le nombre de participants de l'étude réelle, que peut-on conclure des résultats ?

Récapitulatif

- La régression linéaire permet de prédire des scores de la variable dépendante numérique à partir des valeurs prises par des variables explicatives (ou prédicteurs).
- Les psychologues utilisent souvent la régression linéaire pour estimer le lien entre les variables.
- La variable dépendante est également nommée critère, et les variables indépendantes prédicteurs ou variables explicatives.
- La droite de régression est celle qui correspond le mieux aux données. Sa pente est *a*. *a* peut être utilisé pour estimer l'effet d'un changement d'une unité de la VI *x* sur *y*.
- Les intervalles de confiance pour *a* permettent de savoir entre quelle et quelle valeur se situe probablement le « vrai » *a*, celui qu'on aurait sur la population toute entière.

Exercices SPSS

Exercice 1

Entrez les données suivantes dans SPSS et analysez-les en utilisant une procédure de régression. *x* est un score d'anxiété vis-à-vis des examens, et *y* est le nombre d'heures de révision dans la quinzaine précédant l'examen

x	y	x	y
33	45	56	79
64	68	44	44
33	100	22	16
22	44	44	61
70	62	80	60
66	61	66	61
59	52	79	60
84	66		

L'anxiété est-elle liée au nombre d'heures d'étude dans la quinzaine précédant l'examen ? L'équation de régression permet-elle des estimations fiables ?

Exercice 2

Le professeur Sitron veut analyser l'effet de l'importance des liens sociaux (ILS) et de la personnalité extravertie (PE) sur la satisfaction au travail (ST), en utilisant des résultats tirés de ses collègues (en guise de participants).

Réalisez une régression linéaire multiple sur les données qui suivent. Interprétez les résultats du professeur Sitron sous forme d'un mini-rapport écrit. Précisez bien les effets de chacune des VI sur le critère.

ILS	PE	ST
20	15	20
10	30	15
4	5	5
17	16	20
10	14	15
11	8	10
7	7	8
4	4	5
15	10	17
17	5	17
18	6	15
11	12	18
12	10	15
16	16	17
18	12	20
14	13	14
12	14	15
10	4	5
11	6	7
10	10	11

QCM

1. La droite de régression
   (a) minimise la distance entre les points du diagramme de dispersion et la droite
   (b) est la meilleure droite possible
   (c) permet de prédire *y* connaissant *x*
   (d) tout cela à la fois.
2. Dans la régression linéaire, dans le cas où on a seulement *une* variable explicative, et où *F* correspond à un $p = 0{,}049$, alors
   (a) $t = 0{,}049$,
   (b) $t = 0{,}0245$,
   (c) $t = 0{,}098$,
   (d) on ne peut pas savoir.
3. Dans une régression linéaire, les résidus sont
   (a) les scores réels moins les scores estimés
   (b) les scores réels plus les scores estimés
   (c) la corrélation entre les scores réels et estimés
   (d) rien de tout cela.

Les questions 4 à 7 se fondent sur la sortie suivante :

Récapitulatif du modèle

Modèle	R	R-deux	R-deux ajusté	Erreur standard de l'estimation
1	,155[a]	,024	-,051	16,880

a. Valeurs prédites : (constantes), mémoire

ANOVA[b]

Modèle		Somme des carrés	ddl	Carré moyen	F	Signification
1	Régression	90,979	1	90,979	,319	,582[a]
	Résidu	3703,954	13	284,920		
	Total	3794,933	14			

a. Valeurs prédites : (constantes), mémoire

b. Variable dépendante : souffrance

Coefficients[a]

Modèle		Coefficients non standardisés		Coefficients standardisés		
		B	Erreur standard	Bêta	t	Signification
1	(constante)	103,152	15,523		6,645	,000
	mémoire	-,542	,959	-,155	-,565	,582

a. Variable dépendante : souffrance

QCM (suite)

4. La mémoire est
   (a) la variable dépendante
   (b) la variable indépendante
   (c) la covariable
   (d) la constante.
5. La probabilité *p* exacte que (sous l'hypothèse nulle) on ait obtenu nos résultats par hasard est :
   (a) 0,000
   (b) 0,319
   (c) 0,005
   (d) 0,582.
6. *a* vaut
   (a) 103,152
   (b) -0,155
   (c) -0,542
   (d) rien de tout cela.
7. *b* vaut
   (a) 103,152
   (b) -0,155
   (c) -0,542
   (d) 6,645.
8. Combien y aurait-il de degrés de liberté pour une régression linéaire si le diagramme de dispersion se résumait à un unique point (très peu réaliste, certes...) ?
   (a) 0
   (b) 1
   (c) 2
   (d) 3.
9. Les psychologues utilisent le plus souvent la régression linéaire pour
   (a) estimer des relations entre les variables
   (b) utiliser l'équation de régression dans des recherches futures
   (c) chercher une différence entre les groupes
   (d) rien de tout cela.

Les questions 10 à 15 sont liées à l'analyse de régression linéaire qui suit :

Récapitulatif du modèle

Modèle	R	R-deux	R-deux ajusté	Erreur standard de l'estimation
1	,343[a]	,118	-,029	1,048

a. Valeurs prédites : (constantes), mémoire, âge

QCM (suite)

ANOVA[b]

Modèle		Somme des carrés	ddl	Carré moyen	F	Signification
1	Régression	1,757	2	,879	,800	,472[a]
	Résidu	13,176	12	1,098		
	Total	14,933	14			

a. Valeurs prédites : (constantes), mémoire, âge

b. Variable dépendante : simulation du hasard

Coefficients[a]

Modèle		Coefficients non standardisés		Coefficients standardisés		
		B	Erreur standard	Bêta	t	Signification
1	(constante)	6,579	,673		9,779	,000
	âge	1,557E-02	,104	,088	,150	,883
	mémoire	9,406E-02	,210	,263	,449	,662

a. Variable dépendante : simulation du hasard

10. La corrélation entre la simulation du hasard et les autres variables s'élève à
(a) 0,343
(b) 0,268
(c) 0,088
(d) 9,779.

11. Pour une augmentation d'un écart type de la mémoire, la simulation du hasard
(a) augmente de 0,263 écart type
(b) diminue de 0,263 écart type
(c) augmente de 0,088 écart type
(d) diminue de 0,088 écart type.

12. Les prédicteurs sont
(a) simulation du hasard et mémoire
(b) simulation du hasard et âge
(c) mémoire et âge
(d) les critères.

13. La p-value associée au F de 0,800 est
(a) 0,883
(b) 0,879
(c) 0,472
(d) rien de tout cela.

QCM (suite)

14. La pente associée à l'âge est
(a) 0,104
(b) 0,883
(c) <0,001
(d) 0,01557.

15. La constante vaut
(a) 0,673
(b) 6,579
(c) 0,01557
(d) 0,104.

16. On parle de colinéarité quand
(a) les prédicteurs sont liés linéairement entre eux
(b) les prédicteurs sont liés linéairement à la VD
(c) les variables sont asymétriques
(d) les variables ont une distribution leptocurtique.

17. Combien de participants sont-ils nécessaires selon les préconisations de Tabachnik et Fidell dans le cas où on a 6 variables explicatives et qu'on s'intéresse seulement au *R* global ?
(a) 98
(b) 56
(c) 240
(d) 120.

18. Thu Tram ne connaît pas les principes de Tabachnick et Fidell. Elle dispose de 20 participants pour son étude, et elle a dix variables explicatives. Quel est le qualificatif le plus approprié ? Par rapport à une analyse portant sur une centaine de participants, le coefficient de corrélation multiple *R* sera
(a) proportionnel
(b) surestimé
(c) sous-estimé
(d) identique.

Les questions 19 et 20 portent sur cet extrait de journal :

Les prédicteurs sont liés significativement à la tension artérielle (R^2_{ajust} = 0,42, p = 0,002). Le stress pendant l'entrevue est le meilleur prédicteur d'augmentation de la tension artérielle (β = 0,49, p = 0,001), juste avant l'âge (β = 0,18, p = 0,002).

19. Quelle est la phrase la plus juste ? Les variables explicatives prédisent
(a) 6,5 % des variations de la tension artérielle
(b) 42 % des variations de la tension artérielle
(c) 6,5 % des variations du stress
(d) 18 % des variations de l'âge.

20. Quelle est la phrase la plus réaliste ?
(a) Quand le stress augmente d'un écart type, la tension augmente d'un demi écart type environ.
(b) Quand le stress augmente d'un écart type, la tension augmente de 0,18 écart type environ.
(c) Quand l'âge augmente d'un an, la tension baisse de 0,18 écart type.
(d) Quand l'âge augmente d'un an, la tension augmente de 18 %.

Références

Emery, C. F., Hupert, F. A., & Schein R. L. (1997). Do pulmonary function and smoking behavior predict cognitive function ? Findings from a British sample. *Psychology and Health, 12(2)*, 265-275.

Gauvrit, N. (2005). *Stats pour psycho. Exercices et corrigés.* Bruxelles : De Boeck.

Howell, D. C. (1998). *Méthodes statistiques en sciences humaines.* Bruxelles : De Boeck Université.

Konradt, U., Hertel, G., & Schmook, R. (2003). Quality of management by objectives, task-related stressors, and non-task-related stressors as predictors of stress and job satisfaction among teleworkers. *European Journal of Work and Organizational Psychology, 12(1)*, 61-79.

Saporta, G. (1990). *Probabilité, analyse des données et statistique.* Paris :Technip.

Tabachnik, B., & Fidell, L. S. (2003). *Using Multivariate Statistics* (4e édition). Reading, MA : Addison-Wesley.

Yu, C. H. (2003). Illustrating degrees of freedom in multimedia. Disponible à l'adresse http://seamonkey.ed.asu.edu/nalex/pub/df/default.htm

Yu, C. H., Lo, W. J., & Stockford, S. (2001). Using multimedia to visualize the concept of degree of freedom, perfect-fitting and over-fitting. *Joint Statistical Meeting, Atlanta, GA.*

CHAPITRE 12
Introduction à l'analyse factorielle

Sommaire

Vue d'ensemble du chapitre

Nous avons maintenant bien avancé sur la route des statistiques avec vous, et nous espérons que vous avez acquis une bonne maîtrise des concepts fondamentaux de la psychologie statistique. Dans ce chapitre et les deux suivants, nous allons vous présenter une nouvelle série de procédures statistiques qui forment, dans le fond, une extension de l'anova et de la régression linéaire multiple. Ces techniques sont généralement connues sous le terme générique de *statistiques multivariées*. Le premier exemple de statistique multivariée que nous allons traiter (dans ce chapitre, donc) est l'analyse factorielle. Nous avions déjà donné une idée (un peu vague) de ce que fait l'analyse factorielle, au chapitre 5, à la page 224.

Dans ce chapitre nous allons

- donner une brève introduction des concepts de l'analyse factorielle, en nous fondant sur un exemple psychologique que nous développerons tout au long du chapitre ;
- montrer comment entrer les données dans SPSS et comment obtenir une analyse factorielle ;
- interpréter les résultats tels qu'ils sortent du logiciel ;
- donner quelques exemples supplémentaires montrant comment l'analyse factorielle est utilisée en psychologie.

1 Quel est le but de l'analyse factorielle ?

L'analyse factorielle a, historiquement, d'abord été utilisée en psychologie pour étudier la structure de l'esprit, de l'intelligence à la personnalité. Mais on l'utilise désormais dans bien des domaines des sciences humaines. L'analyse factorielle s'occupe des structures de corrélations (voir chapitre 5, page 224). Ainsi par exemple, des psychologues des années 1950 ont remarqué que les personnes douées pour les épreuves d'écriture (rédaction) étaient également douées, en général, pour les épreuves d'arithmétique, de sciences et un tas d'autres tests. Toutes ces variables étaient donc liées entre elles. Les psychologues ont imaginé qu'il y avait sans doute un *facteur* commun, qui permettrait d'expliquer toutes ces variables à la fois, ainsi que la structure observée des corrélations. Ce facteur, que l'on nomma « intelligence », ne pouvait pas être observé directement, mais il pouvait pourtant être étudié indirectement par son image dans la structure des corrélations.

La manière standard de réaliser une analyse factorielle est de choisir un échantillon de participants sur lesquels on relève un certain nombre de variables, par exemple en leur faisant remplir une série de questionnaires ou passer une série de tests. Une matrice de coefficients de corrélation est alors calculée – de la même manière que ce que nous avions décrit au chapitre 5, page 224. Supposons par exemple que nous ayons mesuré, sur chaque participant, six scores d'habileté. Si nous pensons que les habiletés en question sont fondamentalement différentes, nous nous attendons à avoir des notes peu liées entre elles.

Théoriquement, les corrélations pourraient alors être nulles. En pratique bien sûr, ça ne se produira presque jamais. Certaines variables auront tendance à être liées entre elles. Dans le tableau 12.1, les coefficients de corrélation tournent autour de zéro.

Prenons maintenant le point de vue inverse, en supposant au contraire que les tests mesurent, au fond, la même habileté. Dans ce cas, nous nous attendons à avoir des scores liés entre eux, et donc des coefficients de corrélation proches de 1. Bien sûr, dans la pratique, encore une fois, les choses ne seront pas aussi nettes. Mais on peut imaginer trouver, dans un cas idéal, quelque chose comme la matrice présentée dans le tableau 12.2. Les coefficients sont très proches de 1.

Tableau 12.1

Matrice hypothétique des corrélations dans le cas de tests portant sur des habiletés indépendantes

	arithmétique	chimie	arts	rédaction	allemand	musique
arithmétique	1	0,01	0,01	–0,01	0,001	–0,03
chimie		1	–0,02	0,02	–0,01	0,00
arts			1	0,00	0,01	0,11
rédaction				1	0,00	–0,00
allemand					1	0,00
musique						1

Tableau 12.2

Matrice hypothétique des corrélations dans le cas de tests portant sur des habiletés identiques

	arithmétique	chimie	arts	rédaction	allemand	musique
arithmétique	1	0,99	0,98	1,00	0,99	0,99
chimie		1	0,99	0,99	0,98	1,00
arts			1	0,97	1,00	0,99
rédaction				1	0,96	0,98
allemand					1	1,00
musique						1

Dans ce deuxième cas, les corrélations tournent autour de 1. Bien sûr, il s'agit d'un cas extrême et peu probable. En général, certaines variables sont liées entre elles, et d'autres non. L'analyse factorielle utilise la structure des corrélations. Les variables liées entre elles deux à deux et qui forment un groupe homogène définissent ainsi un facteur. Un facteur est conçu comme une variable difficile à définir, mais que l'on peut mesurer, plus ou moins fidèlement, grâce aux différents tests reliés à ce facteur. On peut procéder à l'analyse factorielle en utilisant la matrice des variances-covariances [1]. Mais pour l'instant – et en règle générale ! – utilisez par défaut l'option « matrice des corrélations » lorsque vous lancez une analyse factorielle sur votre ordinateur. C'est bien plus sûr (on risque moins de faire des interprétations aventureuses). En réalité, choisir l'option « matrice des corrélations » revient à standardiser les résultats – et donc à utiliser les scores *z*. Si vous avez des unités de mesures différentes, cela permet de les rendre comparables. Une discussion plus approfondie sur ce sujet est bien au-delà des limites que nous nous sommes fixées. Le but de l'analyse factorielle est également – autre manière de la présenter – de décrire un grand nombre de variables par un petit nombre de facteurs qui résument le tout.

1. La matrice des variances-covariances est la même chose que la matrice des corrélations, mais on y indique, à la place des coefficients de corrélation, les covariances. La matrice des corrélations est alors identique à la matrice des variances-covariances de variables *standardisées*.

Activité 12.1

Il est difficile d'expliquer le principe de l'analyse factorielle. Si vous deviez présenter l'analyse factorielle à un ami, comment vous y prendriez-vous ?

2 Les deux types d'analyse factorielle

Il existe plusieurs types d'analyse factorielle – et nous nous concentrons ici sur les deux analyses factorielles les plus répandues[2]. Il s'agit de l'analyse en composantes principales (ACP) et de l'analyse factorielle proprement dite (la même expression d'*analyse factorielle* désigne malencontreusement la méthode générale et l'un de ses cas particuliers !). En réalité, les deux méthodes que sont l'ACP et l'analyse factorielle sont très similaires, et la plupart des gens – y compris nous – utilisent habituellement l'une ou l'autre indifféremment. Ceci dit, il existe de petites différences que nous allons détailler ici.

L'ACP et l'analyse factorielle résument toutes deux un certain nombre (parfois grand) de variables par quelques variables pertinentes, que l'on appelle *composantes principales* dans un cas, et *facteurs* dans l'autre. La différence primordiale est peut-être la manière dont la variance est déterminée et traitée. Dans l'ACP, toute la variance est utilisée, que ce soit la variance partagée ou la variance non partagée (voir le chapitre 5, pour des explications sur les variances partagées ou non). On suppose dans ce cas qu'il n'y a pas de terme d'erreur. L'ACP transforme l'ensemble des variables de départ en un ensemble plus petit de composantes deux à deux linéairement indépendantes. Avec l'analyse factorielle, seule est analysée la variance expliquée, et l'on suppose un terme d'erreur dans les causes de variation.

D'aucuns ont dit que l'analyse en composantes principales est exploratoire par nature – utilisée dans le but de décrire la réalité observée. Les chercheurs sont ainsi souvent amenés, après avoir réalisé une ACP, à utiliser des méthodes plus avancées, en termes de modélisation, comme la régression linéaire multiple. Pour être fiable, la régression multiple nécessite un ratio participants/variables assez important, comme nous l'avons vu au chapitre 11. C'est ainsi que l'ACP est parfois utilisée pour réduire dans un premier temps le nombre de variables à une quantité raisonnable que l'on peut ensuite passer dans la machine à régression sans problème de fiabilité. On utilise plus fréquemment l'analyse factorielle lorsque l'on pense qu'il existe un très petit nombre de facteurs explicatifs qui « causent » les variables que l'on observe, ou du moins les influencent dans un sens ou l'autre. Dans la pratique, ceci dit, les chercheurs utilisent les deux méthodes pour explorer, pour poser des hypothèses ou les confirmer. Bien que les deux procédures soient un peu différentes, les résultats obtenus sont généralement très similaires. C'est particulièrement vrai avec de grands échantillons. Nous vous conseillons de ne pas réaliser d'analyse factorielle avec moins de 100 participants, et d'avoir toujours au moins 5 fois plus de participants que de variables. Dans la suite, nous parlerons d'analyse factorielle pour désigner indifféremment l'ACP ou l'analyse factorielle proprement dite, les différences étant minimes.

2. Pour de plus amples informations, voir par exemple Escofier et Pagès (1998). [ndt]

3 Utilité en psychométrie

En psychométrie, l'analyse factorielle est particulièrement utile pour vérifier la validité des tests. Lorsque les chercheurs inventent des questionnaires, ils prévoient d'habitude plusieurs questions portant sur le même concept ou faisant référence au même trait de personnalité. Ces questions, censées mesurer la même chose, doivent donner des variables corrélées entre elles. On *pourrait* peut-être se contenter de regarder la matrice des corrélations et conclure au jugé si tout va bien ou pas... mais nos conclusions seraient alors très subjectives et peu fiables. L'analyse factorielle peut repérer pour nous des structures de corrélations, et des groupes de variables liées. Elle peut ensuite déterminer le nombre de facteurs mesurés. Chacun de ces facteurs correspond à un trait de personnalité particulier... si tout se passe bien. Ces facteurs peuvent être utilisés pour détailler l'échelle du test. C'est ainsi que, grâce à l'analyse factorielle, les chercheurs peuvent vérifier la validité de leurs tests. Nous y reviendrons plus loin.

L'utilité de l'analyse factorielle ne s'arrête pas à la mesure des compétences cognitives. Elle s'étend à bien d'autres questions, comme l'exemple qui suit le montrera.

Exemple : honte et culpabilité

Alexander et ses collaborateurs (1999) ont étudié le sentiment de honte et de culpabilité chez des patients dépressifs. Ils disposaient de 86 patients et utilisaient une échelle en dix questions concoctée par Gilbert *et al.* (1994). Cinq questions mesurent la honte (fiabilité 0,74)[3], et cinq autres la culpabilité (fiabilité 0,75). Alexander et ses collègues ont décidé d'analyser en détail cette échelle. Nous allons nous fonder sur cet exemple pour présenter l'analyse factorielle. C'est un cas plutôt simple, parce que le questionnaire ne comporte que 10 items. Alexander et ses coauteurs voulaient vérifier, que, conformément à ce qu'avait annoncé Gilbert et ses collègues, il y a bien deux sous-échelles dans son questionnaire. Les items sont donnés un peu plus bas. Vous pouvez deviner que les items 1, 4, 5, 7 et 8 mesurent la honte (H) et que les autres, à savoir les questions 2, 3, 6, 9, et 10, mesurent la culpabilité (C) (chaque participant répond à chaque question par oui ou non, selon que le cas est possible ou pas).

(1) J'évite absolument les comportements gênants en public (H)

(2) Je triche quand je sais que je ne risque rien (C)

(3) Je blesse parfois des gens (C)

(4) Je déteste être le centre de l'attention de tout le monde (H)

(5) Je suis en décalage par rapport à mes interlocuteurs (H)

(6) Je me comporte mal vis-à-vis des gens (C)

(7) Je ne supporte pas d'apprendre des opinions négatives à mon égard (H)

(8) Je me sens en alerte lorsque je suis face à d'autres (H)

(9) Je ne suis pas toujours aimable (C)

(10) Je ne dis rien si un commerçant me rend trop de monnaie (C).

---

3. La fiabilité est un coefficient de corrélation global entre les items. Tout coefficient dépassant 0,70 est considéré comme bon. Ici, nous pouvons donc considérer comme acquis que les cinq questions mesurent bien la même chose.

4 Visualiser les facteurs

Vous savez décrypter les diagrammes de dispersion, et vous savez aussi qu'un coefficient de corrélation linéaire de 0,7 indique que 49 % des variations des scores x s'expliquent par *y* (puisque 0,7× 0,7 = 0,49). Vous pourriez dessiner des cercles qui se recoupent pour symboliser la corrélation. Dans notre exemple, les dix variables d'origine se décomposent en deux paquets de cinq questions (comparer les figures 12.1 et 12.2).

Bien sûr, lorsque vous lancez une analyse statistique sur votre ordinateur, vous n'avez pas de tels diagrammes à l'écran. Mais l'analyse factorielle vous permet de savoir quelle structure ont vos données, à partir des résultats fournis par l'ordinateur. Dans le précédent exemple d'Alexander *et al.*, les chercheurs ont trouvé que l'on pouvait résumer les dix variables par deux facteurs principaux. La honte est liée à cinq items, et la culpabilité à 5 autres. Notez que nous n'avons pas mesuré la culpabilité ou la honte directement – mais nous supposons que ces facteurs sont liés à nos questions, vu la structure des corrélations. Notez également que ça ne vaut le coup de réaliser une analyse factorielle que si les variables sont vraiment corrélées. Sinon, on ne pourra pas résumer les données, et on devra se débrouiller avec nos nombreuses variables observées.

5 Comprendre l'analyse factorielle

Un moyen de saisir l'analyse factorielle est de se représenter les choses graphiquement [4]. Vous savez déjà que la corrélation et le lien entre deux variables numériques peuvent être représentés numériquement par des coefficients de corrélation linéaire, et graphiquement par des cercles qui s'entrecoupent ou des dia-

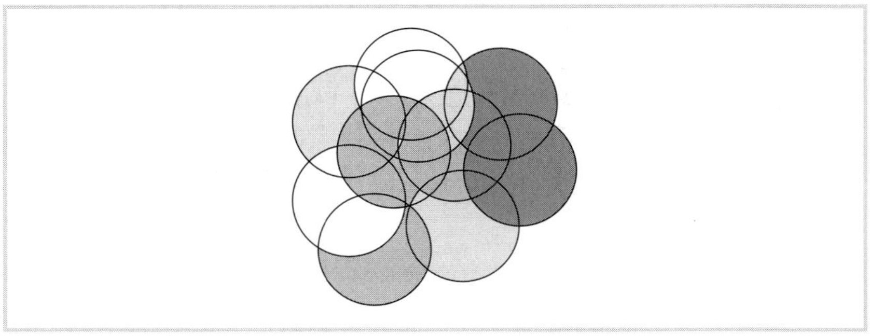

Figure 12.1
Dix variables corrélées

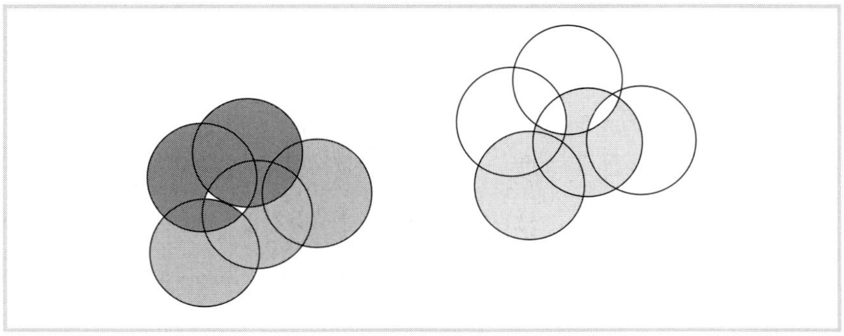

Figure 12.2
Deux ensembles de 5 variables corrélées

grammes de dispersion. Il existe encore une autre méthode pour représenter les corrélations, qui consiste à déterminer et à représenter un angle entre les variables.

Pour rester sur notre exemple, supposons que les variables correspondant aux items « Je me sens en alerte lorsque je suis face à d'autres » (X8) et « J'évite absolument les comportements gênants en public » (X1) soient corrélées au niveau 0,9. On peut représenter cela graphiquement, en traduisant le coefficient de corrélation 0,9 en un angle entre deux vecteurs (représentant les variables). Pour cela, on consulte par exemple le tableau 12.3.

r	Degrés	*r*	Degrés	*r*	Degrés	*r*	Degrés	*r*	Degrés
0.00	90	0.30	72	0.50	60	0.70	46	0.90	26
0.11	84	0.31	72	0.51	59	0.71	45	0.91	25
0.12	83	0.32	71	0.52	59	0.72	44	0.92	23
0.13	83	0.33	71	0.53	58	0.73	43	0.93	22
0.14	82	0.34	70	0.54	57	0.74	42	0.94	20
0.15	82	0.35	70	0.55	57	0.75	41	0.95	18
0.16	81	0.36	69	0.56	56	0.76	41	0.96	16
0.17	80	0.37	68	0.57	55	0.77	40	0.97	14
0.18	80	0.38	68	0.58	54	0.78	39	0.98	11
0.19	79	0.39	67	0.59	54	0.79	38	0.99	8
0.20	78	0.40	66	0.60	53	0.80	37	1.00	00
0.21	78	0.41	66	0.61	52	0.81	36		
0.22	77	0.42	65	0.62	52	0.82	35		
0.23	77	0.43	65	0.63	51	0.83	34		
0.24	76	0.44	64	0.64	50	0.84	33		
0.25	76	0.45	63	0.65	49	0.85	32		
0.26	75	0.46	63	0.66	49	0.86	31		
0.27	74	0.47	62	0.67	48	0.87	30		
0.28	74	0.48	61	0.68	47	0.88	28		
0.29	73	0.49	61	0.69	46	0.89	27		

Tableau 12.3

Conversion des *r* en angles (exprimés en degrés). Les valeurs ont été calculées par les auteurs et sont arrondies à l'unité la plus proche.

Vous pouvez y lire qu'un coefficient de corrélation de 0,9 correspond à un angle de 26°. Utilisez par exemple un axe horizontal pour représenter l'une des variables, par exemple « J'évite absolument les comportements gênants en public » (X1), et utilisez un rapporteur pour mesurer 26 degrés. La ligne correspondante représente la variable « Je me sens en alerte lorsque je suis face à d'autres » (X8), comme cela a été fait à la figure 12.3.

4. Pour une description bien plus détaillée (mais touffue) de l'analyse factorielle, voir par exemple Escofier et Pagès (1998).[ndt]

Cet angle représente le niveau de corrélation entre les deux variables. Les segments que nous avons tracés comme des flèches sont des *vecteurs*. Un vecteur se représente par une flèche, et il est défini par une norme (longueur), une direction (la droite) et un sens (la flèche).

Si nos deux variables mesurent exactement la même chose et sont parfaitement corrélées ($r = 1$), alors l'angle correspondant est nul. Les deux variables seront représentées par le même vecteur (voir figure 12.4).

Si, d'un autre côté, les deux variables étaient totalement indépendantes (linéairement), on aurait alors un angle droit entre les deux vecteurs correspondants. Le degré de relation est de 90 degrés, ce qui représente une corrélation de zero (voir figure 12.5).

Pour réaliser une analyse factorielle avec ces deux variables seulement (ce qui n'a aucun intérêt ! c'est juste un exemple pour illustrer notre propos) il nous faut trouver un vecteur qui se trouve assez proche des deux variables. On fait ceci en traçant un vecteur entre les deux variables exactement, comme sur la figure 12.6.

6 Nommer les facteurs

La ligne pointillée de la figure 12.6 représente le nouveau facteur, que nous appelons « honte ». Les chercheurs nomment les facteurs en fonction de ce que ces facteurs ont – semble-t-il – en commun. Dans le cas qui nous occupe, les deux varia-

Figure 12.3
Diagramme montrant un angle de 26 degrés entre X1 et X8

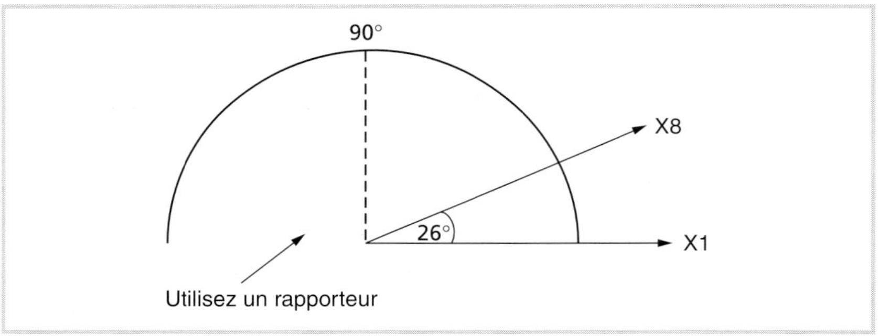

Figure 12.4
Diagramme montrant un angle nul entre deux variables (X1 et X8) parfaitement corrélées positivement

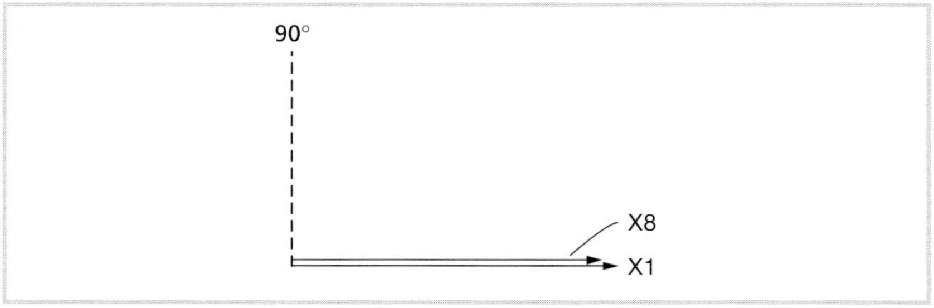

Figure 12.5
Diagramme montrant un angle de 90 degrés entre les variables X1 et X8

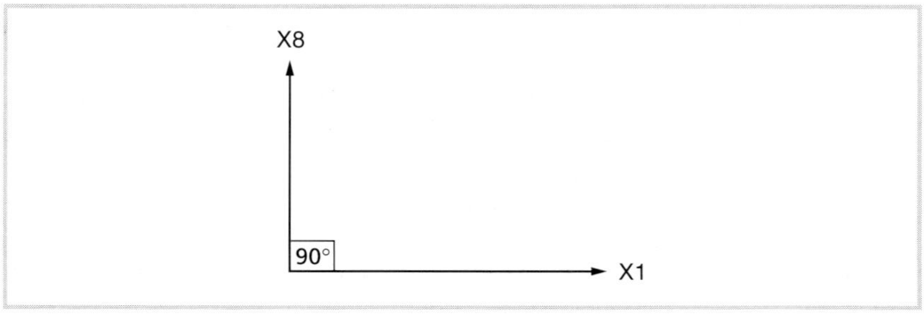

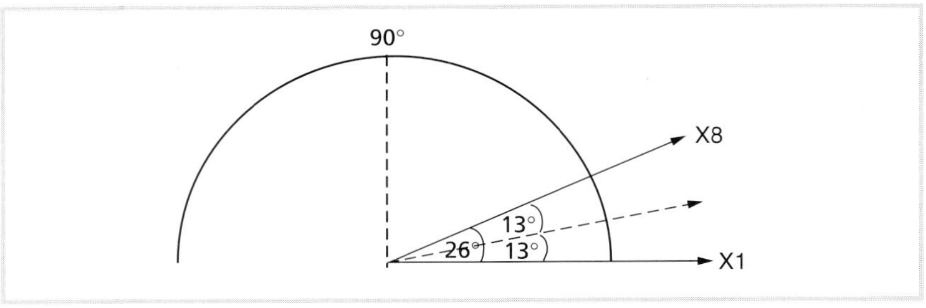

Figure 12.6

Diagramme montrant un angle de 26 degrés entre les variables X1 et X8, et le facteur principal

bles X1 et X8 semblent avoir en commun de mesurer des choses liées à la honte. Puisque l'angle entre nos deux variables de départ « Je me sens en alerte lorsque je suis face à d'autres » (X8) et « J'évite absolument les comportements gênants en public » (X1) est de 26°, vous pouvez voir que l'angle entre le facteur « honte » et chacune des deux variables observées est de 13°. Cela est rendu visible sur la figure 12.6.

On peut considérer en première approximation que le nouveau facteur est en quelque sorte la moyenne des deux autres variables. En réalité, si l'on veut être rigoureux, il faut dire que c'est la moyenne des deux autres variables, mais *standardisées*. Ainsi, le facteur « honte » est en quelque sorte défini comme la moyenne des réponses aux questions X1 et X8. Lorsqu'on ira plus loin, et qu'on prendra en compte plus de 2 variables, le facteur sera encore défini comme une moyenne des 5 items relatifs à la honte. D'un certain point de vue, le travail principal de l'analyse factorielle est de bien choisir les coefficients pour cette moyenne (pondérée), afin de bien résumer les données.

7 Contribution d'une variable à l'inertie

Les angles entre les variables et les facteurs peuvent être à nouveau convertis en corrélations. Observez le tableau 12.4.

Vous pouvez y voir qu'un angle de 13° correspond à un coefficient de corrélation de 0,97. C'est la corrélation entre X1 et le facteur « honte », et c'est aussi le coefficient de corrélation linéaire entre X8 et le facteur « honte ». On dit alors que les deux variables « Je me sens en alerte lorsque je suis face à d'autres » (X8) et « J'évite absolument les comportements gênants en public » (X1) *contribuent* beaucoup *à l'inertie* du facteur « honte ». Le nouveau facteur « honte » explique 94 % (0,97 × 0,97 = 0,94) des variations de chacune des deux variables actives [5]. Chaque nouveau facteur permet de relier ainsi différentes variables actives liées entre elles (mathématiquement), mais peu liées aux autres variables.

Dans nos graphiques (ci-dessus), nous avons seulement présenté deux variables, mais l'analyse factorielle travaille en « dimension *n* » et permet d'étudier autant de variables qu'on le souhaite. Il est difficile de représenter les choses dans l'espace, et impossible pour les dimensions supérieures à trois, mais on peut toutefois les expliquer par des images planes. Nous avons ci-dessus représenté deux variables dans un plan en guise d'illustration. En réalité, il y a dix variables. L'analyse factorielle travaille alors en dimension supérieure (10), et permet de définir des facteurs comme nous le fîmes intuitivement.

5. On appelle parfois *variables actives* les variables observées dans le cadre d'une analyse factorielle. [ndt]

Tableau 12.4

Conversion des degrés en corrélation (les chiffres ont été calculés par les auteurs)

Degrés	*r*	Degrés	*r*	Degrés	*r*	Degrés	*r*
0	1.00	24	0.91	48	0.67	72	0.31
1	0.99	25	0.91	49	0.66	73	0.29
2	0.99	26	0.90	50	0.64	74	0.28
3	0.99	27	0.89	51	0.63	75	0.26
4	0.99	28	0.88	52	0.62	76	0.24
5	0.99	29	0.87	53	0.62	77	0.22
6	0.99	30	0.86	54	0.59	77	0.21
7	0.99	31	0.86	55	0.57	78	0.19
8	0.99	32	0.85	56	0.56	79	0.17
9	0.99	33	0.84	57	0.55	80	0.16
10	0.98	34	0.83	58	0.53	81	0.14
11	0.98	35	0.82	59	0.52	82	0.12
12	0.98	36	0.81	60	0.50	83	0.10
13	0.97	37	0.80	61	0.48	84	0.09
14	0.97	38	0.79	62	0.47	85	0.07
15	0.97	39	0.78	63	0.45	86	0.05
16	0.96	40	0.77	64	0.44	87	0.03
17	0.96	41	0.75	65	0.42	88	0.02
18	0.95	42	0.74	66	0.41	89	0.00
19	0.95	43	0.73	67	0.39	90	
20	0.94	44	0.72	68	0.37		
21	0.93	45	0.71	69	0.36		
22	0.93	46	0.69	70	0.34		
23	0.92	47	0.68	71	0.33		

Grâce à l'algèbre linéaire,[6] des vecteurs abstraits peuvent être construits dans des espaces de dimension *n* (par exemple 10). Le résultat est conceptuellement similaire à l'image de la figure 12.6. Lorsque le « facteur 1 » a été déterminé (on dit aussi « extrait ») par le calcul, l'analyse factorielle détermine un second facteur qui regroupe un maximum d'information sur les variables, mais en restant indépendant du premier facteur. Chaque facteur permet, dans le meilleur des cas, de représenter un certain nombre de variables qu'il résume. On *nomme* les facteurs en cherchant un sens aux variables qui contribuent le plus à expliquer l'inertie associée.

Bien que vous n'ayez absolument pas besoin de comprendre les arcanes mathématiques de toutes ces méthodes statistiques avancées, vous pouvez comprendre le rôle de l'algèbre linéaire dans le cas de l'analyse factorielle. Vous vous souvenez que, dans le cas de deux variables numériques dont on cherche à établir le lien, on pouvait représenter les données par un diagramme de dispersion. Chaque individu correspond en effet à deux scores, donc deux nombres, comme par exemple (2 ;3). Ces deux nombres (2 et 3) définissent un unique point dans le plan (dimension 2) une fois qu'on a fixé un repère.

Bien que moins visuelle, la même chose est encore possible avec dix, vingt ou même mille variables. Si par exemple vous étudiez 3 variables, chaque individu corres-

6. Vous avez entendu parler de matrices (matrices de corrélations, matrices de variances-covariances, etc.). La matrice est l'un des objets principaux de la partie des mathématiques qu'on appelle *algèbre linéaire*. L'analyse factorielle, l'anova et la manova sont fondées sur des analyses de matrices.

pond à trois nombres, qui sont les scores obtenus pour ces trois variables. Par exemple l'individu *Ambre* correspond à (1 ;2 ;9). Ce triplet (1 ;2 ;9) correspond à un unique point en dimension 3 (dans l'espace) une fois un repère choisi. Et de la même façon, un *n* -uplet comme (2 ;7 ;1 ;0 ;-7 ;12) correspond à un unique point dans un espace (abstrait) de dimension *n* (6 dans ce cas)...

L'objectif de l'algèbre linéaire, en plus de l'étude des matrices, est justement de traiter ces espaces abstraits de dimension quelconque. Voilà pourquoi elle est utile à l'analyse factorielle : elle permet de donner des informations sur le « nuage » d'un « diagramme de dispersion » abstrait en dimension quelconque.

Imaginez que vous ayez à analyser 20 variables. Le programme de calcul statistique a trouvé les coefficients de corrélation, déterminé le premier facteur, et traduit les corrélations en angles. (Tout cela est fait grâce à l'algèbre linéaire.) Bien qu'on ne puisse pas représenter fidèlement la situation, le diagramme qui suit donne au moins une idée bidimensionnelle de ce qui se passe. Vous pouvez imaginer que les variables sont les baleines d'un parapluie (ici retourné). Le manche du parapluie est le premier facteur.

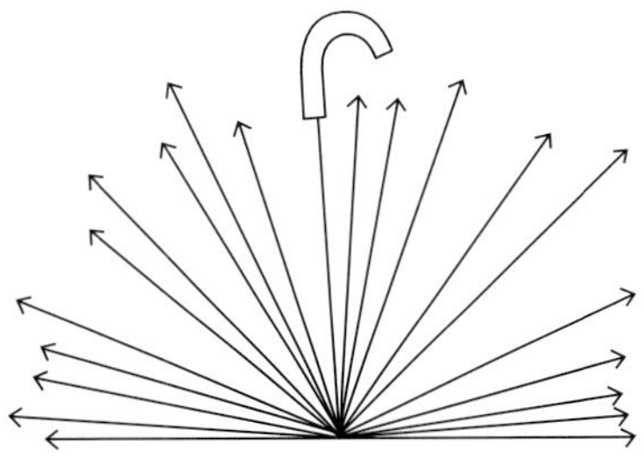

Certaines variables (les baleines les plus éloignées du manche) sont assez peu liées au facteur. On ne s'en sert pas pour nommer le facteur. D'autres (les baleines proches du manche) sont fortement liées au facteur. C'est celles que nous utiliserons. Les variables qui contribuent le plus à l'inertie d'un facteur avoisinent le facteur en question (l'angle est aigu). Bien qu'on ne présente jamais, dans les comptes rendus, de graphique comme celui ci-dessus, l'ordinateur nous permet de savoir quelles variables contribuent le plus à l'inertie du facteur en nous donnant les coefficients de corrélation, et d'autres informations itou.

Activité 12.2

Observez le dessin ci-dessous, qui représente les corrélations entre les variables et le facteur 1. Comment pourrait-on nommer ce facteur ?

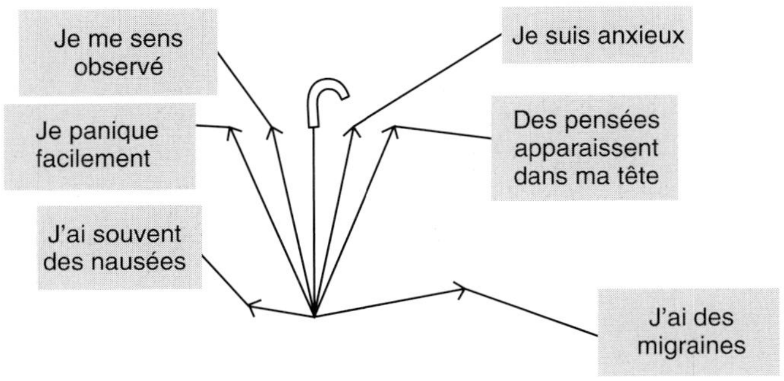

Dans notre exemple sur la culpabilité et la honte, il y avait 10 variables actives.

8 La matrice de corrélation

La première chose que fait le programme est de déterminer la matrice des coeffcients de corrélation linéaire.

Matrice de corrélation

		je triche si je ne risque rien	je blesse des gens	je déteste être le centre d'attention	je suis en décalage par rapport aux autres	je me comporte mal vis-à-vis des gens	je ne supporte pas les opinions négatives	je me sens en alerte face à d'autres	je ne suis pas toujours aimable	je ne dis rien si un commerçant me rend trop
Corrélation	j'évite les comportements gênants	-,137	,086	,967	,977	,176	,538	,555	,241	-,179
	je triche si je ne risque rien		,855	-,059	-,077	,915	,595	,708	,869	,951
	je blesse des gens			,143	,148	,871	,751	,819	,864	,739
	je déteste être le centre d'attention				,961	,242	,573	,595	,292	-,108
	je suis en décalage par rapport aux autres					,218	,596	,591	,266	-,131
	je me comporte mal vis-à-vis des gens						,745	,853	,939	,868
	je ne supporte pas les opinions négatives							,888	,752	,481
	je me sens en alerte face à d'autres								,875	,594
	je ne suis pas toujours aimable									,831
Signification (unilatérale)	j'évite les comportements gênants	,283	,359	,000	,000	,229	,007	,006	,153	,225
	je triche si je ne risque rien		,000	,403	,373	,000	,003	,000	,000	,000
	je blesse des gens			,273	,266	,000	,000	,000	,000	,000
	je déteste être le centre d'attention				,000	,152	,004	,003	,106	,326
	je suis en décalage par rapport aux autres					,178	,003	,003	,128	,291
	je me comporte mal vis-à-vis des gens						,000	,000	,000	,000
	je ne supporte pas les opinions négatives							,000	,000	,016
	je me sens en alerte face à d'autres								,000	,003
	je ne suis pas toujours aimable									,000

9 Matrice des composantes avant et après rotation

Le programme de calcul statistique (par exemple SPSS) déduit de cette table une matrice des composantes « avant rotation ». Les chiffres donnés dans cette matrice sont les coefficients de corrélation linéaire entre les variables et les composantes (ou facteurs). Nous détaillerons cela un peu plus loin. Grâce à l'algèbre linéaire, le programme effectue ensuite une rotation des axes qui permet d'obtenir des facteurs (ou composantes) plus simples à interpréter. On peut alors construire la matrice des composantes « après rotation ». Cette matrice contient les corrélations entre les variables actives et les composantes transformées par la rotation. On peut aussi utiliser la matrice des composantes après rotation (voir tableau 12.5) pour dessiner le diagramme des variables. Un exemple hypothétique de diagramme correspondant seulement à l'étude du premier facteur est celui de la figure 12.7 pour le facteur F1 (culpabilité). Pour le facteur F2 (honte), on pourra regarder la figure 12.8.

Tableau 12.5

Matrice des composantes après rotation

	Composante	
	1	2
j'évite les comportements gênants	1,361E-03	**,989**
je triche si je ne risque rien	**,976**	–,141
je blesse des gens	**,922**	,109
je déteste être le centre d'attention	6,885E-02	**,976**
je suis en décalage par rapport aux autres	5,453E-02	**,986**
je me comporte mal vis-à-vis des gens	**,961**	,166
je ne supporte pas les opinions négatives	**,709**	**,580**
je me sens en alerte face à d'autres	**,803**	**,564**
je ne suis pas toujours aimable	**,938**	,226
je ne dis rien si un commerçant me rend trop	**,924**	–,207

Méthode d'extraction : Analyse en composantes principales.
Méthode de rotation : Varimax avec normalisation de Kaiser.
La rotation a convergé en 3 itérations.

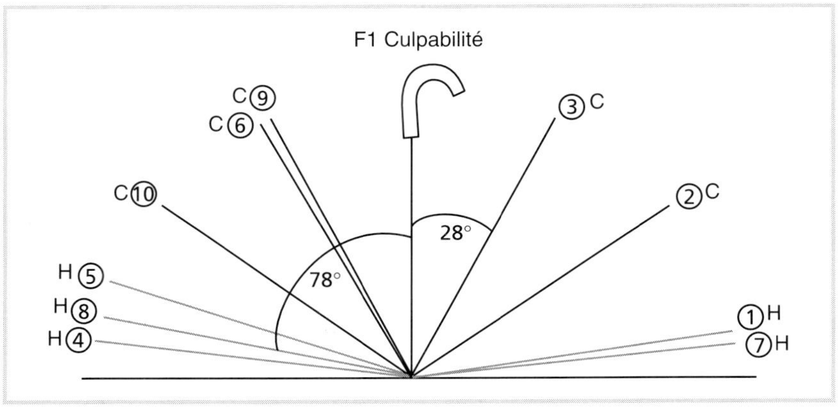

Figure 12.7

Représentation d'une relation hypothétique entre les variables et le facteur 1

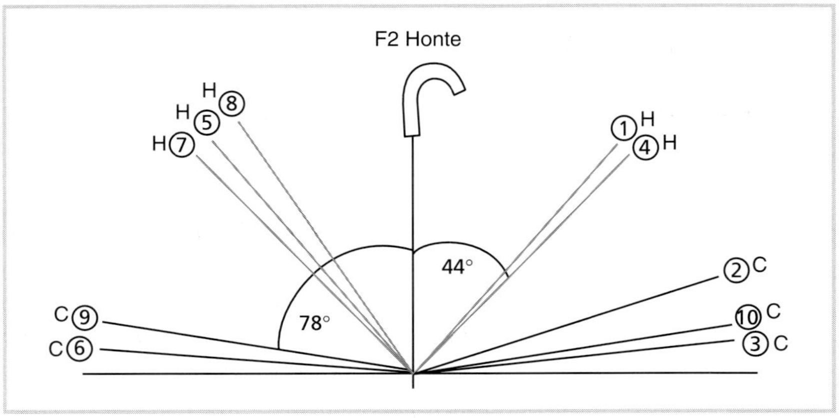

Figure 12.8
Représentation d'une relation hypothétique entre les variables et le facteur 2

Vous pouvez voir sur chacun de ces deux graphiques que les variables qui se trouvent près de la poignée du parapluie sont liées au facteur correspondant. Les autres variables correspondent à autre chose (à déterminer).

Une fois que le programme a trouvé le premier facteur, il s'attaque au second, et ainsi de suite, en imposant chaque fois que les facteurs soient deux à deux indépendants.

Un exemple hypothétique est donné par le tableau 12.5. On y voit que les questions correspondant à la culpabilité sont fortement liées à l'axe 1 (facteur F1) et que celles portant sur la honte sont au contraire fortement liées au facteur F2. C'est ainsi que l'on peut nommer et interpréter les facteurs. Alexander *et al.* utilisent dans leur article un seuil de 0,5. Les coefficients de corrélation supérieurs à 0,5 sont ainsi considérés comme importants, les autres non. Ce critère est cependant totalement arbitraire, et d'autres chercheurs pourraient fort bien fixer un seuil de 0,4 ou 0,3. Il est toujours agréable et pratique que chaque variable active ne soit corrélée qu'à un seul des facteurs extraits, comme ici pour les premières variables (et on choisit le seuil en conséquence).

À partir des valeurs du tableau 12.5, on peut convertir les coefficients de corrélation en angles, ce qui permet de représenter les variables correctement.

Nous avons indiqué les coefficients de corrélation supérieurs à 0,5 (en valeur absolue) en gras sur la table. Toutes les variables actives liées au facteur 2 à un niveau supérieur à 0,5 (composante 2) sont liées à la honte. Les variables liées à la culpabilité sont liées au facteur 1. Nous avons ainsi partiellement justifié les conclusions de Alexander *et al.*, à savoir que leur échelle mesure bien deux choses relativement indépendantes, qui sont la honte et la culpabilité.

10 Représentation des variables

Une autre manière de traiter les variables et leurs regroupements potentiels est de les représenter sur un diagramme qui présente les facteurs comme des axes (voir figure 12.9). Considérez par exemple le premier item. Il a pour coordonnées 0,001 (1*E*-03 signifie 10^{-3}, soit 0,001) et 0,99. Aussi est-il représenté sur le diagramme par le point de coordonnées (0,001 ; 0,99). On se déplace donc de 0,001 vers la droite, puis de 0,99 vers le haut en partant de l'origine, pour trouver le point correspondant, comme on le voit sur la figure 12.9.

Activité 12.3

Terminez le graphique de la figure 12.9 en représentant les autres variables. Vérifiez votre réponse sur la figure 12.10.

Bien sûr, nous pouvons faire cela (la représentation graphique) seulement si nous n'avons que 2 facteurs. Nous avons de la chance, en l'occurrence ! On voit très bien les deux groupes de variables sur le graphique (figure 12.10), mais également sur la matrice des composantes (table 12.5). Cela est particulièrement facile parce que nous travaillons avec la matrice *après rotation*.

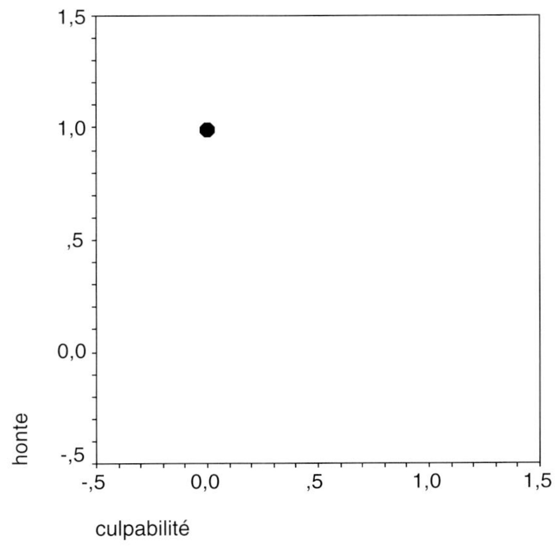

Figure 12.9
Diagramme montrant la représentation de la variable « j'évite les comportements gênants »

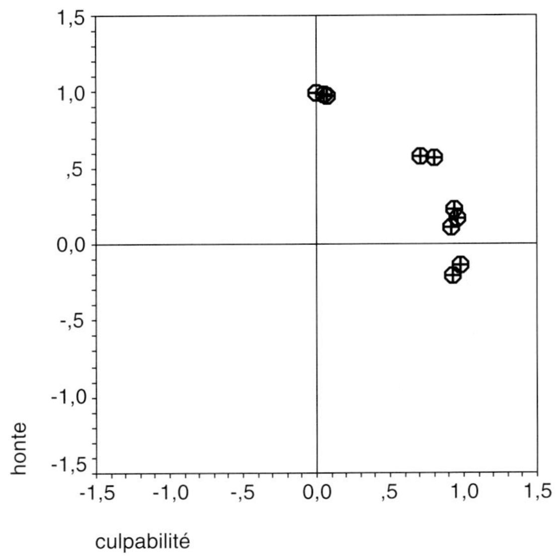

Figure 12.10
Réponse à l'activité 12.3

Il est bien plus difficile de lire les groupes de variables actives sur la matrice avant rotation. On ne comprend pas alors très bien les deux groupes (honte et culpabilité), qui corrèlent modérément tous les deux avec le premier axe. Nous pouvons, il est vrai, visualiser les deux groupes de variables sur un équivalent de la figure 12.10, mais les deux groupes de variables sont liées aux deux axes à la fois. Voici pour information la matrice des composantes *avant* rotation :

Matrice des composantes[a]

	Composante	
	1	2
j'évite les comportements gênants	,418	,896
je triche si je ne risque rien	,825	-,539
je blesse des gens	,881	-,290
je déteste être le centre d'attention	,474	,856
je suis en décalage par rapport aux autres	,465	,871
je me comporte mal vis-à-vis des gens	,941	-,254
je ne supporte pas les opinions négatives	,887	,227
je me sens en alerte face à d'autres	,965	,173
je ne suis pas toujours aimable	,946	-,191
je ne dis rien si un commerçant me rend trop	,750	-,577

Méthode d'extraction : Analyse en composantes principales.
a. 2 composantes extraites.

11 Rotation

Pour aider à l'interprétation des facteurs, les axes subissent une rotation[7]. Il y a plusieurs manières de choisir la rotation, mais la plus commune est la méthode dite *varimax* dont le but est de maximiser les corrélations déjà hautes, et de rabaisser les plus faibles. Le logiciel utilisera une rotation si vous avez choisi l'option *ad hoc*. La rotation est une méthode bien établie qui rend l'interprétation plus aisée, parce que les différences entre corrélations sont augmentées par ce système[8]. Si les données font clairement apparaître une structure, la méthode choisie importe peu parce qu'elle fera de toute manière apparaître la même structure.

---

7. Cela se fait en multipliant la matrice des facteurs par une matrice dite « matrice de rotation » – et c'est encore de l'algèbre linéaire.

8. La méthode varimax assure que les facteurs sont indépendants. Dans la réalité, ils le sont rarement. De ce point de vue, la méthode varimax est assez artificielle – bien que très utile !

Exemple : Syndrome du côlon irritable (SCI)

L'analyse factorielle est utile dans bien des domaines, y compris la psychologie de la santé. Par exemple pour l'étude des maladies chroniques « invisibles » pour lesquelles les symptômes persistent malgré la disparition des causes évidentes. L'une de ces maladies est le syndrome du côlon irritable, qui n'implique d'ailleurs pas que les intestins. Il s'agit d'un faisceau de symptômes, dont certains sont liées au côlon, mais pas tous. Pour obtenir des données expérimentales, on fait remplir des questionnaires à des personnes souffrant de ce syndrome.

Une partie d'une grande étude sur ce syndrome, menée par Tang et ses collaborateurs (Tang *et al.*, 1998), comporte la collecte d'informations sur 9 symptômes, chaque jour pendant deux semaines. Soixante participants ont évalués leurs symptômes sur une échelle en 5 points (0 – symptôme non gênant, jusqu'à 4 – symptôme handicapant). Tang et ses coauteurs ont alors calculé, pour chaque symptôme, l'évaluation moyenne, ce qui leur fournit ainsi 9 variables numériques sur lesquelles procéder à une analyse factorielle : douleur abdominale, sensibilité abdominale, constipation, diarhée, flatulence, ballonnement, renvoi, nausée, vomissement.

12 L'analyse factorielle pas à pas

Voici en quelques étapes ce qu'il faut faire pour réaliser une analyse factorielle complète (c'est l'ordinateur qui travaille, bien sûr) :

1. En premier lieu, on détermine une *matrice des corrélations*. Le chercheur n'a pas besoin de lire lui-même cette matrice, mais le logiciel l'utilise, avec l'algèbre linéaire, pour réaliser les étapes suivantes.
2. Il faut ensuite *extraire les facteurs*. On peut extraire autant de facteurs qu'il y a de variables actives, mais si on fait cela, on trahit l'esprit de l'analyse factorielle qui est de résumer ! Ce que nous voulons, c'est expliquer la plus grande proportion possible de la variation totale, mais avec le moins de facteurs possible. Dans notre exemple, deux facteurs sont nettement suffisants, mais les choses sont fréquemment moins simples que cela. Le nombre de facteurs à conserver est un choix délicat, que l'on fait en tenant compte de critères statistiques et théoriques.
3. Pour décider le *nombre de facteurs à conserver*, on peut utiliser différents arguments. Si vous laissez SPSS faire, il choisira le nombre de facteurs en se fiant à des critères statistiques. Chaque facteur extrait rend compte d'une certaine proportion de la variance totale.

   a) Les *valeurs propres* associées aux facteurs indiquent indirectement la proportion de variation expliquée par chaque facteur. La somme de toutes les valeurs propres est égale au nombre de variables actives. Par défaut, on conserve les facteurs dont les valeurs propres sont supérieures à 1.

   C'est une règle utile, mais que se passe-t-il si un facteur a une valeur propre de 0,99 ? Si l'on suit la règle bêtement, on ne conservera pas le facteur en question, qui peut pourtant être très important théoriquement. C'est dans un tel cas que l'intuition des chercheurs est importante. Si le facteur doit être conservé, il faudra désactiver l'option par défaut de SPSS.

   b) Le *diagramme des valeurs propres* est simplement une représentation de la valeur propre associée à chacun des facteurs qui peuvent être extraits :

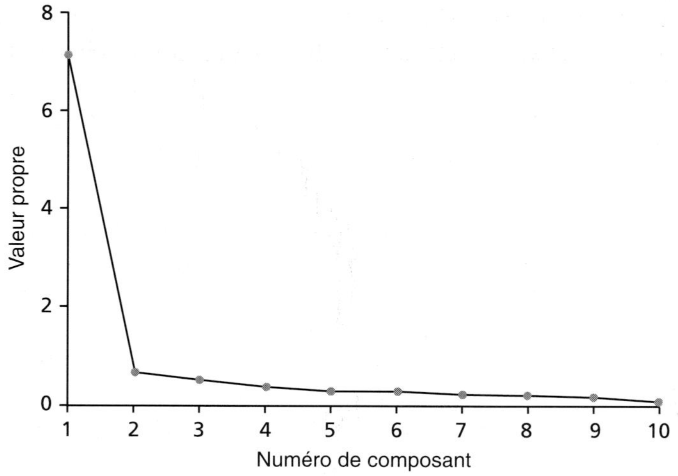

L'idée est que les valeurs propres descendent d'abord très vite, puis forment un plateau. Il faut alors déterminer visuellement où le plateau commence, et ne garder que les facteurs (composantes) qui précèdent ce plateau. Dans le cas présent, on choisirait par exemple deux facteurs. C'est très simple si le graphique des valeurs propres est semblable à celui ci-dessus. En revanche, cela sera plus délicat s'il ressemble à ceci :

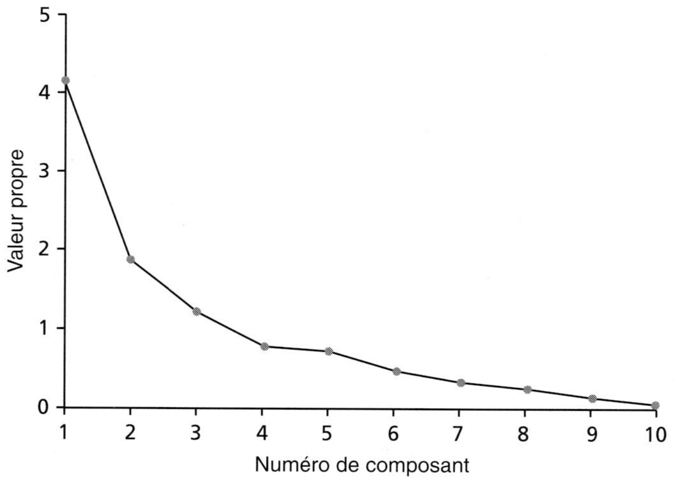

Ici, il est plus difficile de dire combien de facteurs il faut conserver.

c) Le troisième critère que l'on peut prendre en compte est *la proportion de variance expliquée*. On est content si l'on explique environ 75 % de la variation totale. Mais l'idée est toujours d'expliquer la plus grande proportion de variance possible avec le moins de facteurs possible. En fait, tous les critères doivent être considérés simultanément pour décider combien de composantes garder.

Tang *et al.*, par exemple, ont choisi de conserver les facteurs dont la valeur propre est au-dessus de 1. Cela les conduit à extraire trois composantes, qui expliquent ensemble 64,5 % de la variance totale.

4. La *matrice des composantes avant rotation* donne des informations sur la force du lien entre les variables actives et les facteurs déterminés sans rotation. Mais la plupart du temps les chercheurs ne s'intéressent guère à cela, et préfèrent passer directement à la *matrice des composantes après rotation*, bien plus facile à interpréter, comme nous l'avons vu page 473. Tang *et al.* ont utilisé la méthode de rotation *varimax*, qui est la méthode par défaut dans SPSS, et aussi la plus commune.
5. Il faut ensuite *nommer les facteurs*. Les chercheurs considèrent les composantes *après rotation* pour voir ce que chaque facteur ainsi défini représente et résume. Pour cela, il faut prendre en compte la force du lien du facteur à nommer avec chacune des variables actives. Il faut décider à partir de quelle valeur on considère un coefficient *r* comme parlant. Ce choix est relativement arbitraire, et varie généralement entre 0,3 et 0,5. Tang et ses collaborateurs ont par exemple décidé de conserver tout coefficient de corrélation supérieur à 0,4. Le facteur 1 explique la plus grande partie de la variance totale, suivi par le facteur 2, etc.

Le tableau ci-dessous donne la matrice des composantes après rotation pour les données de Tang et de ses collègues (Tang *et al.*, 1998) :

Symptôme	Facteur 1	Facteur 2	Facteur 3
sensibilité	**0,88**	–0,09	–0,02
douleur	**0,87**	0,28	–0,02
ballonnement	**0,73**	0,13	0,03
constipation	**0,61**	0,06	0,51
flatulence	0,17	**0,86**	0,04
renvoi	0,19	**0,85**	0,09
diarrhée	–0,4	0,37	0,12
vomissement	–0,25	0,15	**0,81**
nausée	0,38	0,18	**0,67**
variance expliquée (%)	30,1 %	19,3 %	15,1 %

Nous avons imprimé en gras les coefficients de corrélation supérieurs à 0,4. Les auteurs ne signalent pas que le symptôme diarrhéique ne corrèle avec aucun facteur à plus de 0,4. Ceci dit, le seuil étant arbitraire, on peu considérer que ce symptôme corrèle bien avec le second facteur.

Les chercheurs concluent ainsi que les neuf variables de départ pouvaient en fait être résumées par 3 facteurs principaux. Le premier facteur, par exemple, rend compte de la sensibilité et de la douleur, ainsi que des ballonnements et de la constipation.

Ce facteur est nommé « inconfort physique » dans l'article. Les deux autres sont baptisés « problèmes gazeux » et « vomissements ». Bien souvent, les auteurs se plaisent à trouver des noms de facteurs à la fois justes et drôles... mais il semble que ça ne fut pas le cas ici.

Activité 12.4

Considérez le tableau suivant :

Matrice des composantes après rotation[a]

	Composante		
	1	2	3
extraversion	,999		
activités sportives	,970		
relations sociales	,944		
famille	,964		
travail	,967		
vie sexuelle	,911		
implication sociale	,977		
relation de couple	,860		
situation financière	,956		
santé	,802		
activités ludiques	,993		
croyance religieuse	,986		
régime			
bonheur		,948	
sentiment d'accomplissement		,911	
fierté		,934	
enthousiasme		,948	
plaisir		,479	
stress			,979
ennui			,851
fatigue			,934
dépression			,864

Méthode d'extraction : Analyse en composantes principales.
Méthode de rotation : Varimax avec normalisation de Kaiser.
a. La rotation a convergé en 4 itérations.

et nommez les facteurs – il n'y a pas de « bonne » réponse.

Exemple : La perception du moi chez les adolescents

L'exemple qui suit est un peu plus compliqué que les précédents. Les auteurs ont en effet réalisé ici trois analyses factorielles, afin de savoir combien de facteurs il fallait garder. C'est tout à fait acceptable, parce que le nombre de facteurs à conserver doit être bien pesé, et ça n'est pas un choix à faire à la légère. Il fallait donc imaginer plusieurs alternatives ici.

Les auteurs de l'article, Patton et Noller (1994), voulaient préciser ce que mesurait un questionnaire d'image de soi à l'usage des adolescents. Le questionnaire se compose de 53 items (variables actives), et les auteurs l'ont administré à 216 adolescents. Ils ont ensuite réalisé trois analyses en composantes principales, l'une en extrayant 4 facteurs, une deuxième en conservant 5 facteurs, et la dernière et troisième avec 6 facteurs. Ceci dit, le sixième facteur ne rend compte que de 2,16 % de la variance totale (un bien faible pourcentage !), et seules deux variables actives corrèlent à plus de 0,4 sur ce facteur. On considère quelquefois que si moins de trois variables actives corrèlent sur un facteur, il vaut mieux ne pas le conserver. Patton et Noller ont ainsi nommé les facteurs finalement conservés :

- Facteur 1 – moi émotionnel
- Facteur 2 – conscience sociale

- Facteur 3 – coping personnel
- Facteur 4 – relations familiales
- Facteur 5 – relations sociales

Ils ont réfléchi à la possibilité de ne conserver que 4 facteurs au lieu de 5, mais le facteur « relations sociales » n'apparaissait plus, et il leur semblait qu'il s'agissait pourtant d'une composante intéressante de la perception du moi, malgré sa faible importance en termes de contribution à l'inertie. Aussi ont-il conservé 5 facteurs, et conclu, comme ils l'avaient d'ailleurs initialement prévu, que le moi peut se synthétiser en 5 dimensions essentielles.

Exemple : Pourquoi les étudiants vivent-ils sur le campus ?

Luzzo et McDonald (1996) ont réalisé une recherche pour découvrir les raisons qui poussent certains étudiants à vivre à l'université. Ils ont d'abord essayé de comprendre le fonctionnement du questionnaire qu'ils souhaitaient utiliser, et qu'ils nomment « questionnaire de vie au campus ». Ils ont ainsi déterminé la structure factorielle du questionnaire. Les auteurs ont décidé à l'avance des critères pour conserver ou non un facteur.

Ils ont résolu de ne tenir compte que des variables actives corrélant sur les facteurs à plus de $r_{limite} = 0{,}4$ dans l'interprétation des facteurs. Voici une table des résultats (matrice des composantes après rotation) :

item	facteur 1	facteur 2	facteur 3	facteur 4	facteur 5
pour être indépendant	**0,87**	–0,08	0,17	0,16	0,18
pour la liberté	**0,91**	–0,03	0,21	0,12	0,06
pour fuir les parents	**0,82**	0,11	0,10	–0,13	–0,08
pour la sécurité	0,19	**0,68**	0,05	0,24	0,16
pour le prix	-0,04	**0,66**	0,04	0,03	-0,07
volonté des parents	0,01	**0,64**	0,10	–0,36	0,05
pour rejoindre des amis	0,26	0,26	**0,67**	–0,06	-0,06
pour rencontrer des gens	0,04	0,20	**0,85**	0,13	0,05
pour rencontrer des cultures	0,11	–0,10	**0,81**	-0,12	-0,30
pour tout connaître de la fac	0,12	0,07	**0,73**	0,19	0,36
pour s'amuser	0,38	–0,21	0,56	-0,21	0,30
pour le côté pratique	0,07	0,08	0,02	**0,87**	-0,11
pour réussir les études	0,03	–0,08	–0,04	-0,25	**0,85**
pour s'impliquer dans la fac	0,13	0,39	0,35	0,20	**0,60**

Les coefficients dépassant le seuil de 0,4 ont été indiqués en gras. Il est possible de demander à l'ordinateur de n'indiquer que les coefficients dépassant un certain seuil. Cela rend parfois la lecture plus aisée.

Activité 12.5

Patton et Noller ont décidé de conserver cinq facteurs dans leur étude. À votre avis, quel a été leur critère ? Êtes-vous d'accord avec icelui ?

Activité 12.6

Nommez les facteurs de l'exemple ci-dessus. Regardez d'abord quelles variables actives corrèlent fortement avec le premier facteur, et ce qu'elles ont en commun. Passez ensuite au second facteur, et ainsi de suite. Il n'y a pas de « bonne » réponse, mais vous pouvez voir à la fin de l'ouvrage les noms donnés par Luzzo et McDonald.

13 L'analyse factorielle comme préliminaire

La plupart des articles que nous avons discutés présentent des résultats fondés sur l'analyse factorielle et les composantes mises en lumière par cette méthode. Mais il est également très courant qu'on utilise les facteurs ainsi découverts pour des analyses plus poussées, par exemple pour étudier la corrélation avec d'autres variables. Par exemple, Alexander *et al.* (1999) ont réussi à confirmer leur hypothèse, à savoir que leur questionnaire mesure en fait deux dimensions, qui sont la culpabilité et la honte. Les scores des participants pour ces deux facteurs (qui sont obtenus par une combinaison des scores des différents items du questionnaire) ont ensuite été corrélés avec une mesure de dépression (le Beck Depression Inventory, ou BDI) ainsi qu'avec un questionnaire mesurant les comportements de soumission. Voici une partie des résultats :

	honte	culpabilité
BDI	0,07	0,28 ($p < 0{,}01$)
soumission	0,53 ($p < 0{,}001$)	0,35 ($p < 0{,}001$)

Tang *et al.* (1998) ont également étendu leur étude en considérant les relations linéaires entre les facteurs extraits et des variables liées aux troubles alimentaires (l'astérisque indique un coefficient significatif à 5 %) :

	inconfort physique	problèmes gazeux	vomissements
perception du corps	0,09	–0,04	0,23
imperfection	0,34*	–0,03	0,14
inefficacité	0,34*	0,14	0,35*
boulimie	0,04	0,13	0,35*
écarts de poids	–0,02	0,22	0,31*

* $p < 0{,}05$

Activité 12.7

Que peut-on conclure de cela ?

Activité 12.8

Si vous deviez interpréter cette table et l'expliquer à un ami, comment feriez-vous ?

14 Les corrélations négatives

Lorsqu'un coefficient négatif apparaît dans la matrice des composantes, cela indique que la variable active correspondante est liée négativement au facteur. Il est parfois délicat d'interpréter une telle relation. Si vous trouvez un coefficient négatif entre une note d'arithmétique et un facteur que vous souhaitez nommer « compétences cognitives », il y a sûrement quelque chose qui cloche ! En général, un coefficient négatif signifie simplement que la question associée à été posée à l'envers. Par exemple, regardez la table des composantes donnant les coefficients de corrélation pour un facteur « bonheur » :

item	description	coefficient
1	je suis content	0,75
2	je chante sous la pluie	0,68
3	le travail est formidable	0,62
4	j'aime le monde entier	0,61
5	je suis déprimé	–0,61

Toutes les questions sont fortement corrélées au facteur, et, sauf le dernier item, les corrélations sont positives. Mais le dernier item donne un coefficient négatif. Cela est très simplement le reflet du fait que la dernière question est posée à rebours des autres ! Les quatre premiers items vont dans le sens positif, le dernier dans l'autre sens. Si le coefficient du dernier item avait été positif, on aurait flairé la bourde !

Activité 12.9

La table suivante donne les corrélations entre les scores à trois tests :

	1	2	3
1	1	0,866	0,643
2		1	0,174
3			1

(a) convertissez ces corrélations en angles (voir page 465).

(b) utilisez une règle et un rapporteur pour représenter les variables.

SPSS : Analyse en composantes principales

Entrez vos données, puis sélectionnez *Analyse > Factorisation > Analyse factorielle...*

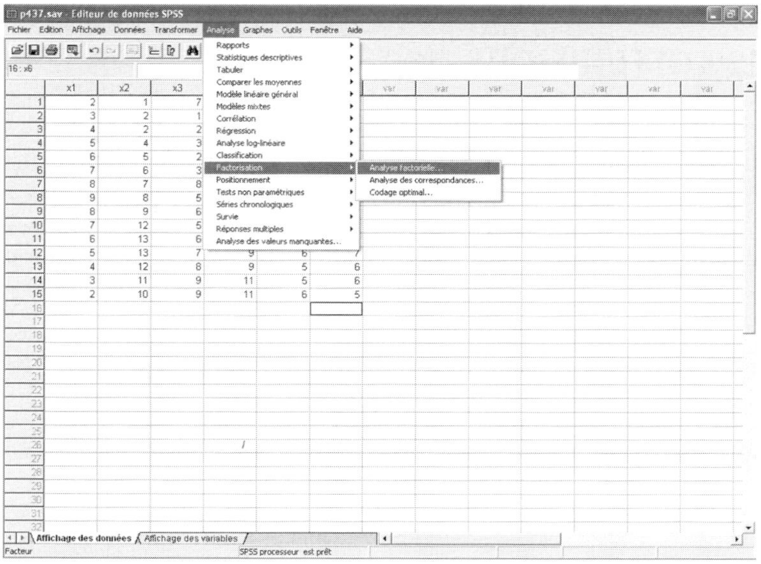

Cela vous amène à la boîte de dialogue suivante :

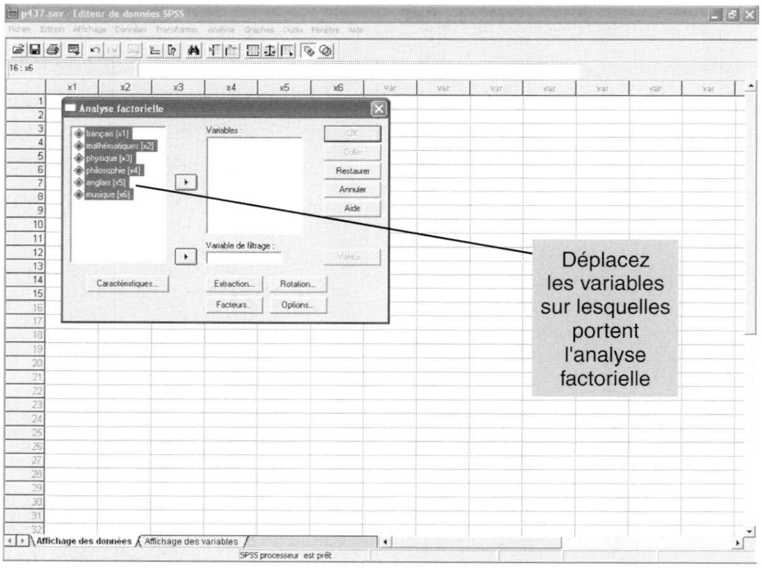

Les variables avec lesquelles vous souhaitez réaliser l'analyse en composantes principales doivent être déplacées de la gauche vers la droite, dans la zone *Variables*. Faites bien attention à ne pas déplacer des variables annexes qui n'ont rien à voir avec votre étude. C'est une erreur facile à commettre que d'inclure des variables indésirables dans l'analyse.

Pour obtenir des statistiques descriptives, cliquez sur *Caractéristiques...* et vous obtiendrez la nouvelle boîte de dialogue :

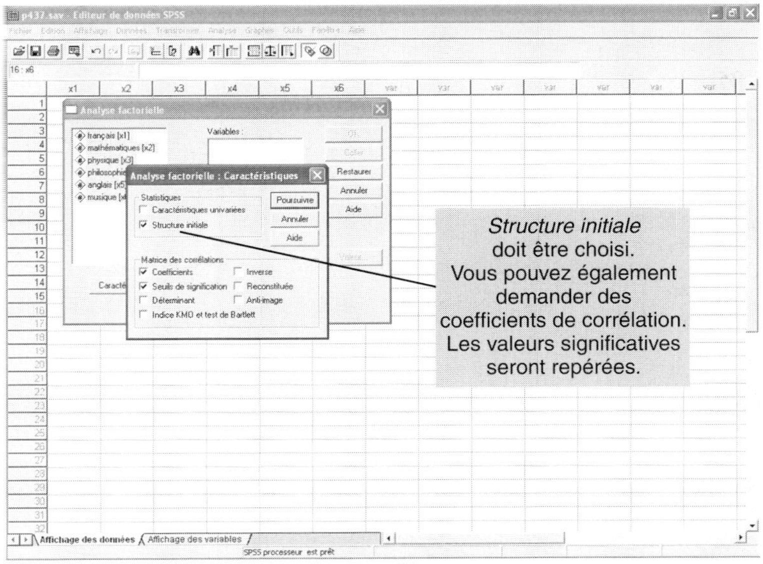

Cliquez sur *Poursuivre* dans cette boîte de dialogue, puis sur *Extraction*. L'option *Extraction* conduit à une nouvelle boîte de dialogue.

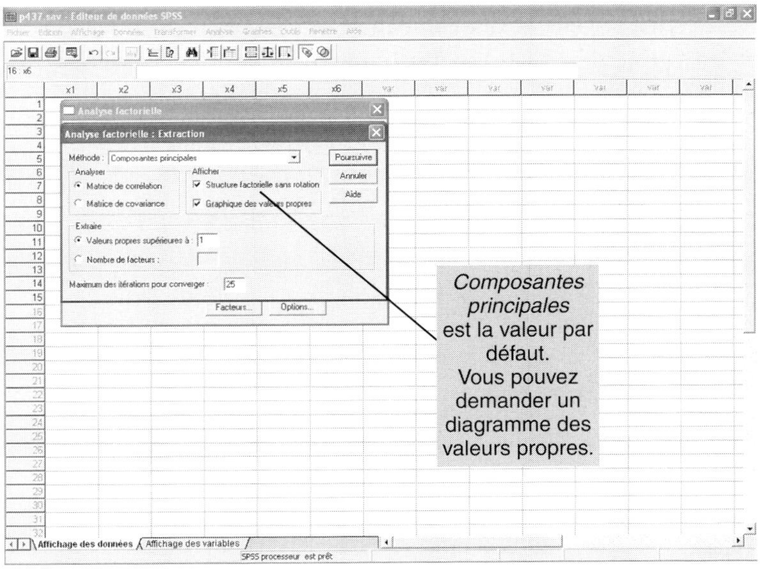

Vous pouvez changer la méthode d'extraction si vous souhaitez autre chose que l'analyse en composantes principales. Ceci dit, *composantes principales* est la valeur par défaut, et c'est généralement celle que l'on choisit. Vous pouvez également demander au programme de travailler sur la matrice des variances-covariances au lieu des coefficients de régression. Vous pouvez encore demander au programme des rotations, si vous le souhaitez.

La première chose à faire est de voir la solution initiale, c'est-à-dire la manière dont se présentent les choses au départ. Nous pouvons attendre d'avoir vu cela avant de choisir combien de facteurs nous devons extraire. Nous ne savons donc pas encore, à ce stade, combien de facteurs garder. Cliquez sur *Poursuivre.*

Si vous choisissez *Rotation,* vous vous retrouverez sur la page suivante :

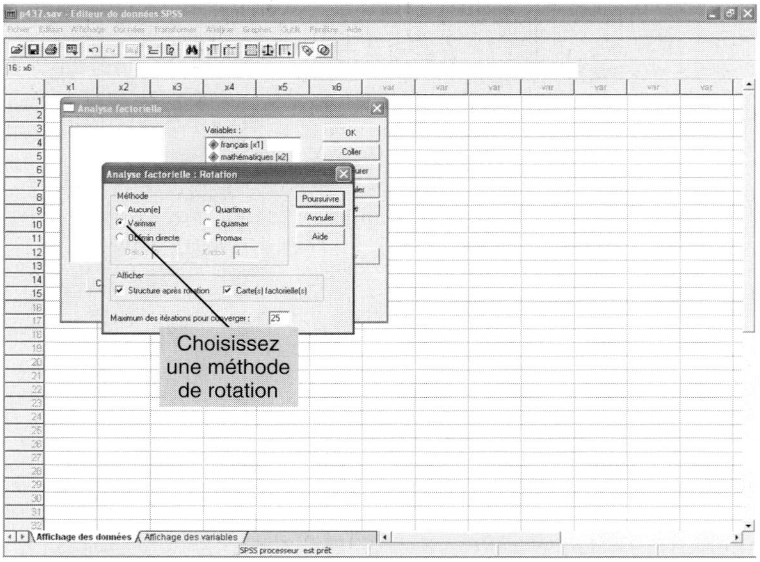

Ici, vous pouvez sélectionner une méthode de rotation. Si vous souhaitez utiliser une méthode, ça sera sans doute *Varimax.* Vérifiez alors que *Structure après rotation* est bien coché. Cliquez sur *Poursuivre.*

Si vous sélectionnez *Facteurs,* vous verrez la fenêtre suivante :

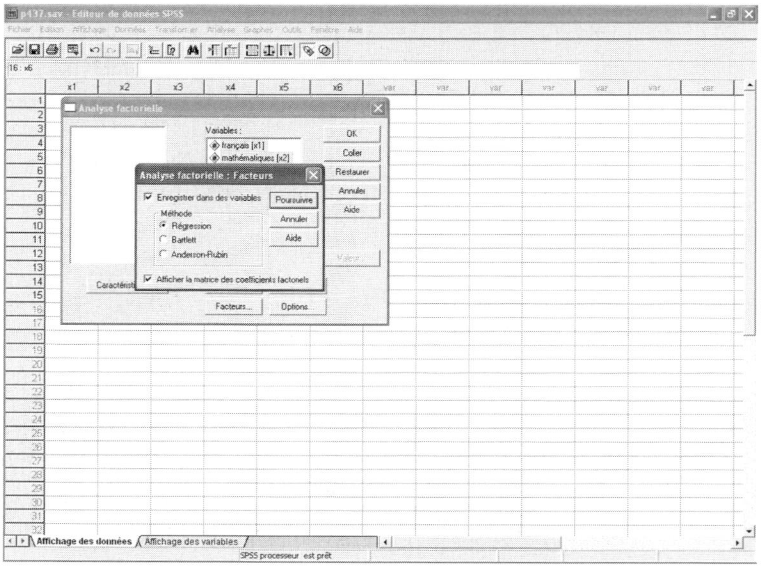

Ici, vous pouvez demander au logiciel d'enregistrer sous forme de nouvelles colonnes les facteurs qui seront déterminés par l'analyse factorielle. On pourra ainsi utiliser ces scores dans des analyses ultérieures, comme des régressions ou des études de corrélation.

Choisissez *Options* pour arriver à la fenêtre suivante :

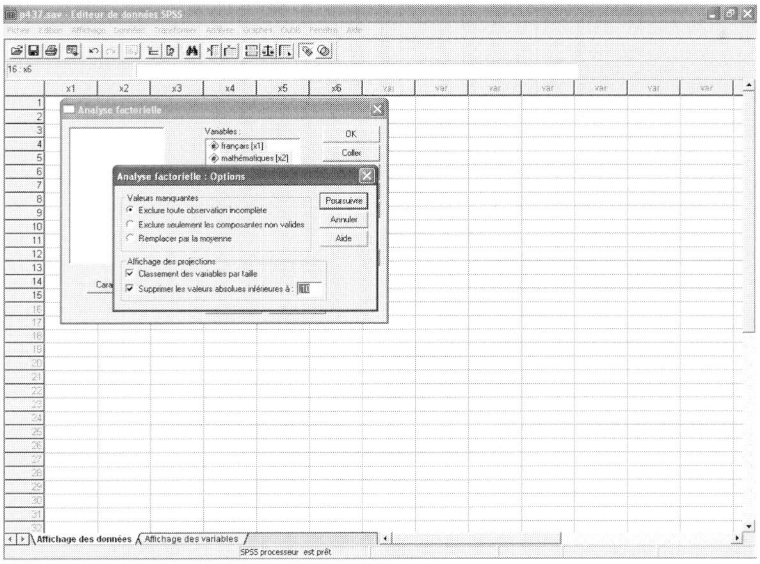

À ce stade, nous pouvons demander au programme de ranger les corrélations par taille, et de négliger toute valeur inférieure à un certain niveau décidé à l'avance. Ici par exemple, nous avons décidé d'omettre toute corrélation inférieure à 0,10. Cela simplifie souvent les tables de résultats. Cliquez sur *OK*.

Variance totale expliquée

Composante	Valeurs propres initiales			Somme des carrés des facteurs retenus pour la rotation		
	Total	% de la variance ==	% cumulés	Total	% de la variance ==	% cumulés
1	3,638	60,641	60,641	2,892	48,197	48,197
2	1,608	26,798	87,439	2,355	39,242	87,439
3	,297	4,953	92,392			
4	,272	4,526	96,918			
5	,128	2,128	99,046			
6	5,724E-02	,954	100,000			

Méthode d'extraction : Analyse en composantes principales.

Comme vous pouvez le voir, SPSS a choisi par défaut deux facteurs, sur la base des valeurs propres (SPSS conserve deux facteurs, parce que deux valeurs propres sont supérieures à 1). Si le troisième facteur avait une valeur propre initiale proche de 1, on aurait pu réfléchir à une réintroduction de ce troisième facteur. Mais tel n'est pas le cas ici.

Matrice des composantes après rotation[a]

	Composante	
	1	2
philosophie	,932	
physique	,912	
mathématiques	,844	
français		,917
anglais		,900
musique	,605	,700

Méthode d'extraction : Analyse en composantes principales.
Méthode de rotation : Varimax avec normalisation de Kaiser.
a. La rotation a convergé en 3 itérations.

Ici nous pouvons voir que les deux facteurs sont très nettement identifiables. La plupart des variables sont corrélées fortement à l'un des deux facteurs (composantes) seulement. (Les valeurs manquantes correspondent à des corrélations faibles.) On peut voir que la première composante est fortement liée, positivement, à la philosophie, à la physique et aux mathématiques (il s'agit de notes d'examen). Autrement dit, la première composante pourrait être un axe des *compétences logiques*. D'un autre côté, la deuxième composante est corrélée avec le français et l'anglais, donc liée à des compétences linguistiques. La place originale de la musique laisse penser que les compétences logiques et linguistiques ont toutes deux quelque chose à voir avec les capacités musicales.

Mais que se passerait-il si l'on demandait trois facteurs au lieu de deux ? Pour le savoir, il nous faut retourner à la boîte de dialogue *Extraction*, et relancer l'analyse.

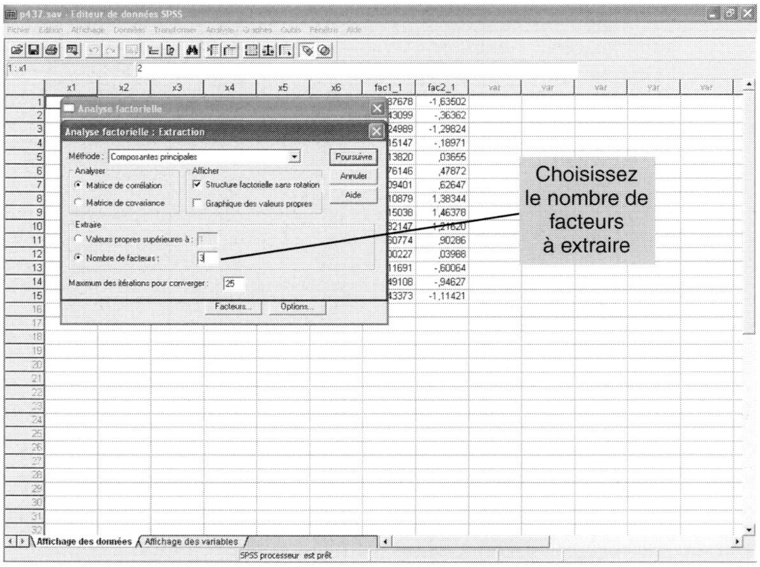

Pour cela, nous avons choisi *Analyse > Factorisation > Analyse factorielle*, puis nous avons cliqué sur le bouton *Extraction*. Nous changeons le nombre de facteurs à extraire, en le fixant à trois. Cliquons ensuite sur *Poursuivre*.

Nous demandons également au programme d'enregistrer les valeurs des facteurs dans une nouvelle colonne, et choisissant l'option *Enregistrer dans des variables* du menu *Facteurs...*

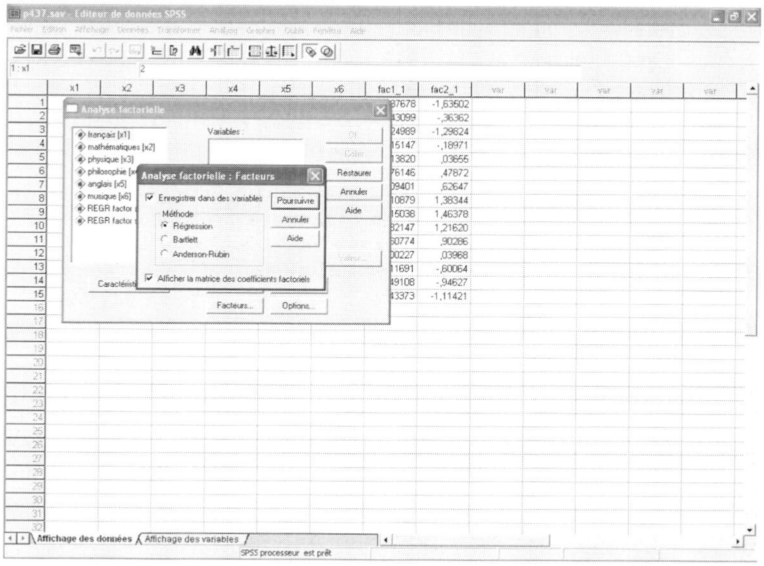

Choisissez encore *Poursuivre,* puis *OK.* L'analyse inclut maintenant un troisième facteur :

Variance totale expliquée

	Valeurs propres initiales			Somme des carrés des facteurs retenus pour la rotation		
Composante	Total	% de la variance ==	% cumulés	Total	% de la variance ==	% cumulés
1	3,638	60,641	60,641	2,218	36,964	36,964
2	1,608	26,798	87,439	1,873	31,222	68,186
3	,297	4,953	92,392	1,452	24,206	92,392
4	,272	4,526	96,918			
5	,128	2,128	99,046			
6	5,724E-02	,954	100,000			

Méthode d'extraction : Analyse en composantes principales.

Comme vous pouvez le voir, le troisième facteur explique 24,2 % de la variance totale, ce qui est assez important. Essayons donc de comprendre le sens de ce troisième facteur, en consultant la matrice des composantes. Cela nous permettra peut-être de mieux comprendre ce qui se passe.

Matrice des composantes après rotation[a]

	Composante		
	1	2	3
français			,963
mathématiques	,642	,697	
physique	,938		
philosophie	,878	,379	
anglais		,715	,622
musique	,364	,816	,336

Méthode d'extraction : Analyse en composantes principales.
Méthode de rotation : Varimax avec normalisation de Kaiser.
a. La rotation a convergé en 6 itérations.

Et bien, ça n'est pas terrible. La première composante est surtout liée aux mathématiques, à la physique et à la philosophie. On peut à nouveau penser qu'il s'agit d'une mesure de compétence logique. La seconde est maintenant liée à la musique, à l'anglais et aux mathématiques (?), quant au troisième facteur, il est presque équivalent à la seule note de français. L'interprétation, très simple tout à l'heure avec le bon nombre de facteurs, devient franchement délicate. Mieux vaut donc rester à deux facteurs. Ajouter un facteur qui est presque équivalent à l'une des variables de départ est de peu d'intérêt.

Variance totale expliquée

	Valeurs propres initiales			Somme des carrés des facteurs retenus pour la rotation		
Composante	Total	% de la variance ==	% cumulés	Total	% de la variance ==	% cumulés
1	3,638	60,641	60,641	2,892	48,197	48,197
2	1,608	26,798	87,439	2,355	39,242	87,439
3	,297	4,953	92,392			
4	,272	4,526	96,918			
5	,128	2,128	99,046			
6	5,724E-02	,954	100,000			

Méthode d'extraction : Analyse en composantes principales.

Les deux facteurs pris ensemble expliquent 87,5 % de la variance totale, ce qui est très bien.

Vous voyez sur cet exemple que dans le cas de l'analyse factorielle, l'interprétation des résultats constitue une partie très importante de l'analyse, bien plus encore que dans les autres procédures que nous avons traitées.

Même si cela n'apparaît pas très nettement sur les exemples que nous avons discuté ici, ne perdez jamais de vu que l'analyse factorielle est *très sensible* au choix des variables actives. Cela signifie que selon la manière dont vous organisez votre questionnaire de départ, vous pourrez trouver des résultats totalement contradictoires. Par exemple, si beaucoup de questions portent sur le même théme, ce thème apparaîtra mécaniquement comme l'un des facteurs principaux.

Prenons un exemple. Supposez qu'on veuille construire un questionnaire pour déterminer la structure des angoisses des enfants. On peut commencer par exemple avec trois items :

1 – j'ai peur du noir

2 – j'ai peur des araignées

3 – j'ai peur des orages.

Avec ces trois variables actives, on trouverait probablement trois facteurs, parce que les questions sont plutôt indépendantes. Ainsi, on aurait trois facteurs (noir, araignée, orage) de force égale, et l'on concluerait que les trois peurs sont également importantes dans la vie des enfants.

Si on ajoute maintenant les items :

4 – j'ai vraiment peur des araignées

5 – j'ai peur des grosses araignées

6 – j'ai peur des mygales,

alors nous avons artificiellement donné de l'importance à l'arachnophobie. La nouvelle ACP indiquera alors que le facteur principal franchement prépondérant est l'arachnophobie, et que ce facteur explique à lui seul une grande partie de la variation. La nouvelle conclusion sera alors que la seule dimension importante des peurs enfantines (qui permet de différencier les sujets) est la peur de l'araignée – même si c'est totalement faux !

Il faut donc prendre avec une *extrême prudence* tous les résultats fondés sur des analyses factorielles.

Récapitulatif

Dans ce chapitre, vous avez pu lire une brève introduction à l'analyse factorielle et plus particulièrement à l'analyse en composantes principales. Vous avez compris :

- (de manière intuitive) les fondements de l'analyse factorielle ;
- la différence et les similarités entre les deux analyses factorielles les plus courantes ;
- comment réaliser une analyse factorielle avec SPSS ;
- comment interpréter les résultats fournis par le logiciel ;
- tous les détails de l'étude de Alexander *et al.* ;
- plusieurs exemples supplémentaires.

QCM

1. Pour nommer les facteurs extraits, les chercheurs considèrent
   (a) la contribution des variables actives à l'inertie des facteurs après rotation
   (b) la contribution des variables actives à l'inertie avant rotation
   (c) la table des valeurs propres
   (d) rien de tout cela.
2. La différence entre analyse en composantes principales et analyse factorielle est négligeable quand l'ensemble des données est
   (a) grand, et que les participants sont nombreux
   (b) grand, et que les participants sont peu nombreux
   (c) faible, et que les participants sont nombreux
   (d) faible, et que les participants sont peu nombreux.
3. On peut imaginer un facteur comme une variable latente qui
   (a) est influencée par les variables actives
   (b) reste indépendante de variables non observées
   (c) explique les différences entre les individus
   (d) rend les individus homogènes.
4. Considérez le diagramme suivant

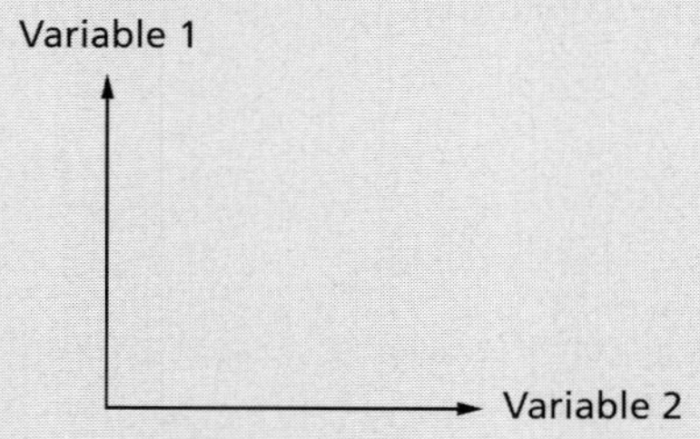

   Ces variables sont
   (a) parfaitement liées
   (b) parfaitement indépendantes linéairement
   (c) modérément liées linéairement
   (d) rien de tout cela.
5. Un vecteur est donné par
   (a) une courbe et une longueur indéfinie
   (b) un segment, une longueur indéfinie et un sens
   (c) un segment, une longueur, un sens
   (d) une courbe et une longueur.
6. L'analyse factorielle s'occupe de
   (a) structures de corrélations
   (b) structures de moyennes
   (c) tableaux de fréquences
   (d) rien de tout cela.

QCM (suite)

7. L'analyse factorielle n'a de sens que si les variables
   (a) sont indépendantes
   (b) sont au moins un peu liées entre elles
   (c) sont très peu liées entre elles
   (d) sont exprimées dans la même unité de mesure.

8. On utilise la matrice des corrélations à la place de la matrice des variances-covariances pour s'assurer que
   (a) les données sont significatives
   (b) les données sont standardisées
   (c) les données ne sont pas standardisées
   (d) rien de tout cela.

9. Le choix du nombre de facteurs à conserver dépend de
   (a) critères statistiques
   (b) critères théoriques
   (c) critères à la fois statistiques et théoriques
   (d) ni l'un ni l'autre.

10. On utilise la rotation pour
    (a) rendre les facteurs plus significatifs
    (b) simplifier les calculs mathématiques
    (c) rendre les facteurs plus faciles à interpréter
    (d) tout cela à la fois.

11. Un diagramme des valeurs propres représente
    (a) les contributions des variables à l'inertie
    (b) les coefficients des variables
    (c) les coefficients de corrélation
    (d) rien de tout cela.

12. On peut extraire
    (a) autant de facteurs qu'il y a de variables actives
    (b) plus de facteurs que de variables
    (c) moins de facteurs que de variables
    (d) rien de tout cela.

QCM (suite)

Les questions 13 à 15 se réfèrent à la sortie suivante :

Variance totale expliquée

Composante	Valeurs propres initiales			Extraction Sommes des carrés des facteurs retenus		
	Total	% de la variance ==	% cumulés	Total	% de la variance ==	% cumulés
1	8,710	39,590	39,590	8,710	39,590	39,590
2	6,600	30,002	69,591	6,600	30,002	69,591
3	2,194	9,974	79,565	2,194	9,974	79,565
4	1,889	8,586	88,151			
5	,866	3,939	92,089			
6	,816	3,709	95,799			
7	,402	1,826	97,624			
8	,228	1,035	98,659			
9	,140	,636	99,295			
10	9,272E-02	,421	99,717			
11	4,072E-02	,185	99,902			
12	1,795E-02	8,161E-02	99,983			
13	3,673E-03	1,669E-02	100,000			
14	1,668E-15	7,582E-15	100,000			
15	4,693E-16	2,133E-15	100,000			
16	2,335E-16	1,061E-15	100,000			
17	2,216E-16	1,007E-15	100,000			
18	1,121E-16	5,094E-16	100,000			
19	3,079E-17	1,400E-16	100,000			
20	-6,03E-18	-2,742E-17	100,000			
21	-6,48E-17	-2,943E-16	100,000			
22	-1,49E-16	-6,789E-16	100,000			

Méthode d'extraction : Analyse en composantes principales.

13. Combien y a-t-il de valeurs propres supérieures à 1 ?
    (a) 3
    (b) 6
    (c) 5
    (d) 4.
14. Si on retient une solution avec trois facteurs extraits, quel pourcentage de la variation totale est expliquée ?
    (a) 80 %
    (b) 10 %
    (c) 2 %
    (d) 43 %
15. Combien y a-t-il de variables actives ?
    (a) 3
    (b) 10
    (c) 22
    (d) C'est impossible à savoir.

QCM (suite)

16. Quel est le nombre minimal de participants recommandé pour cette étude ?
    (a) 50
    (b) 70
    (c) 100
    (d) 500.

Les questions 17 à 20 se rapportent à la table et au texte ci-dessous, tirés de Romero et al. (2003).

Les chercheurs étudiaient les composantes du « self-control », mesuré par différents questionnaires. Ils ont trouvé que l'analyse factorielle permettait de trouver 4 facteurs dont les valeurs propres dépassent 1, avec une variation expliquée de 57,31 %. Les facteurs sont donnés ci-dessous :

	F1	F2	F3	F4
je saisi la chance	0,78			
j'aime le danger	0,75			
j'aime le roller	0,63			
je conduis vite	0,62			0,40
j'apprécie les sports qui impliquent un contact physique	0,54			
le mieux en cas de désaccord, c'est la discussion		–0,80		
si on m'insulte, je frappe		0,61		
je lis beaucoup		–0,57		
je préfère dépenser mon argent plutôt que d'épargner			0,79	
si quelque chose me plaît, je l'achète aussitôt			0,77	
je ne sais pas gérer la frustration				0,81
je m'énerve facilement derrière un conducteur lent				0,72

17. Quel facteur pourrait correspondre à la « recherche de sensations » ?
    (a) F1
    (b) F2
    (c) F3
    (d) F4.
18. Quel facteur pourrait correspondre à une « attitude non verbale » ?
    (a) F1
    (b) F2
    (c) F3
    (d) F4.

QCM (suite)

19. Sur le facteur 2, seule une variable donne un coefficient positif. C'est dû au fait que
    (a) les chercheurs se sont trompés
    (b) les autres items sont énoncés de manière négative par rapport au facteur
    (c) les trois items sont codés de la même manière
    (d) le signe des coefficients n'a pas de signification précise.
20. Seuls les coefficients les plus « significatifs » sont présentés dans la table. Cela vient de ce qu'on a effacé, comme c'est assez fréquent, toute les valeurs inférieures à
    (a) 0,4
    (b) 0,5
    (c) 0,6
    (d) 0,7.

Références

Alexander, B., Brewin, C. R., Vearnels, S., Wolff, G., & Leff, J. (1999). An investigation of shame and guilt in a depressed sample. *British Journal of Medical Psychology, 72,* 323-338.

Escofier, B. & Pagès, J. (1998). *Analyses factorielles simples et multiples.* Paris : Dunod.

Gilbert, P., Pehl, J. B., & Allan, S. (1994). The phenomenology of shame and guilt : an empirical investigation. *British Journal of Medical Psychology, 67(1),* 23-36.

Luzzo, D. A., & McDonald, A. (1996). Exploring students' reasons for living on campus. *Journal of College Student Development, 37(4),* 389-395.

Patton, W., & Noller, P. (1994). The Offer self-image questionnaire for adolescent : psychometric properties and factor structure. *Journal of Youth and Adolescence, 23(1),* 19-41.

Romero, E., Gomez-Fraguela, J. A., Luengo, M. A., *et al.* (2003). The self-control construct in the general theory of crime : an investigation in terms of personality psychology. *Psychology and Crime Law, 9(1),* 61-89.

Saporta, G. (1990). *Probabilité, analyse des données et statistique.* Paris : Technip.

Tang, T. N., Toner, B. B., Stuckless, N., Dion, K. L., Kaplan, A. S., & Ali, A. (1998). Features of eating disorders in patients with irritable bowel syndrome. *Journal of Psychosomatic Research, 45(2),* 171-178.

CHAPITRE 13
Comparer des groupes en contrôlant une covariable

Sommaire

Vue d'ensemble du chapitre

Ce chapitre introduit une nouvelle technique liée à l'analyse de variance et à la régression linéaire. Elle porte le nom d'analyse de covariance, ou ANCOVA[1], et se fonde sur les méthodes et notions que nous avons développées dans les chapitres précédents. Une ancova simple vous permet de comparer une variable dépendante numérique dans plusieurs groupes, tout en éliminant l'effet éventuel d'une deuxième variable, appelée *covariable*. Une covariable se définit comme une variable numérique dont on soupçonne qu'elle entretient une relation linéaire avec la VD. Nous avions déjà évoqué la possibilité de contrôler une variable, dans le chapitre 5, dans le cadre de la corrélation. En ancova, la variable que l'on contrôle ainsi est nommée *covariable*. Dans ce chapitre, nous évoquerons le cas de l'ancova simple, dans un plan simple, avec une seule covariable.

Comme le matériel de ce chapitre correspond à une étude d'anova simple, tout ce que nous avons appris sur la comparaison de plusieurs groupes, donc pour l'anova simple, dans un design totalement inter-sujets, s'applique encore ici. En particulier, l'ancova simple au sens large comprend entre autres :

1. des statistiques descriptives, comme la moyenne, l'écart type ou l'erreur standard d'estimation ; mais également des représentations graphiques comme des boîtes à moustaches ou bien des diagrammes de variation ;
2. des mesures de taille d'effet – qu'il s'agisse d'une mesure gobale d'effet comme le η^2 partiel, ou bien d'une mesure d'écart entre deux conditions, comme le coefficient d ;
3. un test statistique, l'ancova proprement dite, qui détermine si les résultats peuvent raisonnablement être attribués à la seule erreur d'échantillonnage (en supposant l'hypothèse nulle vérifiée).

Dans ce chapitre, vous trouverez :

- une explication conceptuelle de l'ancova ;
- la description de la situation statistique où l'ancova est pertinente ;
- les conditions d'application de l'ancova ;
- la manière adéquate de rédiger et de présenter vos résultats, en incluant notamment des représentations graphiques.

Il y a essentiellement deux bonnes raisons de réaliser une ancova :

1. pour réduire la variation due à l'erreur ;
2. pour ajuster les moyennes de la covariable, afin qu'elles deviennent identiques.

Exemple

Imaginez que les étudiants soient répartis aléatoirement dans trois cours d'introduction aux statistiques, qui utilisent trois méthodes didactiques différentes. Chaque étudiant suit une heure de cours.

1. Ceux du groupe 1 assistent à un cours magistral traditionnel au tableau noir.
2. Ceux du groupe 2 suivent un cours du même type, mais la leçon est rendue plus interactive, parce que les étudiants peuvent poser des questions à tout moment. L'enseignant encourage d'ailleurs ces interruptions et engage facilement le dialogue.
3. Enfin, ceux du troisième groupe suivent un cours très interactif où les étudiants travaillent en petits groupes. Ce travail de réflexion est guidé par l'enseignant.

1. Pour *ANalysis of COVAriance*. [ndt]

Pour que nous sachions quelle méthode est la plus efficace, les étudiants doivent ensuite passer un test de 20 questions, ce qui permet aux chercheurs de déterminer quel groupe a retenu le plus d'information du cours. Disons qu'on attend une meilleure performance du groupe 3 (les méthodes interactives sont connues pour être plus efficaces, dans certaines situations du moins).

On *pourrait* réaliser une anova simple, avec la note finale comme VD et le groupe comme VI à trois niveaux. Cela nous permettrait de dire si les scores de statistiques sont, en moyenne, significativement différents d'un groupe à l'autre. Mais supposons un instant que les compétences que l'on mesure ici soient liées au QI, indépendamment de la méthode didactique choisie. Si, vraiment, le QI est lié à la compétence en matière d'apprentissage de la chose statistique, on imagine que ce lien est positif. Autrement dit, on s'attend à avoir entre le QI et le score de statistique un coefficient de corrélation positif.

Imaginons que les valeurs des QI et des scores de statistique aient été relevées. Le diagramme de dispersion pourrait bien ressembler à celui de la figure 13.1.

Bien que le lien soit positif, il reste modéré, puisque *r* s'élève seulement à 0,49.

Ce que l'on peut faire avec l'ancova, c'est prendre en compte le QI (qui se nomme ici une covariable parce qu'elle varie avec la VD) dans les calculs. Ce qu'on fait alors, c'est *retirer* artificiellement l'effet du QI sur la VD. Comme nous l'avions dit plus haut, cela a aussi pour effet de réduire le terme d'erreur.

Une bonne méthode pour comprendre ce qui se passe est de regarder la représentation graphique (figure 13.2). Cela vous montre les résultats et les QI pour les trois groupes (traditionnel, mixte, interactif). Nous vous expliquerons plus loin comment obtenir un tel graphique.

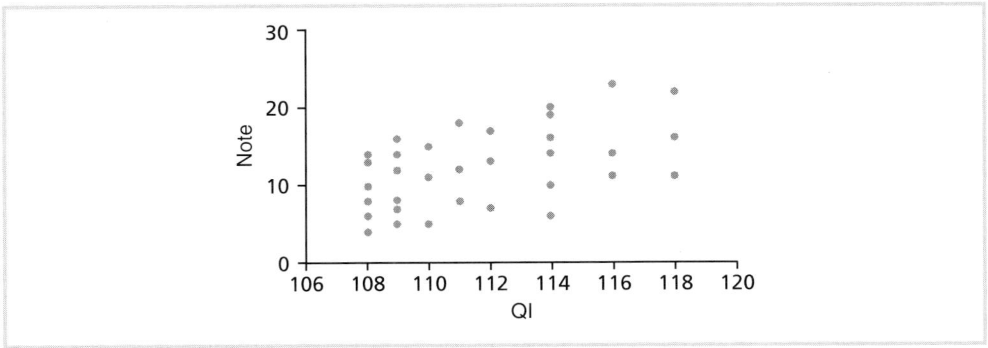

Figure 13.1

Diagramme de dispersion de la note de statistique en fonction du QI

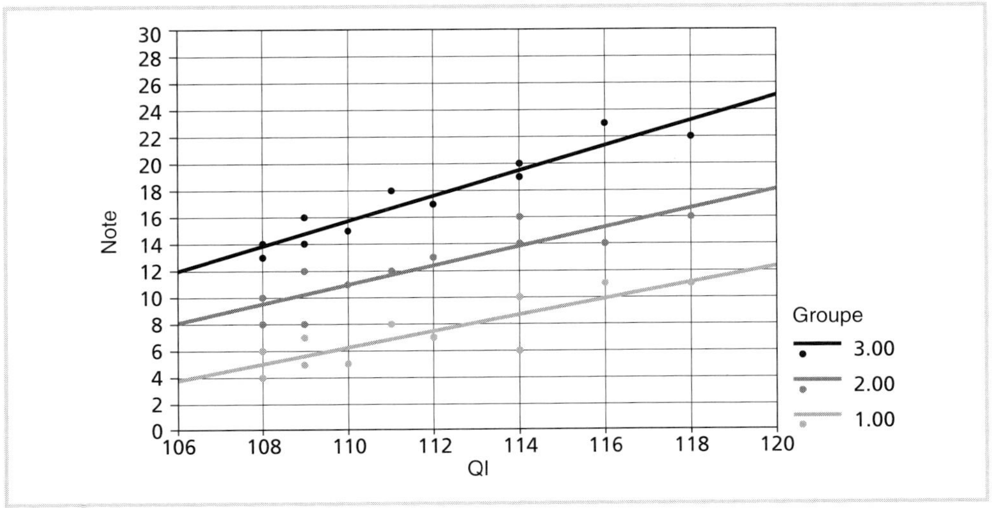

Figure 13.2

Diagrammes de dispersion et droites de régression de la note en fonction du QI, séparés par groupes

SPSS : diagrammes de dispersion et droites de régression superposés

Sélectionnez *Graphes*, puis *Diagramme de dispersion...*

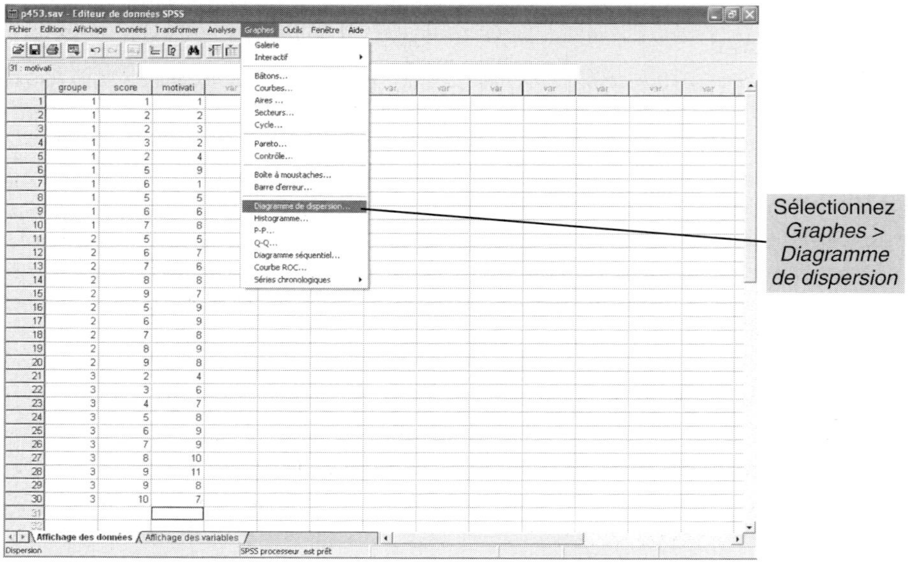

Cela vous amène à la boîte de dialogue suivante :

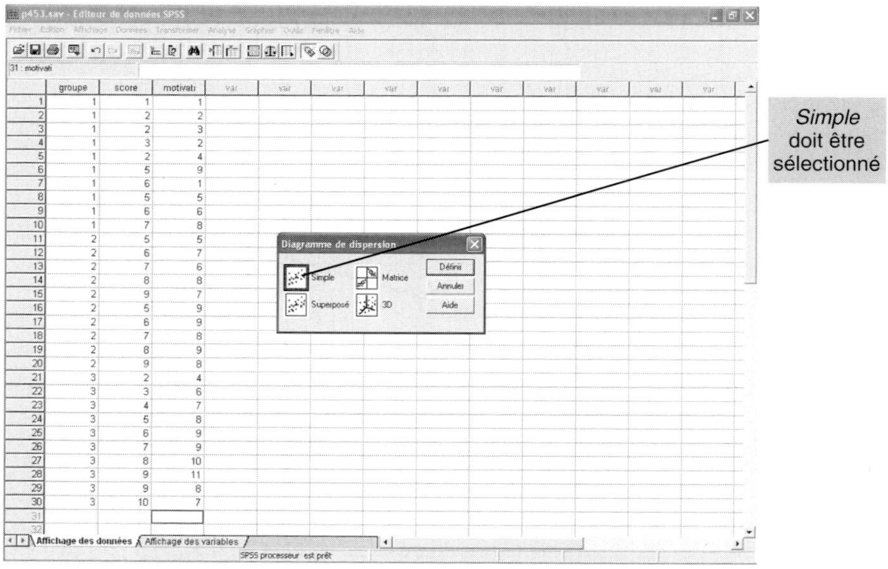

Vérifiez que l'option *Simple* est sélectionnée, puis cliquez sur *Définir*. Vous arrivez ainsi au menu principal des diagrammes de dispersion simples :

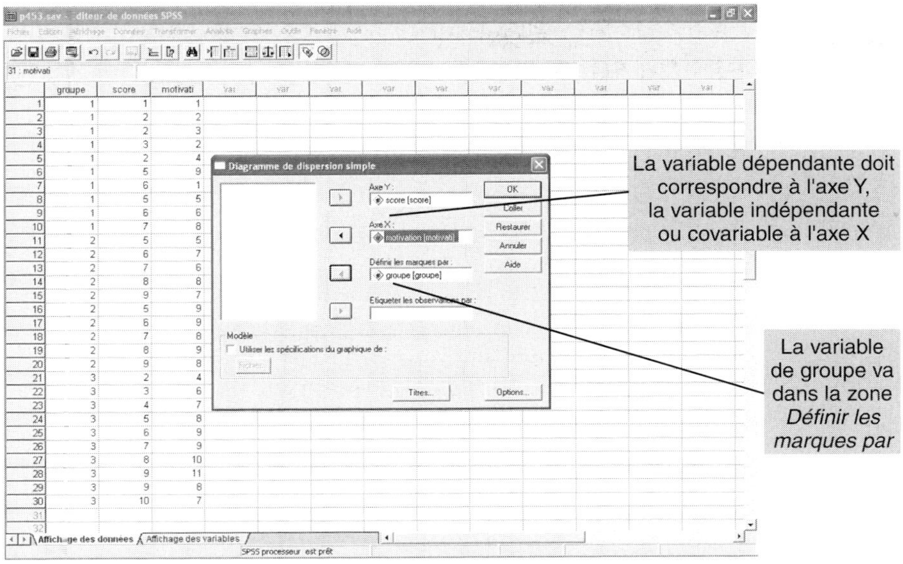

La variable dépendante (score) est déplacée de gauche à droite vers la zone de l'axe Y ; la covariable (dans ce cas « motivation ») va sur l'axe x ; la variable qui définit les groupes (variable indépendante) sert à définir les marques. On la place donc dans la zone *Définir les marques par*. C'est important, parce que c'est grâce à cette dernière variable que vous pourrez séparer les résultats des différents groupes.

Cliquez sur *OK* pour obtenir ceci :

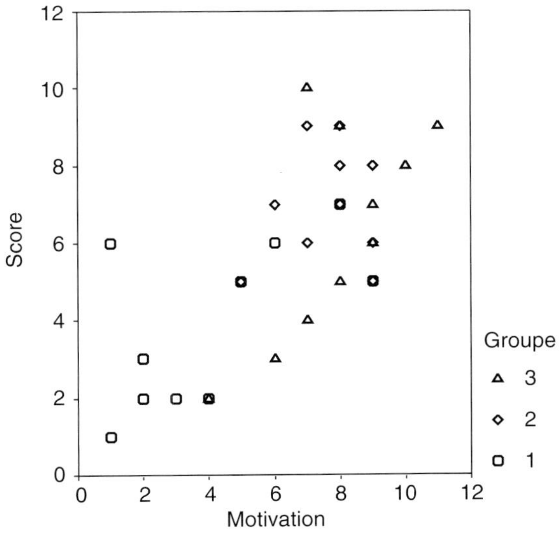

Une fois que cela est fait, double-cliquez sur le graphique pour obtenir l'ouverture d'une nouvelle fenêtre :

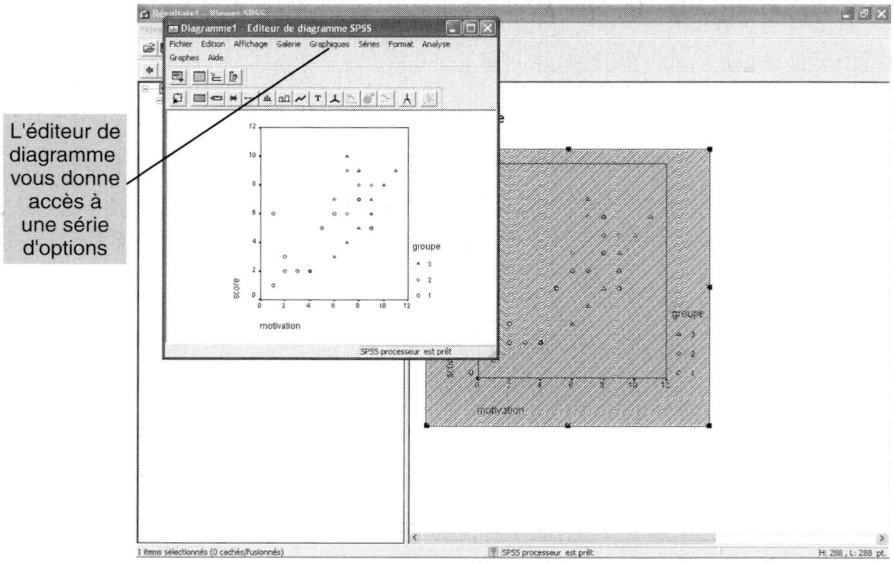

Vous pouvez agrandir la fenêtre de l'éditeur de diagramme. Choisissez maintenant *Graphiques* > *Options*.

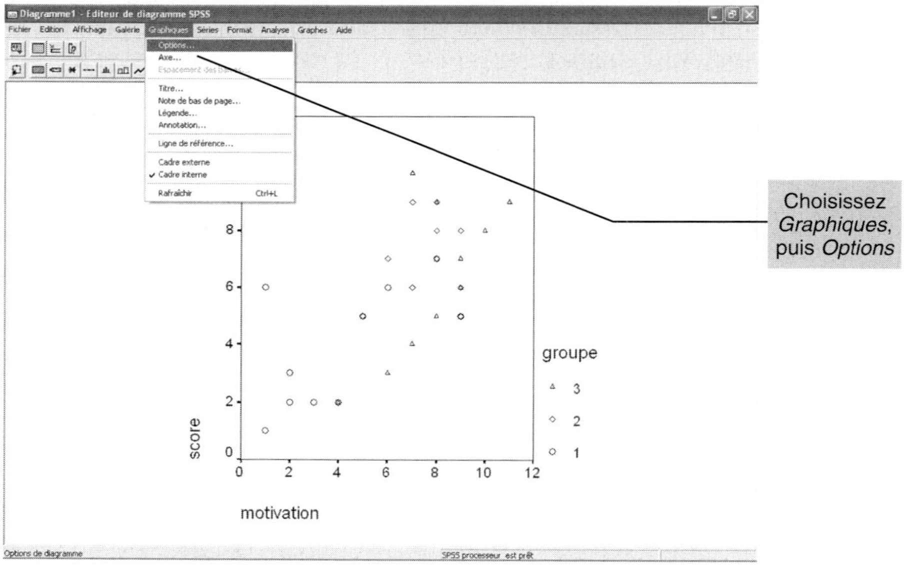

Vous arrivez à ceci :

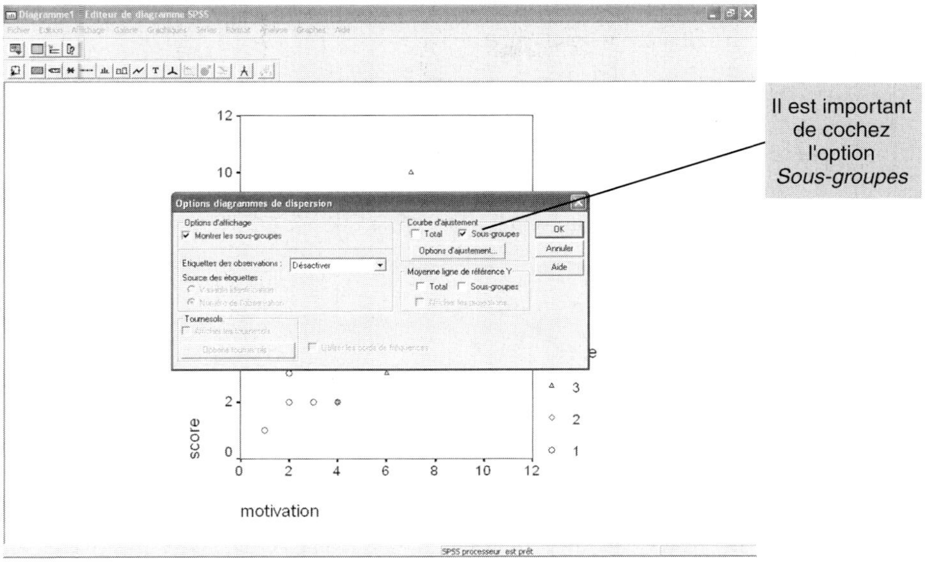

Cochez l'option *Sous-groupes* de l'encart *Courbe d'ajustement*.

Cliquez maintenant sur le bouton *Options d'ajustement...*

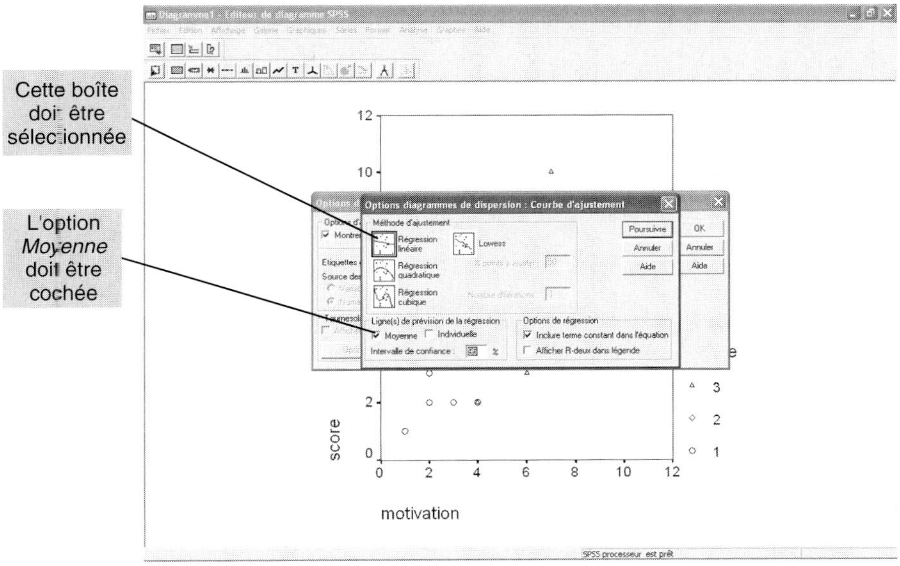

Cliquez sur *Poursuivre*, puis sur *OK*. Cela vous donnera les droites de régression des trois groupes séparément.

Ce que vous obtenez ressemble à ceci :

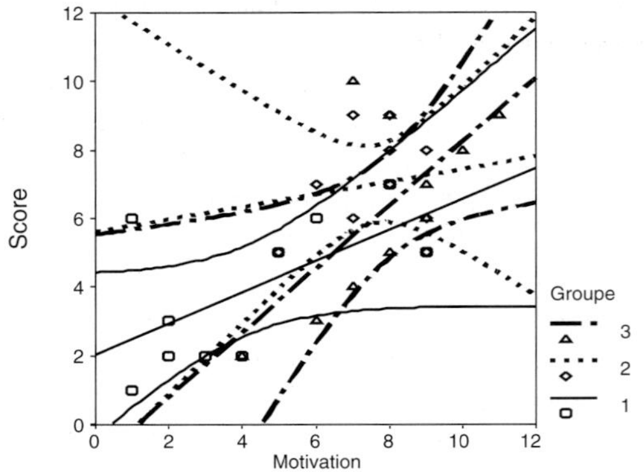

ce qui semble assez peu lisible... Cela vient du fait qu'en sélectionnant *Moyenne,* vous avez demandé à SPSS des courbes d'estimation par intervalle, comme nous l'avions vu dans le cas de la régression simple. Si vous souhaitez un graphique plus simple, ne sélectionnez pas cette option. Cela vous donnera alors :

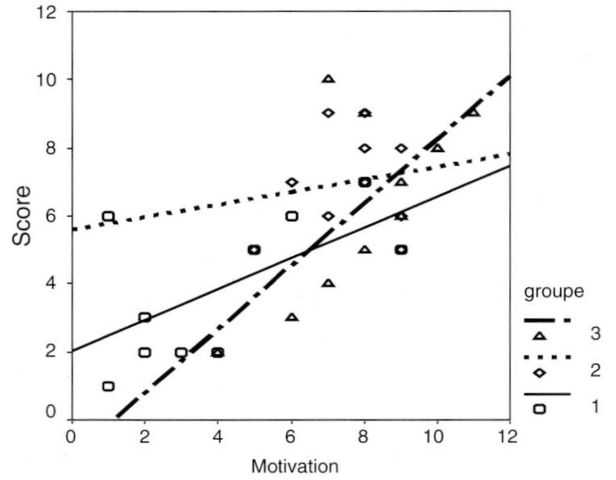

qui est franchement plus lisible (mais contient moins d'information).

Vous avez l'habitude de voir des droites de régression pour un unique groupe de personnes. Dans la figure 13.2, une fois n'est pas coutume, vous avez pu découvrir un diagramme avec trois droites de régression, une par groupe (groupes 1, 2, et 3). Dans cet exemple fictif, vous pouvez voir que, globalement, les étudiants du groupe interactif ont des résultats plus épatants que ceux du groupe mixte, qui ont eux-mêmes des résultats meilleurs que ceux du dernier groupe (traditionnel). Ceci dit, dans les trois groupes, le QI et la note de statistique sont liées de manière très nette et positive. Cela se voit à ce que les trois droites de régression sont croissantes. Autrement dit, on peut dire que les étudiants à gros QI ont des résultats globalement meilleurs que ceux ayant un QI faible, mais qu'au-delà de l'effet du QI, le groupe, donc la méthode didactique, a également un impact, puisque les groupes traditionnel, et, dans une moindre mesure, mixte, donnent des résultats globalement inférieurs au groupe interactif.

Vous pourrez noter que les moyennes des QI dans les trois groupes sont similaires. C'est bien ce qu'on attendait d'une répartition aléatoire des étudiants dans les trois groupes. Il n'y avait manifestement aucune raison objective de soupçonner une différence de QI moyen entre les groupes. Il serait, cependant, très étonnant de trouver *exactement* la même valeur pour les trois groupes, parce que même s'il n'y a pas de différence fondamentale entre les groupes, des petites variations sont à prévoir. Mais dans notre exemple fictif, nous avons réussi cet exploit de trouver trois QI moyens identiques, valant 111 ![2] Si vous tracez des droites horizontales à partir du point moyen de chaque groupe, vous pourrez lire sur l'axe

2. Les nombres ayant tous été arrondis à l'unité près.

des Y que le groupe interactif a une moyenne de 16 en statistiques, que le groupe intermédiaire 2 (mixte) donne une moyenne de 12, et le groupe traditionnel de 7. C'est sur ces moyennes que l'anova baserait les calculs. Mais pas l'ancova. L'ancova ajuste en effet les moyennes pour tenir compte de la covariable, comme nous l'expliquons dans la suite.

La figure 13.2 montre clairement que, pour les trois groupes, le QI et le score de statistiques sont liés (du moins le score de statistique avec ce test particulier, mais c'est une autre histoire). Mais tout ce qui nous intéresse est de savoir si les trois groupes diffèrent en termes de niveau statistique *à cause* de la méthode éducative, aussi aimerait-on se débarrasser de l'effet du QI.

C'est précisément ce pour quoi fut conçue l'ancova, et on ne peut pas rêver de situation plus idoine à son application. Supprimer l'effet de la covariable (le QI), ce que fait l'ancova, permet de répondre à notre question. Cela réduit également le terme d'erreur, menant ainsi à une valeur de F plus grande, et donc plus probablement significative.

Mais supposons que nous nous trouvions dans un cas un peu différent, où les moyennes de la covariable varient d'un groupe à l'autre. Là encore, l'ancova relève le défit de supprimer quand même l'effet de la covariable sur la VD. En fait, l'ancova détermine alors la moyenne qu'on devrait « logiquement » avoir pour la VD (le score) *si le QI moyen* était le même partout. L'ancova permet donc de contrôler ou d'ajuster les moyennes de la covariable, ce qui a aussi pour effet d'ajuster les moyennes de la VD dans les groupes – dans notre cas, les moyennes de statistiques.

Nous allons poursuivre notre explication sur un exemple où les groupes préexistent à l'expérience. Les participants n'ont donc pas été affectés aléatoirement aux différents groupes. On parle parfois de groupes *intacts*, mais nous parlerons plus simplement de groupes *préexistants*. Dans ce cas, la variable de groupe n'est pas manipulée par l'expérimentateur. En la circonstance, il n'est donc pas suprenant que la covariable change d'un groupe à l'autre !

1 Groupes préexistants

Imaginez le cas suivant. On dispose de trois groupes de femmes (hôtesses d'accueil, secrétaires à temps partiel, chercheuses en médecine). Voilà bien un cas de groupes préexistants (la variable groupe n'est sûrement pas manipulée, puisque les personnes sont déjà dans les groupes correspondants avant l'expérience). On veut tester l'hypothèse que les métiers les plus complexes correspondent à des taux de testostérone plus élevés. La testostérone est réputée virile, mais même si les hommes fabriquent de cette hormone en quantité défiant toute concurrence féminine, les femmes en produisent également. Notons au passage que des recherches réelles et sérieuses ont montré un lien positif (mais faible) entre le taux de testostérone et la complexité de la profession. Quelles autres variables pourraient expliquer la VD (taux de testostérone) ? Souvenez-vous que c'est ce qu'on appelle une covariable. Vous pouvez sûrement en trouver plusieurs. Par exemple, la période par rapport au cycle menstruel : le taux d'hormone varie au cours du cycle. Si l'on devait mesurer le taux de testostérone dans nos groupes, il faudrait le faire le même jour du cycle. L'âge est une autre covariable. Pour faire simple, nous nous limitons dans la suite à une unique covariable : l'âge. Supposons que l'âge soit lié positivement au taux de testostérone.

Activité 13.1

Une covariable est une variable dont on pense qu'elle

(a) est en relation curvilinéaire avec la VD

(b) est en relation linéaire avec la VD

(c) est en relation curvilinéaire avec la VI

(d) est en relation linéaire avec la VI.

Le diagramme de dispersion de la figure 13.3 montre (sur des données fictives) la relation entre taux de testostérone et âge pour les trois groupes combinés.

Maintenant, refléchissez à vos trois groupes. Est-il probable qu'ils aient en moyenne des âges identiques ? pourquoi pas ?

C'est très improbable, évidemment. Il est au contraire prévisible que les chercheuses en médecine seront en moyenne plus âgées que les hôtesses d'accueil. Si nous utilisons encore une fois l'ancova, ça sera dans un sens un peu différent de tout à l'heure. Non seulement l'ancova réduit le terme d'erreur en ôtant la variation due à la relation entre la covariable (âge) et la VD (taux de testostérone), mais encore *ajuste-t-elle* les moyennes de la covariable pour tous les groupes, et, par voie de conséquence, les moyennes de la VD également.

Autrement dit, l'ancova permet de répondre à cette question : quelles seraient les moyennes de la VD si les âges n'étaient pas différents d'un groupe à l'autre ? [3] L'analyse de covariance modifie les moyennes des taux de testostérone pour que celles-ci correspondent à ce qu'on aurait normalement si les âges étaient les mêmes. Et puis, bien sûr, l'analyse continue ce travail en répondant à la question désormais classique : « Est-il probable que ce que nous avons observé (sur les *moyennes ajustées)* soit seulement dû à l'erreur d'échantillonnage – en suppososant l'hypothèse nulle vraie – ? ».

Mais commencez par observer la figure 13.4, qui montre les droites de régression pour les groupes, pris séparément.

Observez comme les moyennes d'âge varient en fonction du groupe. Les médecins ont par exemple 38 ans en moyenne. Si vous utilisez votre équerre pour remonter verticalement jusqu'à la droite de régression, puis pour vous déplacer horizontalement vers l'axe des *y*, vous découvrirez que le taux moyen de testostérone est dans ce cas de 5. Observez les moyennes des âges et des taux de testostérone dans les deux autres groupes. Une partie de la différence entre les groupes concernant le taux de testostérone est, de toute évidence, due à la différence d'âge entre les groupes. Qu'en pensez-vous ?

Avant de poursuivre dans cette direction, vous vous souvenez de ce qu'on appelait plus haut la moyenne générale ? C'est en fait la moyenne des moyennes. Les moyennes des âges par exemple sont les suivantes :

- pour les chercheuses en médecine : 38 ;
- pour les secrétaires à temps partiel : 34 ;
- pour les hôtesses d'accueil : 23.

Aussi, la moyenne générale est-elle (puisque les groupes ont la même taille) de (38 + 34 + 23) / 3, soit au final 31,6 que nous arrondissons ici à 32 puisqu'après tout il est inutile de s'encombrer de détails dans un simple exemple. Maintenant, intéressons-nous à l'écart entre les moyennes des groupes et la moyenne générale (voir la figure 13.5).

La moyenne des chercheuses en médecine est notée *a*. Une ligne verticale nous indique, sur la figure 13.5, la moyenne générale, appelée ici *p*. Si vous rapportez cela à l'axe *y* à vue de nez – ou en utilisant une règle –, vous verrez que les chercheuses

3. Pour cette raison, on dit parfois que l'ancova permet de trouver un lien entre la VI et la VD « à covariable constante » (ici à âge constant). [ndt]

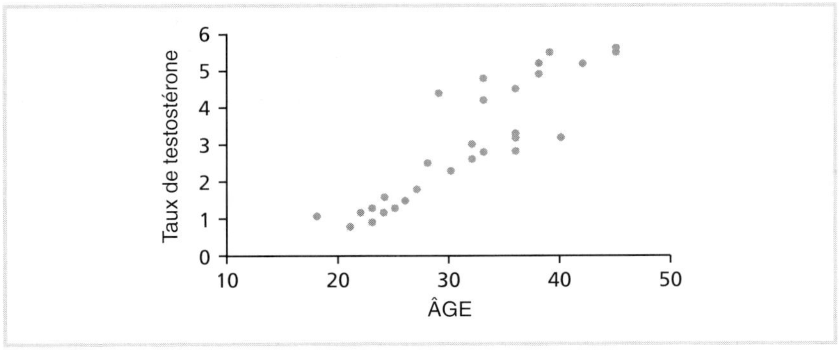

Figure 13.3

Diagramme de dispersion montrant la relation entre l'âge et le taux de testostérone

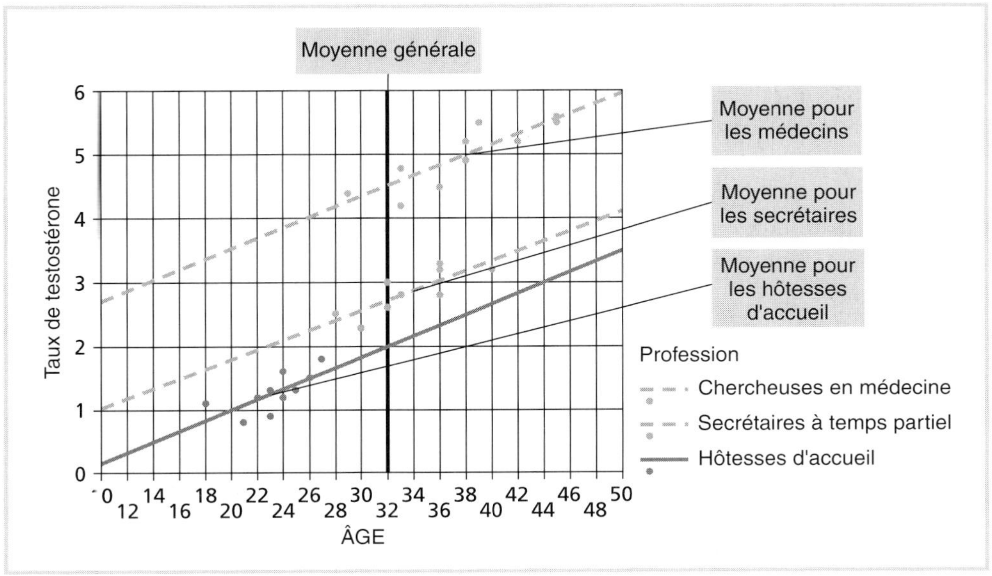

Figure 13.4

Droites de régression pour tous les groupes

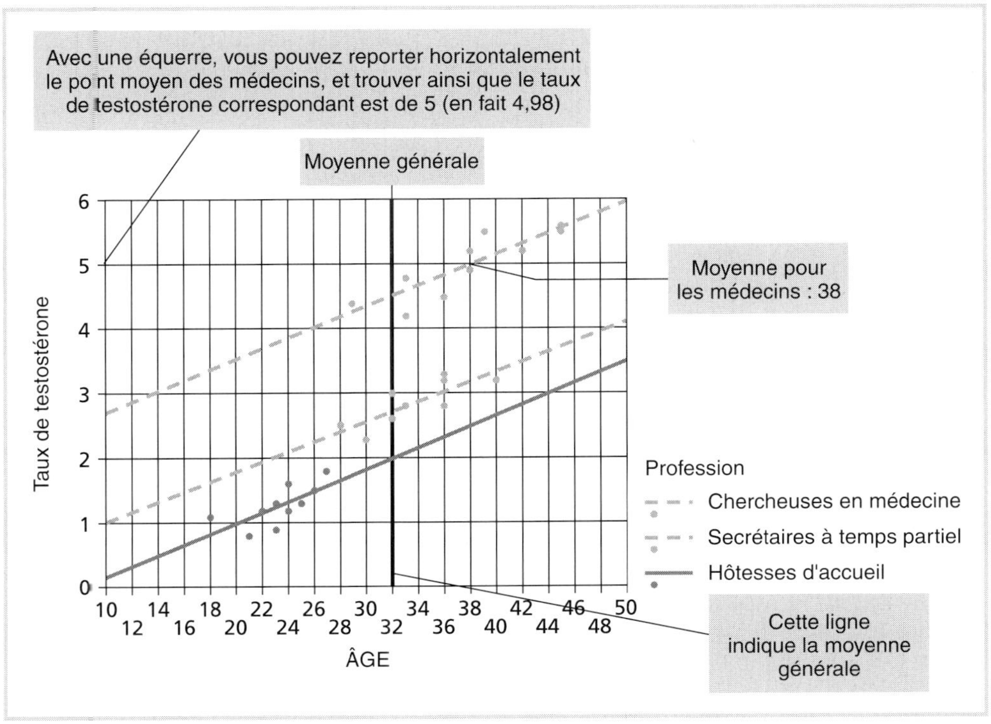

Figure 13.5

Droites de régression pour les différents groupes, montrant les moyennes brutes et ajustées

en médecine ont un taux moyen de testostérone de 5. Ceci est la moyenne non ajustée, c'est-à-dire la moyenne brute, réelle, qui ne tient pas encore compte du lien entre l'âge et le taux de testostérone. Ce que fait l'ancova, c'est utiliser la *moyenne générale* pour tous, au lieu de la vraie moyenne. Ainsi, l'ancova n'utilisera pas pour les chercheuses en médecine la vraie moyenne 5, ni l'âge moyen réel de 38.

Considérez la figure 13.6. Repérez sur la droite de régression le point d'abscisse 32 (âge moyen). Reportez le point correspondant – horizontalement – sur l'axe *y*. Vous trouverez ainsi la moyenne ajustée, car c'est la moyenne à laquelle on pourrait s'attendre si l'âge moyen des chercheuses en médecine (ou médecins, pour le dire plus brièvement) était de 32 au lieu de 38.

Imaginez que vous refassiez le même travail avec les secrétaires (figure 13.7) et les hôtesses (figure 13.8).

Remarquez comme les positions de vos points moyens sont désormais déplacées pour coïncider avec la moyenne générale. Ainsi, on a artificiellement construit une situation où tous les groupes auraient en quelque sorte la même moyenne d'âge. Vous pouvez, à l'aide d'une équerre ou d'une règle, vérifier que les nouvelles moyennes du taux de testostérone sont bien celles annoncées. La figure 13.9 montre à quoi cela doit ressembler.

Figure 13.6
Droite de régression pour les médecins, montrant les moyennes brute et ajustée

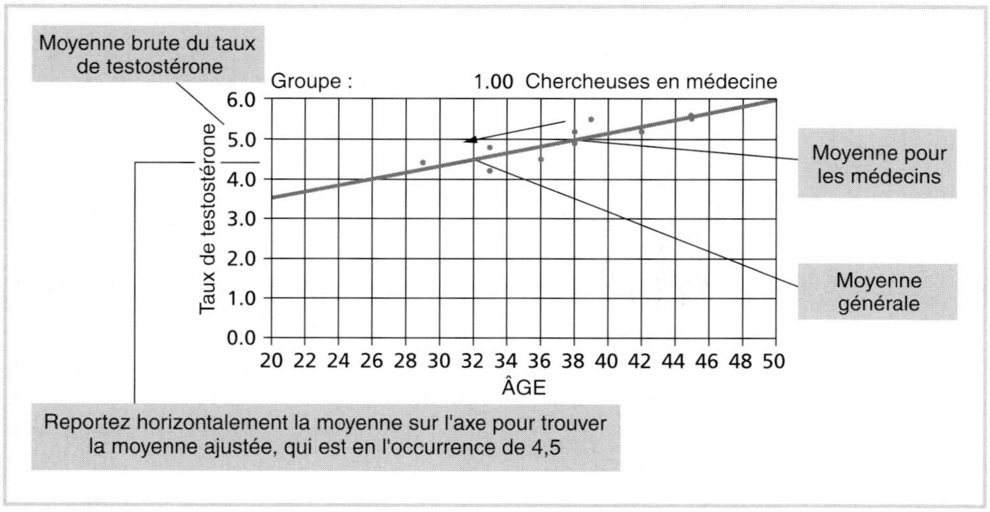

Figure 13.7
Droite de régression pour les secrétaires, montrant les moyennes ajustée et brute

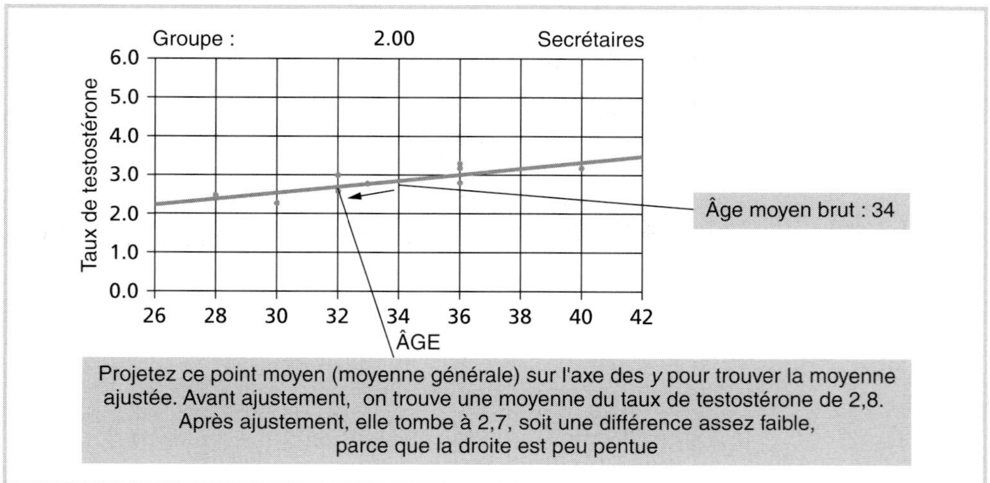

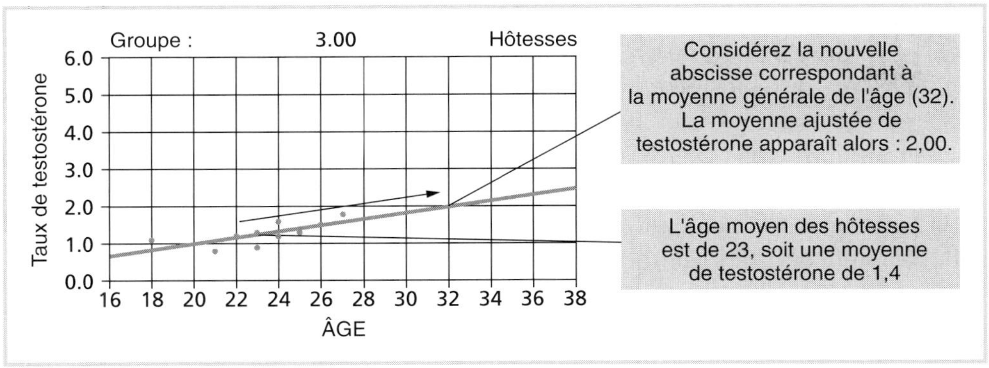

Figure 13.8
Droite de régression pour les hôtesses, montrant les moyennes ajustée et brute

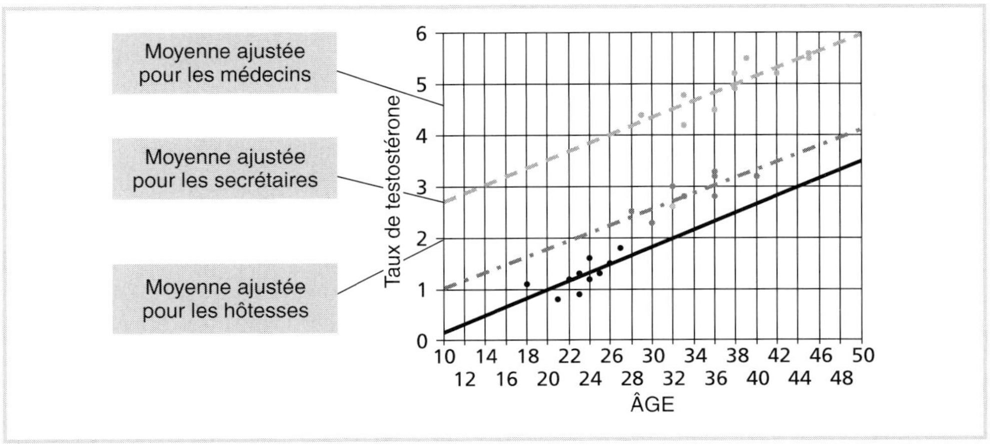

Figure 13.9
Droites de régression pour les trois groupes et moyennes ajustées

Il devrait être clair pour vous désormais que l'ancova vous a permis de déterminer quelles seraient (dans un certain sens particulier, bien sûr) les moyennes des taux de testostérone dans les groupes si l'âge moyen était exactement le même partout. Les moyennes ajustées et brutes sont données dans le tableau 13.1.

Utiliser l'ancova dans le but de réduire le terme d'erreur est consensuel. Lorsque vous répartissez aléatoirement les participants dans les différents groupes, certaines conditions d'application de l'ancova sont automatiquement vérifiées. Pour légitimer l'ancova, il faut en effet vérifier les mêmes conditions que pour l'anova (voir ou revoir le chapitre 9 en cas de besoin !).

Mais il faut en outre que

- la covariable soit liée linéairement à la variable dépendante ;
- la covariable soit fiable (pas d'erreur) ;
- les droites de régression soient parallèles.

Tableau 13.1
Moyennes brutes et ajustées

Groupe	Âge moyen	Testostérone (moyenne brute)	Testostérone (moyenne ajustée)
1	38	5,0	4,5
2	34	2,8	2,7
3	23	1,4	2,0

L'anova utiliserait ces valeurs — L'ancova utilise ces valeurs

1.1 La covariable doit être liée à la variable dépendante

Inutile de vous creuser les méninges pour comprendre cette condition. En réalité, c'est très simple. S'il n'y pas de relation linéaire entre la variable dépendante et la covariable, et bien l'ancova n'a aucun intérêt ! Le graphe de la figure 13.10 montre ce qui se passe s'il n'y a *aucun* lien linéaire entre les deux variables.

On peut bien sûr s'amuser à ajuster les moyennes des différents groupes... mais on retrouve les mêmes moyennes qu'au départ. Les moyennes brutes et ajustées sont les mêmes, et l'ancova est alors une simple anova (sauf qu'elle essaie inutilement de trafiquer les moyennes).

1.2 La covariable doit être fiable

Cela signifie que si vous mesuriez la covariable en différentes occasions, vous devriez trouver des valeurs fortement corrélées. C'est ainsi que le QI, par exemple, est une covariable fiable parce qu'il varie peu en fonction du contexte, ou du moins varie-t-il de manière prévisible. Certes, si votre QI est de 110 aujourd'hui, il sera probablement *différent de 110* dans un semaine, mais il sera toutefois sûrement proche de 110. Et si on le mesurait dans une situation très défavorable (avec plein de bruit et après une nuit blanche, par exemple), il serait certes différent encore, mais il baisserait de manière prévisible – et de la même manière, à peu près, pour tout le monde. Que les différentes mesures soient liées ne signifie donc pas qu'elles sont systématiquement égales, mais qu'elles varient assez peu, ou alors qu'elles varient toutes ensemble. L'âge est ainsi une mesure parfaitement fiable, parce que l'âge de ce jour et parfaitement corrélé avec l'âge dans un an. Lorsque vous travaillez en recherche psychologique, vous pouvez être amené à inventer votre propre questionnaire. Supposez que vous vouliez utiliser les résultats de ce questionnaire dans une ancova comme une covariable. Mais êtes-vous sûr que votre questionnaire est fiable ? Tant que vous ne l'avez pas testé et standardisé, la réponse est non. Aussi est-il souvent préférable d'opter pour un autre questionnaire, déjà vérifié.

Figure 13.10
Relation nulle entre *x* et *y*

1.3 Les droites de régression doivent être parallèles

C'est en fait assez logique. Si les droites ne sont pas parallèles, alors utiliser une procédure qui extrapole la moyenne de la covariable pour en déduire la valeur moyenne de la variable dépendante n'a aucun sens. Considérez par exemple la figure 13.11 pour comprendre ce qui se passe.

Les différences entre les groupes ne sont pas les mêmes pour différentes valeurs de la covariable. Dans ce cas, l'ancova n'est pas raisonnable !

Si vous observez bien le graphique de la figure 13.11, qui donne dans les trois groupes le taux de testostérone en fonction de l'âge, vous pouvez voir que, par exemple, les chercheuses en médecine donnent des résultats en moyenne supérieurs aux deux autres groupes pour les âges tournant autour de 15 ans, mais au contraire des taux moyens très inférieurs aux deux autres groupes pour un âge de 45 ans.

Peut-on alors raisonnablement dire « à âge constant, les médecins ont un plus fort taux de testostérone » ? Que nenni ! car cela serait vrai pour certains âges (15 ou 20 ans) – que, d'ailleurs, nous n'avons *jamais* observés – et totalement faux pour d'autres âges. Mieux vaut alors garder le silence, plutôt que d'annoncer des conclusions sans circonstancier leur domaine de validité (réduit). D'ailleurs, quel sens y aurait-il à chercher des différences entre les groupes *uniquement à 32 ans*, comme le fait l'ancova, si cela ne pouvait pas se généraliser à d'autres âges ?

On peut tirer deux leçons de cette affaire. La première est que l'ancova est inutile si les droites de régression se coupent. La seconde est que, si l'ancova réussit, alors le résultat est vrai pour différents niveaux de la covariable, et pas seulement pour le niveau correspondant à la moyenne générale.

Fort heureusement, il n'est pas utile, pour vérifier cette condition, de demander à SPSS de tracer effectivement les droites de régression pour les différents groupes, parce qu'il existe des procédures automatiques, que SPSS peut réaliser, et qui permettent de tester le parallélisme en question.

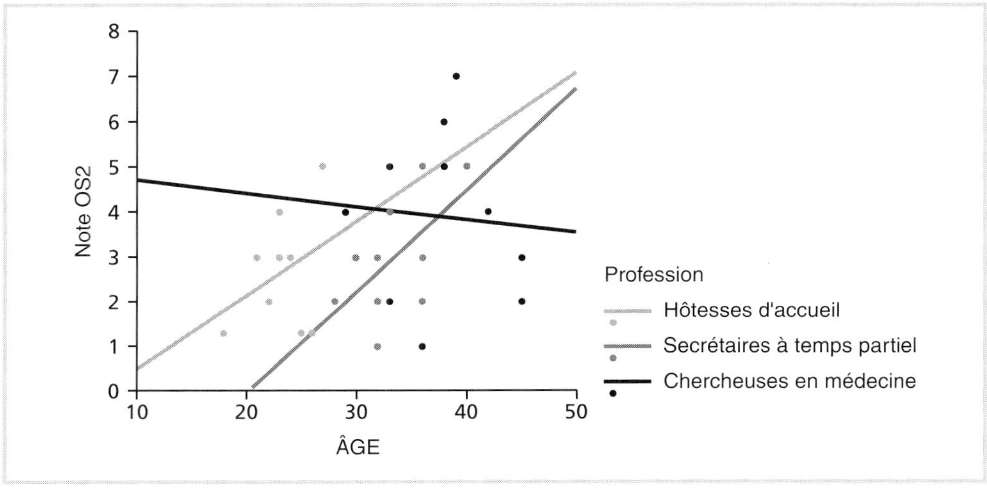

Figure 13.11
Droites de régression pour les trois groupes

Activité 13.2

L'ancova
(a) réduit la variance inter-groupe
(b) réduit la valeur de F
(c) réduit le terme d'erreur.

2 Designs prétest/post-test

Un type d'expérience où l'ancova est très souvent utilisée est le design prétest/post-test. Il s'agit de mesurer une variable deux fois : *avant* la phase expérimentale proprement dite, puis à nouveau *après*. La première mesure (prétest) est utilisée comme covariable. Les étudiants demandent souvent pourquoi, dans un tel cas, utiliser une chose aussi complexe que l'ancova. Ils proposent quelque chose de bien plus simple : utiliser comme variable la différence entre le post-test et le prétest (donc entre les deux mesures) pour connaître l'évolution du score, puis d'appliquer à cette variable différence une anova ou un test de Student. Bien que cette solution soit possible et raisonnable, elle n'est pas idéale dans notre cas. Dugard et Todman (1995) ont montré que cette méthode des différences est bien souvent peu satisfaisante dans le type d'expérience dont nous parlons. Souvent, les chercheurs qui analysent des données d'expérience de type prétest/post-test souhaitent étudier le lien entre la VI et le score post-test en éliminant l'effet du prétest, afin de comprendre l'effet de la condition sur la grandeur mesurée par le test. Étudier seulement la différence des scores ne permet pas toujours de réaliser cela. En effet, le score du prétest est bien souvent *corrélé avec la différence des scores.* Pour cette raison, lorsqu'on étudie la différence, on ne retire pas toute la variation due au prétest.

Nous donnons ci-dessous un exemple numérique permettant de voir que l'ancova réalise une analyse plus performante que l'anova sur la différence des scores. En soustrayant le prétest du post-test, on obtient un score de différence. Ce score mesure (mais d'une manière imparfaite) l'évolution des valeurs. On peut alors comparer, grâce à un test de Student par exemple (s'il n'y a que deux groupes), les groupes, en prenant cette variable différence comme VD.

Prétest	Post-test	Groupe	Différence
150	51	1	99
130	50	1	80
125	40	1	85
152	45	1	107
160	60	1	100
174	75	2	99
110	41	2	69
180	80	2	100
145	60	2	85
140	55	2	85

Tout d'abord, notez que, comme prévu, le prétest et le post-test sont liés. Il est également fréquent que le prétest et la différence soient corrélés.

Corrélations

		PRE	POST	DIFF
PRE	Corrélation de Pearson	1	**,875**	**,834**
	Sig. (bilatérale)	,	,001	,003
	N	10	10	10
POST	Corrélation de Pearson	,875	1	,462
	Sig. (bilatérale)	,001	,	,179
	N	10	10	10
DIFF	Corrélation de Pearson	,834	,462	1
	Sig. (bilatérale)	,003	,179	,
	N	10	10	10

Le prétest et la différence sont fortement corrélés

Il y a une différence significative entre le prétest et le post-test, si l'on considère l'échantillon comme un groupe unique. Ceci dit, la question est ici de savoir s'il existe une différence entre les groupes, et non pas entre les pré et post-test.

Un test de Student pour échantillons indépendants effectué sur la variable différence (DIFF) permet peut-être de répondre à cette question :

Test d'échantillons indépendants

	Test de Levene sur l'égalité des variances		Test-t pour égalité des moyennes						
								Intervalle de confiance 95% de la différence	
	F	Sig.	t	ddl	sig (bil)	Différence moyenne	Différence écart-type	Inférieure	Supérieure
DIFF Hypothèse de variances égales	,002	,966	**,870**	8	**,409**	6,60	7,583	**-10,886**	**24,086**
Hypothèse de variances inégales			,870	7,889	,410	6,60	7,583	-10,929	24,129

Vous pouvez voir qu'ici $t(8) = 0,87$, $p = 0,41$. Il n'y a donc pas de différence significative entre les deux groupes concernant la différence entre le prétest et le post-test (ainsi que le confirme également l'intervalle de confiance, mais c'est superflu). Les chercheurs ne pourront donc pas conclure à une différence entre les groupes dans la manière dont l'expérience a affecté la mesure du test.

Mais on pourrait aussi réaliser une ancova avec nos données, en utilisant le post-test comme VD et le prétest comme covariable. On obtient alors la chose suivante :

Tests des effets inter-sujets

Variable dépendante : POST

Source	Somme des carrés de type III	ddl	Moyenne des carrés	F	Signification
Modèle corrigé	1480,516[a]	2	740,258	34,184	,000
Constante	65,387	1	65,387	3,019	,126
PRE	1058,016	1	1058,016	48,858	,000
GROUPE	232,054	1	232,054	**10,716**	**,014**
Erreur	151,584	7	21,655		
Total	32657,000	10			
Total corrigé	1632,100	9			

a. R deux = ,907 (R deux ajusté = ,881)

Et là, oh surprise !, on peut voir qu'il y a finalement une différence entre les deux groupes concernant le post-test, à niveau de prétest constant. En règle générale (c'est-à-dire sauf en cas de problème), l'ancova donne un test plus puissant que l'anova sur la différence des scores.

En réalité, avant de lire le tableau ci-dessus, il faut vérifier que la condition la plus importante est vérifiée, à savoir que les droites de régression sont parallèles. Pour des raisons simples mais que nous ne détaillerons pas ici, dire que les droites sont parallèles revient très exactement à dire que l'interaction entre la variable de groupe et la covariable n'a pas d'effet. Cela est « vérifié » grâce à la table suivante :

Tests des effets inter-sujets

Variable dépendante : POST

Source	Somme des carrés de type III	ddl	Moyenne des carrés	F	Signification
Modèle corrigé	1511,650[a]	3	503,883	25,100	,001
Constante	14,561	1	14,561	,725	,427
GROUPE * PRE	**31,134**	**1**	**31,134**	**1,551**	**,259**
GROUPE	14,139	1	14,139	,704	,434
PRE	571,759	1	571,759	28,481	,002
Erreur	120,450	6	20,075		
Total	32657,000	10			
Total corrigé	1632,100	9			

a. R deux = ,926 (R deux ajusté = ,889)

la ligne en gras montre que l'interaction des deux variables n'a pas d'effet *significatif* sur la VD, ce qui justifie l'interprétation de l'ancova comme nous le fîmes au-dessus !

3 Que faire si nos données ne satisfont pas les conditions ?

La première chose à laquelle vous pouvez penser, c'est à contrôler *expérimentalement*, et non plus *statistiquement* la covariable, comme le fait l'ancova. Dans notre exemple, on pourrait essayer de trouver des chercheuses en médecine plus jeunes, et des hôtesses plus âgées. On pourrait ainsi accorder les groupes pour l'âge, comme sur le tableau 13.2.

Bien sûr, il est difficile dans ce cas de faire correspondre des hôtesses de 19 ans avec des médecins du même âge... Cependant, si nous avons bien fait attention à la correspondance des âges *avant* de commencer l'expérience, on pourra s'arranger pour avoir des groupes similaires pour ce qui concerne l'âge, et on évitera la situation désespérante d'avoir à trouver une scientifique de 19 ans.

Tableau 13.2

Groupes appariés pour l'âge (le tableau donne les âges)

Hôtesses d'accueil	Secrétaires	Médecins
25	25	25
30	30	30
50	50	50
41	41	41
39	39	39

Supposons les groupes appariés pour l'âge. En particulier, les groupes ont la même moyenne pour l'âge (donc pour la covariable). Vous pouvez tout de même utiliser l'ancova, mais cette fois dans le but unique de réduire le terme d'erreur en annulant la relation entre l'âge et la VD.

Voyons maintenant comment demander une ancova à SPSS.

SPSS : Ancova

Entrez vos données, ou ouvrez un fichier. [4]

Activité 13.3

L'ancova ajuste les moyennes de la covariable dans les groupes en prenant

(a) la moyenne générale

(b) la moyenne harmonique

(c) la moyenne géométrique.

4. L'ouvrage de Dancey et Reidy présente des données relatives à un score obtenu dans différents groupes, avec la motivation comme covariable. Mais les résultats présentés par la suite font référence à une autre expérience. Pour homogénéiser cette partie, j'ai uniquement utilisé les données sur la motivation. [ndt]

Dans la suite, on suppose que l'on a relevé, dans différents groupes correspondant à des types d'enseignement différents, un score final de culture générale. On pense que la motivation des participants peut jouer sur la VD (score), et on relève également la motivation dans le but d'éliminer cet effet, afin de savoir s'il y a *à motivation constante* un effet du type d'enseignement sur la culture générale.

Commencez par choisir *Analyse*, puis *Modèle linéaire général* > *Univarié*

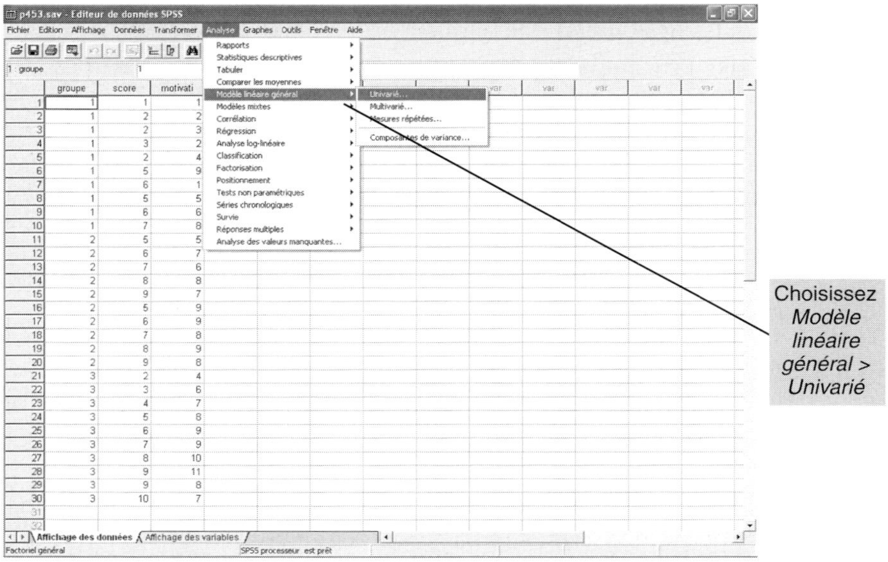

Cela vous amène au menu prinicipal de l'analyse de (co)variance :

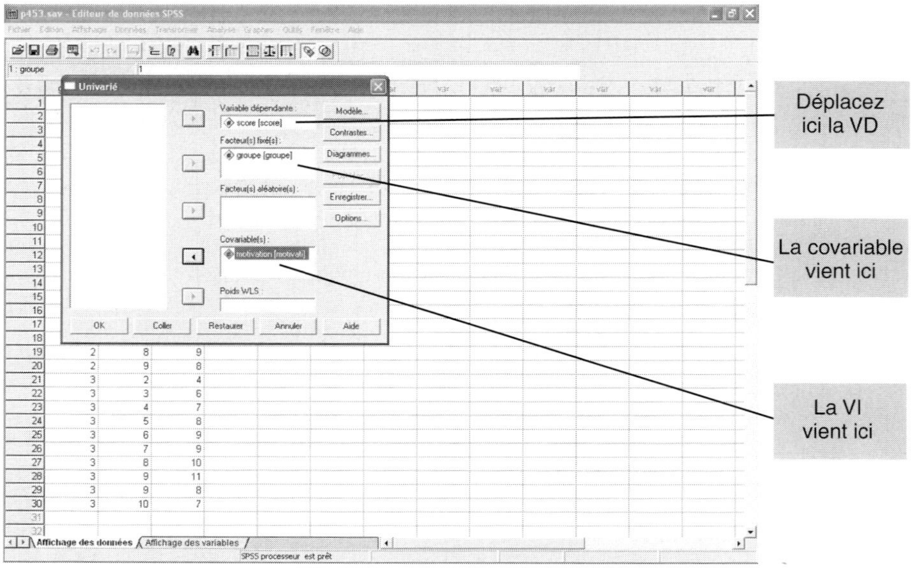

Une fois correctement définies les variables dépendante et indépendante (*Facteur(s) fixé(s)*), ainsi que la covariable, choisissez *Options...*, pour voir apparaître la boîte de dialogue qui suit :

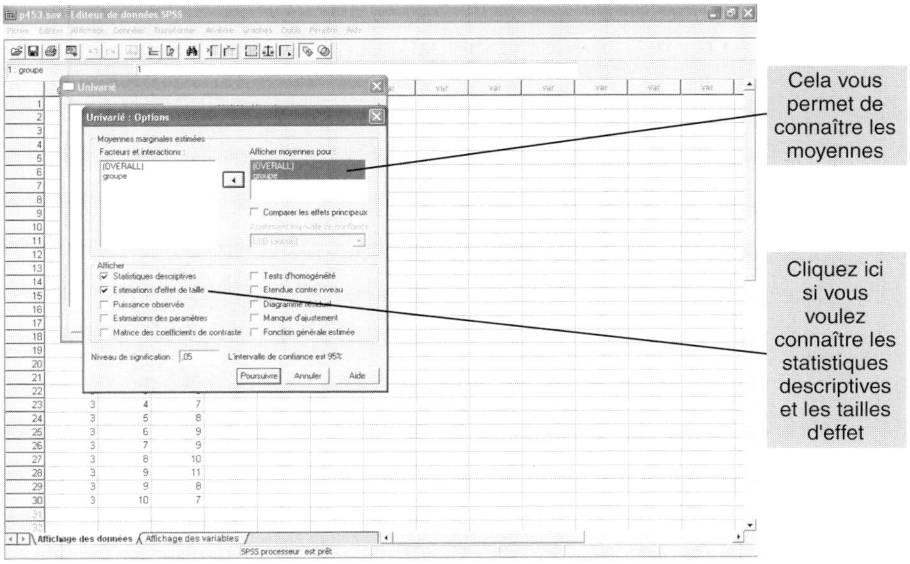

En indiquant la variable de groupe dans la zone de texte *Afficher moyennes pour* vous obtiendrez les moyennes brutes et ajustées (nommées « moyennes marginales estimées »). Vous pouvez également choisir, si vous le désirez, l'affichage de statistiques descriptives et de tailles d'effet dans l'encart *Afficher*. La puissance peut être demandée si elle est nécessaire. Les intervalles de confiance sont fournis par défaut.

Cliquez sur *Poursuivre*.

Il nous faut maintenant savoir si les droites de régression sont suffisamment parallèles. Pour cela, cliquez sur *Modèle...*

Un bouton radio situé en haut à droite de la boîte de dialogue *Modèle* vous permet de choisir *Autre*, afin de spécifier quelles sources de variation doivent être considérées. Choisissez cette option. Sélectionnez ensuite les deux variables présentées à gauche (qui sont en fait la VI et la covariable). Dans un encart situé au centre de la boîte et nommé *Terme(s) construit(s)*, sélectionnez d'abord *Effets principaux* dans le menu déroulant. Cliquez ensuite sur la flèche ▸ pour faire passer les deux variables à droite :

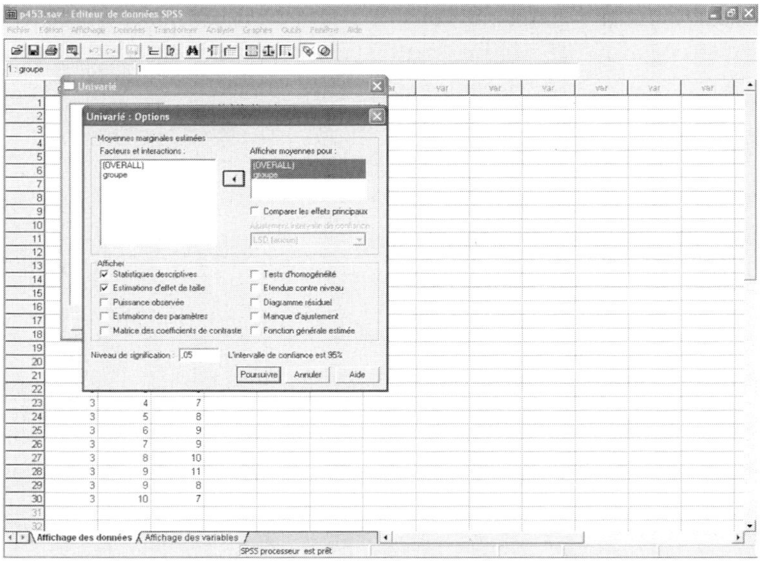

Dans la zone *Modèle* doivent maintenant apparaître les noms des deux variables (le facteur et la covariable). Cela indique que SPSS prendra en compte les effets principaux des deux variables.

Retournez maintenant dans le menu déroulant pour remplacer *Effets principaux* par *Interaction* qui est le premier choix possible dans la liste déroulante. Sélectionnez à nouveau les deux variables dans la *zone de gauche.* Cliquez sur ▸.

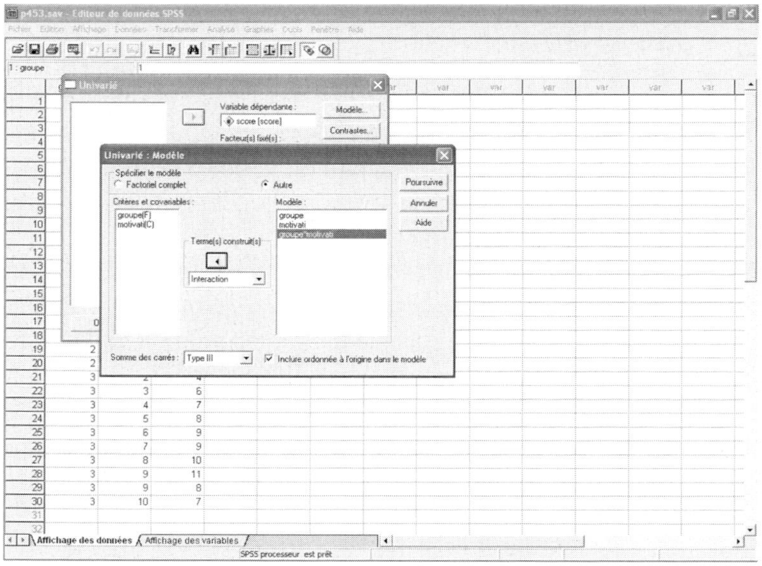

Une ligne supplémentaire doit alors apparaître dans *Modèle,* indiquant que l'interaction est prise en compte (dans notre cas, cela donne « groupe*motivati »).

Cliquez sur *Poursuivre,* puis *OK.*

Dans les sorties qui s'affichent, vous remarquerez un tableau (le seul qui soit véritablement utile) comme ceci :

Tests des effets inter-sujets

Variable dépendante : score

Source	Somme des carrés de type III	ddl	Moyenne des carrés	F	Signification	Eta au carré partiel
Modèle corrigé	100,328[a]	5	20,066	5,906	,001	,552
Constante	7,595	1	7,595	2,235	,148	,085
GROUPE	8,684	2	4,342	1,278	,297	,096
MOTIVATI	24,107	1	24,107	7,096	,014	,228
GROUPE * MOTIVATI	**8,189**	**2**	**4,094**	**1,205**	**,317**	**,091**
Erreur	81,539	24	3,397			
Total	1168,000	30				
Total corrigé	181,867	29				

a. R deux = ,552 (R deux ajusté = ,458)

De ce tableau, nous ne retenons qu'une seule valeur, c'est la signification associée à l'interaction (en gras), soit dans notre cas $p = 0{,}317$. Si cette signification est assez grande (disons plus de 0,05), comme ici, alors on peut conclure que l'interaction n'a pas d'effet significatif sur la VD, ce qui est une autre manière de dire que les droites de régression sont suffisamment parallèles. Les conditions sont donc satisfaites, et l'on peut retourner faire notre ancova !

Revenez donc à la fenêtre principale de SPSS, et sélectionnez à nouveau *Analyse*, puis *Modèle linéaire général > Univarié*. Choisissez *Modèle...* et cliquez sur *Factoriel complet*.

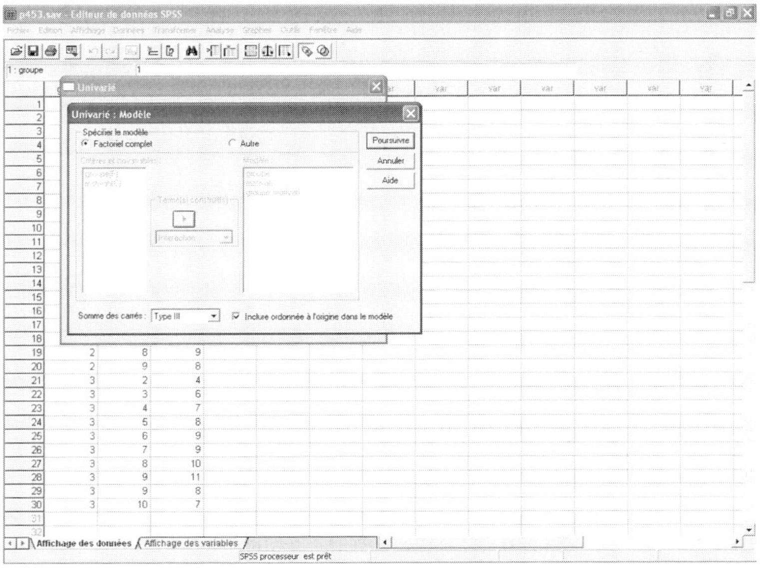

Cliquez ensuite sur *Poursuivre*, puis sur *OK*.

Dans notre cas, il y a trois groupes. Ceci dit, il est tout à fait possible d'utiliser l'ancova avec seulement deux groupes. En général, on n'utilise pas l'*anova* si l'on a seulement deux groupes, parce que cela est parfaitement équivalent au test de comparaison de moyennes, plus courant. Mais si nous voulons comparer deux groupes sur la base d'une variable numérique *tout en contrôlant une autre variable numérique*, alors nous ferons bien sûr une ancova ! Les résultats s'affichent dans la fenêtre des résultats :

2. groupe

Variable dépendante : score

groupe	Moyenne	Erreur standard	Intervalle de confiance à 95%	
			Borne inférieure	Limite supérieure
1	5,257[a]	,712	3,794	6,721
2	6,405[a]	,613	5,144	7,666
3	5,538[a]	,629	4,244	6,831

a. Evalué selon les covariables apparues dans le modèle : motivation = 6,53.

Tests des effets inter-sujets

Variable dépendante : score

Source	Somme des carrés de type III	ddl	Moyenne des carrés	F	Signification	Eta au carré partiel
Modèle corrigé	92,139[a]	3	30,713	8,900	,000	,507
Constante	11,742	1	11,742	3,402	,077	,116
MOTIVATI	39,272	1	39,272	11,380	,002	,304
GROUPE	5,960	2	2,980	,864	,433	,062
Erreur	89,728	26	3,451			
Total	1168,000	30				
Total corrigé	181,867	29				

a. R deux = ,507 (R deux ajusté = ,450)

Il semble donc que la motivation ait effectivement un effet sur la VD (score de culture générale), ce qui justifie *a posteriori* l'utilisation de l'ancova. En effet, on a pour la covariable $F(1\,;\,26) = 11{,}380$, $p = 0{,}002$. En revanche, le groupe ne semble pas avoir d'effet significatif. On ne peut donc pas déduire de notre étude que les types d'enseignement ait eu un quelconque effet sur la culture générale *à motivation constante*[5], puisque l'on trouve pour le facteur groupe $F(2\,;\,26) = 0{,}864$, $p = 0{,}864$. Les conditions de l'ancova étant vérifiées, cette interprétation est licite.

Exemple

Revenez mentalement à l'exemple que nous avions discutée au chapitre 9, à la page 333. Il s'agissait d'une expérience dont le but était de découvrir comment l'alcool (variable dont les modalités sont par exemple : placebo / faible / fort) affecte les capacités de conduite, mesurées par le nombre d'erreurs dans un simulateur. Dans un design inter-sujets, nous avions trouvé que le niveau élevé d'alcool donnait des résultats de conduite significativement différents des deux autres niveaux d'alcool. La statistique F valait 9,91, ce qui était significatif, avec $p = 0{,}004$.

5. À votre avis, faut-il mesurer la motivation *avant* ou *après* la phase d'apprentissage ? Que mesurerait-on dans chacun de ces deux cas ? [question du traducteur]

Maintenant, ajoutons si vous le voulez bien la très raisonnable hypothèse que l'expérience en matière de conduite a un effet sur le nombre d'erreurs de conduite, même dans un simulateur. Plus le conducteur a d'expérience, et moins il fera d'erreurs. Ainsi, on peut penser que l'expérience est liée négativement au nombre d'erreurs. Supposons qu'on mesure le nombre de mois d'expérience de conduite pour les participants. Les données sont listées sur le tableau 13.3.

Le coefficient de corrélation linéaire r que l'on calcule avec ces données entre les variables « expérience » et « nombre d'erreurs » vaut $r = -0{,}62$. Les trois groupes donnent des moyennes différentes pour l'expérience, mais une anova pourrait montrer que cette différence n'est pas significative.

Traçons les droites de régression pour chaque groupe, et nous obtenons la figure 13.12.

Tableau 13.3

Expérience de conduite et nombre d'erreurs

Récapitulatif des observations

				score	expérience
groupe	placebo	1		5	12
		2		10	5
		3		7	9
		4		3	24
		5		5	15
		6		7	6
		7		11	3
		8		2	30
		9		3	20
		10		5	10
		11		6	7
		12		6	8
		Total	Moyenne	5,83	12,42
			Ecart-type	2,691	8,306
			Somme	70	149
	peu d'alcool	1		5	21
		2		7	16
		3		9	7
		4		8	15
		5		2	30
		6		5	21
		7		6	12
		8		6	13
		9		4	26
		10		4	24
		11		8	9
		12		10	6
		Total	Moyenne	6,17	16,67
			Ecart-type	2,329	7,750
			Somme	74	200
	beaucoup d'alcool	1		8	29
		2		10	8
		3		8	26
		4		9	20
		5		11	18
		6		15	6
		7		7	12
		8		11	7
		9		8	15
		10		8	9
		11		17	3
		12		11	7
		Total	Moyenne	10,25	13,33
			Ecart-type	3,049	8,338
			Somme	123	160
	Total	Moyenne		7,42	14,14
		Ecart-type		3,324	8,114
		Somme		267	509

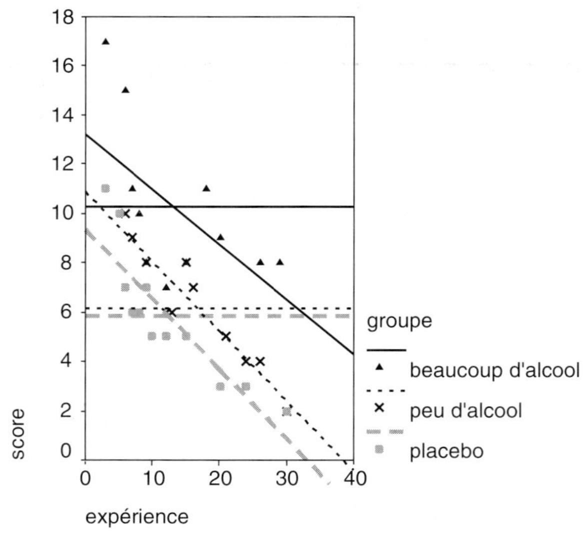

Figure 13.12

Droites de régression du nombre d'erreurs (score) en fonction de l'expérience pour chaque groupe

Sur ce graphique, nous avons également indiqué par des lignes horizontales les moyennes du nombre d'erreurs. Là où les lignes horizontales coupent les droites de régression se trouvent les points moyens (dont les coordonnées sont les moyennes des deux variables). Vous voyez que le nombre d'erreurs est bien lié négativement à l'expérience, et ce pour tous les groupes. Les conditions de l'ancova semblent vérifiées[6].

La covariable est mesurée – supposons-nous – de manière fiable. Les droites de régression sont suffisamment parallèles. Lorsqu'on lance l'ancova, on obtient tout un tas d'informations inutiles. Le tableau vraiment important est le suivant :

Tests des effets inter-sujets

Variable dépendante : score

Source	Somme des carrés de type III	ddl	Moyenne des carrés	F	Signification	Eta au carré partiel
Modèle corrigé	294,697[a]	3	98,232	34,148	,000	,762
Constante	1035,760	1	1035,760	360,058	,000	,918
EXPE	**149,531**	**1**	**149,531**	**51,981**	**,000**	**,619**
GROUPE	**136,334**	**2**	**68,167**	**23,697**	**,000**	**,597**
Erreur	92,053	32	2,877			
Total	2367,000	36				
Total corrigé	386,750	35				

a. R deux = ,762 (R deux ajusté = ,740)

La ligne traitant la source de variation EXPE montre que l'expérience est liée au score (nombre d'erreurs)

La ligne traitant la source de variation GROUPE montre que les scores moyens ajustés sont différents d'un groupe à l'autre

Si vous avez demandé les statistiques descriptives, vous aurez également les moyennes brutes (non ajustées) :

6. Nous nous contentons ici de vérifier visuellement que tout semble en ordre, mais il faudrait utiliser la procédure déjà vue plus haut pour bien faire. [ndt]

Statistiques descriptives

Variable dépendante : score

groupe	Moyenne	Ecart-type	N
placebo	5,83	2,691	12
peu d'alcool	6,17	2,329	12
beaucoup d'alcool	10,25	3,049	12
Total	7,42	3,324	36

Une table séparée peut également vous donner les moyennes marginales estimées qui ne sont en fait rien d'autre que les moyennes ajustées :

2. groupe

Variable dépendante : score

groupe	Moyenne	Erreur standard	Intervalle de confiance à 95%	
			Borne inférieure	Limite supérieure
placebo	5,383[a]	,494	4,377	6,388
peu d'alcool	6,828[a]	,498	5,813	7,843
beaucoup d'alcool	10,039[a]	,490	9,040	11,038

a. Evalué selon les covariables apparues dans le modèle : expérience = 14,14.

SPSS donne également un intervalle de confiance pour la moyenne ajustée de chaque groupe (ainsi que du total). Ainsi, le nombre d'erreurs moyen ajusté pour le groupe placebo est de 5,383, mais on est seulement sûr à 95 % que la moyenne ajustée devrait se trouver entre 4,377 et 6,388.

L'anova aurait pu tester la différence entre les moyennes brutes, mais avec l'ancova nous pouvons comparer les moyennes ajustées.

Parce que l'effet de l'expérience a été contrôlé, nous avons ici un design plus puissant. La statistique *F* vaut maintenant 23,70. Le η^2, qui valait naguère 0,375, est maintenant passé à 0,597. Ainsi, 60 % de la variation du nombre d'erreurs de conduite peut s'expliquer par l'alcool (et non pas 37 %) si l'on élimine l'effet de l'expérience de conduite.

La partie textuelle de votre rapport pourrait comporter les paragraphes suivants :

> Les statistiques descriptives données dans le tableau X[7] montrent que les degrés d'alcool les plus élevés correspondent sur notre échantillon à des nombres d'erreurs moyens supérieurs. Le tableau Y[8] donne les moyennes brutes et ajustées. (La différence entre les groupes placebo et « peu d'alcool » en termes de moyennes ajustées n'est pas significative, les intervalles de confiance se recoupant très largement.)
>
> L'expérience de conduite est liée négativement à la variable dépendante (nombre d'erreurs), puisque $r = -0{,}62$. Une ancova utilisant le nombre d'erreurs de conduite comme VD, le taux d'alcool comme facteur et l'expérience comme covariable permet de montrer dans un premier temps que l'interaction entre la covariable et le facteur n'a pas d'effet significatif sur le score[9]. Cela justifie l'emploi de l'ancova avec un modèle sans interaction.
>
> On trouve alors un effet significatif du taux d'alcool ($F(2; ,32) = 23{,}70$, $p < 0{,}001$, $\eta^2 = 0{,}60$). Ainsi, le taux d'alcool explique 60 % des variations de score de conduite *à expérience constante*. Un test post hoc (Newman Keuls) confirme que seuls les couples de groupes 1-3 et 2-3 présentent des différences significatives ($d = 1{,}54$ dans les deux cas). Le couple 1-2 donne quant à lui un effet $d = 0{,}14$, et une différence non significative.

7. Renvoyez vos lecteurs à la bonne table !
8. Même chose.
9. Il faudrait bien sûr le vérifier et rapporter les résultats correspondants ! [ndt]

Activité 13.4

L'ancova suppose que

(a) la covariable est linéairement liée à la variable dépendante

(b) les droites de régression se coupent

(c) la covariable n'est pas fiable.

Exemple : SCI et MIC

Attree *et al.* (2003) ont étudié les fonctions cognitives de patients atteints du syndrome du côlon irritable (SCI) et d'une inflammation du côlon (maladie inflammatoire du côlon ou MIC). Une comparaison des groupes entre eux, puis avec un groupe témoin, fut effectuée. Les participants devaient réaliser trois types de tâches cognitives, et remplir un questionnaire de dépression. Les chercheurs voulaient savoir si les groupes (les deux groupes de patients et le groupe témoin) différaient selon plusieurs mesures, incluant notamment un QI verbal. L'analyse totale des résultats impliquait des ancova pour plans mixtes, mais nous rapportons seulement ici l'analyse de la variable dépendante *QI verbal* telle qu'elle est fournie dans l'article de 2003. Attree et ses coauteurs s'attendaient à un déficit verbal des patients.

Le tableau qui suit montre les moyennes ajustées pour les trois groupes (0 = SCI, 1 = MIC, 2 = témoin) :

groupe

Variable dépendante : QI verbal

groupe	Moyenne	Erreur standard
0	95,800	2,076
1	94,300	3,156
2	107,000	2,456

Les résultats de l'analyse finale sont les suivants [10] :

Tests des effets inter-sujets

Variable dépendante : QI verbal

Source	Somme des carrés de type III	ddl	Moyenne des carrés	F	Signification	Eta au carré partiel
Modèle corrigé		7		,	,	
Constante		1		,	,	,
AGE		1	,	,	,	,
DUREE		1	,	,	,	,
DEPRESSI		1	,	,	,	,
NIVEAU		1	,	,	,	,
SEXE		1	,	,	,	,
GROUPE	1309,983	2	654,991	5,988	,004	,162
Erreur		62				
Total		70				
Total corrigé		69				

10. Seule la ligne qui nous intéresse directement a été reproduite en entier. [ndt]

L'analyse préliminaire de Attree et de ses collègues montrait que les groupes n'étaient pas homogènes pour la dépression, ni pour la durée de la maladie, et ces variables ont été utilisées comme covariables. Cela permettait de réduire (mais peu, sans doute) la variation due à ces variables.

La ligne GROUPE du tableau, celle qui nous intéresse vraiment directement, montre que $F(2 ; 62) = 5{,}988$, avec $p = 0{,}004$. On peut donc dire que les groupes diffèrent en termes de QI verbal, à dépression, âge, sexe, et niveau scolaire constants. 16,2 % des variations du QI peuvent ainsi s'expliquer, une fois toutes les covariables contrôlées, par la maladie.

Les chercheurs ont ensuite poussé leur étude en procédant à des comparaisons multiples entre les groupes sur le QI verbal moyen.

Les résultats montraient que la différence entre les deux types de maladie (SCI et MIC) était négligeable, du moins n'était-elle pas significative. Au contraire, les groupes de patients et de sujets normaux ont des résultats de QI verbal significativement différents.

On pourrait rapporter les résultats comme ceci :

> Une analyse préliminaire montre que les groupes sont différents pour la dépression et la durée de la maladie. Pour réduire la variation due à ces variables et à quelques variables démographiques supplémentaires (âge, sexe, niveau d'étude), les données ont été traitées par une ancova où toutes ces variables étaient déclarées comme covariables. Le QI verbal était la variable dépendante, et le groupe le facteur. Les résultats montrent un effet significatif du groupe à covariables constantes ($F(2 ; 62) = 5{,}988$, $p = 0{,}004$, $\eta^2 = 0{,}162$). Les comparaisons par paire révèlent que cette différence s'explique entièrement par l'opposition entre les patients et les sujets. Les deux groupes de patients n'étant pas, pour leur part, significativement différents en terme de QI verbal.

Récapitulatif

Dans ce chapitre, vous avez appris

- qu'une ancova simple pouvait servir à déterminer si un facteur avait un effet sur une variable dépendante quand on contrôle l'effet d'une autre variable, qui s'appelle une *covariable* ;
- que la covariable présente souvent (sinon l'ancova est inutile) un lien linéaire avec la VD ;
- que l'ancova réduit le terme d'erreur de l'anova, ce qui la rend plus puissante ;
- que des conditions d'application sont à vérifier pour pouvoir faire une ancova.

Exercice SPSS

Ouvrez le fichier que nous avons créé dans le chapitre 9 (premier exrercice SPSS). Ce sont des données que nous avons utilisées pour étudier l'anova simple, sur un ensemble d'étudiants, répartis aléatoirement entre trois groupes (matin, après-midi, soir). Pour affiner vos résultats, vous souhaitez désormais comparer le score des groupes, mais en contrôlant la motivation. Les données suivent (voir la table ci-dessous). Vous devriez les avoir déjà dans votre ordinateur, et il est donc inutile de tout retaper. La seule chose à faire et d'ajouter la colonne (et donc variable) « motivation ».

Groupe	Score	Motivation	Groupe	Score	Motivation
1	15	10	2	15	14
1	10	8	2	15	14
1	14	10	2	18	17
1	15	11	2	19	18
1	17	14	2	13	11
1	13	10	3	13	11
1	13	10	3	12	11
1	19	17	3	11	11
1	16	15	3	11	10
1	16	15	3	14	14
2	14	14	3	11	10
2	13	11	3	10	9
2	15	14	3	9	8
2	14	13	3	8	7
2	16	15	3	10	11

1. Réalisez un diagramme de dispersion avec trois droites de régression (une par groupe). Les conditions de l'ancova semblent-elles satisfaites ?
2. Réalisez une ancova avec les données. Quelle différence cela fait-il avec ce que vous aviez déjà fait au chapitre 9 ? Rédigez un compte rendu de vos résultats.

QCM

1. L'ancova permet de comparer plusieurs groupes pour les moyennes d'une variable dépendante une fois que ces moyennes ont été ajustées pour tenir compte du lien entre
   (a) la variable dépendante et la covariable
   (b) la variable indépendante et la covariable
   (c) les variables indépendante et dépendante
   (d) tout cela à la fois.
2. L'ancova ajuste les moyennes des groupes de telle sorte que les moyennes de la covariable soient
   (a) toutes égales
   (b) toutes différentes
   (c) égales pour tous les participants
   (d) ça dépend.
3. L'utilisation de l'ancova est controversée quand
   (a) les participants sont répartis aléatoirement dans les groupes
   (b) les conditions ne sont pas vérifiées
   (c) on utilise des groupes préexistants
   (d) (b) et (c).

Les questions 4 à 6 se rapportent à la sortie suivante :

Tests des effets inter-sujets

Variable dépendante : salaire

Source	Somme des carrés de type III	ddl	Moyenne des carrés	F	Signification	Eta au carré partiel
Modèle corrigé	15,021[a]	10	1,502	5,732	,001	,751
Constante	15,518	1	15,518	59,221	,000	,757
EXPER	9,235	1	9,235	35,244	,000	,650
PROFESS	8,492	9	,944	3,601	,009	,630
Erreur	4,979	19	,262			
Total	140,000	30				
Total corrigé	20,000	29				

a. R deux = ,751 (R deux ajusté = ,620)

4. La variable dépendante est
   (a) le salaire
   (b) exper
   (c) profess
   (d) rien de cela.
5. La covariable est
   (a) le salaire
   (b) exper
   (c) profess
   (d) rien de cela.

QCM (suite)

6. La différence entre les professions (variable profess) est
   (a) significative puisque $F = 3,6$
   (b) significative puisque $F = 35,2$
   (c) non significative puisque $F = 3,6$
   (d) non significative puisque $F = 35,2$.

7. Quatre groupes de même taille ont les moyennes suivantes pour la covariable : 35, 42, 28, 65. Quelle est la moyenne générale ?
   (a) 43,5
   (b) 42,5
   (c) 56,7
   (d) Autre chose.

8. On peut utiliser une ancova avec
   (a) deux groupes
   (b) trois groupes
   (c) quatre groupes
   (d) les trois sont possibles.

9. Quand ils réalisent une expérience prétest/post-test, les chercheurs souhaitent souvent
   (a) contrôler la VD
   (b) contrôler le score du prétest
   (c) réduire la corrélation entre le prétest et le post-test
   (d) rien de tout cela.

Les questions 10 et 11 sont liées au paragraphe suivant :
Le Docteur Ozzy Oak analyse des scores de mémoire sur quatre groupes de personnes ayant bu différentes quantités d'alcool. Il pense que le QI et la mémoire sont liées, aussi veut-il contrôler le QI.

10. Quelle est la covariable ?
   (a) Le score de mémoire
   (b) La quantité d'alcool
   (c) Le QI
   (d) Rien de cela.

11. Son analyse pourrait servir à montrer que
   (a) l'alcool a un effet sur la mémoire à QI constant
   (b) l'alcool a un effet sur le QI à QI constant
   (c) le QI a un effet sur la mémoire à niveau d'alcool constant
   (d) le QI a un effet sur l'alcool à mémoire constante.

QCM (suite)

Les questions 12 à 14 reposent sur la sortie suivante :

Tests des effets inter-sujets

Variable dépendante : temps de réaction

Source	Somme des carrés de type III	ddl	Moyenne des carrés	F	Signification	Eta au carré partiel
Modèle corrigé	15,021[a]	10	1,502	5,732	,001	,751
Constante	15,518	1	15,518	59,221	,000	,757
AGE	9,235	1	9,235	35,244	,000	,650
GROUPE	8,492	9	,944	3,601	,009	,630
Erreur	4,979	19	,262			
Total	140,000	30				
Total corrigé	20,000	29				

a. R deux = ,751 (R deux ajusté = ,620)

12. La variable indépendante est
(a) le temps de réaction
(b) le groupe
(c) l'âge
(d) rien de tout cela.

13. La covariable est
(a) le temps de réaction
(b) le groupe
(c) l'âge
(d) rien de tout cela.

14. La variable dépendante est
(a) le temps de réaction
(b) le groupe
(c) l'âge
(d) rien de tout cela.

15. Utiliser les différences de scores dans un design prétest/post-test n'est pas équivalent à une ancova car il arrive souvent que
(a) le prétest soit lié au post-test
(b) le prétest soit lié à la différence des scores
(c) le post-test soit lié à la différence des scores
(d) rien de tout cela.

Les questions 16 à 20 portent sur les sorties suivantes :

groupe

Variable dépendante : QI verbal

			Intervalle de confiance à 95%	
groupe	Moyenne	Erreur standard	Borne inférieure	Limite supérieure
1	14,524[a]	7,249	-,406	29,453
2	18,416[a]	14,252	,480	36,352
3	48,561[a]	7,240	33,650	63,471

a. Evalué selon les covariables apparues dans le modèle: âge = 12,00, dépression = 11,73.

QCM (suite)

Tests des effets inter-sujets

Variable dépendante : QI verbal

Source	Somme des carrés de type III	ddl	Moyenne des carrés	F	Signification	Eta au carré partiel
Modèle corrigé	8543,214[a]	4	2135,803	4,075	,011	,395
Constante	56,857	1	56,857	,108	,745	,004
AGE	1597,907	1	1597,907	3,049	,093	,109
DEPRESSI	291,281	1	291,281	,556	,463	,022
GROUPE	6941,195	2	3470,598	6,622	,005	,346
Erreur	13102,953	25	524,118			
Total	43787,000	30				
Total corrigé	21646,167	29				

a. R deux = ,395 (R deux ajusté = ,298)

16. Le plus haut niveau de QI correspond
    (a) au groupe 1
    (b) au groupe 2
    (c) au groupe 3
    (d) aux trois (ils sont identiques).
17. Quelle est la meilleure conclusion ? La différence entre les groupes est
    (a) probablement due à l'erreur d'échantillonnage seule puisque $F = 4{,}075$
    (b) probablement due à l'erreur d'échantillonnage seule puisque $F = 6{,}622$
    (c) probablement pas due à l'erreur d'échantillonnage seule puisque $F = 6{,}622$
    (d) probablement pas due à l'erreur d'échantillonnage seule puisque $F = 4{,}075$.
18. La taille de l'effet du facteur groupe est de
    (a) 40 %
    (b) 35 %
    (c) 0,4 %
    (d) 3,5 %.
19. La plus grande différence entre les groupes est celle opposant
    (a) 1+2 à 3
    (b) 2+3 à 1
    (c) 1+3 à 2
    (d) aucune, elles sont toutes identiques.
20. La groupe ayant le plus large intervalle de confiance autour de la moyenne est le groupe
    (a) 1
    (b) 2
    (c) 3
    (d) aucun : ils sont identiques.

Références

Attree, E. A., Dancey, C. P., Keeling, D., & Wilson, C. (2003). Cognitive function in people with chronic illness : Inflammatory bowel disease and irritable bowel syndrome. *Applied Neuropsychology, 10(2),* 96-104.

Dugard, P., & Todman, J. (1995). Analysis of pre-test-post-test group designs in educational research. *Educational Psychology, 15(2),* 181-198.

CHAPITRE 14
Introduction à l'analyse de variance multivariée

Sommaire

Vue d'ensemble du chapitre

Jusqu'ici, toutes les méthodes statistiques que nous avons présentées, à l'exception notable de l'analyse factorielle, sont univariées, puisqu'elles ne traitent qu'une variable dépendante à la fois. Dans ce chapitre, nous allons étudier une seconde technique multivariée, qui est une extension de l'anova : l'analyse de variance multivariée. Le but de ce chapitre n'est pas de vous donner une connaissance profonde des arcanes de l'analyse de variance multivariée (ou *manova*[1]), mais plutôt de vous montrer l'intérêt de cette méthode.

Nous vous expliquerons

- ce qu'est la manova ;
- les conditions d'application de la manova, et notamment
  - la normalité multivariée,
  - l'homogénéité des matrices des variances-covariances ;
- la manova avec (dans les deux cas, la VI est dichotomique) :
  - une VI inter-sujets et deux VD,
  - une VI intra-sujets et deux VD ;
- les tests *post hoc* pour la contribution de chaque VD à la différence multivariée entre les conditions définies par la VI.

1 Statistiques multivariées

Lorsque nous avons traité l'analyse factorielle, nous avons évoqué la notion de statistique multivariée. Comme nous l'avons déjà dit au chapitre 12, les statistiques multivariées sont des extensions des statistiques univariées (ou simples) au cas où l'on a plusieurs variables dépendantes, et une ou plusieurs variables indépendantes. Ce chapitre vous donnera un aperçu de l'analyse de variance multivariée ou *manova*, une technique multivariée, comme son nom l'indique. Nous avons deux bonnes raisons de présenter cela ici. D'abord, la manova est une extension naturelle de l'anova que nous avons déjà décrite au cours des chapitres 9 et 10 (en fait, l'anova est véritablement un cas particulier de manova). Ensuite, SPSS utilise, de manière cachée, la manova pour réaliser les anova dans le cas des plans à mesures répétées. Il est donc utile d'avoir une idée de ce qu'est la manova pour comprendre l'anova dans le cas des designs intra-sujets. Ainsi comprendrez-vous les sorties SPSS lorsqu'il s'agira de manova, mais également d'anova pour plans à mesures répétées.

La manova est de plus en plus en vogue en psychologie. Cela s'explique par les « nouvelles » orientations d'une partie de cette science et les possibilités offertes par les logiciels. Avant l'émergence des logiciels de calcul statistique, une technique comme la manova – et même l'anova dans une moindre mesure – était impraticable. Aujourd'hui, la chose est possible. La psychologie véritablement scientifique a cherché pendant un temps à répondre à des questions très simples (statistiquement parlant !), traitant les variables une à une ou, au maximum, deux par deux. On cherchait par exemple si telle ou telle variable indépendante avait ou

1. Pour *Multivariate ANalysis Of VAriance.* [ndt]

non un effet sur un temps de réaction ou une autre VD facilement mesurable. Aujourd'hui, une grande partie des psychologues se posent des questions bien plus générales, tout en cherchant à ces questions des réponses scientifiques. Par exemple, on se demande dans quelle mesure la personnalité des patients diffèrent d'un pays à l'autre. Comment pourrions-nous traiter une question aussi vague scientifiquement ?

La première chose à faire est de *mesurer* cette « personnalité ». Mais il est évident que la personnalité ne se mesure pas comme on mesure la taille ou le poids. Elle n'est pas unidimensionnelle. Aussi avons-nous recours à des outils qui, comme le MMPI par exemple (ou d'autres tests de personnalité), fournissent non pas une réponse numérique, mais toute une série d'indices numériques. C'est ainsi que le MMPI, un des tests de personnalité les plus répandus, donne toute une ribambelle de scores (dépression, estime de soi, colère, etc.) définissant « la personnalité ». Savoir, à partir de ce questionnaire, si la personnalité dépend du pays, revient à comparer une quantité impressionnante (plus d'une centaine) d'indices *à la fois* entre les pays. La dépression, l'estime de soi, la colère, l'anxiété... sont autant de VD, et le pays est une VI. C'est dans un tel cas que le recours aux statistiques multivariées est indispensable, parce qu'elles permettent justement de tout traiter (c'est-à-dire toutes les VD) *à la fois*.

Tout ceci est développé dans la section qui suit.

2 Pourquoi utiliser l'analyse de variance multivariée ?

Pourquoi nous embêter avec la manova lorsque nous avons à disposition l'anova, que nous avons pris la peine de comprendre, et qui semble parfaitement adaptée à nos besoins ? Et bien c'est qu'en fait il arrive bien souvent que l'anova ne soit pas si bien adaptée que cela. Imaginez qu'on souhaite comparer le bien-être d'athées et de pratiquants chrétiens. Nous voilà donc avec une VI qui est la croyance (athée ou croyant) et une VD qui est le bien-être. Tout cela est très bien, mais qu'entendons-nous donc pas « bien-être », et, peut-être encore plus délicat, comment le mesurons-nous ? Les réponses à cette question sont multiples (pardon pour le lieu commun). Par exemple, le bien-être pourrait être mesuré à partir d'indices comme (liste non exhaustive !) :

- l'optimisme par rapport à l'avenir,
- le bonheur,
- la joie de vivre,
- la satisfaction par rapport à sa vie sociale.

Lesquels de ces indices sont les meilleurs ? Il n'y a pas de bonne ou de mauvaise réponse à cette question. En fait, cela dépend sans doute de la situation particulière où on se trouve. Mais si on essayait de comparer les croyants et les athées à partir de chacun de ces indices, on trouverait très certainement des résultats très différents selon l'indice choisi. Et cela serait la même chose pour toutes les comparaisons qu'on peut imaginer. Il se peut qu'un patient en phase terminale ait une joie de vivre immense, et une grande satisfaction par rapport à sa vie sociale. Mais on peut penser que son optimisme face à l'avenir est faible. Comment le comparer alors à quelqu'un qui, franchement optimiste vis-à-vis de l'avenir, n'aime pas la vie et se sent frustré socialement ?

Étant donné que le bien-être a de nombreuses facettes, le mieux est de garder tous les indices, et de chercher si, globalement sur tous ces indices, les croyants diffèrent des athées. Si nous avions collecté toutes ces données, nous pourrions, pourquoi pas, séparer les groupes athée et croyant, et les comparer sur la base de chaque indice, en les prenant un par un. On pourrait par exemple utiliser une série de test T, et comparer ainsi les deux groupes avec la VD bonheur, puis la VD joie de vivre, etc. On observerait alors les résultats de tous ces tests de comparaison de moyennes et, si une structure apparaît, elle nous permettrait sans doute de répondre à la question de départ.

N'y a-t-il pas un problème avec cette méthode ? L'une des questions majeures que pose cette approche est similaire à celle que nous avions soulevée dans le cadre de l'anova, à propos des tests *post hoc*, dans le chapitre 9. Si nous effectuons une série de tests de Student, nous augmentons dramatiquement le risque d'erreur de l'ensemble. Aussi le risque d'erreur de première espèce est-il multiplié. Souvenez-vous en effet que plus on fait de tests, plus le risque d'erreur est grand. Ce qu'il nous faudrait c'est une méthode pour traiter toutes nos informations (nos VD) avec une unique analyse. C'est là que la statistique multivariée est utile. Car son but est précisément de traiter en une fois toute une série de VD.

Un autre problème majeur de l'approche « à la main » par une série de tests de comparaison de moyennes est que les résultats sont ensuite peu synthétiques : nous serions par exemple obligés, dans la conclusion, de préciser que les athées sont plus heureux, mais moins optimistes face à l'avenir, pareillement satisfaits par rapport à la vie sociale, etc. Une conclusion synthétique est bien entendu préférable (du moins en complément d'autres conclusions plus ponctuelles), et les statistiques multivariées permettent de construire cette conclusion unique par une analyse unique.

3 Analyse de variance multivariée

Dans les chapitres 9 et 10, nous avons traité le cas de l'anova. Dans tous les exemples de ces chapitres, nous avions une ou plusieurs VI, mais toujours une seule VD (numérique). Avec la manova, nous pourrons avoir une ou plusieurs VI, mais également plusieurs VD. Vous pouvez ainsi voir qu'au cours de l'ouvrage nous avons évolué, depuis des tests impliquant une unique VI et une unique VD à des tests permettant de traiter plusieurs VI et une VD, et enfin à des tests permettant de traiter plusieurs VI et plusieurs VD :

- une VD et une VI dichotomique, avec le test de Student,
- une VD et une VI a plus de deux modalités, avec l'anova simple,
- une VD et plusieurs VI nominales avec l'anova,
- une VD et plusieurs VI numériques avec la régression linéaire multiple,
- plusieurs VD et plusieurs VI avec l'analyse de variance multivariée ou manova.

Activité 14.1

La manova serait-elle adaptée aux situations suivantes ?

(a) Un chercheur s'intéresse à l'effet de l'affluence dans les trains. Il réalise une étude pour comparer le stress ressenti par les banlieusards et les touristes. Le stress est mesuré par le pouls, relevé à la fin du voyage.

(b) Un autre chercheur veut déterminer si « un peu de liberté » est bon pour la santé. Il compare un groupe de personnes a qui on permet de prendre des libertés avec leur régime (chocolat, bière...) pendant un an, avec un autre groupe qui doit coller strictement au régime. On mesure la santé par le nombre de jours de maladie dans l'année ainsi qu'un bilan terminal de santé à la fin de l'étude.

(c) Un troisième chercheur se demande si les hommes et les femmes sont également anxieux face aux statistiques. Il forme un groupe d'hommes et un groupe de femmes, et mesure leur anxiété face aux statistiques grâce à un questionnaire qui donne une série de mesures liées à l'anxiété statistique (peur du professeur de statistiques, peur de poser des questions...).

(d) Une bande de psychologues aimerait déterminer si écouter de la musique aide à bien réviser. Les chercheurs pensent par ailleurs que le classique est mieux adapté au travail que le heavy metal. Ils comparent deux groupes d'étudiants, les uns ayant écouté du classique, les autres du heavy metal. Ils mesurent ensuite le résultat par la moyenne générale à l'examen terminal.

4 La logique de la manova

La logique de la manova est relativement simple à comprendre si on la replace dans le contexte de l'anova. En anova, on répartit la variance de la VD entre différentes sources qui sont, dans le cas simple, la VI et l'erreur. Bien évidemment, lorsque nous avons plusieurs VD (en manova) les choses ne sont pas aussi directes. Ce que fait, fondamentalement, la manova, est de construire une *combinaison linéaire* des VD, puis de traiter cette combinaison linéaire comme la nouvelle VD (unique) dans une anova classique. Autrement dit, les différentes VD sont combinées pour former une unique variable synthétique sur laquelle on peut utiliser l'anova. L'analyse nous dit donc si les VI ont un effet sur cette VD synthétique. Cette explication est une outrageuse simplification, mais elle permet de comprendre *grosso modo* comment fonctionne la manova.

Reprenons notre exemple du bien-être chez les croyants et les athées. Nous déclarerions tous nos indices de bien-être comme des VD, et la seule VI serait la croyance (athée ou croyant). La manova combinerait alors les différentes VD, donc les différents indices de bien-être, formant ainsi un indice synthétique de bien-être. Ensuite, elle chercherait quelle partie de la variation de cet indice est attribuable au groupe (donc à l'effet de la VI).

Ce que nous disons, c'est que la manova répartit la variance de la VD synthétique entre les sources de variation. Cet indice synthétique est une combinaison linéaire des VD de départ. Par exemple :

$$\text{bien être} = \text{joie de vivre} + \text{enthousiasme} + \text{optimisme} + \text{satisfaction}$$

ou bien encore

$$\text{bien être} = (3 \times \text{ joie de vivre}) + \text{enthousiasme} + (2 \times \text{ optimisme}) + \text{satisfaction.}$$

C'est de cette manière que nous pouvons combiner les VD brutes pour en déduire la nouvelle variable. Les combinaisons linéaires apparaissent souvent en psychologie quand les chercheurs combinent les scores des sous-tests pour former le score global. Par exemple, le test d'humeur PMSQ ou *Profil of Mood States Questionnaire* (questionnaire de profil d'humeur) mesure plusieurs humeurs négatives comme l'humeur dépressive ou anxieuse, et les additionne pour donner un score global de mauvaise humeur. Le score total est une combinaison linéaire des différents scores des sous-tests. Ainsi :

$$\text{Mauvaise humeur} = \text{dépression} + \text{anxiété} + \ldots$$

Mais de toute évidence, les combinaisons linéaires vous sont déjà familières, depuis que nous avons traité la régression linéaire multiple. L'équation de régression que nous avons présentée au chapitre 11 est justement un exemple de combinaison linéaire :

$$\hat{y} = a_0 + a_1x_1 + a_2x_2 + \ldots.$$

Cette équation permet de prédire ou d'estimer y connaissant les valeurs des VI (x_1, x_2...).

Vous êtes peut-être maintenant en train de vous demander comment la manova choisit, parmi l'infinité de combinaisons linéaires possibles, la bonne ? Laquelle est la mieux appropriée ? C'est une bonne question, puisqu'il y a effectivement une infinité de possibilités pour la combinaison linéaire des VD. Fondamentalement, la manova choisit la combinaison qui maximise la différence entre les groupes. Cela peut être fait de plusieurs manières différentes, et la manova utilise l'une ou l'autre de ces méthodes. Lorsque vous lancez une manova sur votre ordinateur, vous obtenez quatre statistiques différentes permettant de calculer une valeur *F*. Ce sont pour les nommer :

1. le lambda[2] (λ) de Wilks ;
2. la trace de Pillai ;
3. la trace de Hotelling ;
4. la plus grande racine de Roy.

Ces différents tests correspondent à des méthodes non parfaites, mais très efficaces en général, pour déterminer la meilleure combinaison possible des VD, et calculer ensuite une valeur *F*. Nous rediscuterons un peu plus loin de cela lorsque nous détaillerons les sorties SPSS.

Activité 14.2

Quelles sont les combinaisons linéaires parmi les formules suivantes ?

(a) $a + b + c + d + e$

(b) $A \times B \times C \times D \times E$

(c) $(a + b + c + d + e)/2$

(d) Extraversion + 2 × névrose + 3 × psychose.

2. Lambda est la lettre grecque correspondant au L latin. On l'écrit Λ en majuscule. [ndt]

5 Les conditions d'application

Comme pour la plupart des tests paramétriques, la manova exige certaines conditions d'application sans lesquelles les résultats n'ont aucun sens.

5.1 *Normalité multivariée*

Si vous vous souvenez des conditions d'application de l'anova, vous savez que l'une d'entre elles est la normalité : il nous faut des données normales. Assez naturellement, une condition similaire s'applique à la manova. Ceci dit, dans le cas de la manova, elle est un peu plus compliquée. Il nous faut en effet maintenant vérifier la normalité *multivariée* des données. Cela signifie que toute combinaison linéaire des VD doit être normalement distribuée.

Dans la pratique, s'assurer que cette condition est satisfaite s'avère pour le moins délicat. Cela implique en effet de vérifier la normalité de chaque VD, mais également de *toutes* les combinaisons linéaires de ces VD. La moindre des choses est de consulter la forme de chaque VD séparément, qui doivent toutes suivre une loi normale. Ne vous affolez pas à propos de cette condition d'application, parce que la manova est encore valable même en cas de violation mineure de la normalité, surtout si vous avez des groupes de tailles égales et raisonnablement importants. Ce qu'on peut entendre par « raisonnablement important » est que chaque groupe doit contenir, dans le cas d'un plan totalement inter-sujets, un minimum de 12 individus, et dans le cas d'un plan totalement intra-sujets un minimum de 22 individus. Si vous devez faire une manova, le mieux est donc de vérifier simplement la normalité des VD séparément et de procéder à une manova uniquement avec des groupes assez importants et si possible de même taille.

5.2 *Homogénéité des variances-covariances*

La deuxième condition d'application de la manova est l'homogénéité des variances-covariances. Cela signifie que les *matrices de variances-covariances* doivent être égales. Pour le dire simplement, cette condition équivaut à l'hypothèse d'égalité des variances en anova simple, que nous avons expliquée plus haut dans ce livre. Nous n'entrerons pas dans les détails de cette condition, parce que cela nous obligerait à utiliser de l'algèbre linéaire, et vous ne pourriez jamais nous le pardonner ! Il vous suffit de savoir qu'il s'agit d'une extension de l'homogénéité des variances, indispensable pour d'autres tests paramétriques. Si vous souhaitez en savoir plus sur le sujet, vous pourrez cependant vous reporter aux ouvrages cités en fin de chapitre. Mais si vous considérez que cette condition égale l'hypothèse d'homogénéité des variances, cela suffira largement.

En général, si vos groupes ont la même taille, cette condition n'est pas un problème majeur. Mais si vos effectifs diffèrent nettement, alors il vaut mieux consulter des ouvrages plus avancés pour utiliser sagement la manova.

Il existe un test permettant de vérifier la condition d'homogénéité des variances-covariances, que l'on peut demander à SPSS. Il s'appelle le *test d'égalité des cova-*

riances de Box, ou plus simplement *test de Box*. Si ce test donne un résultat significatif ($p < 0{,}005$), alors vous pouvez être presque sûr que la condition est violée, et il faut donc choisir un test alternatif. Mais on utilise surtout le test de Box dans le cas d'échantillons petits ou de tailles inégales.

Exemple

Supposons que nous avons réalisé l'expérience imaginée plus tôt dans le chapitre sur le bien-être, mais en ne prenant en compte que la joie et l'optimisme. Nous avons obtenu une série de données appropriées (voir tableau 14.1) en interrogeant 12 athées, et 12 pratiquants.

Avant de nous lancer à corps perdu dans la manova, il nous faut jeter un œil aux statistiques descriptives, ce qui nous permettra de vérifier que les conditions d'application sont à peu près satisfaites.

Pour vérifier que nos VD sont normalement distribuées, on peut demander à SPSS de représenter des diagrammes en tige et feuilles, des histogrammes ou des boîtes à moustaches. Les boîtes à moustaches sont données figure 14.1.

Tableau 14.1

Données pour le bien-être des pratiquants et des athées

Pratiquants		Athées	
Joie	**Optimisme**	**Joie**	**Optimisme**
4,00	3,00	5,00	3,00
5,00	4,00	4,00	4,00
5,00	8,00	8,00	5,00
6,00	7,00	9,00	4,00
6,00	6,00	7,00	2,00
6,00	5,00	6,00	3,00
7,00	6,00	7,00	4,00
7,00	6,00	5,00	3,00
7,00	5,00	6,00	2,00
8,00	5,00	4,00	4,00
8.00	7,00	5,00	5,00
9.00	4,00	6,00	3,00
moyenne 6,50	moyenne 5,50	moyenne 6,00	moyenne 3,50
écart type 1,45	écart type 1,45	écart type 1,54	écart type 1,00
IC (95 %) [5,58 ; 7,42]	IC (95 %) [4,58 ; 6,42]	IC (95 %) [5,02 ; 6,98]	IC (95 %) [2,86 ; 4,14]

Vous pouvez voir sur cette figure que pour les deux VD, et dans chacun des deux groupes, les données sont approximativement normales (du moins sont-elles symétriques et moyennement aplaties). De ce fait, et puisque nous avons des groupes suffisants et de même taille, nous pouvons poursuivre notre manova avec une confiance relative concernant les conditions d'application, du moins pour la condition de normalité multivariée.

En ce qui concerne la seconde condition, à savoir la condition d'homogénéité des variances-covariances, nous pouvons vérifier que c'est une hypothèse raisonnable en consultant la sortie SPSS, ce que nous ferons très bientôt.

Mais avant de continuer la manova, il peut être instructif de jeter un œil aux moyennes et aux intervalles de confiance correspondants (voir pour cela la figure 14.2).

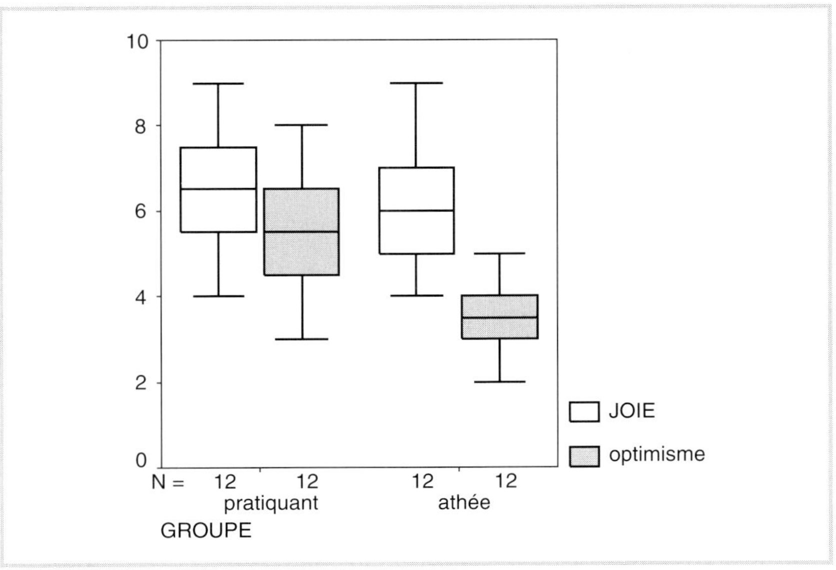

Figure 14.1

Boîtes à moustaches pour la joie et l'optimisme chez les pratiquants et les athées

Activité 14.3

Que suggère le diagramme de variation de la figure 14.2 ?

La figure 14.2 suggère qu'il n'y a pas de réelle différence (notable) entre les deux groupes en ce qui concerne la joie, mais qu'en revanche l'optimisme est supérieur chez les pratiquants. On peut en effet constater qu'il n'y pas de superposition des intervalles de confiance pour l'optimisme, mais qu'il y en a pour la joie.

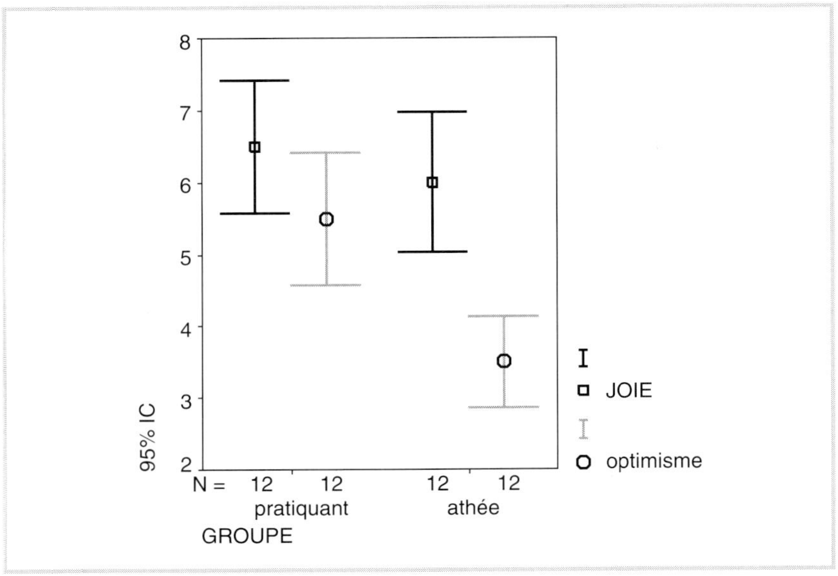

Figure 14.2

Moyennes des deux VD dans chacun des deux groupes, et intervalles de confiance correspondants (au niveau 95 %)

Lorsque nous lançons la manova, nous obtenons ceci :

Facteurs inter-sujets

		Etiquette de valeur	N
GROUPE	1	pratiquant	12
	2	athée	12

Ce tableau indique simplement les groupes, ainsi que leurs codes (arbitraires) et leur taille (ici 12 pour chaque groupe).

Test d'égalité des matrices de covariance de Box[a]

M de Box	1,508
F	,453
ddl1	3
ddl2	87120,000
Signification	,715

Teste l'hypothèse nulle selon laquelle les matrices de covariances observées des variables dépendantes sont égales sur l'ensemble des groupes.

a. Plan : Intercept+GROUPE

Ce tableau donne les résultats du test de Box. Le résultat n'est pas significatif ($p = 0{,}715$), et l'on peut donc considérer que les matrices de variances-covariances sont similaires. Le *M* de Box est une statistique à partir de laquelle on peut réaliser le test. Les détails n'ont aucun importance pour nous.

Tests multivariés[b]

Effet		Valeur	F	ddl de l'hypothèse	Erreur ddl	Signification
Intercept	Trace de Pillai	,969	327,224[a]	2,000	21,000	,000
	Lambda de Wilks	,031	327,224[a]	2,000	21,000	,000
	Trace de Hotelling	31,164	327,224[a]	2,000	21,000	,000
	Plus grande racine de Roy	31,164	327,224[a]	2,000	21,000	,000
GROUPE	Trace de Pillai	,418	7,547[a]	2,000	21,000	,003
	Lambda de Wilks	,582	7,547[a]	2,000	21,000	,003
	Trace de Hotelling	,719	7,547[a]	2,000	21,000	,003
	Plus grande racine de Roy	,719	7,547[a]	2,000	21,000	,003

a. Statistique exacte

b. Plan : Intercept+GROUPE

Vous voyez ici les résultats du test multivarié, qui répond à la question globale « y a-t-il une différence entre les deux groupes ? » La réponse est oui ($p = 0{,}003$ quelle que soit la méthode choisie entre trace de Pillai, λ (lambda) de Wilks, Trace de

Hotelling ou plus grande racine de Roy). On peut donc dire que, pour ce qui concerne le bien-être, les pratiquants et les athées diffèrent. Mais cela, bien sûr, ne nous dit pas *comment* ils diffèrent.

Test d'égalité des variances des erreurs de Levene[a]

	F	ddl1	ddl2	Signification
JOIE	,000	1	22	1,000
optimisme	1,571	1	22	,223

Teste l'hypothèse nulle que la variance des erreurs de la variable dépendante est égale sur les différents groupes.
a. Plan : Intercept+GROUPE

Nous sommes maintenant arrivé au point où SPSS traite les VD une par une, en utilisant tout simplement une anova. On voit ici que la condition d'homogénéité des variances peut être considérée comme réalisée (test de Levene non significatif), aussi bien pour la variable « joie » que pour la variable « optimisme ». Cela légitime l'utilisation des anova simples.

Tests des effets inter-sujets

Source	Variable dépendante	Somme des carrés de type III	ddl	Moyenne des carrés	F	Signification
Modèle corrigé	JOIE	1,500[a]	1	1,500	,673	,421
	optimisme	24,000[b]	1	24,000	15,529	,001
Intercept	JOIE	937,500	1	937,500	420,918	,000
	optimisme	486,000	1	486,000	314,471	,000
GROUPE	JOIE	1,500	1	1,500	,673	,421
	optimisme	24,000	1	24,000	15,529	,001
Erreur	JOIE	49,000	22	2,227		
	optimisme	34,000	22	1,545		
Total	JOIE	988,000	24			
	optimisme	544,000	24			
Total corrigé	JOIE	50,500	23			
	optimisme	58,000	23			

a. R deux = ,030 (R deux ajusté = -,014)
b. R deux = ,414 (R deux ajusté = ,387)

Ce dernier tableau montre les résultats des deux anova effectuées avec la variable indépendante *groupe* et chacune des deux VD. Il s'agit d'anova simples. On peut voir (lignes « GROUPE ») que la joie n'est pas significativement différente d'un groupe à l'autre ($p = 0{,}421$), mais que l'optimisme distingue en revanche les groupes ($p = 0{,}001$).

La toute première partie de la sortie nous donne les résultats d'un test permettant de vérifier les conditions d'application dont nous avons déjà parlé. Le test de Box donne une statistique M, puis une statistique F, qui permet de dire si la condition d'homogénéité des variances-covariances est raisonnablement satisfaite. Si la signification p associée à ce test est supérieure à 0,05 comme ici, on peut considérer la condition comme satisfaite. Au contraire, il faudrait réfléchir à un test alternatif si cette probabilité était très inférieure à 0,05. Dans un tel cas, nous vous conseillons la lecture de l'un des ouvrages cités en fin de chapitre. Comme notre *p* est ici supérieur à 0,05, nous pouvons poursuivre la lecture des résultats.

Le reste de la sortie constitue l'analyse proprement dite. Vous pouvez distinguer une analyse multivariée, puis des analyses univariées traitant les VD une à une. L'analyse multivariée indique s'il existe une différence globale entre les groupes, ou bien, pour le dire autrement, si les groupes diffèrent en ce qui concerne la combinaison linéaire des VD choisie. Les statistiques univariées permettent d'étudier l'effet de la religion sur chacune des VD de départ.

6 Quel *F* prendre en compte ?

Comme nous l'avions précédemment expliqué, SPSS utilise plusieurs tests multivariés, dans le sens où il utilise plusieurs méthodes pour combiner au mieux les VD et en déduire une valeur de *F*. Ces tests sont

- le lambda de Wilks,
- la trace de Pillai,
- la trace de Hotelling,
- la plus grande racine de Roy.

La plupart du temps, vous vous rendrez compte que si les différentes valeurs de *F* ne sont pas carrément égales, elles sont très proches l'une de l'autre. Aussi, le choix d'un *F* est-il sans importance. Ceci dit, il arrive que les *F* soient véritablement différents, et il faut alors décider à quel *F* se vouer. Comme bien souvent en statistiques, il n'y a pas de réel consensus concernant le choix d'une méthode de combinaison des VD, et on ne sait pas trop laquelle est la plus pertinente. La chose est d'ailleurs compliquée par le fait que le choix le plus judicieux dépend probablement du type de données que vous avez. Cependant, et pour fixer les idées, nous recommandons à la suite de Tabachnik et Fidell (1997) l'utilisation du λ (lambda) de Wilks, qui semble s'imposer dans la littérature.

Le lambda de Wilks rapporté dans notre sortie montre que les VD combinées permettent de distinguer les deux groupes de croyance. Autrement dit, si l'hypothèse

Activité 14.4

Parmi les choses suivantes, lesquelles sont des méthodes permettant de calculer un *F* dans SPSS ?

(a) la trace de Hotelling
(b) la valeur de Mark
(c) le plus faible lien de Seth
(d) le lambda de Wilks
(e) le gamma de Hayley
(f) la trace de Pillai
(g) le carrefour d'autoroute
(h) la plus grande racine de Roy.

nulle est vraie (profils de bien-être similaires dans les deux groupes), alors il est très peu probable qu'on observe par hasard sur un échantillon un F aussi grand que celui que nous avons trouvé. Aussi concluons-nous que l'hypothèse nulle n'est pas vraie, et que le bien-être n'est pas le même (pour des raisons qui restent à éclaircir) entre les deux groupes. Lorsque nous disons qu'il existe une différence entre les deux groupes, nous parlons de la combinaison linéaire des VD. Nous pouvons donc dire que le bien-être n'est pas du même type dans les deux groupes, ce qui ne veut pas nécessairement dire qu'un groupe est mieux dans sa peau que l'autre.

7 Analyses post hoc de VD individuelles

La sortie SPSS montre clairement que l'on a une différence multivariée très significative entre les deux groupes de croyance. Mais qu'est-ce que cela signifie exactement ? Le problème que constitue cette question est similaire à la question que nous nous posions, dans le cadre de l'anova simple avec une VI à plus de deux modalités. L'anova simple déclarait qu'il y avait des différences entre les groupes. Mais il nous fallait faire des tests supplémentaires (post hoc) pour savoir quels groupes différaient de quels autres. Dans le cadre de la manova, donc lorsque nous avons plusieurs VD, nous ne savons pas directement quelles VD participent à cette différence entre les groupes. Et cela nous intéresse notamment parce qu'il est probable que toutes les VD ne font pas de différence entre les groupes.

Pour établir quelles VD participent à la différence, il nous faut réaliser des analyses univariées, en prenant les VD une par une. Comme dans le cas des tests post hoc en anova simple, il existe des méthodes variées pour réaliser une telle procédure, et les différents auteurs ne s'accordent pas sur la technique la plus judicieuse. Dans le cas particulier d'une unique VI à deux modalités, comme c'est notre cas, Stevens (1997) recommande d'utiliser simplement des tests de comparaison de moyennes, mais avec un risque α ajusté en fonction du nombre de comparaisons. Un tel ajustement du α est indispensable pour contrôler le risque d'erreur de l'ensemble. Nous avions déjà rencontré ce problème dans les chapitres 9 et 10. C'est cette approche, soutenue par Stevens, que nous suivrons ici. Pour une discussion plus poussée sur la question, vous pouvez cependant vous reporter aux ouvrages cités en fin de chapitre.

Pour notre procédure, il nous faut choisir un risque d'erreur de l'ensemble, disons par exemple 0,05, puis diviser ce risque par le nombre de comparaisons à effectuer. Nous avons ici deux VD, et nous ferons donc 2 tests T. Par conséquent, le risque que nous prendrons pour chaque test est de

$$0{,}05 \div 2 = 0{,}025$$

Nous réalisons ensuite nos tests de comparaison de moyennes pour « optimisme » et pour « joie », avec dans les deux cas la VI croyance, et en fixant toujours comme limite pour la p-value 0,025. Si les significations de nos tests T sont inférieurs à 0,025, alors nous pourrons raisonnablement conclure que la différence observée n'est pas due à l'erreur d'échantillonnage.

Si nous avions 5 VD, il nous faudrait envisager 5 tests, et donc fixer un risque par test de

$$0{,}05 \div 5 = 0{,}01$$

Dans ce cas, nous n'aurions retenu comme significatives que les différences donnant des significations inférieures à 1 % (souvenez-vous que 0,05 = 5 % et 0,01 = 1 %).

Mais passons maintenant à l'analyse concrète. Lorsque nous réalisons des tests de comparaison de moyennes (pour échantillons indépendants), nous obtenons ceci :

Statistiques de groupe

	GROUPE	N	Moyenne	Ecart-type	Erreur standard moyenne
JOIE	pratiquant	12	6,50	1,446	,417
	athée	12	6,00	1,537	,444
optimisme	pratiquant	12	5,50	1,446	,417
	athée	12	3,50	1,000	,289

Test d'échantillons indépendants

		Test de Levene sur l'égalité des variances		Test-t pour égalité des moyennes						
									Intervalle de confiance 95% de la différence	
		F	Sig.	t	ddl	Sig. (bilatérale)	Différence moyenne	Différence écart-type	Inférieure	Supérieure
JOIE	Hypothèse de variances égales	,000	1,000	,821	22	,421	,50	,609	-,764	1,764
	Hypothèse de variances inégales			,821	21,918	,421	,50	,609	-,764	1,764
optimisme	Hypothèse de variances égales	1,571	,223	3,941	22	,001	2,00	,508	,947	3,053
	Hypothèse de variances inégales			3,941	19,563	,001	2,00	,508	,940	3,060

Vous pouvez voir à partir de cette sortie SPSS que seul l'optimisme donne une signification inférieure au risque de 0,025 que nous avons fixé. On considère donc que la différence entre les groupes concernant la joie est potentiellement due à la seule erreur d'échantillonnage. C'est seulement (ou du moins essentiellement) en termes d'optimisme que s'exprime la différence entre les athées et les pratiquants. Si l'optimisme est, comme nous le supposons implicitement, une des dimensions du bien-être, alors on peut dire que la croyance et liée au bien-être. Bien que nous ayons utilisé au départ une méthode très sophistiquée (la manova), vous voyez qu'il nous faut finalement refaire une incursion dans le monde concret et nous poser la question pragmatique de l'optimisme comme dimension du bien-être. Et si notre réponse à cette question est « non, l'optimisme n'est pas une composante du bien-être », alors notre étude ne démontre aucune différence entre les groupes de croyances pour ce qui concerne le bien-être.

Vous pouvez noter que les statistiques univariées automatiquement proposées par SPSS sont en fait exactement équivalentes aux tests de comparaison de moyennes que nous venons de réaliser. On pourrait donc très bien se passer de cette deuxième étape, et prenant simplement appui sur la sortie SPSS de départ. Il faudrait toutefois utiliser un risque de 0,025 tout de même.

8 VD corrélées

La procédure post hoc que nous venons d'effectuer et de conseiller est parfaite lorsque nous avons des VD peu ou pas corrélées. Mais de sérieux problèmes se posent si les VD sont corrélées. La raison de ce problème est relativement simple à saisir. Lorsque nous trouvons un effet de la VI sur la globalité des VD, nous voulons séparer les différences qui se rapportent à chacune des VD, juste comme nous venons de le faire. Si nous avons des VD indépendantes l'une de l'autre, nous pouvons séparer sans problème leurs contributions à la combinaison linéaire optimale. Et dans ce cas, les statistiques univariées vous donnent une vision assez fiable de la contribution de chaque VD. Mais tel n'est plus le cas si les VD sont liées, parce qu'alors les contributions se recoupent et sont difficiles, voire impossibles, à classer. Une analogie pourra vous donner une idée de ce qui se passe. Imaginez que vous trouviez, dans un récipient quelconque, un mélange d'eau et de pétrole. Vous voulez savoir combien il y a de pétrole et combien d'eau (les deux liquides symbolisent les contributions des VD). Si vous versez votre mélange polluant dans un verre mesureur, vous vous apercevrez que les deux produits ne se mélangent pas. Le pétrole, plus léger, reste en surface. Il vous sera dès lors très facile de lire le volume de chaque liquide (voir figure 14.3(a)). Ce cas est similaire à celui des VD indépendantes : comme elles ne se mélangent pas (elles ne sont pas liées), on peut facilement lire les contributions de chacune d'elles.

Lorsque nos VD sont corrélées, nous nous trouvons dans la situation d'un mélange d'alcool et d'eau. Les deux produits se mèlent intimement, et il devient impossible de les discerner. Si vous avez une solution d'eau et d'alcool dans un récipient gradué, vous ne saurez pas lire la quantité de chaque produit, mais seulement le volume global, parce que les deux forment une solution homogène (voir figure 14.3(b)). Pour savoir la quantité de chaque produit, il vous faudrait alors recourir à des méthodes complexes comme la distillation de l'alcool. La même chose se produit lorsque vous avez des VD corrélées. Vous ne pouvez pas déterminer par des tests de comparaison de moyennes laquelle des deux VD intervient le plus dans l'explication de la différence entre les groupes, parce que les deux interventions sont mélangées, tout comme l'eau et l'alcool. Par conséquent, la seule solution est alors d'utiliser des procédures complexes qui dépassent largement le cadre de ce chapitre, qui n'entend que présenter une *introduction* à la manova. Les deux textes que nous avons cités dans le chapitre donnent des précisions sur la question. Nous n'avons évoqué le problème que pour que vous soyez conscient de son existence.

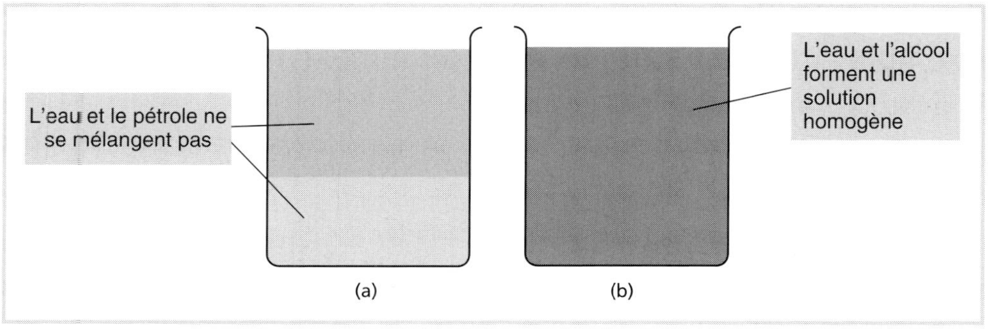

Figure 14.3
Illustration de la manière dont l'eau et le pétrole (a), puis l'eau et l'alcool (b) se mèlent

Dans notre exemple, les VD ne sont pas corrélées, et nous pouvons sans crainte utiliser la table SPSS ou les résultats des tests T pour estimer les VD contribuant à la différence entre les groupes.

Corrélations

		JOIE	optimisme
JOIE	Corrélation de Pearson	1	,166
	Sig. (bilatérale)	,	,437
	N	24	24
optimisme	Corrélation de Pearson	,166	1
	Sig. (bilatérale)	,437	,
	N	24	24

9 Rédaction d'un compte rendu

La partie textuelle du compte rendu pourrait être, par exemple, la suivante :

Les boîtes à moustaches montrent que les données sont symétriques et mésocurtiques, ce qui conforte l'hypothèse de normalité. Le test de Box confirme l'hypothèse d'homogénéité des matrices de covariances. Les échantillons étant de tailles égales, on considèrera dans la suite que les violations potentielles des conditions d'applications restent mineures. Le diagramme de variation laisse penser que la différence éventuelle entre les deux groupes de croyances relève uniquement de l'optimisme, les intervalles de confiances ne se recoupant pas. Au contraire, les intervalles de confiance pour la joie se chevauchant largement, on ne pourra sans doute pas considérer la différence correspondante comme significative.

Les données du bien-être ont été analysées par une analyse de variance multivariées, avec la croyance (athée ou pratiquant) comme variable indépendante et la joie et l'optimisme comme VD. Le test montre une différence multivariée entre les deux groupes ($F(2\,;21) = 7{,}55$, $p = 0{,}003$; lambda de Wilks : $\lambda = 0{,}582$). Les deux variables dépendantes n'étant pas significativement corrélées ($r = 0{,}17$, $p = 0{,}44$), des tests de comparaison de moyennes pour échantillons indépendants ont été effectués avec chacune des deux variables. Ces tests confirment ce que suggérait le diagramme de variation : en termes d'optimisme, les deux groupes sont bien significativement différents ($t(22) = 3{,}94$, $p = 0{,}001$), mais pas en termes de joie ($t(22) = 0{,}82$, $p = 0{,}420$).

NOTE : on pourrait très bien rapporter les F univariés au lieu des tests de Student. Si nous avions plus de deux modalités pour la VI, c'est en tout état de cause ce que nous aurions fait.

Exemple : force de caractère des joueurs de rugby

Dans une étude de Golby et Sheard (2004), la force de caractère et la robustesse de joueurs de rugby professionnels ont été mesurées au moyen d'un questionnaire. La force de caractère est mesurée grâce au PPI *(Psychological Performance Inventory* ou inventaire de performances psychologiques) de Loehr (1986). Cette échelle de force de caractère mesure sept composantes de la force de caractère, à savoir la confiance en soi, le contrôle de l'énergie négative (autrement dit des émotions négatives), le contrôle de l'attention (sait-on rester concentré ?), le contrôle de la visualisation et de l'imagerie (avec des images positives), la motivation, l'énergie positive (la joie, en somme), et le contrôle de l'attitude (sait-on garder une attitude positive ?). Quant à la robustesse, elle est mesurée grâce au test de Maddi et Khoshaba (2001) : le *Personal Views Survey III-R*, qui relève trois composantes de la robustesse. Ces trois composantes sont l'implication, le contrôle et le défi. L'étude comprenait l'administration des deux questionnaires à un ensemble de joueurs de rugby professionnels de différentes divisions. Les divisions forment, selon le classement de l'équipe, trois niveaux (ici décroissants) : international, national et régional. Les chercheurs voulaient savoir si des différences apparaissaient entre ces trois niveaux, concernant le « mental » des joueurs, c'est-à-dire la force de caractère et la robustesse psychologique. Pour répondre à cette question, il utilisèrent une manova, et une série d'anova dans la foulée. Les auteurs ont trouvé une différence multivariée significative entre les trois niveaux. Le λ de Wilks valait 0,40, et la valeur de F associée est de 5,98, ce qui donne un $p < 0{,}001$. Il est également rapporté que $\eta^2 = 0{,}37$, suggérant que 37 % des variations de la combinaison linéaire des VD sont explicables par la VI (niveau de l'équipe). C'est une taille d'effet plutôt importante pour ce type de recherche. Les différentes anova montrent des différences significatives pour les trois critères de robustesse (implication, contrôle et défi), et pour deux dimensions de la force de caractère (contrôle de l'énergie négative et contrôle de l'attention). Les auteurs remarquèrent une corrélation entre les VD, et utilisèrent une analyse « pas à pas » ou *stepdown* pour remédier à ce problème (voir Stephen, 1997 pour l'analyse *stepdown*). Mais comme nous le signalions tout à l'heure, cela dépasse le cadre de cet ouvrage. Reportez-vous si besoin à des manuels plus avancés.

SPSS : Manova avec une VI inter-sujets et deux VD

Pour réaliser une manova avec nos données sur l'optimisme et la joie – présentées plus haut dans le chapitre – il vous faut d'abord définir trois variables. La première variable est la variable de groupe (c'est la VI croyance), et les deux autres sont les VD, soit l'optimisme et la joie.

Une fois les données entrées dans SPSS, cliquez sur *Analyse > Modèle linéaire général*. Pour une manova, qui est une technique multivariée, il faut bien sûr choisir l'option *Multivarié... :*

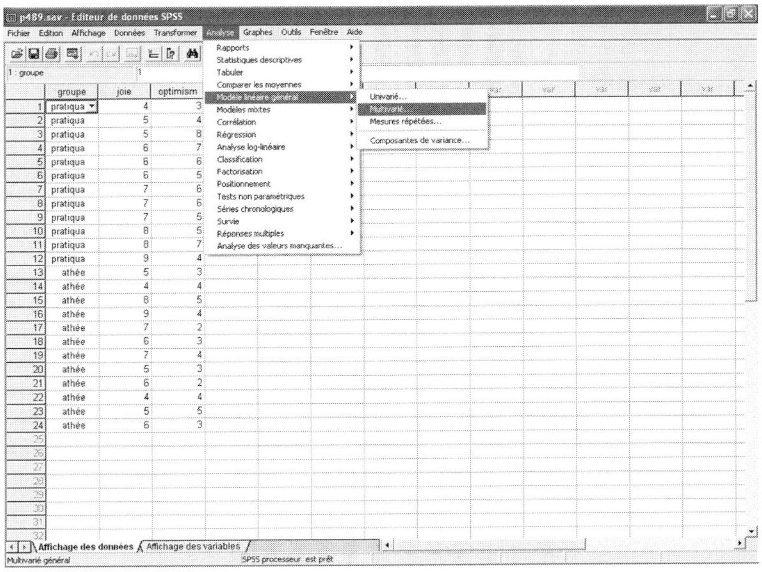

La boîte de dialogue suivante apparaît alors :

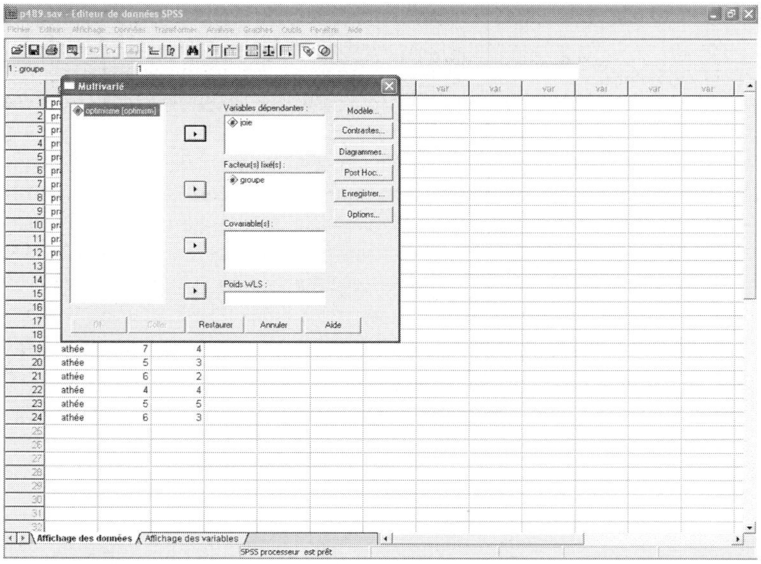

Déplacez les variables dans les zones ad hoc. Les deux VD vont dans la zone *Variables dépendantes* et la VI dans la zone *Facteur(s) fixé(s)*.

Vous avez sûrement remarqué que, depuis le début du livre, nous n'utilisons que les facteurs « fixés », et jamais les zones « facteurs aléatoires ». Un facteur est dit « fixé » si les modalités observées sont toutes celles qui nous intéressent. Si au contraire les modalités observées ne forment qu'un partie aléatoirement choisie des modalités qui nous intéressent, alors on parle de facteur aléatoire. Par exemple dans notre étude, si nous voulons comparer les athées et les pratiquants chrétiens, alors il est logique de penser que notre VI est un « facteur fixé ». En revanche, si nous voulons répondre à la question plus générale « y a-t-il des différences entre les « religions » (athéisme, christianisme, animisme, etc.) ? », alors on ne peut pas considérer nos deux groupes comme suffisants. On dira alors que l'on a choisi aléatoirement deux des multiples modalités de la variable *religion*, et donc que notre VI est un facteur aléatoire.

Mais ne vous embêtez pas avec tout cela : les tests effectués en définissant les facteurs comme « fixés » sont toujours plus exigeants. Si vous avez montré une différence entre athées et chrétiens, vous avez du même coup montré une différence entre les « religions » (en comptant l'athéisme comme une religion) ! Vous pouvez noter que la manova ne permet pas, sous SPSS et au contraire des anova univariées, de traiter les facteurs aléatoires.

Pour que SPSS nous donne les résultats du test d'homogénéité des variances et autres, il vous faut cliquer sur le bouton *Options*. Cela donne la fenêtre suivante :

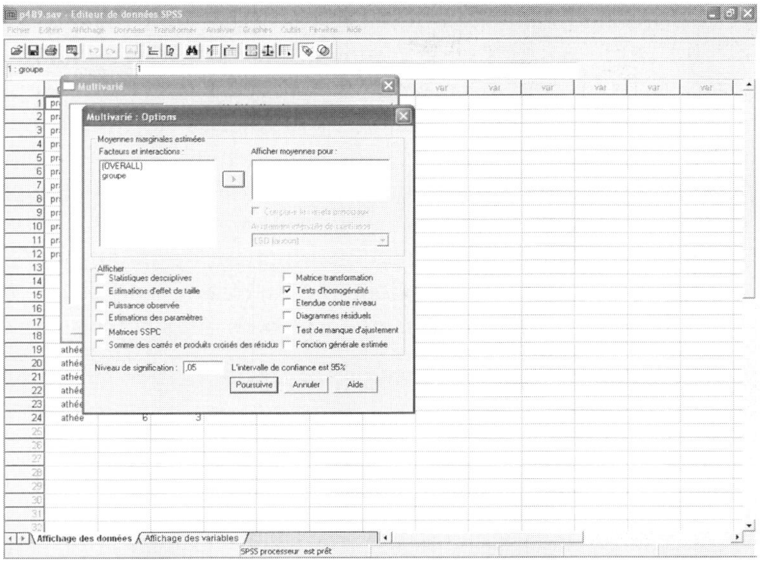

Vous pouvez alors cocher *Tests d'homogénéité* pour obtenir un test de Box sur l'homogénéité des matrices de variances-covariances. Si vous souhaitez connaître les tailles d'effet, cochez également la case correspondante *(Estimation d'effet de taille)*. Une fois vos choix effectués, cliquez sur *Poursuivre*, ce qui vous ramène à l'écran précédent. Sur cet écran, cliquez *OK*. La sortie qui en résulte devrait ressembler à ce que nous avons déjà présenté au cours des pages précédentes.

10 Plans intra-sujets

Un point qu'il est important de noter est que l'analyse de variance multivariée n'est pas une analyse de variance pour plans à mesures répétées. Dans un sens, on pourrait le croire parce que les différentes mesures qui constituent les VD pourraient assez facilement passer pour des mesures répétées d'un score dans différentes situations. Mais l'approche ainsi que les formules qui en découlent sont différentes. La distinction primordiale est celle entre VD et VI. Dans le cadre de la manova, on a plusieurs VD, alors que dans le cas de l'anova pour plans à mesures répétées, on a une seule VD, et une VI intra-sujets.

Une autre manière de présenter la chose est de dire ceci : dans le cas d'une anova pour plans à mesures répétées, on considère que les différentes valeurs obtenues pour chaque sujet mesurent en fait *la même chose*. Au contraire, en manova, on considère que ces mesures sont fondamentalement différentes (et complémentaires). Si vous pensez que la joie et l'optimisme sont au fond deux choses identiques mais mesurées dans des situations différentes, il vous faudra utiliser l'anova. Si vous pensez comme nous l'avons supposé plus haut que la joie et l'optimisme sont deux choses différentes, alors c'est la manova qui s'impose.

Supposez par exemple qu'on veuille savoir si une nouvelle thérapie, censée combattre l'arachnophobie, est efficace ou non. On pourrait faire passer un questionnaire d'arachnophobie aux sujets, puis leur faire suivre la thérapie, et leur faire repasser le même questionnaire. On s'attend alors, si la thérapie est efficace, à avoir un score d'arachnophobie plus faible après la thérapie. Une question importante dans cette étude est de savoir comment on mesure l'arachnophobie. Plusieurs questionnaires peuvent s'avérer utiles en l'occurrence. Par exemple, on peut penser au FSQ [3] de Szymanski et O'Donohue (1995). Le FSQ est un questionnaire de 18 items qui évalue l'arachnophobie. Szymanski et O'Donohue ont montré que le questionnaire permettait de discriminer efficacement les arachnophobes des sujets non arachnophobes, et qu'il était particulièrement sensible à des diminutions de la phobie lors d'un traitement. Voilà donc un candidat idéal pour notre étude ! Le score obtenu grâce à ce questionnaire est d'autant plus élevé que la phobie est importante. Plus vous avez peur des araignées, plus votre score est grand.

Pour notre étude, nous pourrions donc administrer le FSQ avant et après traitement à chaque participant. En comparant ensuite les scores grâce, par exemple, à un test T, on pourrait savoir si la phobie a diminué ou non. Bien que cette étude soit légitime, il peut être préférable d'adjoindre au FSQ une seconde mesure de phobie. Un test de ce genre est le BAT [4]. Pour ce test, on demande aux participants de s'approcher le plus possible d'une araignée vivante, jusqu'à la prendre dans la paume de leur main (pour les plus courageux). À propos de ce test, voir Öst *et al.* (1998). Les participants s'arrêtent quand ils ont trop peur, et ce point d'arrêt donne une mesure comportementale de l'arachnophobie. Öst et ses collaborateurs définissent 13 niveaux d'approche, ce qui fournit ainsi une mesure en 13 points. Une mesure de 0 (phobie maximale) est donnée à une personne qui refuse d'entrer dans la pièce où se trouve l'araignée. Un score de 12 (peur minimale) est obtenu si l'on tient l'araignée dans sa main pendant au moins 20 secondes. Dans notre étude, nous pourrions fort bien inclure les deux mesures FSQ et BAT, pour capturer deux aspects (théorique et comportemental) de l'arachnophobie. Notez bien que dans le cas de la mesure théorique FSQ un grand score correspond à une peur importante, au contraire de la mesure comportementale BAT.

Il s'agit là clairement d'un plan à mesures répétées, puisque nous mesurons des scores avant et après la thérapie. Il y a en effet une VI intra-sujets, qui est le moment de la mesure (avant ou après). D'un autre côté, nous avons maintenant deux VD (FSQ et BAT), qu'il nous faut traiter en même temps. C'est pourquoi il nous faut ici utiliser une manova avec un facteur intra-sujets. Les données, moyennes, écarts type, et intervalles de confiance sont donnés dans la tableau 14.2.

La première étape de notre analyse devrait être de vérifier, au moins visuellement, que les conditions d'application de la manova sont bien satisfaites. Les boîtes à moustaches sont données sur les figures 14.4(a) et 14.4(b).

Les figures 14.4(a) et 14.4(b) montrent que nous n'avons pas de valeurs extrêmes évidentes, que nos données sont distribuées sinon normalement, du moins de manière symétrique et mésocurtique. On peut donc supposer (rappelons que la taille des échantillons étant constante, on peut être plus souple sur les conditions d'application) que la condition de normalité multivariée est vérifiée.

3. Pour *Fear of Spider Questionnaire,* soit « questionnaire de peur des araignées ». [ndt]

4. Pour *Behavioural Approach Test* ou test comportemental d'approche.
En Anglais, BAT signifie aussi « chauve-souris ». Cette dénomination est sûrement un clin d'œil des inventeurs du test. [ndt]

Tableau 14.2

Données (imaginaires) de l'étude concernant l'effet du traitement sur l'arachnophobie

Avant traitement		Après traitement	
FSQ	BAT	FSQ	BAT
92	8	51	11
126	2	120	5
126	7	111	8
121	10	84	8
84	4	67	6
67	4	45	6
19	10	21	11
65	5	96	7
73	1	55	7
107	5	91	6
101	0	72	3
83	6	63	6
110	7	109	8
21	11	31	11
68	8	69	9
42	4	67	3
106	9	110	9
89	6	75	10
88	5	91	6
33	10	41	10
55	6	56	5
33	7	42	10
$\bar{X} = 77{,}7$, $\sigma = 33{,}2$	$\bar{X} = 6{,}1$, $\sigma = 3{,}0$	$\bar{X} = 71{,}2$, $\sigma = 27{,}7$	$\bar{X} = 7{,}5$, $\sigma = 2{,}4$
IC (95 %) : [63 ; 92]	IC (95 %) : [5 ; 7]	IC (95 %) : [59 ; 83]	IC (95 %) : [6 ; 9]

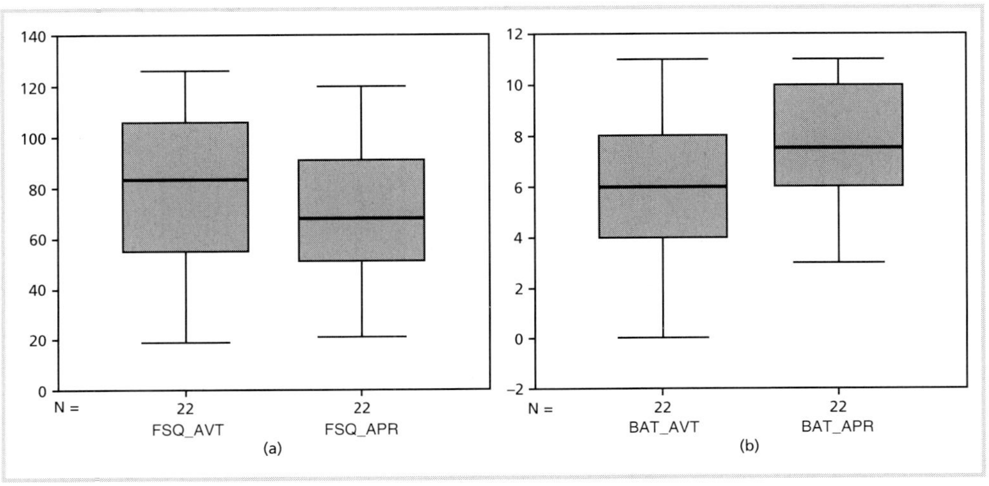

Figure 14.4

Boîtes à moustaches pour les scores FSQ (a) et BAT (b) avant et après le test

On peut également demander à SPSS de tracer un diagramme de variation donnant les intervalles de confiance pour la moyenne au seuil de 95 %. Cela donne les figures 14.5(a) et 14.5(b).

On peut voir sur ces figures 14.5(a) et 14.5(b) que, pour ce qui concerne le FSQ, les intervalles se chevauchent largement. Il ne semble donc pas que les FSQ moyens sont significativement différents entre les deux mesures avant et après le traitement. En ce qui concerne les scores BAT, le chevauchement est moindre mais il n'est toujours pas certain que la différence de moyennes ne soit pas un simple effet du hasard. Il semble pourtant qu'il puisse éventuellement y avoir une différence au niveau comportemental (BAT) mais pas au niveau exprimé (FSQ).

Figure 14.5
Diagramme de variation des scores FSQ (a) et BAT (b) avant et après le traitement

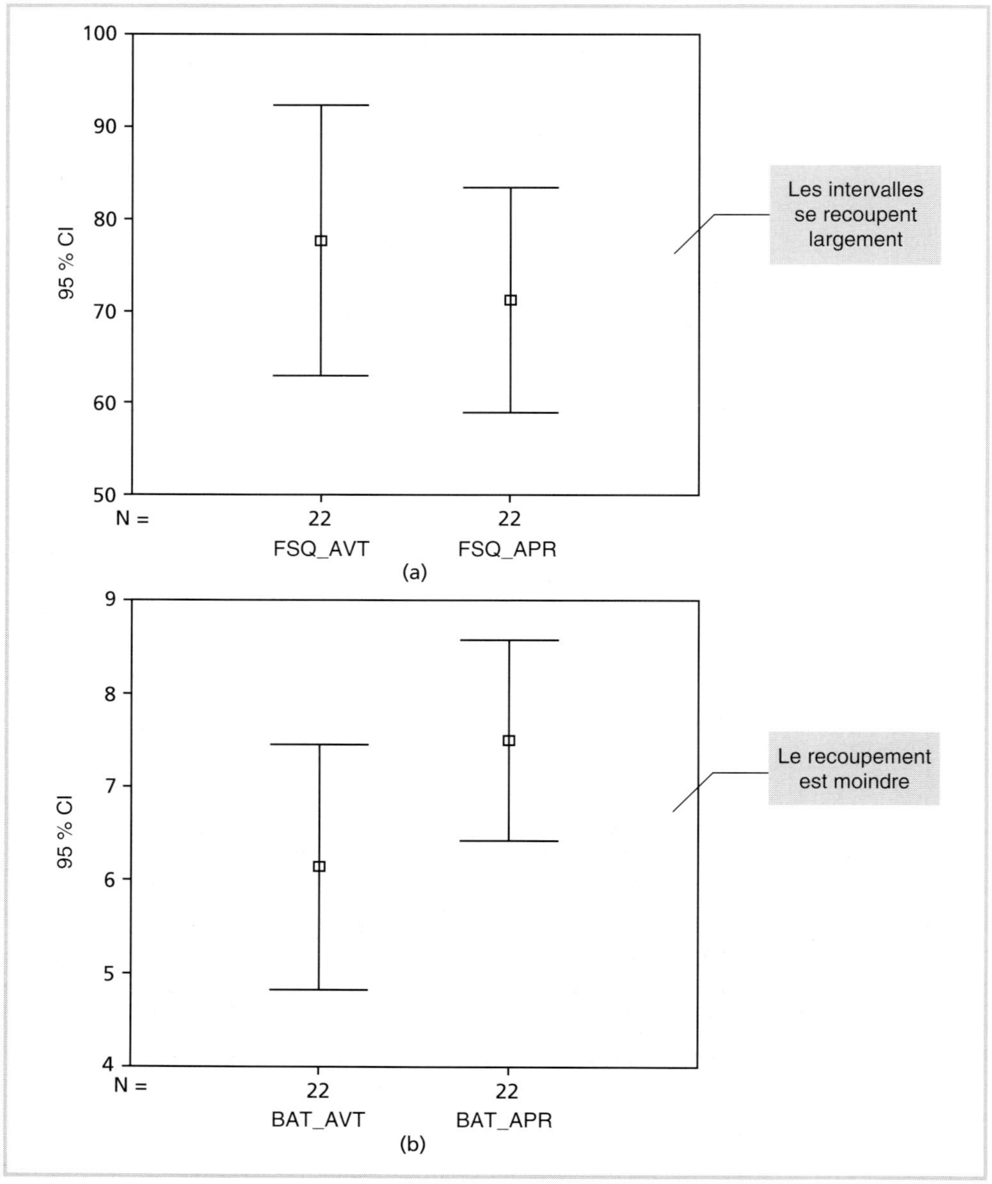

10.1 *Sortie manova*

Les résultats pour la manova concernant l'arachnophobie sont présentés ci-dessous :

Facteurs intra-sujets

Mesure	TRAITEM	Variable dépendante
FSQ	1	FSQ_AVT
	2	FSQ_APR
BAT	1	BAT_AVT
	2	BAT_APR

Ce premier tableau résume la situation statistique. Vous pouvez ainsi vérifier que la première mesure de BAT est bien *bat_avt*, par exemple.

Tests multivariés[b]

Effet			Valeur	F	ddl de l'hypothèse	Erreur ddl	Signification
Inter-sujets	Intercept	Trace de Pillai	,956	216,797[a]	2,000	20,000	,000
		Lambda de Wilks	,044	216,797[a]	2,000	20,000	,000
		Trace de Hotelling	21,680	216,797[a]	2,000	20,000	,000
		Plus grande racine de Roy	21,680	216,797[a]	2,000	20,000	,000
Intra-sujets	TRAITEM	Trace de Pillai	,379	6,110[a]	2,000	20,000	,008
		Lambda de Wilks	,621	6,110[a]	2,000	20,000	,008
		Trace de Hotelling	,611	6,110[a]	2,000	20,000	,008
		Plus grande racine de Roy	,611	6,110[a]	2,000	20,000	,008

a. Statistique exacte

b. Plan : Intercept
Plan intra-sujets : TRAITEM

Ce test multivarié est similaire à celui que nous avons déjà vu pour la manova inter-sujets un peu plus haut. La première partie *(inter-sujets)* indique qu'il y a des différences entre les participants en ce qui concerne l'arachnophobie mesurée par *fsq* et *bat*. Mais le plus intéressant est évidemment la suite, qui montre aussi un effet significatif du traitement au risque de 0,008, soit 0,8 % – et ce quelle que soit la méthode de combinaison des VD choisie. Le traitement a donc bien un effet sur la peur des araignées.

Test des phéricité de Mauchly[b]

Effet intra-sujets	Mesure	W de Mauchly	Khi-deux approché	ddl	Signification	Epsilon[a] Greenhouse-Geisser	Epsilon[a] Huynh-Feldt	Epsilon[a] Borne inférieure
TRAITEM	FSQ	1,000	,000	0	.	1,000	1,000	1,000
	BAT	1,000	,000	0	.	1,000	1,000	1,000

Teste l'hypothèse nulle selon laquelle la matrice de covariance des erreurs des variables dépendantes orthonormées est proportionnelle à la matrice identité.

a. May be used to adjust the degrees of freedom for the averaged tests of significance. Corrected tests are displayed in the Tests of Within-Subjects Effects table.

b. Plan : Intercept
Plan intra-sujets : TRAITEM

Dans le cas qui nous intéresse ici, le test de Mauchly n'a pas lieu d'être, et nous pouvons ignorer ce tableau.

Multivarié[b,c]

Effet intra-sujets		Valeur	F	ddl de l'hypothèse	Erreur ddl	Signification
TRAITEM	Trace de Pillai	,379	6,110[a]	2,000	20,000	,008
	Lambda de Wilks	,621	6,110[a]	2,000	20,000	,008
	Trace de Hotelling	,611	6,110[a]	2,000	20,000	,008
	Plus grande racine de Roy	,611	6,110[a]	2,000	20,000	,008

a. Statistique exacte
b. Plan : Intercept
Plan intra-sujets : TRAITEM
c. Les tests sont basés sur la moyenne des variables

À partir d'ici, nous traitons spécifiquement la partie *intra-sujets*. Autrement dit, on ne s'intéresse plus à la différence entre les sujets. On retrouve simplement une partie d'un tableau précédent...

Tests univariés

Source	Mesure		Somme des carrés de type III	ddl	Moyenne des carrés	F	Signification
TRAITEM	FSQ	Sphéricité supposée	458,273	1	458,273	2,731	,113
		Greenhouse-Geisser	458,273	1,000	458,273	2,731	,113
		Huynh-Feldt	458,273	1,000	458,273	2,731	,113
		Borne inférieure	458,273	1,000	458,273	2,731	,113
	BAT	Sphéricité supposée	20,455	1	20,455	12,084	,002
		Greenhouse-Geisser	20,455	1,000	20,455	12,084	,002
		Huynh-Feldt	20,455	1,000	20,455	12,084	,002
		Borne inférieure	20,455	1,000	20,455	12,084	,002
Erreur(TRAITEM)	FSQ	Sphéricité supposée	3523,727	21	167,797		
		Greenhouse-Geisser	3523,727	21,000	167,797		
		Huynh-Feldt	3523,727	21,000	167,797		
		Borne inférieure	3523,727	21,000	167,797		
	BAT	Sphéricité supposée	35,545	21	1,693		
		Greenhouse-Geisser	35,545	21,000	1,693		
		Huynh-Feldt	35,545	21,000	1,693		
		Borne inférieure	35,545	21,000	1,693		

Dans cet énorme tableau, seule nous intéresse la partie supérieure (TRAITEM), qui nous informe sur l'effet du traitement. La partie basse n'a d'intérêt que pour ceux qui voudraient faire les calculs à la main afin de vérifier que l'ordinateur donne le bon résultat... Les résultats des différentes méthodes sont identiques, et nous pouvons nous contenter de lire les deux lignes *Greenhouse-Geisser*, comme nous l'avions déjà fait plus tôt. Il s'agit, vous l'avez compris, des tests univariés, qui traitent les VD une à une. Ce sont en fait des anova pour plans à mesures répétées, faites une fois avec *fsq*, une fois avec *bat*. On voit ici que l'effet du traitement sur *fsq* n'est pas significatif ($p = 0{,}113$), alors qu'il l'est pour *bat* ($p = 0{,}002$). Ainsi, on pourra dire que le traitement n'a pas d'effet notable sur la perception de la peur, mais en a sur les effets comportementaux de cette peur.

Tests des contrastes intra-sujets

Source	Mesure	TRAITEM	Somme des carrés de type III	ddl	Moyenne des carrés	F	Signification
TRAITEM	FSQ	Linéaire	458,273	1	458,273	2,731	,113
	BAT	Linéaire	20,455	1	20,455	12,084	,002
Erreur(TRAITEM)	FSQ	Linéaire	3523,727	21	167,797		
	BAT	Linéaire	35,545	21	1,693		

Ce tableau n'a aucun intérêt pour nous, et n'est pas utilisé (sauf cas exceptionnels) en psychologie.

Tests des effets inter-sujets

Variable tranformée : Moyenne

Source	Mesure	Somme des carrés de type III	ddl	Moyenne des carrés	F	Signification
Intercept	FSQ	243913,091	1	243913,091	143,555	,000
	BAT	2045,455	1	2045,455	156,457	,000
Erreur	FSQ	35680,909	21	1699,091		
	BAT	274,545	21	13,074		

Ce dernier tableau montre que les sujets, que l'on savait déjà différents en termes de phobie globale, diffèrent pour les scores *fsq*, et également pour les scores *bat*. Ce résultat ne nous intéresse pas directement.

Tout ceci vous prouve que la VI a un effet significatif sur l'arachnophobie globale. Autrement dit le traitement a un effet, puisque par exemple le λ de Wilks vaut 0,621, ce qui équivaut ici à un F de 6,110 et une signification $p = 0{,}008$. Cela est visible grâce à la partie « multivariée » des résultats. La partie « univariée » détaille quant à elle les résultats VD par VD et analyse sur les deux VD prises séparément l'effet du traitement. Il apparaît que seul le score *bat* est modifié de manière significative par le traitement. Nous pouvons étudier plus en détail les résultats VD par VD, parce que si nous savons maintenant que le traitement a un effet, nous ne savons pas dans quel sens cet effet s'exprime.

Faites bien attention à ceci : si le traitement a un effet morbide et *augmente* la phobie, vous trouverez également des résultats significatifs. Vérifiez toujours que vos données vont bien dans le sens voulu.

10.2 *Précisions sur les effets des VD*

Pour évaluer plus finement les contributions des VD, il nous faut d'abord déterminer si elles sont corrélées ou non. Pour cela, on fait simplement une étude de corrélation linéaire. Cela donne les résultats qui suivent.

Avant le traitement, on a

Corrélations

		FSQ_AVT	BAT_AVT
FSQ_AVT	Corrélation de Pearson	1	-,315
	Sig. (bilatérale)	,	,154
BAT_AVT	Corrélation de Pearson	-,315	1
	Sig. (bilatérale)	,154	,

et l'on voit que les deux mesures ne sont pas significativement liées.

Après le traitement, on passe à

Corrélations

		FSQ_APR	BAT_APR
FSQ_APR	Corrélation de Pearson	1	-,352
	Sig. (bilatérale)	,	,108
BAT_APR	Corrélation de Pearson	-,352	1
	Sig. (bilatérale)	,108	,

qui montre la même chose.

Il est donc clair que les corrélations entre les VD sont suffisamment faibles pour être négligées en première approximation. On peut donc effectuer des tests de Student [5] sur les paires qui nous intéressent (si les VD avaient été fortement corrélées, il aurait fallu utiliser des méthodes qui ne sont pas développées ici). Voilà alors ce qu'on obtient avec les tests de comparaison de moyennes :

Statistiques pour échantillons appariés

		Moyenne	N	Ecart-type	Erreur standard moyenne
Paire 1	FSQ_AVT	77,68	22	33,188	7,076
	FSQ_APR	71,23	22	27,666	5,898
Paire 2	BAT_AVT	6,14	22	2,965	,632
	BAT_APR	7,50	22	2,445	,521

Ce tableau montre les statistiques descriptives. Comme BAT est mesuré « à l'envers », on voit que le traitement est efficace sur cette mesure.

Corrélations pour échantillons appariés

		N	Corrélation	Sig.
Paire 1	FSQ_AVT & FSQ_APR	22	,834	,000
Paire 2	BAT_AVT & BAT_APR	22	,785	,000

Test échantillons appariés

		Différences appariées							
					Intervalle de confiance 95% de la différence				
		Moyenne	Ecart-type	Erreur standard moyenne	Inférieure	Supérieure	t	ddl	Sig. (bilatérale)
Paire 1	FSQ_AVT - FSQ_APR	6,45	18,32	3,906	-1,67	14,58	1,653	21	,113
Paire 2	BAT_AVT - BAT_APR	-1,36	1,840	,392	-2,18	-,55	-3,476	21	,002

5. En réalité, cela est redondant avec ce qui a déjà été fait, et on pourrait très bien se contenter de regarder dans quel sens vont nos données significatives (effet du traitement sur BAT). Pour cela, on considérerait les résultats des analyses univariées et les statistiques descriptives. [ndt]

Tout cela nous montre que le traitement est efficace sur *bat*, donc sur les effets comportementaux de la peur des araignées, mais peu (ou pas) efficace pour lutter contre la perception de la peur par le sujet (*fsq*).

On pourrait rédiger un compte rendu comme ceci par exemple :

> Les boîtes à moustaches montrent que les VD sont, pour chaque niveau de la VI, distribuées de manière symétrique et mésocurtique. On supposera dans la suite la normalité multivariée vérifiée. Le diagramme de variation suggère que le traitement n'a pas d'effet notable sur FSQ, mais en a peut-être sur BAT, les deux intervalles de confiance se recoupant moins dans le cas de la mesure comportementale.
>
> Une manova pour plan à mesures répétées, avec le traitement (avant / après) comme facteur intra-sujets et BAT et FSQ comme VD, a été utilisée pour analyser les données. Elle montre un effet du traitement sur l'arachnophobie considérée comme une mesure multivariée ($F(2\ ;\ 20) = 6{,}11$, $p = 0{,}008$, $\lambda = 0{,}621$). Les deux VD étant peu corrélées avant ($r = -0{,}32$, $p = 0{,}16$) et après ($r = -0{,}35$, $p = 0{,}11$), on utilise pour détailler les effets du traitement des tests de comparaison de moyennes pour échantillons pairés. Il apparaît ainsi que le score comportemental est modifié par le traitement ($t(21) = 3{,}48$, $p = 0{,}002$), alors que le score de peur ressentie *fsq* n'est pas significativement modifié en moyenne ($t(21) = 1{,}65$, $p = 0{,}113$). Les résultats moyens montrent que l'effet du traitement sur *bat* est positif, puisque le traitement augmente le score en question (score d'autant plus élevé que la phobie est faible).
>
> Il semble donc que le traitement ait un effet comportemental mais n'atteigne pas notablement le « cœur » de la phobie.

NOTE : on pourrait très bien se passer des t et rapporter à la place les valeurs de F (univariées !), cela revient au même.

SPSS : une VI intra-sujets et deux VD

Pour analyser nos données concernant la peur des araignées, il nous faut déclarer quatre variables :

1. le score FSQ avant le traitement (fsq_avt) ;
2. le score FSQ après le traitement (fsq_apr) ;
3. le score BAT avant traitement (bat_avt) ;
4. le score BAT après traitement (bat_apr).

Activité 1.5

Quelles méthodes sont appropriées pour analyser plus en détail une différence multivariée entre deux conditions de la VI ?

(a) On commence par voir si les VD sont corrélées. Si elles le sont, il faut utiliser des méthodes plus avancées que celles évoquées dans ce livre pour détailler la contribution des différentes VD à l'écart entre les groupes.

(b) On commence par voir si les VD sont corrélées. Si elles ne le sont pas, on peut faire des tests T individuels, en prenant soin d'ajuster le risque α .

(c) On commence par voir si les VD sont corrélées. Si elles ne le sont pas, on peut lire les résultats univariés de la manova.

(d) On se fiche des corrélations, et on utilise des tests de comparaison de moyennes.

Une fois ces données entrées, choisissez *Analyse > Modèle linéaire général > Mesures répétées.*

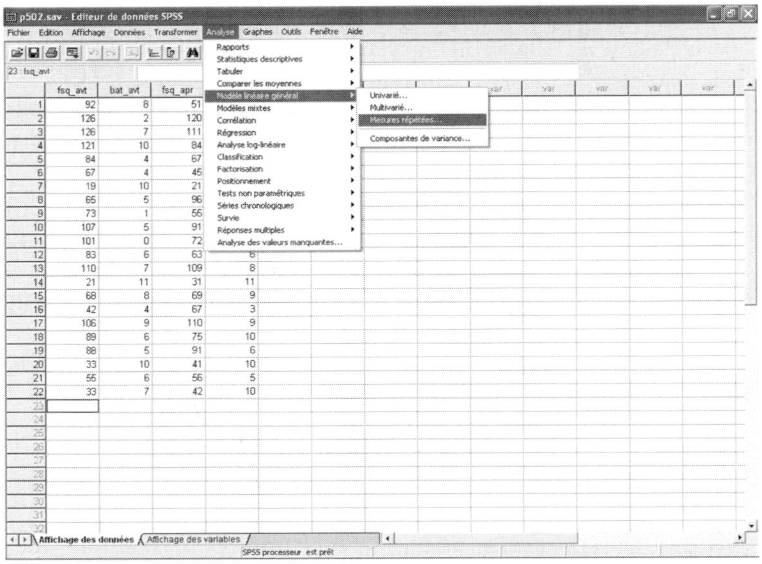

La boîte de dialogue qui suit devrait alors apparaître. C'est exactement la même que les traitements des chapitres 9 et 10, que nous avions rencontrés lorsque nous souhaitions réaliser une anova pour plan à mesures répétées. Comme pour l'anova, il vous faut maintenant définir vos variables intra-sujets. Appelez par exemple *traitem* (pour « traitement ») votre variable, qui a deux modalités.

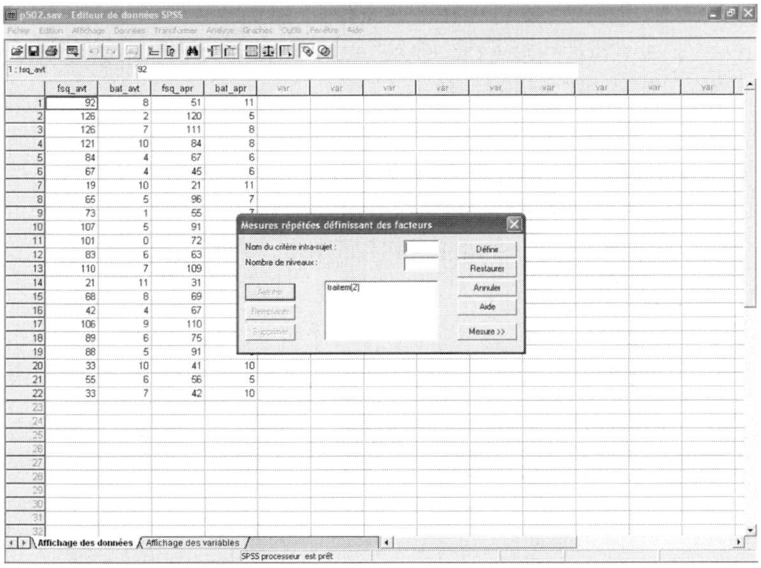

Nous avions indiqué comment, dans le cadre des anova pour plan à mesures répétées, définir les variables intra-sujets en cliquant sur *Définir*. Dans le cas d'une manova, il faut en plus spécifier les VD. Pour cela, cliquez sur *Mesure*

>>, ce qui a pour effet d'agrandir la boîte de dialogue en ajoutant des options [6].

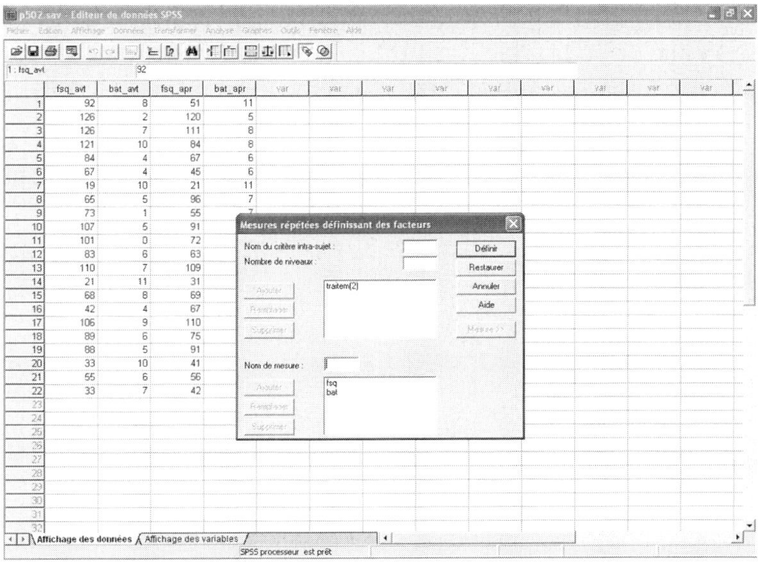

Nous avons deux VD, chacune mesurée dans les deux conditions de la VI. Dans la zone de texte *Nom de mesure*, il faut déclarer ces deux VD une à une. Les noms que vous choisissez ici doivent être différents de ceux déjà utilisés pour nommer les variables. La capture d'écran vous montre qu'on a nommé *fsq* la première variable, et *bat* la seconde. Lorsque les deux noms ont été entrés et ajoutés, cliquez sur *Définir*.

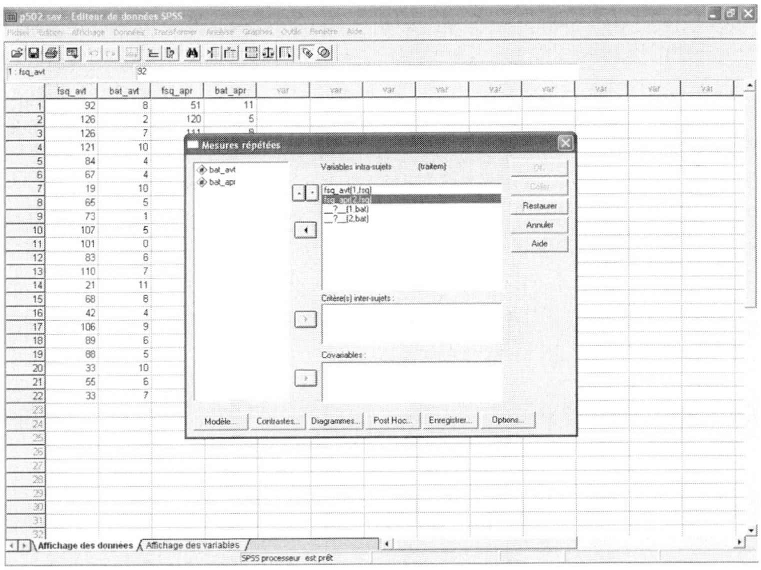

6. Notez que cette étape n'est pas nécessaire avec SPSS version 12, parce que la boîte de dialogue est automatiquement étendue. Vous n'aurez donc pas à cliquer sur *Mesure* avec la version 12.

Dans la boîte qui apparaît, vous verrez que les deux variables *fsq* et *bat* correspondent chacune à deux emplacements. Il vous faut sélectionner les variables une à une dans l'ordre, puis les faire passer du côté droit. Dans notre exemple, nous avons commencé par sélectionner (à gauche) la variable *fsq_avt*, pour la faire passer dans l'emplacement *(1,fsq)* (première mesure de *fsq*), et ainsi de suite. Une fois tout cela terminé, vous pouvez par exemple cliquer sur *Options...* si vous souhaitez obtenir des tailles d'effet.

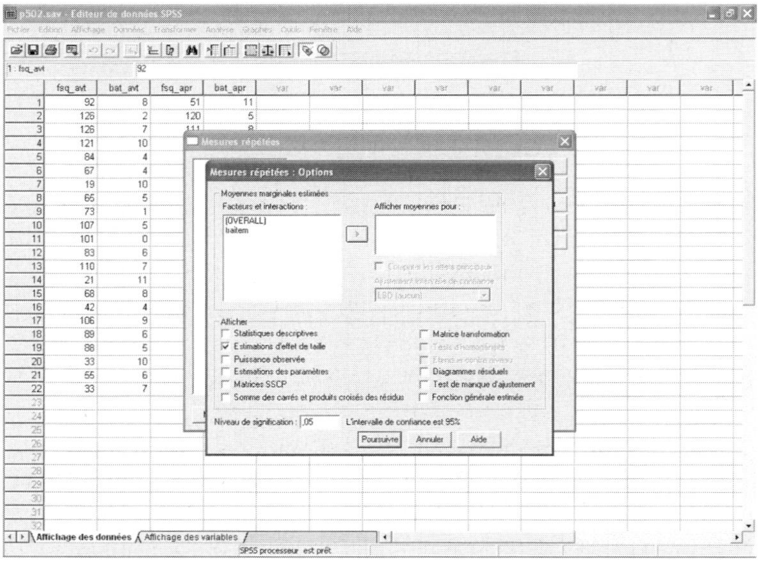

Une fois là, il ne vous reste plus qu'à choisir *Poursuivre*, puis *OK*. Les résultats que vous obtenez sont ceux déjà présentés plus haut.

Récapitulatif

Dans ce chapitre, nous vous avons proposé une brève introduction à l'analyse de variance multivariée. Nous vous avons expliqué :

- que la manova permet d'étudier le lien entre une ou plusieurs VI catégorielles et plusieurs VD numériques ;
- que la manova est une extension de l'anova ;
- que le principe de la manova est de créer une combinaison linéaire des VD avec laquelle une anova est possible ;
- que les conditions d'application de la manova sont :
  - la normalité multivariée des VD, ce qui signifie que les VD sont normalement distribuées, *ainsi que toutes leurs combinaisons linéaires*,
  - l'homogénéité des variances-covariances, qui est un équivalent plus général de l'homogénéité des variances en anova ;
- que SPSS propose plusieurs méthodes pour trouver la bonne combinaison linéaire des VD et déterminer le *F* :
  - le lambda (λ) de Wilks,
  - la trace de Pillai,

- la trace de Hotelling,
- la plus grande racine de Roy,
- que la plus utilisée est le λ de Wilks ;
- qu'un résultat multivarié significatif doit vous engager à étudier ensuite par des statistiques univariées les VD une à une pour déterminer lesquelles contribuent véritablement à la différence entre les groupes ;
- qu'il faut alors ajuster le risque α en conséquence ;
- qu'il est difficile d'étudier les VD une à une lorsqu'elles sont corrélées.

Exercices SPSS

Exercice 1

Une compagnie pétrolière vient d'inventer deux nouveaux types de carburant compatibles avec les anciens moteurs à explosion. L'un des carburants est fait à partir de jus de carotte (ce qui, par dessus le marché, permet aux conducteurs de mieux voir la nuit) ; l'autre est obtenu par distillation de purée de pois cassés (pas très utile pour bien voir la nuit, mais cela permet de garder la main verte). Avant de mettre le produit en vente, la compagnie veut savoir lequel est le plus intéressant. Elle décide donc de faire un essai sur route, avec 12 voitures roulant à la carotte et 12 aux pois cassés. Chaque voiture est conduite pendant 12 heures d'affilée, à une vitesse constante de 70 km/h. La compagnie veut estimer la qualité de ses carburants en utilisant différents indices, dont notamment un score de dommages sur la voiture (estimé par un mécanicien), et le nombre de kilomètres effectués avec un litre de liquide. Les données sont les suivantes :

Jus de carotte		Pois cassés	
dommages subis	**km par litre**	**dommages subis**	**km par litre**
4	10	3	14
5	10	6	14
8	9	4	14
5	9	5	12
6	7	5	12
2	11	9	11
4	12	6	11
7	11	2	9
3	10	7	15
6	6	7	15
7	12	8	16
5	13	6	17

Entrez ces données dans SPSS, réalisez une manova et répondez aux questions qui suivent :

1. La condition d'homogénéité des variances-covariances est-elle satisfaite ?

2. Quelle est la valeur de F calculée en fonction du λ de Wilks ?
3. Y a-t-il une différence significative multivariée entre les deux groupes de voitures ?
4. Quelles VD participent à une éventuelle différence entre les deux carburants ?
5. Réalisez une étude de corrélation pour être certain que la lecture des statistiques F univariées est bien la meilleure méthode.
6. Quelles sont les tailles des effets associées aux différentes VD ?

Exercice 2

Une brasserie vient d'inventer une nouvelle sorte de bière. Elle espère révolutionner les habitudes des jeunes grâce à son invention. Cette bière tient à la fois de la bière brune et de la bière blonde, aussi les inventeurs lui donnent-il le nom de bière bronde. Ils décident de tester leur bronde avant de la lancer (pas au sens propre) en Europe. Ils font pour cela goûter leur bronde à douze jeunes, et leur demandent de la comparer avec leur bière brune préférée sur plusieurs caractéristiques. Le premier jour, les participants disposent de 6 pintes, et rendent leur verdict. Le lendemain, les six personnes ayant déjà goûté la bronde jugent la brune, et réciproquement. Deux des mesures sont présentées dans le tableau ci-dessous (il s'agit du goût et des effets plaisants de la boisson). Les mesures sont faites sur 15 points.

Brune		Bronde	
goût	plaisir	goût	plaisir
5	8	8	9
11	7	11	8
9	2	14	7
11	3	14	7
10	4	15	2
12	7	10	3
9	6	10	4
6	6	15	5
8	5	11	5
10	5	13	6
9	5	13	6
8	4	13	6

Entrez les données dans SPSS, réalisez une manova et répondez aux questions :

1. Y a-t-il une différence multivariée significative entre les boissons ?
2. Comment examiner les contributions des différentes VD ? Faites-le.
3. Quelles VD participent le plus à expliquer une éventuelle différence entre les deux bières ?

QCM

Les questions 1 à 3 se réfèrent à l'étude qui suit :

Des chercheurs s'intéressent à la différence entre les hommes et les femmes concernant les aptitudes verbales. Ils mesurent pour cela sur un groupe d'étudiants des compétences de rédaction à l'écrit et de compréhension à l'oral. Les deux VD ne sont pas corrélées. Les résultats de la manova sont :

Facteurs inter-sujets

		Etiquette de valeur	N
SEXE	1	masculin	10
	2	féminin	10

Test d'égalité des matrices de covariance de Box[a]

M de Box	1,716
F	,503
ddl1	3
ddl2	58320,000
Signification	,680

Teste l'hypothèse nulle selon aquelle les matrices de covariances observées des variables dépendantes sont égales sur l'ensemble des groupes.

a. Plan : Intercept+SEXE

Tests multivariés[b]

Effet		Valeur	F	ddl de l'hypothèse	Erreur ddl	Signification
Intercept	Trace de Pillai	,924	103,432[a]	2,000	17,000	,000
	Lambda de Wilks	,076	103,432[a]	2,000	17,000	,000
	Trace de Hotelling	12,168	103,432[a]	2,000	17,000	,000
	Plus grande racine de Roy	12,168	103,432[a]	2,000	17,000	,000
SEXE	Trace de Pillai	,464	7,366[a]	2,000	17,000	,005
	Lambda de Wilks	,536	7,366[a]	2,000	17,000	,005
	Trace de Hotelling	,867	7,366[a]	2,000	17,000	,005
	Plus grande racine de Roy	,867	7,366[a]	2,000	17,000	,005

a. Statistique exacte

b. Plan : Intercept+SEXE

Test d'égalité des variances des erreurs de Levene[a]

	F	ddl1	ddl2	Signification
rédaction	1,765	1	18	,201
compréhension	,181	1	18	,675

Teste l'hypothèse nulle que la variance des erreurs de la variable dépendante est égale sur les différents groupes.

a. Plan : Intercept+SEXE

QCM (suite)

Tests des effets inter-sujets

Source	Variable dépendante	Somme des carrés de type III	ddl	Moyenne des carrés	F	Signification
Modèle corrigé	rédaction	31,250[a]	1	31,250	13,489	,002
	compréhension	4,050[b]	1	4,050	2,928	,104
Intercept	rédaction	252,050	1	252,050	108,799	,000
	compréhension	174,050	1	174,050	125,819	,000
SEXE	rédaction	31,250	1	31,250	13,489	,002
	compréhension	4,050	1	4,050	2,928	,104
Erreur	rédaction	41,700	18	2,317		
	compréhension	24,900	18	1,383		
Total	rédaction	325,000	20			
	compréhension	203,000	20			
Total corrigé	rédaction	72,950	19			
	compréhension	28,950	19			

a. R deux = ,428 (R deux ajusté = ,397)
b. R deux = ,140 (R deux ajusté = ,092)

1. Quelle est la valeur de la statistique M de Box ?
   (a) 1,72
   (b) 0,50
   (c) 0,68
   (d) 58320.
2. Combien vaut le λ de Wilks ?
   (a) 0,076
   (b) 0,536
   (c) 7,336
   (d) 9.
3. Quelle est la bonne conclusion ?
   (a) Il existe une différence multivariée entre les garçons et les filles
   (b) Il existe une différence significative pour la rédaction, mais pas pour la compréhension
   (c) Les conditions d'application de la manova sont bien vérifiées
   (d) Tout cela à la fois.
4. L'analyse de variance multivariée
   (a) analyse seulement plusieurs VI
   (b) analyse une ou plusieurs VI et plusieurs VD
   (c) ne peut être utilisée qu'avec des variables catégorielles
   (d) tout cela à la fois.
5. Parmi les choses suivantes, lesquelles sont des méthodes de détermination de la combinaison linéaire pour les tests multivariés ?
   (a) Le λ de Wilks
   (b) La trace de Pillai
   (c) La trace de Hotelling
   (d) Les trois.

QCM (suite)

6. Le test de Box
   (a) est un test d'homogénéité des variances pour l'anova
   (b) doit être ignoré
   (c) est un test d'homogénéité des variances-covariances
   (d) est utile seulement pour les plans mixtes.
7. Si vos VD sont corrélées et que votre VI est dichotomique, vous devez
   (a) pleurer
   (b) faire des comparaisons en utilisant des tests T
   (c) réaliser un χ^2
   (d) rien de tout ça.
8. Si vos VD ne sont pas corrélées et que votre VI est dichotomique, comment examiner la contribution des différentes VD dans la différence globale entre les groupes ?
   (a) En faisant des tests T et en ajustant le risque α pour l'erreur d'ensemble
   (b) En consultant la signification des tailles d'effet de la combinaison des VD
   (c) En vérifiant que le test de Box donne un résultat significatif
   (d) À la fois (a) et (b).
9. Si nous avons trois VD et que nous trouvons une différence multivariée, quel niveau choisir pour α pour chaque test univarié ?
   (a) 5 %
   (b) 1 %
   (c) 1,67 %
   (d) 3,33 %
10. La manova
    (a) forme une combinaison linéaire des VI
    (b) forme une combinaison linéaire des VD
    (c) est une extension du test du χ^2
    (d) corrèle les VI avec toutes les VD.
11. La normalité multivariée signifie
    (a) que les VD sont normalement distribuées
    (b) que les VD et les VI sont normalement distribuées
    (c) que les VD et toutes les combinaisons linéaires possibles des VD sont distribuées normalement
    (d) tout cela à la fois.
12. Quelles sont les combinaisons linéaires parmi les choses suivantes ?
    (a) $A + B + C + D$
    (b) $b_1x_1 + b_2x_2 + b_3x_3$
    (c) Les numéros sortants à la loterie
    (d) À la fois (a) et (b).
13. Parmi les hypothèses suivantes, lesquelles sont des conditions d'application de la manova ?
    (a) Homogénéité des variances-covariances
    (b) Les échantillons sont de taille égale
    (c) Les VD sont nominales
    (d) Rien de tout ça.

QCM (suite)

14. Quelle partie de la manova vous indique une éventuelle différence de la combinaison linéaire des VD selon les groupes formés par la VI ?
    (a) Le test de Box
    (b) Les statistiques univariées
    (c) Les statistiques multivariées
    (d) Tout cela à la fois.
15. Si vos VD sont corrélées, que pouvez-vous faire ?
    (a) Utiliser des tests T pour examiner la contribution des différentes VD
    (b) Utiliser une autre méthode plus avancée
    (c) Mettre de l'eau dans votre vin
    (d) À la fois (a) et (b).

Les questions 16 à 20 se rapportent à la sortie suivante :

Facteurs intra-sujets

Mesure	TRAITEME	Variable dépendante
ANXIÉTÉ	1	ANX_AVT
	2	ANX_APR
DÉPRESS	1	DEP_AVT
	2	DEP_APR

Statistiques descriptives

	Moyenne	Ecart-type	N
anxiété 1	4,23	2,266	22
anxiété 2	4,86	2,660	22
dépression 1	3,41	2,130	22
dépression 2	4,91	1,659	22

Tests multivariés[b]

Effet			Valeur	F	ddl de l'hypothèse	Erreur ddl	Signification
Inter-sujets	Intercept	Trace de Pillai	,870	67,032[a]	2,000	20,000	,000
		Lambda de Wilks	,130	67,032[a]	2,000	20,000	,000
		Trace de Hotelling	6,703	67,032[a]	2,000	20,000	,000
		Plus grande racine de Roy	6,703	67,032[a]	2,000	20,000	,000
Intra-sujets	TRAITEME	Trace de Pillai	,756	31,003[a]	2,000	20,000	,000
		Lambda de Wilks	,244	31,003[a]	2,000	20,000	,000
		Trace de Hotelling	3,100	31,003[a]	2,000	20,000	,000
		Plus grande racine de Roy	3,100	31,003[a]	2,000	20,000	,000

a. Statistique exacte
b. Plan : Intercept
Plan intra-sujets : TRAITEME

QCM (suite)

Test des phéricité de Mauchly[b]

Effet intra-sujets	Mesure	W de Mauchly	Khi-deux approché	ddl	Signification	Epsilon[a] Greenhouse-Geisser	Huynh-Feldt	Borne inférieure
TRAITEME	ANXIÉTÉ	1,000	,000	0	,	1,000	1,000	1,000
	DÉPRESS	1,000	,000	0	,	1,000	1,000	1,000

Teste l'hypothèse nulle selon laquelle la matrice de covariance des erreurs des variables dépendantes orthonormées est proportionnelle à la matrice identité.

a. May be used to adjust the degrees of freedom for the averaged tests of significance. Corrected tests are displayed in the Tests of Within-Subjects Effects table.

b. Plan : Intercept
Plan intra-sujets : TRAITEME

Multivarié[b,c]

Effet intra-sujets		Valeur	F	ddl de l'hypothèse	Erreur ddl	Signification
TRAITEME	Trace de Pillai	,756	31,003[a]	2,000	20,000	,000
	Lambda de Wilks	,244	31,003[a]	2,000	20,000	,000
	Trace de Hotelling	3,100	31,003[a]	2,000	20,000	,000
	Plus grande racine de Roy	3,100	31,003[a]	2,000	20,000	,000

a. Statistique exacte

b. Plan : Intercept
Plan intra-sujets : TRAITEME

c. Les tests sont basés sur la moyenne des variables

Tests univariés

Source	Mesure		Somme des carrés de type III	ddl	Moyenne des carrés	F	Signification
TRAITEME	ANXIÉTÉ	Sphéricité supposée	4,455	1	4,455	14,292	,001
		Greenhouse-Geisser	4,455	1,000	4,455	14,292	,001
		Huynh-Feldt	4,455	1,000	4,455	14,292	,001
		Borne inférieure	4,455	1,000	4,455	14,292	,001
	DÉPRESS	Sphéricité supposée	24,750	1	24,750	44,234	,000
		Greenhouse-Geisser	24,750	1,000	24,750	44,234	,000
		Huynh-Feldt	24,750	1,000	24,750	44,234	,000
		Borne inférieure	24,750	1,000	24,750	44,234	,000
Erreur (TRAITEME)	ANXIÉTÉ	Sphéricité supposée	6,545	21	,312		
		Greenhouse-Geisser	6,545	21,000	,312		
		Huynh-Feldt	6,545	21,000	,312		
		Borne inférieure	6,545	21,000	,312		
	DÉPRESS	Sphéricité supposée	11,750	21	,560		
		Greenhouse-Geisser	11,750	21,000	,560		
		Huynh-Feldt	11,750	21,000	,560		
		Borne inférieure	11,750	21,000	,560		

QCM (suite)

Tests des contrastes intra-sujets

Source	Mesure	TRAITEME	Somme des carrés de type III	ddl	Moyenne des carrés	F	Signification
TRAITEME	ANXIÉTÉ	Linéaire	4,455	1	4,455	14,292	,001
	DÉPRESS	Linéaire	24,750	1	24,750	44,234	,000
Erreur(TRAITEME)	ANXIÉTÉ	Linéaire	6,545	21	,312		
	DÉPRESS	Linéaire	11,750	21	,560		

Tests des effets inter-sujets

Variable tranformée : Moyenne

Source	Mesure	Somme des carrés de type III	ddl	Moyenne des carrés	F	Signification
Intercept	ANXIÉTÉ	909,091	1	909,091	76,391	,000
	DÉPRESS	761,114	1	761,114	113,048	,000
Erreur	ANXIÉTÉ	249,909	21	11,900		
	DÉPRESS	141,386	21	6,733		

16. Quelles sont les VD dans cette étude ?
    (a) Traiteme et intercept
    (b) Anxiété et dépression
    (c) Greenhouse et Geisser
    (d) Rien de tout cela.
17. Combien la VI a-t-elle de niveaux ?
    (a) 1
    (b) 2
    (c) 3
    (d) 4.
18. Y a-t-il une différence multivariée significative entre les conditions ?
    (a) Oui
    (b) Non
    (c) On ne peut pas savoir
    (d) Oui, mais les VD prises séparément ne font par contre aucune différence.
19. Que reporteriez-vous dans votre compte rendu ?
    (a) Trace de Pillai : 0,756
    (b) λ de Wilks : 0,244
    (c) Trace de Hotelling : 3,100
    (d) Plus grande racine de Roy : 3,100.
20. Les différences univariées sont-elles significatives ?
    (a) Seulement pour l'anxiété
    (b) Seulement pour la dépression
    (c) Pour l'anxiété et la dépression
    (d) Non.

Références

Golby, J., & Sheard, M. (sous presse). Mental toughness and hardiness at different levels of rugby league. *Personality and Individual Differences.*

Loehr, J. E. (1986). *Mental toughness training for sports : Achieving athletic excellence.* Lexington, MA : Stephen Green Press.

Maddi, S. R., & Koshaba, D. M. (2001). *Personal views survey (3rd edition, revised).* Newport Beach, CA : The Hardiness Institute.

Öst, L., Stridh, B., & Wolf, M. (1998). A clinical study of spider phobia : prediction of outcome after self-help and therapist-directed treatments. *Behaviour Research and Therapy, 36,* 17-35.

Stevens, J. (1997). *Applied multivariate statistics for the social sciences (3rd edition).* Lawrence Erlbaum Associates.

Szymanski, J., & O'Donohue, W. (1995). Fear of spider questionnaire. *Journal of Behavior Therapy and Experimental Psychiatry, 26,* 31-34.

Tabachnick, B. G., & Fidell, L. S. (1997). *Using multivariate statistics (3rd edition).* HarperCollins.

CHAPITRE 15
Statistiques non paramétriques

Sommaire

Vue d'ensemble du chapitre

Dans les chapitres précédents, nous avons présenté des tests paramétriques. Pour tous ces tests, comme vous avez pu le constater, des conditions d'application devaient être vérifiées. En général, les variables dépendantes numériques doivent suivre une distribution normale (voir chapitre 4). Lorsque les conditions d'application sont satisfaites, il est en général préférable d'utiliser les tests paramétriques, plus puissants que les tests libres, et pour cette raison préférés des psychologues. Mais dans certains cas, il est impossible d'utiliser un test paramétrique parce que les conditions d'application sont manifestement trahies. Par exemple, on se retrouve avec des données fortement asymétriques sur des échantillons petits et (ce qui amplifie le problème) de tailles différentes. On ne peut sûrement pas, alors, supposer vérifiée la condition de normalité. Fort heureusement, les tests non paramétriques sont en général libres [1] et vous n'avez rien à vérifier sur la distribution des variables pour pouvoir les utiliser.

Dans ce chapitre, vous apprendrez plein de choses sur :

- le coefficient de Spearman (corrélation non paramétrique) ;
- le test de Mann-Whitney pour échantillons indépendants et le test des rangs de Wilcoxon pour échantillons appariés (équivalents des tests T, mais non paramétriques) ;
- le test de Kruskal-Wallis pour échantillons indépendants et le test de Friedman pour échantillons appariés (équivalents non paramétriques de l'anova).

Pour bien comprendre les tests présentés dans ce chapitre, il vous faut d'abord bien saisir les concepts suivants :

- les hypothèses unilatérales et bilatérales (chapitre 3) ;
- la signification statistique (chapitre 3) ;
- les intervalles de confiance (chapitre 3) ;
- le coefficient de corrélation *r* (chapitre 5) ;
- le test de comparaison de moyennes (chapitre 6) ;
- l'anova (chapitre 9).

1 Alternative au coefficient *r* : le coefficient de Spearman

Il est assez naturel que le coefficient de corrélation linéaire *r* et le coefficient de Spearman [2] r_S soient similaires. Ils mesurent la même chose (la corrélation), et s'interprètent à peu près de la même manière. Le coefficient *r* est utilisé lorsque la condition de normalité le permet. Sinon, on se rabat sur le coefficient de Spearman r_S. Un cas courant est celui où des personnes doivent *classer* des items, par exemple des images. Dans ce cas, les réponses des sujets ne sont pas normalement distribuées, de toute évidence. De même, si vous disposez d'un très petit nombre de personnes,

1. C'est le cas de tous ceux que nous traitons ici. [ndt]

2. Le coefficient de Spearman se note parfois r_S (par exemple chez Howell), et parfois ρ (rhô est la lettre grecque correspondant au r latin). On parle ainsi du « rhô de Spearman ». Cette dernière notation et discutable, parce qu'on réserve normalement les lettres grecques à des *paramètres* (calculés sur la population toute entière). [ndt]

et que vous n'avez pas de certitude quant à la normalité de vos données, mieux vaut utiliser le coefficient de Spearman. La première chose que fait le test correspondant à r_S est de transformer les données numériques en *rang* avant tout calcul.

En réalité, il existe une différence entre les coefficients de Spearman (r_S) et de Pearson (r). Alors que le coefficient de corrélation linéaire cherche un lien *linéaire* entre les variables, le coefficient de Spearman cherche un lien *monotone* (c'est-à-dire croissant ou décroissant). Cependant, en première approximation, on interprète les deux coefficients de la même manière. Nous avions déjà noté en effet que lorsqu'un coefficient r était significatif, on ne concluait pas *vraiment*, dans la pratique, à un lien linéaire, mais seulement à un lien monotone...

Considérez par exemple les données qui suivent. On a demandé à neuf personnes d'évaluer le charme d'une personne « cible », et puis de s'autoévaluer. Les deux mesures se font entre 1 (repoussant) et 10 (renversant). La taille de l'échantillon (réduite), la nature des données, et le fait que beaucoup d'autoévaluations sont pour le moins indulgentes, laissent penser que les conditions d'application du test de corrélation sont trahies :

hétéroévaluation	autoévaluation	hétéroévaluation	autoévaluation
7	9	6	8
5	4	1	3
5	5	2	5
8	9	8	9
9	9		

SPSS : coefficient de Spearman

Ouvrez votre fichier de données, puis choisissez *Analyse > Corrélation > Bivariée...*

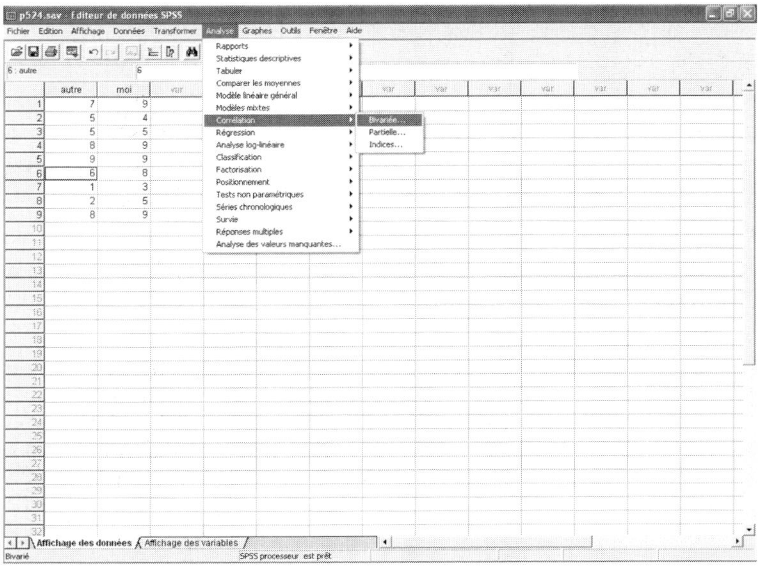

Cela vous amène à la boîte de dialogue des corrélations bivariées, tout comme au chapitre 5 :

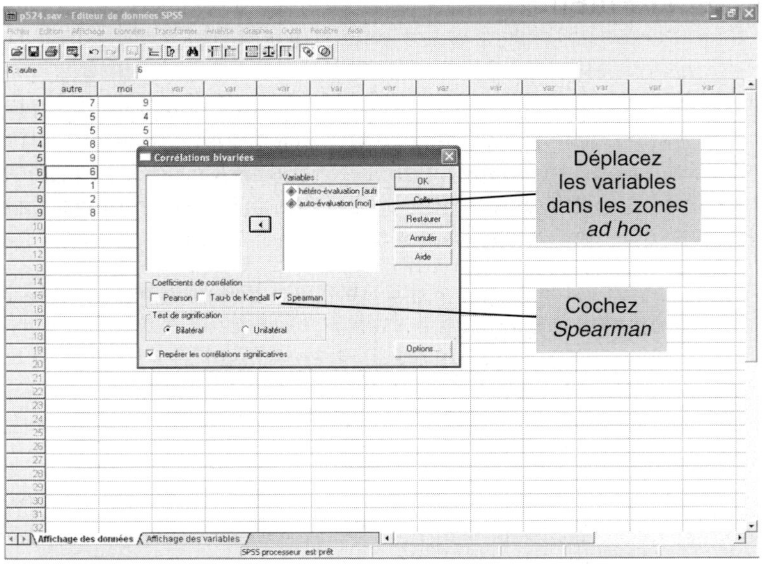

Mais cette fois, il vous faut cocher l'option *Spearman*.

Déplacez les variables à tester de la partie gauche à la partie droite. Pour obtenir des statistiques descriptives, si nécessaire, choisissez *Options*. Mais ce n'est en général pas indispensable. Cliquez *OK* pour voir les résultats [3].

Corrélations

			hétéro-évaluation	auto-évaluation
Rho de Spearman	hétéro-évaluation	Coefficient de corrélation	1,000	,921**
		Sig. (bilatérale)	,	,000
		N	9	9
	auto-évaluation	Coefficient de corrélation	,921**	1,000
		Sig. (bilatérale)	,000	,
		N	9	9

**. La corrélation est significative au niveau .01 (bilatéral).

Comme pour les matrices de corrélations linéaires, il suffit de regarder la moitié de la matrice. Ici, en fait, seules les informations de la première ligne et de la dernière colonne nous intéressent. On voit que le coefficient de Spearman entre les deux variables est de $r_S = 0{,}921$. Une telle corrélation est très significative ($p < 0{,}001$). Autrement dit, la manière dont nous évaluons la beauté des autres est liée à la manière dont nous nous percevons.

3. Vous pouvez remarquer que SPSS conserve la dénomination anglosaxone de « rhô de Spearman ». Mais il s'agit bien du même coefficient que r_S ! [ndt]

Exemple : douleurs et contractions utérines pendant l'allaitement

Holdcroft et ses associés (2003) ont réalisé une étude dont une partie s'intéressait à la question du lien éventuel entre les douleurs et contractions utérines et la parité (nombre d'accouchements déjà vécus) chez des femmes allaitant. L'intensité des douleurs est mesurée par un test d'analogie visuelle (VAS pour *Visual Analogy Scale*) et le questionnaire de douleur de McGill (MPQ pour *McGill Pain Questionnaire*). Ce deuxième questionnaire mesure quatre dimensions de la douleur (sensorielle, affective, évaluative, et divers). Chacune de ces dimensions se répartit en sous-classes. Un indice global d'intensité de la douleur (on l'appelle ici TPI) peut être calculé. Les chercheurs ont ensuite utilisé le coefficient de Spearman pour estimer le lien entre les variables.

Les auteurs annoncent qu'ils fixent un risque de 0,05, mais ils fournissent également les significations exactes, permettant au lecteur de se faire une idée plus juste de ce qui se passe.

Ils rapportent une partie de leurs résultats dans le texte :

> ...chez les femmes allaitant, on trouve une corrélation positive significative entre les variables TPI et VAS d'une part, et la durée des contractions utérines d'autre part (pour TPI et la durée des contractions, le coefficient de Spearman vaut $r_S = 0{,}49$, $p = 0{,}006$, et pour VAS et la durée des contractions, $r_S = 0{,}40$, $p = 0{,}030$). En revanche, les deux variables mesures de la douleur ne sont pas significativement liées au nombre de contractions. Ni les scores TPI, ni les scores VAS concernant les menstruations ne sont liés au nombre ou à la durée des contractions.

Une partie des résultats est donnée dans un tableau (voir tableau 15.1). On ne rapporte ici que la partie « sensorielle » de la table. Cette dimension possède 10 sous-classes. Certaines valeurs obtenues sur ces sous-classes sont liées aux douleurs pendant l'allaitement ou les menstruations. Nous ne rapportons ici que les données relatives aux douleurs pendant l'allaitement.

Les chercheurs fournissent ensuite un petit résumé de leurs résultats, en soulignant les plus importants de leur point de vue.

Tableau 15.1

Coefficients de Spearman et significations associées pour la douleur en allaitement (sous-classes sensorielles) entre chaque composante et la parité

Sous-classe	Coefficient de Spearman	p
temporel	0,33	0,02
spatial	0,28	0,05
pression perforante	0,21	0,14
pression incisive	0,04	0,80
pression écrasante	0,34	0,02
étirement	0,12	0,42
thermique	0,19	0,18
aveuglement	-0,10	0,50
lourdeur	0,39	0,01
autres	0,09	0,54

Pour interpréter les données du tableau 15.1, on aura soin de prendre en compte la force, le sens, et la signification des valeurs, simultanément. Même sans connaître la valeur exacte de la signification, on devinerait que « autres » n'est pas lié à la parité, parce que le coefficient est proche de 0. Le diagramme de dispersion ne laisse voir aucun motif particulier. Bien que « aveuglement » donne un coefficient négatif, l'association est très faible et les résultats sont probablement dus à l'erreur d'échantillonnage.

Activité 15.1

(a) Quelle est la plus forte corrélation dans le tableau 15.1 ?

(b) Quelle est la signification associée à la plus faible corrélation du tableau 15.1 ?

Exercice SPSS

Exercice 1

Une professeure d'allemand s'occupe d'un groupe de 5 étudiants. Elle pense que les résultats des étudiants seront d'autant meilleurs que les élèves ont de l'assurance à l'oral. Elle range les élèves par ordre d'assurance à l'oral (le premier est le meilleur), et voudrait savoir si ce rang est lié à la performance à l'examen oral. Une autre enseignante évalue alors les élèves au cours d'un examen (note allant de 1 – désespérant – à 5 – épatant).

Prénom	Assurance	Note à l'examen
Michèle	2	5
Thu Tram	3	3
Ambre	1	5
Anne	4	4
Brito	5	1

Entrez les données dans SPSS, réalisez l'analyse appropriée et répondez aux questions qui suivent. Utilisez une hypothèse unilatérale.

1. Combien vaut le coefficient de corrélation ?
2. Quelle est la signification associée ?
3. Concluez cette analyse.

2 Alternative au test T : les tests de Mann-Whitney et de Wilcoxon

Les tests de Mann-Whitney et de Wilcoxon cherchent tous les deux à démontrer une *différence significative de rangs moyens entre les groupes.* Le test de *Mann-Whitney* s'utilise avec des groupes indépendants – donc si vous avez des participants différents dans les groupes. Au contraire, le test de *Wilcoxon* s'utilise lorsque les participants sont les mêmes – donc pour des groupes appariés.

Ces deux tests sont équivalents, bien que les formules soient un peu différentes du fait qu'on utilise dans le test de Wilcoxon la correspondance entre les valeurs (deux valeurs par participant). Ces deux tests sont, d'une certaine façon, bien plus simples que les tests T, puisqu'ils ne nécessitent aucune condition préalable ni calcul de moyenne ou d'écart type. En fait, les deux tests fonctionnent en remplaçant les valeurs par les rangs associés, et les statistiques sont alors déterminées sur ces rangs (numéro d'ordre).

2.1 Test de Mann-Whitney (groupes indépendants)

Considérons l'étude qui suit. Douze personnes participent à une expérience pendant laquelle on leur demande d'évaluer le charme d'une femme et d'un homme dont les portraits apparaissent à l'écran[4]. Les personnages présentent tantôt un visage heureux, tantôt un visage bougon. Les participants ne réalisent l'expérience que dans une condition chacun, et nous avons donc un plan simple, c'est-à-dire des groupes indépendants. Les résultats bruts concernant le portrait féminin sont fournis par le tableau 15.2. Il devait y avoir 6 participants dans chaque groupe, mais à la suite d'une malencontreuse erreur un participant qui aurait dû se trouver dans le groupe « heureux » a été dirigé vers le groupe « bougon ». Notre hypothèse est qu'il y a une différence entre les deux conditions. Remarquez que, dans ce cas, notre hypothèse est bidirectionnelle, parce qu'on ne dit pas dans quel sens devrait s'exprimer la différence entre les deux groupes.

Tableau 15.2

Évaluation du portrait féminin par les participants (note sur 20)

Heureux	Bougon
7	4
15	6
14	11
3	7
17	9
	4
	7

2.1.1 Statistiques descriptives

À partir de la fonction *Explorer* de SPSS, on obtient des statistiques descriptives (voir tableau 15.3).

Tableau 15.3

Statistiques descriptives pour les notes obtenues dans les groupes heureux et bougon avec le portrait féminin

	Heureux	Bougon
moyenne	11,2	6,9
écart type	5,9	2,5
médiane	14,0	7,0

On peut voir grâce au tableau 15.3 que le groupe « heureux » a donné de meilleures notes que le groupe « bougon ». Le premier groupe varie plus que le second, au sens de l'écart type. L'examen des histogrammes (que nous ne présentons pas ici) montrerait que les données ne sont pas normales du tout. Cela est d'autant plus critique que nous avons des échantillons très petits et de tailles différentes. Aussi semble-t-il que la « bonne » mesure de tendance centrale soit non pas la moyenne mais plutôt la médiane. D'autre part, il ne faudra pas utiliser le test de comparaison de moyennes, mais plutôt le test de Mann-Whitney, un équivalent non paramétrique et libre.

Si l'on voulait comparer les *médianes*, on pourrait aussi se tourner vers un test de comparaison de médianes (ou « test des médianes »), un test paramétrique *mais*

4. Amadieu (2002) donne un aperçu très intéressant des recherches sur le charme perçu. [ndt]

libre de toute distribution. Le test de Mann-Whitney (plus puissant que le test des médianes, donc préférable) n'est pas paramétrique, et il ne tente pas de démontrer que la médiane diffère d'un groupe à l'autre (ni aucun autre paramètre) : il s'attache simplement à montrer une différence globale entre les groupes, que les savants nomment une différence *stochastique*.

Le test de Mann-Whitney fonctionne en ordonnant les valeurs de la plus petite à la plus grande, puis en remplaçant les valeurs initiales par leurs rangs. C'est sur ces rangs que sont calculées les statistiques.

Le tableau ci-dessous montre les notes obtenues dans les deux conditions, ainsi que les rangs associés. Bien qu'il y ait deux groupes distincts, le processus de numérotation (pour la détermination des rangs) se fait en considérant *tous* les scores à la fois. Vous devriez déjà savoir comment ordonner les valeurs et déterminer les rangs parce que nous l'avons déjà fait au chapitre 2. Le plus petit score est 3 (il se trouve dans le groupe « heureux »), et il obtient donc le rang 1. Le deuxième plus petit score est 4, qui se trouve dans le groupe « bougon ». Il obtient ainsi le numéro 2... sauf que ce score apparaît deux fois. Par conséquent, il devrait correspondre aux rangs 2 et 3. On lui attribue alors la moyenne $(2 + 3) \div 2 = 2{,}5$. Une fois les données rangées et numérotées, on peut faire les sommes des rangs pour chaque condition séparément.

Heureux		Bougon	
Score	**Rang**	**Score**	**Rang**
7	6	4	2,5
15	11	6	4
14	10	11	9
3	1	7	6
17	12	9	8
		4	2,5
		7	6
$n = 5$, $\Sigma = 40$		$n = 7$, $\Sigma = 38$	
rang moyen 8		rang moyen 5,4	

C'est le score le plus bas, il a donc pour rang 1

S'il n'y a pas de différence entre les deux groupes, les rangs élevés et bas apparaîtront aussi bien dans un groupe que dans l'autre et les moyennes des rangs seront du même ordre de grandeur. Comme vous pouvez le voir sur le tableau précédent, la plupart des rangs faibles se situent dans notre cas dans le groupe « heureux », alors que la plupart des rangs élevés se situent dans l'autre groupe. Aussi les rangs moyens sont-il différents. Ici, la somme des rangs n'est pas très parlante, puisque les groupes n'ont pas la même taille. C'est donc bien la *moyenne* des rangs qu'il faut consulter. Observer les données est souvent utile, mais il est en général difficile de voir à l'œil nu si les rangs les plus élevés ont une tendance à se trouver plutôt dans un groupe ou plutôt dans l'autre. Par contre, on peut facilement comparer les rangs moyens, et voir par exemple ici que le rang moyen est plus important dans le groupe heureux (8) que dans le groupe bougon (5,4), montrant que le premier groupe a donné des scores plutôt plus élevés. Si cette différence est suffisante pour que nous puissions généraliser notre résultat, nous le saurons après avoir déterminé la statistique *U*, et calculé la signification correspondante. Cette statistique *U* dépend de la somme des rangs, mais également de la taille des échantillons. Cela nous permettra de savoir s'il est plausible que nos résultats soient apparus suite à la seule erreur d'échantillonnage. Alors, qu'en est-il ?

SPSS : test de Mann-Whitney

Choisissez *Analyse > Tests non paramétriques > Deux échantillons indépendants*

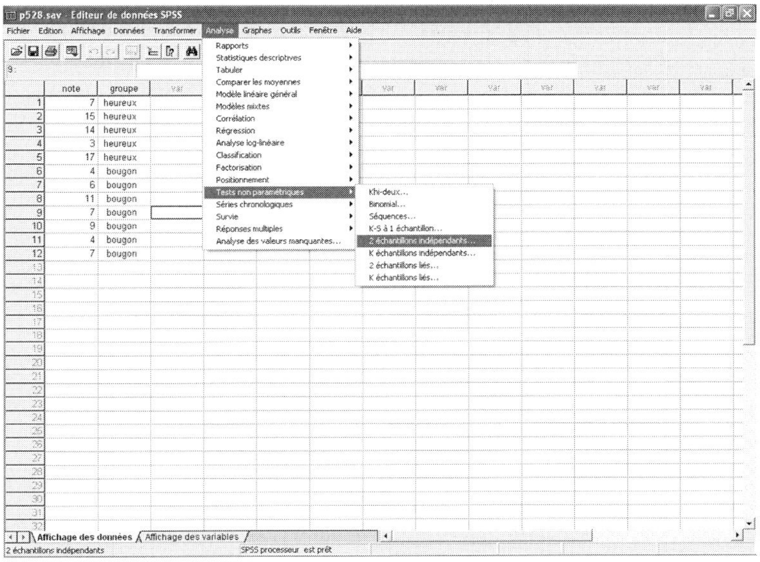

Cela vous mène à la boîte de dialogue correspondant à deux échantillons indépendants

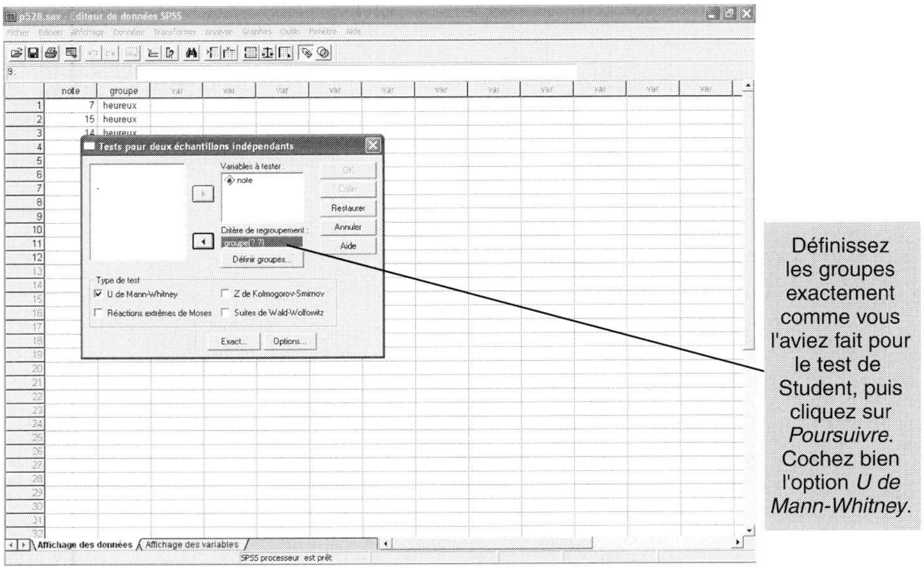

Définissez les groupes exactement comme vous l'aviez fait pour le test de Student, puis cliquez sur *Poursuivre.* Cochez bien l'option *U de Mann-Whitney.*

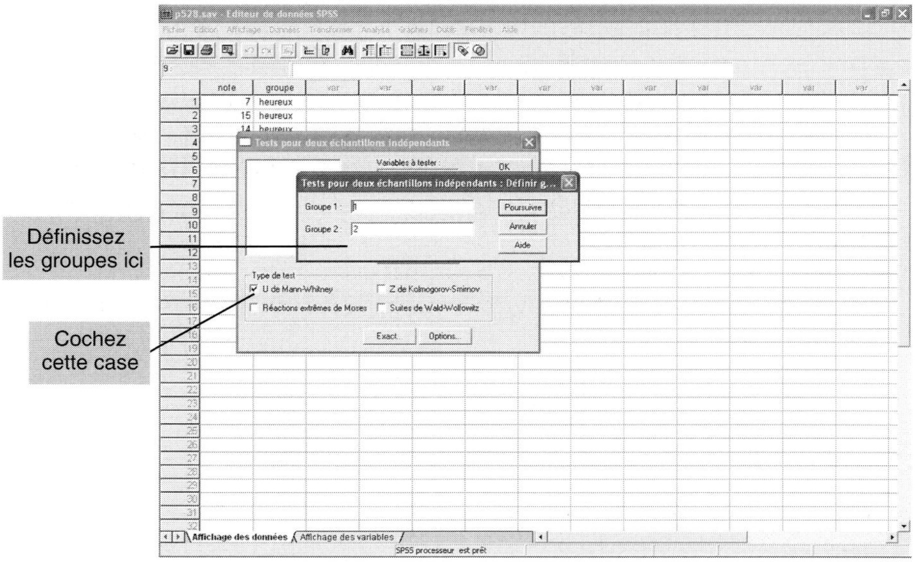

Cliquez *Poursuivre,* puis *OK.*

Observez la sortie SPSS qui suit. La première section de cette sortie vous donne les rangs moyens, et les sommes des rangs de chaque groupe. Vous pouvez également vérifier la taille des échantillons.

Rangs

	GROUPE	N	Rang moyen	Somme des rangs
NOTE	heureux	5	8,00	40,00
	bougon	7	5,43	38,00
	Total	12		

Le second tableau nous donne entre autre la valeur de la statistique de décision, qui se nomme ici le *U* de Mann-Whitney (et vaut 10 en l'occurrence).

Test[b]

	NOTE
U de Mann-Whitney	10,000
W de Wilcoxon	38,000
Z	-1,229
Signification asymptotique (bilatérale)	,219
Signification exacte [2*(signification unilatérale)]	,268[a]

Ceci est la probabilité associée à l'hypothèse bidirectionnelle

a. Non corrigé pour les ex aequo.

b. Critère de regroupement : GROUPE

2.1.2 Parties importantes de la sortie SPSS

La sortie SPSS vous donne la valeur de U et sa signification. C'est à peu près la seule chose qui nous intéresse directement. La valeur *W* de Wilcoxon est équivalente à U (il existe une formule donnant W en fonction de U), et on ne citera donc jamais les deux valeurs. La valeur de Z est une version standardisée de U. Elle peut avoir un intérêt – mais nous ne l'utiliserons pas ici – parce qu'elle constitue une mesure de la taille de l'effet. Vous pouvez voir sur la sortie que la signification est de 0,22, soit 22 %. Cela signifie que si l'hypothèse nulle est vraie (aucun effet de l'humeur dans l'évaluation du charme), alors le U observé n'a rien de surprenant. Nous ne prendrons donc pas le risque de rejeter l'hypothèse nulle (bien qu'elle soit peut-être fausse), parce qu'un risque de 22 % est bien trop grand. On peut donc conclure que notre expérience ne prouve pas que l'humeur ait un quelconque effet sur l'estimation du charme associé.

La partie textuelle de votre rapport pourrait être par exemple ceci :

> Les histogrammes ont été examinés pour chacune des deux conditions. Ils révèlent des données fortement asymétriques. D'autre part, les échantillons sont réduits et de tailles différentes. Pour ces raisons, nous avons envisagé un test non paramétrique (test *U* de Mann-Whitney) pour analyser la différence entre les groupes. Les statistiques descriptives montrent que, sur notre échantillon, le visage « heureux » est jugé plus attirant que le visage « bougon » (avec des médianes de 14 et 7 respectivement). Cependant, le test de Mann-Whitney ne permet pas de généraliser ce résultat ($U = 10$, $p = 0,22$). Il nous est donc impossible de conclure, à partir de nos seules données, à un quelconque effet de l'humeur associée au portrait sur le charme perçu.

Exemple : sida et grossesse

Les résultats du tableau 15.4 sont extraits de l'article de Sherr et de ses collaborateurs (1996) sur le sida. Les chercheurs ont comparé deux groupes de femmes enceintes. Le premier regroupe les femmes qui disent accepter l'idée de faire un test de dépistage du sida et l'autre groupe rassemble au contraire les femmes qui refusent de faire ce test de dépistage ($n = 76$). Ces groupes sont comparés selon différentes variables, dont une partie est indiquée ci-dessous.

Vous pourrez noter que Sherr et ses coauteurs ont rapporté la non signification (ns) de certains résultats, mais la signification exacte des autres résultats. Ils donnent les valeurs de Z ainsi que les statistiques U (du test de Mann-Whitney). Cela permet de se rendre compte de la force du lien entre le groupe et la variable concernée. Par exemple, la ligne « angoisse vis-à-vis du test » montre qu'il y a une véritable différence entre les groupes (ce qui n'est pas très étonnant !). Le coefficient *z* montre que la différence entre les groupes équivaut à une différence de moyennes de 2,5 écarts type[5]. Le tableau, hélas, ne permet pas de connaître le *sens* de la différence. Autrement dit, on ne sait pas quel groupe donne des scores supérieurs à la question « êtes-vous angoissée à l'idée du test de dépistage ? ». Il nous faudra donc lire, au-delà de la table, les rangs moyens s'ils sont fournis… ou lire l'article en entier. De même, certains U sont associés à des *z* positifs, et d'autres à des *z* négatifs. Cela vient de la différence entre les *sens* des écarts entre les groupes. Mais de toute évidence, il nous faudrait lire l'article original pour comprendre comment les sens et les signes sont liés (si cela vous intéresse, la référence est donnée en fin de chapitre). Les auteurs donnent les significations exactes de certaines comparaisons, et il aurait été plus agréable d'avoir toutes les significations exactes. Nous aurions préféré lire, au lieu de « ns » en face de « âge », par exemple, une valeur de *p*… Il est toujours préférable de donner la probabilité exacte, afin que le lecteur se fasse sa propre opinion plutôt que se trouver forcé d'embrasser celle de l'auteur.

5. Mais ici, il s'agit plutôt de différence entre les rangs qu'entre les moyennes des scores.

Tableau 15.4

Une partie des résultats numériques de Sherr *et al.* (1996 – avec l'aimable autorisation de Taylor & Francis Ltd.)

Variable	Test de Mann-Whitney	Signification
Âge	U = 199,5, z = –0,269	ns
Parité	U = 130,0, z = 1,975	0,05
Durée de la gestation en cours	U = 195,0, z = –0,369	ns
Connaissance du sida	U = 152,5, z = 1,428	ns
Angoisse vis-à-vis du test	U = 91,0, z = 2,363	0,02
Ressentiment vis-à-vis du test	U = 79,5, z = 2,055	0,05

Activité 15.2

Considérez la sortie SPSS suivante (test U de Mann-Whitney), qui compare un groupe expérimental et un groupe contrôle. La variable dépendante se nomme *score*. Les chercheurs pensent que le groupe expérimental donnera des scores supérieurs.

Rangs

	GROUPE	N	Rang moyen	Somme des rangs
SCORE	expérimental	5	10,00	50,00
	contrôle	7	4,00	28,00
	Total	12		

Test[b]

	SCORE
U de Mann-Whitney	,000
W de Wilcoxon	28,000
Z	-2,847
Signification asymptotique (bilatérale)	,004
Signification exacte [2*(signification unilatérale)]	,003[a]

a. Non corrigé pour les ex aequo.

b. Critère de regroupement : GROUPE

SPSS donne deux sortes de signification, la signification exacte est toujours juste, et la signification asymptotique ne l'est que pour des échantillons assez grands

Que peut-on conclure de ces résultats ?

Exercice SPSS

Exercice 2

Un enseignant de psychologie aimerait savoir si les étudiants préfèrent apprendre les statistiques avancées dans le cadre d'un cours traditionnel ou d'un enseignement fondé sur la résolution de problèmes. Il n'y a que 12 personnes dans la promotion. Six personnes sont donc affectées à un groupe d'enseignement traditionnel, et l'autre moitié suit au contraire un enseignement fondé sur la résolution de problèmes. L'enseignant donne ainsi son cours deux fois au lieu d'une (quel dévouement !). Parce que ce professeur est attentif au bien-être des étudiants, il demande aux étudiants de donner un note mesurant le plaisir qu'ils ont eu à suivre le cours (1 pour « je me suis ennuyé comme jamais » jusqu'à 7 pour « c'était le plus beau cours de ma vie »). En outre, il mesure le résultat final et bien d'autres choses encore. L'enseignant ne fait aucune prédiction particulière à propos de la méthode la plus plaisante pour les étudiants. Voici les données concernant le plaisir des étudiants pendant le cours :

Problèmes	Cours classique
5	4
7	6
4	4
5	4
7	1
6	2

Entrez les données dans SPSS et réalisez un test de Mann-Whitney. Rédigez un mini-rapport de vos résultats.

2.2 *Test de Wilcoxon (échantillons appariés)*

Le test de Wilcoxon transforme également les scores en rangs avant de calculer une statistique (voir page 576).

Imaginez qu'on réalise une étude en faisant passer à des infirmières un questionnaire mesurant à quel degré elles sont compatissantes face à des patients égocentriques. Pour chaque infirmière, on obtient ainsi un score sur 10. Les infirmières prennent part à une réunion d'une heure, où les patients sont conviés. Le questionnaire est administré une seconde fois aux mêmes personnes après la discussion. Il s'agit manifestement d'un plan à mesures répétées (échantillons appariés), puisque les mêmes personnes donnent un score « avant » et un score « après ». Nous ferons ici une hypothèse unidirectionnelle. Une telle hypothèse se justifie pleinement lorsqu'elle est appuyée par le plus élémentaire bon sens ET des résultats déjà démontrés, comme c'est le cas ici. Notre hypothèse (alternative) est donc que les scores *après* la discussion seront globalement *plus élevés* qu'avant. Vous remarquerez que c'est une hypothèse unidirectionnelle, menant à un test unilatéral, parce que nous spécifions la direction (le sens) attendue de la différence. Les résultats bruts sont donnés dans le tableau 15.5.

Avec les données issues d'un petit échantillon, il faut être plus exigeant sur les conditions d'application. Nous allons donc vérifier ici la symétrie des données. Les histogrammes pourront nous aider dans cette tâche.

Tableau 15.5

Compassion infirmière avant et après la réunion

Avant	Après
5	7
6	6
2	3
4	8
6	7
7	6
3	7
5	8
5	5
5	8

Bien que le diagrame « avant » laisse voir une relative symétrie (figure 15.1), nous ne pouvons pas décemment affirmer que les conditions d'application du test de comparaison de moyennes sont vérifiées, du fait que dans la condition « après », les données sont fortement asymétriques, comme on le voit sur la figure 15.2. Les statistiques descriptives sont données dans le tableau 15.6.

Tableau 15.6

Statistiques descriptives

Avant			Après		
moyenne	écart type	médiane	moyenne	écart type	médiane
4,8	1,48	5	6,5	1,58	7

Figure 15.1

Histogramme donnant la distribution des scores dans la condition *avant*

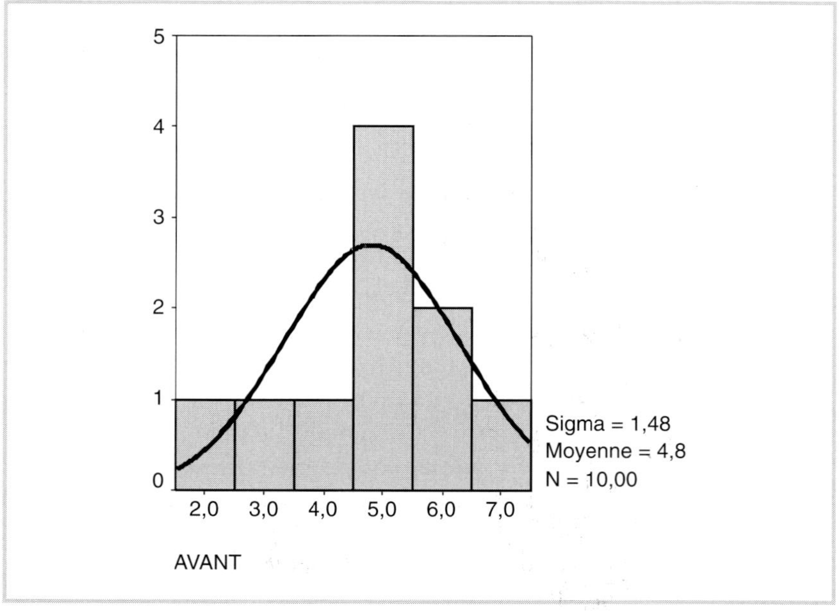

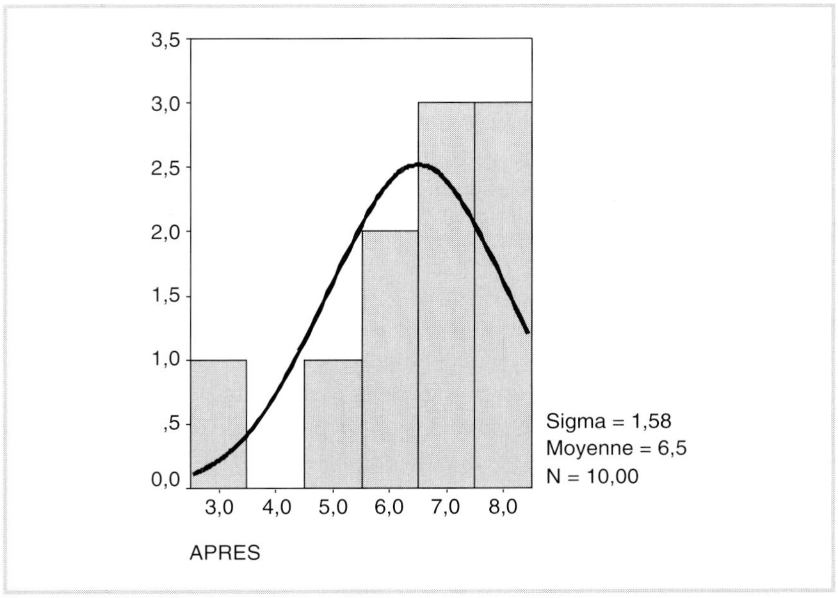

Figure 15.2
Histogramme donnant la distribution des scores dans la condition *après*

Le diagramme des boîtes à moustaches donne un aperçu assez clair de la situation (voir figure 15.3). Dans notre cas, cela confirme ce que nous avions pu découvrir sur l'histogramme : la médiane du groupe *après* est supérieure à celle du groupe *avant*, et l'asymétrie est nette dans ce dernier groupe.

L'examen des différents graphiques révèle donc que les données présentent, dans le second groupe de valeurs, une asymétrie négative. Du fait de la taille réduite de notre échantillon, mieux vaut donc se tourner vers une analyse non paramétrique.

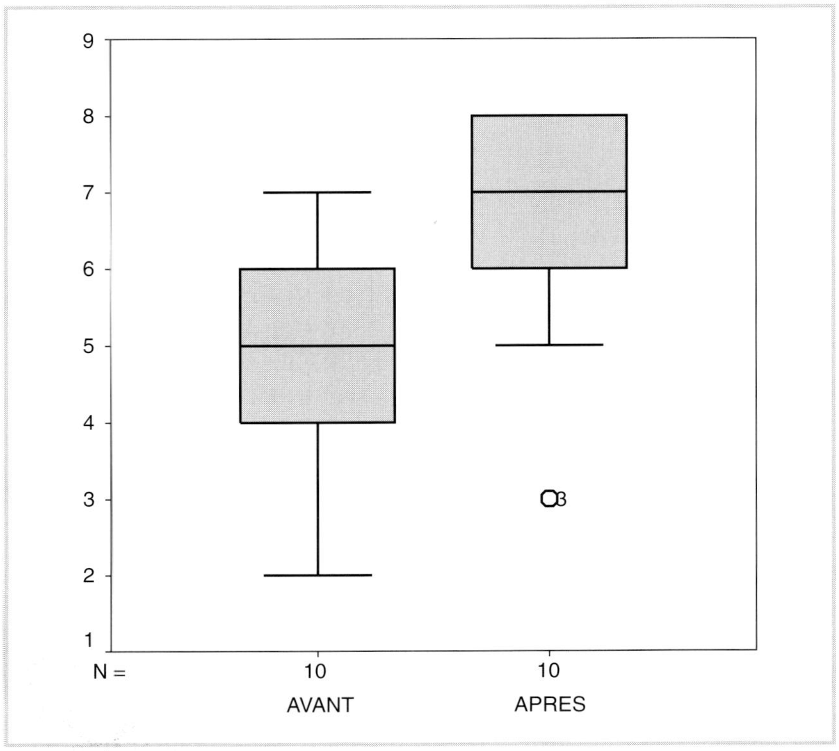

Figure 15.3
Boîtes à moustaches pour les conditions *avant* et *après*

Et le test le plus approprié dans ce cas se trouve être le test de Wilcoxon. On peut décomposer le test de Wilcoxon en deux étapes. (1) D'abord, on détermine les différences de scores entre les deux conditions. (2) Ensuite, ces différences sont rangées de la plus petite à la plus grande. Évidemment, on ne pouvait pas réaliser une telle procédure dans le cadre des plans simples (groupes indépendants), puisque cela n'aurait eu aucun sens de calculer des différences entre deux scores (provenant de groupes indépendants). Mais ici, nous avons les mêmes personnes dans les deux conditions, ce qui rend la chose tout à fait raisonnable. Lorsque nous calculons le second score auquel nous ôtons le premier score, nous obtenons parfois des résultats négatifs (si le score avant est plus grand que le score après), et parfois des différences positives (si au contraire le score a augmenté entre les deux sessions). D'autres enfin pourraient être nuls, et on pourrait les ignorer dans la mesure où ils ne donnent pas d'information intéressante. S'il n'y a pas de différence entre les deux séries de nombres, les plus et les moins devraient selon toute vraisemblance se compenser et s'annuler, donnant alors une somme nulle.

Vous pouvez voir dans le tableau ci-dessous qu'il y a bien plus de signes négatifs que de signes positifs. Le test prend également en compte l'amplitude de la différence – en ordonnant les écarts.

La seule différence strictement positive

Le rang de la différence positive est 2

Différence	Rang
-2	4
0	-
-1	2
-4	7,5
-1	2
1	2
-4	7,5
-3	5,5
0	-
-3	5,5

Il y a moins de plus (+) que de moins (-)

Une fois que nous avons trouvé les différences entre les scores, nous ordonnons ces différences comme nous l'avons déjà fait pour le test de Mann-Whitney, *mais en ignorant les signes* : nous ordonnons en fait les valeurs absolues. (Depuis un certain temps, vous lisez beaucoup de « nous faisons ceci » et « nous faisons cela », mais bien entendu c'est une façon de parler. Il est hors de question de calculer toutes ces choses nous-mêmes pendant que l'ordinateur se repose.) Nous ignorons les *ex æquo*, pour lesquels la différence de scores est nulle. Le score le plus bas est ici 1, et il y en a trois. Nous leur attribuons le rang 2, qui est la moyenne des rangs 1, 2 et 3 puisque $(1 + 2 + 3) \div 3 = 2$.

La somme des rangs du signe le moins fréquent (ici plus) nous donne la statistique W du test de Wilcoxon. Dans notre cas, seul le rang 2 est à considérer. Il y a par contre sept rangs correspondant à des différences négatives. Nous additionnons maintenant les rangs des différences positives (si nous avions eu trois différences négatives, par exemple, nous aurions fait la somme des trois rangs correspondant). Mais comme nous n'avons ici qu'un seul cas positif, il nous suffit de le reporter. Aussi peut-on écrire que W=2. Ce que l'ordinateur va nous préciser et que nous ne pouvons pas déterminer seuls, c'est la probabilité qu'un tel W soit le résultat d'une erreur d'échantillonnage (en supposant, toujours, l'hypothèse nulle vraie, c'est-à-dire en supposant qu'il n'y a aucune différence entre les deux conditions).

SPSS : Test de Wilcoxon pour échantillons appariés

Choisissez *Analyse* > *Tests non paramétriques* > *Deux échantillons liés*

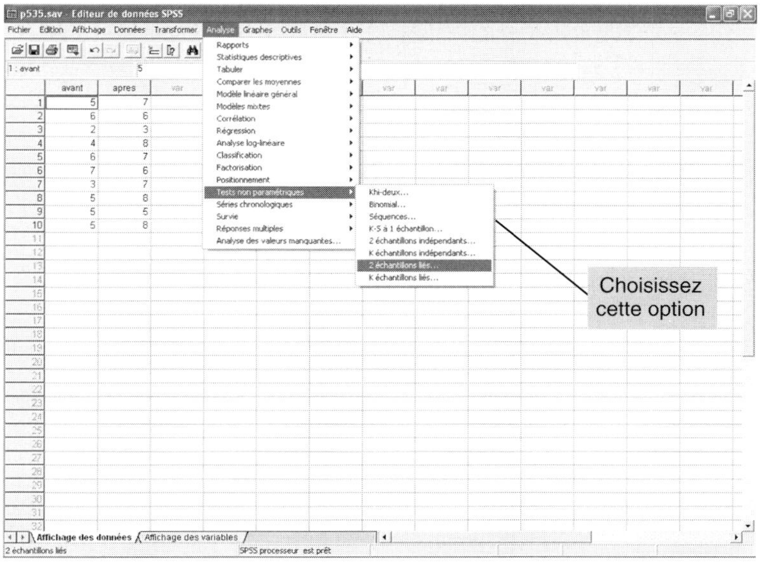

Cela vous mène à la boîte de dialogue *ad hoc*.

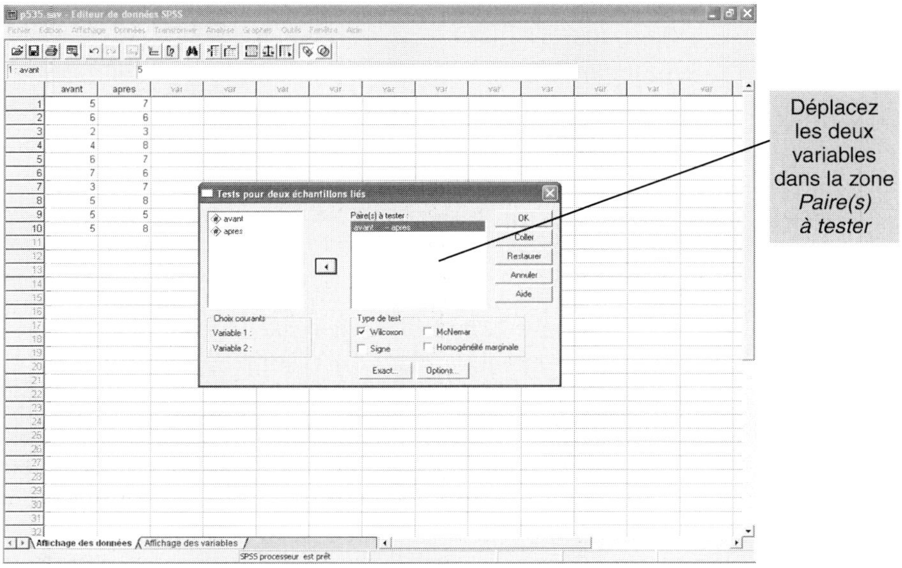

Déplacez les deux variables dans la zone *Paire(s) à tester* qui se trouve sur le côté droit de la boîte. Cochez bien l'option *Wilcoxon*.

Si vous voulez faire en sorte que les statistiques descriptives sortent en même temps, choisissez *Options*, puis *Poursuivre* quand vos choix sont faits.

Cliquez maintenant *OK*.

Cela vous donne une série de résultats :

Rang moyen des cas positifs

Rangs

		N	Rang moyen	Somme des rangs
APRES - AVANT	Rangs négatifs	1[a]	2,00	2,00
	Rangs positifs	7[b]	4,86	34,00
	Ex aequo	2[c]		
	Total	10		

a. APRES < AVANT

b. APRES > AVANT

c. AVANT = APRES

Il y a deux paires d'ex æquo

La partie suivante vous donne les résultats du test :

Test[b]

	APRES - AVANT
Z	-2,257[a]
Signification asymptotique (bilatérale)	,024

a. Basée sur les rangs négatifs.

b. Test de Wilcoxon

La statistique W est transformée en un Z par SPSS

Signification bilatérale

La signification est de 0,024. Il s'agit d'une signification bilatérale cependant, et nous avions fait une hypothèse unidirectionnelle, ce qui nous autorise à utiliser un test unilatéral. Il nous faut donc diviser cette signification par deux. Notons deux choses :

1. Le rang moyen des écarts positifs et négatifs se calcule aisément. Dans notre exemple, le rang positif moyen est 2. C'est le plus petit des deux rangs moyens, soit W. Au contraire, le rang moyen négatif vaut 4,86. Vous pouvez vérifier tout cela.
2. Ce score W est transformé en un score standardisé *z* par SPSS. Cela nous permet d'avoir une image standardisée de l'écart entre les scores positifs et négatifs. Dans notre exemple, l'écart est comparable à un écart entre moyennes de deux écarts type. La signification donnée par SPSS est, dans notre cas, de 0,024. Ceci dit, notre hypothèse étant unidirectionnelle, nous pouvons diviser cette signification par deux, ce qui nous donne une signification unilatérale de 0,012. Si l'hypothèse nulle est vraie, alors un résultat aussi important que le nôtre apparaîtra 12 fois sur 1000, par suite d'erreurs d'échantillonnage.

La partie textuelle de votre rapport pourrait être la suivante :

Vu la taille de l'échantillon et l'asymétrie des données, il est préférable d'utiliser comme paramètre de position la médiane, et de tester la différence entre les conditions par un test de Wilcoxon pour échantillons pairés. La table x[6] montre que la médiane dans la condition APRES (7) est supérieure à celle de la condition AVANT (5) sur notre échantillon. Le test de Wilcoxon montre que les scores APRES sont significativement plus élevés ($Z = -2{,}26$, $p = 0{,}012$ en unilatéral). Les infirmières se montrent donc globalement plus compatissantes après avoir discuté avec les patients à problème.

Exemple : procédures médicales et sida

Treolan *et al.* (1996) ont réalisé une étude sur les effets de l'éducation des procédures médicales ayant pour but de réduire l'exposition au virus du sida. Les participants sont des médecins, des infirmiers et d'autres personnels médicaux. Les chercheurs mesurent le soin que les participants mettent à éviter tout contact potentiel avec le virus du sida (notamment en portant des gants, en stérilisant les aiguilles,...), c'est ce qu'on appelle l'*observance*. Cela constitue le

Activité 15.3

Considérez la sortie suivante, qui correspond à une étude dans laquelle les participants ont obtenu un score, chacun dans deux situations différentes. Le chercheur pense que les deux situations seront différentes, mais ne fait pas d'hypothèse quant au sens de la différence entre les groupes.

Rangs

		N	Rang moyen	Somme des rangs
SITU2 - SITU1	Rangs négatifs	1[a]	2,00	2,00
	Rangs positifs	6[b]	4,33	26,00
	Ex aequo	0[c]		
	Total	7		

a. SITU2 < SITU1

b. SITU2 > SITU1

c. SITU1 = SITU2

Test[b]

	SITU2 - SITU1
Z	-2,028[a]
Signification asymptotique (bilatérale)	,043

a. Basée sur les rangs négatifs.

b. Test de Wilcoxon

Que peut-on conclure de cette analyse ?

6. Renvoyez vos lecteurs à la bonne table.

PRETEST. Les participants sont ensuite amenés à participer à une série d'exposés sur les risques encourus et les méthodes de diminution des risques (c'est ce qu'on appelle l'intervention). Une seconde mesure similaire à la première est alors relevée : c'est la situation POSTTEST. Des résultats partiels sont fournis dans le tableau 15.7.

Tableau 15.7

Résultats partiels de Treolan *et al.* (1996)

Scores d'observance médians			Test de Wilcoxon		
PRETEST	POSTTEST	différence	n	z	p
67	83	14	80	3,44	0,0006

Les chercheurs ont ainsi pour chaque participant une valeur de PRETEST et une valeur de POSTTEST. Ils trouvent par le calcul que les différences de scores, dans le sens voulu, possèdent une médiane de 14. Un test de Wilcoxon est utilisé, qui donne un score *z* de 3,44 (soit l'équivalent d'une différence de près de 3 écarts type et demi). Une signification de 0,0006 correspond à cette valeur. Les résultats sont donc concluants. Les auteurs ferment ainsi leur texte : « la différence médiane entre les scores est de 14, ce qui est significativement supérieur à 0 ».

Exercice SPSS

Exercice 3

Six étudiants souffrant de la phobie des souris sont mesurés sur cette peur (1 – pas peur des souris ; 5 – extrêmement peur des souris). La mesure est effectuée deux fois, une fois avant et une fois après un programme comportemental qui devrait réduire la peur des souris. L'hypothèse est unidirectionnelle.

Participant n°	AVANT	APRES
1	5	3
2	4	4
3	4	2
4	3	1
5	5	3
6	5	4

Entrez les données dans SPSS et réalisez un test de Wilcoxon. Rédigez une brève explication de vos résultats.

3 Alternatives à l'anova

3.1 *Analyse de variance de Kruskal-Wallis (groupes indépendants)*

Le test de Kruskal-Wallis est un équivalent non paramétrique de l'anova simple, et une généralisation du test de Mann-Whitney. Autrement dit, c'est un test de Mann-Whitney, mais utilisable avec plus de deux groupes. On utilise le test de Kruskal-Wallis dans les cas où l'anova simple aurait pu s'appliquer *a priori*, mais où les conditions d'application ne sont pas toutes vérifiées. Avec le test de Kruskal-Wallis, on n'a pas à s'inquiéter de la forme de la distribution, qui n'a pas besoin d'être normale. La formule utilisée dans le test de Kruskal-Wallis travaille avec les rangs, une fois encore. Le test cherche une différence de rangs entre les conditions (exactement comme l'anova le faisait avec les scores bruts). Tout comme l'anova, ce test ne vous dit pas, en cas de succès, *quel* groupe diffère de quel autre, mais seulement qu'il existe, quelque part, une différence.

Comme pour le test de Mann-Whitney, les rangs sont calculés sur l'ensemble des groupes. Ensuite, le rang moyen de chaque groupe est déterminé. S'il n'y a pas de réelle différence entre les conditions, ces rangs moyens seront approximativement égaux. Jusqu'à présent, nous avons surtout parlé d'expériences où nous répartissons aléatoirement les participants dans les groupes. C'est le cas le plus fréquent, et le plus avantageux lorsque, comme psychologue, on souhaite étayer l'idée d'un lien causal entre la VI et la VD. Pourtant, il arrive aussi qu'on cherche une différence entre des groupes préexistants (comme par exemple policier, pompier, postier). C'est ce qu'on appelle parfois des groupes intacts. Si nous cherchons ainsi une différence entre les personnes selon leur métier, nous aurons affaire à des groupes intacts, et il nous sera impossible de répartir les personnes dans les groupes aléatoirement.

Si vous calculiez tout ce qu'il faut pour faire un test de Kruskal-Wallis, vous arriveriez à une statistique de test que l'on nomme *H*. Souvent, les logiciels transforment les statistiques en d'autres grandeurs, comme des z, t ou χ^2. C'est exactement ce que fait SPSS dans notre cas. Dans l'exemple qui suit, les groupes intacts étaient formés d'agents de surveillance (codés 3), de professeurs stagiaires (codés 4) et de cuisiniers (codés 5). Le test de Kruskal-Wallis a été utilisé parce que les échantillons étaient petits et, en outre, de tailles différentes. La question qu'on se posait était : les groupes sont-ils différents concernant l'expérience (dans le métier considéré) ?

Groupe	Expérience
3	13
3	15
3	11
3	12
4	4
4	4
4	6
4	2
4	5
4	3
4	4
5	9
5	10
5	10
5	5

SPSS : Kruskal-Wallis

Sélectionnez *Analyse > Tests non paramétriques > K échantillons indépendants :*

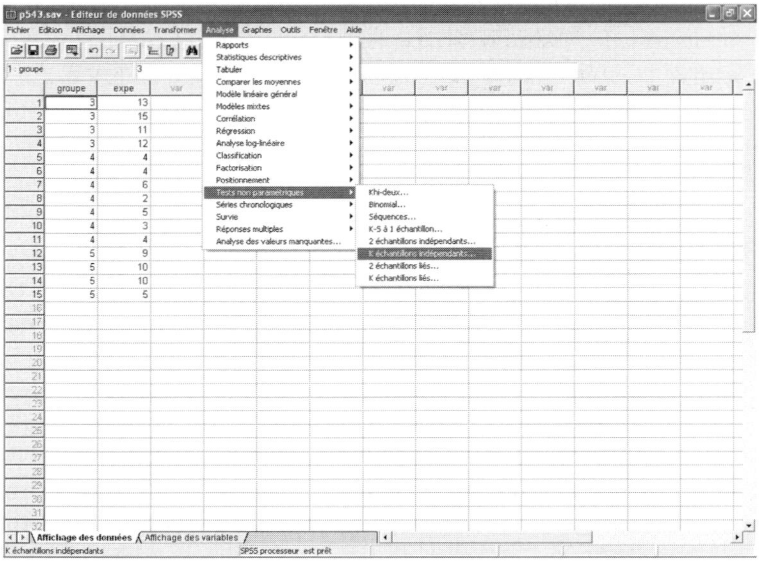

Cela vous amène à cette boîte de dialogue :

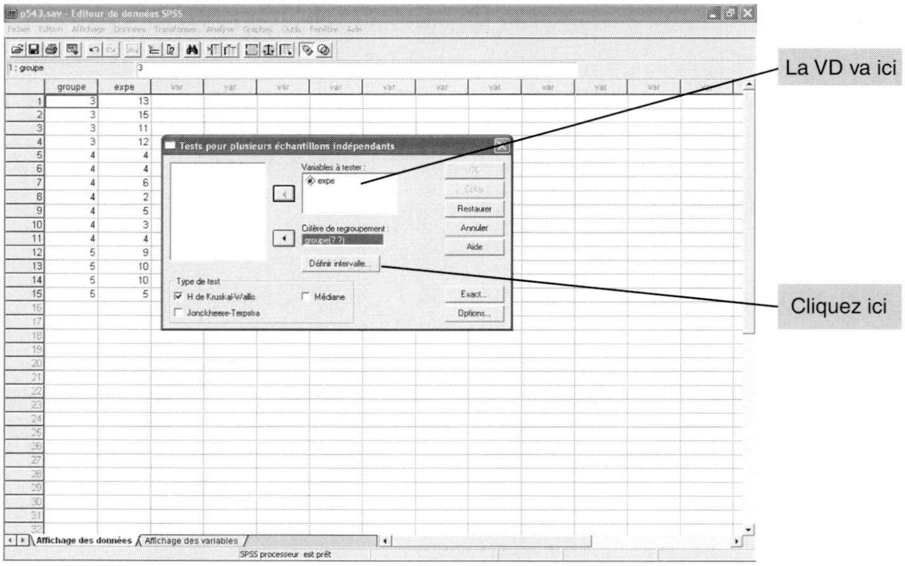

Déplacez la variable dépendante (*expe* dans notre cas) de la partie gauche de la boîte à la zone *Variables à tester* sur la droite. Déplacez de même la variable indépendante (*groupe*) dans la zone *Critère de regroupement.* Cliquez ensuite sur *Définir intervalle...* Cela vous permet de préciser au logiciel quels sont les codes associés à vos groupes. Dans notre exemple, les groupes sont 3, 4 et 5 si bien que l'intervalle que nous allons déclarer est 3–5.

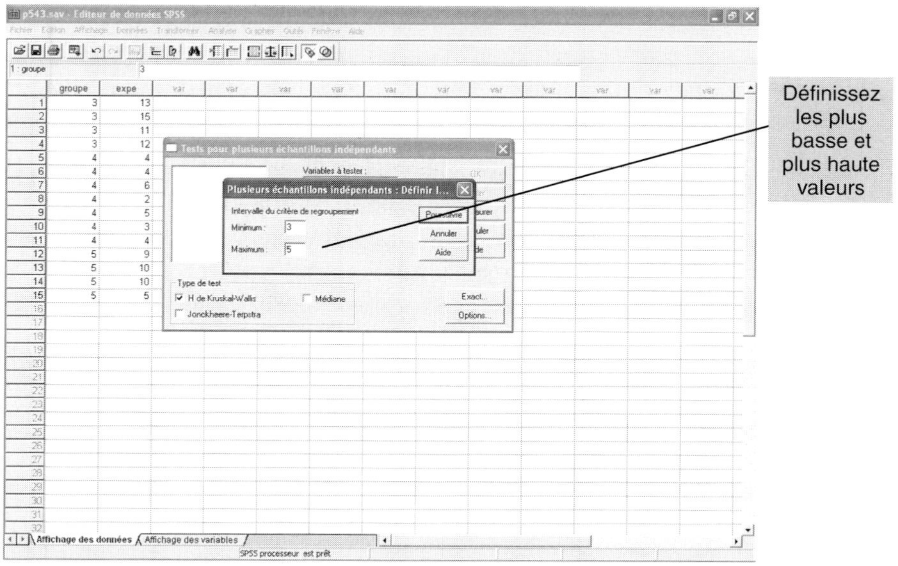

Entrez les limites de l'intervalle dans la boîte de dialogue, puis cliquez sur *Poursuivre*. Vérifiez que *H de Kruskal-Wallis* est bien sélectionné. Si vous voulez des statistiques descriptives, cliquez sur *Options...* pour les choisir. Sinon, cliquez tout de suite sur *OK*. Vous obtenez alors ceci :

Rangs

	GROUPE	N	Rang moyen
EXPE	3	4	13,50
	4	7	4,21
	5	4	9,13
	Total	15	

Test[a,b]

	EXPE
Khi-deux	11,442
ddl	2
Signification asymptotique	,003

a. Test de Kruskal Wallis

b. Critère de regroupement : GROUPE

Le test montre que le χ^2 vaut 11,442, ce qui est significatif ($p = 0{,}003$).

3.2 *Comparaisons par paires*

Tout comme avec l'anova paramétrique classique, vous ne savez pas à partir de quelle différence entre deux moyennes on peut considérer ces moyennes comme significativement distinctes. Dans l'exemple ci-dessus, il paraît clair que les agents de surveillance diffèrent des stagiaires. Mais est-ce bien vrai ? et diffèrent-ils, ensuite, des cuisiniers ? Contrairement au cas de l'anova, il n'y a pas, dans SPSS, de méthode simple et globale qui traite les comparaisons par paires naturellement, ni pour le test de Kruskal-Wallis, ni pour le test de Friedman d'ailleurs. Ceci dit, vous pouvez fort bien décider dans notre cas de faire deux comparaisons par paires, à condition bien sûr de corriger le α pour la combinaison. Vous pourrez utiliser des tests de Mann-Whitney pour ces comparaisons. Pour l'ajustement du risque, reportez-vous à la page 259.

Mais voici venu le temps de la rédaction. Il n'y a pas de moyen commode pour construire des intervalles de confiance, ou de calculer des tailles d'effet, parce que nous travaillons avec la médiane et non avec la moyenne. Ceci dit, vous devriez faire l'effort de reporter les statistiques descriptives pertinentes et les graphiques les plus parlants. La partie textuelle de votre rapport pourrait être la suivante :

> Vu la taille de l'échantillon, et en considérant que les échantillons ont, en outre, des tailles différentes, nous ne pouvons pas supposer que la robustesse de l'anova pourra à coup sûr compenser la violation des conditions d'application. Pour cette raison, c'est un test de Kruskal-Wallis que nous avons choisi pour comparer nos trois groupes en termes d'expérience. Comme prévu, les stagiaires présentent la médiane la plus faible (4), et les agents de surveillance la plus élevée (12,5). Les cuisiniers donnent une médiane intermédiaire de 9,5 années. Le test de Kruskal-Wallis proprement dit donne un χ^2 de 11,44, significatif ($p = 0{,}003$). Cela nous permet de conclure qu'il y a bien une différence entre les trois professions en termes d'expérience.

Activité 15.4

Considérez la sortie suivante, qui a été réalisée sur trois groupes de participants. Les chercheurs pensent qu'il y a une différence significative entre les groupes, et que ceux de la condition 3 devraient donner des résultats plus faibles que les deux autres groupes.

Rangs

	GROUPE	N	Rang moyen
EXPE	1	6	10,92
	2	5	8,90
	3	5	5,20
	Total	16	

Test[a,b]

	EXPE
Khi-deux	4,013
ddl	2
Signification asymptotique	,134

a. Test de Kruskal Wallis

b. Critère de regroupement : GROUPE

Que peut-on conclure de cette analyse ?

Exemple : pensée et dérèglement de l'humeur

Byrne et MacLeod (1997) ont examiné au cours d'une étude differents aspects de la manière dont les personnes souffrant de dérèglèments de l'humeur pensaient l'avenir. Les participants, qui étaient selon le cas anxieux, anxieux et dépressif (à la fois), ou ni l'un ni l'autre, se voyaient présenter une série d'événements positifs ou négatifs. On leur demandait d'expliquer pourquoi ces événements pourraient – ou ne pourraient pas – leur arriver dans l'avenir.

Chaque groupe contient 25 participants. Pour vérification (pour vérifier que le groupe « anxieux » est bien significativement plus anxieux que le groupe non anxieux, que le groupe dit « des dépressifs » contient des dépressifs, etc.), les chercheurs ont d'abord mené une étude pour savoir si les groupes étaient bien différents sur ces points. Voilà ce qu'ils rapportent :

> *La différence entre les groupes en termes d'anxiété et de dépression a été analysée grâce au test de Kruskal-Wallis, puisque les conditions d'application des tests paramétriques étaient manifestement violées. Pour les deux mesures, il existe bien des différences entre les groupes ($p < 0,001$). Les groupes anxieux diffèrent du groupe contrôle en termes d'anxiété, et les trois groupes sont différents en termes de dépression (avec des scores moyens de 0, 1, et 4,2 pour les groupes anxieux, anxieux et dépressifs, et contrôle respectivement).*

Exercice SPSS

Exercice 4

Dans une étude sur l'efficacité des thérapies pour les patients souffrant de migraine, David et Éliane ont réparti 18 patients dans trois groupes. Le groupe 1 suit une formation de 6 fois une heure avec un jeune conseiller psychologue. Le groupe 2 organise lui-même six séances d'une heure où les participants discutent de leur problème. Le groupe 3 enfin est composé de personnes qui acceptent de participer à l'expérience, mais à qui on demande de patienter faute de place disponible (argument fallacieux, vous l'aurez compris, pour avoir un groupe témoin). David et Éliane pensent que les participants des groupes 1 et 2 donneront des scores de migraine inférieurs au groupe 3 à la fin de l'expérience. Au début de l'expérience, les participants avait évalué la douleur associée à la migraine, par une note allant de 0 (aucune souffrance) à 5 (insupportable). Au bout de 14 semaines, une fois la « thérapie » terminée depuis un certain temps, ils évaluent retrospectivement leurs symptômes au cours de ces 14 semaines. Les données suivent. Entrez-les dans SPSS.

Vu la taille réduite des échantillons, et vu que les scores ne sont pas normalement distribués, un test non paramétrique est largement préférable. Réalisez *deux* tests de Kruskal-Wallis, l'un avec les scores du début de l'expérience, et l'autre avec les scores finaux, obtenus 14 semaines plus tard.

Rédigez un rapport sous forme d'un court paragraphe, pour expliquer le sens de vos découvertes

GROUPE	symptôme 1	symptôme 2
1	3	1
1	4	3
1	5	4
1	2	2
1	3	1
2	4	2
2	5	5
2	4	3
2	2	2
2	3	5
2	2	2
3	4	5
3	5	3
3	4	4
3	2	4
3	3	6
3	2	2
3	3	3

3.3 *Analyse de variance de Friedman (mesures répétées)*

L'anova de Friedman est un équivalent non paramétrique, et libre de toute distribution, de l'anova pour plan à mesures répétées. Il s'agit donc également d'une généralisation du test de Wilcoxon. Autrement dit, c'est un test de Wilcoxon appliqué à la comparaison de plus de deux groupes. Comme dans le cas du test de Kruskal-Wallis, ce test utilise les rangs des scores et non les scores bruts eux-mêmes.

On parle d'analyse de variance de Friedman à l'occasion, mais le nom de *test* de Friedman est bien plus répandu. Vous voyez que, comme nous sommes dans le cas d'un plan à mesures répétées, on pourrait considérer (d'un point de vu formel, c'est même une obligation), qu'il existe une variable supplémentaire : la variable (ou le facteur) *sujet*. Pour cette raison, on pourrait aussi dire que la procédure de Friedman est une anova complexe.

Dans la sortie qui suit, vous avez les données fournies par des sujets qui ont estimé à quel point ils se sentaient en forme, à trois moments de la journée (sur une échelle allant de 0 à 5).

Récapitulatif des observations

Participant	MATIN	MIDI	SOIR
1	1	2	3
2	2	4	5
3	1	2	2
4	2	1	3
5	1	3	3
6	2	5	5
7	1	2	3
8	2	2	2
9	1	3	3
10	2	1	3

SPSS : test de Friedman

Sélectionnez *Analyse > Tests non paramétriques > K échantillons liés...*

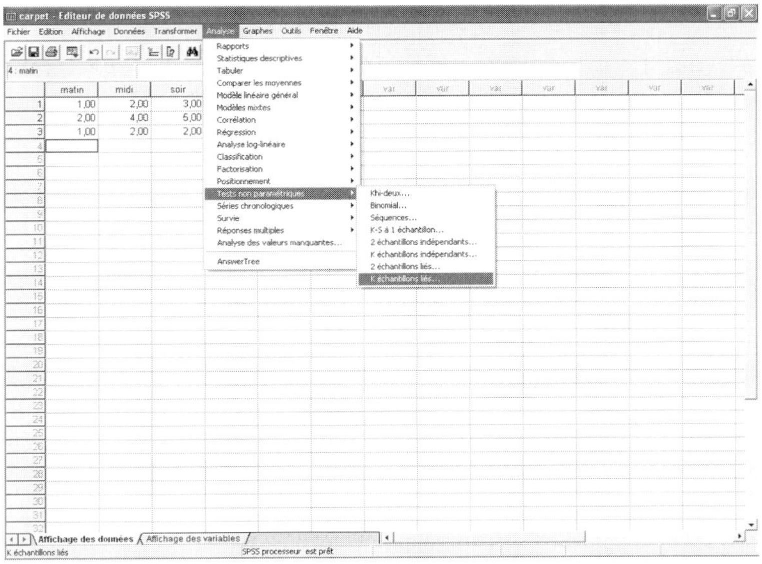

Cela vous amène à la boîte de dialogue *ad hoc*

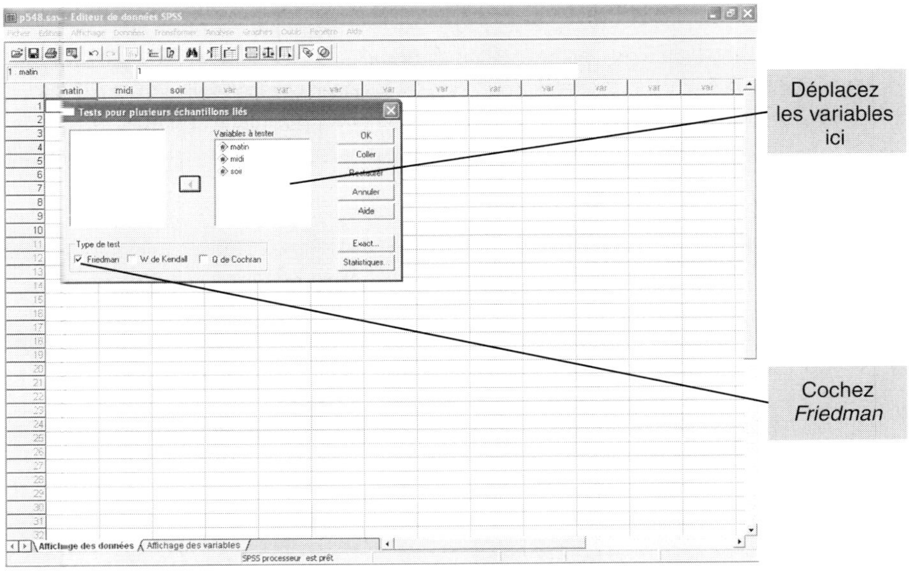

Déplacez les variables à tester de la partie gauche de la boîte vers la partie droite, dans la zone prévue à cet effet. Prenez soin de bien cocher, si besoin, l'option *Friedman*. Si vous avez envie de visualiser des statistiques descriptives, vous pourrez passer par l'option *Statistiques...* Cliquez sur *OK*. Et voilà :

Rangs

	Rang moyen
MATIN	1,30
MIDI	2,00
SOIR	2,70

Test[a]

N	10
Khi-deux	12,250
ddl	2
Signification asymptotique	,002

a. Test de Friedman

Le χ^2 vaut 12,25, et correspond à une signification de $p = 0{,}002$. La différence trouvée, pour une même personne, entre les différents moments de la journée, est significative.

Exemple : impact des traumatismes crâniens

Un pourcentage non négligeable des traumatismes crâniens connus chaque année aux États-Unis concerne des jeunes, souvent confrontés par la suite à des handicaps moteurs, psychologiques et sociaux importants. Ashley *et al.* (1997) ont étudié 332 personnes jusqu'à 14 ans après leur sortie d'hôpital (où elles étaient entrées par suite d'un traumatisme crânien). Ils voulaient savoir quelles variables permettent de prédire la stabilité de la rémission. Une bonne partie de leurs variables ont pu être traitées par des tests paramétriques, mais l'une d'entre elle ne satisfaisait pas les critères nécessaires : l'OSS[7]. Ashley et ses collaborateurs voulaient savoir si le statut professionnel changeait au cours du temps. Pour le savoir, ils ont mesuré l'OSS trois fois – au moment de l'entrée à l'hôpital, à la sortie de l'hôpital, et une troisième fois bien après. Ils ont utilisé pour cela un test de Friedman – et ont ainsi pu montrer une dégradation du statut professionnel.

Activité 15.5

Considérez la sortie suivante, issue d'une étude comparant trois « moments ». Les participants sont des personnes souffrant de maladie chronique, qui décident de suivre une thérapie comportementale courte censée les aider à supporter leur maladie. Une mesure de dépression est relevée trois fois au cours de la thérapie. Les chercheurs pensent qu'il y aura une évolution, mais ne précisent pas dans quel sens.

Rangs

	Rang moyen
temps 1	1,25
temps 2	2,06
temps 3	2,69

Test[a]

N	8
Khi-deux	10,640
ddl	2
Signification asymptotique	,005

a. Test de Friedman

Que peut-on en conclure ?

7. Pour *Occupational Status Scale*, ou échelle de situation professionnelle. [ndt]

Exercice SPSS

Exercice 5

Dix participants apprennent, dans le cadre d'une expérience de psychologie cognitive, des mots de fréquence basse, moyenne, ou haute. Un peu plus tard, on leur demande de rappeler le plus grand nombre de mots possible. Les étudiants de psychologie qui ont réalisé cette expérience pensent que les mots à haute fréquence seront mieux retenus. Les scores (nombres de mots rappelés) sont les suivants :

Récapitulatif des observations

Sujet	basse	moyenne	haute
1	10	15	25
2	5	8	17
3	7	9	18
4	8	16	25
5	10	9	8
6	15	18	20
7	21	29	31
8	18	25	31
9	20	36	40
10	8	16	30

Réalisez un test de Friedman en utilisant les trois fréquences. Quelle est votre hypothèse ? Expliquez vos résultats brièvement.

Récapitulatif

- Les tests de ce chapitre sont libres de toute distribution et non paramétriques. On les utilise lorsque les tests paramétriques ne sont pas utilisables.
- Ces tests transforment les données brutes en autre chose avant de commencer les calculs.
- Ces tests sont légitimes sans condition de normalité des variables.
- L'équivalent non paramétrique du coefficient de corrélation linéaire *r* est le coefficient de Spearman r_S.
- L'équivalent non paramétrique du test de comparaison de moyennes est le test de Mann-Whitney (cas des groupes indépendants) ou le test de Wilcoxon (cas de groupes appariés).
- L'équivalent non paramétrique de l'anova est le test de Kruskal-Wallis (cas simple) ou le test de Friedman (cas des mesures répétées).

QCM

1. Le test de Wilcoxon pour échantillons pairés est adapté
   (a) aux facteurs intra-sujets
   (b) aux facteurs inter-sujets
   (c) aux échantillons appariés
   (d) à la fois (a) et (c).
2. Pour analyser la différence entre deux séries de scores dans le cas de groupes indépendants avec des variables ordinales, on utilise
   (a) le test de Student pour échantillons indépendants
   (b) le test de Wilcoxon
   (c) le test de comparaison de moyennes pour échantillons appariés
   (d) le test de Mann-Whitney.
3. Considérez la sortie suivante :

Rangs

	basse	N	Rang moyen	Somme des rangs
moyenne	1	10	10,50	105,00
	2	10	10,50	105,00
	Total	20		

Test

	Moyenne
U de Mann-Whitney	50,000
W de Wilcoxon	105,000

   Cela suggère
   (a) qu'il y a une différence significative entre les groupes
   (b) qu'il n'y a pas de différence significative entre les groupes
   (c) que les résultats sont indéterminés
   (d) rien de tout cela.
4. Le test de Wilcoxon peut être utilisé quand
   (a) il y a deux conditions
   (b) les participants passent les deux conditions
   (c) les données sont au moins ordinales
   (d) tout cela à la fois.
5. Le test de Mann-Whitney utilise
   (a) la différence des moyennes entre les conditions
   (b) la somme des rangs pour chaque groupe
   (c) le rang de la différence des scores
   (d) la différence de rangs entre les conditions.

QCM (suite)

6. Un test de Mann-Whitney donne les résutats suivants :
   $U = 9$; $p = 0{,}1726$ (*bilatéral*).
   Les chercheurs ont fait une hypothèse unidirectionnelle sur la différence entre groupes, hypothèse confirmée sur l'échantillon. La bonne signification est alors
   (a) 0,0863
   (b) 0,863
   (c) 0,1726
   (d) indeterminée.
7. Si, dans un plan à mesures répétées à deux conditions, nous avons un petit nombre de participants et des données asymétriques ordinales, il vaut mieux utiliser
   (a) un test de comparaison de moyennes pour échantillons indépendants
   (b) un test de comparaison de moyennes pour échantillons appariés
   (c) un test de Mann-Whitney
   (d) un test de Wilcoxon.
8. Un test de Wilcoxon donne $W = 3$ et $p = 0{,}02$. Cela montre
   (a) que, sous l'hypothèse nulle, la probabilité d'obtenir un W aussi grand que 3 est de 2 %
   (b) que nous sommes sûrs à 98 % que nos résultats sont significatifs
   (c) avec nos données, on doit trouver $W = 3$ environ dans 2 % des cas
   (d) si l'hypothèse nulle est fausse, alors la probabilité que W dépasse 3 est de 2 %.
9. Une valeur $W = 3$ est convertie en score z, ce qui donne $z = -3{,}2$. Cela montre
   (a) une erreur dans les calculs
   (b) la différence n'est sans doute pas significative
   (c) la différence est probablement significative
   (d) on ne peut pas savoir.

Les questions 10 à 12 se rapportent à la sortie suivante :

Rangs

	Basse	N	Rang moyen
Moyenne	1	5	4,30
	2	5	7,80
	3	5	11,90
	Total	15	

Test[a,b]

	Moyenne
Khi-deux	7,248
ddl	2
Signification Asymptotique	,027

a. Test de Kruskal Wallis
b. Critère de regroupement : basse

QCM (suite)

10. Quelle est la bonne conclusion ?
(a) Il n'y a pas de différence significative entre les groupes puisque $p > 0{,}05$
(b) Il y a une différence significative entre les groupes
(c) Il n'y a pas de différence significative entre les groupes puisque $p = 0{,}027$
(d) on ne peut pas savoir.

11. Quel groupe obtient les scores les plus élevés ?
(a) Le groupe 1
(b) Le groupe 2
(c) Le groupe 3
(d) On ne peut pas savoir.

12. Combien de participants ont pris part à l'étude ?
(a) 5
(b) 10
(c) 15
(d) 20.

Les questions 13 à 15 se rapportent à la sortie suivante :

Rangs

	Rang moyen
AVANT	1,86
APRES	2,57
CONTROLE	1,57

Test[a]

N	7
Khi-deux	3,714
ddl	2
Signification Asymptotique	,156

a. Test de Friedman

13. Quelle est la meilleure conclusion ?
(a) Il y a une différence entre les groupes, mais elle n'est pas significative
(b) Il y a des différences significatives entre les groupes
(c) Il n'y a aucune différence entre nos groupes
(d) Rien de tout cela.

14. Combien de participants ont pris part à l'expérience ?
(a) 7
(b) 14
(c) 21
(d) On ne peut pas savoir.

QCM (suite)

15. Les scores sont mesurés
   (a) deux fois
   (b) trois fois
   (c) quatre fois
   (d) on ne peut pas savoir.

Les questions 16 et 17 se rapportent à la sortie suivante, provenant d'une étude de Holdcraft et al. (2003) :

	Souffrance	Signification p
tension	0,04	0,78
autonomie	-0,09	0,55
peur	-0,13	0,36
punition	-0,24	0,09

Cette table donne des coefficients de Spearman.

16. Quelle est la bonne conclusion ? La souffrance et les différentes autres mesures sont
   (a) peu liées
   (b) modérément liées
   (c) fortement liées
   (d) parfaitement liées.
17. La plus forte relation se trouve entre la souffrance et
   (a) la tension
   (b) l'autonomie
   (c) la peur
   (d) la punition.
18. Lisez attentivement le passage suivant, extrait d'un article de Daley, Sonuga-Barke et Thompson (2003). Ils étudiaient la différence entre les mères et les enfants avec ou sans trouble comportemental :

> Des tests U de Mann-Whitney ont été utilisés... des différences significatives indiquent que les mères d'enfants souffrant de troubles comportementaux énonçaient moins de phrases positives ($z = -4{,}24$), et montraient moins de relations positives avec l'enfant ($z = -4{,}25$). De même, la chaleur est moindre ($z = -5{,}08$) et les commentaires encourageants moins fréquents ($z = -2{,}82$). Toutes les significations sont inférieures à 0,01.

Quelle est la différence la plus nette ? Celle concernant
   (a) les phrases positives
   (b) les relations positives
   (c) la chaleur
   (d) les commentaires encourageants.

QCM (suite)

19. Considérez la sortie qui suit :

Corrélations

			TEST1	TEST2
Rho de Spearman	TEST1	Coefficient de corrélation	1,000	,991
		Sig. (bilatérale)	,	,000
		N	7	7
	TEST2	Coefficient de corrélation	,991	1,000
		Sig. (bilatérale)	,000	,
		N	7	7

Quelle est la bonne conclusion ? La relation entre les deux tests est
(a) forte ($r_S = 0{,}991$, $p < 0{,}000$)
(b) forte ($r_S = 0{,}991$, $p < 0{,}001$)
(c) faible ($r_S = 0{,}991$, $p < 0{,}000$)
(d) faible ($r_S = 0{,}991$, $p < 0{,}001$).

20. Considérez la table suivante. Le professeur Dupont pense que la force et la motivation sont liées positivement. Malheureusement, le professeur n'a obtenu que la signification bilatérale, alors qu'il souhaitait faire un test unilatéral.

Corrélations

			FORCE	MOTIVATI
Rho de Spearman	FORCE	Coefficient de corrélation	1,000	,613
		Sig. (bilatérale)	,	,144
		N	7	7
	MOTIVATI	Coefficient de corrélation	,613	1,000
		Sig. (bilatérale)	,144	,
		N	7	7

La relation entre force et motivation est
(a) significative ($r_S = 0{,}613$, $p = 0{,}144$)
(b) significative ($r_S = 0{,}613$, $p = 0{,}072$)
(c) non significative ($r_S = 0{,}613$, $p = 0{,}144$)
(d) non significative ($r_S = 0{,}613$, $p = 0{,}072$).

Références

Amadieu, J.-F. (2002). *Le poids des apparences. Beauté, amour et gloire.* Paris : Odile Jacob.

Ashley, M. J., Persel, C. S., Clark, M. C. & Kyrch, D. K. (1997). Long-term follow-up of post-acute traumatic brain injury rehabilitation : a statistical analysis to test for stability and predictability of outcome. *Brain Injury, 11(9),* 677-690.

Byrne, A., & MacLeod, A. K. (1997). Attributions and accessibility of explanations for future events in anxiety and depression. *British Journal of Clinical Psychology, 36,* 505-520.

Daley, D., Sonuga-Barke, E. J. S., & Thompson, M. (2003). Assessing expressed emotion in mothers of preschool AD/HD children : psychometric properties of a modified speech sample. *British Journal of Clinical Psychology, 42,* 53-67.

Holdcroft, A., Snidvongs, S., Cason, A., Dore, C. J., & Berkley, K. (2003). Pain and uterine contractions during breast feeding in the immediate post-partum period increase with parity. *Pain, 104,* 589-596.

Sheer, L., Jefferies, S., Victor, C., & Chase, J. (1996). Antenatal HIV testing – which way forward ? *Psychology, Health & Medecine, 1(1),* 99-112.

Treloan, C.J., Higginbotham, N., Malcolm, J., Sutherland, D., & Berenger, S. (1996). An « academic detailing » intervention to decrease exposure to HIV infection among health-care workers. *Journal of Health Psychology, 1(4),* 455-468.

Réponses aux activités, exercices SPSS et QCM

Chapitre 1

Activité 1.1

Lesquelles parmi les variables suivantes sont continues, discrètes, catégorielles ?

- Vitesse du vent – continue
- Diplômes proposés par une université – catégorielle
- Niveau d'extraversion – continue
- Marque de voiture – catégorielle
- Équipe de football – catégorielle
- Nombre de pièces perdues lors d'une partie d'échec – discrète
- Poids des pandas géants – continue
- Nombre de tableaux présentés dans une galerie d'art – discrète

Activité 1.2

Classez les études qui suivent en fonction de leur type : véritable expérience, quasi-expérience ou observation.

(a) On cherche le lien entre la consommation de caféine et les céphalées (maux de tête) – observation
(b) On s'interroge sur la différence entre hommes et femmes pour ce qui est des compétences verbales – quasi-expérience
(c) On relève la performance à un examen chez des étudiants répartis aléatoirement dans des salles bruyantes ou calmes – expérience
(d) On compare la confiance en soi de personnes petites et grandes – quasi-expérience
(e) On étudie le lien entre le stress et le temps de travail quotidien – observation
(f) On répartit des participants au hasard entre un groupe test (qui suit une thérapie de relaxation) et un groupe témoin (qui n'en suit pas), et on relève le niveau d'anxiété pour connaître l'effet de la thérapie – expérience

Activité 1.3

Dans l'étude sur les dessins inversés, il faudrait utiliser un contrebalancement. Pour cela, on diviserait les participants en deux groupes. L'un des groupes est motivé par l'annonce de la récompense de 10 € si la tâche est bien faite dès la première fois, mais ont ne leur parle plus de récompense la fois suivante. Au contraire, le second groupe n'est pas informé d'une quelconque récompense, qui ne leur ait indiquée que pour le second essai.

Activité 1.4

Comment organiseriez-vous une expérience pour enquêter sur un lien causal éventuel entre la consommation de caféine et les compétences mathématiques ?

Pour cela, il faudrait former des groupes en termes de niveau de caféine. On peut par exemple former 4 groupes, correspondant à des niveaux nul, faible, moyen et fort de caféine. On fait alors passer le test mathématique à tous. On recherche sur les données ainsi relevées un lien éventuel entre le niveau de caféine et la performance mathématique. On pourrait envisager la chose sous forme d'un plan classique comme nous venons de la faire, mais également sous forme d'un plan à mesures répétées, où les participants prendraient part à toutes les conditions. Bien sûr, dans ce dernier cas il faudrait utiliser des tests mathématiques différents (mais de même niveau).

Exercices SPSS

Exercice 1

1. La variable indépendante est le type de matériel présenté (adjectifs ou noms).
2. La VD dans cette étude est le nombre de mots correctement rappelés.
3. Il s'agit d'un plan classique (groupes indépendants) puisque les groupes se trouvent chacun dans une unique situation.
4. Il s'agit d'une véritable expérience puisque la Pr Nimbus a réparti aléatoirement les sujets entre les groupes.
5. Les données doivent être entrées comme ci-dessous. Il y a deux variables (une VI, et une VD). La première colonne représente la variable de groupe (VI), et ne contient que des 1 et des 2 en fonction du numéro du groupe associé à chaque participant. Dans notre cas, 1 représente le groupe des adjectifs, et 2 celui des noms. La deuxième colonne (variable) donne les scores associés à la VD, donc le nombre de mots correctement rappelés pour chaque sujet.

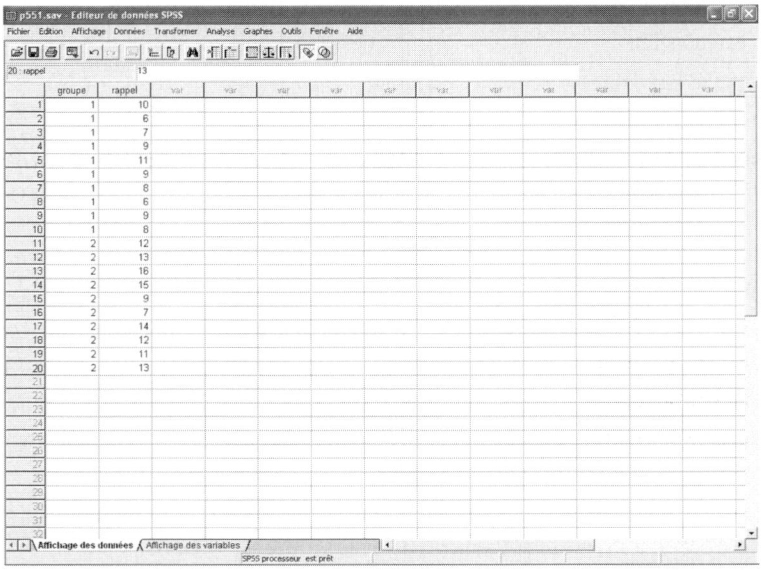

	groupe	rappel
1	1	10
2	1	6
3	1	7
4	1	9
5	1	11
6	1	9
7	1	8
8	1	6
9	1	9
10	1	8
11	2	12
12	2	13
13	2	16
14	2	15
15	2	9
16	2	7
17	2	14
18	2	12
19	2	11
20	2	13

Exercice 2

Les données de l'étude sur les adjectifs et les noms doivent désormais être entrées de la manière conforme à un plan intra-sujets (ou à mesures répétées) :

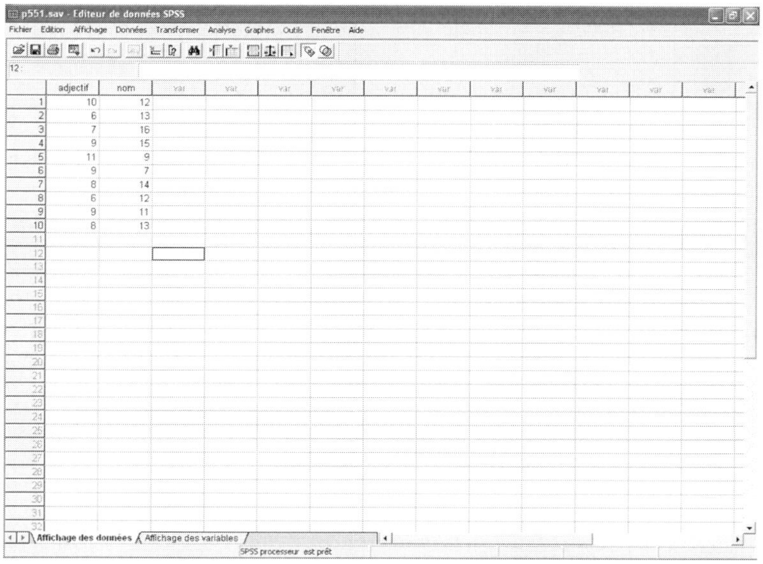

	adjectif	nom
1	10	12
2	6	13
3	7	16
4	9	15
5	11	9
6	9	7
7	8	14
8	6	12
9	9	11
10	8	13

Lorsque nous entrons les données pour un tel plan, nous définissons deux variables, qui correspondent aux scores mesurés dans chacune des deux situations. La première variable est dans notre cas le nombre de mots rappelés dans le cas d'adjectifs, et la seconde le nombre de mots correctement rappelés dans le cas des noms.

QCM

1c, 2c, 3c, 4d, 5d, 6a, 7d, 8d, 9b, 10d, 11c, 12a, 13a, 14a, 15c, 16a, 17b, 18d, 19a, 20d.

Chapitre 2

Activité 2.1

Le mieux est sans aucun doute de choisir deux groupes, l'un de fans de football, et l'autre de fanatiques de rugby (même si certains penseront qu'un groupe de chimpanzés ferait tout aussi bien l'affaire).

Activité 2.2

Les moyennes, médianes et modes sont les suivants :

- moyenne 13,6, médiane 12, mode 12
- moyenne 6,75, médiane 5, mode 5
- moyenne 33,9, médiane 25,5, mode 32.

Activité 2.3

Le meilleur paramètre de position est :

(a) 1 23 25 26 27 23 29 30 – la médiane

(b) 1 1 1 1 1 1 1 1 1 1 1 2 2 2 2 2 3 3 4 50 – le mode

(c) 1 1 2 3 4 1 2 6 5 8 3 4 5 6 7 – la moyenne

(d) 1 101 104 106 111 108 109 200 – la médiane.

Activité 2.4

Aucune réponse nécessaire (elle se trouve après l'activité).

Activité 2.5

Voici les réponses concernant les histogrammes :

(a) le mode est 4

(b) le score le moins fréquent est 8

(c) 4 personnes ont eu un score de 5

(d) deux personnes ont obtenu 2.

Activité 2.6

Pour ce qui concerne la boîte à moustaches présentée :

(a) la médiane est 30

(b) il y a trois scores extrêmes au-dessous de la boîte à moustaches.

Activité 2.7

Le diagramme de dispersion suggère qu'il n'y pas de lien entre le prix du pétrole et la satisfaction des automobilistes. Les points du nuage semblent à peu près aléatoirement répartis.

Activité 2.8

Pour déterminer l'écart type connaissant la variance, on extrait la racine carré de la variance.

Les meilleurs définitions de l'écart type sont (c) car l'écart type est une mesure de variation des scores autour de la moyenne (ou d'éloignement par rapport à la moyenne), et (d) parce que c'est la racine carrée de la variance.

Activité 2.9

Seule (b) est normalement distribuée.

Exercices SPSS

Exercice 1

1. La VI dans cette étude est la présence (ou absence) de lumière rouge (avec comme modalités « présence » et « absence »)
2. La VD de cette recherche est le nombre d'erreurs commises par chaque personne.
3. La boîte à moustaches pour la différence des VD entre les deux conditions est donnée ci-dessous :

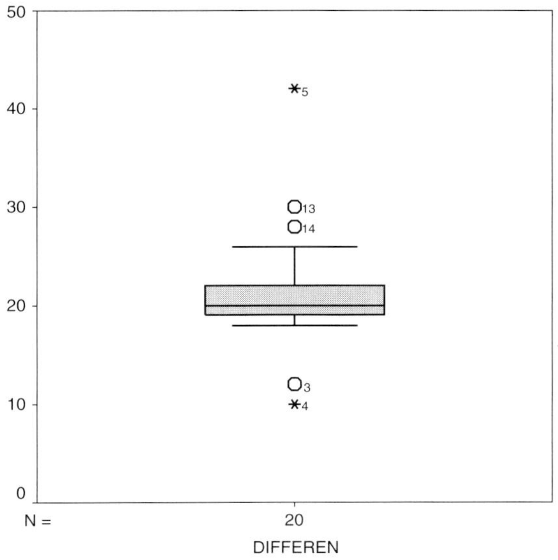

a) la moustache la plus courte se trouvant en bas, ajouté au fait que la médiane est plus proche du bas de la boîte suggère une distribution à asymétrie positive

b) la boîte à moustaches montre qu'il y a plusieurs valeurs « aberrantes » au-dessus et en dessous de la médiane ; les scores à considérer sont ceux des individus numérotés 3, 4, 5, 13, 14

c) la moyenne et l'écart type peuvent être trouvés en utilisant la fonction *Explorer* de SPSS, dans le menu *Analyse > Statistiques descriptives.* On trouve ainsi une moyenne de 21,40, avec un écart type de 6,61.

Exercice 2

1. La VI de cette étude portant sur les drogues est le fait d'avoir consommé de la drogue (modalités oui / non).
2. La VD de cette recherche est la note obtenue à l'examen final. Il s'agit d'une variable supposée continue, mais uniquement connue sur une échelle discrète. On la suppose continue, parce que les connaissances des étudiants (sous-jacentes) sont plutôt continues. Mais la mesure n'est pas vraiment continue.
3. Les histogrammes pour les données des différentes conditions sont les suivants :

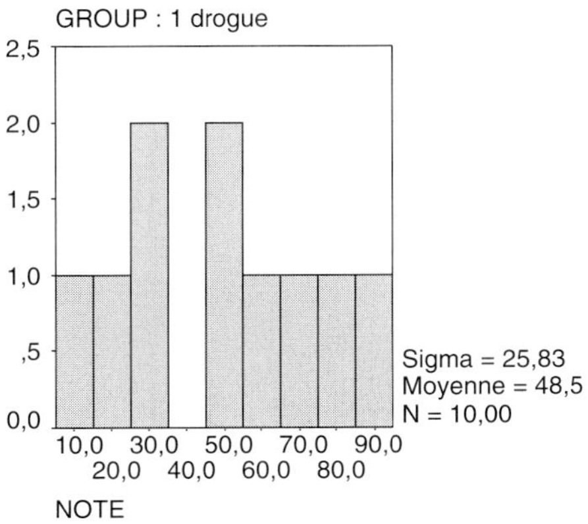

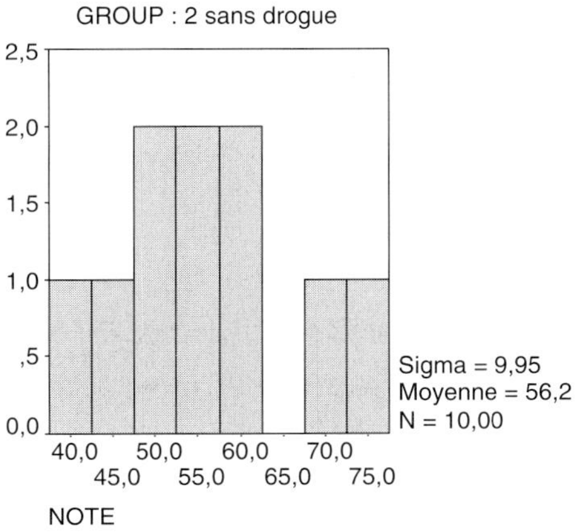

a) On pourrait discuter de l'adéquation de ces scores et de ces histogrammes à une distribution normale. Les scores les plus fréquents se trouvent bien vers le milieu, et les queues de distribution semblent correctes. Mais nous disposons de bien peu de participants...

b) Par bonheur, les moyennes et les écarts type (*sigma*) sont donnés automatiquement avec les histogrammes. Habituellement, nous devons passer par l'option *Explorer* de SPSS, mais ici ça ne sera pas nécessaire. On voit sur les diagrammes que les moyennes sont de 48,5 et 56,2 respectivement pour les situations avec drogue et sans drogue, et que les écarts type correspondant sont, dans le même ordre, 25,83 et 9,95. Vous devriez être capable de voir que la drogue n'a pas de réel effet sur les notes en moyenne, mais qu'elle augmente la variabilité. L'écart type de la situation avec drogue est en effet plus de 2,5 fois supérieure à l'autre.

QCM

1b, 2c, 3c, 4c, 5b, 6b, 7c, 8a, 9b, 10d, 11a, 12c, 13c, 14d, 15a, 16a, 17b, 18c, 19c, 20d.

Chapitre 3

Activité 3.1

Lesquels parmi ces événements ont une probabilité égale à 0 (ou très proche de 0), et lesquels ont une probabilité égale à 1 (ou très proche de 1) ?

- Que la nuit vienne après le jour – 1
- Que les hommes politiques se mettent à nous dire la vérité en toutes circonstances – 0 (!)
- Que vous tombiez sur un chèque au porteur d'un million d'euros dans les pages de ce livre – 0
- Qu'un feu de bois s'éteigne si on jette de l'eau dessus – 1 (si on jette *suffisamment* d'eau)
- Que les auteurs remettent leur manuscrit en retard – 1.

Activité 3.2

Exprimez les probabilités suivantes en pourcentage :

- 0,25 = 25 %
- 0,99 = 99 %
- 1/3 ≈ 33,3333... %
- 2/10 = 0,2 = 20 %.

Exprimez les probabilités suivantes sous forme décimale

- 1/8 = 0,125
- 12/20 = 0,6
- 30 % = 0,3
- 14 % = 0,14.

Activité 3.3

Quelles probabilités peuvent être qualifiées de conditionnelles ?

- La probabilité d'être foudroyé par un éclair, sachant qu'on est en train de jouer au golf – oui
- La probabilité de gagner au loto – non
- La probabilité de remporter une victoire olympique, si vous ne vous entraînez pas – oui
- La probabilité de développer un cancer du poumon si vous fumez – oui
- La probabilité qu'on envoie des hommes sur Mars dans les dix ans à venir – non
- La probabilité de souffrir un jour de maladie coronarienne pour quelqu'un qui boit régulièrement de la bière – oui.

Activité 3.4

Si vous avez un score *z* négatif, il est inférieur à la moyenne, parce que cette moyenne (de *z*) vaut 0.

Dans ce cas, la majorité des gens ont un score supérieur au votre (puisque la moitié des gens ont un score dépassant 0). Mais ceci n'est vrai que pour une variable normale (en tout cas symétrique).

Activité 3.5

Votre *z* en mathématiques est 1 ((65 – 60)/5). Pour le français, il est de 0,86 ((71 – 65)/7). Par conséquent, votre matière dominante, par rapport aux autres, est plutôt la mathématique.

Activité 3.6

La distribution des moyennes des échantillons serait probablement (et approximativement) normale.

Activité 3.7

À quel degré (en pourcentage) sommes-nous sûrs que la moyenne de la population se situe à moins de 1,96 erreur standard de la moyenne observée ? – 95 %

Supposons qu'on recueille sur un échantillon de 20 arachnophobes un score d'arachnophobie. On trouve un intervalle de confiance pour la moyenne de [1,5 ; 5,6]. Qu'est-ce que cela vous apprend ? – que la vraie moyenne des scores d'arachnophobie (sur la population toute entière) se situe sans doute entre 1,5 et 5,6.

Si l'on avait eu un échantillon de 200 personnes, cela aura-t-il élargi ou réduit l'intervalle en question ? – cela l'aurait sûrement réduit.

Activité 3.8

Parmi les diagrammes de variation présentés, seuls les numéro (a) et (d) montrent une véritable différence entre les conditions.

Exercices SPSS

Exercice 1

1. Le design est simple.
2. Les statistiques descriptives sont données ci-dessous :

Descriptives

	GROUPE			Statistique	Erreur standard
anxiété	insonorisé	Moyenne		9,1000	1,03763
		Intervalle de confiance à 95% pour la moyenne	Borne inférieure	6,7527	
			Borne supérieure	11,4473	
		Ecart-type		3,28126	
	non insonorisé	Moyenne		19,9000	,88757
		Intervalle de confiance à 95% pour la moyenne	Borne inférieure	17,8922	
			Borne supérieure	21,9078	
		Ecart-type		2,80674	

3. Voici le diagramme de variation :

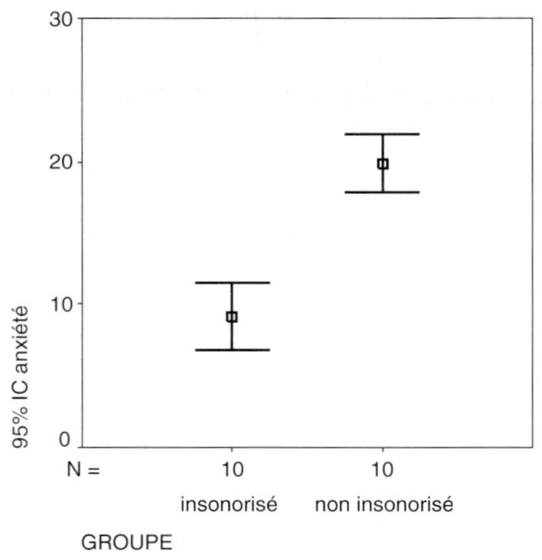

On voit sur ce diagramme que les différences semblent significatives entre les deux groupes. Les intervalles de confiance, en effet, ne se recoupent pas. Il semble donc bien que l'insonorisation réduise l'anxiété moyenne (le groupe « non insonorisé » donne un niveau d'anxiété bien supérieur).

Exercice 2

1. Cette étude est manifestement une quasi-expérience. En effet, il n'est pas possible de répartir aléatoirement les sujets (animaux) dans les groupes, puisque ces groupes sont des catégories naturelles prédéfinies.
2. Le design est simple (inter-sujets) puisque les sujets (animaux) ne peuvent évidemment pas participer aux différentes conditions (ce qui supposerait qu'ils sont une fois chat, une fois chien...).
3. Les statistiques descriptives sont données par la fonction *Explorer :*

Descriptives

	GROUPE			Statistique	Erreur standard
intelligence	chat	Moyenne		102,0000	4,51664
		Intervalle de confiance à 95% pour la moyenne	Borne inférieure	91,7827	
			Borne supérieure	112,2173	
		Ecart-type		14,28286	
	chien	Moyenne		110,4000	3,99221
		Intervalle de confiance à 95% pour la moyenne	Borne inférieure	101,3690	
			Borne supérieure	119,4310	
		Ecart-type		12,62449	

4.

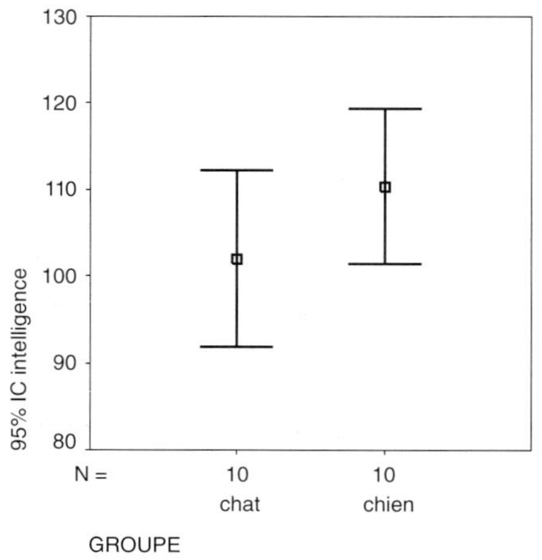

Ce diagramme de variation montre que la différence entre les chiens et les chats n'est sans doute pas significative. Les intervalles de confiance se recoupent en effet largement. Notre expérience ne permet donc pas, à elle seule, de conclure à une différence entre les espèces. Ceci dit, vous pourrez noter que, sur notre échantillon, les chiens ont obtenu *en moyenne* un score plus élevé.

QCM

1c, 2b, 3c, 4d, 5d, 6b, 7d, 8d, 9a, 10b, 11c, 12b, 13b, 14d, 15b, 16d, 17c, 18b, 19d, 20c.

Chapitre 4

Activité 4.1

Quelles sont les hypothèses nulles correspondant aux hypothèses alternatives suivantes :

- On pense qu'il y a une différence entre les hommes et les femmes en ce qui concerne les compétences spatiales – pas de différence entre sexes concernant ces compétences.
- La consommation d'alcool est liée au nombre d'erreurs de conduite – la consommation d'alcool est indépendante du nombre d'erreurs de conduite.
- Le temps de réaction sera différent selon que les participants sont stressés ou relaxés – il ne le sera pas.
- Plus on est proche (dans le temps) d'une élection, plus les politiciens mentent – les politiciens mentent toujours autant.

Activité 4.2

Parmi les descriptions suivantes, lesquelles s'appliquent à la logique des tests d'hypothèses ?

(c) On mesure la relation entre deux variables sur notre échantillon, puis on détermine la probabilité que cette relation apparaisse suite à une simple erreur d'échantillonnage. Si cette probabilité est faible, on conclut qu'il y a une véritable relation entre les variables parentes.

(d) On mesure une différence entre deux conditions, puis on calcule la probabilité d'obtenir une telle différence suite à une erreur d'échantillonnage en supposant qu'il n'y a pas de différence sur la population. Si cette probabilité est assez petite, on conclut à une différence réelle sur la population.

Activité 4.3

La probabilité 0,005 correspond à une chance sur 200. Si on avait eu une probabilité de 0,01, on aurait répondu une chance sur 100.

Activité 4.4

On ne peut pas vraiment répondre à cette question à partir des informations à notre disposition. Souvenez-vous que l'importance psychologique n'est pas la signification statistique. Aussi, même si la seconde étude donne une résultat plus significatif, il n'est pas certain que ce résultat soit plus important psychologiquement. On n'a pas les informations permettant de déterminer si la différences entre les deux significations *p* est due par exemple à la taille de l'échantillon ou autre chose.

Activité 4.5

Parmi les exemples suivants, lesquels correspondent à des erreurs de première espèce ? de seconde espèce ?

(a) Vous trouvez, grâce à un travail d'observation, qu'il existe un lien entre la quantité de thé consommé chaque jour et la probabilité de gain aux jeux de hasard. Vous en concluez que les buveurs de thé ont plus de chance de gagner au loto – Première espèce.

(b) Vous déduisez d'une observation scientifique qu'il n'y a aucune différence notable entre la vitesse de course des tortues et celles des guépards. Vous en concluez que les tortues courent à peu près aussi vite que les guépards – Deuxième espèce.

(c) Vous trouvez un lien, sur un échantillon, entre le niveau de vie et les revenus. Cependant, le risque associé à l'hypothèse correspondante sur la population est fort (p=0,\ ,5), et vous ne rejetez pas l'hypothèse nulle stipulant que le niveau de vie est indépendant des revenus – Deuxième espèce.

Activité 4.6

Quelles situations, parmi les suivantes, correspondent à des tests unilatéraux (respectivement bilatéraux) ?

(a) On veut montrer que les femmes ont un score d'empathie supérieur aux hommes en moyenne – unilatéral.

(b) On prédit que les personnes les plus riches consomment plus de tomates – unilatéral.

(c) On pense qu'il y a un lien entre la longueur des cheveux des hommes et le nombre d'interpellations dont ils ont fait l'objet – bilatéral.

(d) On suppose que les fans de football ont un QI moyen plus faible que les fans d'opéra – unilatéral.

(e) On fait l'hypothèse d'une relation entre le nombre d'ouvrages lus chaque année et l'étendue du vocabulaire – bilatéral.

Exercices SPSS

Exercice 1

1. Le professeur Loubard a réalisé une expérience en utilisant un plan à mesures répétées (VI intra-sujets), puisque chaque loubard donne deux valeurs de la VD.
2. Le nombre d'arrestations est une variable discrète (on ne peut pas se faire arrêter une demi-fois).
3. La VI est le type d'assise (confortable / inconfortable) et la VD est le nombre d'arrestations.
4. Unilatéral, parce que le professeur Loubard ne prévoit pas seulement une différence, elle prévoit plus précisément dans quel sens ira la différence (que le stade confortable correspondra à *moins* d'arrestations).
5. L'hypothèse nulle est qu'il n'y a pas de différence entre les deux stades en termes d'arrestations.
6. SPSS fournit le diagramme de variation et les statistiques descriptives :

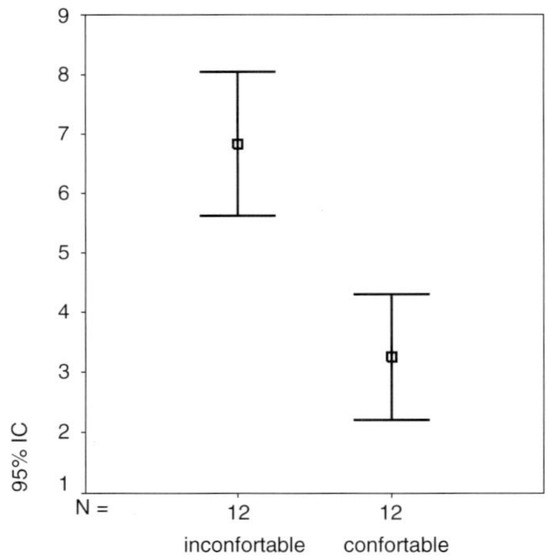

Descriptives

			Statistique	Erreur standard
Inconfortable	Moyenne		6,8333	,54818
	Intervalle de confiance à 95% pour la moyenne	Borne inférieure	5,6268	
		Borne supérieure	8,0399	
	Ecart-type		1,89896	
Confortable	Moyenne		3,2500	,47871
	Intervalle de confiance à 95% pour la moyenne	Borne inférieure	2,1964	
		Borne supérieure	4,3036	
	Ecart-type		1,65831	

7 Si l'on convertit les scores en scores *z*, on trouve un *z* moyen de 0,62 pour le groupe confortablement assis, et un score de –0,15 pour l'autre groupe.

Exercice 2

1 Le docteur Difficultueux utilise ici un plan à mesures répétées, puisqu'il étudie la même variable avant et après la sortie du film.

2 Un nombre de mots est nécessairement discret, puisqu'il n'y pas de fractions de mots. La variable est donc discrète.

3 La VI est le moment (avant / après) et la VD est le nombre de néologismes et autres mots choquants (pour le docteur Difficultueux).

4 Il s'agit d'une prédiction unidirectionnelle (ou unilatérale) parce que le sens de la différence (donc de l'évolution) fait l'objet de la prévision. Le docteur Difficultueux pense que la VD augmentera entre les deux mesures.

5 L'hypothèse nulle est que le nombre de mots barbares est stable.

6 SPSS fournit le diagramme de variation et les statistiques descriptives :

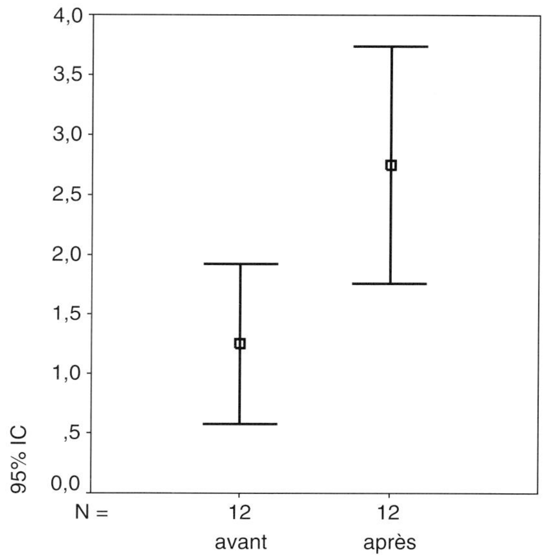

Descriptives

			Statistique	Erreur standard
Avant	Moyenne		1,2500	,30464
	Intervalle de confiance à 95% pour la moyenne	Borne inférieure	,5795	
		Borne supérieure	1,9205	
	Ecart-type		1,05529	
Après	Moyenne		2,7500	,44594
	Intervalle de confiance à 95% pour la moyenne	Borne inférieure	1,7685	
		Borne supérieure	3,7315	
	Ecart-type		1,54479	

7. Convertir en score *z* donne une moyenne de *z* de 0,71 pour le nombre de barbarismes divers « avant » et de –0,49 « après ».

QCM

1a, 2a, 3b, 4a, 5b, 6d, 7c, 8a, 9b, 10c, 11d, 12a, 13d, 14c, 15c, 16d, 17d, 18c, 19d, 20c.

Chapitre 5

Activité 5.1

Il est assez difficile de trouver des relations linéaires parfaites naturelles. En revanche, vous devriez pouvoir citer plein de relations imparfaites.

Activité 5.2

(b)

Activité 5.3

(b)

Activité 5.4

(i) Négative et faible.

(ii) Positive et forte.

Activité 5.5

(a)

Activité 5.6

(d)

Activité 5.7

(c)

Activité 5.8

(a)

Activité 5.9

1) -0,4983, qui peut être arrondi à –0,50.
2) -0,2391, qui peut être arrondi à –0,24.
3) La relation entre les symptômes et la qualité de vie est réduite par le contrôle de la variable mesurant le caractère handicapant de la maladie. Cela montre que le lien entre symptômes et qualité de vie dépend du caractère handicapant de la maladie.

Activité 5.10

Certaines de ces corrélations sont statistiquement significatives pour des niveaux de risque acceptables. Mais d'autres (comme santé, optimisme ou âge) sont faibles et n'ont sans doute aucune importance psychologique.

Exercice SPSS

1. La corrélation entre les symptômes et la qualité de la vie est faible-modérée et négative ($r = -0{,}32$). Elle pourrait être due à une erreur d'échantillonnage ($p = 0{,}0888$).
2. Un fois contrôlée l'intrusivité de la maladie, la corrélation précédente est considérablement réduite, puisque $r = -0{,}01$, $p = 0{,}476$. Aussi, on peut faire l'hypothèse que le lien entre les symptômes et la qualité de vie est entièrement due, ou presque, à l'intrusivité de la maladie.

QCM

1a, 2d, 3a, 4b, 5a, 6c, 7c, 8c, 9d, 10c, 11c, 12c, 13c, 14c, 15b, 16d, 17a, 18c, 19c, 20b.

Chapitre 6

Activité 6.1

(70 – 50)/7,5 = 20/7,5 = 2,66

Activité 6.2

(c)

Activité 6.3

Échantillons appariés = plusieurs variables sur le même échantillon = mesures répétées.

Échantillons indépendants = une variable sur plusieurs échantillons = plan simple.

Tailles d'effet (page)

1. âge : 0,080
2. éducation : 0,361
3. cigarettes : 0,139
4. sport : 0,068
5. café : 0,053
6. IMC : 0,034
7. alcool : 0,111.

Les calculs sont faits de cette manière :

âge

$$\frac{58 - 58,9}{\left(\frac{10,6 + 11,8}{2}\right)} = \frac{-0,9}{11,2} = -0,080$$

éducation

$$\frac{13,7 - 12,6}{\left(\frac{2,8 + 3,3}{2}\right)} = \frac{1,1}{3,05} = 0,361$$

cigarettes

$$\frac{42,9-12,6}{\left(\frac{43,6+44,4}{2}\right)} = \frac{-6,1}{44} = -0,139$$

sport

$$\frac{2,4-2,1}{\left(\frac{4,5+4,3}{2}\right)} = \frac{0,3}{4,4} = 0,068$$

café

$$\frac{3,3-3,5}{\left(\frac{3,9+3,7}{2}\right)} = -\frac{0,2}{3,8} = -(0,053)$$

IMC

$$\frac{19,2-19,3}{\left(\frac{2,6+3,3}{2}\right)} = \frac{-0,1}{2,95} = -0,034$$

alcool

$$\frac{0,5-0,7}{\left(\frac{1,4+2,2}{2}\right)} = -\frac{0,2}{1,8} = -0,111$$

Activité 6.4

1. (c)
2. (a) – mais le signe de la différence n'a aucune importance. Si on avait codé les groupes autrement, on aurait pu avoir un nombre positif à la place.

Exercice SPSS

1. Un test de comparaison de moyennes pour échantillons indépendants est adapté pour le test final et les épisodes de maladie

Statistiques de groupe

	SEXE	N	Moyenne	Ecart-type	Erreur standard moyenne
Test fin d'année	garçon	10	20,00	9,189	2,906
	fille	10	11,70	5,638	1,783
MALADIES	garçon	10	14,50	8,960	2,833
	fille	10	12,90	8,048	2,545

Test d'échantillons indépendants

		Test de Levene sur l'égalité des variances		Test-t pour égalité des moyennes						
		F	Sig.	t	ddl	Sig. (bilatérale)	Différence moyenne	Différence écart-type	Intervalle de confiance 95% de la différence Inférieure	Supérieure
Test fin d'année	Hypothèse de variances égales	2,018	,173	2,435	18	,026	8,30	3,409	1,137	15,463
	Hypothèse de variances inégales			2,435	14,935	,028	8,30	3,409	1,030	15,570
MALADIES	Hypothèse de variances égales	,823	,376	,420	18	,679	1,60	3,808	-6,401	9,601
	Hypothèse de variances inégales			,420	17,796	,679	1,60	3,808	-6,408	9,608

2. Les tailles d'effets sont déterminées ci-dessous. Les moyennes et les écarts type proviennent de la sortie précédente. Pour la maladie

$$\frac{14,5-12,9}{\left(\frac{8,96+8,048}{2}\right)}=\frac{1,6}{8,504}=0,19$$

et pour le test final

$$\frac{20-11,7}{\left(\frac{9,189+5,638}{2}\right)}=\frac{8,3}{7,414}=1,12$$

3. Voilà le genre de chose que vous pourriez dire :

On voulait savoir s'il y avait une différence significative (donc réelle et généralisable) entre les garçons et les filles pour le test de fin d'année, ainsi que pour le nombre de jours de maladie. Le nombre de jour de maladie moyen était très peu différent entre les deux groupes (garçons et filles), puisque la différence était de 1,6. Si on essaie d'interpréter cela en « nombre de jours de maladie standardisé » (écarts type), cela revient à une différence de 0,19. Lorsqu'on détermine un intervalle de confiance, on trouve que la vraie différence se situe sûrement entre −6,4 et +9,6. Aussi, si on recommence l'expérience, il ne serait pas étonnant de trouver une différence allant dans l'autre sens, ou pas de différence du tout. Le test de comparaison de moyennes donne une valeur $t = 0,42$, associée à une signification $p = 0,679$. Cela signifie que, à supposer qu'il n'y ait en fait aucune différence entre les garçons et les filles, les résultats que nous obtenons ici arriverons dans 68 % des expériences. Il n'est donc pas étonnant de les trouver, même s'il n'y a aucune différence entre les groupes.

Pour ce qui concerne le test de fin d'année, les garçons ont mieux réussi que les filles (avec des moyennes de 20 et 11,7 respectivement). La différence de 8,3 représente 1,12 écarts type (donc points « standardisés »). Les intervalles de confiance montre que la « vraie » différence est sûrement dans le même sens (du même signe) que celle que nous avons trouvée, puisqu'elle devrait se situer entre 1,14 et 15,46. Le test de comparaison de moyennes donne un $t = 2,43$, associé à une signification p de 0,026. Cela signifie que, s'il n'y a aucune réelle différence entre les garçons et les filles, nous ne trouverons une différence aussi importante que celle que nous avons observée seulement dans 2,6 % des cas. C'est donc très improbable, et on en déduit qu'il y a sûrement une vraie différence. Peut-être est-elle due à un biais de l'examen final…

4. Il faut ici utiliser un test de comparaison de moyennes pour deux échantillons appariés, qui montrera que les notes finales sont en moyenne meilleures que les notes initiales (avec des moyennes de 15,85 à la fin, et 13,4 au début). Ce résultat est associé à une signification de $p = 0,026$.

Statistiques pour échantillons appariés

		Moyenne	N	Ecart-type	Erreur standard moyenne
Paire 1	test début d'année	13,40	20	6,099	1,364
	test fin d'année	15,85	20	8,555	1,913

Test échantillons appariés

	Différences appariées					t	ddl	Sig. (bilatérale)
	Moyenne	Ecart-type	Erreur standard moyenne	Intervalle de confiance 95% de la différence Inférieure	Intervalle de confiance 95% de la différence Supérieure			
Paire 1 test début d'année - test fin d'année	-2,45	5,276	1,180	-4,92	,02	-2,077	19	,052

QCM

1a, 2b, 3a, 4b, 5b, 6b, 7c, 8c, 9c, 10a, 11a, 12d, 13b, 14c, 15b, 16c, 17d, 18b, 19a, 20c.

Chapitre 7

Activité 7.1

Rosenthal pense qu'il est plus important de reporter les tailles d'effet que les statistiques de test et les significations.

Activité 7.2

(c)

Activité 7.3

(b)

Activité 7.4

Il faut pour cela utiliser Internet...

QCM

1a, 2d, 3c, 4b, 5a, 6c, 7d, 8c, 9d, 10a, 11b, 12d, 13a, 14d, 15b, 16b, 17a, 18b, 19d, 20b.

Chapitre 8

Activité 8.1

(c)

Activité 8.2

La somme des nombres ne fait pas 100.

Activité 8.3

(b)

Activité 8.4

(a) la taille (cm) et le poids (kg) – coefficient de corrélation linéaire *r*
(b) la distance (m) et le temps de parcours (min) – coefficient de corrélation linéaire *r*
(c) la silhouette d'une personne et sa catégorie professionnelle (manuel, intellectuel, etc.) – le χ^2
(d) la latéralité (gaucher ou droitier) et les compétences spatiales (excellentes, moyennes, ou navrantes) – le χ^2.

Activité 8.5

(c)

Activité 8.6

(b)

Activité 8.7

Rien de tout cela n'est vrai.

Exercices SPSS

Exercice 1

Bish *et al.* ont utilisé la correction de Yates. La signification est $p = 0,68$.

Exercice 2

Cela dépend de vos données !

Exercice 3

1. 8,25
2. $\chi^2 = 3,48$
3. $p = 0,32$
4. Bien que les données brutes suggèrent certaines préférences des gens pour tel ou tel animal, le test du χ^2 montre que rien de tout cela n'est significatif.

Exercice 4

Le χ^2 vaut 1,26, avec 1 dl, et $p = 0,26$. La relation entre la cigarette et l'alcool est donc non significative et pourrait provenir d'une simple erreur d'échantillonnage. Notre étude ne donne aucune preuve d'un lien entre les variables parentes.

QCM

1b, 2c, 3d, 4a, 5d, 6b, 7d, 8c, 9a, 10a, 11d, 12c, 13d, 14c, 15a, 16b, 17b, 18a, 19a, 20b.

Chapitre 9

Activité 9.1

Quelques raisons pour lesquelles les scores varient entre les groupes :

(a) la manipulation de la variable indépendante – les scores diffèrent parce que les gens ne sont pas toujours dans la même situation,

(b) des raisons individuelles (différences personnelles),

(c) l'erreur expérimentale.

Quelques raisons pour lesquelles les scores varient à l'intérieur des groupes :

(a) il existe des différences entre les personnes,

(b) l'erreur expérimentale.

Activité 9.2

(a)

Activité 9.3

La différence entre les deux moyennes observées au cours d'une expérience sur un échantillon est une estimation ponctuelle. Si nous reproduisons l'expérience, nous trouverons sûrement une différence un peu plus grande, ou un peu plus faible. L'intervalle de confiance nous permet d'être sûrs (à un certain niveau, typiquement 95 %) que la vraie différence se trouve entre telle et telle valeur.

Exercices SPSS

Exercice 1

Test d'homogénéité des variances

NOTE

Statistique de Levene	ddl1=	ddl2	Signification
,408	2	27	,669

ANOVA

NOTE

	Somme des carrés	ddl	Moyenne des carrés	F	Signification
Inter-groupes	112,867	2	56,433	12,687	,000
Intra-groupes	120,100	27	4,448		
Total	232,967	29			

Comparaisons multiples

Variable dépendante : NOTE
Test de Tukey

(I) GROUPE	(J) GROUPE	Différence de moyennes (I-J)	Erreur standard	Signification	Intervalle de confiance à 95%	
					Borne inférieure	Borne supérieure
matin	après-midi	-,40	,943	,906	-2,74	1,94
	soir	3,90*	,943	,001	1,56	6,24
après-midi	matin	,40	,943	,906	-1,94	2,74
	soir	4,30*	,943	,000	1,96	6,64
soir	matin	-3,90*	,943	,001	-6,24	-1,56
	après-midi	-4,30*	,943	,000	-6,64	-1,96

*. La différence de moyennes est significative au niveau .05.

L'anova (simple) globale montre qu'il existe des différences entre les groupes ($F(2\,;27) = 12,7$, $p < 0,001$). Le test de Tukey montre qu'il n'y a pas de différence significative entre les groupes du matin et de l'après-midi. En revanche, le groupe du soir diffère des deux autres.

Exercice 2

Tests des effets intra-sujets

Mesure : MEASURE_1

Source		Somme des carrés de type III	ddl	Moyenne des carrés	F	Signification	Eta au carré partiel
DOSE	Sphéricité supposée	197,821	3	65,940	4,278	,019	,416
	Greenhouse-Geisser	197,821	2,111	93,693	4,278	,036	,416
	Huynh-Feldt	197,821	3,000	65,940	4,278	,019	,416
	Borne inférieure	197,821	1,000	197,821	4,278	,084	,416
Erreur (DOSE)	Sphéricité supposée	277,429	18	15,413			
	Greenhouse-Geisser	277,429	12,668	21,900			
	Huynh-Feldt	277,429	18,000	15,413			
	Borne inférieure	277,429	6,000	46,238			

Statistiques descriptives

	Moyenne	Ecart-type	N
NIV1	14,29	3,251	7
NIV2	12,86	3,761	7
NIV3	9,86	4,741	7
NIV4	7,43	2,936	7

On utilise ici une anova pour plan à mesures répétées. Les moyennes vont dans le sens attendu. La tendance est à la diminution du score : les personnes ont un score bien plus élevé dans la condition *placebo* que dans la condition *dose élevée*. Les différences sont significatives. En effet, $F(2\,;13) = 4,28$, $p = 0,036$. Par conséquent, on conclut que le cannabis diminue les performances arithmétiques.

QCM

1b, 2c, 3b, 4a, 5b, 6c, 7a, 8b, 9a, 10c, 11a, 12b, 13b, 14b, 15d, 16b, 17b, 18b, 19a, 20b.

Chapitre 10

Activité 10.1

Avec 4 variables, on a les sources de variation suivantes :

- (effets principaux) A, B, C, D ;
- (interactions) AB, AC, AD, BC, BD, CD, ABC, ABD, ACD, BCD, ABCD ;
- l'erreur.

Activité 10.2

Décrivez les analyses suivantes :

(a) une anova 6 × 2 – une VI à 6 modalités, une à 2 modalités
(b) une anova 3 × 3 × 3 – trois VI à 3 conditions chacune
(c) une anova 4 × 2 × 4 × 2 – deux VI dichotomiques, deux à 4 niveaux
(d) une anova 2 × 2 × 2 × 2 × 2 – 5 VI à deux conditions...

Activité 10.3

D'après le tableau 10.4, il n'y a pas de recouvrement des conditions avec et sans alcool en l'absence de café. La différence est donc probablement significative. Le recouvrement est faible dans le cas avec café, ce qui suggère à nouveau une différence au niveau de la population. Si l'on compare les conditions avec et sans café, dans le cas sobre, on trouve un recouvrement énorme, suggérant une différence non significative. Dans le cas alcoolisé, les conditions avec et sans café ne montrent aucun recouvrement, suggérant une véritable différence.

Activité 10.4

Parmi les diagrammes, les (a) et (b) suggèrent une interaction.

Activité 10.5

Quelle expression décrit un effet simple ?

(a) la différence entre chewing gum et pas de chewing gum en situation de discussion – effet simple
(b) la différence globale entre les situations avec et sans thé – effet principal
(c) l'effet du bruit en situation d'examen de mathématiques – effet simple
(d) l'effet d'une thérapie cognitive sur le contrôle de la peur dans la population générale – effet principal.

Activité 10.6

Les mesures de taille de l'effet appropriées dans le cas d'une anova sont les η^2 et les *d*.

Activité 10.7

Les η^2 sont calculés de la manière suivante :

- pour l'effet principal de l'alcool

$$\frac{825,021}{825,021 + 110,229}$$

- pour l'effet principal du café

$$\frac{623,521}{623,521 + 189,729}$$

- pour l'interaction

$$\frac{305,021}{305,021 + 133,229}$$

Activité 10.8

Les *d* pour les effets simples sont les suivants :

- Pour la différence entre café et sans café
  - avec alcool : 3,68
  - sans alcool : 0,66
- Pour la différence entre avec et sans alcool
  - avec café : 1,02
  - sans café : 3,79.

Exercices SPSS

Exercice 1

1. L'étude de Madame Unetelle utilise un design mixte, avec l'année comme variable inter-sujets et la discipline comme variable intra-sujets.
2. L'année de l'examen (1977 ou 1997) est une VI inter-sujets, et la discipline (mathématiques ou lettres) est une VI intra-sujets. La VD est la note attribuée à la copie.
3. L'anova donne les résultats suivants

Facteurs intra-sujets

Mesure : MEASURE_1

MATIÈRE	Variable dépendante
1	MATH
2	LETTRE

Facteurs inter-sujets

		Etiquette de valeur	N
AN	1	1977	12
	2	1997	12

Statistiques descriptives

	AN	Moyenne	Ecart-type	N
MATH	1977	58,83	8,963	12
	1997	53,67	5,581	12
	Total	56,25	7,764	24
LETTRE	1977	59,33	7,762	12
	1997	53,08	6,515	12
	Total	56,21	7,701	24

Test d'égalité des matrices de covariance de Box[a]

M de Box	2,958
F	,889
ddl1	3
ddl2	87120,000
Signification	,446

Teste l'hypothèse nulle selon laquelle les matrices de covariances observées des variables dépendantes sont égales sur l'ensemble des groupes.

a. Plan : Intercept+AN
Plan intra-sujets : MATIÈRE

Tests multivariés[b]

Effet		Valeur	F	ddl de l'hypothèse	Erreur ddl	Signification
MATIÈRE	Trace de Pillai	,000	,001[a]	1,000	22,000	,982
	Lambda de Wilks	1,000	,001[a]	1,000	22,000	,982
	Trace de Hotelling	,000	,001[a]	1,000	22,000	,982
	Plus grande racine de Roy	,000	,001[a]	1,000	22,000	,982
MATIÈRE * AN	Trace de Pillai	,004	,088[a]	1,000	22,000	,769
	Lambda de Wilks	,996	,088[a]	1,000	22,000	,769
	Trace de Hotelling	,004	,088[a]	1,000	22,000	,769
	Plus grande racine de Roy	,004	,088[a]	1,000	22,000	,769

a. Statistique exacte
b. Plan : Intercept+AN
Plan intra-sujets : MATIÈRE

Tests des effets intra-sujets

Mesure : MEASURE_1

Source		Somme des carrés de type III	ddl	Moyenne des carrés	F	Signification
MATIÈRE	Sphéricité supposée	2,083E-02	1	2,083E-02	,001	,982
	Greenhouse-Geisser	2,083E-02	1,000	2,083E-02	,001	,982
	Huynh-Feldt	2,083E-02	1,000	2,083E-02	,001	,982
	Borne inférieure	2,083E-02	1,000	2,083E-02	,001	,982
MATIÈRE * AN	Sphéricité supposée	3,521	1	3,521	,088	,769
	Greenhouse-Geisser	3,521	1,000	3,521	,088	,769
	Huynh-Feldt	3,521	1,000	3,521	,088	,769
	Borne inférieure	3,521	1,000	3,521	,088	,769
Erreur (MATIÈRE)	Sphéricité supposée	879,958	22	39,998		
	Greenhouse-Geisser	879,958	22,000	39,998		
	Huynh-Feldt	879,958	22,000	39,998		
	Borne inférieure	879,958	22,000	39,998		

Tests des contrastes intra-sujets

Mesure : MEASURE_1

Source	MATIÈRE	Somme des carrés de type III	ddl	Moyenne des carrés	F	Signification
MATIÈRE	Linéaire	2,083E-02	1	2,083E-02	,001	,982
MATIÈRE * AN	Linéaire	3,521	1	3,521	,088	,769
Erreur(MATIÈRE)	Linéaire	879,958	22	39,998		

Tests des effets inter-sujets

Mesure : MEASURE_1
Variable tranformée : Moyenne

Source	Somme des carrés de type III	ddl	Moyenne des carrés	F	Signification
Intercept	151762,521	1	151762,521	2262,107	,000
AN	391,021	1	391,021	5,828	,025
Erreur	1475,958	22	67,089		

4. Les valeurs de *F* et les significations associées sont :

Effet	F	p
principal de l'année	5,83	0,025
principal de la discipline	0,00	0,982
interaction	0,09	0,769

5. Ces analyses montrent que seul l'effet de l'année est généralisable à partir de nos données. Au contraire, la discipline (ou matière) et l'interaction ne donnent pas de résultats significatifs.

6. Nous pouvons voir sur la sortie SPSS que le η^2 partiel pour l'effet principal de l'année (0,209]) est bien supérieur au η^2 associé à la discipline (0,000) ou à l'interaction (0,004).

Exercice 2

1. L'étude de Mme Bidule utilise un plan totalement inter-sujets.

2. Un des VI est l'âge des enfants (5 ou 11 ans). Une autre VI est le sexe (garçon ou fille). La VD est le score obtenu par chacun au test de perception.

3. Les sorties SPSS sont les suivantes :

Facteurs inter-sujets

		Etiquette de valeur	N
âge	1	5 ans	24
	2	11 ans	24
sexe	1	garçon	24
	2	fille	24

Statistiques descriptives

Variable dépendante : perception

âge	sexe	Moyenne	Ecart-type	N
5 ans	garçon	3,58	2,275	12
	fille	5,50	1,382	12
	Total	4,54	2,085	24
11 ans	garçon	3,75	1,485	12
	fille	8,42	1,165	12
	Total	6,08	2,717	24
Total	garçon	3,67	1,880	24
	fille	6,96	1,944	24
	Total	5,31	2,519	48

Test d'égalité des variances des erreurs de Levene[a]

Variable dépendante : perception

F	ddl1	ddl2	Signification
,903	3	44	,448

Teste l'hypothèse nulle que la variance des erreurs de la variable dépendante est égale sur les différents groupes.

a. Plan : Intercept+AGE+SEXE+AGE * SEXE

Tests des effets inter-sujets

Variable dépendante : perception

Source	Somme des carrés de type III	ddl	Moyenne des carrés	F	Signification	Eta au carré partiel
Modèle corrigé	181,229[a]	3	60,410	22,702	,000	,608
Intercept	1354,687	1	1354,687	509,093	,000	,920
AGE	28,521	1	28,521	10,718	,002	,196
SEXE	130,021	1	130,021	48,862	,000	,526
AGE * SEXE	22,688	1	22,688	8,526	,006	,162
Erreur	117,083	44	2,661			
Total	1653,000	48				
Total corrigé	298,313	47				

a. R deux = ,608 (R deux ajusté = ,581)

4. Les valeurs de *F* et les significations associées sont :

Effet	F	p
principal de l'âge	10,72	0,002
principal du sexe	48,86	0,000
interaction	8,53	0,006

5. Les *p*-values de la table ci-dessus suggèrent que l'âge, ainsi que le sexe, et ainsi que l'interaction entre les deux, a un effet sur le score de perception (sur la population générale).
6. Les η^2 partiels pour les effets principaux de l'âge, du genre et de l'interaction sont respectivement 0,196, 0,526 et 0,162. Ainsi, c'est le sexe qui semble avoir le plus grand impact sur le score de perception.

7. L'interaction peut être étudiée au moyen de tests T. Les résultats sont présentés ci-dessous. Ils montrent que les garçons n'ont pas significativement augmenté leur score de perception entre 5 et 11 ans ($t(22) = -0{,}21$; $p = 0{,}824$). Au contraire, chez les filles, l'amélioration est nette et généralisable ($t(22) = -5{,}59$; $p < 0{,}001$).

Statistiques de groupe[a]

	âge	N	Moyenne	Ecart-type	Erreur standard moyenne
perception	5 ans	12	3,58	2,275	,657
	11 ans	12	3,75	1,485	,429

a. sexe = garçon

Test d'échantillons indépendants[a]

		Test de Levene sur l'égalité des variances		Test-t pour égalité des moyennes						
									Intervalle de confiance 95% de la différence	
		F	Sig.	t	ddl	Sig. (bilatérale)	Différence moyenne	Différence écart-type	Inférieure	Supérieure
perception	Hypothèse de variances égales	,772	,389	-,213	22	,834	-,17	,784	-1,793	1,460
	Hypothèse de variances inégales			-,213	18,93	,834	-,17	,784	-1,808	1,475

a. sexe = garçon

Statistiques de groupe[a]

	âge	N	Moyenne	Ecart-type	Erreur standard moyenne
perception	5 ans	12	5,50	1,382	,399
	11 ans	12	8,42	1,165	,336

a. sexe = fille

Test d'échantillons indépendants[a]

		Test de Levene sur l'égalité des variances		Test-t pour égalité des moyennes						
									Intervalle de confiance 95% de la différence	
		F	Sig.	t	ddl	Sig. (bilatérale)	Différence moyenne	Différence écart-type	Inférieure	Supérieure
perception	Hypothèse de variances égales	,312	,582	-5,591	22	,000	-2,92	,522	-3,998	-1,835
	Hypothèse de variances inégales			-5,591	21,4	,000	-2,92	,522	-4,000	-1,833

a. sexe = fille

QCM

1c, 2b, 3c, 4b, 5c, 6a, 7d, 8c, 9c, 10a[1], 11c, 12a, 13c, 14a, 15d, 16b, 17d, 18c, 19c, 20b.

1. Un diagramme est assez peu lisible, et il faudrait sans aucun doute se référer à des statistiques plus poussées pour dire s'il existe un interaction ou non. Mais si on observe attentivement le diagramme, on voit que les effets simples correspondent à des segments non parallèles, suggérant donc une interaction.

Chapitre 11

Activité 11.1

L'analyse de corrélation nous donne une mesure de la proximité d'un ensemble de points (formant le *nuage de points*) et d'une droite imaginaire (r). Avec la régression linéaire, cette droite imaginaire prend vie et devient réelle. C'est une droite qui minimise la distance avec le nuage de points, et qui est, pour cette raison, la droite de meilleure approximation. Cette droite, ou plutôt son équation, peut alors être utilisée pour estimer les changements de y connaissant x.

Activité 11.2

$5 + (2 \times 20) = 5 + 40 = 45$

Activité 11.3

La ligne du second diagramme est celle qui permet la meilleure estimation, parce que les points du diagramme (b) se trouvent plus proches, globalement, de cette droite que ceux du diagramme (a) ne le sont de la droite correspondante.

Activité 11.4

1) (a)

2) (c)

Activité 11.5

(c)

Activité 11.6

Chaque fois que des chercheurs souhaitent étudier à la fois les variables séparément, et la contribution globale des variables, ils peuvent utiliser la seconde formule de Tabachnick et Fidell ($N \geq 104 + M$). Dans notre cas, comme nous avons 4 variables explicatives ($M = 4$), cela donne $N \geq 104 + 4 = 108$. Il faut donc au minimum 108 sujets.

Exercices SPSS

Exercice 1

Les chercheurs aimeraient savoir si l'anxiété vis-à-vis des examens est liée au nombre d'heures consacrées aux études – peut-être les étudiants anxieux étudient-ils moins (parce que l'étude augmente l'anxiété), ou peut-être au contraire les plus anxieux étudient-ils plus (pour compenser). La corrélation entre les deux variables est modérée (0,35). Le coefficient de détermination ajusté $R^2_{aj} = 0{,}055$ montre que l'anxiété ne permet d'expliquer qu'une petite partie des variations dans le nombre d'heures consacrées aux études. La statistique F prend la valeur 1,822, ce qui correspond à une signification $p = 0{,}20$. La pente de la droite de régression est 0,393. L'intervalle de confiance correspondant est [–0,236 ; 1,021]. Ainsi, on n'est pas du tout certain de pouvoir généraliser notre observation à la population. Nous n'avons aucune preuve d'un lien entre l'anxiété et le nombre d'heures consacrées aux études.

Exercice 2

Le professeur Sitron veut savoir si les liens sociaux et la personnalité extravertie expliquent la satisfaction au travail. Les liens sociaux et la personnalité extravertie pris ensemble expliquent effectivement une bonne partie des variations de la satisfaction au travail (0,90). Le coefficient de détermination ajusté vaut 78 %, ce qui laisse supposer que 78 % des variations de la satisfaction au travail peuvent s'expliquer par les liens sociaux et la personnalité extravertie. Les résultats sont significatifs, avec $F = 35{,}29$, $p < 0{,}001$. Chacun des deux facteurs contribue notablement à prédire la satisfaction au travail. À chaque augmentation d'un écart type de lien social correspond une augmentation de 0,73 écart type de la satisfaction. À chaque augmentation d'un écart type de la personnalité extravertie correspond une augmentation de 0,38 écart type de la satisfaction. Aussi les deux facteurs sont-ils liés à la VD.

QCM

1d, 2d, 3a, 4a, 5d, 6c, 7a, 8a, 9a, 10a, 11b, 12c, 13c, 14d, 15b, 16a, 17a, 18b, 19b, 20a.

Chapitre 12

Activité 12.1

Il y a plusieurs moyens pour expliquer un facteur (ou composante). Un facteur est une entité hypothétique, une construction mentale, un mesure composite qui rend compte de plusieurs variables corrélées.

Activité 12.2

Des noms possibles seraient par exemple « crainte », « peur », « effroi », mais vous pourriez en trouver d'autres.

Activité 12.3

Voir figure 12.10 page 473.

Activité 12.4

Des noms possibles sont (1) qualité de vie, (2) joie, et (3) dépression. Mais vous pourriez aussi bien trouver d'autres noms tout aussi bien adaptés.

Activité 12.5

Ici, c'est à vous d'arriver à vos propres conclusions !

Activité 12.6

F1 : indépendance et liberté.

F2 : sources de motivations externes.

F3 : développement social.

F4 : commodité.

F5 : motivations universitaires.

Activité 12.7

La honte et la culpabilité sont tous les deux liés modérément aux comportements de soumission. La culpabilité montre un lien faible à modéré avec la dépression, mais pas la honte.

Activité 12.8

La perfection et l'inefficacité sont liées modérément au facteur 1, que l'on appelle *inconfort physique*. Le facteur *problèmes gazeux* n'est pas lié aux troubles alimentaires, contrairement au facteur *vomissements*. Ce dernier facteur est lié positivement mais modérément à l'inefficacité, à la boulimie, et aux écarts de poids (« yoyo »).

Activité 12.9

(a)

	1	2	3
1	–	30	50
2		–	80
3			–

(b) ((insérer ici la figure de la page 591))

QCM

1a, 2a, 3c, 4b, 5c, 6a, 7b, 8b, 9c, 10c, 11d, 12a, 13d, 14a, 15c, 16c, 17a, 18b, 19b, 20a.

Chapitre 13

Activité 13.1

(b)

Activité 13.2

(c)

Activité 13.3

(a)

Activité 13.4

(a)

Exercice SPSS

1. Les droites semblent parallèles, justifiant l'utilisation de l'ancova sans interaction (mais il serait plus rigoureux de le montrer par le calcul, en vérifiant la non-significativité de l'effet de l'interaction...) :

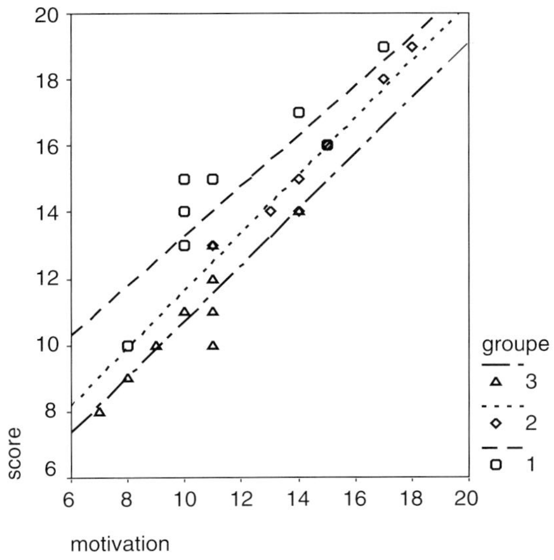

2. Contrairement à ce que nous avions au chapitre 9, il n'y a pas ici de problème avec l'interaction, que nous pouvons ignorer. Les résultats montrent que la motivation est liée au score ($F = 144{,}264$; $p < 0{,}001$), et que la différence entre les groupes en termes de scores perdure, même une fois contrôlée la motivation ($F = 14{,}167$; $p < 0{,}001$; $\eta^2 = 60{,}7$ %). La motivation n'est donc pas la seule explication à la différence entre les groupes.

Tests des effets inter-sujets

Variable dépendante : score

Source	Somme des carrés de type III	ddl	Moyenne des carrés	F	Signification	Eta au carré partiel
Modèle corrigé	214,627[a]	3	71,542	101,425	,000	,921
Constante	16,204	1	16,204	22,973	,000	,469
MOTIV	101,760	1	101,760	144,264	,000	,847
GROUPE	28,335	2	14,167	20,085	,000	,607
Erreur	18,340	26	,705			
Total	5809,000	30				
Total corrigé	232,967	29				

a. R deux = ,921 (R deux ajusté = ,912)

QCM

1a, 2a, 3d, 4a, 5b, 6a, 7b, 8d, 9b, 10c, 11a, 12b, 13c, 14a, 15b, 16c, 17c, 18b, 19a, 20b.

Chapitre 14

Activité 14.1

Parmi les études citées, deux sont adaptées à l'utilisation de la manova : les études (b) et (c).

Activité 14.2

Quelles sont les combinaisons linéaires parmi les formules suivantes ?

(a) $a + b + c + d + e$ – combinaison linéaire

(b) $A \times B \times C \times D \times E$ — ça n'est pas une combinaison linéaire

(c) $(a + b + c + d + e)/2$ — combinaison linéaire

(d) extraversion + 2 × névrose + 3 × psychose – combinaison linéaire.

Activité 14.3

Une interprétation est donnée dans le texte juste après l'activité.

Activité Activité 14.4

(a) la trace de Hotelling – oui

(b) la valeur de Mark – non

(c) le plus faible lien de Seth – non

(d) le lambda de Wilks – oui

(e) le gamma de Hayley – non

(f) la trace de Pillai – oui

(g) le carrefour d'autoroute – non

(h) la plus grande racine de Roy – oui.

Activité Activité 14.5

(a) adapté

(b) adapté

(c) adapté

(d) non adapté.

Exercices SPSS

Exercice 1

1. Le test de Box montre que la condition d'homogénéité semble raisonnablement satisfaite, puisque la signification associée dépasse 0,05.

Test d'égalité des matrices de covariance de Box[a]

M de Box	2,246
F	,675
ddl1	3
ddl2	87120,000
Signification	,567

Teste l'hypothè nulle selon laquelle les matrices de covariances observées des variables dépendantes sont égales sur l'ensemble des groupes.

a. Plan : Intercept+TYPE

2. Le F associé au λ de Wilks est 6,598 :

Tests multivariés[b]

Effet		Valeur	F	ddl de l'hypothèse	Erreur ddl	Signification	Eta au carré partiel
Intercept	Trace de Pillai	,973	384,381[a]	2,000	21,00	,000	,973
	Lambda de Wilks	,027	384,381[a]	2,000	21,00	,000	,973
	Trace de Hotelling	36,608	384,381[a]	2,000	21,00	,000	,973
	Plus grande racine de Roy	36,608	384,381[a]	2,000	21,00	,000	,973
TYPE	Trace de Pillai	,386	6,598[a]	2,000	21,00	,006	,386
	Lambda de Wilks	,614	6,598[a]	2,000	21,00	,006	,386
	Trace de Hotelling	,628	6,598[a]	2,000	21,00	,006	,386
	Plus grande racine de Roy	,628	6,598[a]	2,000	21,00	,006	,386

a. Statistique exacte

b. Plan : Intercept+TYPE

3. Il y a une différence multivariée significative entre les deux types de carburants, puisque la *p*-value associée est de 0,006 comme le montre le tableau ci-dessus.
4. Pour savoir quelles VD participent à la différence, il faut consulter la table des statistiques univariées :

Tests des effets inter-sujets

Source	Variable dépendante	Somme des carrés de type III	ddl	Moyenne des carrés	F	Signification	Eta au carré partiel
Modèle corrigé	DOMMAGE	1,500[a]	1	1,500	,421	,523	,019
	KM_LITRE	66,667[b]	1	66,667	13,750	,001	,385
Intercept	DOMMAGE	704,167	1	704,167	197,766	,000	,900
	KM_LITRE	3266,667	1	3266,667	673,750	,000	,968
TYPE	DOMMAGE	1,500	1	1,500	,421	,523	,019
	KM_LITRE	66,667	1	66,667	13,750	,001	,385
Erreur	DOMMAGE	78,333	22	3,561			
	KM_LITRE	106,667	22	4,848			
Total	DOMMAGE	784,000	24				
	KM_LITRE	3440,000	24				
Total corrigé	DOMMAGE	79,833	23				
	KM_LITRE	173,333	23				

a. R deux = ,019 (R deux ajusté = -,026)

b. R deux = ,385 (R deux ajusté = ,357)

On voit sur ce tableau que la différence entre les carburants en termes de dommages n'est pas significative ($F = 0{,}421$; $p = 0{,}523$). Au contraire, la consommation distingue les deux types de carburants ($F = 13{,}750$; $p = 0{,}001$]).

5. On cherche une éventuelle corrélation entre les deux VD que sont les dommages et la consommation :

Corrélations

		DOMMAGE	KM_LITRE
DOMMAGE	Corrélation de Pearson	1	,164
	Sig. (bilatérale)	,	,443
	N	24	24
KM_LITRE	Corrélation de Pearson	,164	1
	Sig. (bilatérale)	,443	,
	N	24	24

On voit que cette corrélation n'est pas significative ($p = 0{,}443$). Aussi peut-on interpréter les choses comme nous le fîmes plus haut.

6. Les tailles d'effets sont données dans la table de la question 4 par les η^2 partiels. On trouve ainsi un effet de taille $\eta^2 = 1{,}9\ \%$ pour les dommages subis, et $\eta^2 = 38{,}5\ \%$ pour la consommation.

Exercice 2

1. Pour déterminer s'il existe une différence multivariée, on utilise la manova. Les VD sont le goût et le plaisir, et la VI intra-sujets est le type de bière.

Tests multivariés[b]

Effet			Valeur	F	ddl de l'hypothèse	Erreur ddl	Signification	Eta au carré partiel
Inter-sujets	Intercept	Trace de Pillai	,995	984,826[a]	2,000	10,000	,000	,995
		Lambda de Wilks	,005	984,826[a]	2,000	10,000	,000	,995
		Trace de Hotelling	196,965	984,826[a]	2,000	10,000	,000	,995
		Plus grande racine de Roy	196,965	984,826[a]	2,000	10,000	,000	,995
Intra-sujets	TYPE	Trace de Pillai	,600	7,516[a]	2,000	10,000	,010	,600
		Lambda de Wilks	,400	7,516[a]	2,000	10,000	,010	,600
		Trace de Hotelling	1,503	7,516[a]	2,000	10,000	,010	,600
		Plus grande racine de Roy	1,503	7,516[a]	2,000	10,000	,010	,600

a. Statistique exacte
b. Plan : Intercept
Plan intra-sujets : TYPE

On voit sur cette table qu'il y a une différence multivariée significative entre les types de bières ($\lambda = 0{,}4$; $F = 7{,}516$; $p = 0{,}010$).

2. Pour examiner les contributions des deux VD, on peut étudier le tableau des statistiques univariée.

Tests univariés

Source	Mesure		Somme des carrés de type III	ddl	Moyenne des carrés	F	Signification	Eta au carré partiel
TYPE	GOÛT	Sphéricité supposée	63,375	1	63,375	16,165	,002	,595
		Greenhouse-Geisser	63,375	1,000	63,375	16,165	,002	,595
		Huynh-Feldt	63,375	1,000	63,375	16,165	,002	,595
		Borne inférieure	63,375	1,000	63,375	16,165	,002	,595
	PLAISIR	Sphéricité supposée	1,500	1	1,500	,465	,509	,041
		Greenhouse-Geisser	1,500	1,000	1,500	,465	,509	,041
		Huynh-Feldt	1,500	1,000	1,500	,465	,509	,041
		Borne inférieure	1,500	1,000	1,500	,465	,509	,041
Erreur (TYPE)	GOÛT	Sphéricité supposée	43,125	11	3,920			
		Greenhouse-Geisser	43,125	11,000	3,920			
		Huynh-Feldt	43,125	11,000	3,920			
		Borne inférieure	43,125	11,000	3,920			
	PLAISIR	Sphéricité supposée	35,500	11	3,227			
		Greenhouse-Geisser	35,500	11,000	3,227			
		Huynh-Feldt	35,500	11,000	3,227			
		Borne inférieure	35,500	11,000	3,227			

On voit ici (ligne Greenhouse-Geisser) que le goût est bien différent entre les deux types de bières, mais pas le plaisir.

3. Mais pour faire cette interprétation, il faut d'abord, normalement, vérifier les conditions d'application de la manova, et la non-corrélation des VD. Ce dernier point est vérifié grâce aux tables suivantes :

Corrélations

		brune_goût	brune_plaisir
brune_goût	Corrélation de Pearson	1	-,229
	Sig. (bilatérale)	,	,475
	N	12	12
brune_plaisir	Corrélation de Pearson	-,229	1
	Sig. (bilatérale)	,475	,
	N	12	12

Corrélations

		bronde_goût	bronde_plaisir
bronde_goût	Corrélation de Pearson	1	-,264
	Sig. (bilatérale)	,	,407
	N	12	12
bronde_plaisir	Corrélation de Pearson	-,264	1
	Sig. (bilatérale)	,407	,
	N	12	12

On peut donc interpréter les choses comme nous l'avions prévu, et dire que le goût distingue bien plus les deux types de bières que le plaisir ressenti (au vu des η^2).

QCM

1a, 2b, 3d, 4b, 5d, 6c, 7d, 8a, 9c, 10b, 11c, 12d, 13a, 14c, 15b, 16b, 17b, 18a, 19b, 20c.

Chapitre 15

Activité 15.1

(a) La plus forte corrélation est celle entre parité et lourdeur ($r_S = 0{,}39$).

(b) La signification associée à la plus faible corrélation est $p = 0{,}80$.

Activité 15.2

Le groupe a obtenu des scores significativement meilleurs que le groupe témoin (rangs moyen 10 contre 4). Le test de Mann-Whitney donne une valeur de 0, ce qui correspond à une signification de $p = 0{,}004$, soit moins de 0,5 %

Activité 15.3

Il y a une différence entre les scores correspondant aux deux conditions – la signification bilatérale est $p = 0{,}043$.

Activité 15.4

Il semble, à y regarder rapidement, que les résultats des chercheurs soient conformes à leurs attentes. Le rang moyen dans la condition 3 est plus faible (5,2) que ceux des conditions 1 (10,92) ou 2 (8,90). Et ces deux derniers rangs moyens ne semblent pas très éloignés l'un de l'autre. Pourtant, le test montre que les résultats ne sont pas significatifs ($p = 0{,}134$). On ne peut donc rien conclure de ces données

Corrélations

			ASSURANC	NOTE
Spearman	ASSURANC	Coefficient de corrélation	1,000	-,872
		Sig. (bilatérale)	,	,054
		N	5	5
	NOTE	Coefficient de corrélation	-,872	1,000
		Sig. (bilatérale)	,054	,
		N	5	5

Activité 15.5

La dépression semble augmenter entre les trois mesures (avec des rangs moyens et 1,25, puis 2,06 et enfin 2,69). Le χ^2 vaut 10,640, ce qui correspond à une signification de 0,005. On peut donc conclure que les gens voient leur dépression augmenter significativement au cours du programme.

Exercices SPSS

Exercice 1 (coefficient de Spearman)

Ce tableau montre que la corrélation de Spearman entre l'assurance et la note est de –0,872, ce qui est négatif. Mais vous vous souvenez que l'assurance a été notée à l'envers. Aussi s'agit-il en fait d'un lien dans le sens voulu. Comme l'hypothèse est unidirectionnelle, il faut utiliser la signification unilatérale, qui est de 0,027. Aussi peut-on conclure à un lien croissant entre la note et l'assurance (mesurée dans le bon sens !).

Exercice 2 (test de Mann-Whitney)

Rangs

	GROUPE	N	Rang moyen	Somme des rangs
SCORE	1	6	8,67	52,00
	2	6	4,33	26,00
	Total	12		

Test[b]

	SCORE
U de Mann-Whitney	5,000
W de Wilcoxon	26,000
Z	-2,131
Signification asymptotique (bilatérale)	,033
Signification exacte [2*(signification unilatérale)]	,041[a]

a. Non corrigé pour les ex aequo.

b. Critère de regroupement : GROUPE

Les deux groupes ont été comparés en utilisant un test de Mann-Whitney. Les rangs moyens montrent que, sur notre échantillon, le groupe 1 obtient des scores plutôt meilleurs (avec un rang moyen de 8,67 contre 4,33). Le test est faiblement significatif en bilatéral ($U = 5{,}00$; $p = 0{,}033$). On peut donc conclure à une différence entre les groupes, avec semble-il un score supérieur pour le groupe 1 (problèmes) par rapport au groupe classique.

Exercice 3 (test de Wilcoxon)

Rangs

		N	Rang moyen	Somme des rangs
APRES - AVANT	Rangs négatifs	5[a]	3,00	15,00
	Rangs positifs	0[b]	,00	,00
	Ex aequo	1[c]		
	Total	6		

a. APRES < AVANT

b. APRES > AVANT

c. AVANT = APRES

Test[b]

	APRES - AVANT
Z	-2,121[a]
Signification asymptotique (bilatérale)	,034

a. Basée sur les rangs positifs.

b. Test de Wilcoxon

On voit ici que la peur a baissé entre les deux mesures, puisqu'aucun participant n'a vu sa peur augmenter, et 5 l'ont vu diminuer. Si l'on raisonne en signification unilatérale, ce qui se justifie tout à fait ici, on voit que les résultats issus du test de Wilcoxon sont très significatifs, avec $z = -2{,}121$ et $p = 0{,}017$ (signification unilatérale).

Exercice 4 (test de Kruskal-Wallis)

Rangs

	GROUPE	N	Rang moyen
symptôme 1	1	5	9,80
	2	6	9,50
	3	7	9,29
	Total	18	
symptôme 2	1	5	6,10
	2	6	9,42
	3	7	12,00
	Total	18	

Test[a,b]

	symptôme 1	symptôme 2
Khi-deux	,029	3,714
ddl	2	2
Signification asymptotique	,986	,156

a. Test de Kruskal Wallis

b. Critère de regroupement : GROUPE

Les rangs moyens semblent assez proches en termes de symptôme 1. En revanche, l'écart se creuse pour le symptôme 2. Le test de Kruskal-Wallis ne donne pas de résultat significatif pour la première mesure ($\chi^2(2) = 0{,}029$; $p = 0{,}986$). En ce qui concerne la seconde mesure, bien que les résultats soient plus nets, ils ne sont toujours pas significatifs ($\chi^2(2) = 3{,}714$; $p = 0{,}156$). On ne peut donc pas conclure à une différence significative entre les groupes, ni pour les mesures initiales (ce qui est positif !) ni pour les mesures finales (ce qui est plus embêtant).

Exercice 5 (test de Friedman)

Rangs

	Rang moyen
Basse	1,20
Moyenne	2,00
Haute	2,80

Test[a]

N	10
Khi-deux	12,800
ddl	2
Signification asymptotique	,002

a. Test de Friedman

Le test de Friedman montre une différence significative entre les mesures ($\chi^2(2) = 12{,}80$; $p = 0{,}002$ en bilatéral) . On peut donc dire que la fréquence des mots a un effet sur leur rétention. Les rangs moyens montrent que les mots les plus fréquents (fréquence haute ou moyenne) sont mieux rappelés que les mots à fréquence faible. Les prédictions des étudiants sont ainsi validées.

QCM

1d, 2d, 3b, 4d, 5b, 6a, 7d, 8a, 9c, 10c, 11c, 12c, 13a, 14a, 15b, 16a, 17d, 18c, 19b, 20d.

ANNEXES

ANNEXE 1

Correspondance entre les scores *z* et la proportion de la population tombant sous et au-delà de *z*

Score *z*	Proportion sous *z*	Proportion au-delà de *z*	Score *z*	Proportion sous *z*	Proportion au-delà de *z*	Score *z*	Proportion sous *z*	Proportion au-delà de *z*
0.00	0.5000	0.5000	**1.01**	0.8438	0.1562	**2.01**	0.9778	0.0222
0.01	0.5040	0.4960	**1.02**	0.8461	0.1539	**2.02**	0.9783	0.0217
0.02	0.5080	0.4920	**1.03**	0.8485	0.1515	**2.03**	0.9788	0.0212
0.03	0.5120	0.4880	**1.04**	0.8508	0.1492	**2.04**	0.9793	0.0207
0.04	0.5160	0.4840	**1.05**	0.8531	0.1469	**2.05**	0.9798	0.0202
0.05	0.5199	0.4801	**1.06**	0.8554	0.1446	**2.06**	0.9803	0.0197
0.06	0.5239	0.4761	**1.07**	0.8577	0.1423	**2.07**	0.9808	0.0192
0.07	0.5279	0.4721	**1.08**	0.8599	0.1401	**2.08**	0.9812	0.0188
0.08	0.5319	0.4681	**1.09**	0.8621	0.1379	**2.09**	0.9817	0.0183
0.09	0.5359	0.4641	**1.10**	0.8643	0.1357	**2.10**	0.9821	0.0179
0.10	0.5398	0.4602	**1.11**	0.8665	0.1335	**2.11**	0.9826	0.0174
0.11	0.5438	0.4562	**1.12**	0.8686	0.1314	**2.12**	0.9830	0.0170
0.12	0.5478	0.4522	**1.13**	0.8708	0.1292	**2.13**	0.9834	0.0166
0.13	0.5517	0.4483	**1.14**	0.8729	0.1271	**2.14**	0.9838	0.0162
0.14	0.5557	0.4443	**1.15**	0.8749	0.1251	**2.15**	0.9842	0.0158
0.15	0.5596	0.4404	**1.16**	0.8770	0.1230	**2.16**	0.9846	0.0154
0.16	0.5636	0.4364	**1.17**	0.8790	0.1210	**2.17**	0.9850	0.0150
0.17	0.5675	0.4325	**1.18**	0.8810	0.1190	**2.18**	0.9854	0.0146
0.18	0.5714	0.4286	**1.19**	0.8830	0.1170	**2.19**	0.9857	0.0143
0.19	0.5753	0.4247	**1.20**	0.8849	0.1151	**2.20**	0.9861	0.0139
0.20	0.5793	0.4207	**1.21**	0.8869	0.1131	**2.21**	0.9864	0.0136

Score *z*	Proportion sous *z*	Proportion au-delà de *z*	Score *z*	Proportion sous *z*	Proportion au-delà de *z*	Score *z*	Proportion sous *z*	Proportion au-delà de *z*
0.21	0.5832	0.4168	**1.22**	0.8888	0.1112	**2.22**	0.9868	0.0132
0.22	0.5871	0.4129	**1.23**	0.8907	0.1093	**2.23**	0.9871	0.0129
0.23	0.5910	0.4090	**1.24**	0.8925	0.1075	**2.24**	0.9875	0.0125
0.24	0.5948	0.4052	**1.25**	0.8944	0.1056	**2.25**	0.9878	0.0122
0.25	0.5987	0.4013	**1.26**	0.8962	0.1038	**2.26**	0.9881	0.0119
0.26	0.6026	0.3974	**1.27**	0.8980	0.1020	**2.27**	0.9884	0.0116
0.27	0.6064	0.3936	**1.28**	0.8997	0.1003	**2.28**	0.9887	0.0113
0.28	0.6103	0.3897	**1.29**	0.9015	0.0985	**2.29**	0.9890	0.0110
0.29	0.6141	0.3859	**1.30**	0.9032	0.0968	**2.30**	0.9893	0.0107
0.30	0.6179	0.3821	**1.31**	0.9049	0.0951	**2.31**	0.9896	0.0104
0.31	0.6217	0.3783	**1.32**	0.9066	0.0934	**2.32**	0.9898	0.0102
0.32	0.6255	0.3745	**1.33**	0.9082	0.0918	**2.33**	0.9901	0.0099
0.33	0.6293	0.3707	**1.34**	0.9099	0.0901	**2.34**	0.9904	0.0096
0.34	0.6331	0.3669	**1.35**	0.9115	0.0885	**2.35**	0.9906	0.0094
0.35	0.6368	0.3632	**1.36**	0.9131	0.0869	**2.36**	0.9909	0.0091
0.36	0.6406	0.3594	**1.37**	0.9147	0.0853	**2.37**	0.9911	0.0089
0.37	0.6443	0.3557	**1.38**	0.9162	0.0838	**2.38**	0.9913	0.0087
0.38	0.6480	0.3520	**1.39**	0.9177	0.0823	**2.39**	0.9916	0.0084
0.39	0.6517	0.3483	**1.40**	0.9192	0.0808	**2.40**	0.9918	0.0082
0.40	0.6554	0.3446	**1.41**	0.9207	0.0793	**2.41**	0.9920	0.0080
0.41	0.6591	0.3409	**1.42**	0.9222	0.0778	**2.42**	0.9922	0.0078
0.42	0.6628	0.3372	**1.43**	0.9236	0.0764	**2.43**	0.9925	0.0075
0.43	0.6664	0.3336	**1.44**	0.9251	0.0749	**2.44**	0.9927	0.0073
0.44	0.6700	0.3300	**1.45**	0.9265	0.0735	**2.45**	0.9929	0.0071
0.45	0.6736	0.3264	**1.46**	0.9279	0.0721	**2.46**	0.9931	0.0069
0.46	0.6772	0.3228	**1.47**	0.9292	0.0708	**2.47**	0.9932	0.0068
0.47	0.6808	0.3192	**1.48**	0.9306	0.0694	**2.48**	0.9934	0.0066
0.48	0.6844	0.3156	**1.49**	0.9319	0.0681	**2.49**	0.9936	0.0064
0.49	0.6879	0.3121	**1.50**	0.9332	0.0668	**2.50**	0.9938	0.0062
0.50	0.6915	0.3085	**1.51**	0.9345	0.0655	**2.51**	0.9940	0.0060
0.51	0.6950	0.3050	**1.52**	0.9357	0.0643	**2.52**	0.9941	0.0059
0.52	0.6985	0.3015	**1.53**	0.9370	0.0630	**2.53**	0.9943	0.0057
0.53	0.7019	0.2981	**1.54**	0.9382	0.0618	**2.54**	0.9945	0.0055
0.54	0.7054	0.2946	**1.55**	0.9394	0.0606	**2.55**	0.9946	0.0054
0.55	0.7088	0.2912	**1.56**	0.9406	0.0594	**2.56**	0.9948	0.0052

Score z	Proportion sous z	Proportion au-delà de z	Score z	Proportion sous z	Proportion au-delà de z	Score z	Proportion sous z	Proportion au-delà de z
0.56	0.7123	0.2877	**1.57**	0.9418	0.0582	**2.57**	0.9949	0.0051
0.57	0.7157	0.2843	**1.58**	0.9429	0.0571	**2.58**	0.9951	0.0049
0.58	0.7190	0.2810	**1.59**	0.9441	0.0559	**2.59**	0.9952	0.0048
0.59	0.7224	0.2776	**1.60**	0.9452	0.0548	**2.60**	0.9953	0.0047
0.60	0.7257	0.2743	**1.61**	0.9463	0.0537	**2.61**	0.9955	0.0045
0.61	0.7291	0.2709	**1.62**	0.9474	0.0526	**2.62**	0.9956	0.0044
0.62	0.7324	0.2676	**1.63**	0.9484	0.0516	**2.63**	0.9957	0.0043
0.63	0.7357	0.2643	**1.64**	0.9495	0.0505	**2.64**	0.9959	0.0041
0.64	0.7389	0.2611	**1.65**	0.9505	0.0495	**2.65**	0.9960	0.0040
0.65	0.7422	0.2578	**1.66**	0.9515	0.0485	**2.66**	0.9961	0.0039
0.66	0.7454	0.2546	**1.67**	0.9525	0.0475	**2.67**	0.9962	0.0038
0.67	0.7486	0.2514	**1.68**	0.9535	0.0465	**2.68**	0.9963	0.0037
0.68	0.7517	0.2483	**1.69**	0.9545	0.0455	**2.69**	0.9964	0.0036
0.69	0.7549	0.2451	**1.70**	0.9554	0.0446	**2.70**	0.9965	0.0035
0.70	0.7580	0.2420	**1.71**	0.9564	0.0436	**2.71**	0.9966	0.0034
0.71	0.7611	0.2389	**1.72**	0.9573	0.0427	**2.72**	0.9967	0.0033
0.72	0.7642	0.2358	**1.73**	0.9582	0.0418	**2.73**	0.9968	0.0032
0.73	0.7673	0.2327	**1.74**	0.9591	0.0409	**2.74**	0.9969	0.0031
0.74	0.7704	0.2296	**1.75**	0.9599	0.0401	**2.75**	0.9970	0.0030
0.75	0.7734	0.2266	**1.76**	0.9608	0.0392	**2.76**	0.9971	0.0029
0.76	0.7764	0.2236	**1.77**	0.9616	0.0384	**2.77**	0.9972	0.0028
0.77	0.7794	0.2206	**1.78**	0.9625	0.0375	**2.78**	0.9973	0.0027
0.78	0.7823	0.2177	**1.79**	0.9633	0.0367	**2.79**	0.9974	0.0026
0.79	0.7852	0.2148	**1.80**	0.9641	0.0359	**2.80**	0.9974	0.0026
0.80	0.7881	0.2119	**1.81**	0.9649	0.0351	**2.81**	0.9975	0.0025
0.81	0.7910	0.2090	**1.82**	0.9656	0.0344	**2.82**	0.9976	0.0024
0.82	0.7939	0.2061	**1.83**	0.9664	0.0336	**2.83**	0.9977	0.0023
0.83	0.7967	0.2033	**1.84**	0.9671	0.0329	**2.84**	0.9977	0.0023
0.84	0.7995	0.2005	**1.85**	0.9678	0.0322	**2.85**	0.9978	0.0022
0.85	0.8023	0.1977	**1.86**	0.9686	0.0314	**2.86**	0.9979	0.0021
0.86	0.8051	0.1949	**1.87**	0.9693	0.0307	**2.87**	0.9979	0.0021
0.87	0.8078	0.1922	**1.88**	0.9699	0.0301	**2.88**	0.9980	0.0020
0.88	0.8106	0.1894	**1.89**	0.9706	0.0294	**2.89**	0.9981	0.0019
0.89	0.8133	0.1867	**1.90**	0.9713	0.0287	**2.90**	0.9981	0.0019
0.90	0.8159	0.1841	**1.91**	0.9719	0.0281	**2.91**	0.9982	0.0018

Score *z*	Proportion sous *z*	Proportion au-delà de *z*	Score *z*	Proportion sous *z*	Proportion au-delà de *z*	Score *z*	Proportion sous *z*	Proportion au-delà de *z*
0.91	0.8186	0.1814	**1.92**	0.9726	0.0274	**2.92**	0.9982	0.0018
0.92	0.8212	0.1788	**1.93**	0.9732	0.0268	**2.93**	0.9983	0.0017
0.93	0.8238	0.1762	**1.94**	0.9738	0.0262	**2.94**	0.9984	0.0016
0.94	0.8264	0.1736	**1.95**	0.9744	0.0256	**2.95**	0.9984	0.0016
0.95	0.8289	0.1711	**1.96**	0.9750	0.0250	**2.96**	0.9985	0.0015
0.96	0.8315	0.1685	**1.97**	0.9756	0.0244	**2.97**	0.9985	0.0015
0.97	0.8340	0.1660	**1.98**	0.9761	0.0239	**2.98**	0.9986	0.0014
0.98	0.8365	0.1635	**1.99**	0.9767	0.0233	**2.99**	0.9986	0.0014
0.99	0.8389	0.1611	**2.00**	0.9772	0.0228	**3.00**	0.9987	0.0013
1.00	0.8413	0.1587						

Les nombres ont été calculés avec Excel 97.

ANNEXE 2

Correspondance entre z et z_r

r	zr	r	zr	r	zr	r	zr	r	zr
.0000	.000	.2000	.203	.4000	.424	.6000	.693	.8000	1.099
.0050	.005	.2050	.208	.4050	.430	.6050	.701	.8050	1.113
.0100	.010	.2100	.213	.4100	.436	.6100	.709	.8100	1.127
.0150	.015	.2150	.218	.4150	.442	.6150	.717	.8150	1.142
.0200	.020	.2200	.224	.4200	.448	.6200	.725	.8200	1.157
.0250	.025	.2250	.229	.4250	.454	.6250	.733	.8250	1.172
.0300	.030	.2300	.234	.4300	.460	.6300	.741	.8300	1.188
.0350	.035	.2350	.239	.4350	.466	.6350	.750	.8350	1.204
.0400	.040	.2400	.245	.4400	.472	.6400	.758	.8400	1.221
.0450	.045	.2450	.250	.4450	.478	.6450	.767	.8450	1.238
.0500	.050	.2500	.255	.4500	.485	.6500	.775	.8500	1.256
.0550	.055	.2550	.261	.4550	.491	.6550	.784	.8550	1.274
.0600	.060	.2600	.266	.4600	.497	.6600	.793	.8600	1.293
.0650	.065	.2650	.271	.4650	.504	.6650	.802	.8650	1.313
.0700	.070	.2700	.277	.4700	.510	.6700	.811	.8700	1.333
.0750	.075	.2750	.282	.4750	.517	.6750	.820	.8750	1.354
.0800	.080	.2800	.288	.4800	.523	.6800	.829	.8800	1.376
.0850	.085	.2850	.293	.4850	.530	.6850	.838	.8850	1.398
.0900	.090	.2900	.299	.4900	.536	.6900	.848	.8900	1.422
.0950	.095	.2950	.304	.4950	.537	.6950	.858	.8950	1.447
.1000	.100	.3000	.310	.5000	.549	.7000	.867	.9000	1.472
.1050	.105	.3050	.315	.5050	.556	.7050	.877	.9050	1.499
.1100	.110	.3100	.321	.5100	.563	.7100	.887	.9100	1.528
.1150	.116	.3150	.326	.5150	.570	.7150	.897	.9150	1.557
.1200	.121	.3200	.332	.5200	.576	.7200	.908	.9200	1.589
.1250	.126	.3250	.337	.5250	.583	.7250	.918	.9250	1.623
.1300	.131	.3300	.343	.5300	.590	.7300	.929	.9300	1.658
.1350	.136	.3350	.348	.5350	.597	.7350	.940	.9350	1.697
.1400	.141	.3400	.354	.5400	.604	.7400	.950	.9400	1.738

r	zr	r	zr	r	zr	r	zr	r	zr
.1450	.146	.3450	.360	.5450	.611	.7450	.962	.9450	1.783
.1500	.151	.3500	.365	.5500	.618	.7500	.973	.9500	1.832
.1550	.156	.3550	.371	.5550	.626	.7550	.984	.9550	1.886
.1600	.161	.3600	.377	.5600	.633	.7600	.996	.9600	1.946
.1650	.167	.3650	.383	.5650	.640	.7650	1.008	.9650	2.014
.1700	.172	.3700	.388	.5700	.648	.7700	1.020	.9700	2.092
.1750	.177	.3750	.394	.5750	.655	.7750	1.033	.9750	2.185
.1800	.182	.3800	.400	.5800	.662	.7800	1.045	.9800	2.298
.1850	.187	.3850	.406	.5850	.670	.7850	1.058	.9850	2.443
.1900	.192	.3900	.412	.5900	.678	.7900	1.071	.9900	2.647
.1950	.198	.3950	.418	.5950	.685	.7950	1.085	.9950	2.994

Les nombres de cette table ont été calculés par les auteurs.

INDEX

TABLE DES MATIÈRES

CHAPITRE 3

CHAPITRE 4

CHAPITRE 5

Chapitre 6

Chapitre 7

Chapitre 8

Chapitre 9

CHAPITRE 10

CHAPITRE 11

CHAPITRE 12

Chapitre 13
COMPARER DES GROUPES EN CONTRÔLANT UNE COVARIABLE 495

Chapitre 14
INTRODUCTION À L'ANALYSE DE VARIANCE MULTIVARIÉE 529

Chapitre 15
STATISTIQUES NON PARAMÉTRIQUES 569

La collection **«Ouvertures psychologiques»** se décline en **trois séries**

Auteur(s)	Titre	Série Préparer l'examen	Série LMD	Série Internationale
ARON Serge, PASSERA Luc	*Les sociétés animales.* Évolution de la coopération et organisation sociale		✓	
BANDURA Albert	*Auto-efficacité.* Le sentiment d'efficacité personnelle			✓
BAGGIO Stéphanie	*Psychologie sociale*	✓		
	Statistiques descriptives	✓		
BARLOW David H., DURAND V. Mark	*Psychopathologie.* Une perspective multidimensionnelle			✓
BEE Helen	*Psychologie du développement.* Les âges de la vie			✓
BONIN Patrick	*Production verbale de mots.* Approche cognitive		✓	
BORN Michel	*Psychologie de la délinquance* [2ᵉ édition]		✓	
CAMPAN Raymond, SCAPINI Felicita	*Éthologie.* Approche systémique du comportement animal		✓	
DANCEY C., REIDY J. (traduction : GAUVRIT N.)	*Statistiques sans maths pour psychologues.* SPSS pour Windows			✓
DUMAS Jean E.	*Psychopathologie de l'enfant et de l'adolescent* [2ᵉ édition]		✓	
FERRAND Ludovic	*Cognition et lecture.* Processus de base de la reconnaissance des mots écrits chez l'adulte		✓	
GAUVRIT Nicolas	*Stats pour psycho.* 500 exercices corrigés. Questions-réponses récapitulatives. Résumés des cours	✓	✓	
GODEFROID Jo	*Psychologie.* Science humaine et science cognitive		✓	
HANSENNE Michel	*Psychologie de la personnalité* [2ᵉ édition]		✓	
LEMAIRE Patrick	*Psychologie cognitive* [2ᵉ édition]		✓	
	Abrégé de psychologie cognitive	✓		
LEMAIRE Patrick, BHERER Louis	*Psychologie du vieillissement.* Une perspective cognitive		✓	

Auteur / Titre	Série Préparer l'examen	Série LMD	Série Internationale
LUMINET Olivier			
Psychologie des émotions. Confrontation et évitement		✓	
MACFARLAND David			
Le comportement animal. Psychobiologie, éthologie et évolution			✓
MATLIN Margaret W. (traduction : PULLIN Wendy M. & adaptation française : PULLIN Wendy M. et BLATIER C.)			
Psychologie des femmes			✓
MYERS Anne, HANSEN Christine H			
Psychologie expérimentale			✓
PERVIN A. Lawrence, JOHN P. Oliver			
La personnalité. De la théorie à la recherche			✓
ROBINSON Bernard			
Psychologie clinique. De l'initiation à la recherche [2e édition]		✓	
ROSSI Jean-Pierre			
Psychologie de la mémoire. De la mémoire épisodique à la mémoire sémantique	✓	✓	
SIEGLER Robert S.			
Intelligences et développement de l'enfant. Variations, évolution, modalités			✓
Enfant et raisonnement. Le développement cognitif de l'enfant			✓
TAVRIS Carol, WADE Carole			
Introduction à la psychologie. Les grandes perspectives			✓
WESTEN Drew			
Psychologie. Pensée, cerveau et culture			✓